下册

逸斋先秦史

陈恩林　著

论文集

[增订本]

吉林大学出版社（长春）

目　　录

军事篇

文献篇

怀师篇

军事篇

商代军队组织论略

近年来，一些同志撰文论述有关商代军事制度方面的问题。这些文章，一方面用马克思主义理论作指导，另一方面吸收了考古学和古文字学所提供的新资料，因而不论在深度上还是在广度上都突破了前人的研究成果，令人十分钦佩。本人拟参加这一讨论，对商代军队组织的特点，商王国军与方国军的关系以及商代军队的编制等问题，谈谈自己的一孔之见，并在某些问题上和持不同意见的同志商榷。

一、商代军队组织的特点

商代是我国奴隶社会的发展时期，商王国的统治范围，就文献记载和考古发现来看，已东临大海，西至陕西西部，北抵辽宁、河北、内蒙古一带[①]，南达汉水流域[②]。实行内外服制，是商代政治制度的鲜明特点。关于内外服制，《尚书·酒诰》说："自成汤咸至于帝乙……越在外服，侯、甸、男、卫邦伯；越在内服，百僚庶尹、惟亚惟服宗工、越百姓里居。"周金《大盂鼎》铭："唯殷边侯田与殷正百辟。""侯、田、男"亦见甲骨卜辞，如"犬侯"（《前》五、二、二），"攸侯喜"（《南明》七八六），"多田于多伯"（《甲》二三九五），"侯田"（《续》三、一三、一），"多任"（《京津》七九九）等。"田"即甸，"任"与男通，可证殷代的外服制是确实存在的。所谓"服"，《周礼·夏官·职方氏》郑注："服，服事天子也。""内服"即邦畿千里，是殷王直接治理的区域，设有百官（百僚、百辟）；"外服"即列国，是诸侯（邦伯）治理的区域。商代政治制度

---

① 金景芳：《商文化起源于我国北方说》，《古史论集》，齐鲁书社，1981年版。
② 江鸿：《盘龙城和商朝的南土》，《文物》1976年第2期。

的这一特点决定了它军队组织的特点：其军队由两部分组成，一是王畿的王室军，二是畿外的方国军。同时由于当时劳动还不发展，"在较大程度上受血族关系的支配"①，所以还必然存在着以血族团体为基础的"族"军。

商王室的军队就是由以"师旅"为编制形式、以"众"为兵源和以"族"为单位、以王室或世家大族的成员为兵源的两支队伍组成。今先录有关"师旅"的卜辞材料数条如下：

"王乍三𠂤，右、中、左。"（《粹》五九七）

"王其令右旅𠂤左旅……见方，𢆶，不雉？"（《屯南》二三二八）

"□王其目众合右旅（𠂤左）旅……于隹，𢆶？"（《屯南》二三五○）

"右旅□雉（王）众？"（《屯南》二○六四）

上引卜辞证明，"师旅"作为商代军队组织的编制形式，是灼然无疑的。从《粹》五九七片看，师分"右、中、左"三部分。旅有左旅、右旅和"王旅"（《铁》九○、一），"王旅"或即中旅，是旅也分右、中、左三部。

"师"是比"旅"更高一级的军事建制单位。据《左传》载夏王室的军事建制，只有"旅"②没有"师"。从目前的材料看，殷武丁时已有"中师"③之名。而"王乍三𠂤"一辞属于武乙、文丁时期。由此可见，"师"级的军事建制单位至迟出现于商代中晚期。由"旅"到"师"的发展过程，是中国奴隶社会军队组织不断完善的标志。有的同志说："师和旅是一种不受任何限制的随时可以出征，又能对内镇压被统治者反抗的常备军。"④这种说法似欠妥当。从军队组织的发展史来看，夏代的"旅"是村社组织与军事组织的直接结合，周代的军事组织"伍、两、卒、旅、师、军"也是和村社组织"比、闾、族、党、州、乡"相联系而存在的。商代的"师旅"作为由夏制向周制发展的中间阶段，它不会也不可能是常备军组织。

"兵农合一"是中国奴隶社会，即夏、商、西周和春秋时代军事制度

---

① ［德］恩格斯：《家庭、私有制和国家的起源》第1版序言。

② 《左传》哀公元年。

③ 《甲骨文合集》五八○七片："癸亥卜，争贞：旬亡祸？王占曰：有祟。旬壬申中师𩵋，四月。"

④ 肖楠：《试论卜辞中的师和旅》，《古文字研究》第6辑。

所共有的特点。关于这一点，古代典籍中的记载至为明确。如《汉书·刑法志》在叙述周代军事制度和井田制的关系时说"因井田而制军赋"；《国语·齐语》则将周代军事制度的特点概括为"作内政而寄军令"；《周礼·地官·小司徒》说："乃会万民之卒伍而用之：五人为伍，五伍为两，四两为卒，五族为旅，五旅为师，五师为军，以起军旅，以作田役，以比追胥，以令贡赋。"郑玄注："此皆先王所因农事而定军令者也。"虽然文献中有关夏代和殷代军事制度的记载很少，但从现存的一些零星材料，如《左传》哀公元年说夏少康"有田一成，有众一旅"；《尚书·汤誓》说"我后不恤我众，舍我穑事而割正夏"以及卜辞中的"众"具有亦兵亦农的双重身份来看，这一特点也是无可怀疑的。

中国奴隶社会军事制度的这一特点，取决于中国奴隶社会形态的特点。马克思主义认为，奴隶制的社会形态有两种形式：一是古代的劳动奴隶制，一是东方的家庭奴隶制[①]。恩格斯概括东方家庭奴隶制在经济基础和上层建筑两个方面的特点说：其一，"在整个东方，公社或国家是土地所有者"[②]；其二，"东方的专制制度是基于公有制"[③]。对于这一点，马克思也论述说这种部落的或公社的财产事实上是作为"东方专制制度"的"基础而存在的"[④]。由我国奴隶社会存在着井田制和君主专制这两点来看，它无疑是属于东方家庭奴隶制类型的。所以，我国的奴隶社会也在较大程度上保存了农村公社的特点，这反映在军事制度上，就是"兵农合一""军政合一"。《周礼》一书所反映的村社组织与军事组织的统一，即"兵农合一"制度，姑且不论，单就殷代来说，张政烺先生在《古代中国的十进制氏族组织》一文中，也已用大量有说服力的材料，论证了殷代社会组织与军事组织的统一。马克思在谈到古代的公社时指出："这种由家庭组成的公社首先是按军事方式组织起来的，是军事组织或军队组织，而这是公社以所有者的资格而存在的条件之一。"[⑤]所以，不论从理论上说，还是从史实上说，殷代存在着"兵农合一"

---

① ［德］恩格斯：《家庭、私有制和国家的起源》，《马克思恩格斯选集》4卷，人民出版社，1972年版，第153页。

② ［德］恩格斯：《反杜林论》，人民出版社，1972年版，第181页。

③ 《马克思恩格斯全集》20卷，人民出版社，1971年版，第681页。

④ 《马克思恩格斯全集》46卷，人民出版社，1979年版，第473页。

⑤ 《马克思恩格斯全集》46卷，人民出版社，1979年版，第475页。

制度，是毋庸置疑的。

上列材料第二条和第四条卜问"旅"在作战时会不会"雉众"。于省吾先生说："雉字应读夷，训为伤亡。"[1]用"旅"作战而卜问能否伤"众"，证明"旅"的战士系由"众"组成。"师"是"旅"的上一级组织，其基本成员当然也应是"众"。在卜辞中，"众"既参加征伐战争，又参加田猎、协田、黍及甾王事等其他活动，这是学术界公认的事实。而这一事实除了说明"众"是民兵外，不能作任何别的解释。

据甲骨卜辞记载，商代遇有军事活动，总是临时召集兵员，曰"登人"、"收人"。如：

"勿登三千呼伐方，弗受有祐。"（《前》七、二、三）

"贞，登人三千呼伐方，受有祐。"（《库》一六四九）

"王收人五千征土方，受有祐。"（《后上》三一、六）

"登"字，学者历来都作召集兵员解。王襄说：即"《周礼·大司马》比军众之事，将有征伐必先聚众"。[2]张政烺先生说："'登'的意思……大约同是'提供'的意思"，"'收'和'登'在读音和字义上都一样"[3]。商代调动军队所采用的这种"登人"、"收人"的临时性措施，也表明了它军队组织的民兵性质。

有的同志说："众也是军旅编制的一部分，但它与师旅在性质上是有区别的。"[4]须知，既承认众"是军旅编制的一部分"，又说二者在性质上有区别，这是自相矛盾的。这种说法的前提是先已认定了"师旅"是"常备军"组织，而"众"既是生产者又是战士的这种身份，却无论如何也套不进"常备军"的框子中，所以只好索性割断了"众"与"师旅"的联系，说"师旅"为"常备军"，"众"是"民兵"。然而这种说法未免太现代化了。其实，"众"是"师旅"的基本成员，"师旅"是"众"的编制形式。唯其如此，商王用"旅"作战，方卜问能否"雉众"。也正由于师旅是由众组成的，所以，"众"往往成为"师旅"的代称。这不但有甲骨卜辞中屡用

---

① 于省吾：《甲骨文字释林·释雉》。

② 王襄：《簠室殷契征文考释》。

③ 张政烺：《古代中国的十进制氏族组织》，《历史教学》第2卷第3期，1951年9月。

④ 肖楠：《试论卜辞中的师和旅》，《古文字研究》第6辑。

"众"或"众人"作战的记载为证，而且也见诸文献。如《左传》说："有众一旅。"《国语·周语》载《夏书》曰："后非众，无与守邦。"《尚书·汤誓》："王曰：格尔众庶，悉听朕言。非台小子，敢行称乱。有夏多罪，天命殛之。"《左传》桓公八年季梁说："楚人上左，君必左，无与王遇，且攻其右，右无良焉，必败。偏败，众乃携矣。"河北平山县战国墓出土一铜钺，铭曰："作兹军斧，以敬厥众。"这些材料中的"众"，皆指"师旅"而言，似此怎能将"众"和"师旅"割裂开来呢？如说"众"不是"师旅"成员，那么"师旅"岂不成为无源之水、无本之木？

关于"众"的身份，有人认为是奴隶，并说奴隶当兵是奴隶社会的"公例"①。对于"众"是否是奴隶，史学界已有许多同志进行过探讨，大多数同志认为"众"和奴隶的界限是分明的。笔者赞成大多数同志的意见，并认为商代的"众"其实就和周代的国人一样，是兵役的主要承担者。

奴隶当兵绝不是奴隶社会的"公例"。恩格斯在谈到罗马的国家制度代替氏族制度时曾特别强调说："公共权力在这里体现在服兵役的公民身上，它不仅被用来反对奴隶，而且被用来反对不许服兵役和不许有武装的所谓无产者。"②罗马奴隶制国家的军团由罗马公民组成，一切无罗马公民权的城市和地区的居民都无权参加罗马军团，只能参加辅助军队。古代巴比伦的《汉谟拉比法典》也明文规定：从国家领有服务份地的"里都或巴衣鲁"，即服兵役的公民，才享有出征的权力，对无故不出征者，甚至要处以死刑③。中外历史充分证明，在奴隶社会里，享有服兵役权利的人只能是自由公民，奴隶们则被剥夺了这种权利。这才是真正的"公例"。诚然，以少数奴隶充任军中杂役和后方警察的事，不但古典世界有，中国也有。在军情紧急时，临时将奴隶编入军队中作为应急措施，在罗马帝国的奥古斯都和尼禄时代，在伯罗奔尼撒战争时期的雅典和斯巴达，也都曾经有过，甚至在古希腊组成多立斯方阵的人们当中，也有过服兵役的奴隶，"但是这种把一个民族的各个阶

---

① 郭沫若：《奴隶制时代》，人民出版社，1973年版，第82页；陈梦家：《殷虚卜辞综述》，中华书局，1956年版，第633页。

② ［德］恩格斯：《家庭、私有制和国家的起源》，《马克思恩格斯选集》4卷，人民出版社，1972年版，第126页。

③ 日知译：《古代的埃及与古代两河流域》，生活·读书·新知三联书店，1957年版，第98页。

级编在同一个方阵内的宗法式组合,在波斯战争后不久就消失了"①。所以,奴隶服兵役绝非"公例",而仅仅是特例。

我们说商代的"众"和"众人"其实相当于周代的国人,其理由正在于他们都是"服兵役的公民"。"国人服兵役,野人不服兵役",这可以看作是中国奴隶社会军事制度的另一个基本特征,它渊源于最初的部落征服。马克思说:"部落体本身导致区分为高级的和低级的氏族,这种差别又由于胜利者与被征服部落相混合等等而更加发展起来"②,而胜利者与被征服部落相结合的结果,"使被这个部落所征服或制服的其他部落丧失财产,而且使它沦为这个部落的再生产的无机条件之一"③。我国商周社会的"众人"和"国人"正是由征服者部落的成员发展而来的,因而享有较充分的权利,是"服兵役的公民";而如商代的"羌人"和周代的"野人"等等,则是由被征服部落的成员发展来的,因而没有任何权利,也不准服兵役,只是"再生产的无机条件"。《国语·周语下》载太子晋说:"王无亦鉴于黎苗之王,下及夏商之季,上不象天而下不仪地,中不和民而方不顺时,不共神祇而蔑弃五则,是以人夷其宗庙而火焚其彝器,子孙为隶,不夷于民。"正道出了古代战胜者奴役战败者的史实。《左传》宣公十二年载郑伯肉袒牵羊向楚庄王投降说:"其俘诸江南,以实海滨,亦唯命;其翦以赐诸侯,使臣妾之,亦唯命。"所谓"实海滨",就是令其处于野,为野人。这也充分说明,不论部落或国家,一旦被征服,其臣民就会沦落成为"野人"或"臣妾"。

"族"军是构成商王室军队的另一支重要力量。甲骨卜辞有关于用"族"军征伐的记载,如:

己亥贞,令王族追召方,及于……(《南明》六一六)

叀三族马令?众令三族?叀族令,乙酉卜于丁令马?(《宁》一、五〇六)

己亥,历贞,三族王其令追召方,及于……(《京》四三八七)

癸巳卜,王其令五族戍……伐𢀛。(《粹》一一四九)

贞,令多子族众犬侯扑周,𩁹王事。(《前》五、七、七)

---

① 《马克思恩格斯全集》14卷,人民出版社,1964年版,第355页。

② 《马克思恩格斯全集》46卷,人民出版社,1979年版,第475页。

③ 《马克思恩格斯全集》46卷,人民出版社,1979年版,第492页。

丁酉卜，王族爰多子族立于召。（《南明》二二四）

上引材料中的"三族"、"五族"、"王族"、"多子族"等，显然是以血缘关系为纽带的血族团体。王族当然是商王室的亲族。子族，据林沄同志讲是和商王同姓的贵族，多子族是对这种贵族家族的总称①。换言之，子族和多子族是商王族的分支。三族、五族也应是与商王同姓或异姓的世家大族。恩格斯说过："一定历史时代和一定地区内的人们生活于其下的社会制度，受着两种生产的制约：一方面受劳动的发展阶段的制约，另一方面受家庭的发展阶段的制约。劳动愈不发展，劳动产品的数量，从而社会的财富愈受限制，社会制度就愈在较大程度上受血族关系的支配。"②由于我国商代商品经济和货币经济不发达，物质资料生产的水平不高，因而血族关系仍占有一定的地位。这些以"族"为单位而存在的社会组织，就是血族关系在较大程度上支配社会制度的明证。这些"族"既然能独立从事征伐和戍守，就说明它们是军事组织。而这种军事组织无疑是氏族武装的孑遗。当氏族社会的"全民武装"在向阶级社会的"武装的公共权力"进行转化时，这种以"族"为单位的武装在一部分奴隶主贵族中被保存下来，并成为奴隶主阶级巩固政权的重要工具、王室的可靠支柱。这类"族"军在中国奴隶社会里存留很久，甚至西周和春秋时，它仍然十分活跃，并往往是王室和诸侯国的主力部队。如周金《明公簋》铭："唯王令明公遣三族伐东国。"《班簋》铭："王令吴伯曰：'以乃师左比毛父。'王令吕伯曰：'以乃师右比毛父。'遣令（班）曰：'以乃族从父征，……卫父身。'"《毛公鼎》铭："以乃族干吾王身。"《中觯》铭："王大眚公族于庚，振旅。"春秋时代，晋国有"中军公族"③，楚国有"中军王族"等④。这些材料充分说明，在我国的奴隶制时代，"族"军的存在是不容否认的事实。"族"军和"师旅"这两种军事建制系统应是互相联系的。当以"族"为单位征兵时，"族"自然就成了军队组织，故可独立征伐和戍守，如卜辞中的"五族戍"等；而当以"师旅"为征兵单位时，"族"则可散配于师旅中，如《班簋》

---

① 林沄：《从子卜辞试论商代家族形态》，《古文字研究》第1辑。
② ［德］恩格斯：《家庭、私有制和国家的起源》，第1版序言。
③ 《左传》僖公二十八年。
④ 《左传》成公十六年。

中班子"族"、楚国的"王族"、晋国的"公族"等皆配属于中军。卜辞中的"王旅"在平时也很可能就是"王族"。

商代的方国军是商代地方诸侯的军队。

商代的方国很多。《逸周书·殷祝解》说："汤放桀而复薄,三千诸侯大会。""三千诸侯"还见诸《战国策·齐策》《吕氏春秋·用民》和《尚书大传》。卜辞中的方国,据陈梦家先生统计有48个,而据现在统计已约有七十余个。这些方国大都是"自然长成的结构",也就是说它们是由原始社会的氏族和部落自然发展而来的,而不是出于王室的分封。他们大都有自己的军队或军事组织。兹略举几例。"五日丁酉,允有来艰自西,沚𢼄告曰:土方征于我东鄙,𢦏二邑。舌方亦侵我西鄙田。"(《菁》二)沚是商的属邦,土方、舌方侵扰沚的田邑,当然会有自己的军队组织。商王甚至派"五千"大军去征讨"土方"(《后上》三一、六)。"己卯卜,㱿贞:舌方出,王自征,下上若,□(受)我□(祐)"(《乙》一三三〇)。舌方出,竟惊动商王大驾亲征,舌方所出的必为军队无疑。"……方,羌方,……余其比侯田甾伐四邦方"(《续》三、一三、一)。这是羌方等有军队组织的明证。"王比兴方伐下危"(《缀合》一五一)。"小臣穑从伐,禽危美□人廿人四,而千五百七十,□百,□丙,车二丙(辆),盾百八十三,函五十,矢□"(《续存下》九一五)。这是兴方和危方有军队组织的明证。危方不但有步兵,而且有装备齐全的车兵,可见其生产发展水平不会很低。丁山先生在《商周史料考证》一书中说,商武丁时曾先后征伐过土方、马方、羌方、祺方、卬方、龙方、虎方等二十多个方国。这些方国能够同拥有强大武装力量的商王国作战,所仰仗的当然会是自己的军队组织。

有关商代方国军的组织形式,因材料不足,已难得其详。所幸者,古代文献中对于代殷而王天下的周方,尚保存一些记载,可使我们得其仿佛。周是位于商王畿西北部的一个重要方国,曾臣属于商。古本《竹书纪年》说:"周王季命为殷牧师。"《史记·殷本纪》说:"以西伯昌、九侯、鄂侯为三公。"周原出土第八十四号甲骨有"册周方伯"字样,证明《竹书纪年》和《殷本纪》的说法是可靠的。了解周在灭殷前的军队组织可以成为我们认识殷代方国军组织的一把钥匙。

周方在灭殷前军队亦有"师旅"二级较大的军事建制单位。《国语·周语下》说："王以黄钟之下宫，布戎于牧野，故谓之厉，所以厉六师也。"《逸周书·武寤解》载武王于牧野之战前，祈祷天地说："约期于牧，案用师旅，商不足灭，分祷上下。"《吕氏春秋·古乐》说："武王即位，以六师伐殷。六师未至，以锐兵克之于牧野。"证明周不但存在"师旅"，而且竟有"六师"之众。周能翦灭大邑商，实在并非偶然。殷方国军有"师"级建制，于甲骨文也信而有征。如犬方军曰"犬师"（《金》三七四），雀方军队曰"雀师"（《铁》二六、一）等。此外，从我们前文所引的周金《明公簋》《班簋》《毛公鼎》和《中觯》等铭文看，周在灭殷以后，仍存在着以"族"为单位的军事组织。因此，我们说殷代的方国军编制系统与王国军大致相似，或以"师旅"为编制单位，或以"族"为编制单位，或者二者兼而有之，应当是不成问题的。

二、商代王国军与方国军的关系

商代王国军与方国军的关系，与王室和诸方国的政治关系是一致的。目前关于商王室和诸方国的关系有两种对立的意见：一种认为二者是"对等的"方国联盟关系；另一种认为二者是"臣属的关系"。我们赞成后一种意见。当然，商王室和诸方国的这种臣属关系还带有一定的原始性，比较松散，不但比不上封建时代朝廷和封国的关系，而且也比不上周代天子和诸侯的关系。王国维先生说：殷代的王是"诸侯之长"，而周代的天子则是"诸侯之君"[①]。其说至确。

殷王室与诸方国臣属关系的原始性表现为某些方国对王室叛服不常，而王室对方国则服者封之，叛者讨之。这又可分为两种情况：

其一，大体上说，临近殷王畿的各个方国，是首先被征服的对象。而一经征服之后，方国的土地就并入了商王国，变成了王国的直辖地区。因此，他们不再称"方"，其首脑则称"侯"。如卜辞有"癸巳卜，殸贞，乎雀伐望"（《拾缀》二五二）。"己酉卜，殸往征犬，弗其禽。十月"（《铁》一八一、三）。"乙酉卜，甫允奉汪"（《林》一、三〇、九）。但后来

---

① 王国维：《殷周制度论》，《观堂集林》卷10，中华书局，1959年版，第467页。

望、犬、沚三方先后被征服，成为殷的属邦，其首领则成了商王治下的"侯"和手下大将，常跟随商王出征或奉命征伐。

其二，住地距殷王畿较远，殷王统治力量薄弱的地方，基本上是独立的方国。卜辞称其为"方"，称其首领为"伯"。如见于殷墟卜辞的方伯，有井伯、易伯、丹伯、归白、雇白以及羌方伯、危方美、羊白盤、盂方白等。见于周原卜辞的，有周方伯、虫伯、替伯。对王室叛服不常的主要是这些方国。

与商王室和诸方国的这种政治关系相适应，商王国军和方国军有如下两种关系：

其一，当某方尚未臣服或反叛商王时，它的军队就是王国军的异己的和敌对的力量。如危方，在武丁时它尚未臣服，故武丁曾对危方用兵。卜辞云："王从望乘伐下危？王勿从望乘伐下危？"（《丙》一二、二一）至武乙、文丁时，危方已被征服，并向商王纳贡。卜辞云："危方以牛其……于来甲申。"（《安明》二四、二）到帝乙、帝辛时代，危方再次叛商，所以卜辞又有大举征危的记录："小臣𥫃从伐，禽危美□人廿人四……"（《续存下》九一五）并用俘获的危方美祭祀殷先王祖丁。据文献记载，武丁时鬼方也是商王室的敌方。《易·既济》说："高宗伐鬼方，三年克之。"《未济》说："震用伐鬼方，三年有赏于大国。"经过三年的反复较量，鬼方终被征服，其首领后曾为殷"三公"①。周方（《殷缀》一八一，《铁》三六、一）与殷的关系也很典型。周原为独立方国，武丁时商不断对周用兵，如卜辞："令多子族眔犬侯扑周。"（《前》五、七、七）"令多子族从犬侯扑周"（《续》五、二、二）。"其克，𡉚周，四月"（《掇》二、一六四）。"……弗𡉚周，十一月"（《铁》二六、一）。后周被征服，向殷称臣，接受"侯白"封号。至商末，周乘纣向东方用兵之机，积极扩充力量，并成功地灭掉了商王朝。

其他如人方、盂方、召方等都曾经是商的诸侯国，但后来都一一叛商。

诸方不肯臣服于商，甚至敢于叛商，究其根本原因，在于它们掌握着一支独立的军队。商代的方国军与周代的诸侯军比较，有两个明显的不同点：一是商代方国军的组建权在方国自己，而周代的诸侯则被削夺这种权力，全

---

① 《史记·殷本纪》。

国军队统由天子组建，是所谓"天子作师"或天子授权"元侯作师"①。二是商代方国军的指挥权，一般说来，也在方国自己，而周代的诸侯军队悉听天子调动，是所谓"礼乐征伐自天子出"②。

其二，当某方臣服于商时，则它的军队就成了王室军的辅助力量，可由商王统一调动和支配。这主要表现为三点：

第一，方国军要为王室守边。

商代的诸侯称"外服"，实即王室的外围屏障。《左传》昭公二十三年说："古者天子守在四夷，天子卑，守在诸侯。"证明诸侯为天子之守。孔晁注《逸周书·职方解》"侯服"说："为王者斥候也。"注"卫服"说："为王捍卫也。"这是古今学人中对"侯""卫"的意义所作的最具权威性的解释。周代诸侯既是王室的"藩屏"，商代的诸侯有捍卫王室的义务，也是极为自然的。卜辞说："癸巳卜，㱿贞：旬亡祸？王占曰：又祟，其又来艰。迄至五日丁酉，允有来艰自西，沚**㦠**告曰：土方征于我东鄙，𢦐二邑，吾方亦侵我西鄙田。"（《菁》二）沚方即商王的斥候之一，为王守边，当土方、吾来犯时，则向王室上报敌情。卜辞又云：

七日己巳，允有来艰自西，微友角告曰：吾方出，侵我……田七十人。

九日辛卯，允有来艰自北，**蚁**妻妌告曰：土方侵我田十人。（《菁》二）

蚁、微均是商的诸侯，为商守卫着北土、西土，抵御着土方和吾方。此外，像甫、攸、雀、瞿等方，也都是商王畿周边的屏障。

第二，方国军要配合王室军出征。

臣服的方国，在商对外邦、外族的战争中，要派兵协同王室军作战，其所派军队要由王室统一指挥。如卜辞："王重从侯告征夷。"（《丙》五二）"令妇好从**㦠**伐巴方"（《粹》一二〇三）。"令多从望乘伐下危"（《后上》三一、九）。"令望乘眔舆途虎方"（《合集》六六六七）。"途"字，于省吾先生释为"屠戮"的"屠"。"从"字，杨树达先生解作"率领"③。侯告、沚**㦠**、望乘是商王诸侯，多、妇好是王室将领。这是方国

---

① 《国语·鲁语下》。

② 《论语·季氏》。

③ 杨树达：《杨树达文集·积微居甲文说》卷上《释从犬》，上海古籍出版社，2013年版，第33～35页。

军协同王室军征伐夷、巴方、下危和虎方的例证。再如卜辞:

乙未〔卜〕,贞立事于南,右从我,中从舆,左从曾。(《掇》二、六二,《南上》五二)

乙未卜,贞立事〔于南〕,右从我,中从舆,左从曾。十二月。(《虚》二三二四)

据杨升南同志说,这两条材料是商军的三个师分别与我、曾、舆(举)三方国的力量互相配合对南方的一次用兵①。总之,臣服于商的方国,其军队听凭王室调遣,协同王室军作战,是王室军的一支重要辅助力量。

第三,方国军可奉王命独立从事征伐。

方国军作为王室军的重要辅助力量,往往可以受商王指派,替代王室军,独立从事征伐。古本《竹书纪年》说:"武乙即位,居殷。三十四年,周王季历来朝,武乙赐地三十里,玉十彀,马八匹。"②又说:"武乙三十五年,周王季伐西落鬼戎,俘十二翟王。"③西落鬼戎即甲文之"鬼方"④。季历朝商后即对鬼方用兵,表明他的军事行动得到了商王准许。《纪年》又说:"大丁四年,周人伐余无之戎,克之。周王季命为殷牧师也。"⑤周人的这次出征应当也是奉王命进行的,所以季历才能得到商王封赏。《史记·周本纪》说纣王赐文王"弓矢斧钺',使得征伐,文王趁机"伐犬戎","伐密须","败耆国","伐邘","伐崇",大大壮大了自己的势力。

方国军暂代王国军,奉命独立从事征伐,于甲文也有明证。如:"叀甫呼令沚它羌方"(《合集》六六二三)。"乎雀伐猷"(《林》二、一五、一一)。"令",《说文》:"发号也。"郑注《礼记·大学》:"谓君所号令之事也。""呼",《说文》:"召也。"所谓"呼令",杨升南同志谓是商王命令方国军"完成各种使命"⑥,至确。

① 杨升南:《略论商代的军队》,《甲骨探史录》,生活·读书·新知三联书店,1982年版。
② 《太平御览》卷83《皇王部八》引。
③ 《后汉书·西羌传》注引。
④ 王国维:《鬼方昆夷猃狁考》,《观堂集林》卷13。
⑤ 《后汉书·西羌传》注引。
⑥ 杨升南:《卜辞所见诸侯对商王的臣属关系》,《甲骨文与殷商史》,上海古籍出版社,1983年版。

三、商代军队的编制

商代军队的编制有两个系统：一个以"族"为编制单位，即以血族团体为基础；一个以"师旅卒两什伍"为编制单位，即以地域团体为基础。关于"族"为单位的编制体系，因史料阙如，详情已不可知。关于以"师旅卒两什伍"为单位的编制系统，尚可考见一二。"师"是该系统的最大建制单位。"师"的人数，卜辞没有明言。学术界看法不一。郭老主编的《中国史稿》认为"师"相当于后世的军："每军可能达一万人左右，三军共三万人。"江鸿同志也持此说①，杨升南、肖楠从之。但据我们考察，"军"级建制单位出现于西周晚期，商代尚无"军"制。日本学者贝塚茂树认为"师"是百人团体②。董作宾先生认为"殷人师旅无定数"③。这几种说法恐怕均非其实。首先，我们应当看到殷代最初的军事组织是与村社组织相统一的，都以"十"、"百"、"千"等十进制为编制单位。对此，张政烺先生有专门论述。他说："中国的氏族组织和军队组织中亦有一种百人团体和千人团体存在。"④张先生之所论，正说明殷代军事组织与村社组织的互相结合。据古代文献和考古资料，在殷代的"百人团体"之下，还有十人团体——"什"和五人团体——"伍"。《逸周书·大聚解》说："五户为伍，以首为长。十夫为什，以年为长。"《周礼·族师）说："五人为伍，十人为联。"《尉缭子·制谈》说："古者士有什伍。"如果以为上述文献谈的是周制，那么殷墟侯家庄大墓的殉葬人，多为十人一排，墓外的排葬坑多为十人一坑；第1004号大墓出土的兵器戈、矛亦作十个一捆，则可视作殷代存在"什"的确证。"什"与"伍"相联系而存在。在殷墟宗庙遗址北组以车为中心的葬坑中，发现在中组最前一车的左右并列3个较大的坑，每坑埋人五名⑤。这3个五人坑绝非偶然，应当是商代有"伍"存在的证据。其实，

① 江鸿：《盘龙城和商朝的南土》，《文物》1976年第2期。

② ［日］贝塚茂树：《京都大学人文科学研究所藏甲骨文字·本文篇》，转引自杨升南《略论商代的军队》。

③ 董作宾：《殷历谱·武丁日谱》。

④ 张政烺：《古代中国的十进制氏族组织》，《历史教学》第2卷第3期，1951年9月。

⑤ 北京大学历史系考古教研室商周组编：《商周考古》，文物出版社，1979年版，第76页。

"伍"由来已久,是农村公社组织的基层单位。这种由伍、什、百、千乃至万人组成的各级十进制组织应当是商代村社组织和军事组织最初的存在形式。但是,任何社会组织和军事组织都不是僵死的模式,它必然要随着生产实践和战争实践的深入发展而不断变化。殷人在狩猎活动和战争活动中所创出的三阵势,就是反映这种变化的突出例证。姚孝遂同志说,商人"围猎的一般情况都是三面包围,将野兽从其隐蔽的森林中逐出,然后加以捕获"①。狩猎中的三面包围法,运用于战争即"右中左"三阵势。从商代师、旅、戍都分为"右、中、左"三部分看,三阵势的存在是不容怀疑的。这与古代希腊、罗马、马其顿的军阵一般由中央和两翼组成极为相似②。为适应三阵势的要求,就需要在每次临战前把十进制的组织,以"三"为单元重新组合一遍。这种"三进制"的编制形式,于《逸周书·武顺解》中,尚可考见③。所以,它必为古代军事编制的遗法。

由三个千人团体组成的较大作战单位,似应即"师"。卜辞出兵以三千人者最为常见,据日人岛邦男《殷墟卜辞综类》统计有21例。"师"的长官曰"师氏"或"师长"④。《尚书·牧誓》说:"嗟!我友邦家君、御事、司徒、司马、司空、亚旅、师氏、千夫长、百夫长。""师氏"的地位在"千夫长"之上、"亚旅"之下,恰符合三千人统帅的身份。

由三个百人团体组成的战斗单位,似应即"师"下之"旅"。三百人这个数字,于卜辞亦习见。如:"丙申卜,贞……马,右中左人三百,六月"(《前》三、三一、二)"……人三百归?"(《京》一三五四)"乙酉卜,唯三百令"(《宁》五〇六)等。陈梦家先生说:"商代师旅似以百人为一小队,三百人为大队。"⑤其说很有价值。所谓百人小队应即"卒",三百人大队应即"旅"。当以"旅"为独立作战单位时,卜辞就直称"旅"。当以"师"为作战单位时,"旅"可并入"师"中。十旅一师,恰保持了十进制形式。

---

① 姚孝遂:《甲骨刻辞狩猎考》,《古文字研究》第6辑。
② 《马克思恩格斯全集》第14卷"军队""步兵"。
③ 《逸周书·武顺解》:"三伯一长曰佐,三佐一长曰右,三右一长曰正,三正一长曰卿,三卿一长曰辟。"但《武顺解》不知"三进制"须以"十、百、千"为基数,一味三进,导致误谬。
④ 《尚书·盘庚》。
⑤ 陈梦家:《殷虚卜辞综述》,中华书局,1956年版,第513页。

在"旅"以下，"百人团体"的形式被保存下来，即后来所谓的"卒"。《诗·秦风·黄鸟》刺秦穆公用人殉葬，哀三良之死，犹以"百夫"作譬，可见百人团体源远流长。

由三什组成的较小作战单位，似应即"两"。三十这个人数，于卜辞也有一见："贞，象以三十马，允其牵羌。贞，象……三十马，弗其牵羌。"（《乙》三三八一）象是人名，羌是羌方人的称谓，牵即执。全句意为象率三十人乘马去捉羌方人。

这种"师旅卒两"的军事编制系统最初大概是临时性的。故殷武丁时"登人""收人"等尚以"百人""千人"为基本形式。但后来为适应战争的需要，则把这种组织形式逐渐固定下来，从而形成了与"什""百""千"的村社组织既有联系又有区别的"师旅卒两"军事组织体制。至周代，为适应军事组织的需要，统治者又以这种形式为模式改造了村社组织，从而形成了如《周礼》所说的军事组织与村社组织相统一的形式，是十分可能的。

再将本文论点归纳一下：

1. 商代军队组织的特点有王国军和方国军以及以"族"为编制单位的"族"军。"族"军是氏族武装的孑遗，曾长期存留于中国奴隶社会。不论王国军、方国军还是族军，就其性质来说，都是"兵农合一"的民兵。商代还未产生常备军。

2. 王国军是商王朝赖以存在的基本武装力量。方国军具有二重性：当王国军强大，方国臣服于王国时，它是王国军的重要辅助力量，可由王调遣和支配；而当王国军削弱，方国不臣或反叛王国时，它就成了王国军的敌对武力。所以，商王室对诸方的战争是构成商代历史的一个重要方面。

3. 商代的军事编制分为以"师旅卒两"为单位和以"族"为单位的两个系统。前者以地域关系为基础；后者以血缘关系为基础。这反映了血族团体在商代社会生活中的巨大支配作用。"师旅"的编制特点，似以十进制为基础，然后三重之，即三千人为一师，三百人为一旅。这种编制形式是由战争实践所需要的三阵势决定的。

（原载胡厚宣主编《全国商史学术讨论会论文集》，1985年出版）

论周代军事制度的几个特点

军事制度是构成周代奴隶制国家制度的重要部分。研究周代军事制度的特点，将有助于我们深入认识周代奴隶制国家的本质。但是，以往对这一问题的研究，多局限于某一专题或某一侧面，远未能反映出周代军事制度的特点及其全貌。有鉴于此，本文准备从兵役、兵源、军赋、军事领导体制以及禁卫军制度等五个方面来综合探讨这一问题。

一、"兵农合一"

"兵农合一"是周代兵役制度的一个基本特点。关于这一点，古代文献有明确记载。《周礼·地官·大司徒》说：

令五家为比……五比为间……四间为族……五族为党……五党为州……五州为乡。

《小司徒》说：

乃会万民之卒伍而用之：五人为伍，五伍为两，四两为卒，五卒为旅，五旅为师，五师为军。

"比、间、族、党、州、乡"是行政组织，"伍、两、卒、旅、师、军"是军事组织。行政组织与军事组织两两相应，互相统一，这正是"兵农合一"制度的鲜明特点。马克思说过，古代的家庭公社就"首先是按军事方式组织起来的，是军事组织或军队组织"[①]。毋庸置疑，《周礼》所说的这种行政组织与军事组织的统一，也就是这种村社制度存在于中国的合乎规律的反映。

---

① 《马克思恩格斯全集》46卷，人民出版社，1979年版，第475页。

《国语·齐语》记载管仲在齐改革军事制度说：

五家为轨，轨为之长；十轨为里，里有司；四里为连，连为之长；十连为乡，乡有良人焉。

以为军令：五家为轨，故五人为伍，轨长帅之；十轨为里，故五十人为小戎，里有司帅之；四里为连，故二百人为卒，连长帅之；十连为乡，故二千人为旅，乡良人帅之；五乡一帅，故万人为一军。

其"轨、里、连、乡"是村社的居民组织，其"伍、小戎、卒、旅"就是军队的军事组织，这两者也是互相统一的，与《周礼》所述若合符节。三国时人刘劭说周代"天子寄军政于六卿，居则以田，警则以战"[①]。宋人叶适说周代"寓兵于农，寓将于卿"[②]。这都是对周代军事实行"兵农合一"制度的精辟概括。《国语·齐语》说齐"卒伍整于里，军旅整于郊"，指的也正是这一点。

"兵农合一"制度的经济基础是以土地公有为特征的井田制度。《汉书·刑法志》说周代"因井田而制军赋"，正道出了这一问题的因果关系。在井田制度下，每一具有士兵身份的村社社员都得到一块由村社代表国家分配的足以维持自己和家属生活的份地，并为国家负担兵役。份地是他为国家服兵役的基础，兵役则是他因份地而产生的义务，两者相辅相成。这与恩格斯所说在马尔克公社制度下"每一个自由的土地占有者都有服兵役的义务"[③]，精神实质也是一样的。

"兵农合一"的兵役制度，决定了当时的军事训练必然要在农闲时进行，其主要目的，当然是为了不违农时。同时，这种军事训练还与当时的四时田狩紧密相联，这是由殷代遗留下来的古老传统。其四时田狩的名称，曰"春蒐夏苗，秋狝冬狩"[④]。四时的军事训练又以春、秋两季为主，曰"春以蒐振旅，秋以狝治兵"[⑤]。这是当时村社生活的一般规律。《周礼·夏官·大司马》《诗·豳风·七月》《礼记·月令》以及《左传》《国语》对周代

---

① 《续汉书·百官志五》刘昭注引刘劭《爵制》。

② ［南宋］叶适：《礼经会元》卷二。

③ 《马克思恩格斯全集》19卷，人民出版社，1963年版，第362页。

④ 《左传》隐公五年。

⑤ 《国语·齐语》。

"因田猎以习五戎"的内容多有记载，此不赘述。

在"兵农合一"制度下，村社社员平时务农，战时始执戈当兵，与终日兵不离手、手不离兵的常备军不同，由此就形成了临战集结和临时授兵制度。《左传》说"楚子将围宋，使子文治兵于睽"，"晋侯治兵于稷，以略狄土"，"郑伯将伐许，五月甲辰，授兵于大宫"，"楚武王荆尸，授师子焉以伐随"①等事例，皆其证。

军队的武器，战时取之于官府，战后复归还于官府。官府专门设有保管武器的机构，如《周礼》所载的"司兵""司戈盾""司弓矢""校人""司常""鼓人"，《左传》所载的"校正""工正"②等，即是专门负责收管武器和军用物资的吏员。

周代之所以形成"兵农合一"的兵役制度，主要取决于周代奴隶制的社会形态。根据马克思主义的观点，奴隶制的社会形态有古代劳动奴隶制和东方家庭奴隶制两种。而古代东方型的奴隶制形态是建筑在"农村公社"的基础之上的，它有两个鲜明的标志：其一，"没有产生土地私有制"；其二，"国家政权以专制政体"的形式出现③。从我国周代的历史实际看，它的奴隶制形态，显然是属于古代东方类型的，所以，农村公社制度就成为"兵农合一"的最深刻的社会根源，使它能够做到"乡田同井，出入相友，守望相助"④。

二、国人当兵，野人不当兵

周代的兵源主要来自国人，这是周代军事制度的第二个基本特点。

周代存在着国、野或曰乡、遂制度，这种制度不仅是一种政治制度，而且也是一种军事制度。这就是：国人当兵，野人不当兵。国人是"服兵役的公民"，野人是"不许服兵役的无产者"。综观《周礼》一书，乡为国，遂为野，界划十分鲜明。叶适说："司徒之教：饮，惟曰乡饮；射，惟曰乡

① 《左传》僖公二十七年、宣公十五年、隐公十一年、庄公四年。
② 《左传》襄公九年。
③ 《马克思恩格斯全集》19卷，人民出版社，1963年版，第541页。
④ 《孟子·滕文公上》。

射；宾兴，惟曰乡三物；纠民，惟曰乡八刑。岁时邦法之读，德行道艺之
选，友弟睦姻任恤之书，惟及六乡而不及遂……在六遂者，土则曰野，民
则曰氓，牲曰野牲，职曰野职，道曰野道，役曰野役，赋曰野赋。"①叶说
至确。"国"中的居民，文献上称为"国人"。他们享有充分的权利，可以
参与政治活动，接受学校教育，执干戈以卫社稷等等，在国家事务中发挥举
足轻重的作用，是奴隶制国家的主要支柱。据《周礼·小司寇》讲，国人在
"国危""国迁""立君"等一系列国家重大事务上，都有发言权。在这方
面，《尚书·盘庚》所载盘庚迁殷事，《左传》哀公元年所载陈怀公向国人
征询"国危"事，都为我们提供了很好的证明。"礼、乐、射、御、书、
数"②是国家对国人进行教育的主要科目，其中的"射、御"就是军事项目。
国人平时接受军事教育，战时当然要义不容辞地承担兵役。《左传》闵公二
年说：

> 狄人伐卫。卫懿公好鹤，鹤有乘轩者。将战，国人受甲者皆曰：使鹤，
> 鹤实有禄位。

这是卫国军队由国人组成的证据。《左传》宣公十二年说：

> 楚自克庸以来，其君无日不讨国人而训之于民生之不易，……在军，无
> 日不讨军实而申儆之于胜之不可保。

这是楚国军队由国人组成的证据。《尚书·费誓》说鲁国军队出于
"三郊"，即"三乡"。《国语·齐语》说齐国的三军尽出于国中的"士乡
十五"。总之，在周代实行国人当兵制度，这是无可怀疑的。"野"是由原
始社会部落或部落联盟之间的"广阔的中间地带"发展来的。在周代，这里
是安排没有政治权利的居民，例如被征服者、移民和战俘的地区，因即命名
其居民为"野人"。野人又被称作"氓""萌""甿"等，其身份相当于马
克思所说的"普遍奴隶"。《国语·周语下》说："黎苗之王，下及夏商之
季……子孙为隶，不夷于民。"《左传》宣公十二年记郑伯向楚王投降说：
"其俘诸江南，以实海滨，亦唯命；其翦以赐诸侯，使臣妾之，亦唯命。"
所谓"实海滨"，就是令其处于野。这二例，说明不论部落或国家一旦被征
服，其臣民就可能沦为野人。野人也以村社的形式组织起来。《周礼·地

---

① ［南宋］叶適：《礼经会元》卷2。

② 《周礼·地官·大司徒》。

官·遂人》说："掌邦之野。以土地之图经田野，造县鄙形体之法：五家为邻，五邻为里，四里为酂，五酂为鄙，五鄙为县，五县为遂，皆有地域，沟树之。使各掌其政令刑禁，以岁时稽其人民，而授之田野，简其兵器，教之稼穑。"邻、里、酂、鄙、县、遂就是野人村社的各级行政组织。《左传》所说的"野司寇"①盖即管理野人刑狱的官员。野人不享有国人的那些政治权利，尤其是不承担兵役，而专门从事农业生产，为国家纳税和服徭役。故《遂人》说："以田里安甿，以乐昏扰甿，以土宜教甿稼穑，以兴锄利甿，以时器劝甿，以彊予任甿。"从《齐语》看，齐国对鄙野之农正是这样处置的："制鄙：三十家为邑，邑有司；十邑为卒，卒有卒帅；十卒为乡，乡有乡帅；三乡为县，县有县帅；十县为属，属有大夫。五属，故立五大夫，各使治一属焉。"五属的农民旦暮从事于田野，"少而习焉，其心安焉，不见异物而迁焉"。

由于国人当兵，野人不当兵，所以国野的赋税制度也不同：国曰"赋"，野曰"税"。《汉书·食货志》谈到周代赋、税的内容说："赋共车马甲兵士徒之役，充实府库赐予之用"；"税给郊社宗庙百神之祀，天子奉养百官禄食庶事之费"。可见，"赋"就是军赋，包括车马、甲兵、士徒和府库财物。这说明周代的军赋和兵役制度是统一的，服兵役者纳军赋，不服兵役者不纳军赋。《孟子·滕文公上》说周人使"野九一而助，国中什一使自赋"，也证明了这一点。"助"是农业税，具体来说是公田的收入。其时野人不服兵役，所以不纳军赋，而专治公田纳税。国人因服兵役，纳军赋，所以不治公田，不纳农业税。国人集兵役和军赋于一身，这正是"兵农合一"的一项重要内容。郑玄《周礼·遂人》注说："遂之军法、追胥、起徒役如六乡。"这是不正确的。实际上，周代"遂内不见出军之法"，"周之军赋悉出六乡，家出一人，故乡出一军。诸侯三军出于三乡。其余公邑、采地，不以为军"②。唐人贾公彦、孔颖达已见及此，但他们囿于疏不破注，屈从郑说，因而也不免错误。

清儒江永和朱大韶也看到了周代国人当兵、野人不当兵的事实。江永

---

① 《左传》昭公十八年。

② ［唐］贾公彦：《周礼·地官·遂人》疏；［唐］孔颖达：《诗·大雅·公刘》疏。

说："齐之三军悉出近国都之十五乡，而鄙野之农不与也。"①朱大韶说："兵出于乡，故《小司徒》但有出军法，无田制；《遂人》但有田制，无军赋。周制兵农本分。"②这是难能可贵的。但是江、朱二学者将国野异制理解为"兵农固已分矣""兵农本分"，则是大谬不然。实际上，国野异制与兵农本分是完全不同的两回事。关于国野异制，已如上述，不再赘。关于"兵农本分"，其标志只能是国人与军人分制，使军人正式成为职业军人，不再像国人那样平时务农，具有农民身份。而这在中国是战国时期才出现的事。当春秋时期，一如《周礼》和《齐语》所说，享有服兵役特权的国人始终具有亦兵亦农的双重身份。再说，《齐语》明言管仲的军制改革是"作内政而寄军令"，这正是"兵农合一""寓兵于农"，怎能据此说齐国"兵农固已分"呢？

三、两级兵役制度

上述"兵农合一"和"国人当兵，野人不当兵"，可以说是周代军事制度的两个基本特点。在"国人当兵"的前提下，周代的兵役又分两级：一级曰"正卒"；另一级曰"羡卒"。《周礼·地官·小司徒》说：

起徒役，毋过家一人，以其余为羡。唯田与追胥竭作。

贾公彦疏说："一家兄弟虽多，除一人为正卒，正卒之外其余皆为羡卒。"可见所谓"正卒"，就是时刻准备服现役的"卒"，一家仅出一名。"正卒"，《孟子·滕文公》视之为"正夫"。正卒受役，则称"正徒"③，受兵则称"正夫"④。所谓"羡卒"，是准备在"国有大故"时动用的"卒"，其实就是预备役人员。

周代确定服役人员的标准，据《周礼·地官·乡大夫》说是"国中自七尺以及六十"。贾疏据韩《诗》"二十行役"，说"七尺"为"年二十"。贾疏的说法并不确切。《秦简·仓律》说："隶臣、城旦高不盈六尺五寸，

---

① ［清］江永：《群经补义·春秋》。
② ［清］朱大韶：《实事求是斋经义·〈司马法〉非周制说》。
③ 《左传》襄公九年。
④ 《左传》襄公二十三年。

隶妾、春高不盈六尺二寸，皆为小。"《论语·泰伯》说："曾子曰：可以托六尺之孤，可以寄百里之命。"《荀子·仲尼》说："仲尼之门，五尺之竖子，言羞称乎五伯。"说明周代衡量成人的标准主要是身长而不是年龄。《史记·秦始皇本纪》说始皇十六年"初令男子书年"。可见在此之前国家确定服役人员的根据是身长而不是年龄。因此，汉代学者所说的"七尺为年二十，六尺为年十五"云云，只能看作是大体上近似而已。

凡身长"七尺"以上，年龄未满"六十"的男性国人，都要接受军事训练，所以《周礼》说："唯田……竭作。"但遇有战争，就只出动"正卒"，"羡卒"留作预备役人员。这就是所谓"田有余夫，军有羡卒，皆所以副其正也"①。

"羡卒"又称"余子"。《小司徒》说："凡国之大事，致民；大故，致余子。"郑司农说："余子谓羡也。"是其证。但郑玄注说："余子，卿大夫之子，当守于王宫者也。"二郑的说法，差别很大，不可不辨别明白。从《周礼》将"民"和"余子"相对为文来看，郑司农以"余子"为"羡"是对的。但《左传》宣公二年说："及成公即位，乃宦卿之适子而为之田，以为公族；又宦其余子，亦为余子；其庶子为公行。晋于是有公族、余子、公行。"似能证成郑玄说。于二郑之外，司马彪《庄子·秋水》注说："未应丁壮为余子。"苏林《汉书·食货志》注说："未任役为余子。"最近，陈奇猷先生校释《吕氏春秋》，于《报更》篇并列三说，并加按语："各说不同，未知孰是？"

其实，这一问题，清儒早已解决。金榜、王引之、孙诒让都对"余子"的涵义作过详尽的辨析②。为节省篇幅，本文对金、王、孙诸家说不拟具引，只摄其要点如下：

（1）《周礼·小司徒》所说的"余子"，是"羡卒""余夫"，并非"卿大夫之子"；

（2）"余子"一词，泛指"正卒"以外的国人子弟，这是通例。"卿大夫之子"称"余子"，乃至晋有"余子"之官，是特例；

（3）"余子"作为受役者的名称，应以《周礼·乡大夫》所说的国中

---

① ［北宋］陈祥道：《礼书》卷150。

② 金说见《周礼正义》卷20引，王说见《经义述闻》卷8，孙说见《周礼正义》卷20。

"七尺"，野"六尺"为标准。至于以"二十岁""十五岁"的年龄作为受役标准的说法，是后起之制。

由此可见，郑玄专指"余子"为"卿大夫之子"是错误的。晋的"余子"之官，亦应起于"余子"之名，而不是相反。至于司马彪说"未应丁壮为余子"，苏林说"未任役为余子"等，皆臆说，不足为信。近有人说余子为"乡遂未成年的奴隶子弟"①，更无事实根据。

"羡卒"作为预备役人员，在西周时是不参加战争的。但在春秋时期，由于战争规模不断扩大，兵源严重不足，所以"羡卒"也被征调到战场上来了。彭城之役，晋发命于军曰："归老幼，反孤疾，二人役，归一人。"②越王勾践伐吴，"明日徇于军，曰：有兄弟四五人皆在此者，以告"③。这就说明"家出一人"④"役不再籍"的旧例，已经因不适应新形势的需要而被突破，家出二人，或全部"羡卒"走上战场，已经司空见惯了。

四、军事领导体制的一元化和军队组织的多元化

《国语·鲁语下》讲周代的军事制度说："天子作师，公帅之，以征不德。元侯作师，卿帅之，以承天子。诸侯有卿无军，帅教卫以赞元侯。自伯子男有大夫无卿，帅赋以从诸侯。是以上能征下，下无奸慝。"这段话说明，周代的军事领导体制是一元化的，天子是全国军队的最高统帅，军权悉握天子手中；诸侯国军队的数量各依其爵位的高低而定，并听凭天子调动，"是以上能征下，下无奸慝"。周代军队领导体制的一元化，是西周时期"礼乐征伐自天子出"的军事基础。同时，周代的军队组织又是多元化的，除"天子作师"以外，元侯有"师"，诸侯有"教卫"，伯子男有"赋"。周代军事制度的这个特点，是由其政治上的分封制度造成的。依据分封制度，周天子辖有"千里"邦畿⑤，诸侯国的领地不过"百里""七十

---

① 蓝永蔚：《春秋时代的步兵》，中华书局，1979年版，第75页。
② 《左传》襄公二十六年。
③ 《国语·吴语》。
④ 见《周礼·地官·小司徒》。
⑤ 《国语·周语中》。

里""五十里"①。天子领地面积是诸侯国领地的几十倍、上百倍,政治经济
实力远远超过各诸侯国,因而能建立起一元化的军事领导体制。由天子分封
的诸侯国,对于王室来说具有相对的独立性,他们不仅有独立的政权、独立
的经济,而且具有相对独立的军队,从这一意义上说,周代的军队组织又是
多元的。关于周代军事领导体制的一元化问题,笔者已有专论②,此从略。下
面侧重谈周代诸侯国军队组织的多元化问题。

在西周时期,诸侯国军队的数量是由其所享爵位的高低来决定的。

何休《公羊传》注说,周代"天子六师,方伯二师,诸侯一师"。从
金文材料看,何休所说的"天子六师",当指"西六师"而言。而周天子的
军队远不止"六师",这一点何休有误。但何说"方伯二师,诸侯一师",
恐怕不无来历,我们也可以在文献中找到一些线索。据《左传》僖公十二
年载,齐国"有天子之二守"国子、高子,位为上卿。因为这是直接由周
天子任命的卿,故又曰"命卿"。《国语·鲁语下》说:"元侯作师,卿
帅之,以承天子。"《周礼·大司马》说:"军将皆命卿。"由此可以断
言周代的军制是与卿制相统一的,也就是说,天子委任几个"命卿",诸
侯国就能组建几师军队。《礼记·王制》说,周代"大国三卿,皆命于天
子;……次国三卿,二卿命于天子,一卿命于其君;……小国二卿,皆命于
其君"。郑玄注说:"小国亦三卿,一卿命于天子,二卿命于其君。此文似
误脱耳。"按郑注是对的。周代的大国,依《公羊传》说是"天子三公"和
"王者之后"。《左传》于周公、召公、虢公称"公",于宋说:"宋,先
代之后也,于周为客。"③是其证。"次国"即"元侯","小国"即"诸
侯"。与大国三命卿,次国二命卿,小国一命卿的制度相适应,其军队的师
数就是"大国三师,次国两师,小国一师"。齐在宗周为"元侯",有两位
"命卿",即应有"二师"军队。此与何休说法相符,应是周代初期诸侯国
的军制。但是在宗周几百年的发展变化当中,其初期的军制不会一成不变。
尤其是在西周厉王时期,发生了历史上有名的"厉始革典"事件。所谓"革
典",自然可以理解为政治、军事等重大制度的变革。《周礼·大司马》

---

① 《孟子·万章下》。

② 参见拙著:《试论西周军事领导体制的一元化》,《人文杂志》1986年第2期。

③ 《左传》僖公二十四年。

说：“凡制军，万有二千五百人为军。王六军，大国三军，次国二军，小国一军。”在西周初年，尚有师无军，那么这个制度似应就是厉王革典以后的新制，其下限最迟也不超过东周初年。

《诗·采芑》一般认为是周宣王时诗。这首诗为我们提供了宣王采用“王六军”这一新制的证据。其诗说“方叔涖止，其车三千。”考《左传》宣公十二年杜注引《司马法》曰“二十五人为两”，即“革车一乘，士十人，徒二十人”[1]。其中，“徒二十人”，据清儒金鹗和孙诒让研究，是“步卒十五人，加以厮养五人也”[2]。专就战士而言是“十五人”。十名甲士，十五名步卒构成一辆战车的兵力，故《司马法》说：“二十五人为两。”这个数字也与《周礼》的“两”相符。依此计算，则“其车三千”，士卒为七万五千人，恰符《大司马》“王六军”之制。这绝不会是偶然的。

诸侯“大国三军，次国二军，小国一军”之制，也有踪迹可寻。春秋伊始，郑、楚二国皆有“三军”[3]。至齐桓公时，齐也建立了“三军”。《诗·鲁颂·閟宫》云：“公车千乘，朱英绿縢，二矛重弓，公徒三万，贝胄朱綅，烝徒增增。”《閟宫》是春秋时歌颂鲁僖公之作，僖公的“公车千乘，公徒三万”，依《周礼》五百乘为军计，适为“二军”；“公徒三万”，除却每乘役徒五名计一千乘五千名外，余二万五千人，也适成“二军”之数。《左传》庄公十六年说周僖王始命晋武公“以一军为晋侯”。晋在春秋初年，因曲沃叛乱，国力削弱，沦为小国，故置“一军”。由此可见，《周礼》所载的军制应信为西周晚期制度。

诸侯国军队的数量，最初大者三师、二师，小者一师，后来大国三军、二军，小国一军，皆由王室统一指挥调动，是王室军的辅助力量。在王室保持强大的军事地位时，他们不能构成对王室的威胁。但是，他们军队所具有的相对独立的性质，像分封制中酝酿着诸侯割据一样，也潜藏着分裂的因素。所以，当宗周覆灭，王六军瓦解以后，维系周代一元化军事领导体制的纽带随之解体，东周王室失去了控制诸侯军队的强大后盾，列国的军权从此也就完全由诸侯自专。因而，周代军队组织多元化的特点就突出地表现出来

---

① 《周礼·地官·小司徒》郑玄注引。
② 〔清〕金鹗：《求古录礼说·军制车乘士卒考》；〔清〕孙诒让：《周礼正义》卷54。
③ 《左传》隐公五年、桓公六年。

了。这时的诸侯，国不论大小，爵不论高低，都积极扩充军队，不但普遍效法大国组建三军，而且某些国家甚至建立四军、五军、六军。周代军队组织的多元化最终演变成五伯、七雄割据混战的历史局面。

五、周代的禁卫军制度

周代的禁卫军名曰"虎贲"①。《周礼·夏官·虎贲氏》说：

掌先后王而趋以卒伍。军旅、会同，亦如之。舍，则守王闲。王在国，则守王宫。国有大故，则守王门。大丧，亦如之。

这就是说，王在出行时，虎贲在前后警卫；王休止时，虎贲宿卫王行宫；王在国，虎贲守卫王宫。国有大故、大丧等非常之变时，虎贲守卫王门。除此而外，如遇有道路不通或征召师役等事，虎贲也可以作为使节，奉征令简书出使四方。《尚书·顾命》载成王崩，"太保命仲桓、南宫毛俾爰齐侯吕伋，以二干戈、虎贲百人，逆子钊于南门之外"。《国语·鲁语下》说："天子有虎贲，习武训也；诸侯有旅贲，御灾害也。"这也足以证明"虎贲"和"旅贲"是王和诸侯的禁卫之士。这种禁卫军制度在春秋、战国时仍然存在，如春秋时楚国的禁卫军曰"二广"②，晋的禁卫军曰"公介"③，战国时赵王的禁卫军曰"黑衣"④，秦王的禁卫军曰"郎中"⑤。

周代的禁卫军主要由卿大夫子弟组成。卿大夫子弟称为"国子"，平日由师氏和保氏管理。师氏教之以"三德"和"三行"。其三德是"一曰至德，以为道本；二曰敏德，以为行本；三曰孝德，以知逆恶"。其三行是"一曰孝行，以亲父母；二曰友行，以尊贤良；三曰顺行，以事师长"。保氏教之以"六艺"和"六仪"。其六艺是"一曰五礼，二曰六乐，三曰五射，四曰五驭，五曰六书，六曰九数"；其六仪是"一曰祭祀之容，二曰宾客之容，三曰朝廷之容，四曰丧纪之容，五曰军旅之容，六曰车马之容"。

---

① 虎贲在西周时为王室禁卫军名称，但战国以后则演变成为一般士卒的通称，如《战国策·楚策一》：秦"虎贲之士百余万"。参见王引之《经义述闻》卷21。

② 《左传》宣公十二年。

③ 《左传》宣公二年。

④ 《战国策·赵策四》。

⑤ 《战国策·燕策三》。

在当时这是颇为完备的品德、文化和军事教育。作为教育的一种实践形式，他们要在师、保的统帅下跸卫王宫。经过严格教育和训练的卿大夫子弟还不就是虎贲，二者还不能完全等同。因为虎贲只是他们当中的一部分，是从他们当中选拔出来的。这一点从战国时赵国左师触龙请太后允许其子"得补黑衣之数，以卫王宫"，可以得到证明。虎贲作为王室的禁卫军，常常在战争中起重要作用，是军中的主力。如《史记·周本纪》说武王的禁卫军"虎贲三千人"，是伐纣的主力。《左传》僖公二十八年说楚王的禁卫军"左、右广"、楚太子的禁卫军"东宫"，是楚中军的主力等，皆其证。

虎贲虽然是军队中的一支重要力量，但又是一支特殊的力量。这就使它与一般的"师旅"不同。一般的"师旅"，兵员来自国人，平日为农，战时为军，是"兵农合一"的。虎贲则不然，虎贲来源于国中的"贵游子弟"。贵游子弟平日脱离生产劳动，一旦被选拔为"虎贲"，就成了有爵禄的王室职官，食田食禄，位为大夫、士，而且可以继续升迁，成为统治阶级中的一员。所以，由贵游子弟组成的"虎贲"，无疑是一支常设部队。但这是一支纯粹的贵族军，类似沙俄时代的士官生，人数并不多，所以它不是周代奴隶制国家军队的主体，因而它的存在并不影响周代军事制度"兵农合一"的民兵性质。

综上可见，周代军事制度的特点是多方面的、独特的，既不同于殷代，亦与战国后的军制有异。其兵役，也就是其兵制的最基本的形式是"兵农合一"的民兵制度；其兵源的特点是"国人当兵，野人不当兵"，这实质上就是自由民当兵，奴隶不当兵；其军赋则与兵役制度相结合，当兵者纳军赋，不当兵者不纳军赋而纳税；其兵役还划分为现役和预备役两级；其军事领导体制的特点是一元化的，但其军队组织又是多元化的，这最终导致了春秋战国时的诸侯割据和战争；其禁卫军虽然具有常备军的性质，但由王官组成，是一支贵族军，且人数不多，并不影响它军事制度的民兵性质。从周代军事制度的所有这些特点来看，它的军事制度是与它政治上的分封制度相适应的，是一种比较完备的奴隶制的军事制度。

（原载《吉大校庆四十周年论文集》，吉林大学出版社，1987年版）

试论西周军事领导体制的一元化

军事制度是西周奴隶制国家制度的重要组成部分。

以天子为中心的西周军事领导体制一元化，是与西周政治制度相适应的。西周政治制度的最大特点，是实行分封制，周天子辖有"千里"[①]邦畿，诸侯的领地则不过"百里""七十里""五十里"[②]。天子领地的面积是诸侯国的几十倍甚至上百倍，这就使天子具有支配诸侯的强大的政治经济力量，从而也就为西周建立以天子为中心的一元化军事领导体制，奠定了雄厚的物质基础。

西周军事领导体制一元化的标志，大致可以归纳为以下三点。

一、周天子是全国军队的最高统帅，握有强大的王室军队

《国语·鲁语》载春秋时鲁国大夫叔孙穆子说：

天子作师，公帅之，以征不德。元侯作师，卿帅之，以承天子。诸侯有卿无军，帅教卫以赞元侯。自伯子男有大夫无卿。帅赋以从诸侯，是以上能征下，下无奸慝。

这段话准确地概括了西周的军事制度。所谓"作师"，即组建军队；所谓"帅师"，即统帅军队。在西周时代，这两项权力均由周天子掌握，诸侯是无权参与的。虽然，"元侯"尚保留着组建军队之权，但在行使这种权力时，必须"承天子"，即必须接受天子的命令。天子准许诸侯国所组建军队的数量，各依其爵秩的高低等次而定。这就表明，周天子已经成为全国军队的最高统帅，国家的一切军事权力都集中在天子手中。这种以天子为核心的

---

① 《国语·周语中》。
② 《孟子·万章下》。

军事体制，毋庸置疑，是一元化的领导体制。又据金文资料，"西六师"和"殷八师"，是周天子直接掌握的两支强大的王室军队，这是西周赖以建立一元化军事领导体制的支柱。

李学勤、于省吾二先生认为"殷八师"又称"成周八师"，两者名异而实同①。西周王室所以建立"西六师"和"成周八师"两支大军，这与它政治上的"分陕而治"有密切关系。丰镐号为"宗周"，本为西周旧都；洛邑号为"成周"，是成王时在东方营建的东都。武王克商以后，西周的疆域扩大，西临"魏、骀、芮、岐、毕"，东达"蒲姑、商奄"，南至"巴、濮、楚、邓"，北抵"肃慎、燕毫"②。为便于统治这辽阔的疆域，武王曾亲自选定"洛邑"为统治东方的中心。成王时铜器《何尊》铭文曰"佳武王既克大邑商，则廷告于天曰：余其宅兹中或（国），自之乂民"，即其证。但是此计划未及实现，武王即溘然长逝。周公、成王继承武王遗志，终于在武王死后的第五年开始营建洛邑。一俟洛邑建成，西周王室便倾注了强大的政治、军事力量，王室重臣周公亲任洛邑留后③，并设置八师兵力以镇抚东方。这就形成了西周由周、召二公"分陕而治"的政治体制。

关于这种"分陕而治"的政治体制，绝不只是简单的行政区划，而是有其深刻的社会内容的。孙作云先生说："这周、召二公分陕而治，就是划分大军区、分区域统治的办法，'西六师'和'成周八师'是西周朝廷的支柱。这两支军队都归周天子统帅，而由两大军区的最高军事首脑指挥。在武成时代，西六师归召公指挥，成周八师归周公指挥。"④这说明西六师和成周八师的指挥权，都操于天子手中，其统帅由天子亲自委任。周初，继周公统帅"成周八师"的首脑，尚历历可寻。《尚书·君陈》序说："周公既没，命君陈分正东郊成周。"君陈为周公之子，成王命他"分正东郊成周"，他当然是"成周八师"首脑。《尚书·顾命》说："毕公率东方诸侯。"昭王时《令彝》铭文曰："令周公子明保尹三事四方……明公朝至于成周，徙令

---

① 李学勤：《郿县李家村铜器考》，《文物参考资料》1957年第7期；于省吾：《略论西周金文中的"六自"和"八自"及其屯田制》，《考古》1964年第3期。

② 《左传》昭公九年。

③ 《尚书·洛诰》载成王云："公，予小子其退，即避于周，命公后。"

④ 孙作云：《说酃在西周时代为北方军事重镇——兼论军监》，《河南师大学报》1983年第1期。

舍三事令。"《小臣谦簋》铭曰:"白懋父以殷八师征东夷。"由此可见,毕公、明公、白懋父等也先后为"成周八师"统帅。

周天子直接掌握两大军区的十四师兵力,这可以说是西周时期中央政府的军队。按周初尚承殷制,每师约三千人[1],其总兵力可达四万余人。在当时,这是一支绝无仅有的强大武装力量,是任何诸侯都无法与之相匹敌的。所以,西周能够建立起"礼乐征伐自天子出"[2]的政治体制,能够维持长达数百年之久的安定局面,是毫不奇怪的。

二、周天子掌握组建和指挥诸侯国军队的权力

周代诸侯的军队,可以说是地方军队。商代诸侯的地方军队过分强大,叛服无常,这是导致商王朝亡国的重要原因之一。殷鉴在前,西周的统治者采取了大力削弱诸侯国的军事力量,使之服从王室的一系列措施。上引《鲁语》所说的"元侯作师,卿帅之,以承天子。诸侯有卿无军,帅教卫以赞元侯。自伯子男有大夫无卿,帅赋以从诸侯",就是西周实行控扼和限制诸侯国军队的总政策的一个重要内容。依据这一政策,诸侯国军队的组建权和指挥权,都受王室支配,从而被纳入王室军队附庸的轨道。

《鲁语》所说的"元侯",又曰"方伯",在诸侯中的地位仅次于"公",是诸侯之长。西周初年,卫、齐、鲁、晋四国就是这样的国家。如《尚书·康诰》云:"王若曰:'孟侯,朕其弟,小子封。'""孟侯"就是"元侯","封"就是卫康叔。《左传》僖公四年载齐管仲说:"昔召康公命我先君大公曰:'五侯九伯,女实征之,以夹辅周室。'"《诗·鲁颂·閟宫》说:"王曰'叔父,建尔元子,俾侯于鲁。大启尔宇,为周室辅。'"春秋时晋国铜器《晋公盫》铭云:"公曰:我皇祖唐公,膺受大命,左右武王,龢〔燮〕百蛮,广治四方。"可见,齐、鲁、晋三国同卫一样系方伯,均属"元侯"爵位。"方伯"是王室的藩屏,可以代表天子坐镇

---

① 关于商代每师的人数,学术界说法不一。有谓万人者,有谓百人者,有谓无定数者。笔者认为,每师似为"三千人"。详拙著:《商代军队组织论略》,《全国商史学术讨论会论文集》,《殷都学刊》增刊,1985年2月。

② 《论语·季氏》。

一方，享有征伐大权。但是这种权力必须由天子赐予，即如《礼记·王制》所说"诸侯，赐弓矢，然后征；赐斧钺，然后杀"。周夷王赐虢季子弓矢斧钺，使之"用征蛮方"[①]即其例。春秋时，周襄王赐晋文公弓矢斧钺，命为"侯伯"，即袭用西周遗制。"元侯"作为天子的股肱，依制可组建几师军队呢？汉儒解经，说法不一。韦昭《国语·鲁语》注说："元侯，大国之君。师，三军之众也。"意为"元侯"可建"三军"。何休《公羊传》隐公五年注说："天子六师，方伯二师，诸侯一师。"说"元侯"可建"二师"军队。我们以为，何休的说法可以信从。因为韦注显然依据《周礼》"王六军，大国三军，次国二军，小国一军"而立论，但是西周初最大的军事建制单位为"师"，并无"军"，所以《周礼》讲的军制肯定不是西周初期制度。《公羊传》隐公五年说："天子三公称公，王者之后称公，其余大国称侯，小国称伯子男。"将"侯"列在"其余大国"。贾公彦《周礼》疏说："上公为大国，侯伯为次国，子男为小国也。"也将"侯"列在"次国"，即"其余大国"。《公羊传》为经今文学派，是七十子后学所传，当有所本。从历史事实看，《左传》襄公十一年说："春，季武子将作三军。"杜预注："鲁本无中军，唯上下二军，皆属于上。"《公羊传》昭公五年说鲁"舍中军"是"复古"，《谷梁传》昭公五年说鲁"舍中军"是"贵复正"。所谓"古"，是指西周时期；所谓"正"，是指"二军"。而西周时期有"师"无"军"，那么，春秋时鲁的"二军"在西周时显为"二师"。所以，何休说"方伯二师"，是符合历史实际的。又，《左传》僖公十二年记管仲辞上卿飨礼说："臣，贱有司也。有天子之二守国、高在。"杜预注："国子、高子，天子所命，为齐守臣，皆上卿也。""上卿"又曰"命卿"，是由天子所委任的诸侯国卿。天子委任诸侯国卿士，在春秋时尚不乏其例，如晋景公曾请周定王"以黻冕命士会将中军，且为大傅"[②]。依西周制度，卿制是与军制互相统一的，故云"元侯作师，卿帅之"。诸侯国能组建几师军队，天子才委任几个"命卿"。军队必须由命卿乃至诸侯统帅，故《周礼·夏官·司马》说："军将皆命卿。"《礼记·王制》说："大国三卿，皆命于天子；……次国三卿，二卿命于天子，一卿命于其君；……小

---

① 《虢季子白盘》，铭文见郭沫若《两周金文辞大系图录考释》第六册。
② 《左传》宣公十六年。

国二卿，皆命于其君。"郑玄注："小国亦三卿，一卿命于天子，二卿命于其君。此文似误脱耳。"按郑注是对的。与卿制相对应的，就是"上公三师"，"方伯二师，诸侯一师"。齐在宗周为"元侯"，有两个"命卿"，所以当有"二师"军队。由天子来委任地方诸侯国"命卿"的制度，是西周一元化军事领导体制的重要组成部分。它表明周天子享有对地方诸侯国军队的最高领导权，"命卿"正是代表天子来统帅地方诸侯国军队的。《鲁语》所谓"诸侯有卿无军"，韦昭注："诸侯，谓次国之君。有卿，有命卿也。二卿命于天子，一卿命于其君。"按韦昭此注有误。因为"元侯"既是次于上公之国的"次国"，一般诸侯则不能复为"次国"，当是"小国"。小国有一"命卿"，故《鲁语》曰"有卿"。"无军"，韦注"无三军"，是对的。但从上下文义考察，"无军"两字还有更深的意义，即诸侯无独立进行军事征伐的权力，遇有战争，只能帅所教武卫之士辅佐元侯。

《鲁语》所谓"自伯子男有大夫无卿，帅赋以从诸侯"，韦昭注："无卿，无命卿也。"依周制，"无命卿"即"无师"，就是不能组建独立的军队。所以何休于"伯子男"无说。"伯子男"虽然"无师"，但却有"军赋"，遇有征伐等事，其国中必须"出兵车、甲士，以从大国诸侯"。西周时铜器《班簋》铭曰："王令毛公以邦冢君、土驭、或人伐东国痟戎，咸。王令吴伯曰：'以乃师左比毛父。'王令吕伯曰：'以乃师右比毛父。'"文中所说的"邦冢君"及吴伯、吕伯所率的部队，应即"帅赋以从诸侯"之类。"伯子男"以下的小国是附庸。附庸"不达于天子，附于诸侯"[①]。所以，天子也不征其军赋。《左传》襄公四年说附庸小国都"无赋于司马"，即其证。

必须指出，"大国""次国""小国"并不是一成不变的。如周初，伯禽始封于奄，号"鲁公"，并事周康王，为王室卿士，是时鲁为大国，当有"三师"。《尚书·费誓》说："鲁人三郊三遂。"学者咸以"三郊"为"三乡"，"三乡"当出"三师"。这是鲁曾有"三师"之证。其后，鲁复"侯"爵，依制应设"二师"。所以韦昭《鲁语》注说："鲁，伯禽之封，旧有三军，其后削弱，二军而已。"其说甚是。再如郑，本为伯爵，西周晚

---

① 《孟子·万章下》。

期始封，盖一小国，但因郑武、庄公曾先后任平王卿士，所以春秋初建立了"三军"，俨然大国。如此看来，周初"伯子男"虽然依制没有组建独立军队的资格，但在宗周几百年的发展变化当中，由于他们的经济力量和人口都有很大的发展，遂渐次跻身于"诸侯"行列，取得了组建军队的权力，这应当是历史发展的必然趋势。

总之，西周时期，天子握有十四师兵力，而诸侯国大者不过三师、二师，小者仅一师，"伯子男"甚至无权组建军队，这就形成了一套以天子为中心的"本大末小""强干弱枝"的一元化军事领导体制。这套领导体制的建立，标志着周代奴隶制的军制更加臻于完善，从而也就从根本上杜绝了商代那种诸侯国对于王室叛服无常的局面。

三、周天子设立"司马"，控制和管理全国军队

从甲骨文看，商代虽然已有"马亚""多马亚""马小臣"等众多军职人员，但尚未见"司马"的名称。王贵民同志说："商代的'马亚''多马亚''马小臣'"等，是周代"司马的滥觞"①，应该说是对的。但商代"马亚""多马亚""马小臣"诸职的作用与周代的"司马"比较起来，则不可同日而语。

"司马"一名最早见于《尚书·牧誓》，其文云：

王曰：嗟！我友邦冢君、御事、司徒、司马、司空。

可见周在灭殷以前已设有"司马"一职，其地位相当显赫。《周礼·大司马》叙其职曰：

掌建邦国之九法，以佐王平邦国：制畿封国，以正邦国；设仪辨位，以等邦国；进贤兴功，以作邦国；建牧立监，以维邦国；制军诘禁，以纠邦国；施贡分职，以任邦国；简稽乡民，以用邦国；均守平则，以安邦国；比小事大，以和邦国。以九伐之法正邦国。……

《周礼》当然不是"周公致太平之道"，但也不是"渎乱不经之书"。它作为周室东迁以后的作品，在很大程度上讲述的应是西周制度。"司马"

---

① 王贵民：《就殷墟甲骨所见试说"司马"职名的起源》，《甲骨文与殷商史》，上海古籍出版社，1983年版。

作为周天子左右重臣的事实，亦见于铜器铭文。如西周铜器《师晨鼎》铭文云："甲戌，王在周师录宫。旦，王格太室，即立（位）。司马共右师晨，入门立中廷。"《痶盨》铭文云："佳四年二月，既生霸，戊戌，王在周师录宫，格太室，即立（位）。司马共右痶，王乎史年册。"《师奎父鼎》铭文云："佳六月，既生霸，庚寅，王格于太室，司马井白右师奎父。"此外，如《师艅簋》《谏簋》等铭也载有司马"右师艅""右谏"的文字，与《周礼》所说的司马相王"吊劳士庶子"颇为一致。

《尚书·酒诰》说：

矧惟若畴，圻父薄违，农父若保，宏父定辟。

伪孔传以圻父为司马，农父为司徒，宏父为司空。《诗·小雅·祈父》说："祈父，予王之爪牙。"毛传："祈父，司马也，职掌封圻之兵甲。"《尚书》和《诗经》的这两条材料，也足以证明司马是周代的军事长官。

"司马"，作为西周国家军事行政部门的首脑，其主要职能可以考见的，有以下几方面。

其一，管理国家的军赋。所谓"军赋"，在周代实包括兵役和军需两项。《汉书·食货志》说古者"有赋有税"，"赋共车马甲兵士徒之役，充实府库赐予之用。"其所谓"士徒"即指兵役，"车马甲兵"即指军需物资。《国语·鲁语下》说："先王制土，籍田以力而砥其远迩，赋里以入而量其有无，任力以夫而议其老幼。"《鲁语》所说的"先王"，显指西周时期，就是说其时人民、土地和收入是征收军赋的根据。而具体负责这项工作的官员，就是司马。《荀子·王制》论王者"序官"之法曰"司马知师旅甲兵乘白之数"。司马所以能知"师旅甲兵乘白之数"，正在于他是军赋的管理者。春秋时期尚承此制。《左传》襄公二十五年说楚国司马蒍掩为征收军赋，曾做了"书土田，度山林，鸠薮泽，辨京陵，表淳卤，数疆潦，规偃猪，町原防，牧隰皋，井衍沃"等调查和测量各类土地的工作，就是证明。

其二，定期组织服进行军事训练。西周时期军事训练的显著特点是由军事行政部门在农闲时定期组织进行，而不是由统军将领指导下的经常训练。这种军事训练方式是由西周军队的民兵性质决定的。《国语·周语上》说"三时务农而一时讲武"，讲的正是这种情况。《诗·豳风·七月》说："二之日其同，载缵武功。"郑笺云："其同者，君臣及民因习兵俱出田也。"小序云："《七月》，陈王业也。"过去学者多认为《七月》所陈的"王业"为先周王业，其实不然，《七月》所反映的应是西周社会的现实。春秋时期鲁国大夫臧僖伯谈论西周的蒐狩制度说："春蒐夏苗，秋狝冬狩，皆于农隙以讲事也。三年而治兵，入而振旅，归而饮至，以数军实，昭文章，明贵贱，辨等列，顺少长，习威仪也。"①所谓"蒐狩"，就其本质来说，就是军事训练。故《礼记·月令》云："教于田猎，以习五戎。"《墨子·明鬼下》说："周宣王合诸侯而田于圃田，车数百乘，从数千人，满野。"讲的就是这样的一次大规模军事训练活动。

"讲武"由司马组织进行，见于《周礼》。《周礼·大司马》说：

中春教振旅，司马以旗致民，平列陈，如战之陈……中夏教茇舍，如振旅之陈……中秋教治兵，如振旅之陈……中冬教大阅……司马建旗于后表之中……乃陈车徒，如战之陈。

也正因为司马是"讲武"活动的组织者，是军事教官，所以古代的兵书即以"司马"命名，曰《司马法》。

其三，执行军事法律。"司马"作为军法的执行者，见诸多种古代文献。如《左传》僖公二十八年记城濮之战中，"晋中军风于泽，亡大旆之左旃。祁瞒奸命，司马杀之，以徇于诸侯"。文公十年说楚王与宋、郑两国国君田猎于孟诸，"令夙驾载燧，宋公违命"，楚左司马文之无畏"抶其仆以徇"。襄公三年说晋军在曲梁集结，"晋侯之弟扬干乱行"，中军司马魏绛"戮其仆"。《谷梁传》定公十年载："孔子曰：'笑君者罪当死。'使司马行法焉。"据《周礼·大司马》记载，当时在军事行动中，由集合、听誓，到临阵、巡阵，凡涉及赏罚事宜，统由司马处理。这些史料所反映的虽属春秋时代史实，但是因为司马设立于西周，所以它的这种职能应当是西周遗制。另据《散氏盘》《卫盉》《卫鼎》等铭，西周时期的司马还参与勘察、移交田产、订立契约等项民间事务。有人认为这种现象很奇怪，其实说怪不怪，这是由中国奴隶社会"寓兵于农"的特点决定的。在周代，司徒、司马、司空三有司的职司是既有联系又互相分工的，所以金文总是将"三有司"连言，《周礼》也说"官联以会官治"，其意义正在这里。司马虽为军

---

① 《左传》隐公五年。

事行政部门的首脑，但仅军赋一项，如《左传》所说，就需要做"书土田，度山林，鸠薮泽，辨京陵，表淳卤，数疆潦，规偃猪，町原防，牧隰皋，井衍沃"等大量工作，这就必须与主管民人的司徒和主管工程的司空密切合作。所以，那种认为司马兼理文职事务是与其武职身份不类的意见，实是用后代的眼光来看待前代事物。

西周时，两大军区也设立司马。金文《盠方尊》铭文说王令盠"用司六自王行，三有司：司土、司马、司空"。此铭的"六自"，就是"西六师"。"三有司"隶属于"六自"，表明周西方军区设有"司马"。《令彝》铭谓明公到成周后，"徇令舍三事令，眔卿事寮、眔者尹、眔里君、眔百工，眔者侯：侯、田、男，舍四方令"。所谓"卿事寮"，就包括"三有司：司土、司马、司空"[1]。《曶壶》铭文说，曶与其祖父先后任成周八师"冢司徒"。依西周制度，"三有司"并设，有司徒就必有"司马"。据此可证周的东方军区亦设有"司马"。西周初期尚无"军"制，两大军区的司马，应即《周礼》所说的"军司马"。

诸侯国的司马，金文称"邦君司马"，如《豆闭簋》铭文："王乎内史册命豆闭……用抄乃且（祖）考事，司窀嗣邦君司马"。《周礼》称"国司马"，其《都司马》职文曰："都司马掌都之士庶子，及其众庶、车马、兵甲之戒令。以国法掌其政学，以听国司马。"都司马听命于国司马，国司马由王任命，服从王的指挥，从而王就控制了诸侯国的军事权力。

卿大夫之家的司马曰"家司马"。金文《趩鼎》铭文云："王若曰：趩，命汝作赞自家司马，啻官仆射士。"在周代，卿大夫"有赋于军"[2]，所以卿大夫之家也设立"司马"。《左传》昭公二十五年即载有鲁"叔孙氏之司马鬷戾"。《周礼·夏官·司马》说："家司马，各使其臣以正于公司马。""公司马"就是"国司马"，可见家司马由国司马统一领导。而据《趩鼎》铭，家司马也由周天子亲自任命，其意义不同寻常。它说明在西周时期不论王室、诸侯国，还是卿大夫家室，一切武装力量均受天子节制。而天子能节制全国一切武装力量，正是依赖各级司马。所以，"司马"的设立无疑是西周军事领导体制一元化的一个重要标志。

---

① 杨宽：《西周中央政权机构剖析》，《历史研究》1984年第1期。
② 《左传》昭公十六年。

　　综合上述，可以说西周军事领导体制的一元化是西周军事制度的重要特点之一。周代的分封制度，即"天子之地一圻，列国一同，自是以衰"[①]，是其军事领导体制一元化所赖以建立的基础。天子握有强大的王室军，并掌握着组建和指挥地方诸侯国军队的权力，以及通过"司马"一职管理和控制全国各级军队等，则是西周军事领导体制一元化的条件和标志。周室东迁以后，王权衰落，军事领导体制的一元化遂告瓦解，军权由一元变为多元，诸侯割据和争霸的局面由是形成。

（原载《人文杂志》1986年第2期）

---

① 《左传》襄公二十五年。

试论先秦的军事刑罚

先秦军事刑罚是构成我国古代军事法律制度的一个重要部分。本文试就它的发生、发展以及性质，作一初步探讨。

一

军事刑罚是文明时代的产物。《司马法·天子之义》说："古者贤王明民之德……赏无所生，罚无所试。""有虞氏不赏不罚，而民可用，至德也。"《司马法》所说的"古者""有虞氏"，就是我们所说的原始社会。在原始社会，无赏无罚，当然也就没有所谓军事刑罚。我国最早的军事刑罚出现于夏代。传说《尚书·甘誓》是夏后启在甘之战前发布的诰誓，它说："今予惟恭行天之罚。左不攻于左，汝不恭命；右不攻于右，汝不恭命；御非其马之正，汝不恭命。用命，赏于祖；弗用命，戮于社。"这段话就是一篇重要的军事刑罚条文，旨在强调命令与服从的关系，认为凡属违令行为，即构成犯罪，就要受到惩处。又谓"予则孥戮汝"，就是说对违反命令者，不但诛杀其本人，而且罚其家属为奴。但是这种军事刑罚条文仅是一种临时性的措施，战时由王颁布施行，战后即失去效力。在商代，虽然出现了比较完整的"汤刑"①，但从文献和甲骨文上看，它的军事刑罚仍保持在夏代的水平上。《尚书·汤誓》说："尔不从誓言，予则孥戮汝，罔有攸赦。"即其证。可见，夏殷二代的军事刑罚都以"誓"名，"誓"条文简约并具有临时性。这个特点说明军事刑罚仅处于发生期，还不是成文法。

---

① 《左传》昭公六年。

二

西周、春秋时期，伴随奴隶制的充分发展，军事刑罚也逐步臻于系统和完备：一方面，军事刑罚种类趋于复杂化；另一方面，军事刑罚内容逐渐多样化。

军事刑罚种类的复杂化主要表现为军"誓"种类增多。所增加的"誓"，则有：（1）战前总动员的"誓"，如《尚书·费誓》。《费誓》说：三乡之民要修缮军械武器、整备牛马，违令者处以"常刑"，战士要携带粮食按期到预定地点集结，误期者处以"大刑"；三遂之民要准备好建筑材料、鲜干草类，并随时准备充当军中厮役，为大军修筑营垒，违令者处以"大刑"。所谓"大刑"，就是死刑。（2）军事训练和军事演习中的"誓"。西周和春秋军事训练与军事演习的主要形式，是田猎，称为"春蒐夏苗，秋狝冬狩"[①]。按《周礼·夏官·大司马》，国家在春夏秋冬的四时之"田"中，都用"誓"来约束人民。对于违反誓言者，一律严惩不贷，如对"后至者"诛，对"不用命者"斩，即其例。（3）西周、春秋时举凡军事行动，都有森严的禁令。《左传》昭公十八年，郑国大火，子产为防敌国趁机打劫，令"城下之人伍列登城"，"使野司寇各保其征"，"使司寇出新客，禁旧客勿出于宫"。《周礼·士师》："大师，帅其属而禁逆军旅者与犯师禁者。"《乡士》："大祭祀、大丧纪、大军旅、大宾客，则各掌其乡之禁令。"《布宪》："凡邦之大事，合众庶，则以刑禁号令。"国家还特设"掌戮"一职，专司在"军旅田役"中的"斩杀刑戮"事宜。

由于军事刑罚种类的增加，构成军事犯罪的名目也随之增多。

其一，如战争失败，将领未能赴敌战死即构成犯罪。如《左传》宣公十二年说："失属亡师，为罪已重。"春秋时，列国军将有因战败被杀者，有因战败畏刑而自杀者。如楚大夫阎敖失守那处，被楚王诛杀[②]。楚莫敖屈瑕因伐罗失败自杀，"群帅囚于冶父以听刑"[③]。楚令尹子玉、子反，司马蒍越

---

① 《左传》隐公五年。
② 《左传》庄公十八年。
③ 《左传》桓公十三年。

皆因战败而自杀①。晋中军佐先縠因邲战失败，被晋公诛杀②。秦孟明等三帅因败于崤，秦大夫皆曰："是败也，孟明之罪也，必杀之"③。

其二，在军事活动中，不服从或违犯誓命，构成"违命"和"不用命"罪。如河曲之役，晋下军佐胥甲拒绝追击秦兵，犯"不用命"罪④。越王勾践伐吴，对军中"不从其伍之令"与"不用王命"者，皆斩"以徇"⑤。晋伐曹，颠颉、魏犨火焚曹僖负羁氏；城濮之战，晋文公车右舟之侨弃师先归；韩原之战，晋庆郑"擅进退"⑥；河曲之役，晋赵盾乘车扰乱军队行列⑦；曲梁之会，晋悼公弟扬干扰乱军阵⑧，均构成违命罪。

其三，在军事活动中，将士如不能恪尽职守，则构成渎职罪。如城濮之战，晋祁瞒因"中军风于泽，亡大旆之左旃"，犯玩忽职守罪。《左传》庄公八年，齐襄公田于贝丘，坠落车下，伤足丧屦，归来向徒人费讨屦，未得，即处徒人费渎职罪。

其四，在战场上，脱离战斗行列，构成"失次犯令"罪；将领被俘，部下无伤，构成"将止不面夷"罪；说假话贻误士众，构成"伪言误众"罪⑨。同乘共伍之人，有战死者，其他人"不死伍乘"，也构成犯罪，受"军之大刑"⑩。在军中，"以环瑱通相问"，构成"行赂乱军"罪；"淫逸不可禁"，构成淫逸罪；"志行不果"，构成畏缩不前罪。甚至连进退、归止、左右不能随令自如者，也构成犯罪⑪。

其五，里通外国，构成通敌罪。如鄢陵之战，晋大夫郤至可俘而未俘郑君，又接受楚共王聘问，即犯了"战而擅舍国君，而受其问"的通敌罪⑫。鲁

---

① 《左传》僖公二十八年、成公十六年、昭公二十三年。

② 《左传》宣公十三年。

③ 《左传》文公元年。

④ 《左传》文公十二年。

⑤ 《国语·吴语》。

⑥ 《国语·晋语三》。

⑦ 《国语·晋语五》。

⑧ 《左传》襄公三年。

⑨ 《国语·晋语三》。

⑩ 《左传》昭公二十一年。

⑪ 《国语·吴语》。

⑫ 《国语·晋语六》。

宣公十三年，晋中军佐先縠勾结赤狄，也犯了通敌罪。

军事刑罚内容的多样化表现为由夏、殷时的简单杀戮发展成为包括有死刑、肉刑、财产刑、自由刑和流刑等一整套刑罚体系。其死刑有戮、杀、斩、车辕、灭族等。

戮即杀，《说文·戈部》云："戮，杀也。"这种刑罚至春秋时犹存。杀，就是砍头。郑玄《周礼·秋官·掌戮》注："杀以刀刃，若今弃市也。"如楚王杀阎敖，晋文公杀颠颉、祁瞒、舟之侨等，即是。斩，是腰斩，郑玄《秋官·掌戮》注："斩以鈇钺，若今要（腰）斩也。"也是斩首，如《说文·车部》释"斩"为"截"，即斩首。在周代金文，如《多友鼎》《虢季子白盘》等铭文中，斩首皆作"折首"。《易·离卦》上九爻亦云："王用出征，有嘉折首。"春秋时，军中斩犯人的事例很多。如靡笄之役，韩献子斩人[①]；韩原之役，晋惠公归国数庆郑之罪而斩之[②]；太原之战，魏舒斩荀吴之嬖人等[③]。灭族，就是族诛。鲁宣公十三年，晋处分通敌的先縠，即"尽灭其族"。车辕，作为军事刑罚见于《周礼·秋官·条狼氏》："凡誓，执鞭以趋于前，且命之。誓仆右曰杀，誓驭曰车辕。"车辕，就是车裂。《说文·车部》："辕，车裂人也。"但春秋时，并未见到军中有车裂犯人的实例。

其肉刑有鞭、挞、贯耳、墨等。

鞭，就是鞭打。《周礼·条狼氏》曰："誓大夫曰：敢不关，鞭五百；誓师曰三百。"春秋时，楚子玉"治兵于蒍，终日而毕，鞭七人"[④]。挞是用杖击打。《说文·手部》："挞，答击也。"《左传》文公十年，孟诸之田，宋公违命，楚左司马文之无畏"挞其仆以徇"。《尚书·尧典》说："鞭作官刑，扑作教刑。"扑即挞。可见鞭、挞都是古老的刑罚方式。贯耳是以矢穿耳，战国时称为"射"[⑤]。楚子玉在蒍治兵，即曾"贯三人耳"。《周礼·条狼氏》曰："誓小史曰墨。"周代青铜器《俟匜》铭文有"戮墀"

---

① 《国语·晋语五》。

② 《国语·晋语三》。

③ 《左传·昭公元年》。

④ 《左传》僖公二十七年。

⑤ 《墨子·号令》。

字样，学者认为即"墨"刑。《尚书·吕刑》说："墨罚之属千。"可见在周代军事刑罚中有墨刑，是合乎逻辑的。

财产刑，古称"赎刑"，是以罚金抵罪。周代青铜器《师旅鼎》铭文："唯三月丁卯，师旅众仆不从王征于方雷，吏（使）乒（厥）友弘以告于白懋父，才（在）芳。白懋父乃罚得、夏、古三百乎。"白懋父是周初成周八师统帅。师旅众仆拒绝随王征于方，犯违命罪，告到白懋父处，白懋父乃判罚师旅众仆金"三百乎"。后虽未果罚，但此铭足证周代军事刑罚中有赎刑。春秋时齐国也规定："制重罪赎以犀甲一戟，轻罪赎以鞼盾一戟，小罪谪以金分，宥间罪。索讼者三禁而不可上下，坐成以束矢。"①这条虽然是对全国说的，但包括军事犯罪则不成问题。

自由刑。周代军事刑罚中的自由刑，主要是剥夺犯罪将士家属的自由身份，罚作奴隶。《周礼·秋官·司厉》说，古者身有大罪，身既从戮，家属缘坐，"男子入于罪隶，女子入于春槁"。这条法规自然也适用于军事犯罪者。《国语·吴语》说，越王勾践对犯罪的将士，就实行"鬻"其妻子儿女的惩罚。显然，这种惩罚与夏殷二代的"孥戮"，是一脉相承的。

流刑，就是流放。周初，蔡叔因叛乱罪，即被"以车七乘，徒七十人"，流放边地。春秋时，晋曾流放军犯"胥甲父于卫"②。总之，西周、春秋时的军事刑罚有了较充分的发展，夏殷时那种条文简约和临时性的特点，已被较系统和完备的法规所取代。周代的军事刑罚可以说已具备了成文法的性质。那种认为周代不预设法的传统说法，似不足凭信。

在奴隶制的周代，君权大于军法，军法的执行与否要受到君权的制约，因而必然造成执法上的"世轻世重"现象③。如晋魏犨与颠颉同罪，但在量刑时，晋文公因爱魏犨之才，所以只杀颠颉了账。又如，晋胥甲与赵穿同罪，但因赵穿是中军帅赵盾的"侧室"，晋君的女婿，所以胥甲被处以流刑，赵穿却逍遥法外。这种君权凌驾于军法之上的情形，是中国奴隶制时代军事刑罚的基本特点。

---

① 《国语·齐语》。

② 《左传》宣公元年。

③ 《尚书·吕刑》。

三

在战国时期，战争已成为时代的重要特征。军事家们在战争实践中充分认识到了军事刑罚的重要作用。如吴起说："禁令刑罚，所以威心。"①孙膑说刑罚"所以正乱，令民畏上也"。②尉缭说："号令明，法制审，故能使之前。明赏于前，决罚于后，是以发能中利，动则有功。"③军事刑罚被看成是保证战争胜利的最有效的手段，因而它得到了更充分的发展，形成了较完备的体系，下面即从几个方面来说明。

战场上军事刑罚条令的完备。

战斗编队条令是战场上军事刑罚的组成部分，《尉缭子》把它当作战争十二条"必胜之道"之一。条令要求部队在战斗中一要保持行列不乱，二要佩戴明显徽章，以保证部队整齐划一，兵将相识。如果有"亡章者"，"乱先后"者，"逾五行而后者"④，则斩首。

统一军中号令是战场上军事刑罚条令的又一重要内容。《尉缭子·将令》说："军无二令，二令者诛，留令者诛，失令者诛。"下级将士必须服从上级指挥，有妨碍执行军令的，有敢于越职上告的，构成死罪。金、鼓、旗、铃是将军指挥全军的重要工具，四者各有各的用法，如"鼓之则进"，"金之则止"。在战斗中，"鼓失次者有诛，喧哗者有诛，不听金鼓铃旗而动者有诛"⑤。由此可见，战国时的将领们已充分认识到军中号令的统一是保证军队行动统一、克敌制胜的必要条件。

"束伍令"是战场上军事刑罚条令的核心内容。《束伍令》说："亡伍而得伍，当之；得伍而不亡，有赏；亡伍不得伍，身死家残。亡长得长，当之；得长不亡，有赏；亡长不得长，身死家残；复战得首长，除之。亡将得将，当之；得将不亡，有赏；亡将不得将，坐离地遁逃之法。"⑥这是说，

---

① 《吴子兵法·论将》。
② 《孙膑兵法·威王问》。
③ 《尉缭子·制谈》。
④ 《尉缭子·经卒令》。
⑤ 《尉缭子·勒卒令》。
⑥ 《尉缭子·束伍令》。

在战场上，同伍战士有阵亡的，其他人必须杀死如数的敌兵来抵偿，否则处以"身死家残"的重罪。伍长、什长等军吏阵亡，也照此法办理。若将领阵亡，则应杀死敌将来抵偿，如未能杀得敌将，即处其部下以临阵脱逃罪。倘若大将战死，其部下将吏职在五百长以上未战死者、"大将左右近卒在陈中者"，一律构成斩首罪。其余军中士卒"有军功者夺一级，无军功者戍三岁"①。这条刑罚只给将士指明了一条途径：必须打赢战争，失败就意味着灭亡。这条刑罚的严酷性充分暴露出了剥削阶级的军事法律以将士为敌的本质。

对在战场上战败、逃跑和投降的官兵，惩处更为严厉。《尉缭子·重刑令》说："将自千人以上，有战而北，守而降，离地逃众，命曰'国贼'。身戮家残，去其籍，发其坟墓，暴其骨于市，男女公于官。自百人以上，有战而北，守而降，离地逃众，命曰'军贼'。身死家残，男女公于官。"把战败和投降的将吏视作"国贼""军贼"，并以严厉手段来惩罚，是前所未闻的。《战国策·燕策三》说，秦对亡将樊於期，就抄杀籍没了其"父母亲族"，并悬赏"金千斤、邑万家"购求其头颅。百徒以下的将吏如"弃卒独北"，也构成死罪。一般士兵临阵脱逃，后续部队可以就地诛杀。"卒逃归至家一日，父母妻子弗捕执及不言"，与逃兵同罪②。

在战场上，各级将吏享有相当大的杀罚权力，名曰"战诛之法"。其内容是："什长得诛十人，伯长得诛什长，千人之将得诛百人之长，万人之将得诛千人之将。左右将军得诛万人之将。大将军无不得诛。"③一般说来，春秋时诛杀将领的权力操在国君手中，可在战国时则不同了，军中生杀大权已悉由大将掌握，自大将以下，上一级将领皆有诛杀下一级军官的权力。毫无疑问，战诛之法是战国时列国保证军队纪律，提高军队战斗力的有力工具。

第二，产生了常备军营区刑罚条令。

春秋时军事制度的特点是"兵农合一"，军队无常驻营区，也就没有常设的营区刑罚条令。战国时，随着常备军的出现，常驻营区的刑罚条令亦应运而生。《尉缭子·将令》说，大将颁布发兵令后，便在国门外"期日中设营，表置辕门，期之，如过时则坐法"。这项条令显然是由春秋时的"诛

① 《尉缭子·兵令下》。
② 《尉缭子·兵令下》。
③ 《尉缭子·束伍令》。

后至者"发展来的。将军入营后，即"闭门清道，有敢行者诛，有敢高言者诛，有敢不从令者诛"。在军营中，各部皆有专门营地，以行垣相别，不准逾越。将、帅、伯也各有专门营地，以沟渠相别，禁止随便通行。如果"非其百人而入者，伯诛之；伯不诛，与之同罪"①。

在营区的纵横道路上，每一百二十步，设一标帜，派人分段把守。在营区通行必须持将吏颁发的符节，如无符节，不准通行。即便是军中的采樵者、放牧者，出入营区也要排成队列。军吏出入不持符节，士卒出入不排队列，皆就地诛杀。这就保持了营区的井然秩序。

在行军中所建立的临时营区，也要求做到"左右相禁，前后相待，垣车为固"②。对于"逾分干地"者，一律诛杀。

第三，军事训练中的刑罚法规得到了充实和发展。

在"三时务农而一时讲武"的春秋时期，以蒐狩活动为特点的军事训练也有一套"诛后至者"，斩"不用命者"的刑罚条例，但这些条例都很简要。战国军事训练的特点一般是在军营中，由各级军官领导进行。其方式是：先伍后什，先什后卒，先卒后伯，最后由大将总其成。如果训练的效果不佳，教练者构成"犯教之罪"。《秦律杂抄·除吏律》就有一则军尉与教者主持教练"发弩啬夫"（射手）和"驽骀"（驭手），经考校不合格，结果受到处罚的记载。什伍的训练因陋就简进行，对违令者，加"犯教之罪"。

卒、伯的训练是军事训练的中级阶段，其程序大致与什伍的训练相同。

大将的训练是军事训练的最后阶段，一般在中野进行，"置大表三，百步而一。既阵，去表百步而决，百步而趋，百步而骛，习战以成其节"③。违令者，以犯教罪论处。

经过训练的部队，应做到："守者必固，战者必斗。"

第四，军中什伍连坐法更加系统化。

军中连坐法起源于夏、殷的"孥戮"，沿至西周，连坐的对象，只限于有血缘关系的亲属。这是当时社会仍受血缘关系支配的反映。对于非血缘关系的什伍连坐滥觞于春秋，所谓"不死伍乘，军之大刑也"，是其证。战

---

① 《尉缭子·分塞令》。

② 《尉缭子·兵教下》。

③ 《尉缭子·兵教上》。

国时军中连坐法更加系统化了。《商君书·境内》说："其战也，五人来薄为伍，一人羽而轻其四人，能人得一首则复。"孙诒让说："来疑当为束；薄，古簿字。羽疑当为死，轻当为刭。言同伍之中，一人死事，四人不能救，则受刑也。"[①]同伍之人，一人战死，余四人有罪，但能得一敌首则免罪。这无疑是对"不死伍乘，军之大刑"的发展。

《尉缭子·伍制令》说："军中之制，五人为伍，伍相保也。十人为什，什相保也。五十人为属，属相保也。百人为闾，闾相保也。"这是士卒连坐条令。同一伍、什、属、闾中，有一人"干令犯禁"，其他人必须揭发，揭发则免罪，否则整个伍、什、属、闾全部连坐。这一条令使军中"父不得以私其子，兄不得以私其弟"，起到了"什伍相结，上下相联，无有不得之奸，无有不揭之罪"的作用。《伍制令》又说："吏自什长以上，至左右将，上下皆相保也。有干令犯禁者，揭之免于罪，知而弗揭者，皆与同罪。"这是军官的连坐条令。上至左右将，下至什长，形成一套连保系统，不管在哪一级出了问题，都要累及上下级。据《秦简·秦律杂抄》，军队新攻陷一城，有的战士尚未到达战所，就有人向上报告战况："战围以（已），折亡。"于是，对谎报战况者处以耐刑，并依连坐法追究知情不举罪，罚屯长、什长甲一具，其同伍之人甲二具。

军中什伍连坐法的系统化，说明随着奴隶制度的崩溃，宗法制度日趋瓦解，因而那种用血缘关系来维持军队团结、保证军队战斗力的做法已经失去了效力。而用连坐法来维持军队纪律，已成为在新的历史条件下整军经武的重要手段。

第五，出现了内容复杂的城防刑罚条令。

城防刑罚条令是战国时期大规模围城战的产物。孟子说："争城者，杀人盈城。"战争的残酷和激烈决定了城防刑罚条令的复杂和苛刻。城防条令的主要内容，具载于《墨子·号令》和《备城门》二篇（以下不注出处者，均见此二篇）。

其条令规定，一旦敌人围城，则全城物资、粮食和人员即由国家统一调用。物资包括居民房屋的"材木瓦石"，粮食包括居民口粮。有敢拒绝征用

---

① 转引自高亨《商君书新笺·境内》。

者，即处斩刑。城中人员，凡成年男女一律编入军旅，或上城防守，或充当役徒，有敢于逃避城防责任者，处以族诛之刑。

军中按什佰编制在城上划分防区，称为"署"。每署的长短距离都有一定的规定。同署吏卒，左右相保，一人有罪，左右不揭发，皆与同罪。吏卒进出署区，必须佩戴标志。无标志而进出署区者，挟持私书、谒见客人者，替人传信以及"释守事而治私家事"者，处斩刑。在署中，"离署而聚语"，"无应而妄欢呼"，处斩刑。擅入他署、或出入署不走正路而敢于"倚戟县（悬）下城"者，处斩刑。警鼓响后，因行动迟缓而掉队者，处斩刑。

在敌军来袭时，城上吏卒必须保持绝对安静，不准欢呼叫嚣，不得擅自行动。有敢于三人相聚、二人并行者，有敢于相视、相哭者，有举手相探、相指、相呼、相摩、相踵、相投、相击者，有敢于以身与衣服相摩以及探视敌人动静者，一律斩首。军吏敢于放纵不罚，亦构成死罪。

在传达军令时，失令者斩，稽留令者斩。命令下达后，有不从令者斩。非将军而敢擅自出令者斩。在传达口令时，十步一人，传达不及时者斩，传达不完全者斩。如果军官因未及时传达军令而使士卒犯了法，则由军官代士卒受罚。旗鼓是全军的耳目，在战斗中，如旗鼓当应不应，不当应而应，则诛杀主旗鼓的将吏。在城受围攻时，全城即戒严。按城中街道、里巷划分戒严区域，每里分为四部，部设一吏，专门纠查往来"不以时行"及"行而有异者"。有分守任务的将吏，凡四人以上必须持大将颁发的信符，方可通行。如无符节而擅自通行者，斩。发现有信符不合及号令不应者，即由伯长以上将吏拘押并通报大将处理，否则即处罚责任者。

城防期间，不问有无警报，皆实行宵禁，"昏鼓鼓十，诸门亭皆闭之"。入夜，大将派人巡守，"长夜五循行，短夜三循行。四面之吏，亦皆自行其守"。对于夜间通行者，"必系问行故"，有符节者放行，无符节者处斩。

在城防期间，对于趁火打劫，偷盗一钱以上者，以众凌少，恃强凌弱者，强奸妇女及喧哗滋事者，一律斩首。对于煽惑人心，做反宣传，"誉敌少以为众，乱以为治，敌攻拙以为巧"者，亦斩首。在城防战斗中，士卒失其令、丞尉，必须俘获敌方令、丞尉来抵偿，否则即是犯罪。而令、丞尉损失十人，则"夺爵二级"，损失百人以上，则革职遣戍边，只有杀获如数的敌方人员才可免罪。对于临战后退和脱离战斗岗位的士卒，处以斩刑。其同伍之人如能捕获后退者，免罪，否则也处斩刑。

凡城防人员，不得与敌方通信，不得称赞敌方射来的书信，不得响应敌方的友好表示，违令者斩。城中吏民有"以书射寇"或"以城为外谋者"，即以通敌论罪，车裂其本人，斩其父母妻子同产，尽灭其三族。如果里正、父老与巡行部吏不能及时发觉通敌者的奸谋，当斩首，而能发觉则免罪。对于"以私怨害城若吏事者"，其本人与父母妻子皆处斩刑。

在同伍之中，有"逾城归敌，伍人不得，斩；与伯归敌，队吏斩；与吏归敌，队将斩。归敌者，父母妻子同产皆车裂"。

守城的军吏、士卒、百姓，如"谋杀伤其将长者，与谋反同罪"。

战国时军事刑罚的内容与春秋时大体相同，但也有发展。如在死刑中，车裂和灭族的条款增多了，并屡有处理犯罪者"父母妻子同产"的条文。在肉刑中，出现了耐刑和劓刑[1]。在赎刑中，罚甲、盾、罚戍边和罚作徭役已成为普遍现象。

春秋以前的军事刑罚，主要以士卒为对象。一般的刑罚原则不适用于军事活动，但奴隶主贵族在一般刑法中所享有的"八辟"，即亲、故、贤、能、功、贵、勤、宾等八种人享受的免刑条件在军事刑罚中亦明显地存在。如晋扬干乱行，魏绛戮其仆，扬干以亲免；赵盾乘车乱军列，韩厥戮其仆，赵盾以贵免；宋公违命，楚司马抶其仆，宋公以宾免；晋魏犨违命，未受刑罚，是以能免；晋荀林父丧师，未受刑罚，是以贤免。凡此皆足以说明在春秋的军事刑罚中贯穿着一条优待奴隶主贵族的思想原则，这表明它是代表奴隶主阶级利益的。

但在战国时，新兴地主阶级提出了"刑过不避大臣，赏善不遗匹夫"[2]的刑罚思想，这反映在军事刑罚上就出现了"杀之贵大，赏之贵小。当杀而虽贵重必杀之，是刑上究也；赏及牛童马圉者，是赏下流也"[3]的新型刑罚原则。这条原则旨在打击奴隶主贵族特权，是代表新兴阶级利益的。

（原载《史学集刊》1987年第4期）

---

[1] 《商君书·境内》。

[2] 《韩非子·有度》。

[3] 《尉缭子·武议》。

春秋时期军事制度的变革

春秋是我国奴隶社会由盛到衰的大变革时期，在这一历史时期，奴隶制度"礼崩乐坏"，从经济基础到上层建筑都发生了巨大的变化。与这些变化相适应，周代的军事制度也发生了深刻的变革。笔者认为，周代的军事制度有以下几个特点。

（1）周代兵制的基本形式是"兵农合一"的民兵制度，兵役划分为现役和预备役两级。

（2）周代兵源的特点是"国人当兵，野人不当兵"，实质上是自由民当兵，奴隶不当兵。

（3）周代的兵役制度与军赋相结合，当兵者纳军赋，不当兵者不纳军赋而纳税。

（4）周代军事领导体制是一元化的，其军队组织又是多元化的，各诸侯国都有数量不等的地方军队。

（5）周代的禁卫军具有常备军性质，由王官组成，是一支贵族军，人数不多，这并不影响其军事制度的民兵性质[①]。

但是，周代军事制度的这些基本特点，在春秋时期都不同程度地发生了变化。

一、西周建立的军事领导体制瓦解，军权不断下移

西周时期，周代国家的最高军事权力掌握在周天子手中，周天子既是国家的最高行政首脑，最高的祭司，又是最高的军事统帅。周王室拥有"西六

---

① 参见拙著：《论周代军事制度的几个特点》，《吉大学术论文集》，《吉林大学社会科学丛书》第42辑。

师"和"殷八师"两支大军，而列国诸侯大者三师、二师，小者一师，由此建立起了一套"本大末小"的军事体制，各级军队皆听凭周天子调动，是所谓"天子作师，公帅之，以征不德"①。周天子依靠王室军队能有效控制诸侯，能畅行无阻地"刑不祭，伐不祀，征不享"②。这就造成了西周政治上"礼乐征伐自天子出"③的大一统局面。

但是，春秋时期，由于宗周覆灭，王室军队瓦解，周天子的最高军事权力连同他所建立的一元化军事领导体制一道付诸东流。周代军事权力普遍落入了国家第二级统治者——诸侯手中。这时列国间的征伐、盟会已皆由诸侯自专，不再受天子控制。"礼乐征伐自天子出"已让位于"礼乐征伐自诸侯出"。

军权下移的第一个后果是列国扩军。春秋伊始，郑国和楚国就打破了西周"诸侯一师"的限制，组建了三军。楚在成王时又建立了"申、息之师"④，后又建立了"许、叶之师"⑤，到楚灵王时，"大城陈、蔡、不羹，赋皆千乘"⑥，楚的总兵力已达六七千乘之多。齐在桓公时，管仲也采取"作内政而寄军令"⑦的方法，把军队扩编为"三军"。晋国扩军的速度，堪与楚国媲美。鲁庄公十六年（公元前678年），晋仅组建一军，十几年后即作"二军"⑧。鲁僖公二十七年（公元前633年），晋文公为创建霸业，作了三军，转年他又"作三行"，把军队扩大到"六军"。当时，其他国家，如秦穆公有军队"三万人"⑨，据《文献通考》说这三万人就是"三军"。宋有"三军"，吴王僚也有"三军"。吴的三军在夫差时发展到了"四军"。楚有"三军"，其兵力据《史记·越王勾践世家》说约为5万人左右。鲁在襄公时也一度"作三军"。到春秋晚期，甚至连小小的微国邾，竟也有兵车"六百

① 《国语·鲁语下》。
② 《国语·周语上》。
③ 《论语·季氏》。
④ 《左传》僖公二十五年。
⑤ 《左传》昭公十三年。
⑥ 《左传》昭公十二年。
⑦ 《国语·齐语》。
⑧ 《左传》闵公元年。
⑨ 《吴子兵法·图国》。

乘"①，几乎可与春秋初的大国相埒。

军权下移的第二个结果是大国争霸。周东迁以后，天子失权，王纲解纽，周代政治出现了权力真空，所以列国相继扩军备战，互相兼并，藉以夺取号令天下的地位，大国争霸的方伯政治自然而然地出现了。不论是春秋前期的齐桓、晋文、楚庄王，还是春秋后期的吴王阖闾、越王勾践，其霸业都是由军权下移引起的。周代的军权下移，基本原因在于它所实行的分封制度。所以，王权的衰落是同列国封君的膨胀同步进行的。由于周代奴隶制度衰落的总趋势已不可逆转，随着王权的衰落，君权衰落的日子也就来临了，而君权的衰落又是与列国内部的封君——卿大夫家族势力的膨胀同步进行了。

列国军权下移的过程，大体上始于春秋中期。日益频繁的战争为统率军队出征的卿大夫攫取军权提供了有利的客观条件。鲁文公六年（公元前621年），晋灵公年幼继位，大夫赵盾出任中军帅，执掌国政。他杀了政敌续简伯，驱逐了狐射姑，牢牢地控制了军权。从此晋国军权旁落到卿大夫手中，中军将执掌国政成为惯例。鲁成公三年（公元前588年），晋景公为奖赏鞌之战有功人员，竟"作六军"，使韩厥、赵括、巩朔、韩穿、荀骓、赵旃六位大夫都当上了卿，分享到部分军权。鲁襄公十四年（公元前559年），晋悼公因为"新军无帅"，人选不好定，干脆取消了新军。这都充分说明晋国的军权实际上掌握在强大的卿族手中，连军队的设置都不是为了国防，而是因人而设，是权力的再分配。在鲁昭公时代，晋国表面上还维持着大国的威风，能在平丘大会上出动兵车"四千乘"②，向诸侯炫耀武力，但其内部已被卿族蛀空，"公室其将遂卑矣，君幼弱，六卿强而奢傲"③，公室军队竟然"公乘无人，卒列无长"④，到了山穷水尽的地步。随后，晋国发生了历时7年的大火并，智、赵、韩、魏四家消灭了范氏、中行氏，接着赵、魏、韩三家又消灭了智氏，完全控制并瓜分了晋国的军队，从而造成了"三家分晋"的格局。

① 《左传》僖公二十二年、昭公三十年、哀公十一年、哀公七年。

② 《左传》昭公十三年。

③ 《左传》昭公十六年。

④ 《左传》昭公三年。

鲁襄公十九年（公元前554年），齐大夫崔杼借灵公病重之机，拥立庄公为国君，一举夺取齐国军政大权。自此以后，齐"崔、庆愈强而齐国大家几尽矣"①。鲁襄公二十五年（公元前548年），崔杼杀齐庄公。襄公二十七年（公元前546年），庆封灭崔氏。次年，齐陈、鲍、栾、高四家联手攻灭庆氏，控制并瓜分齐国军政大权。鲁昭公十年（公元前532年），陈、鲍两家又攻灭栾、高氏，陈氏并同时取得齐的大邑高唐为采地，势力更加强大，逐步独揽了齐国军事大权。到这时候，连齐景公及其大夫晏婴都预料陈氏将代齐，说陈氏"有施于民"，"民归之矣"②。

春秋中期以后，其他华夏国家的军权也渐次落入卿大夫手中。如郑国的军权掌握在七穆手中，所以子驷杀郑僖公竟如儿戏一般。宋国的军权由华、向二氏掌握，最后导致长达十几年的华、向之乱③。卫国的军权掌握在孙、宁二氏手中，所以二氏能擅立国君④。列国军权的普遍下移，迎来了"礼乐征伐自大夫出"的历史阶段。

二、兵役、兵源和军赋制度的变化

春秋时期，日益频繁的战争使"国人当兵，野人不当兵"的旧制已难以适应战争对兵源的要求。改革兵制，扩大兵源是列国面临的普遍问题。率先创建新制的，是晋国的"作州兵"。晋的"作州兵"是与"作爰田"相联系而存在的。关于"作爰田"的内容，史学界意见分歧，莫衷一是。本文不拟评论各家短长，只想指明一点，即"爰田"具有赏田的性质。《左传》说："朝国人而以君命赏。"⑤《国语·晋语》说："且赏以悦众。众皆哭，焉作辕田。"皆其证。晋在"作州兵"前，先要"作爰田"，犒赏国人，这是耐人寻味的。对这一点，只有在了解"作州兵"的底蕴后，才能认识。

关于"作州兵"，古人如杜预、沈钦韩、惠栋、洪亮吉等一致认为是兵

---

① 《左传纪事本末》卷21。
② 《左传》昭公二十六年。
③ 《左传》昭公二十年。
④ 《左传》襄公十四年。
⑤ 《左传·僖公十五年》。

制改革，是在国中"缮甲兵"，"略增兵额"。但现代学者蒙文通则持不同看法："作州兵就是取消三郊服役的限制，扩大出于三遂。"①徐中舒先生也说："州，野人所居，其居民本来不服兵役。作州兵，……使他们也服兵役。"②我们认为，蒙、徐二先生的说法是正确的。

但是，当兵本是周代国人享有的特权，为了换取国人对"作州兵"的认可，所以晋惠公先"作爰田"，对国人施以物质利益。晋国"作州兵"开辟了历史上野人服兵役的先例，是春秋时兵役制度的重大改革。清人惠栋说："爰田、州兵是当日田制、兵制改易之始，故特书之……晋之所以强者，未必不由此。"③真正说着了问题的本质。"作州兵"给晋国军队注入富有生命力的新鲜血液，保证了晋国军队的充足兵源，使晋国在春秋时期能够一再畅行无阻地扩军，并一直保持强大的军事地位，长期称霸中原。鲁国的"作丘甲"，与晋国"作州兵"一样，也是打破国野界限，改革兵役制度，征召野人当兵。

《春秋》成公元年说："三月，作丘甲。"《左传》："为齐难，故作丘甲。"旧时代的注疏家咸以为"作丘甲"是增加军赋。如杜预注说"《周礼》九夫为井，四井为邑，四邑为丘。丘十六井，出戎马一匹，牛三头。四丘为甸，甸六十四井，出长毂一乘，戎马四匹，牛十二头，甲士三人，步卒七十二人"，这自然是对的。但他又说"丘甲"是将甸应缴纳的军赋一古脑儿加到丘上，则未妥。问题的关键在于，《春秋》所说的"丘"，指的乃是"野"。"作丘甲"是向野人征赋，并不是什么要"丘"出"甸"赋。

《周礼·地官·小司徒》讲在野实行井田制说："乃经土地而井牧其田野：九夫为井，四井为邑，四邑为丘，四丘为甸，四甸为县，四县为都。"可见，丘、甸等名目，都是野中的土田单位。《国语·周语中》说："国有班事，县有序民。"韦注县民谓："县鄙之民。"《庄子·则阳》说："丘里者，合十姓百名，而以为风俗也。""合十姓百名"的丘里风俗正是野所固有的特征，与国人合族党并州里为一姓的族居形式有所不同。《谷梁传》对于"丘"是野，说得也十分明确："作，为也。丘为甲也。丘甲，国之事

---

① 蒙文通：《孔子与今文学》。

② 徐中舒：《左传选》，中华书局，1963年版，第52页。

③ ［清］惠栋：《春秋左氏传补注》。

也。作丘甲，非正也。""丘"和"国"正是一对对立的概念。依周制，兵役和军赋是统一的，国人服兵役、纳军赋，野人不服兵役，故不纳军赋。今天鲁国令"丘"，即野作甲，是违反旧制，另辟新制，故《谷梁》斥之为"非正"。《谷梁》又说：古者有士商农工四民，"夫甲，非人人之所能为也。丘作甲，非正也。"据《齐语》，士商工三民为国人；农民处"田野"，为野人。"丘"即农民所居，当然亦在野。所以，鲁的"作丘甲"实与晋"作州兵"一样，是征召野人当兵纳赋。

郑子产"作丘赋"[①]，与鲁成公"作丘甲"没有什么两样，也是向野人征兵征赋。

丘赋制度问世以后，当为列国所普遍接受。《孙子兵法·作战篇》说："国之贫于师者远输，远输则百姓贫。近于师者贵卖，贵卖则百姓财竭。财竭则急于丘役。"张预注引"或曰"说："丘役谓如鲁成公作丘甲也。"这是正确的。孙子用"丘役"来概括当时的军赋制度，证明丘赋在当时是相当流行的。鲁哀公十二年（公元前483年），鲁国又"用田赋"。这是又一次军赋改革。据《左传》和《国语·鲁语上》引所谓"周公之典"（或曰"周公之籍"）说，周代军赋旧制是：国中受田者按土地肥硗等差纳赋，商贾按财产等差纳赋。老幼免兵役，鳏寡孤疾者不仅免兵役，对军赋也有照顾，规定"有军旅之出则征之，无则已"，所赋仅为"岁收田一井，出稯禾、秉刍、缶米"。这种制度也就是孟子所说的"国中什一使自赋"制度。自丘甲制实行以后，"国中自赋"制度即被取代。丘赋制的特点是：不论国、野居民，均按村社行政编制单位纳赋。这表明它仍是以村社和村社的土地所有制——井田制为基础的。但是，到春秋末年，由于村社定期重行分配土地的"换土易居"制度瓦解，加之村社人口严重流失，使按村社行政编制单位纳赋的军赋制度发生了困难。如《吕氏春秋·察微》和《淮南子·齐俗》载鲁子贡"赎鲁人于诸侯"。又《吕氏春秋·观世》和《晏子春秋·杂上》载齐晏婴赎齐越石父于晋。鲁人、齐人相继沦为诸侯臣仆，这证明了当时各国村社人口流失的严重性。而人口的严重流失自然会影响丘赋制。为解决这一问题，统治者再次改革了军赋制度，遂产生了"田赋"。"田赋"制度按居

---

① 《左传》昭公四年。

民实际占有土地的数量来征收军赋，不再照顾老幼和鳏寡孤独，加重了对人民的剥削。

据银雀山汉墓简书《孙子兵法·吴问》篇。春秋末年，晋的范、中行、智、韩、魏、赵六卿在自己的领地都实行了按田亩论军赋的制度。可见春秋晚期田赋制已成了军赋的主要形式。春秋时军赋制度的改革说明：它的每一步演变都受井田制和村社制变化的制约。

三、军队编制的变化

春秋时期，列国军队的编制与《周礼》所说"军师旅卒两伍"六级编制没有多大差别。《左传》襄公二十五年（公元前548年）说齐赂晋："自六正、五吏、三十帅，三军之大夫，百官之正长，师旅及处守者，皆有赂。"成公七年（公元前584年）说巫臣"通吴于晋"，"以两之一卒适吴，舍偏两之一焉"。《国语·周语中》说晋"四军之帅，旅力方刚，卒伍治整，诸侯与之"。证明晋国军队的编制与《周礼》所说的"军师旅卒两伍"完全一致。晋国军队的编制应能代表春秋时列国军队编制的一般情况。

春秋时期军队编制的重大变化，主要是车乘士卒之法的变化，即由春秋早期每乘战车的"三十人制"发展成为春秋中晚期的"七十五人制"。这一变化，明显地反映在《司马法》的两条不同佚文上：其一："六尺为步，步百为亩，亩百为夫，夫三为屋，屋三为井，井十为通。通为匹马，三十家士一人，徒二人。通十为成，成百井三百家，革车一乘，士十人，徒二十人。"[1]

其二："四邑为丘，有戎马一匹，牛三头，是曰匹马丘牛。四丘为甸，甸六十四井，出长毂一乘，马四匹，牛十二头，甲士三人，步卒七十二人，戈楯具备，谓之乘马。"[2]

《司马法》的这两条佚文，旧时代的学者有的说它表明了两种不同的军赋制度，有的说它反映的是一种军赋制度的两种不同形式，聚讼经久不决。近年，蓝永蔚先生经对前人成果的分析，从发展的角度提出："三十人制是

---

[1] 《周礼·地官·小司徒》郑玄注引《司马法》。
[2] 《诗·小雅·信南山》孔疏引《左传》成公元年服虔注引《司马法》。

西周旧制"，"七十五人制是春秋编制"①。蓝说基本上解决了这场争端。

但我们认为，由"三十人制"向"七十五人制"转化的历史过程就发生在春秋时期。

《左传》闵公二年（公元前660年）说："齐侯使公子无亏帅车三百乘、甲士三千人以戍曹。"僖公二十四年（公元前636年）："秦伯送卫于晋三千人，实纪纲之仆。"《诗·鲁颂·閟宫》说："公车千乘"，"公徒三万。"这几条材料清人江永、金榜、孙诒让等已反复引证过，这是春秋初期存在每乘战车"三十人制"的铁证，是不容置辩的。《左传》昭公元年，魏舒说："以什共车，必克。"所谓"以什共车"，就是说以十人当一车。昭公十年（公元前532年），子产说："百两必千人。"百辆千人自然也是一车十人。这两例说明在春秋晚期"三十人制"尚有遗存。

"七十五人制"出现在春秋中期以后，蓝永蔚先生已举例说明。《司马法》称"七十五人制"为"匹马丘牛"，孙武称春秋晚期军赋为"丘役"，清代学者称"七十五人制"为"丘甸法"或"丘乘法"，足以证明"七十五人制"是实行"丘甲""丘赋"制度后的产物。

车乘士卒的变化，使车下步卒的人数大大增加，在战斗中的作用也随之增大，这种趋势到战国时期发展为步兵与车兵的分离，步兵在衰落数百年后再次成为独立的作战兵种。

四、都（县）邑和卿大夫采邑家兵的建立

西周时期，野人不当兵，所以野人的都邑一般不设立武装。统治者把"大都耦国"看作是国家祸乱的根源，严厉取缔都邑武装。但在春秋初，郑、晋、楚等国有些势力很大的卿大夫已开始凭借都邑的武力，威胁国家政权了。如郑国的共叔段，晋国的曲沃庄伯，楚国的斗缗等即分别利用自己掌管的都邑——京、曲沃、权建立军队，发动叛乱。这是春秋最早出现的地方都邑兵，尽管在当时还是不合法的。

最早建立由国家管理的地方都邑兵的，是郑国。郑国壤地狭小，兵源不

---

① 蓝永蔚：《春秋时期的步兵》，中华书局，1979年版，第99—100页。

足，又屡受强敌侵犯，在一些较大的都邑建立了武装，以捍卫边疆。春秋中期以后，由于战争的加剧，特别是由于"作州兵""作丘甲"等兵役改革所开辟的兵源，列国在地方都邑普遍建立了地方兵。

先说晋国。《左传》襄公二十三年（公元前550年）说晋赵胜率东阳之师追击齐师，俘虏晏氂。昭公二十二年（公元前520年）说："晋籍谈、荀跞帅九州之戎及焦、瑕、温、原之师，以纳王于王城。"东阳是晋在山东的都邑，焦、瑕、温、原是晋在河北和河外的都邑。这五邑有师，就说明晋在地方都邑都建立了强大的武装。"九州之戎"是晋改编陆浑戎组建的地方少数民族武装。

齐国。《左传》襄公六年（公元前567年）说："四月，晏弱城东阳，而遂围莱，甲寅堙之，环城傅于堞。"襄公十九年（公元前554年）说夙沙卫以高唐叛，"齐庆封围高唐，弗克"。《国语·楚语》："齐渠丘实杀无知。"齐东阳、高唐、渠丘三邑的武装应能代表齐国地方都邑兵的一般状况。

鲁国。《左传》成公二年（公元前589年）说齐攻鲁北境上的龙邑，"齐侯亲鼓士陵城，三日，取龙"。定公十二年（公元前498年）说："堕成，齐人必至于北门。"又，定公八年（公元前502年）阳虎"将享季氏于蒲圃而杀之，戒都车，曰：癸巳至"。"都车"，柱预注："都邑之兵车。"这就说明鲁的地方都邑都有强大的兵车部队。据《左传》哀公十一年（公元前484年）说鲁都邑的地方兵车甚至"众于齐之兵车"。

宋国。《左传》哀公二十六年（公元前469年）说："公游于空泽。辛巳，卒于连中。大尹兴空泽之士千甲，奉公自空桐入，如沃宫。"《国语·楚语》说："宋萧、蒙实弑昭公。"空泽、萧、蒙三邑有武装，说明宋的其他都邑也有武装。

楚国。楚的地方兵名为"县兵"。楚"县"多由被其灭掉的国家形成。如楚的"申、息之师"[1]，"许、叶之师"[2]，"陈、蔡、不羹，赋皆千乘"[3]等地方部队就都是由灭国组成的。楚的"县兵"以郢都为中心，划分为

---

[1]　《左传》僖公二十五年。

[2]　《左传》昭公十三年。

[3]　《左传》昭公十二年。

两大区域：一是上国，在郢以西；一是东国，在郢以东①。楚县兵的最高领导权操于楚王手中，由王委任"县公"或"县尹"统帅。

春秋晚期崛起的吴、越二小国，同中原国家一样，也建立了地方兵。据《国语·吴语》，"吴之边鄙远者"有地方兵，越北鄙的"御儿"也有地方兵。

列国的地方兵与国中之师是有区别的。一般来说，国中之师是国家军队的主力，其兵源主要是国人。都邑之师是国中之师的辅助力量，以防卫地方为主，也配合主力军作战，其兵源主要是野人。

卿大夫家兵统名曰"私属"或"私卒"。"私"字正表明它的性质与"公室"不同。它由两部分组成：一是以血族团体为基础的"族兵"；二是以地域为基础的采邑兵。

"族兵"是卿大夫的亲兵。周代卿大夫中实行宗法制度，每个卿大夫家族都有一套宗法体系，有所谓宗主、宗邑和族人。族人负有保卫宗主和宗邑的义务，由此就形成了以族人为骨干的"族兵"。必须指出，在君权强大时，卿大夫的私家军队也是构成国家军队的一部分。它与国家军队的不同仅在于它由卿大夫自己统帅，在战场上是一支不容忽视的力量。族兵在战场上是主力或亲兵，在平时则与卿大夫聚族而居于国中，所以一旦有事，调动起来极为迅速。春秋晚期，当君权衰落时，族兵也就成了真正意义上的私家军队，主要为卿族效力了。

采邑兵是卿大夫家兵中的另一支力量。周制"大夫有采"②或曰"大夫食邑"③。在西周时，卿大夫采邑武装是国家军队的组成部分，由国家委派"家司马"管理，家司马之下，每一采邑还设有"马正"④协助家司马工作。但是，随着军权下移于卿大夫，列国采邑的武装完全落入了卿大夫手中，像族兵一样，成为了卿大夫扩张自己势力的工具。如鲁国的三桓，就凭借着费、郈、成三邑的武装力量长期专鲁国之政。后来，鲁三桓的家臣能祸国，也主要是凭借强大的采邑武装。其时，宋的萧、亳，齐的渠丘、高唐，晋的朝

---

① 《左传》昭公十四年。

② 《礼记·礼运》。

③ 《国语·晋语四》。

④ 《左传》定公十年。

歌、邯郸、晋阳、曲沃，无一不拥有强大的采邑武装。

采邑是卿大夫的封地，采邑兵自然成了春秋后期列国卿族互相角逐的工具。卿大夫一旦在国内斗争中失利，就到采邑去动员和组织力量。如《左传》襄公二十三年（公元前550年），在与范氏斗争中被逐的晋栾盈，潜回采邑曲沃，"四月，……帅曲沃之甲，因魏献子以昼入绛"，几乎倾覆晋国。定公十三年（公元前497年），"秋七月，范氏、中行氏伐赵氏之宫。赵鞅奔晋阳，晋人围之"。晋阳是赵氏的采邑，赵鞅退保晋阳后，范、中行氏不能克。在赵襄子和智氏的斗争中，赵氏以晋阳政宽民和，再一次成功地退保晋阳，并终于与韩、魏联合，消灭智氏于晋阳下。

春秋末年，列国卿大夫的私家军队已发展到了惊人的程度。"鲁之群室，众于齐之兵车"，仅季氏一家就有甲士七千多人[①]。晋国大夫的家兵又使鲁国望尘莫及。晋国大夫的采邑兵又名县兵。据楚大夫蒍启彊说，晋大夫十家九县等有兵车四千九百乘之多[②]。这是其他国家所无法相比的。后来韩、赵、魏三家能够瓜分晋国，这也是一个主要原因。

总之，春秋时期中国奴隶制的军事制度，不论从军事领导体制上说，还是从兵役、兵源、军赋和军事编制上说，都发生了一系列重要的变化。地方都（县）邑兵和卿大夫采邑家兵也普遍建立起来。但是，军事制度的这种变化并没有从根本上改变"兵农合一"的性质。所以，它的变革仍然是在奴隶制的基础上进行的，是在奴隶制遇到深刻社会危机条件下，由统治者在军事制度方面所作的自觉或不自觉的种种调整，因此，春秋时期，不论是列国军队，还是卿大夫的私家军队，就其阶级本质来说，仍然是奴隶主阶级的军队，是奴隶制国家的专政工具。

（原载《先秦军事研究》，金盾出版社，1990年版）

---

① 《左传》哀公十一年。

② 《左传》昭公五年。

中国古代骑术和骑兵考源

　　史学界的传统看法认为，中国古代的骑术出现于战国，赵武灵王是介绍骑术入中国的第一人[①]。但是，这个看法是值得商榷的。

　　据前中央研究院历史语言研究所在安阳的第十三次发掘，在小屯发现了一个人马合葬的小墓，共有一人一马一犬，又有一戈一刀一弓背饰砺石一，镞十等。石璋如先生推测说："这个现象，或许是战马猎犬。"[②]于省吾先生在全面、深入地研究了卜辞中有关"先马"和"马射"等辞例后，指出：卜辞中有"马其先，王兑从"，就是"骑马的引路在前，王在后边急速从之"。卜辞中的"马呼射，擒"，就是"惟令骑射，可以擒获"。并断然做出结论："可以肯定地说，殷代的单骑和骑射已经盛行了。"[③]石、于二先生的说法，是可以信从的。杨升南先生也在《略论商代的军队》一文中指出，甲骨文中的"贞象致三十马允其幸（执）羌。贞象三十马弗其幸（执）羌"一辞，讲的就是"利用骑乘快速的特点以追捕逃亡奴隶。"[④]总之，中国的骑射早在殷代已经产生。

　　《诗·大雅·绵》说："古公亶父，来朝走马。率西水浒，至于岐下。"清代学者顾炎武释"走马"说："古者马以驾车，不可言'走'。曰'走'者，单骑之称。古公之国，邻于戎狄，其习尚有相同者。然则骑射之法，不始于赵武灵王也。"[⑤]顾说是正确的。这证明周人也与殷人一样有着

---

① 唐兰：《论骑术入中国始于周末》，载《文史杂志》1卷3期，1941年5月。

② 石璋如：《殷墟最近之重要发现附论小屯地层》，《田野考古报告》第二册，中研院史语所1947年出版。

③ 于省吾：《殷代的交通工具和驿传制度》，《东北人民大学社会科学学报》1955年第2期。

④ 杨升南：《略论商代的军队》，《甲骨探史录》，生活·读书·新知三联书店，1982年版，第379页。

⑤ ［清］顾炎武：《日知录》卷29《骑》。

乘单骑的传统。有些学者以古代"走""趣"二字通用，解"走马"为"趣马"，或说趣马为官名，或说趣马为乘车，但细绎《绵》诗上下文义，此二说皆不如顾说允当。

《左传》宣公十二年载，晋"赵旃以其良马二，济其兄与叔父"。竹添光鸿《左氏会笺》释曰："此跨马遁去也。"昭公二年载，郑子产在鄙，闻驷氏与诸大夫欲杀公孙黑，"惧弗及，乘遽而至"。《释文》说："以车曰传，以马曰遽。"按《释文》说是对的，单骑的速度比车快得多，所以子产才乘单骑奔归。《左传》昭公二十五年也说："左师展将以公乘马而归，公徒执之。"杜预注："乘，如字，骑马也。"又《公羊传》载齐景公吊唁鲁昭公时"既哭，以人为菑，以幦为席，以鞌为几"。[1]这些材料足以证明春秋时期尚保持着殷周以来单骑的传统。《韩非子·十过》说秦穆公曾以"革车五百乘，畴骑二千，步卒五万，辅重耳入之于晋，立为晋君"。又说赵襄子曾令延陵生"将车骑先至晋阳"。《韩非子·外储说左上》说："齐景公游少海，传骑从中来谒曰：'婴疾甚，且死，恐公后之。'景公遽起，传骑又至。"《礼记·曲礼上》说国君出巡"前有车骑，则载飞鸿"。《周礼·大司马》说："师帅执提。"郑司农注"提"曰"马上鼓"。《韩非子》成书于战国，《礼记》成书于汉代，《周礼》的成书时代学术界争论颇大，所以据这些材料不能说春秋已有规模较大的骑兵部队，但是要说当时有传递消息的单骑或零星的骑兵卫士，则应不成问题。

中国的骑术虽然早在殷代就已经出现，并经宗周数百年，至春秋时犹存。但是它并没有发展成为大规模的骑兵部队，这是有着深刻社会根源的。

首先，从社会物质生活条件上看，古代中国是一个农耕民族。它的土地制度是以土地公有为特征的井田制，它的社会组织是集政治、经济、军事三位一体的农村公社制度。农村公社的封闭性，农耕民族的保守性，都没有为大规模的骑兵的出现创造出合适的社会物质生活条件。

其次，从战争方式上看，中国春秋以前的战争还保持着某些原始战争的形式。如两军交锋要"结日定地"[2]，事先约好时间、地点，在空旷的大平原

---

① 《公羊传》昭公二十五年。

② 《公羊传》桓公十年何休注："偏，一面也。结日定地，各居一面。鸣鼓而战，不相诈。"

上排好整齐的方阵进行决战，是所谓"成列而鼓，是以明其信也"①。战争的胜负往往决定于一次性的冲击。"逐奔不过百步，纵绥不过三舍，是以明其礼也"②。"不鼓不成列"，"不以阻隘也"③，不击半渡之师等，是指导古代战争的作战法则。在这种历史条件下的战争，骑兵的威力远远不如车兵。如《六韬·犬韬·均兵》说："一车当十骑，十骑当一车。"所以，西周、春秋是车兵驰骋大小疆场的时代，而骑兵则派不上用场。

其三，从骑兵的自身特点看，"骑贵知别径奇道"④，机动性很强，是一支突击力量，擅长散兵作战。用它来"蹹败军，绝粮道，击便寇"⑤，则发挥了它的所长；而用它来对付排列整齐，"长兵强弩居前，短兵弱弩居后"⑥，能方能圆，善于变化的车、步兵结合的大方阵，则很难奏效。《六韬·犬韬·均兵》说："车骑不敌战，则一骑不能当步卒一人"，是符合实际的、中肯的。所以，春秋以前那种规模小、时间短、机动性不强的方阵战处处限制着骑兵的发展。至于古已有之的单骑，则充其量也只是零星的骑士和传骑而已。

其四，骑兵要求将士有高超的骑术和优良的个人技艺。这对于非游牧民族来说，是需要长期训练和培养的。春秋以前那种"三时务农而一时讲武"的民兵制度也培养不出具有专门技艺的骑兵。战国时期，由于农村公社瓦解，常备军取代了民兵制度。战争规模和战争方式的转化，大规模野战和围城战的频繁发生，要求部队具有快速、灵活和突击性等特点，单骑便迅速发展成为骑兵兵种了。

最早建立骑兵部队的国家是赵国。史称赵为"四战之国"⑦，周边都是强敌：东南为齐、中山，南为韩、魏，西为秦、林胡，北为楼烦、东胡，东北为燕。林胡、楼烦、东胡，号称三胡，是崛起于大漠南北的游牧民族，擅长骑射，勇猛骠悍，对秦、赵、燕等国构成很大威胁，赵国受害尤烈。

---

① 《司马法·仁本》。
② 《司马法·仁本》。
③ 《左传》僖公二十二年。
④ 《六韬·犬韬·战车》。
⑤ 《六韬·犬韬·均兵》。
⑥ 《六韬·犬韬·战步》。
⑦ 《史记·乐毅列传》。

由于中国北部多山地，特别便利于三胡的轻骑，而不利于中原的战车，正所谓"重甲循兵，不可以逾险"[①]。为对付三胡的侵扰，赵武灵王毅然决定"变服骑射"，在总结中原骑射的历史经验和吸取胡人长处的基础上，率先建立起一支强大的骑兵部队。据《史记·匈奴列传》，赵自"变服骑射"，建立骑兵部队以后，"北破林胡、楼烦。筑长城，自代并阴山下，至高阙为塞。而置云中、雁门、代郡"。《史记·赵世家》也说"攘地北至燕、代，西至云中、九原"，"灭中山，迁其王于肤施。起灵寿，北地方从，代道大通"。赵国的"变服骑射"取得了巨大的成功。

列国望风影从，也纷纷建立起骑兵部队，如秦有"骑万匹"[②]，楚有"骑万匹"[③]，魏有"骑五千匹"[④]，燕有"骑六千匹"[⑤]，齐有"轻车锐骑"[⑥]，"文骑六百匹"[⑦]等。由于骑士是新兴的技术兵种，所以对骑士的选拔十分严格。《六韬·犬韬·武骑士》说："选骑士之法：取年四十已下，长七尺五寸已上，壮健捷疾，超绝伦等，能驰骑毂射，前后左右，周旋进退，越沟堑，登丘陵，冒险阻，绝大泽，驰强敌，乱大众者。"凡被选中的，都享受优惠的待遇。骑兵兵种作为步兵的辅翼，它配合车、步兵深入长驱，绝敌粮道，追敌败兵，或袭击敌之两翼，或掩袭敌之前后，成为了战国时期一支最活跃的打击力量。

（原载《松辽学刊》1991年第2期）

---

① 《战国策·赵策二》。

② 《战国策·楚策一》。

③ 《战国策·楚策一》。

④ 《战国策·魏策一》。

⑤ 《战国策·燕策一》。

⑥ 《战国策·齐策一》。

⑦ ［明］董说：《七国考》引《孙子笺》。

论吴国的军队组织

吴在春秋初年是个军事小国，不但没有强大的陆军，仅有的水军人数也不多，只能防守地方，所以不得不服事楚国①。春秋中叶，晋国采纳巫臣通吴的建议，"教吴乘车，教之战陈，教之叛楚"②，吴始建立起强大的陆军。其后仅二三十年间，吴国的军队组织就取得了突飞猛进的发展，这不仅使它摆脱了楚国附庸的地位，而且成为楚国的肘腋大患。它大举攻入楚国郢都，结束了楚国百余年的霸业；它大破齐军于艾陵，使齐一蹶不振；它与晋国在黄池争长，一跃而成为春秋晚期的霸主。因此，对于吴国军队组织的发展状况，我们有必要作一番探讨。

一、吴国的军队数量、兵役和兵源

春秋初年，列国诸侯的兵役制度仍承周制，"国人当兵，野人不当兵"，其时"大国三军，次国二军，小国一军"③。吴为小国，又不擅长车战，所以它的军队组织不会超过一军。

吴通上国以后，迅速建立了以步兵为主力，配合有战车的陆战部队。而这时中原列国的军事制度正经历一场大变革，由于争霸和兼并战争的需要，晋"作州兵"④，鲁"作丘甲"⑤，郑"作丘赋"⑥，纷纷打破"国人当兵，野人不当兵"的旧制，征召野人当兵，开辟了新的兵源。吴受列国的影响，

---

① 《左传》宣公八年：楚"盟吴、越而还。"杜预注："楚强，吴、越服从。"
② 《左传》成公七年。
③ 《周礼·夏官·司马》。
④ 《左传》僖公十五年。
⑤ 《左传》成公元年。
⑥ 《左传》昭公四年。

也采用了"丘役"制度①，吸收野人甚至囚徒当兵。新兵源的开辟使吴国的军队数量不断增加，战斗力不断增强，它接连不断地伐郊、伐楚、伐巢、伐徐，入州来，给楚国造成严重威胁。据《左传》，这时吴国的军队已经达到三个军。《左传》昭公二十三年记载：

> 吴子以罪人三千，先犯胡、沈与陈，三国争之。吴为三军以系于后。中军从王，光帅右，掩余帅左。吴之罪人或奔或止，三国乱。吴师击之，三国败。获胡、沈之君及陈大夫。舍胡、沈之囚，使奔许与蔡、顿，曰："吾君死矣。"师噪而从之，三国奔。楚师大奔。

这条材料记的是吴楚两国的鸡父大战。吴用三军一举战胜以楚军为主力的胡、沈、陈、许、蔡、顿七国联军，足见吴国三军战斗力的强大。是役，吴国以三千罪人做前部先锋，显然为诱敌之计。吴国真正的先锋部队，是全军的精锐之师。《吕氏春秋·简选篇》说：

> 吴阖庐选多力者五百人，利趾者三千人，以为前陈，与荆战，五战五胜，遂有郢。

这说明吴在三军之外，还有一个先锋部队。

吴国的军队随着战争的扩大，数量也在逐步增长，在吴王夫差时代，它又从三军发展到了五军。《左传》哀公十一年记载：

> 公会吴子伐齐。五月，克博。壬申，至于嬴。中军从王，胥门巢将上军，王子姑曹将下军，展如将右军。齐国书将中军，高无㔻将上军，宗楼将下军……甲戌，战于艾陵，展如败高子，国子败胥门巢。王卒助之，大败齐师，获国书、公孙夏、闾丘明、陈书、东郭书，革车八百乘，甲首三千。

在这次战役中，吴国出动了上、中、下、右四个军。但这不是吴国的全部兵力。日本学者竹添光鸿《左氏会笺》说吴国"此役左军不出也"，是对的。据《国语·吴语》载，吴王夫差在北上与晋国争长于黄池时，曾令王子友留守。由此推断，是役吴左军不出，也应是留守国内。这证明吴国有上、中、下、左、右五个军。吴国作为春秋时期的一个小国，竟组建了五个军的军队，这在当时也是罕见的。而后来吴灭亡于穷兵黩武，也就不是偶然的了。

---

① 《孙子兵法·作战篇》。

吴国的五支大军，依其士卒来源可以分为两个部分：一部分是"中国之师"，这是吴军的精锐部队；另一部分是地方的郡邑兵。《国语·吴语》载越大夫种谈伐吴的策略时说：

王若今起师以会，夺之利，无使夫悛。夫吴之边鄙远者，罢而未至，吴王将耻不战，必不须至之会也，而以中国之师与我战。若事幸而从我，我遂践其地，其至者亦将不能之会也已。吾用御儿临之。吴王若愠而又战，奔遂可出。若不战而结成，王安厚取名而去之。

从越大夫种的话里，我们可以看出，吴的"中国之师"，其实就是它国都的军队。这支军队兵源来自国人，是吴军的主力。吴破楚入郢，败齐于艾陵，在黄池排出的三个军阵，应都是这支王牌军。吴还有"边鄙"之师，这其实就是它的地方郡邑兵，其兵源来自邑人和野人。关于吴的地方郡邑兵，《史记》也有记载。《史记·吴太伯世家》说："初，楚边邑卑梁氏之处女与吴边邑之女争桑，二女家怒相灭。两国边邑长闻之，怒而相攻，灭吴之边邑。"吴楚两国的边邑长能"怒而相攻"，至少说明他们有由邑人组成的民兵。《吴越春秋》卷五说："吴王果兴九郡之兵，将与齐战。道出胥门，因过姑胥之台。"《越绝书》卷七作："吴王果兴九郡之兵，而与齐大战于艾陵，大败齐师，获七将。"吴的九郡之兵，自然是它的地方郡邑兵。不论吴的"中国之师"，还是"九郡之兵"，指挥权都操在吴王手中，吴王是全军的最高统帅。

吴国像春秋时其他国家一样，也有卿大夫的私家军队。《左传·定公四年》载吴、楚柏举之战时，吴夫概王请求首先攻击楚子常的部队，吴王阖庐不允许。夫概王遂"以其属五千，先击子常之卒"。又，《左传·哀公十三年》载，越乘吴王夫差北上参加黄池会盟之机，袭击吴国，吴将弥庸要求出击，吴留守大臣王子友不同意。弥庸不听王子友的意见，"属徒五千，王子地助之"，出击越军。夫概王的"其属"，弥庸的"属徒"，显然都是卿大夫的私家军队，所以他们才能在吴王和王子友不允许出兵的情况下敢于动用这支兵力。严格地说，卿大夫的私家军队也是国家军队的一部分，其最高指挥权也操在国君手里；但是它又不同于"中国之师"和地方郡邑兵，它的直接指挥权由卿大夫自己掌握，有较大的相对独立性。特别是当国家衰落、王权削弱时，卿大夫的私家军队就成了名副其实的私属军队。

春秋时期，列国的军队主要还是临战征召的民兵，吴国的军队也是这样。《国语·吴语》说："吴王夫差还自黄池，息民不戒。"临战征召民人为兵，战后民人还兵为民，这正是民兵制度的特点。又《国语·越语》载越王勾践"乃命有司大令于国曰：'荀任戎者，皆造于国门之外。'"这是越国征召国人入伍的史实。吴、越的军事制度大体相同，所以这条史料可以作为吴国存在民兵制度的佐证。吴国的"中国之师""九郡之兵"，再加上卿大夫的私属军队，总兵力约十万多人。《国语·越语上》说："今夫差衣水犀之甲者，亿有三千。"《吴越春秋》卷十作"十有三万人"。可见，"亿"就是"十万"。吴在春秋时领土不广，人口也不多，而其军队的数量竟达到十余万众，这是一个不小的数字。这个数字说明，吴国不仅打破了"国人当兵"的旧制，实行了"丘役"制度，大量征召野人当兵，而且实行了普遍征兵制，全部适龄青壮年男子都走上了战场。

二、吴国的军队编制

吴国的最大军事建制单位是"军"，上文我们谈过，吴由三军陆续发展到五军。在"军"制以下，吴国还有旅、卒、什、伍等各级编制单位。《孙子兵法·谋攻篇》说：

凡用兵之法：全国为上，破国次之；全军为上，破军次之；全旅为上，破旅次之；全卒为上，破卒次之；全伍为上，破伍次之。

孙武为吴国大将，曾与伍子胥率军破楚入郢，他讲的军事编制，可信为吴国制度。由此证明：吴有军、旅、卒、伍四级编制单位。但是"伍"与"什"是相联系而存在的，士有"什伍"是春秋通制，所以吴军应当还有"什"一级编制单位。《国语·吴语》讲吴在黄池排列军阵说：

陈士卒百人，以为彻行百行。行头皆官师，拥铎拱稽，建肥胡，奉文犀之渠。十行一嬖大夫，建旌提鼓，挟经秉枹。十旌一将军，载常建鼓，挟经秉枹。万人以为方阵，皆白裳、白旂、素甲、白羽之矰，望之如荼。王亲秉钺，载白旗以中陈而立。左军亦如之，皆赤裳、赤旂、丹甲、朱羽之矰，望之如火。右军亦如之，皆玄裳、玄旗、黑甲、乌羽之矰，望之如墨。为带甲三万。

这白、赤、黑三个大方阵，皆由"彻行百行"组成。每一个彻行一百人，由官师统率。十行组成一旃，一旃千人，由嬖大夫统率。十旃组成一军，由将军统率。一彻行当即一卒，一旃当即一旅，一军与孙子所说一军同，为一万人。这三个建制单位都是十进制的。以此推算，卒以下的建制单位也应是十进制的，即十什一彻行，也就是一卒。每什十人，每卒百人，这是最合理的解释。而"什"又由两"伍"组成。"伍"是军中最小的建制单位，也是最小的一个战斗集体，所以春秋时人说："不死伍乘，军之大刑也。"①据《国语·齐语》，伍有轨长，即伍长；据《商君书》《尉缭子》载，春秋时列国军队皆有"什长""伍长"。吴国应不例外，什伍亦当有长。由此我们可以说，吴国的军事编制系统为军、旅、卒、什、伍五级，将军、嬖大夫、官师、什长、伍长则是它军中的各级军官。吴国的这种军事编制形式虽然与齐国的军事编制比较接近，但它与齐及列国的军事编制都有不同。据《国语·齐语》，齐国的军事编制是军、旅、卒、小戎、伍五级。据《左传》和《周礼·大司马》，以晋国为代表的列国军事编制是军、师、旅、卒、两、伍六级。吴国军事编制与列国军事编制的不同，并不是一个简单的问题，它实反映着一个深刻的史实：列国，包括齐国的军队作战时以战车为核心，所以其军事编制以"两"和"小戎"，即一乘战车为基础编制而成；而吴国的军队作战时以步兵为核心，所以它的军队不以战车为基础而以"什"为基础编制而成。可以说，吴国以步兵为中心的军事编制形式为战国时大规模的包围战和攻坚战开了先河。

三、吴国军队的兵种

水军和陆军是吴国军队组织的两个主要兵种。

吴国地处中国东南，是水乡泽国，"以船为车，以楫为马"②，乘船弄潮为吴越健儿所专擅。据《左传》，吴国在鲁成公七年以前尚无较强的陆军，所以水军是它较早建立的兵种。春秋初年，吴国的水军也并不强大，所以它臣服于楚。后来，由于吴楚、吴越频繁发生战争，才使吴国的水军有了进一

① 《左传》昭公二十一年。
② 《越绝书》卷8《外传·记地传》。

步的发展。

吴国的水军又称"舟师"，它包括舟战部队和运输部队两部分。《左传·定公六年》载：

四月己丑，吴大子终累败楚舟师，获潘子臣、小惟子及大夫七人。

杜预注："舟师，水战。"又说潘子臣、小惟子是"楚舟师之帅"。这是吴楚水军交战的战例。吴国水军能战胜楚国舟师并俘获它的水军统帅，说明吴国水军实力是比较强大的。又，《国语·吴语》载越伐吴说："明日将舟战于江。"在江上舟战当然是水军交战。《国语·越语》载伍子胥对吴王夫差说："夫越国，吾攻而胜之，吾能居其地，吾能乘其舟。"这条材料也足以证明吴国有舟战部队，而且曾与越国进行过水上战斗。《左传·哀公十年》说吴大夫"徐承帅舟师，将自海入齐。齐人败之，吴师乃还"。这是吴国用舟师北上进攻齐国的记载。

吴国水军的另一组成部分是运输部队。它的主要任务是运送陆军及给养供应。《左传·昭公十七年》载，吴楚长岸之战，楚军大败吴师，"获其乘舟余皇"。乘舟就是运输陆战部队的船。《左传·哀公十一年》记吴齐艾陵之战，吴师北上也是沿着汉水行军，以便仰赖水军运输陆军部队和粮草给养。从这一意义上说，吴国的水军实是吴国军队组织的命脉。清儒顾栋高谈到吴国水军的运输功能时曾说：

吴地水行，其性不能陆，故晋征平邱之会，吴以水道不可辞；哀九年警师伐齐，则先沟通江淮矣；十三年会晋黄池，则阙为深沟于商鲁之间矣：是知吴一日而不能废舟楫之用也[1]。

正是因为舟楫对于吴国有着这样重要的作用，所以当吴军在长岸失去大舟余皇时，吴公子光拼死夺回了它。《国语·吴语》讲勾践袭击吴国，"入其郛，焚其姑苏"，也要"徙其大舟"。

吴国的陆军组建于巫臣"教吴乘车，教之战陈"以后，它主要由步兵和少量的车兵、骑兵组成。

吴国陆军的建立虽说是出于巫臣的主意，但这只是问题的表象而已。其真正的动因在于吴国要摆脱楚国的附庸地位，在争霸与兼并战争中争取生

---

[1]　［清］顾栋高：《春秋大事表》卷33。

存，而这就需要建立起一支强大的陆军。顾栋高谈到吴国水军的弱点时说："舟楫之用在江湖，而长江之险，吴楚所共。楚实居上游，故其用兵常弃舟楫而争车乘之利。""向非巫臣教吴以车乘射御，则楚舳舻之师从汉口顺流而下，譬如屋上建瓴水而注之地，而吴以舟师仰攻，势必不胜。向之甘于役属者，职是故耳。"①这就是说，在群雄割据的春秋时代，一个没有陆战能力的国家，除了甘受大国的役使外，是没有其他出路的。吴国的步兵是它陆军中的主力部队，吴国的许多硬仗，都是依靠步兵取得胜利的。如吴楚鸡父之战，吴人用罪人三千做前锋部队，以引诱敌人来攻，然后用三个军的力量合击敌人，结果围歼了胡、沈、陈三国部队。吴子所使用的三个军，都是步兵。《左传·定公四年》记吴楚柏举之战，吴、蔡、唐三国"舍舟于淮汭"，自豫章与楚军隔汉水对峙。楚军渡过汉水，在小别山至大别山之间排成军阵与吴国交战，三战三败。击败楚军的吴军主力，正是舍舟登岸作战的步兵。

《左传·哀公十一年》载吴齐艾陵之战，吴击败齐师，俘获"革车八百乘，甲首三千"。吴把战利品全数赠送鲁国。这也从一个侧面反映吴军的主力是步兵，对所获战车不感兴趣。

《国语·吴语》说吴王夫差北上黄池时，"阙为深沟，通于商鲁之间，北属之沂，西属之济，以会晋公午于黄池"。这无疑也是靠水军来运送步兵。在黄池会上，夫差摆出白、赤、黑三个步兵大军阵也充分证明了这一点。

吴国军队的主力虽然是步兵，但是不能说它没有车兵，不用车战。20世纪40年代，有人撰文说"吴越不用车战"②，这个观点是可商的。

晋派巫臣通吴，《左传》明载"教吴乘车，教之战陈"，又说"舍偏两之一焉，与其射御"。即留下战车15辆与它的射御人员，以教授吴军③。似此，怎能说吴国不用车战？

黄池会上，吴王夫差排列的三个步兵方阵，其中就包含有战车。如《吴语》说："令秣马食士。夜中，乃令服兵擐甲，系马舌，出火灶，陈士卒百

① ［清］顾栋高：《春秋大事表》卷33。
② 陶元珍：《吴越不用车乘考》，《志林》第4期，1943年1月。
③ ［日］竹添光鸿：《左氏会笺》成公七年。

人，以为彻行百行。"如军阵中无"战车"，《吴语》怎说"秣马"、"系马舌"？细绎《吴语》文义，吴军中的官师能"拥铎拱稽，建肥胡，奉文犀之渠"；嬖大夫能"建旌提鼓，挟经秉枹"；将军能"载常建鼓，挟经秉枹"，原来他们都是乘坐战车的。吴王"乃秉枹，亲就鸣钟鼓、丁宁、錞于，振铎"。他无疑也乘着战车。所以，在吴国以步兵为主力的大军阵中，配备有战车，这是毫无疑问的。战车虽然不是吴军中冲锋陷阵的主力，但是它为各级指挥官所乘坐，所以是军中的灵魂。吴王排列的这三个步兵军阵是十分典型的，它说明吴军作战通常都排成这种阵势。

《越绝书》卷六与卷八都说："吴伐越，道逢大风，车败马失。"[①]这也证明吴有车兵。《国语·吴语》载越王勾践谈准备伐吴时，有"唯是车马、兵甲、卒伍既具"一语。吴、越几乎为同步发展的国家，越国既有"车马、兵甲"，吴国也应当有。这应是证明吴有车兵的一条旁证。

据考古学发现，在江苏六合程桥一号墓中出土有车马器和工具[②]，该墓主是春秋时的吴国贵族[③]。又据《河南固始侯古堆一号墓发掘简报》[④]，该墓的随葬坑中出土三乘肩舆，两具马骨，七对车害及成堆的车马饰。该墓的墓主也可能是吴国贵族[⑤]。在吴国贵族墓中发现数量较多的车害、车马器和车马饰，这是吴国有战车的最有力的证据。

《越绝书》卷六和卷八在记载吴王伐越，兵败槜李的时候，说："车败马失，骑士堕死，大船陵居，小船没水。"骑士就是骑兵。中国最早建立规模较大的骑兵部队的国家，是战国时的赵国，这是没有疑义的。但是，中国古代的骑术却不肇始于赵。据甲骨文，商代已有单骑和少量骑兵；据文献，西周和春秋时也有单骑[⑥]。所以，在春秋末年吴军中有少量的骑士出现，是不奇怪的。它的主要任务很可能是传递往来军情。

综上所述，我们可以得出这样的结论：春秋时期吴国的军队组织得到了充分的发展，其数量由一军、三军发展到五军，总兵力达十万三千人。其编

①　《越绝书》卷六作"吴王夫差"，误。槜李之战是吴王阖闾。
②　《江苏六合程桥东周墓》，《考古》1965年第3期。
③　《新中国的考古发现与研究》之《吴、越和徐国的考古发现》，文物出版社，1984年版。
④　固始侯古堆一号墓发掘组：《河南固始侯古堆一号墓发掘简报》，《文物》1981年第1期。
⑤　《新中国的考古发现与研究》之《吴、越和徐国的考古发现》，文物出版社，1984年版。
⑥　参见拙文《中国古代的骑兵和骑术考源》，《松辽学刊》1991年第2期。

制有军、旅、卒、什、伍五级，主要由十进制构成。其兵种有水、陆两军。水军有舟战部队和运输部队；陆军有主力步兵和车兵、骑兵。其兵役制度，由"国人当兵"发展到野人当兵，又发展到普遍征兵制。吴国仰赖这支军队破楚入郢，大败齐军，与晋争长于黄池，由蕞尔小国一跃而成为使中原震颤的春秋晚期霸主。

（原载《吉林大学学报》1992年第2期）

论春秋五伯的争霸战略

五伯代兴是春秋时代的历史特点①。关于五伯争霸战争的起因、历史过程、结局及其影响，前人已多有研究。但是，从战略学的角度深入分析五伯争霸战略问题的成果，则不多见。本文不揣简陋，拟在这方面作一探索，以就教于方家。

一

齐桓公是春秋五伯之首。当时的周大夫宰孔在葵丘大会后评论他的霸业说："齐侯不务德而勤远略。故北伐山戎，南伐楚，西为此会也。东略之不知，西则否矣。"②

"德"就是政治；"略"，就是军事。郑玄《诗·鲁颂谱》云："征伐为略"，是对略字的确解。从宰孔的话可以看出，齐桓公的争霸战略由"德"与"略"，即政治与军事两部分组成。葵丘会盟是齐桓公霸业的顶峰，宰孔预见到从此后齐霸将衰，所以说他"不务德"。事实上，齐桓公在争霸过程中一直是注重修"德"的。

齐桓公的修"德"战略，有以下四点内容：安民、尊王、亲邻、攘夷。

"安民"是桓公政治战略的基础。桓公继位伊始，就向管仲请教"圣王之治天下"的安民大计。管仲提出"定民之居"与"成民之事"两项措施。

"成民之事"是使国内士、农、工、商四民各有处所，不要杂居。使士就清净之地，讲求道艺学术；工就官府，讲求肆业技术；商就市场，讲求贸

---

① 关于春秋五伯，各家有多种看法。但《墨子·所染》和《荀子·王霸》谓是齐桓公、晋文公、楚庄王、吴王阖闾、越王勾践，此为先秦旧说，可以信据。

② 《左传》僖公九年。

易生利；农就田野，从事耕作稼穑。固定的居处可使四民子弟继承父兄的事业，收到"其父兄之教不肃而成，其子弟之学不劳而能"的功效①。

"定民之居"是实行"参其国而伍其鄙"制度。在国郊以内编制二十一乡：工商六乡，士乡十五。在国郊以外的鄙野，编制邑、卒、乡、县、属各级行政单位，共编五属②，设五位属大夫管理。工商六乡，专门从事工商业活动；鄙野五属，专门从事农业生产。

而在十五士乡则实行"作内政而寄军令"的行政与军事双重编制法："五家为轨，故五人为伍，轨长帅之；十轨为里，故五十人为小戎，里有司帅之；四里为连，故二百人为卒，连长帅之；十连为乡，故二千人为旅，乡良人帅之；五乡一帅，故万人为一军，五乡之帅帅之。"③其轨、里、连、乡，就是居民行政编制单位；伍、小戎、卒、旅，就是士兵军事编制单位。而轨长、里有司、连长、乡良人就是一身兼行政与军事二任的首长。五乡编为一军，十五乡共编为三支大军。这就是齐桓公赖以建立霸业的基本武力。

"尊王"是齐桓公政治战略的核心内容之一。春秋时，周王室的地位虽然一落千丈，但天子名号尚存，传统势力和政治影响力很大。所以，齐桓公把"以诛无道，以屏周室"确定为基本战略目标，而这也就使他取得了号令华夏诸侯的一面大旗。

据《左传》，齐桓公的"尊王"事迹有以下数端：（1）鲁庄公十四年（前680年），齐"请师于周"以伐宋，杜预注："齐欲崇天子，故请师，假王命以示大顺。"（2）鲁庄公十七年，郑不朝王，齐逮捕郑执政大夫郑詹。（3）鲁庄公二十七年，齐桓公接受周惠王所赐"侯伯"之命，次年伐卫，大败卫师，"数之以王命"。（4）鲁僖公五年（前655年），桓公率诸侯在首止会见王太子郑，安定王室。（5）鲁僖公八年，桓公率诸侯在洮地会盟，安定周襄王王位。（6）鲁僖公九年，桓公在葵丘大会上尊崇王室，宣布"壹明天子之禁"④，襄王派宰孔赐桓公为"九命上公"⑤。桓公降阶参拜，升堂受

---

① 《国语·齐语》。

② 三十家为邑，十邑为卒，十卒为乡，三乡为县，十县为属。

③ 《国语·齐语》。

④ 《谷梁传》僖公九年。

⑤ 鲁庄公二十七年，周惠王使召伯廖命齐桓为"侯伯"，今又命宰孔"加劳赐一级"。据《周礼·春官》，侯伯七命，上公九命。

命。（7）鲁僖公十二年，桓公派管仲为王室和戎人讲和。

尊王使齐桓公获得了"侯伯"封号，可以代天子行使征伐大权，成为名正言顺的诸侯"伯主"。

"亲邻"是管仲为桓公规划政治战略的重要内容。管仲说："君欲从事于天下诸侯，则亲邻国。"①管仲所说的邻国，不仅为齐的周边国家，而是整个中原华夏国家。所以管仲又说："戎狄豺狼，不可厌也；诸夏亲昵，不可弃也。"②在当时的华夏诸国中，以宋、鲁两国最重要，最有影响。于是，齐桓公就从争取鲁、宋两国入手做"亲邻"工作。清儒顾栋高已看到了这一点，说："齐桓图霸，首先在得宋、鲁。鲁为周公之后，宋为先代之后，不得此，不足以号召诸侯。"③

但是，在王权衰落，诸侯失统，列国纷争的形势下，要把华夏诸侯团结起来，殊非易事，特别是鲁。齐襄公曾杀鲁桓公。齐襄公死后，鲁庄公又支持公子纠与齐桓公争国，两家结有仇怨。齐桓公为称霸大局，毅然捐弃前嫌，于鲁庄公十三年（前681年），亲与鲁侯在柯地会盟，修怨结好。鲁庄公十六年，桓公又争取鲁国参加了诸侯的幽地盟会，同时返还过去侵占鲁国的棠、潜等地④。鲁庄公二十二年，齐以公女许嫁庄公，鲁、齐重结婚姻。这就建立起了巩固的齐、鲁联盟。

鲁庄公十二年秋，宋国发生弑君之乱。次年春，齐桓公会诸侯于北杏，平定宋乱。这年冬，宋背北杏之盟，桓公率诸侯征讨，迫宋与齐讲和结盟。为巩固这一联盟，桓公于鲁庄公十五年先后为宋讨伐郳、郑二国，"宋自是与齐为一，宋亲而中国诸侯定矣"⑤。

在齐团结华夏诸侯的战略中，郑国占据重要地位。郑紧邻王畿，与宋并为中原屏障。正当齐桓图霸之时，南方的楚国势力也伸延到了北方。汉阳诸姬被它蚕食殆尽，蔡也落入它的掌握之中，郑、许、陈三国则不断受到它的侵扰，郑尤首当其冲。王葆说当时"中国得郑则可以拒楚，楚得郑则可以窥

---

① 《国语·齐语》。

② 《左传》闵公元年。

③ 《春秋大事表》卷26《齐楚争盟表》。

④ 《国语·齐语》。

⑤ 《春秋大事表》卷26《齐楚争盟表》。

中国。故郑者，齐、楚必争之地也"①。其说至确。争郑正是齐、楚争霸斗争的焦点。

齐之争郑，采取了以斗争求团结的策略。鲁庄公十六年，齐联合宋、卫伐郑，郑顺服了齐。是年秋，楚人伐郑，旨在争郑。冬，齐率宋、陈、卫、许、滑、滕六国与郑结盟，郑仍服齐。但是，自鲁庄公二十八年（前666年）至鲁僖公三年（前657年）楚军四次侵郑，企图争得郑国。郑文公由于楚军压力，想与楚媾和。郑大夫孔叔说："齐方勤我，弃德不祥。"和议遂止。鲁僖公四年，桓公为解决楚北上争郑问题，统率中原八国军队南下攻楚，迫楚与诸侯缔结召陵之盟，挡住了楚军北进争郑的势头。次年，周惠王怂恿郑伯拒绝参加齐召开的首止之会，背叛齐国。桓公于僖公六、七年连续对郑用兵，楚救不克，郑又服齐。从此终齐桓之世，郑不再叛。可见郑服齐是桓公称霸时的历史主流，而这也就保持了中原大局的稳定。

为贯彻"亲邻"战略，桓公还出兵解救受戎狄侵扰的燕、卫、邢三国。此举使"天下诸侯称仁焉。于是天下诸侯知桓公之非为己动也，是故诸侯归之"。②"亲邻"既是政治战略，也是外交战略，因为外交斗争是政治斗争的组成部分。从桓公对宋、鲁、郑、邢、卫、燕的关系看，他团结华夏的"亲邻"战略获得了巨大成功。

"攘夷"与尊王一样，也是齐桓公政治战略的基本内容。而攘夷所采用的征伐手段又是军事战略。

春秋初，蛮、夷、戎、狄交侵中国。《公羊传》僖公四年概括当时形势是"南夷与北狄交，中国不绝若线"。南夷指的是楚，北狄指的是戎狄。顾栋高说："盖春秋时戎狄之为中国患甚矣，而狄为最。诸狄之中，赤狄为最。"③又说："当日北方多故，桓公之为备者多。狄病邢、卫，山戎病燕，淮夷病杞，伊雒之戎为患王室，方左支右吾之不暇。明知天下之大患在楚，而未暇以楚为事，以为王畿之郑能不向楚，则事毕矣。"④

针对北方戎狄祸急但较楚为小，南方楚祸缓但为害大的形势，桓公攘夷

---

① 见《春秋大事表》卷26引。

② 《国语·齐语》。

③ 《春秋大事表》卷39《春秋四裔表》。

④ 《春秋大事表》卷26《齐楚争盟表》。

采取了先北后南、先小后大，政治斗争与军事斗争相结合，有打有和的战略方针。

鲁庄公三十年（前664年）山戎侵燕，桓公欲救燕，问计于管仲曰："吾欲北伐，何主？"管仲对曰："以燕为主。"桓公遂率大军"北伐山戎，刜（击）令支、斩孤竹而南归"。①并向鲁国献戎捷②。

鲁闵公元年（前661年），狄人伐邢，桓公依据"戎狄豺狼，不可厌也；诸夏亲昵，不可弃也"的政治原则，发兵救邢，迁邢于夷仪。次年，狄人大举攻卫，灭卫，杀卫懿公。齐桓公又出兵救卫，重新封卫于楚丘。对北方的戎狄，桓公采取的是军事进攻的战略。

当北方局势稳定以后，桓公即掉头南下，对付强楚。鲁僖公二年（前658年）秋，齐桓公在贯地与江、黄两国结盟。江、黄是楚的同盟，处在楚的东北边境，得江、黄即可威胁楚国。次年，桓公在阳谷再会江、黄，二国服齐。这就在外交上造成了孤立楚国的形势。

蔡居淮河、汝水之间，是楚国近邻。春秋初，楚国一路北进，灭吕、灭申、灭息，独存蔡不灭，留作北上门户。所以齐桓公"攘楚，必先有事于蔡"③。

鲁僖公四年（前656年），齐桓公率齐、鲁、宋、陈、卫、郑、许、曹八国大军侵蔡，蔡不支而联军遂挺进楚国。楚成王派使臣责问桓公："君处北海，寡人处南海，唯是风马牛不相及也，不虞君之涉吾地也，何故？"齐以楚不向王室贡苞茅和周昭王南征不复相诘。楚接受不贡苞茅的质问而推诿对昭王南征不复的责任。诸侯军进驻陉地，双方形成对峙局面。

楚见诸侯军阵容强大，担心"以此众战，谁能御之？以此攻城，何城不克？"不敢轻启兵端；齐也因兵进异域，楚"方城以为城，汉水以为池"，难以深入取胜。于是，齐、楚双方达成妥协，缔结了召陵之盟。召陵之盟虽未能在军事上重创楚国，但收到了"不战而屈人之兵"的功效，挫折了楚国北进的锋芒，是齐桓公争霸政治战略的一个胜利。

齐桓公霸业的成功，还在于他有一套发展经济的战略。管仲所实行的

① 《国语·齐语》。
② 《左传》庄公三十一年。
③ 《春秋大事表》卷26《齐楚争盟表》。

"参国伍鄙"制度，促进了齐国农业、手工业和商业的进一步分工与发展，造就了齐"百姓富""牛羊遂"的欣欣向荣局面。桓公还"通齐国之鱼盐于东莱，使关市几而不征，以为诸侯利"①，这就为齐桓公的霸业奠定了坚实的经济基础。

二

晋文公的争霸战略由政治、经济、外交与军事四部分组成。

关于晋文公的政治战略和经济战略，周征松先生已有论断，谓是"义、信、礼"三个字。"义"，是"出定襄王，入务利民"。"出定襄王"，是"尊王"；"入务利民"是整顿内政，发展经济，奖掖人才。"信"是"伐原以示之信，民易其资者不求丰焉，明征其辞"，形成全国上下重信誉的风气。"礼"，是"大蒐以礼，作执秩以正其官"。礼是当时维护统治的工具。大蒐以礼，就是以礼治军，展现等级制度，使人民遵守等级秩序，形成"推贤让能"的礼让精神②。我们赞成周先生的这些观点，不再赘。

晋文公争霸的外交与军事战略，可以概括为三句话：联结齐、秦，侵伐曹、卫，诱楚北上而击之。

晋文公争霸时，天下大势对晋国是极为不利的。楚自齐桓之世，就已经灭了吕、申、息、弦、黄，降服了蔡、许。齐桓死后，楚再次北进，伐陈、伐郑，在泓之战中大败宋军，迫使宋国归服。北方的曹、卫、鲁等国也都倒向楚国，楚之先锋已进到齐国谷邑。中原未受楚国威胁的国家，仅晋与周王室而已，顾栋高说当时"天下大势，盖楚十居八九矣"③。面对楚国炙手可热的军事优势，晋文公从外交上采取了联结齐、秦的方针。文公回国即君位，是得到秦穆公支持的，两国已形成初步联盟，自在情理之中。鲁僖公二十六年（前634年），楚军围宋，同时派兵占据齐国谷邑，拉开了晋、楚城濮大战的序幕。晋起兵抗楚，目的在救宋，也在解齐国的谷邑之围，自然也就具备了与齐结盟的条件。所以，当鲁僖公二十八年，晋军在攻克卫国的五鹿以

---

① 《国语·齐语》。
② 周征松：《晋文公称霸的战略思想》，《山西师大学报》1991年第2期。
③ 《春秋大事表》卷28《晋楚争盟表》。

后，就立刻与齐侯在敛盂结了盟。

为巩固与秦、齐的联盟，在楚军继续攻宋、宋国再次向晋国告急时，文公采纳先轸建议："使宋舍我而赂齐、秦，藉之告楚，我执曹君，而分曹、卫之田以赐宋人。楚爱曹、卫，必不许（齐、秦）也。（齐、秦）喜赂怒顽（楚），能无战乎？"这是晋走出的一步高棋。楚为曹、卫而拒绝齐、秦调停，把齐、秦彻底推到了晋国一边，巩固了晋、齐、秦三国联盟。

侵曹、伐卫是晋文公军事战略的关节点，也是他与齐桓公攘楚战略的不同之处。当年齐桓公伐楚，虽以军事为威慑手段，但达成的是政治协议，楚国兵威未受任何挫折，所以未及一年，楚就灭了弦国，又不到一年而围许，跟着灭黄伐徐，向东方扩张势力。而今楚率陈、蔡、卫、郑五国联军围宋侵齐，兵威更盛，晋国君臣不敢掉以轻心。针对"楚始得曹，而新昏于卫"的形势，文公采取了"侵曹伐卫"的军事进攻方针，以攻击楚之所必救来解宋、齐之围。这一方针旨在调动楚军远离巢穴，北上作战，避免造成晋国南下的后顾之忧，使晋坐收以逸待劳之利。但是，当晋军攻下曹、卫以后，楚将子玉并不北上，而是继续攻宋，迫使宋向晋国告急，以待晋军南下。

面对这种形势，晋国又采取了我们上文所说的"喜赂怒顽"之计，稳住了宋国，团结了齐、秦。楚成王见晋军破曹降卫，与齐、秦结盟，中原大局已经改观，就退回申邑，命楚军撤出谷邑，解去宋围，劝子玉不可与晋交战，说："无从晋师！晋侯在外十九年矣，而果得晋国，险阻艰难，备尝之矣，民之情伪，尽知之矣。"楚成王的撤军命令不失为明智之举。

但是，楚帅子玉一向刚愎自用，他不听成王劝告，反而派大夫伯棼向成王请示出战。成王在关键时刻又首鼠两端，既已下令不准与晋军作战，却又向子玉增派了援军。

子玉得到援军后并不马上攻晋，而指派宛春赴晋军说："请复卫侯而封曹，臣亦释宋之围。"这一着说明子玉并非无谋之辈。因为这是个一石三鸟之策：如晋同意，曹、卫、宋三国会感戴楚国；如晋不同意，三国会怨恨晋国。而无论哪种结局，都只有利于楚而不利于晋。晋大夫狐偃就上了圈套，主张拒绝楚国建议。但中军帅先轸则识破了子玉的机关，说："子与之！定人之谓礼。楚一言而定三国，我一言而亡之。我则无礼，何以战乎？"他提出的对策是：私下答应恢复曹、卫，条件是要曹、卫同楚国断交。同时，拘留楚使宛春以激怒子玉，吸引楚军来战。晋国的谋略又高出楚人一筹，这使晋国在城濮之战中始终处于政治与外交斗争的主导地位。

狂傲的子玉果然不能忍受曹、卫断交，使者被执的刺激，遂贸然率军北上，终于被晋人牵住了鼻子，使晋国诱敌北上的战略意图得以实现。

晋的战略意图虽然得以实现，但聪明的晋文公仍不急于同楚军交战。他又退避三舍（一舍三十里），表面上是为报答当年楚成王对自己的接待，实则贯彻"卑而骄之""怒而挠之"的战术原则，引诱子玉再次上钩。然后在城濮一战而胜，重创楚军，迫使楚军退回桐柏山、大别山以南地区。楚国数世以来的北进锋芒受到沉重打击，而天下诸侯朝宗晋国"如决大川而东之"①。

城濮战后，晋文公在践土之盟上被周襄王策命为"侯伯"。文公要求诸侯"皆奖王室，无相害也。有渝此盟，明神殛之，俾队其师，无克祚国"②。在"尊王"的大旗下，晋文公顺理成章地登上了霸主宝座。

三

楚庄王的争霸战略，用晋大夫士会的话说是："德、刑、政、事、典、礼"③。其中，德、政、事、礼是政治与外交战略；刑、典是军事战略。

"德"，是说在外交上要以德柔服中小国家。这是楚国军事威慑战略的辅助手段。楚是春秋时灭国最多的国家，对周边小国能灭掉的，如申、吕、息、弦、黄、江、六、蓼等，一律灭掉。但由于争霸形势的需要，对一些暂时不能或无力灭掉的国家，如陈、蔡、宋、卫、许、郑等，则采取柔服政策，这就是所谓的"德"。"政"讲的是协调国君与人民的关系，使"民不罢劳，君无怨讟"，让人民供国君驱使。"事"讲的是协调国内各行业的关系，做到"商、农、工、贾，不败其业"，发展综合国力，保证"卒乘辑睦"，增强军队团结。这是楚国建立霸业的基础。"礼"讲的是从亲族和世家旧臣中选拔人才，举贤赏功，理顺君子、小人的贵贱尊卑关系，建立严格

---

① 《春秋大事表》卷28《晋楚争盟表》。
② 《左传》僖公二十八年。
③ 《左传》宣公十二年。

的等级制度。鲁宣公四年（前605年），楚庄王一举削平国内大族若敖氏的叛乱，就是贯彻这套政治战略的一个胜利。

"刑"是军事战略。古代兵、刑不分。《国语·鲁语上》说："大刑用甲兵。"《左传》宣公十二年说："伐叛，刑也。"即其证。楚以"刑"为特点的军事战略，重点在于用和、战两手对付中小国家。上文所谈的"德"，既是楚的政治战略，也可以说是楚军事战略中"和"的一手，这叫作"服而舍之"。而另一手为战，也叫作"叛而伐之"。争郑和争宋是楚庄王运用和、战两手对付中小国家的典型事例。郑处晋、楚之间，是两强必争的战略要地；宋为北方门户，是中原诸侯的屏障。楚庄王与晋成、景二公争霸正是紧紧围绕着争郑与争宋展开的。顾栋高说："中原之要害在宋、郑，晋得郑则可以屏蔽东诸侯，楚得宋而患且及鲁。"①确是看到了问题的本质。所以鲁宣公十二年，楚庄王率大军围郑，郑军不支，郑伯"肉袒牵羊"到楚军中投降，庄王退兵"三十里而许之平"。鲁宣公十四年，楚军大举围宋，历时九个月，宋疲惫不堪，出现了"易子而食，析骸以爨"的惨象。庄王退兵"三十里"许宋讲和。慑服了宋、郑，楚庄王也就取得了中原霸权。而这正是他"伐叛"战略的胜利。

"典"作为军事战略，讲的是加强军队建设，加强战备的各种军事法规。楚国一贯重视整军经武，行军布阵都有章法可依，"凡兵车宜备者皆备，军行宜有者皆有……盖非仓猝求索，临事砌合也"②。楚在邲战之前，其行军阵法就井然有序："军行，右辕，左追蓐，前茅虑无，中权，后劲。百官象物而动，军政不戒而备"。③一支战备充足、训练有素的强大军队正是楚在春秋时能长期抗衡晋国的军事后盾。

团结齐、秦是楚庄王军事战略的另一重要组成部分。齐、秦本是晋人的盟友。晋文公能在城濮胜楚，是与齐、秦的支持分不开的。但文公死后，晋统治者缺乏长远战略眼光，在殽之战（前627年）中全歼秦国伐郑大军，斩断了与秦的友好关系，迫使秦国释放俘获的楚将斗克，寻求与楚结盟④。然而楚

---

① 《春秋大事表》卷首《读春秋偶笔》。

② 杨伯峻《左传》宣公十二年注引叶适之说。

③ 《左传》宣公十二年。

④ 《左传》文公十四年。

成王、穆王对秦友好表示都没有给予足够的重视，使秦、楚联盟没有及早形成。楚庄王继位后则加强了秦、楚关系。鲁文公十六年（前611年），秦出兵协助楚国灭庸，标志着秦、楚联盟确立，从此两国关系发展到了一个新的阶段。

晋在文公死后，也忽视与齐国的友好关系。赵孟何说："自晋文公卒，齐不复从晋盟，晋是以不竞于楚。而历三君（襄、灵、成）问不及齐。齐东方大国也，晋不得齐，则诸侯不附。"①是当日实情。齐不但不附晋，反而长期侵袭亲晋的卫、鲁等国，谋求在东方的霸权。为此，晋在鲁文、宣二公年间曾数伐齐国。楚庄王则乘机积极拉拢齐国。鲁宣公十四年，庄王派大夫申舟聘齐。申舟在过宋时虽为宋所杀，但齐、楚结好，两家终于缔结了盟约②。当年，晋文公因得齐、秦而成就了霸业，而今时移事异，楚庄王又因得齐、秦而建立了霸权。

克庸在楚庄王的军事战略中占有特殊地位。庸属蛮夷，是汉南古国，春秋初常附于楚。鲁文公十六年（前611年），楚国发生饥荒，"戎伐其西南"，"又伐其东南"，"庸人帅群蛮以叛楚，麇人率百濮聚于选，将伐楚。于是（楚）申、息之北门不启。"在反楚的戎、蛮、濮诸族中，庸人正是主力军。楚人几欲迁都以避其锋，形势十分严峻。但楚庄王临事不惧，以其大智大勇，起倾国之师，又联合秦人、巴人，首先分化了群蛮，然后一举灭庸，解除了他北上争霸的最大隐患。

晋大夫栾书评价说："楚自克庸以来，其君无日不讨国人而训之于民生之不易，祸至之无日，戒惧之不可以怠；在军，无日不讨军实而申儆之于胜之不可保，纣之百克而卒无后，训之以若敖、蚡冒筚路蓝缕以启山林。箴之曰：'民生在勤，勤则不匮。'"③把克庸看作是楚庄王争霸道路上的一个重要里程碑。顾栋高也说："自灭庸之后，楚遂不可制。晋益孤而楚益炽矣。"④克庸以后，楚庄王即全力北进，伐陈、伐郑、伐宋，并于鲁宣公十二年在邲之战中大败晋军，终于夺得霸主地位。鲁成公二年（前589年），其

① 见《春秋大事表》卷28引。
② 《左传》成公元年鲁人说："齐、楚结好，我新与晋盟。晋、楚争盟，齐师必至。"
③ 《左传》宣公十二年。
④ 《春秋大事表》卷28《晋楚争盟表》。

子共王在蜀地大会诸侯，齐、秦、宋、鲁、郑、卫、曹、陈、蔡、薛、邾、鄫、许都来参加，主要中原国家几乎都服从了楚国，这就把楚庄王的霸业推到了顶峰①。

四

吴王阖闾的争霸战略是政治上亲民任贤，军事与外交上北联晋，南服越，西向攻楚。

吴处江南水乡泽国，春秋初势力弱小，不习车战，附属楚国百有余年。鲁成公七年（前584年），晋采纳巫臣建议：联吴制楚。巫臣通吴以后，"教吴乘车，教之战陈，教之叛楚"。吴得晋国援助始逐渐强大，在以后的六十余年间逐步西向与楚争夺淮河中游地区，成为楚国的肘腋大患。

鲁昭公十三年（前529年），吴王余眛灭州来。鲁昭公二十三年（前519年），吴王僚在鸡父大败楚及陈、蔡、许、顿、沈、胡七国联军。次年，灭巢及钟离。楚在淮河中游的军事重镇渐次落入吴手，显现了吴国争霸的先兆。

鲁昭公二十七年（前515年），吴公子光杀其君王僚而立，是为吴王阖闾。阖闾素有大志，继位以后就全面展开了争霸战略。

在政治经济上，他采取"比于诸华"，即学习中原华夏国家礼乐文化及亲民政策，"视民如子，辛苦同之"②，并"任贤使能，施恩行惠，以仁义闻于诸侯"③，起用伍员、孙武等贤臣，力图在东南光大先祖太伯、仲雍的事业。

在军事上，他"立城郭，设守备，实仓廪，治兵库"④，进一步完善战备工作。在外交上，他继续交好北方的晋、鲁等国。最后，他以"西破楚"，"东并大越"为战略重点⑤。

---

① 蜀之会在楚共王卒后二年。
② 《左传》昭公三十年。
③ 《吴越春秋》卷4。
④ 《吴越春秋》卷4。
⑤ 《吴越春秋》卷4。

越在吴国南部。鲁昭公五年（前537年），楚为对付吴国，采取了联越制吴之策，率诸侯、东夷及越大夫常寿过伐吴，扶植越在吴背后与吴争雄。从此，南下服越就成为吴国争霸首先要解决的战略目标。鲁昭公三十二年（前510年），阖闾亲率大军伐越，迫使越王允常"亲阖闾"，然后罢了兵。

徐与钟吾是阖闾西进击楚道路上的两个障碍。鲁昭公三十年，阖闾击破钟吾，执钟吾子，"遂伐徐，防山以水之。己卯，灭徐"，扫清了进军楚国的道路。

为有效地贯彻"西破楚"战略，阖闾问计于伍员："初而言伐楚，余知其可也，而恐其使余往也，又恶人之有余之功也。今余将自有之矣，伐楚何如？"[1]伍员献"为三师之肄焉"之计：将吴师分为三部，轮番侵楚，"一师至，彼必皆出。彼出则归，彼归则出，楚必道敝。亟肄以罢之，多方以误之，既罢而后以三军继之，必大克之"。阖闾从其计。鲁昭公三十一年，吴出兵侵楚，伐夷（在今安徽亳县东南七十里城父故城）、侵潜（在今安徽霍山县东北）、六（在今安徽六安县北），调动楚师救潜，而后吴师还。吴另一师围弦（在今河南息县南），调动楚来救，吴师再还。鲁定公二年（前508年），吴又串通舒鸠人，引诱楚军来伐，吴伪伐叛楚的桐国以设疑兵之计，楚人中计。吴在豫章大败楚军，攻克巢邑，俘获楚大夫公子繁。在吴军的连番侵扰下，楚军陷于被动，伍员的谋略获得成功。

鲁定公四年，受楚令尹侮辱的蔡侯矢志报楚，以其子乾与大夫之子为人质，向吴乞兵。而破楚正是吴多年来追求的战略目标，两国一拍即合，唐国也出兵相助。阖闾率军先乘船到达淮汭，然后舍舟上岸，与唐、蔡联军一道实行千里奔袭，连续穿越大隧（今九里关）、直辕（今武胜关）、冥厄（今平靖关）三道险关，直达汉水之滨，在豫章与楚军夹汉水而阵[2]。由于楚军主将囊瓦庸碌无能，破坏了司马沈尹戍制定的作战计划，过早地与吴军交战，结果三战三败。十一月庚午，两军又在柏举决战，楚军大败，囊瓦逃到郑国。吴军乘势追击楚军残部，五战五胜，攻陷楚国郢都，楚昭王逃亡到随国。阖闾因这一辉煌胜利，为战国时人誉为春秋五伯之一。

---

① 见《左传》昭公三十年。吴王僚时，伍员建议伐楚，为阖闾所阻。故阖闾有此言。

② 《左传》昭公六年杨伯峻注引成瓘《箬园日札·春秋豫章考》：豫章"当起自今安徽之霍丘、六安、霍山诸县之间，西径河南光山、固始二县，抵信阳市及湖北应山县之东北。"

阖闾子夫差继承先父遗志，于鲁哀公十一年（前484年）北上与齐、晋争锋，在艾陵大败齐军。是时，吴"西破强楚，北威齐、晋，南伐於越"[①]，进一步发展了阖闾所开创的霸业。

<h1 style="text-align:center">五</h1>

越王勾践的争霸战略也由政治、经济、外交与军事四个方面构成。

越在吴国之南，疆域南至句无（今浙江诸暨市南），北抵御儿（在今浙江崇德县东南），东达鄞县（今浙江鄞县），西到姑蔑（今浙江龙游县南），都会稽（今浙江绍兴），较吴为小。

越在允常（前520—前496年在位）时，因得贤臣范蠡、文种辅政，国势始强，在楚的支持下，奋起与吴争三江五湖之利，形成了不是吴灭越，就是越灭吴的局势。而吴、越争霸则是春秋后期历史发展的主要内容。

鲁定公十四年（前496年），允常死，子勾践立。阖闾乘丧伐越。勾践在槜李大败吴军，阖闾受伤而死，夫差发誓复仇。鲁哀公元年（前494年），夫差在夫椒大败越军，勾践仅余五千甲士退保会稽。这是吴灭越的大好时机。但是夫差志虑短浅，没有趁势灭越，而是听信谗言，与越媾和而退了兵，放弃了吴先君多年以来所追求的战略目标。这就为勾践灭吴埋下了祸根。

勾践争霸的政治战略为内、外两部分：在内部，尊贤礼士，延揽人才，广招四方来士；在外部，对吴国"重财币以遗其君"，"多货贿以喜其臣"，"贵籴粟槁以虚其国"，"利所欲以疲其民"，"遗美女以惑其心而乱其谋"，"遗之巧工良材，使之起宫室以尽其财"，"遗之谀臣使之易伐"，"强其谏臣使之自杀"[②]。

其经济战略是奖励生产，蕃衍人口，充实国力。为增加人口，"令壮者无取老妇，令老者无取壮妻。女子十七不嫁，其父母有罪；丈夫二十不娶，其父母有罪"。照顾鳏、寡、孤、独的贫困家庭，减轻人民负担，"十年不收于国，民俱有三年之食"[③]。做到"内蓄五谷，实其金银，满其府库，励其

---

① 《吴越春秋》卷4。

② 《吴越春秋》卷9。

③ 《国语·越语上》。

甲兵"①。

勾践争霸的外交与军事战略是遮掩军事实力，"结齐、亲楚、附晋"②，联三国以制吴。越怂恿吴北伐齐、晋，吴已与楚结下深仇，再伐齐、晋，是结怨三国，自会造成外交上的孤立。吴自鲁哀公元年至哀公十一年（前484年），六次起兵北上，伐陈、伐鲁、伐齐。在哀公十一年吴伐齐时，勾践亲"率其众以朝焉，王及列士皆有馈赂，吴人皆喜"③。唯大夫伍员劝阻夫差，夫差不听。吴在艾陵大败齐军，获齐军主将国书及大夫公孙夏、闾丘明、陈书、东郭书，革车八百乘，甲首三千。夫差胜齐归来，志得意满，听信谗言杀了良臣伍员，从此也就走上了灭亡之路。

鲁哀公十三年，夫差命王子地、王孙弥庸辅助太子守国，亲率精兵北上，在黄池与晋争盟。勾践乘吴国内空虚，发两路大军攻吴：一路由范蠡、舌庸统帅，循海入淮河，截断吴军归路；一路由勾践亲自统帅，逆吴江而上，攻击吴都，大败吴师，俘虏吴太子友、王孙弥庸、寿於姚，焚毁吴姑苏台。当夫差回军以后，因士卒疲惫，无力再战；越见吴主力尚存，胜负不可预料，所以双方罢兵言和。

鲁哀公十七年，吴国发生饥荒，勾践趁势再次伐吴，在笠泽江用疑兵、分兵之计，大败吴师，侵占吴国大片土地。吴进一步削弱了。

鲁哀公十九年春，越军侵楚，借以迷惑吴国，让吴以为越志在西进，不再以北上为意。而于第二年冬，越大军就包围了吴国。吴国迭遭打击，步步后退，只剩都城附近地区。经三年围困，越终于攻陷吴都，灭亡吴国。

勾践灭吴后，率军北渡淮河，在铜山会见晋、齐等诸侯，并遣使致贡于周。周元王命勾践为"侯伯"。越王勾践遂成为春秋史上最后一位霸主。

综上可见，齐桓公、晋文公、楚庄王、吴王阖闾、越王勾践能在复杂多变的春秋时代脱颖而出，击败一个个竞争对手，取得霸主地位，成为时代骄子，其重要的条件就是他们都有一套集政治、经济、外交与军事为一体的争霸战略，并能为实现自己的战略而选贤任能、身体力行、奋勇搏击。

（原载《吉林大学社会科学学报》1995年第4期）

---

① 《吴越春秋》卷9。

② 《史记·越王勾践世家》。

③ 《左传》哀公十一年。

军功爵制的确立是战国军事制度根本变革的标志

在探讨战国时期军事改革的问题时，学者们历来都把眼光集中到赵武灵王的"胡服骑射"上。围绕着这个题目，古今学人发表了许多很有教益的文章。"胡服骑射"作为战国时期一次重要的军事改革，在历史上的确占有重要的一页。但是，我们也不应忽视战国时另一场军事上的重要改革，即"军功爵制"的确立。军功爵制作为新兴封建军事制度的组成部分，不论从它的经济基础上说，还是从它的内容、性质和特点上说，都与战国前奴隶制的军事制度有着根本的不同。它真正代表了历史发展的方向，是战国时期军事制度根本变革的标志。

一

所谓"军功爵制"，就是"以爵赏战功"[1]的制度。它萌芽在春秋晚期。《左传》襄公二十一年载齐庄公"为勇爵"。杜预注："设爵位以命勇士。"这应当是军功爵制的早期形态。但是，事隔不久，齐庄公即被弑，"勇爵"亦不复见，可知它在齐国并没有得到发展，而是自消自灭了。《左传》哀公二年，晋赵简子在铁之战誓师辞中说："克敌者，上大夫受县，下大夫受郡，士田十万，庶人工商遂，人臣隶圉免。"大夫、士可因军功而得到县、郡及田十万的赏赐，庶人工商可因军功而跻身仕进，人臣隶圉可因军功而免除奴隶身份。这无疑也具有军功爵制萌芽的性质，但是这在当时仅仅是临时性的措施，并没有形成制度。

军功爵制之所以在春秋时期未能形成制度，主要原因在于春秋时期中

---

① 朱师辙：《商君书解诂》。

国奴隶社会的经济基础——井田制尚未瓦解，建立在井田制基础上的农村公社仍然存在。而在农村公社中，血缘关系仍起着十分重要的作用。所以列国用人非选于亲，即选于故，"亲亲""尊尊"仍然是奴隶主阶级奉行的基本原则。当时，实行军政合一的民兵制度，从《国语·齐语》看，平日村社组织的"轨长""里有司""连长""乡良人"等官长，到战时就是军队组织"伍""小戎""卒""旅"的军官。这样，战场上的军功全归村社首领的名下，而普通士卒无论在战争中有多大功劳，都被看作是由村社的土地关系而产生的应尽的义务。一旦战争结束，士卒还兵为农，军功不具有使他们的社会地位发生变化的作用。

军功爵制的确立是与战国时各国的变法运动相联系的，它不仅是列国变法运动的直接产物，而且也是列国变法运动的一个重要组成部分。如魏国李悝变法，提出了"食有劳而禄有功""夺淫民之禄"[①]的主张。毫无疑问，这是打击旧贵族的特权，废除"世卿世禄"制度。这自然就为军功爵制的确立扫清了道路。此后，在魏武侯时曾"设坐庙廷，为三行，飨士大夫。上功坐前行……次功坐中行……无功坐后行"，并"颁赐有功者父母妻子于庙门外，亦以功为差"[②]。这种尚功酬劳的形式与旧有的"世卿世禄"制度有明显的不同。又据《荀子·议兵篇》，魏国选拔武卒的制度是："中试则复其户，利其田宅。"这种把军功、武卒与经济利益联系起来的措施，实际上也就是军功爵制的雏形。

继李悝之后，吴起在楚变法，"使封君之子孙三世而收爵禄，绝灭百吏之禄秩"[③]，"衰楚国之爵而平其制禄"[④]，然后用其所收减的爵禄"以奉选练之士"[⑤]和"砥砺甲兵，时争利于天下"[⑥]。吴起变法的这一内容同李悝变法大致相同，但其主张更加明确。

在秦国，商鞅变法的一项重要内容就是推行军功爵制。秦国的军功爵制对当时和后世都产生了极其深远的影响。

① 《说苑·政理》。
② 《吴子兵法·励士》。
③ 《韩非子·和氏》。
④ 《淮南子·道应训》。
⑤ 《韩非子·和氏》。
⑥ 《淮南子·道应训》。

《史记·商君列传》说：

有军功者，各以率受上爵，……宗室非有军功论，不得为属籍。明尊卑爵秩等级，各以差次名田宅，臣妾衣服以家次。有功者显荣，无功者虽富无所芬华。

从这段记载可以看出，商鞅的"军功爵"制，包括两项内容：其一，是取消宗室贵族所享有的世袭特权；宗室贵族不能再像过去那样仅凭血缘关系，即"属籍"就获得高官厚禄和爵位封邑。《秦简·法律答问》有"内公孙毋爵者"字样，可证这条法令在秦确已得到贯彻执行。其二，规定"有军功者，各以率受上爵"。这表明不论人们的出身门第、阶级和阶层，只要立有军功，就可以享受爵禄。《秦简·军爵律》说："从军当以劳论及赐。"《秦律杂抄》说："战死事不出，论其后。"都说明军功是秦国赏赐爵禄的最必要的条件。在"世卿世禄"制度下，奴隶主贵族凭借血缘宗法关系就可以轻取富贵，世袭爵禄。战士们在疆场上流血，军功却归于贵族。春秋以前没有一个士兵受赏爵的事例。在战争频仍的春秋晚期，这造成了人民的普遍厌战情绪，引来了种种严重的社会问题。"国乱兵弱而主卑"[1]是其集中表现。列国的变法革除了宗室属籍，打破了"世卿世禄"，大力推行军功爵制，就从根本上杜绝了这一流弊。从此，"宰相必起于州部，猛将必发于卒伍"。在新的社会历史条件下，军功爵制显示了强大的生命力。

在变法运动的推动下，列国普遍实行了因功行田宅的军功爵制。即使变法运动不十分激烈的赵、燕、齐等国，也莫不如此。

赵国在赵襄子时规定了"功大者身尊"的制度。赵孝成王下令奖赏降赵的韩上党守冯亭等"以万户都三封太守，千户都三封县令，皆世世为侯，吏民皆益爵三级。吏民能相安，皆赐之六金"[2]。显然这都是"军功爵"制。

在燕国，有"公子无功不当封"[3]的制度，这实际上是对旧爵禄制度的限制和否定。《史记·乐毅列传》载乐毅破齐后，"燕昭王大说，亲至济上劳军，行赏飨士，封乐毅于昌国，号为昌国君"。据董说《七国考》引《战国阳秋注》说，燕昭王的这次颁赏也是以"上功""中功""下功""无功"

---

① 《韩非子·奸劫弑臣》。

② 《史记·赵世家》。

③ 《战国策·燕策二》。

为等差的。《战国策·燕策二》载乐毅自赵致燕惠王："臣闻贤圣之君，不以禄私其亲，功多者授之；不以官随其爱，能当者处之。故察能而授官者，成功之君也。"乐毅书中所说燕的"贤圣之君"，显为燕昭王。这说明燕在昭王时也实行了"不以禄私其亲，功多者授之"的军功爵制。

申不害相韩，创立了一套"循功劳，视次弟（第）"①的任官制度，规定"见功而与赏，因能而受官"②，"循名而责实"③。齐威王也选贤任能，因功授官。他封即墨大夫，烹阿大夫，重用檀子、肦子、黔夫、种首等贤臣④，就是很好的例子。荀子说："齐人隆技击，其技也，得一首者，则赐赎锱金。"⑤韩、齐所实行的这两种制度当然也是军功爵制。

从上，我们完全可以断言，军功爵制的确立正是战国变法运动的一项重要成果。

二

关于列国军功爵制的具体内容，由于史籍阙如，已经难得其详。在这里，我们仅拟以典籍所载的秦国军功爵制的内容为典型来介绍一下。

《汉书·百官公卿表》载秦爵二十级如下：

爵：一级曰公士，二上造，三簪袅，四不更，五大夫，六官大夫，七公大夫，八公乘，九五大夫，十左庶长，十一右庶长，十二左更，十三中更，十四右更，十五少上造，十六大上造，十七驷车庶长，十八大庶长，十九关内侯，二十彻侯。

《商君书·境内》所载与《汉表》大致相同：

故爵公士也，就为上造也。故爵上造，就为簪袅。［故爵簪袅］，就为不更。故爵［不更，就］为大夫。爵吏而为县尉，则赐虏六，加五千六百。爵大夫而为国治，就为［官］大夫。故爵［官］大夫，就为公大夫。［故爵

---

① 《战国策·韩策一》。
② 《韩非子·外储说左上》。
③ 《韩非子·定法》。
④ 《史记·田敬仲完世家》。
⑤ 《荀子·议兵篇》。

公大夫］，就为公乘。［故爵公乘］，就为五大夫，则税邑三百家。故爵五大夫，［就为大庶长。故大庶长，就为左更。故四更也，就为大良造。］皆有赐邑三百家，有赐税三百家。爵五大夫，有税邑六百家者，受客。大将、御、参皆赐爵三级。故客卿相，论盈，就正卿。

上引《境内》的这段文字，是据俞樾《诸子平议》校补的。《境内》和《汉表》两段记载的不同之处，是在第十级左庶长以后爵位的排列顺序有了较明显的差别。这可能是在商鞅变法到秦统一这一段时间内，秦政府对军功爵制做过某些调整。当然，我们也不排除其他的原因，由于这些差异不在本文的研究范围之内，所以这里就不详加考证了。总之，这反映秦的军功爵制自诞生以后就经历了一个逐渐发展完善的历史过程。

有的同志据《境内》："军爵，自一级已下至小夫，命曰校徒操士"，说"校、徒、操"也是三级军爵。这种说法是没有根据的。"公士"作为第一级军爵，它以下怎么会还有三级？朱师辙说："校、徒、操""在军爵之外"[1]，是十分正确的。证诸史实，《秦简·军爵律》说："隶臣斩首，为公士。"隶臣是地位低贱的奴隶，隶臣杀敌一人，据"商君之法曰：'斩一首者爵一级'"[2]，赐给最低的"公士"爵，而不是什么"校、徒、操"之类。这就充分证明了"公士"确是第一级军爵。《汉旧仪》说："无爵为士伍。"可见"校、徒、操"是无爵的士兵的等级，而绝对不是军爵。如果"校、徒、操"是军爵，那么依上文，"士"和"小夫"也都应是军爵，此为理之所必无。

秦国实施的"军功爵"制是有原则的。

其原则之一，是"官爵之迁与斩首之功相称"。

《商君书·境内》说：

能得甲首一者，赏爵一级，益田一顷，益宅九亩，一除庶子一人，乃得入兵官之吏。

《韩非子·定法》说：

商君之法曰：斩一首者爵一级，欲为官者为五十石之官；斩二首者爵二级，欲为官者为百石之官。

---

① 朱师辙：《商君书解诂》。

② 《韩非子·定法》。

可见，秦国的战士凡能斩敌一首的，就可以按规定获得爵位一级以及与之相适应的田宅、庶子，也可以做官。斩杀的敌首越多，获得的爵位越高，得到的田宅和隶臣也越多。据《荀子·议兵篇》说"五甲首而隶五家"；据《商君书·境内》说有因战功"赐爵"，"赐邑三百家"，"赐税三百家"，"受客"等。军功的大小决定了"尊卑爵秩等级"的高低。秦国军功爵制的这条原则，极大地调动了广大将士的杀敌积极性，使它"兵动而地广，兵休而国富，故秦无敌于天下，立威诸侯"[①]。

其原则之二，是爵高者赏重，爵低者赏轻，士兵的奖赏明显低于军官。《商君书·境内》说军队攻城围邑斩首八千，野战斩首二千，即为全功。获得全功的军队，"吏自操及校以上大将尽赏。"其赏格是：凡有爵者，自公士至大良造皆赐爵一级，大将和参、御"赐爵三级"；"爵吏而为县尉，则赐房六，加五千六百"；新进爵为"五大夫"的，"则税邑三百家"；故爵为"五大夫"的，"有税邑六百家者，受客"；大庶长以上的高爵，"皆有赐邑三百家，有赐税三百家"。不难看出，这个赏格是有严格的等级界限的。其中"五大夫"是个杠杠，五大夫以上赏重，五大夫以下赏轻。举凡"税邑""赐税""受客"等重赏，都只有在获得五大夫以上的爵位后才能享有。关于无爵者的赏赐，《境内》未明言，但其下文有云："陷队之士，知疾斗不（得）［退］，斩首队五人，则陷队之士，人赐爵一级，死则一人后。"陷队之士就是敢死队，每队由十八人组成，如能斩敌五首，就赐每人爵一级，如果战死，则以爵赐其子弟。这大概是对敢死队的格外照顾。至于一般士兵就只能依"斩一首者爵一级"论功了。从这一原则规定中，我们看到了新形成的"等级制的阶级"以及各个不同等级的"特殊法律地位"[②]。

其原则之三，是赏罚并行，立功者赏，无功者罚，赏罚分明。《商君书·境内》说："其战也，五人来薄为伍，一人羽而轻其四人，能人得一首则复。"这句话讲的就是对士兵的赏罚原则。孙诒让说："来疑当为束；薄，古簿字。羽疑当为死，轻当为刭。言同伍之中，一人死事，四人不能救，则受刑也。"[③]其说可以信从。在一伍当中，有一人战死，其余四人即

---

① 《战国策·秦策三》。

② 《列宁全集》第6卷，人民出版社，1959年版，第93页注。

③ 高亨：《商君书注译》引孙说。

获罪。依此我们可以推论，如果有二三或四人战死，那么其他人的罪名就一定会更重了。军功爵制规定将功折罪的唯一办法就是杀敌：一人战死，须杀敌一人，二人战死，须杀敌二人。总之是己方牺牲的人数不得多于斩杀敌人的人数，否则即论罪。《尉缭子·束伍令》说："五人为伍，共一符，收于将吏之所。亡伍而得伍，当之；得伍而不亡，有赏；亡伍不得伍，身死家残。"这与《商君书》的材料，可以互相印证。由此可知，《韩非子》所载"商君之法曰：'斩一首者爵一级……斩二首者爵二级'"是有条件的。这个条件就是斩杀敌人首级的数量必须超过己方死亡人员的数目。如果己方伤亡甚于敌方，非但不能行赏，反而要以律论罪；如果己方伤亡人数与敌方相等，则功罪相当，亦无赏可言，必须是己方斩杀敌人的数目超过己方的死亡人数，并在其中扣除了己方死亡人数后，方能依"斩一首者爵一级"的法规论功行赏。这样一来，士兵要获得爵位并不是轻而易举的事。因为在当时的历史条件下，交战双方的武器装备所差无几，又是近身肉搏战，想要做到在战斗中只杀伤敌人而自己却不受损失，几乎是不可能的。例如在秦赵长平大战中，秦军虽然获得了全胜，但也遭到了重创，"秦卒死者过半，国内空"[1]。

《商君书·境内》又说：

其战，百将、屯长不得，斩首；得三十三首以上，盈论，百将、屯长赐爵一级。……战及死吏，而（轻）[到] 短兵，能一首则优。

这段话讲的是对军官及其亲兵的赏罚原则。其"百将屯长不得斩首"一句，颇费解。朱师辙《商君书解诂》释云："百将、屯长责在指挥，故不得斩首……或曰'不得'当作'不退'。"意义殊不明。倘若百将、屯长"不得斩首"，下文何云"得三十三首以上，盈论"？高亨先生谓"'斩首'当作'首斩'，传写倒误"[2]。此说亦未洽。据我看，此句的关键在断句，应断为："百将、屯长不得，斩首"，与下句："得三十三首以上，盈论"，正是"得"与"不得"的对文。意为百将、屯长所率的百人、伍人如在战斗中一无所获，则"百将、屯长"即受"斩首"处罚；而如能斩敌"三十三首以上"，则可以获得全功，"百将、屯长赐爵一级"。正是有奖有罚，赏罚分

---

① 《史记·白起王翦列传》。
② 高亨：《商君书新笺》。

明。"战及死吏，而（轻）[刭]短兵，能一首则优"，是说军吏战死，就处罚他的亲兵，但他的亲兵如能斩敌一首，即可将功折罪。《尉缭子·束伍令》说："亡长得长，当之；得长不亡，有赏；亡长不得长，身死家残；复战得首长，除之。亡将得将，当之；得将不亡，有赏；亡将不得将，坐离地遁逃之法。"其内容与此是完全一致的。

中国奴隶社会传统的军事制度是"兵农合一""军政合一"的民兵制度。这种制度的经济基础是井田制，因此它以"份地"的形式酬劳服兵役的公民。而新的军功爵制以土地私有制为基础，它不再以"份地"，而是以赐给官、爵、田宅、隶臣等爵禄形式来酬劳服兵役者。这种"爵禄"制度较之"份地"制度有着无可比拟的优越性。它能激起广大官兵对爵禄及种种优厚物质利益的巨大贪欲，从而起到提高军队战斗力的作用。事实上，由于军功爵制的推行，列国都不同程度地收到了富国强兵的效益。魏国变法最早，实行军功爵制也最早，所以战国初年魏国以武力强大称雄一时。楚自吴起变法实行军功爵制以后，数年之间"南平百越；北并陈、蔡，却三晋；西伐秦"①，国势大张。并且，哪个国家的军功爵制越完善、越合理，哪个国家军队的战斗力就越强大。荀子在评论齐、魏、秦三国军功爵制的优劣时说，齐的技击之士"得一首者，则赐赎锱金，无本赏矣……是亡国之兵也"；魏国的武卒"中试则复其户，利其田宅，是数年而衰，而未可夺也，改造则不易周也，是故地虽大，其税必寡，是危国之兵也"；秦国的锐士，"得而后功之，功赏相长也；五甲首而隶五家，是最为众强长久，多地以正，故四世有胜"②。这就是说：齐国的技击之士，冒死战斗，杀敌一人所得赏金不过八两，再无赏赐，等于雇佣兵，所以战斗力有限，是"亡国之兵"。魏国精心选拔的武卒享受免税免徭役的优待，一旦他身衰力竭，优待条件亦不改，军队的更新也不易。优待众多的士卒不但影响国家的财政收入，而且士卒战死会影响他们个人的既得利益，所以战斗力必然不强，是"危国之兵"。秦国则不然，将士有军功，既赏爵位，又益田宅、除庶子，可以成为军功地主。如果不断立功，则可不断受赏，乃至于获得高官厚禄。所以军队的战斗力"最为众强长久"，乃至能并吞六国。恩格斯说过："卑劣的贪欲是文明时

---

① 《史记·孙子吴起列传》。

② 《荀子·议兵篇》。

代从它存在的第一日起直至今日的动力；财富，财富，第三还是财富，——不是社会的财富，而是这个微不足道的单个的个人的财富，这就是文明时代唯一的、具有决定意义的目的。"①军功爵制在战国时期能产生巨大的作用，其原因正在于此。

三

从军功爵制的内容及其实行原则看，它与春秋以前"班爵禄"制度已经有着本质上的不同。据孟子说，周室的"班爵禄"分为两级：天子所班是"公、侯、伯、子、男"；诸侯所班是"卿、大夫、上中下士"。可见，这种"班爵禄"在实际上是分封制度的内容之一，即所谓"天子有田以处其子孙，诸侯有国以处其子孙，大夫有采以处其子孙"②。

关于周代的爵禄，礼家也有一些说法。《礼记·王制》说："诸侯之有功者，取于闲田以禄之。"《祭统》说："古者明君爵有德而禄有功，必赐爵禄于大庙。"《曲礼下》说天子"朝诸侯，分职、授政、任功"。从这些记载来看，似乎西周春秋时期的"爵禄"制度与功劳也是相联系的。但从历史实际来考察，其与战国时期的因军功而行赏爵是截然不同的。春秋以前的爵禄制度在实行中贯穿着一条"亲亲""尊尊"的原则，这就使军功与爵禄不可能完全统一起来，而且依军功班爵禄的范围也是十分有限的，只能在少数高级奴隶主贵族中实行。如《国语·晋语四》载晋文公归国以后为创建霸业所采取的"赋职任功"措施是："昭旧族，爱亲戚，明贤良，尊贵宠，赏功劳，事耇老，礼宾旅，友故旧。胥、籍、狐、箕、栾、郤、柏、先、羊舌、董、韩，实掌近官。诸姬之良，掌其中官。异姓之能，掌其远官。"韦注："十一族，晋之旧姓"，就足以说明这一点。再如《说苑·权谋》载齐桓公赏赐东郭垂，刘向认为这是"乃尊禄而礼之"。有的同志把这一记载看作是与军功爵制相同的东西，这是不正确的。事实上，齐东郭氏出自桓③，本桓公子孙，所以在这一赏赐里血缘关系仍然起着支配作用。

① 《马克思恩格斯选集》第4卷，人民出版社，1972年版，第173页。

② 《礼记·礼运》。

③ 《左传》襄公二十五年。

春秋以前，即使在某些时候，采邑爵禄确实是依军功的大小来决定，但是随之而来的就是对于采邑爵禄的世袭，封君的子孙永享其父祖的爵禄。如周穆王"赐造父以赵城"①，周平王因"秦襄公将兵救周，战甚力，有功"，封襄公为"诸侯，赐之岐以西之地"②。再如晋献公赐毕万以"魏"，晋文公赐赵衰以"原"，晋襄公赐郤缺以"冀"等，都是如此。这种因军功或事功而获得的采邑爵禄，最终仍然表现为"世卿世禄"制度。而在"军功爵制"中则贯穿着一条"不别亲疏，不殊贵贱"③，"见功而与赏，因能而受官"的原则，在量功录人时坚持以"功"为主要标准。如《韩非子·显学》说："故明主之吏，宰相必起于州部，猛将必发于卒伍。"在军功爵制下，即使贵如赵国的长安君，"人主之子也，骨肉之亲也"，也要为国家再立新功，"犹不能恃无功之尊，无劳之奉，而守金玉之重也"④。

同时，军功爵制赏赐的范围也远较以前扩大了。赏功酬劳的对象，不再仅仅局限于少数贵族，所有参战的将吏、士卒，只要立有军功，都在赏赐之列。所以爵位也由原来的"卿、大夫、上中下士"等少数级别扩大到由公士、上造直至关内侯、彻侯的二十级。这表明春秋以前的爵禄制是一种贵族制度，而战国时期的军功爵制则是面向全民的制度。《盐铁论·险固篇》说："庶人之有爵禄……盖自战国始也"，也道出了春秋、战国两个历史时期爵禄制度的根本不同。

春秋以前的"班爵禄"既是分封制度的内容之一，所以卿大夫因军功所受的赏赐，多数是受一定数量的采邑。如《左传》襄公二十六年："郑伯赏入陈之功。三月甲寅朔，享子展、赐之先路、三命之服，先八邑；赐子产次路、再命之服，先六邑。"襄公二十七年，卫公孙免余为献公翦除宁喜，献公赏其"邑六十，辞曰：'唯卿备百邑，臣六十矣，下有上禄，乱也。'……公固与之，受其半"。襄公二十七年，宋左师向戌因弭兵之功向宋平公请赏，"公与之邑六十"。春秋时齐铜器《鲍镈》铭文："鲍叔又成劳于齐邦，侯氏易之邑二百又九十又九邑，与鄩之民人都鄙。"在

---

① 《史记·赵世家》。
② 《史记·秦本纪》。
③ 《史记·太史公自序》。
④ 《战国策·赵策四》。

采邑内部，封君不仅有食租税的权利，而且享有治民的权力，因此封君与人民之间不仅存在着剥削与被剥削的经济关系，同时又存在着主人与徒属的君臣关系。而战国以后，由于军功爵制的实行，与之相适应的是产生了"食税""食邑"制度。食邑制与采邑制不同，贵族仅有食其封地"租税"的权利，这种"租税"其实就是国家付给他们的"薪俸"，而丧失了治理其封地人民的权力，即便像关内侯、彻侯那样的高爵，也只是其封地租税的占有者，而不再直接统治该地的人民。这种统治"食邑"地区人民的行政权力已收归国家，由国家另行委任官吏行使。所以，旧日那种封君与封地人民的君臣关系就自然得到了削弱和消除。

由于军功爵制在原则上排斥血缘关系，由此而产生的大部分是爵禄及身而止，不再传给子孙的新官僚和一批军功地主。所以，军功爵制不但是新兴的封建军事制度的一个组成部分，又可以说是新兴的封建官僚制度的一个组成部分。正是由于这一原因，在战国时期活跃于政治舞台上的将、相，大多已不再是春秋以前的旧贵族，而是微贱者了。如著名的军事家孙膑是刑徒，吴起是游士，名将白起、王翦是平民，赵奢是田部吏，名相蔺相如是宦者舍人，李斯是郡小吏，其他如苏秦、张仪、陈轸、范雎、蔡泽等，不是鄙人就是贫人，从而开辟了秦汉以后的"布衣将相之局"。这在客观上，对于世卿世禄制度和宗法制度的瓦解，也就起到了催化剂的作用。

总之，军功爵制是战国变法运动的最积极的战果之一。作为新的封建军事制度的组成部分，它的确立代表了当时历史发展的方向，是战国时期军事制度发生根本变革的标志。

（原载《史学论文集》，东北师范大学出版社，1989年版）

《孙子兵法》十三篇论略

　　兵学是我国传统文化的重要组成部分，《孙子兵法》尤以寓意精邃，论理精微，成为我国古代兵学中的翘楚，也被称为世界兵学之祖。深入研究这部在世界上享有盛誉的兵学圣典，无疑有助于我国传统文化的弘扬与民族自信心的加强。

　　《孙子兵法》十三篇。《计》篇列为第一，主要论列军事与政治的关系、决定战争胜负的要素和用兵谋略等，可以看作是十三篇的总纲。

　　篇首说："兵者，国之大事，死生之地，存亡之道，不可不察也。"开篇即从政治的角度来认识军事的重要性，指出战争是关系到国家和人民生死存亡的头等大事，不能不给予特殊的关注。

　　其次，从战略学的高度，指出敌我双方决定战争胜负的基本条件，是"五事"和"七计"。"五事"为道、天、地、将、法。"道"讲政治问题；"天"讲阴阳、寒暑、时制等；"地"讲地理条件；"将"讲将领的素质；"法"讲军队建设。其中，"道"讲政治问题，最为重要，所以列为第一。"七计"是"主孰有道，将孰有能，天地孰得，法令孰行，兵众孰强，士卒孰练，赏罚孰明"。指出比较战争双方的"五事"和"七计"，就可以判断谁能获得战争的胜利。

　　孙武在本篇还提出了"因利而制权"的战术原则，即善于利用客观条件，采取灵活策略，造成战场上有利于己的态势，曰："能而示之不能，用而示之不用，近而示之远，远而示之近。"善于以假乱真、声东击西。又曰："利而诱之，乱而取之，实而备之，强而避之，怒而挠之，卑而骄之，佚而劳之，亲而离之。"即要根据对手的不同特点，而采取不同的战术，并提出了著名的战术原则"攻其无备，出其不意"。

　　第二为《作战》篇，论述战争与经济的关系，指出一切战争均以经济为后盾，要兴"十万之师"必"日费千金"。所以，战略进攻战的原则是"兵贵胜，不贵久"，主张速战速决，反对旷日持久。这是本篇的主旨。

第三为《谋攻》篇，论述政治战、外交战和军事战略的计谋。

开篇即把政治战和外交战放在单纯军事进攻的前面，指出："百战百胜，非善之善者也；不战而屈人之兵，善之善者也。"不战而屈人之兵，指的就是"伐谋""伐交"的政治战和外交战。在运用军事谋略时，要考虑集中优势兵力。他说："十则围之，五则攻之，倍则分之。"如果兵力与敌人相等，则要"决一死战"。而如果兵力少于或弱于敌人，就要摆脱敌人，转为退却或防御。《谋攻》提出的著名战略战术原则是"知彼知己，百战不殆；不知彼而知己，一胜一负；不知彼，不知己，每战必殆"。

第四为《形》篇，主要讲分析敌我双方力量，注重在攻敌之前先做好战争防御。

"形"，指的是看得见的军事物资要素，诸如兵员、武器、装备、营垒、要塞等。对敌我双方的物资要素，必须用"度""量""称"等手段进行评估，借以作出孰胜孰负的判断。

善战者首先要"先为不可胜"，再"以待敌之可胜"。要求首先做好战略防御，使自己"立于不败之地"，然后"以待敌之可胜"，善于等待时机攻击敌人的弱点，达到"能自保而全胜"。

"形"胜者的军队，作战好像开决八千尺高山上河流中的积水，一泻千里，威不可当。

第五为《势》篇，论述战略进攻中奇正的运用，造成对敌的必胜之势。

《势》是《形》的姊妹篇。《形》篇着重讲战略防御，指的是军事实力的内涵与静态；《势》篇则着重讲战略进攻，指的是军事实力的外在表现和动态。

《势》篇提出四对范畴："分数"，指部队人数；"形名"，指阵形与指挥系统；"奇正"，指运用常规与非常规的战略战术；"虚实"，指避实击虚，选择攻击敌人的弱点。在以上四对范畴中，着重阐述运用"奇正"的策略，提出了"以正合，以奇胜"的著名战术原则。"正"是正面交战；"奇"是以非常手段，攻敌不备，出奇制胜。孙子指出："战势不过奇正，奇正之变，不可胜穷也。奇正相生，如循环之无端。"说明战术要正中有奇，奇中有正，奇正互变，变化无穷，才能夺取胜利。

运用奇正原则作战，要善于捕捉战机，造成激水漂石的"势"和鸷鸟毁折的"节"。"势险"犹如张满的弓弩，蓄劲待发；"节短"有如触发弩机，短促而猛烈。

第六为《虚实》篇，通过"致人而不致于人""形人而我无形"的阐发，进一步论证"避实而击虚""因敌而制胜"的战略战术原则。

"致人而不致于人"，是说能调动敌人、牵着敌人的鼻子走，而不被敌人左右，从而掌握战争的主动权。

"形人而我无形"，是说掌握和了解敌人的情况，做到"知彼知己"，而使敌人不了解我方情况。

"兵形象水"，"兵无常势，水无常形"。"无常形"即是"无形"，达到"无形，则深间不能窥，智者不能谋"。善用虚实战术就随时能做到"避实而击虚"，"因敌而制胜"。

第七为《军争》篇，论述在两军相争中的战略、战术原则和交兵中的禁戒。

本篇所讲的战略原则是后发先至、制敌先机。但难点在于：化迂回为直进，化祸患为有利。这就需要在迂回运动中，利诱迟滞敌人，以收到后发先至之效。

行军作战要坚持以下战术原则：其一，以欺敌立足，以利益行动，分兵合兵依形势变化。其二，战机来临，动如狂风；战机未至，静如森林；攻敌时，如烈火燎原；防御时，如山岳不动；隐藏起来，如阴云蔽日；动作起来，如雷霆万钧。其三，侵入敌"乡"，要分兵数路，开拓疆土，要分守要地。深入敌国，要权衡形势，相机而动。其四，先知化迂回为直进之计，即可战无不胜。

用兵还有八戒，即："高陵勿向，背丘勿逆，佯北勿从，锐卒勿攻，饵兵勿食，归师勿遏，围师必阙，穷寇勿迫。"这也是重要的用兵之法。

第八为《九变》篇，论述临机制敌，趋利避害之策略。

所谓"九变"，就是多变、善变。着重阐述要善于抓住战争的规律和特点，以变应变，去夺取战争的胜利。本篇教导将军们要精于变通，根据敌情变化，临机应变。"通于九变之利"，这才是"知兵"，才可以"屈诸侯者以害，役诸侯者以业，趋诸侯者以利"。用兵的法则在于"无恃其不来，恃吾有以待也；无恃其不攻，恃吾有所不可攻也"。不通权变的将军，是"用兵之灾"，会导致覆军杀将之祸。用将的君主，对此不可以不省察。

第九是《行军》篇，论述行军宿营的各种行动原则、迎敌措施和侦察判断之术。

首先指出军队处在山地、河川、沼泽、平陆等不同地形时的行军、迎敌措施。其次，指出宿营要领：不论在何种地形条件下，选择营地都要贵"高"、贵"阳"、贵"养生"。行军中，要时刻注意侦察敌方的营垒、敌方的行动征候、敌方的使者情况、敌方布阵、敌方士兵的表现、敌方的营地、敌方的将领、敌方全军的表现，据以判断敌情。指出用兵不在于多，而在于士卒能并力，将领能料敌，这样就足以胜敌。切忌无深谋远虑而又轻举妄动。

第十为《地形》篇，分析各种地形的优劣利弊，论述怎样选择地形用兵。

本篇与《行军》所论地形的区别在于，前者是从行军的角度谈的，本篇则是从交战的角度谈的。

本篇首先将千态万状的地形划分为"通""挂""支""隘""险""远"六类："通"是敌我双方往来方便者；"挂"是易往难返者；"支"是敌我双方出入皆不利者；"隘"是两山相对的通谷；"险"是高山深谷、急流险滩；"远"是两军营垒间较长的中间地带。作战方法依不同地形而有别：在"通"形上，要抢先占据高坡，控制交通要道；在"挂"形上，要乘敌不备，出奇兵制胜；在"支"形上，要诱敌来战；在"隘"形上，要抢先占据谷口，严阵以待。如敌已先占，重兵防守则不攻，兵力不多则迅速攻克；在"险"形上，要抢先占据高坡阳面以待敌，若敌已先占，我即主动撤退；在"远"形上，利于待敌来攻，不利于我方进攻。了解利用地形作战的各种战术原则，是将领的职责，不可不明察。

其次，归纳了六种常见的战败情况：曰"走"，即攻击十倍于我之敌；曰"弛"，即士兵强悍将吏懦弱；曰"陷"，即士兵懦弱，将吏强悍；曰"崩"，即将吏怨怒，不服从指挥，遇敌擅自出战，将军又不了解他们的才能；曰"乱"，即将领软弱无威，教令不明，士卒无常法可依，布阵混乱；

曰"北"，即将军不能正确判断敌情，以少击众，以弱击强，军中又无精锐作中坚。指出导致战败的原因，往往不是天灾，不是客观条件不利，而是将帅的主观过失。

再次，指出地形在战争中虽然重要，但只是辅助条件，真正料敌制胜的，还是将军们的指挥艺术。所以，在战争中将军必须保持独立的决策权："战道必胜，主曰无战，必战可也；战道不胜，主曰必战，无战可也。"将军要做到："进不求名，退不避罪，唯民是保，而利合于主，国之宝也。"这些提法在君主专制时代闪烁着民主精神的光辉，是难能可贵的。最后提出"知彼知己，胜乃不殆；知天知地，胜乃不穷"的著名论断。

第十一为《九地》篇，论述九种交战地形的运用以及深入敌境后的用兵策略。

本篇从战略地形学的角度，指出在九种地形上作战的战略和战术，是对《九变》《行军》和《地形》诸篇的补充。

九种交战地形是：散地、轻地、争地、交地、衢地、重地、圮地、围地、死地。在《九变》的"圮、衢、围、死"之外，又补充五种。即：散地是说在本国作战，距家乡近，士卒易散；轻地是深入敌方国境不远；争地是敌我双方必争的战略要地；交地是交通方便之地；重地是深入敌国之地。

作战原则是：在散地，宜固守或将战场引入敌境；在轻地，应迅速前进，乘锐破敌；在争地，宜抢先攻取，若敌已先占，则诱敌出战而相机夺取；在交地，要各军互相连接，防止被敌阻绝；在衢地，要交结邻国，争取盟友；在重地，要夺取并保障后勤补给；在圮地，不要稽留，防敌袭击；在围地，要巧用计谋，定而后战；在死地，要奋勇死战，摆脱危机。

不论在哪种地形条件下，都要争取主动，先发制人，"乘人之不及"，"攻其所不戒"。

在九种地形上作战，除常规战法外，要有变通法则，即"屈伸之利，人情之理"。如在散地，要统一将士意志；在轻地，要使各军连属相续；在争地，要善于后发先至，等等。

在本篇，孙子还谈到最高的治军理想是建立一支王霸之兵："伐大国，则其众不得聚；威加于敌，则其交不得合。"王霸之兵不争着与诸侯建交，也不在别国培植势力，而是依靠自己的力量，把威力加于敌，攻拔其城邑，毁灭其国家。王霸之兵能"投之亡地然后存，陷之死地然后生"，将军能"顺详敌之意，并敌一向，千里杀将"，在巧妙运用战略战术中办成大事。

本篇最后指出：要严守军事秘密。一旦战争发生，要封锁消息，禁止使者往来。军事决策要机密，不与敌人约定战期，寻找敌人可乘之机。战争开始，要静如处女；一旦有机会，动作如脱兔，使敌人措手不及。

第十二为《火攻》篇，论述以火助攻的各种战术，但又主张慎用火攻。

指出火攻有五种形式："火人"，焚烧敌军的营寨、人马；"火积"，焚烧敌军的粮草积蓄；"火辎"，焚烧敌军辎重；"火库"，焚烧敌军的军需库房；"火队"，焚烧敌人的行军队伍。

采用火攻战术，要有人员、物资准备，要选好气候条件。施行火攻之后，要依据火发后的情况，不失时机地采取适当的军事行动：火发于敌营，要乘乱进攻；火发而敌未乱，则待机进攻；敌营设在荒草中，要从外部放火攻击；火势发自下风，不可逆风攻击；要利用白天风大、晚间停止的持点，施行白昼火攻。

本篇还比较了火攻、水攻的特点、作用，说："以火佐攻者明，以水佐攻者强。水可以绝，不可以夺。"指出水攻不如火攻，水攻仅可隔绝敌人，而火攻则产生强大的破坏力。

最后指出：战争是残酷的，"亡国不可以复存，死者不可以复生"，所以明主应慎战，要做到："非利不动，非得不用，非危不战。主不可以怒而兴师，将不可以愠而致战。"这才是"安国全军"之道。

第十三为《用间》篇，论述运用间谍的意义、间谍的种类和作用。

"用间"，就是情报工作。知己知彼是争取战争胜利的重要条件。要做到"知彼"，就要用间。对间谍要优待，要不惜金钱和爵禄。如果吝惜爵禄和金钱，不肯用间，就是"不仁之至也，非人之将也，非主之佐也，非胜之主也"。

间谍有五种类型：其一，因间，即利用和收买敌方境内的普通间谍；其二，内间，收买敌方高级贵族和官吏而形成的间谍；其三，反间，利用敌方间谍为我效力；其四，死间，是了解我方虚假情报后潜入敌境，又为敌人发现和捕获，供出假情报而被敌人斩杀的间谍；其五，生间，是我方派到敌国收集情报后可以回来报告的间谍。

　　间谍的任务是收集敌方的军队、城防、人员等各种情报。特别是要侦察敌人潜入我方的间谍，并利诱他们为我所用。在"五间"当中，反间最为重要，待遇也应最优厚。

　　《孙子兵法》十三篇的理论基石是朴素的唯物论和朴素的辩证法。在天命论和鬼神观念尚占主导地位的春秋时代，孙子则提出天是"阴阳、寒暑、时制"等自然的天。自然的天是客观的、发展运动的，"无穷如天地，不竭如江河"①，是有规律可循的。人们应善于认识和利用自然的规律。孙子把这一朴素的唯物论观点引入战争，就要求人们实事求是，从调查研究关系到战争的政治、经济、军事以及将帅指挥、军队情况等各个方面，来探讨战争的规律，从而提出临机制敌的各种战略战术原则。

　　《孙子兵法》十三篇提出了一系列对立统一的原则，如虚实、强弱、胜败、利害、众寡、奇正、饥饱、劳佚、进退、远近、治乱、得失、安危等等，认为这些互相对立、互相依存的矛盾双方，都是可依一定的条件转化的，"敌佚能劳之，饱能饥之，安能动之"②，所以要全面看问题，不但要看正面，还要看到反面。要从发展的角度看问题，不但要看静态，还要看动态，看发展变化。不仅要看到发展变化，还要创造条件促进转化，使乱转化为治，怯转化为勇，弱转化为强。所以，《孙子兵法》处处闪耀着古代朴素唯物论和辩证法的光辉。

　　当然，《孙子兵法》也有它的时代局限性，如它不区别正义战争与非正义战争，把侵略战争与反侵略战争一例看待；夸大将领在战争中的作用，而贬低士兵的作用；主张愚兵政策，说将军"能愚士卒之耳目，使之无知"③，才是真正的将军等。但瑕不掩瑜，《孙子兵法》的这些局限性、缺点和不足，并不影响它作为我国古代民族文化瑰宝的崇高地位。

（《华夏文化论坛》第一辑，吉林大学出版社，2006年版）

---

① 《孙子·势》。

② 《孙子·虚实》。

③ 《孙子·九地》。

文献篇

关于西周有无周公纪年的问题

在西周的纪年中有无周公纪年，是西周史研究中的一个重要问题。对这一问题，自汉代以来就存在着歧见。司马迁《史记·周本纪》不载周公纪年；但一些学者误解《尚书·洛诰》"惟周公诞保文武受命惟七年"，认为是"周公摄政七年"，遂造成了周公纪年说。至近代，王国维作《周开国年表》，认为周公摄政之年包含在成王纪年中，从而否定了周公纪年说，杨宽先生从之[①]。但有些学者仍坚持说周公摄政七年就是周公独立的纪年[②]。因而这一问题远未解决。笔者拟在先哲研究成果的基础上，对这一问题再做进一步的探讨。

一、西周不存在周公纪年

在中国古代史上，任何王朝的纪年问题都是与王位继承问题联系在一起的。继承王位者即有纪年，不继承王位者即无纪年，很少有例外。所以，解决西周有无周公纪年的问题，关键在于周公是否真正继承了西周的王位。如果周公真正继承了王位，在西周世系中占有一系，那么，在西周的纪年中就应当有周公的纪年；而如果周公没有继承王位，在西周的世系中不占有一系，那么，在西周的纪年中自然就不会有周公的纪年。

周公到底继承过王位，立为王没有？我们的回答是否定的。诚然，在西周史上，关于周公"摄行政当国"，代成王行使王权的史实是存在的。如

---

① 杨宽：《释何尊铭文兼论周开国年代》，《文物》1983年第6期。

② 参见刘启益：《西周纪年铜器与武王至厉王的在位年数》，《文史》第13辑，中华书局，1982年版；荣孟源：《试谈西周纪年》，《中华文史论丛》1980年第1辑；唐兰：《何尊铭文解释》，《文物》1976年第1期；赵光贤：《关于西周初年的几个问题》，《人文杂志》1988年第1期。

《逸周书·明堂解》说："武王崩，成王嗣，幼弱，未能践天子之位。周公摄政君天下，弭乱，六年而天下大治。"又《逸书·嘉禾篇》说："周公奉鬯立于阼阶，延登，赞曰：'假王莅政，勤和天下。'"但是，《逸周书》在这里明确指出"武王崩"，是"成王嗣"，即继王位者是成王，而不是周公。只是由于成王"幼弱，未能践天子之位"，所以才由"周公摄政君天下"。所谓"摄政"，就是《嘉禾篇》所说的"假王莅政"。《逸周书》和《逸书》的这些记载，就是《尚书大传》说"周公摄政"、《史记·周本纪》说"周公摄行政当国"的历史依据。

其后，《荀子·儒效》说：

大儒之效：武王崩，成王幼，周公屏成王而及武王以属天下，恶天下之倍周也。履天子之籍，听天下之断，偃然如固有之。……教诲、开导成王，使谕于道，而能揜迹于文、武。周公归周，反籍于成王，而天下不辍事周，然而周公北面而朝之。天子也者，不可以少当也，不可以假摄为也。能则天下归之，不能则天下去之。是以周公屏成王而及武王以属天下，恶天下之离周也。

荀子这段话中"周公屏成王而及武王以属天下"，"履天子之籍，听天下之断"二句，是一些学者论定周公践阼称王、西周有周公纪年的主要文献根据之一。因此，我们需要多费些笔墨来分析。其一，通观《儒效》篇全文，荀子是讲大儒功效的。他说人主如能"用大儒，则百里之地久而后三年，天下为一，诸侯为臣；用万乘之国，则举错而定，一朝而伯。"他所列举的大儒主要是周公、孔子，还有子弓。周公在历史上已有实际功效，而孔子、子弓如能任用也是人主的辅弼重臣。其二，至于文中"天子也者，不可以少当也，不可以假摄为也"一句，王先谦解曰："不可少顷当此位也"，"周公所以少顷假摄天子之位，盖权宜以安周室也"，是正确的，符合荀子本义。荀子的本义即说，天子之位不可以由别人假摄，别人也不可以少顷当天子之位，但周公假摄王政，代成王践履天子之位，这就是"大儒之效"。而这也是"非圣人莫能为"的。由此观之，荀子的本义仍在于说明周公是"大儒"、是"摄王"，而不是一个真"王"。其三，荀子说周公在摄政时"教诲、开导成王，使谕于道，而能揜迹于文武"，又于下文强调：周公返政成王，是"非擅"，即非禅让；周公亲政是"非夺"，即不是争夺；周公以"枝代主"是"非越",即非僭越;而是"遂文武之业,明枝主之义"。这不就指明了荀子所说的"屏成王而及武王"与"履天子之籍,听天下之断",即是司马迁后来所说的"摄行政当国"吗?试想,如果荀子说周公废黜了成王,而自立为王,是位谋朝篡位者,他怎么还会把周公称作圣人式的"大儒",而向诸侯娓娓道其功业呢?可见,以荀子的这段话论证周公不是"摄政",而是实实在在地"践阼、称王",因而西周有周公纪年,是根据不足的。

在荀子之后,《韩非子·难二》说:"周公旦假为天子七年,成王壮,授之以政。"《列子·杨朱篇》说:"周公摄天子之位。"至于汉代,《礼记·明堂位》《韩诗外传》《淮南子·齐俗训》《说苑·君道》等著作也都众口一辞,说周公"践天子之位"或"摄天子之位"。

说周公"摄行政当国","履天子之位",与说他继文武大统,真正立为周室的王,这在古代并不是一回事。就周史而论,周人从来没有承认周公是周室的"王",而只承认他是"公",是"周文公"。关于这一点,不但《史记·周本纪》有明确的记载,而且《左传》、《国语》、《诗经》和铜器铭文也完全可以证明。

《国语·周语上》载西周穆王时祭公谋父说:

周文公之《颂》曰:"载戢干戈,载橐弓矢。我求懿德,肆于时夏,允王保之。"

周文公,韦昭注云:"周公旦之谥也。"又云:"《颂》,《时迈》之诗也。武王既伐纣,周公为作此诗。"祭,是周王畿内的封国,祭公谋父是周公的后代,穆王的大臣。又,《国语·周语中》周大夫富辰也称"周公"为"周文公"。这证明东、西周王室的大夫,包括周公的后人都称"周公"为"周文公"。

《左传》僖公二十六年说:

昔周公、大公股肱周室,夹辅成王。成王劳之,而赐之盟曰:"世世子孙,无相害也。"载在盟府,大师职之。

《国语·鲁语上》的记载,与此略同。这是春秋时鲁大夫展喜为退齐师而对齐孝公讲的,证明在西周盟府的盟书中,周公也只称"公"。

《左传》昭公四年载:

周武有孟津之誓，成有岐阳之蒐，康有酆宫之朝，穆有涂山之会。

这是春秋楚大夫椒举谈到诸侯归服于有礼者时说的，他历举周初武、成、康三王而不及周公。

《左传》昭公九年载周王室大夫詹桓伯说：

文、武、成、康之建母弟，以蕃屏周，亦其废队是为，岂如弁髦，而因以敝之。

在詹桓伯历数的周王世次中，文、武、成、康一体相袭，也不列周公。《国语·周语下》载太子晋说："自后稷以来宁乱，及文、武、成、康而仅克安民。"其所谈周王世次，与詹桓伯相同。而《左传》僖公二十四年，富辰谈到周室分封时则说："昔周公吊二叔之不咸，故封建亲戚以蕃屏周。"对周公只称"公"，以有别于文、武、成、康诸王。

《诗·周颂·执竞》云：

执竞武王，无竞维烈。不显成康，上帝是皇。自彼成康，奄有四方，斤斤其明。

"成康"，毛传云："成大功而安之。"郑笺云："成安祖考之道。"但朱熹《诗集传》云："祀武王、成王、康王。"解成、康为成王、康王，其说可从。这首诗列周初诸王世次，亦以成王直系武王而不及周公。

《左传》定公四年载卫太祝子鱼说：

昔武王克商，成王定之，选建明德，以藩屏周。故周公相王室，以尹天下，于周为睦……不然，文、武、成、康之伯犹多，而不获是分也，唯不尚年也。

在子鱼所排定的周初诸王世系文、武、成、康中，也不列数周公。而且说"成王定之，选建明德，以藩屏周"，与富辰所说"周公……故封建亲戚以蕃屏周"不同。盖富辰所说是史实，"封建亲戚以蕃屏周"主要是周公的业绩，即《尚书大传》所说的"建侯卫"。但是周公的地位是"相王室，以尹天下"，仅是"摄政"，王的名号仍系于成王，所以子鱼说："成王定之，选建明德，以藩屏周。"二说本质一致，并无分歧。在子鱼这段话中，他还讲了另一个重要史实：

管、蔡启商，惎间王室。王于是乎杀管叔而蔡蔡叔，以车七乘，徒七十人。其子蔡仲，改行帅德，周公举之，以为己卿士。见诸王而命之以蔡，其命书云："王曰：胡，无若尔考之违王命也。"

管叔、蔡叔勾结武庚叛乱，是西周初年的一件大事。周公镇压叛乱，杀管叔而流放蔡叔是古史学界人所共知的。但据子鱼的这段话，则可以看出，周公"杀管叔而蔡蔡叔"，是得到了成王允许的，所以才能说"王于是乎杀管叔而蔡蔡叔"。它与《史记·周本纪》"周公奉成王命，伐诛武庚、管叔，放蔡叔"的记载完全一致。蔡叔被流放后，周公任用他的儿子蔡仲作为自己的卿士，带他进见成王。成王赞同周公的任用，并正式颁布命书。命书文句古拙，与周初诸诰和铜器铭文句式契合，应是史策旧文。命书中所说的"王"，显然指的是成王。这证明在周公摄行政当国期间，王号仍系于成王，周公遇事须向成王请示，并要得到成王认可。

《左传》、《国语》中，周人称周公为"公"的材料还有许多，不再一一列举。仅据以上各条就足以证明，在西周和春秋时人的眼中，周公是"公"，不是"王"；在他摄行政当国时的王仍是成王。这个说法的青铜器铭文证据见于1976年出土的《史墙盘》。该铭谈到周初诸王的世次说：曰古文王、强圉武王、宪圣成王、肃哲康王、宏鲁昭王、祗觏穆王。与《左传》和《史记·周本纪》所排文、武、成、康、昭、穆的世次相符。从《史墙盘》铭文看，墙的烈祖还是经过周公"厌"于周的，但墙仍称周公为"公"而不是王。这不仅与《国语·周语上》所载祭公谋父的话互相印证，而且无可辩驳地证明了周公确实没有立为周室的王，所以在西周王室的世次上找不到他的位置。

我们并不否认，从《尚书·大诰》、《康诰》、《酒诰》、《梓材》、《多士》、《多方》诸篇来看，周公在摄政当国期间，以王的名义和身份发号施令的事是存在的。这是一些学者认为周公践阼称王、西周史上存在周公纪年的主要文献根据。其实，把《史记》所说的"摄行政当国"与《荀子》所说的"履天子之籍"及《尚书》所载的以王的名义和身份发号施令互相对立起来，是后代学者的观点。而在周人看来，周公的所谓"履天子之位"，践阼称王，正是他"摄行政当国"题中的应有之义，两者并无本质不同，也不意味着他真正立为了周王室的王，这是不值得大惊小怪的。何况，在《尚书》的这些篇章中，周公谈话的对象只是多邦、御事、侯卫和殷献民，而不涉及成王。凡属涉及成王的篇章，如《召诰》《洛诰》《无逸》《立政》

等，周公则一律称公。"周公摄天子之政，邵公不悦"①。《尚书·君奭》记载周公去说服召公，而在该篇中，周公也只称"公"。似此，怎么能说周公实实在在地当过周王，而且在西周纪年中有周公纪年呢？

二、周公纪年说的形成及其误点

周公纪年说的形成，在于汉代经师对《尚书·洛诰》篇中"惟周公诞保文武受命惟七年"一句的误解。经师们把这句话与《尚书大传》比附起来，解成"周公摄政七年"。如《尚书》伪孔传说："惟七年，周公摄政七年。"马融注亦云："惟七年，周公摄政，天下太平。"《尚书·洛诰》与《召诰》作于同一年，同载经营洛邑。《召诰》孔颖达疏云："武王既崩，周公即摄王政，至此已积七年，将归政成王，故经营洛邑也。"清儒孙星衍《尚书今古文注疏》卷十八《召诰》说得最为明确："《洛诰》当七年时，犹诏王称殷礼，明必待七年反政之明年为成王元年。"《尚书·洛诰》有"以功作元祀"一句，似能证成孙说。既然周公反政后的一年为"成王元年"，那么，"周公摄政七年"，自然就是周公纪年了。学者们的周公纪年说，就是这样推衍出来的。

但是，汉代的著名学者郑玄却不采《尚书·召诰》作于"周公摄政七年"说，而云："是时周公居摄五年。"郑说显然依据《尚书大传》。《大传》云："周公摄政，一年救乱，二年克殷，三年践奄，四年建侯卫，五年营成周，六年制礼作乐，七年致政成王。"从《尚书大传》看，周、召二公经营成周洛邑是在"周公摄政五年"，亦即成王五年。《尚书·洛诰》、《召诰》是记载周、召二公经营洛邑的记实之作，而《洛诰》却分明记载为"惟七年"。《大传》与《洛诰》的矛盾，如果没有新材料证明，我们应该相信《洛诰》是可靠的。但是，1963年陕西宝鸡出土的《何尊》铭文却证明了《大传》的说法是正确的。这样，我们对《洛诰》所说"惟七年"的涵义，就不能不作另外的考虑了。《何尊》铭文云：

佳王初迁宅于成周，复禀武王礼福自天。在四月丙戌，王诰宗小子于

---

① 《列子·杨朱篇》。

京室，曰：昔在尔考公氏克逑文王。肆文王受兹［大命］。佳武王既克大邑商，则廷告于天，曰：余其宅兹中国，自之义民。乌虖！尔有唯小子亡识，视于公氏，有劳于天。徹命敬享哉……佳王五祀。

对于《何尊》铭文，由于释者对周初纪年的见解不同，因而有不同的看法。但有一点则是一致的，即认为"佳王五祀"是成王五年。该铭文与《召诰》、《洛诰》都是记载周初经营成周洛邑的，是一件事在三个方面的反映。其一，《召诰》载，成王五年二月既望（十六日）越六日乙未（二十一日），成王自周至丰，让太保召公先周公相宅成周。三月丙午朏（三日）越三日戊申（五日），太保至洛，卜宅，经营。越三日庚戌（七日），太保"以庶殷攻位于洛汭"，越五日甲寅（十一日），位成。若翼日乙卯（十二日），周公至洛观于新邑，越三日丁巳（十四日），用牲于郊，越翼日戊午（十五日），社于新邑，越七日甲子（二十一日），周公命庶殷侯、甸、男邦伯，庶殷营作，然后是向成王献辞。其二，《洛诰》载，周公在洛邑向成王报告，表明要"复子明辟"，即返政成王。说自己"惟乙卯（三月十二日）朝至于洛师"，接着汇报卜宅情况，并把图、卜献于成王。然后是周公与成王的往来答词，周公讲论应在新邑祭祀以及朝聘的礼仪等事，勉励成王赴洛。这是《洛诰》的前半部分，其事都发生在四月以前。《洛诰》后半部分载，成王亲莅洛邑，对周公说："予小子其退，即辟于周，命公后。"表示自己只在宗周即政，洛邑方面仍要周公行政，因为"四方迪乱未定，于宗礼亦未克敉公功。迪将其后，监我士师工，诞保文武受民，乱为四辅。""公勿替刑，四方其世享"，即没有接受周公的还政之请。年终，戊辰日，成王在洛邑举行烝祭，并"命作册逸祝册，惟告周公其后"。让周公继续为政，诞保文武的事业。其三，《何尊》铭文所载，则是成王应周公之请将往洛邑而尚未成行时的事。内容正与《洛诰》前半部分相衔接：四月丙戌（十三日），成王在宗周的京室诰训宗小子曰："佳武王既克大邑商，则廷告于天曰：'余其宅兹中国，自之义民。'"论说经营洛邑为武王的遗志。然后，据《洛诰》知，成王即赴洛邑。两篇诰文、一篇铭文皆记经营成周洛邑事，时日紧密相连，内容贯通一气，足证成王、周公经营洛邑之年正是成王五年，亦即周公摄政五年，而不是七年。

那么，对《洛诰》篇所记的"惟周公诞保文武受命惟七年"，究竟应该怎么理解呢？

　　理清这个问题的关键，在于"受命"二字。经师们所以作出错误的解释，原因是他们仅把目光盯在"周公摄政"四个字上，以至贻误于人。如果把目光移向"受命"二字，则《洛诰》的"受命惟七年"就迎刃而解了。按西周纪年，武王克殷后，享国二年，而克殷之年，是周室再"受天命"之年。一谈到周室"受天命"，学者们总是习惯于把它和文王联系起来，因为这已为周代文献和青铜器铭文如《禹鼎》铭等所充分证明，而往往忽略武王也曾受过"天命"。关于武王"受天命"的记载，明见于《诗经》。《诗·周颂·昊天有成命》云："昊天有成命，二后受之。成王不敢康，夙夜基命宥密。"二后，学者咸作文王、武王解。这是武王曾受"昊天成命"的明证。又，《诗·周颂·桓》云："绥万邦，娄丰年，天命匪解。桓桓武王，保有厥士，于以四方，克定厥家。於昭于天，皇以閒之。"文中的"士"当作"土"。"閒"，毛传云："代也。"此《诗》明言武王受天命而不懈，能"保有厥土""克定厥家"，代殷而有天下。《史记·周本纪》载武王"受天命"事最详：

　　及期，百夫荷罕旗以先驱。武王弟叔振铎奉陈常车，周公旦把大钺，毕公把小钺，以夹武王，散宜生、太颠、闳夭皆执剑以卫武王。既入，立于社南大卒之左，［左］右毕从。毛叔郑奉明水，卫康叔封布兹，召公奭赞采，师尚父牵牲。尹佚筴祝曰："殷之末孙季纣，殄废先王明德，侮蔑神祇不祀，昏暴商邑百姓，其章显闻于天皇上帝。"于是武王再拜稽首，曰："膺更大命，革殷，受天明命。"武王又再拜稽首，乃出。

　　这段史实，就是所谓"武王革命"。所以武王克殷之年，就是他"受天明命"之年。从武王克殷之年算起，到周公、成王经营成周洛邑之时，正是武王"膺更大命，革殷"得天下后的七年。这样看来《洛诰》所说的"惟周公诞保文武受命惟七年"，不恰恰是指这七年吗？经营成周洛邑，是武王克殷后的计划，今《洛诰》具载其事，纪年从武王克殷受命算起，也是顺理成章的。

　　其实，对于这个问题，前人已有识者。王国维作《周开国年表》就曾说过："《洛诰》曰'惟七年'，是岁为……武王克商后之七年，成王嗣位于兹五岁。"可谓真知灼见。但是王又说：武王"克殷之时未尝改元"，"成王即位、周公摄政之初，亦未尝改元。"①这就不确了。据《史记》武王克殷后曾"革殷"改元，今据《何尊》铭文，知道成王嗣位亦曾改元，否则哪来"隹王五祀"？成王改元于文献也有证明，《逸周书·成开解》曰："成王元年，大开告用。"注下卢文弨按："篇中云：'今商孽竞时逋播'，则在未东征之前。"卢说至确。既然成王即位未东征前就曾改元，那么《洛诰》所载"以功作元祀""称秩元祀"的"元祀"二字就不是成王改元纪年，而应依传统说法解作"大祀"。但王国维泥于"元祀"二字，仍以为成王于经营成周洛邑时始改元，既说《洛诰》"惟七年"是"武王克商后之七年，成王嗣位于兹五岁"；又说"成王之元祀即克商后之七年"。结果前后矛盾，给后来研究者造成了许多歧义。

杨宽先生对这个问题也有正确的论断。他说："近人解释'惟王五祀'有三说，或者以为周公归政成王以后五年，即成王亲政改元之后五年；或者以为是周公摄政五年，亦即成王在位五年；或者以为是周公摄政称王五年，周公摄政称王自有纪年。我们以何尊铭文和《召诰》、《洛诰》作比较研究，当以周公摄政五年之说为是。"②当然，杨说也有不足。如他否认《尚书大传》和《史记》关于周公"摄政七年"的说法等等，即属可商。

至于有人认为《何尊》所说的"隹王五祀"是周公归政后的五年，从而《何尊》也就证成了有周公纪年的说法，也是站不住脚的。因为《洛诰》《召诰》《何尊》内容一致，作于同时，而二《诰》作于周公准备归政但尚未归政之时，《何尊》岂能出现在归政五年以后？

综上所述，我们再把本文的论点归纳如下：

1. 从《尚书》《诗经》《左传》《国语》和西周铜器铭文看，不论西周时人，还是春秋时人都只称周公为"公"，不称他为"王"。至战国，《荀子》所说的周公"履天子之籍"和汉代经师讲的周公"践阼称王"，其实都是《逸周书》所说"周公摄政君天下"的不同提法，不能依此认定周公曾立为周室的王。周公既然不是周室的王，在西周史上当然不会有他的纪年。

2.《尚书·洛诰》所说"惟周公诞保文武受命惟七年"，不是"周公摄政七年"，而是武王克殷后七年，成王五年，亦即周公摄政五年。《何尊》

---

① 王国维：《周开国年表》，《观堂别集》卷一。
② 杨宽：《释何尊铭文兼论周开国年代》，《文物》1983年第6期。

铭文是明证。《史记·周本纪》不载周公纪年，王国维、杨宽两先生说周公无纪年，周公纪年包括在成王纪年内，是正确的。

3. 既然西周无周公纪年，因而那些从西周有周公纪年出发来论证西周纪年的诸说，都是失据的，其所论定的纪年，也皆不可信从。

（原载《西周史论文集》，陕西人民教育出版社，1993年版。郭守信先生为第二作者）

《春秋》和《公羊传》的关系

一、《公羊传》是《春秋》的传

《公羊》是《春秋》的传，这从体裁上就看得清清楚楚。对此，自古及今，学术界看法一致，没有异议。

《公羊传》在由公羊寿和胡母子都著于竹帛前，一直是口说相传。《汉书·艺文志》说："及末世口说流行，故有公羊、谷梁、邹、夹之传"；刘歆移让太常博士说："信口说而背传记，是末师而非往古。"①言之凿凿，可以信据。

《公羊》所以采取口说的形式是由《春秋》"道义"的特点决定的。《春秋》与一般史书不同，有孔子所制的"义法"，即有用奴隶主阶级的"礼义"绳准从天子、诸侯，直到卿大夫等各级当权派的文字。这些文字若直言不讳地写出来，会不可避免地招来祸害。鲁襄公二十五年，正值孔子幼年时，齐国执政大夫崔杼竟因史官直书"崔杼弑君"事，接连杀害太史氏兄弟三人。殷鉴在前，孔子不能不有所忌讳。所以，他作《春秋》为了"上以讳尊隆恩，下以辟害容身"，则采用"微辞"进行表达，使"主人习其读而问其传，则未知己之有罪焉尔"②，而把"传指"，即所谓"微言大义"口授给弟子，由弟子师口相传。这就是《公羊》、《谷梁》等《春秋》传口说相传的由来。这一点，史有明证，不容人们否认。《史记·十二诸侯年表序》说："七十子之徒口受其传指，为有所刺讥褒讳挹损之文辞不可以书见也。"《匈奴传》载：太史公曰："孔氏著《春秋》，隐桓之间则章，至定哀之际则微，为其切当世之文而罔褒，忌讳之辞也。"《春秋繁露·楚

---

① 《汉书·刘歆传》。
② 《公羊传》定公元年。

庄王》说："定哀之所以微其辞"，"于所见微其辞，于所闻痛其祸，于传闻杀其恩。"《公羊传》定公元年说："定哀多微辞。"《汉书·艺文志》说："《春秋》所贬损大人当世君臣，有威权势力，其事实皆形于传，是以隐其书而不宣，所以免时难也。"正因为《春秋》多用微辞，意义隐晦，所以素称艰深难读，如果不从《公》、《谷》二传出发来解说，简直与"天书"无疑。《史记·司马相如传》说："《春秋》推见至隐"。这句话画龙点睛，指明了《春秋》的深刻内涵。那些关于《春秋》是"断烂朝报"或"流水账"的说法都是皮相之谈，不足凭信。

在汉代，《公羊传》的传授是很清楚的。《史记·儒林列传》说："言《春秋》于齐鲁自胡母生，于赵自董仲舒。"《汉书·儒林传》说："胡母生字子都，齐人也。治《公羊春秋》，为景帝博士，与董仲舒同业。仲舒著书称其德。年老归教于齐，齐之言《春秋》者宗事之。公孙弘亦颇受焉。而董生为江都相，自有传"。胡母生是儒学大师，授徒很多。其弟子嬴公授眭孟，眭孟授严彭祖、颜安乐。"彭祖、安乐各颛门教授，由是《公羊春秋》有颜、严之学"。从西汉中期到东汉末，公羊博士大都宗颜、严二家。《史》、《汉》的记载是可信的。汉代以前，《公羊传》的传授也可考见。

徐彦《公羊》疏引戴宏说："子夏传与公羊高，高传与其子平，平传于其子地，地传于其子敢，敢传于其子寿。至汉景帝时，寿乃共弟子齐人胡母子都著于竹帛。"但是，近代学术界对戴说大都不尊信，主要理由有二：

一是说戴宏为东汉人，其说《公羊》的传授反比《史》、《汉》为详，是"愈后愈详"，故不足信据。如钱玄同说："至于公羊氏之名曰高，及公羊高、公羊平、公羊地、公羊敢、公羊寿，这五代传经的世系，乃更是东汉人所臆造。"[1]

二是说从时间上看，公羊氏的五世传授与由子夏到汉景帝的时间不相符合。崔适在《春秋复始》中首先提出怀疑："子夏少孔子四十四岁。孔子生于襄公二十一年，则子夏生于定公二年，下迄景帝之初，三百四十余年，自子夏至公羊寿，甫及五传，则公羊氏世世相去六十余年；又必父享上年，子皆幼慧，乃能及之，其可信乎？"有人更详细计算说："按子夏生时为公元

---

[1] 《重论经今古文学问题》，《古史辨》第5册。

前407年左右（据《弟子列传》《吕览》《当染》《察传》为魏文侯师事推正），下距景帝后元三年，则为公历前140年矣（据《史记·儒林传》《春秋繁露·玉英》篇推证）。所谓五世相传者，实只间隔四代。准此类推，相差太远。假使子夏将没之年，公羊高受学时为二十岁，而景帝即位之二年，为公羊寿与胡母子都著录之年。缩至最少年代，则此中相距亦已二百五十余年。故公羊高五传而及公羊寿，则以四代除之，每代须六十岁生，而皆享上寿。否则不能至汉。"①

我认为对戴宏说不可断然否定，应作具体分析。《后汉书·吴祐传》说："戴宏与吴祐为友。"据此知戴宏为汉安帝时人。他的话应是颜、严以后的师说，当有所本。关于《公羊传》的传授，西汉言之略，东汉言之详，主要是由学术发展的需要造成的。西汉时，《公羊春秋》是一代显学，在学术界占据独尊地位，它的传授根本不成为问题，故未详考其源。而东汉时，《左氏》之学已经成了足以与《公羊传》相抗衡的学派，它打着"亲见孔子"的旗号，故《公羊》学者始详道《公羊传》的源流。这是符合事物发展逻辑的。所谓的"愈后愈详"说，虽然有助于我们去伪存真，澄清一些历史问题，但不能把它当作普遍规律，用来处理一切问题。

戴宏的五世传授说从时间上看固然存在问题，但也不能看得过于机械，应当看到它毕竟为我们指出了《公羊传》传授的踪迹。如果把戴宏说和《公羊传》关于其师的记载综合起来考察，则它的传授源流就一目了然了。《公羊传》隐公十一年、庄公十一年、定公元年有"子沈子曰"，桓公三年、庄公二十三年、僖公五年、僖公十五年、僖公二十八年有"鲁子曰"，庄公十八年有"子司马子曰"，闵公元年有"子女子曰"，文公四年有"高子曰"，哀公四年有"子北宫子曰"。何休在隐公十一年注中说："子沈子后师，……沈子称子冠氏上者，著其为师也。不但言子曰者，辟孔子也。其不冠子者，他师也。"《公羊传》只把"公羊子"作为它五个本师中的一个。这就证明了《公羊传》在从子夏传到公羊寿和胡母子都时，中间除了公羊氏的高、平、地、敢四世而外，还有传授它的子沈子、子司马子、子女子、子北宫子和鲁子、高子等本师和他师。由此观之，不能说《公羊传》的师承关

① 杜钢百：《公羊、谷梁为卜商或孔商讹传异名考》，《国立武汉大学文哲季刊》三卷一号，1933年。

系是"东汉人所臆造"的，而应当说它确实是一个由子夏传授下来的，有渊源、有系统的学派。

二、董仲舒、何休《公羊》说的重要错误

《公羊》传《春秋》的"微言大义"。研究《春秋》必须本于《公羊》。董仲舒是西汉《公羊》学大师，何休是东汉《公羊》学大师，研究《公羊传》又必须以董、何说为本。

何休《春秋公羊经传解诂》序说《公羊传》"多非常异义可怪之论"。这些"非常异义可怪之论"，据《春秋说》和何休的《文谥例》记载是："五始、三科九旨、七等、六辅、二类、七缺"等。其中以"三科九旨"最为重要，也是经今古文学争论得最为激烈的问题。本文就准备对这一问题进行详尽的分析。

"三科九旨"有二说：其一，何休说："三科九旨者，新周，故宋，以《春秋》当新王，此一科三旨也"；"所见异辞，所闻异辞，所传闻异辞，二科六旨也"；"内其国而外诸夏，内诸夏而外夷狄，是三科九旨也"。其二，宋氏《春秋》注说："三科者，一曰张三世，二曰存三统，三曰异外内，是三科也。九旨者，一曰时，二曰月，三曰日，四曰王，五曰天王，六曰天子，七曰讥，八曰贬，九曰绝。时与日月，详略之旨也；王与天王、天子，是录远近亲疏之旨也；讥与贬绝，则轻重之旨也。"[①]二家说法虽异，实无多大差别。何休的"新周，故宋，以《春秋》当新王"，即宋氏的"存三统"；"所见异辞，所闻异辞，所传闻异辞"，即"张三世"；"内其国而外诸夏，内诸夏而外夷狄"，即"异外内"。只不过何说具体，宋说概括而已。宋氏说的"详略"、"远近亲疏"及"轻重"之旨都包括在何休的"三个科段"之内。周予同先生说何休的"三科九旨"是《公羊传》的"思想骨干"，"但是否把握《春秋》的思想核心，固属一大疑问。"[②]我们可以进一步说"三科九旨"既然是《公羊传》的"思想骨干"，而《公羊传》三百余年口传不绝，因此说它基本上把握着《春秋》的思想核心，当无多大问题。

① 《公羊传·隐公第一》疏引。
② 《群经概论》，商务印书馆，1933年版，第71页。

当然，这不等于说何休对"三科九旨"的解释都是正确的。恰恰相反，我们认为何休的解说有严重错误，而且有些错误甚至是承袭董仲舒的。正因为董、何的解说有错误，《公羊》学才被视为"多非常异义可怪之论"，除了虔诚的经今文学者，都不肯相信。下面，就让我们针对董、何说的错误逐项说明：

1. 误读"主鲁亲周故宋"为"王鲁新周故宋"

何休"三科九旨"的头一条"新周，故宋，以《春秋》当新王"是由误会"主鲁亲周故宋"而来的。所谓"主鲁亲周故宋"就是宋氏《春秋》注的"存三统"。

"新周"，见《公羊传》宣公十六年："成周宣谢灾，何以书？记灾也。外灾不书，此何以书？新周也。"清人惠栋解"新周"为"亲周"，是正确的。"新"、"亲"二字，古通用。《史记·孔子世家》说："据鲁，亲周，故殷。"《索隐》曰："周虽微，而亲周王者，以见天下之有宗主也。"《春秋繁露·三代改制质文》说："王鲁尚黑，绌夏，亲周故宋。"即其明证。孔广森《公羊通义》解"新周"二字说："周之东迁，本在王城，及敬王避子朝之难更迁成周，作传者据时言之号成周为'新周'，犹晋徙于新田，谓之新绛，郑居郭、邬之地，谓之新郑云尔。"陈澧赞扬此说曰："《公羊》'新周'二字，自董生以来将近二千年，至巽轩乃得其解。"[①]罗倬汉在《史记·十二诸侯年表考证》一书中更视其为"定论"。其实，孔说是不确的。虽然周敬王所迁之周也称为"新周"，但与《公羊》的"新周"意义迥然不同。《公羊》的"新周"解为"亲周"，一则有《史记》和《春秋繁露》为明证，二则它自身也可证明。考《公羊》宣公十六年传文："夏，成周宣谢灾。成周者何？东周也。宣谢者何？宣宫之谢也。何言乎成周宣谢灾？乐器藏焉尔。成周宣谢灾，何以书？记灾也。外灾不书，此何以书？新周也。"这段文字，层次分明：先说灾的发生地——东周宣宫之谢；再说受灾的什物——乐器；最后说记外灾的原因——"新周也"。《春秋》是鲁国国史，一般外灾不记，特为东周记灾，是由于"亲周"的关系。这种讲法，文通理顺，明白无误。若按孔说"新周"是地点，则前文已

---

① 《东塾读书记》卷十，《清经解续编》本。

经说过灾的发生地，是一灾说成二地，岂不自相矛盾？并且，用地点来解释记外灾的原因，也是说不通的；三则敬王迁周事远在鲁宣公后八九十年，怎能说宣公时已有敬王所迁的"新周"呢？孔说以"新周"比附"新绛"、"新郑"是只看形式，不看内容，并不可取。

"故宋"，见《公羊传》襄公九年："宋火。……何以书？记灾也。外灾不书，此何以书？为王者之后记灾也。"《谷梁传》桓公二年说："孔，氏；父，字谥也。或曰其不称名，盖为祖讳也。孔子故宋也。"庄公十一年说："宋大水。外灾不书，此何以书？王者之后也。"襄公九年说："宋灾。外灾不志，此其志何也？故宋也。"这个"故宋"与上文的"新周"一样，也是说明为宋记灾原因的。所以要"故宋"者，因为宋是"王者之后也"。从这里也完全可以看出"新周"即"亲周"，周是天下共主，所以要"亲"，而决不可解为地名。"故宋"又见于《史记·孔子世家》和《春秋繁露·三代改制质文》。所不同的是《孔子世家》中"故宋"作"故殷"。这是因为宋为殷后，故可称"殷"，又可称"商"。《礼记·乐记》郑注："商，宋诗也。"《诗·商颂》三家诗以为是正考父美宋襄公之作，均为证明。

"王鲁"见《公羊传》隐公元年何注："《春秋》王鲁，托隐公以为始受命王。"此说本于董仲舒。董在《春秋繁露·三代改制质文》中说："故《春秋》应天作新王之事，时正黑统，王鲁尚黑。"但是，我们在《春秋》及《公》、《谷》二传中却找不到"以《春秋》当新王"或"王鲁"的文字。《汉书·艺文志》采刘歆说："仲尼没而微言绝，七十子丧而大义乖。"董、何所倡之"王鲁"说即"大义乖"之一例。刘歆指斥五经博士"信口说而背传记，是末师而非往古"，确实击中了经今文说的要害。晋人王接说何休治《公羊传》"训释甚详，而黜周王鲁，大体乖硋，且志通《公羊》而往往还为《公羊》疾病"[1]，这也是破的之语。不过，对这一"乖硋"之论，我们认为决不可像古文学家那样简单地予以否定。《公羊》学是七十子相传的旧说，源远流长，在辗转相授中难免出现差误。只有对之认真研究，溯本穷源，才能拨云见日，从差误中探求到它失却的本义。否

---

[1] 《晋书·王接传》。

则，必然走进死胡同。试想，董、何将"王鲁，新周，故宋"并称，"新周""故宋"杂见二传，"王鲁"之说岂无来由？《史记·孔子世家》说孔子"乃因史记作《春秋》，上至隐公，下讫哀公十四年，十二公。据鲁，亲周，故殷，运之三代，约其文辞而指博"。《索隐》解"据鲁"云："言夫子修《春秋》以鲁为主，故云'据鲁'。"这个理解是正确的。司马迁尝从董仲舒问《春秋》大义，转述引用很多，独不取"王鲁"说，而以"据鲁"代之，必另有所本。这证明董、何所倡的"王鲁"必由误读"主鲁"而来。所谓"主鲁"，就是"夫子修《春秋》以鲁为主"。在古代典籍中，"王""主"是容易发生讹误的。《公羊传》定公四年何注："因上王鲁文王之。"《校勘记》曰："闽本作'故主之'是也。此作'王之'，误。"又《战国策·楚策》的"二王坟墓"之"王"字，今本及鲍本皆作"主"。由此可知，"王鲁，新周，故宋"实为"主鲁，亲周，故宋"，亦即《孔子世家》所说的"据鲁，亲周，故殷"。《春秋》本为鲁史，"主鲁"，即以鲁为主；"亲周"是示"天下有宗主"；"故宋"是对"王者后"给予特殊待遇。这是孔子修《春秋》的一项原则，也就是所谓《春秋》大义之一。这个被后人搞得混乱不堪的问题本来是多么容易理解啊！董、何将"主鲁"误读为"王鲁"，遂与《春秋》大义"失之毫厘，差以千里"。董说："《春秋》作新王之事，变周之制，当正黑统"云云，是用夏为黑统，殷为白统，周为赤统的三统循环论附益《春秋》的"存三统"。孔子一生以坚持周制为奋斗目标，凡破坏周制者一律斥之为乱臣贼子。《中庸》说他"祖述尧舜，宪章文武"；《公羊传》说他"乐尧舜之道"。他哪里会变"周之制"，自甘与乱臣贼子为伍呢？"存三统"不过是"运之三代"，哪有"三统循环"的意思！这一切，无疑是董仲舒借题发挥，改造《春秋》的"三统"说以适应汉代新的政治需要，为"起于细微"的刘氏王朝王天下制造理论根据而已。古文学家斥其说"乖硋"，从学术传统上说是理所当然的。

2. 何休在解释"所见，所闻，所传闻"三世说上的错误

何休"三科九旨"的第二条是"所见异辞，所闻异辞，所传闻异辞"。董仲舒《春秋繁露·楚庄王》最早明言这是《春秋》的"张三世"。他说："《春秋》分十二世以为三等：有见，有闻，有传闻。有见三世，有闻四世，有传闻五世。"

　　《春秋》"三世"说于《公羊传》凡三见。隐公元年说："公子益师卒。何以不日？远也。所见异辞，所闻异辞，所传闻异辞。"桓公二年说："三月，公会齐侯、陈侯、郑伯于稷，以成宋乱。内大恶讳，此其自言之何？远也。所见异辞，所闻异辞，所传闻异辞。隐亦远矣，曷为为隐讳？隐贤而桓贱也。"哀公十四年说："西狩获麟。……孔子曰：'吾道穷矣。'《春秋》何以始乎隐？祖之所逮闻也。所见异辞，所闻异辞，所传闻异辞。何以终乎哀十四年？曰：备矣。"又，《谷梁传》桓公十四年："夏五。郑伯使其弟御来盟。诸侯之尊，弟兄不得以属通。其弟云者，以其来我举其贵者也。来盟，前定也。不日，前定之盟不日。孔子曰：'听远音者，闻其疾而不闻其舒；望远者，察其貌而不察其形。'立乎定哀以指隐桓，隐桓之日远矣。夏五，传疑也。"此条虽未明言"所见，所闻，所传闻"三世，但其大旨则与《公羊》三世一致。

　　详考《春秋》"三世"之义，是作者把春秋二百四十二年的历史，依史料来源区分为"所见，所闻，所传闻"三类。所见世，是作者耳闻目睹，亲身经历的时代，所得为直接史料；所闻世，在作者为所闻，而在前人为所见，所得是间接史料；所传闻世，"传"者"转"也，比所闻又远了一层，所得史料更为间接。这个"三世"略同于我们今天所说的"现代""近代"和"古代"。意指《春秋》在写作时依据史料有"见""闻""传闻"的不同，作不同处理。大体上说是：（1）坚持详近略远的原则，时远则文略，时近则文详，如公子益师卒因时远略不记日之类；（2）坚持时远则辞显，时近则辞微的原则，如"成宋乱"因时远而显书，而逐季氏则因时近而微其辞；（3）在"详近略远，时远辞显，时近辞微"的前提下，记事又因对象的贤否作灵活处理，如隐公贤则为讳"观鱼"，桓公贱则不为讳"成宋乱"。《春秋繁露·楚庄王》发挥"三世"之义说："于所见微其辞，于所闻痛其祸，于传闻杀其恩，与情俱也。是故逐季氏而言'又雩'，微其辞也；子赤杀（按"杀"当作"弑"），弗忍书日，痛其祸也；子般杀而书'乙未'，杀其恩也。屈伸之志，详略之文，皆应之。"是正确的。可见，《公羊传》所载的《春秋》"三世"说是明明白白的。经古文家指斥"三世"说同"王鲁"一样是"乖硋"之论，非《春秋》所有，则是不确的。

　　当然，《公羊》学者以狭隘的眼光看待"三世"说，拘泥于所见几世、所闻几世、所传闻几世，也不足取。如董仲舒说："有见三世，有闻四世，有传闻五世。故哀、定、昭，君子之所见也；襄、成、文、宣，君子之所闻也；僖、闵、庄、桓、隐，君子之所传闻也。"①何休从之。颜安乐说："襄公二十一年孔子生后即为所见之世。"②依颜说，所见为哀、定、昭、襄四世，所闻为成、宣、文、僖四世，所传闻为隐、桓、庄、闵四世。孔广森从之。《孝经援神契》则说："《春秋》三世以九九八十一为限。"依此，"隐元年尽僖十八年为一世，自僖十九年尽襄十二年为一世，自襄十三年尽哀一十四年为一世"。这个争论对于澄清"三世"说实无多大意义。尤其《孝经援神契》说显然带有迷信色彩，更不足信。

何休对"三世"的解说也很混乱。他将"大夫卒日例"、"别外内"等都与"三世"说牵混起来，并附会出什么"据乱、升平、太平"三世来。何休的观点集中地表现在《公羊传》隐公元年注上。他说："所见者谓昭定哀，己与父时事也；所闻者谓文宣成襄，王父时事也；所传闻者谓隐桓庄闵僖，高祖、曾祖时事也。异辞者，见恩有厚薄，义有深浅。时恩衰义缺，将将以理人伦，序人类，因制治乱之法。故于所见之世，恩己与父之臣尤深，大夫卒，有罪无罪，皆日录之：丙申，季孙隐如卒是也；于所闻之世，王父之臣恩少杀，大夫卒无罪者日录，有罪者不日略之：叔孙得臣卒是也；于所传闻之世，高祖、曾祖之臣恩浅，大夫卒有罪无罪，皆不日略之也：公子益师、无骇卒是也。于所传闻之世，见治起于衰乱之中，用心尚粗觕，故内其国而外诸夏，先详内而后治外，录大略小：内小恶书，外小恶不书；大国有大夫，小国略称人；内离会书，外离会不书是也。于所闻之世，见治升平，内诸夏而外夷狄，书外离会，小国有大夫：宣十一年秋，晋侯会狄于攒函；襄二十三年，邾娄鼻我来奔是也。至所见之世，著治太平，夷狄进至于爵，天下远近小大若一，用心尤深而详，故崇仁义，讥二名：晋魏曼多、仲孙何忌是也。所以三世者，礼为父母三年，为祖父母期，为曾祖父母齐衰三月。立爱自亲始，故《春秋》据哀录隐，上治祖祢。"这段注文很长，让我们分段来剖析：

首先，看何休所谓"己与父"及"王父""高祖曾祖"三世指的是什

---

① 《春秋繁露·楚庄王》。
② 《公羊传·隐公第一》疏引。

么？按《公羊传》哀公十四年传文："祖之所逮闻也。"何注："犹曰我但记先人所闻。"可知何休认为《春秋》"三世"的划分不是依史料来源，而是依孔子及其先世的见闻为根据的。这是个错误看法。考诸《史记·孔子世家》，孔子父为叔梁纥，王父为伯夏，曾祖为防叔。《索隐》曰："睪夷生防叔，畏华氏之逼而奔鲁，故孔氏为鲁人也。"孔子曾祖防叔始来鲁，其高祖睪夷犹是宋人，未必熟悉鲁事，加上《春秋》不仅依据鲁史，还依据了各国史料。因此，把《春秋》的"三世"与孔子的家世附会起来是失之穿凿的。

其次，何休把"大夫卒日例"强加于"三世"也是错误的。他说：所见之世，大夫卒，有罪无罪，皆日录之；所闻之世，大夫卒无罪日录，有罪者不日略之；所传闻之世，大夫卒有罪无罪，皆不日略之。但考《春秋》所传闻世——隐、桓、庄、闵、僖五公（依何说），大夫卒者共有7人[①]。但7人之中竟有4人卒书日，所谓"有罪无罪，皆不日略之"的说法，不攻自破。事实证明，《公羊传》说："不日，远也"，即说由于时代辽远，史料有详有略，所以有书日或不书日的差别。这是对的，完全与有罪无罪无关。考所闻世——文、宣、成、襄四公（依何说），大夫卒者共有13人[②]。而13人中只有叔孙得臣卒没有书日。得臣罪过并不明显。徐疏说："推寻上下，更不见得臣有罪之文。"相反，公孙敖抗拒公命，叛逃他国，《春秋》文公八年明载："公孙敖如京师，不至而复。丙戌，奔莒"，罪过昭彰，卒却书日。无罪者不书日，有罪者书日，所谓所闻之世"大夫卒无罪者日录，有罪者不日略之"说当然也就靠不住了。唐人啖助说："《公》、《谷》多以日月为例，或以书日为美，或以书日为恶。夫美恶在于事迹，见其文足以知褒贬。

---

① 隐公元年冬十有二月，公子益师卒；隐公五年冬十有二月辛巳，公子驱卒；隐公八年十有二月，无骇卒；隐公九年三月，侠卒；庄公三十二年秋七月癸巳，公子牙卒；僖公十六年三月壬申，公子季友卒；僖公十六年秋七月甲子，公孙兹卒。

② 文公十年三月辛卯，臧孙辰卒；文公十四年九月甲申，公孙敖卒于齐；宣公五年秋九月，叔孙得臣卒；宣公八年夏六月辛巳，有事于太庙，仲遂卒于垂；宣公十七年冬十有一月壬午，公弟叔肸卒；成公四年夏四月甲寅，臧孙许卒；成公十五年三月乙巳，仲婴齐卒；成公十七年冬十有一月壬申，公孙婴齐卒于狸脤；襄公五年十有二月辛未，季孙行父卒；襄公十九年八月丙辰，仲孙蔑卒；襄公二十二年秋七月辛酉，叔老卒；襄公二十三年八月乙卯，仲孙叔卒；襄公三十一年九月己亥，仲孙羯卒。

日月之例，复何为哉？"①否定了日月之例，可谓真知灼见。《春秋》本没有什么"例"，所谓"例"都不过是《春秋》学者个人的研究体会。当然，啖助因否定日月有例进而又否定日月中寓有美恶、褒贬则不确。我认为，《春秋》的书日书月中有些确有"义理"存焉。上文所引董仲舒说："子赤杀，弗忍书日，痛其祸也；子般杀而书'乙未'，杀其恩也"，就是一例。《春秋》记事原则灵活，研究者须具体问题具体分析。或以为它有什么成例，去求所谓"一字褒贬"；或因它本无例，便否定其中的褒贬等等，都是片面的。

第三，何休将《春秋》"别外内"的原则与"三世"说牵混为一，说"于所传闻之世"，"内其国而外诸夏"；"于所闻之世"，"内诸夏而外夷狄"；"至所见之世"，"天下远近小大若一"。

《春秋》"内其国而外诸夏，内诸夏而外夷狄"，即"别外内"原则实与"三世"说不同，是它的另一书法原则，亦即《春秋》大义之一。"别外内"，用今天的话说就是内外有别。《春秋》本鲁史，记事自然要区别内外。这种例证，在《春秋》中俯仰可拾，比比皆是。如：凡曰来朝、来聘、来盟、来锡、来奔、来献、来求、来逆、来战、逃来等，皆自外来内；凡曰如京师、如齐、如晋、如陈、如宋、如楚、如莒、如牟等，皆自内如外。又如：书"及"表明"内为志"，书"会"表明"外为主"；内杀大夫书"刺"，鲁君、夫人"奔"称"孙"等等。"内其国而外诸夏，内诸夏而外夷狄"是"别外内"原则的具体化。《春秋》记事以鲁为中心就叫"内其国"，然后按距鲁国远近的地域关系和接受华夏文化的程度将"天下"划分为"诸夏"和"夷狄"两部分，根据详近略远、详亲略疏的记事原则，详"其国"略"诸夏"，详"诸夏"略"夷狄"。此义《公羊传》成公十五年说得十分清楚："《春秋》内其国而外诸夏，内诸夏而外夷狄。王者欲一乎天下，曷为以外内之辞言之？言自近者始也。"近人卫聚贤统计《春秋》记事详略说："《春秋》鲁占第一，是《春秋》为鲁国的作品（直证）。记滕、薛、邾、莒的小国，尚能有百分之一以上的地位；而秦、越的大国尚不足百分之一，是知《春秋》的著地距滕、薛、邾、莒近，去秦、越远（旁

---

① ［唐］陆淳：《春秋集传纂例》卷九，《古经解汇函》本。

证）。"①这是《春秋》记事遵循"内其国而外诸夏，内诸夏而外夷狄"原则的佐证。

"内其国而外诸夏，内诸夏而外夷狄"与"所见、所闻、所传闻"三世虽有联系，但却是性质不同的两件事。前者是处理地域远近关系的书法原则，后者是处理时间远近关系的书法原则。将二者牵混起来是错误的。如何休说在"所闻世"，"内诸夏而外夷狄"，夷狄未"进至于爵"。然而事实上，《春秋》襄公二十九年有"吴子"；宣公十五年有"潞子"；宣公十一年、十二年两称"楚子"。宣、襄二公正在何说的"所闻世"，吴、楚、潞又正是所谓"夷狄"，因此何说显然与《春秋》相抵牾。何说"所见世"，"夷狄进至于爵，天下远近小大若一"。然而，《谷梁传》昭公十三年说："不与楚灭"，《公羊传》昭公二十三年和哀公十三年说："不与夷狄之主中国"，定公四年说："吴何以不称子？反夷狄也。"仍将吴、楚视作"夷狄"，严格夷、夏界限。这充分证明何将"别外内"与"三世"混同起来，结果是不能自圆其说的。

第四，何休说"于所传闻之世，见治起于衰乱之中"；"于所闻之世，见治升平"；"至所见之世，著治太平"，把"所见、所闻、所传闻"解成"据乱、升平、太平"三世。

上文我们说过，《公羊传》的三世说略同于今天所说的"古代"、"近代"、"现代"。这同孔子划分春秋为"礼乐征伐自诸侯出"、"自大夫出"和"陪臣执国命"三个时期很接近，应当是七十子口传的大义。何休曲解三世说属于"乖硖"一类。

孔子在政治上是个保守派。他处在社会大变革时期，眼睛里见到的都是衰乱景象：奴隶制的礼乐在崩坏，奴隶制的大厦在倾倒，世界在倒退，一代不如一代，越变越坏。反映孔子观点的《公羊》三世说必然地包含着历史退化论的因素。《公羊传》哀公十四年说："拨乱世反诸正，莫近诸《春秋》。"认为《春秋》十二公，二百四十二年的历史都是衰乱之世，没有什么"升平、太平"。所谓"太平"，只不过是"文致太平"而已。何休则把《春秋》十二公，二百四十二的历史看成是前进的、发展的，是

---

① 卫聚贤：《古史研究》，商务印书馆，1934年版，第123—124页。

由"据乱"经由"升平"向"太平"进化的过程，与《公羊传》三世说大异其趣，显悖《春秋》意旨。何休的错误是由多方面原因造成的。首先，《春秋》大义在几百年中一直靠口说相传，前边业已说过它在传说中难免出现差误。《春秋》本是拨乱之作，何休说它"文致太平"是不错的。但"文致太平"，如前所述，是孔子用奴隶主阶级的"礼义"绳准春秋三世、十二公、二百四十二年的历史，使之在文字上达到"太平"。可是，何休把二百四十二年的衰乱只理解为"隐、桓、庄、闵、僖"五代，又误解"文致太平"是"定哀之间文致太平"，遂造出"据乱、升平、太平"三世来。其次，何休误解《公羊》三世说还有深刻的社会根源和阶级根源。何休和孔子所处的时代已完全不同。孔子处在奴隶制的崩溃时期，何休处在封建社会的上升时期。社会存在决定社会意识。奴隶制崩溃的现实决定了作为奴隶主阶级思想总代表的孔子的历史退化论，而封建社会上升的现实则决定了作为地主阶级思想家何休的历史发展观。于是，何休因传说之误，把《公羊》"三世"说改造成为了适应汉代地主阶级政治需要的理论。自何休"据乱、升平、太平"三世说出，则《公羊》"三世"说就失去了本来面貌，从学术角度上说，《公羊》学之蔽也就越来越深，距《公羊》原义就越来越远了。

清末，康有为为适应资产阶级改良的需要，到儒家经典中去搜寻变法的理论根据，选中了何休的"《公羊》三世说"。他并将何说与《礼记·礼运篇》的"大同"和"小康"结合起来，创立了新的"三世"说，一并强加于孔子。他说："三世为孔子非常大义，托之《春秋》以明之。……乱世者，文教未明也；升平者，渐有文教，小康也；太平者，大同之世，远近大小如一，文教全备也。"①他在《中庸注》中更说："每世之中又有三世焉，则据乱亦有乱世之升平、太平焉，太平世之始亦有其据乱、升平之别。每小三世中又有三世焉，于大三世中又有三世焉。故三世而三重之为九世，九世而三重之为八十一世。展转三重，可至无量数，以待世运之变，而为进化之法。"不难看出，康有为的"三世说"是将资产阶级的进化论与何休的封建主义发展观糅合而成的。从政治上看，它是进步的，是指导戊戌变法的理论基础。但是，从学术上看，他只是假借《公羊传》的名义，与真正的"《公

---

① 《春秋董氏学·三世注》，《万木草堂丛书》。

羊》三世"说已根本不同，与孔子的《春秋》大义相去不啻十万八千里。

3.董仲舒、何休附会孟子《春秋》"天子之事也"为"素王""新王""黜周王鲁"的错误

董、何所说《春秋》的"王鲁"乃是"主鲁"之误。这一点，前边已经论及。董、何的《春秋》"素王"说，不见《公》、《谷》二传，也是子虚乌有，系由附会而来的。

最早论述《春秋》的孟子说："《春秋》，天子之事也。"赵岐注："设素王之法，谓天子之事也。"足证《春秋》"素王"说是由孟子的"《春秋》，天子之事也"一句附会出来的。但始作俑者不是赵岐而是董仲舒。《史记·太史公自序》记司马迁转述董仲舒的话说："周道衰废，孔子为鲁司寇，诸侯害之，大夫壅之。孔子知言之不用，道之不行也，是非二百四十二年之中，以为天下仪表，贬天子、退诸侯、讨大夫，以达王事而已矣。子曰：'我欲载之空言，不如见之于行事之深切著明也。'"尚无"素王"之义。《自序》记司马迁发挥董仲舒的意见说："夫《春秋》上明三王之道，下辨人事之纪，别嫌疑，明是非，定犹豫，善善恶恶，贤贤贱不肖，存亡国，继绝世，补敝起废，王道之大者也。"《自序》记上大夫壶遂说："孔子之时，上无明君，下不得任用，故作《春秋》，垂空文以断礼义，当一王之法。"是均无"素王"之义。董仲舒、司马迁、壶遂所说的"以达王事而已矣""王道之大者也""当一王之法"都是对孟子"《春秋》，天子之事也"的最好诠释。孔子自己也说："吾因其行事而加乎王心焉。"①即是说，《春秋》是孔子用奴隶主阶级的"王道""王法""王心"对春秋二百四十二年历史所做的总结。章太炎曾从文字学的角度解"天子之事"为"天子之史记也"②，显然不符合孟子的本义。

"素王"说始见董仲舒的《对策》："孔子作《春秋》，先正王而系以万事，是素王之文焉。"③董说一出，汉儒纷纷附会。贾逵《春秋序》云："孔子览史记，就是非之说，立素王之法。"卢钦《公羊序》云："孔子自因鲁史记而修《春秋》，制素王之道。""素"是说有王者之名而无王者之

---

① 《春秋繁露·俞序》。
② 《春秋三传之起源及其得失》，《制言》第56期。
③ 《春秋左传序》疏引。

实。其说虽与孟子等上述诸说不同，但尚未直称《春秋》为"素王"，与《春秋》大旨相去不远。然而，作为思想家的董仲舒传述《春秋》大义时不肯完全墨守旧章，又结合汉代的具体历史条件发挥出了"黜周王鲁"，"《春秋》应天作新王之事"等，以便为汉继周统制造理论依据。何休宗董说，又将"《春秋》当新王"演绎成为"托隐公以为始受命王"，在《公羊传》注中一再宣扬①。至郑玄作《六艺论》，又说什么孔子"自号素王"②，杜预斥之为"非通论也"，是正确的。总之，"素王"说越演越奇，也就与《春秋》大义越乖越甚。

董仲舒的"黜周王鲁"说自汉代以来就不断受到责难。贾逵说："名不正则言不顺，言不顺则事不成。今隐公人臣而虚称以王，周天子见在上而黜公侯，是非正名而言顺也。如此何以笑子路率尔？何以为忠信？何以为事上？何以诲人？何以为法？何以全身？如此若为通乎？"③《左传序》疏引刘炫说："新王受命，正朔必改，是鲁得称元，亦应改其正朔，仍用周正何也？既托王于鲁，则是不事文正，仍奉王正何也？"唐啖助认为《春秋》："首王正以大一统，先王人以黜诸侯，不书战以示莫敌，称天王以表无二尊，唯王为大，邈矣高矣。反云黜周王鲁，以为《春秋》宗指。两汉专门，传之于今，悖礼诬圣，反经毁传，训人以逆，罪莫大焉。"④这些驳难都很中肯，指明了"黜周王鲁"违背《春秋》"正名分"宗旨的要害。《公羊传》疏引《孝经说》的答辩曰："《春秋》藉位于鲁以托王义，隐公之爵不进称王，周王之号不退为公，何以为不正名，何以为不顺言乎？"这个辩解软弱无力，自相矛盾。既"隐公之爵不进称王，周王之号不退为公"，那么"黜周王鲁"又从何谈起呢？

翻捡《春秋》及其二传，大量事实证明："黜周王鲁"和《春秋》"新王"说与《春秋》宗旨是根本对立的，是完全错误的：（1）《公羊传》隐公五年讥讽鲁"初献六羽"是"始僭诸公"，并郑重宣告"僭诸公犹可言也，僭天子不可言也"。定公二年何注说："立雉门两观不书者，僭天子不

---

① 《公羊传》隐公元年注："《春秋》王鲁，托隐公以为始受命王"。隐七年、十一年注同。
② 《春秋左传序》疏引。
③ 《公羊传·隐公第一》疏引。
④ ［唐］陆淳：《春秋集传纂例·春秋宗旨议第一》引。

可言，虽在《春秋》中犹不书。"这哪里有"王鲁"的意思？（2）《公羊传》僖公三十一年说："鲁郊，非礼也"，不给鲁以"王者"郊天的权力；宣公十五年说鲁"初税亩"是"变古易常"，招来天灾，不给鲁以"王者"改制的权力。这也与"黜周王鲁"自相矛盾。（3）《春秋》僖公二十八年两言"公朝于王所"，而不说"两君"或"两王"相见。（4）按董说"《春秋》应天作新王之事，时正黑统"，鲁祭祀先祖应用黑牲，而《公羊传》文公十三年说："周公用白牡，鲁公用骍犅。"（5）董仲舒说："缘鲁以言王义"，"宗定哀以为考妣"，"当此之时，鲁无鄙疆，诸侯之伐哀者皆言我。"[1]但《春秋》定公七年说："齐国夏帅师伐我西鄙"，定公八年说："夏，齐国夏帅师伐我西鄙。"又，《公羊传》隐公十一年何注说滕本非侯爵，称侯是因为他先朝隐公，故《春秋》褒之。可是《春秋》隐公七年已有"滕侯卒"，说明滕本侯爵，并非因为朝鲁而进了爵。

清代今文家刘逢禄窥见董、何之说破绽百出，"黜周王鲁"非真。他说："《春秋》之托王至广：称号名义，仍系于周；挫强扶弱，常系于二伯，何尝真黜周哉！郊禘之事，《春秋》可以垂法，而鲁之僭则大恶也。就十二公论之，桓、宣之弑君宜诛；昭之出奔宜绝；……闵之见弑宜绝；僖之僭王礼、纵季姬、祸鄫子，文之逆祀、丧娶、不奉朔，成、襄之盗天牲，哀之获诸侯、虚中国以事强吴，虽非诛绝，而免于《春秋》之贬黜者鲜矣。何尝真王鲁哉！吾故曰《春秋》者火也，鲁与天王诸侯皆薪蒸之属，可以宣火之明，而无与于火之德也。"[2]但是，刘逢禄毕竟是个经今文家，他囿于今文家法，奉何休《解诂》为金科玉律，所以虽然看到了"何尝真黜周哉"，却不能否定它，反而在"托"字上大做文章，百般曲全这一"乖硋"之论。清人皮锡瑞也用所谓"借事明义"为"黜周王鲁"辩护[3]。不过此说诬妄实甚，凡是不抱成见、不拘于今文家法的人都不难洞见其谬，所以任何巧言辩说都是无能为力，不足令人信据的。

至康有为则又大肆演绎董、何的"托王"、"改制"，说什么"六经"

---

① 《春秋繁露·奉本》。

② 《公羊何氏释例·王鲁例第十一》。

③ 《经学通论》卷四，中华书局，1954年版。

是孔子的"托古改制之作",先秦诸子书都是"诸子的改制托古"之作[①]。其实,康氏此说醉翁之意不在酒,乃在于借着孔圣人的名义,掩护自己的"托古改制"。这是中国长期封建专制主义统治下的一种迫不得已的手法。此说虽然在政治上打击了封建正统思想,推动了资产阶级的变法运动,应该充分肯定。但是,从学术传统上看,它是失实的、穿凿的,是没有多大价值的。

(原载《吉林大学研究生论文集刊》1982年第1期)

---

① 《孔子改制考》之《诸子改制托古考》、《孔子改制托古考》,《万木草堂丛书》刻本。

关于《谷梁传》的源流及真伪问题

《谷梁传》是《春秋》三传之一，在儒家经典中占有重要地位。晋范宁说："《谷梁》清而婉。"[1]唐啖助说："《谷梁》意深"[2]，对《谷梁传》所反映的儒家思想都有很高评价。今天我们在整理古籍的工作中，对于这样一部儒家的著作，不能不给予充分的注意。但是在近代，有些学者出来贬低《谷梁传》的价值，说它是一部汉人编造的伪古文，在史学界造成了很大影响。因此，有必要辨明这个问题。

一、《谷梁传》的源流

《谷梁》作为《春秋》的传，明载于《史记》和《汉书》。《史记·儒林列传》说："瑕丘江生为《谷梁春秋》。自公孙弘得用，尝集比其义，卒用董仲舒。"《汉书·艺文志》说："《春秋》古经十二篇，经十一卷。《公羊》、《谷梁》二家。"这说明在西汉时，《谷梁》曾与《公羊》并行于世。不过《公羊》学派得公孙弘、董仲舒等人的大力提倡而荣显一时，《谷梁》学派则仅代有传人而已。

关于西汉以前《谷梁传》的传人，诸家说法很不一致。《汉书·艺文志》说是"谷梁子，鲁人"，颜师古注曰"名喜"。清钱大昕《汉书辨疑》据闽本《汉书》说"喜"字应为"嘉"。唐陆淳《春秋集传纂例》引应劭《风俗通》曰："谷梁亦子夏弟子，名赤。"引糜信说谷梁子为"秦孝公时人"，引阮孝绪《世录》说谷梁子"名椒，字元始"。王充《论衡·案书》篇说谷梁子名"谷梁寘"。杨士勋《谷梁传集解·序》疏说："谷梁子名

---

① ［晋］范宁：《谷梁传集解·序》。
② ［唐］陆淳：《春秋集传纂例·春秋宗旨议第一》引。

淑，字元始，鲁人，一名赤。"

一个谷梁子而有喜、嘉、赤、椒、淑、寘六个名字，这给古今学者带来了种种疑惑。其实这说明谷梁子的确切名字及其生活的具体时代，自两汉以来学人们已难知其详，但有一点却众口一辞，没有疑问，即《谷梁》的传人为谷梁子。

杨士勋《谷梁传》疏论说谷梁子传经的过程曰：

受经于子夏，为经作传，故曰《谷梁》。传孙卿，孙卿传鲁人申公，申公传博士江翁。其后鲁人荣广大善《谷梁》，又传蔡千秋。汉宣帝好《谷梁》，擢千秋为郎，由是《谷梁》之传，大行于世。

但是有些学者对杨说持怀疑态度，不肯信从。如清末古文学大师刘师培说："《公羊》由子夏至胡母生已经七传，而谷梁由子夏至江翁，仅历四传，此必无之理也。"[①]我认为看待《谷梁传》的传授应从大体着眼，不必拘泥于几世几传，因为秦汉以前学术多师口相传，难免不出现遗漏。清刘逢禄说："谷梁子……名俶，名赤，盖如《公羊》氏家世相传，非一人也。"[②]刘说很有见地。尽管谷梁子的喜、嘉、椒、淑很可能是同一个人的异名，但其他数名除了表示是数代相传的遗迹外，很难作别的解释。考《谷梁传》文，在"谷梁子"之外，还有"沈子"、"尸子"等传《谷梁》的大师，若加上子夏、孙卿、申公，其传人已有八、九代，何止四世！由此，我们说《谷梁传》是由子夏所传的、有渊源可寻的学派，当无多大问题。《公羊传》在汉景帝时始著竹帛，《谷梁》著于竹帛可能早于《公羊》。桓谭《新论》说："《左氏》传世后百余年，鲁谷梁赤为《春秋》，残略，多有遗失。又有齐人公羊高缘经文作传，弥离其本事矣。"[③]郑玄说："《谷梁》四时田者，近孔子故也；《公羊》正当六国之亡。"[④]桓、郑讲述二传次序，先《谷梁》，后《公羊》。又《谷梁传》定公元年引"沈子曰"只称"沈子"，而《公羊传》三引"沈子曰"冠"子"字于"沈子"上，依何休注说，这表明"子沈子"是后师。这都是《谷梁》早著竹帛之证。

① 刘师培：《群经大义相通论·〈谷梁〉〈荀子〉相通考》。

② ［清］刘逢禄：《谷梁废疾申何·叙》注，《清经解》本。

③ 《太平御览》卷610引。

④ ［东汉］郑玄：《发墨守·箴膏肓·起废疾》，商务印书馆，1936年版。

二、《谷梁传》不是西汉刘歆伪造的古文

《谷梁传》渊源有自，在学派上属于今文，从汉迄清，历二千多年，学者没有异议。

至清末民初，崔适作《春秋复始》和《五经释要》始首先发难，说《谷梁传》是西汉末刘歆伪造的古文经，希图推翻成说。继崔适之后，张西堂特作《谷梁真伪考》，推波助澜，发挥崔说。崔、张说在近代学术界颇受一些人推崇。例如著名学者钱玄同说："《谷梁》为汉人所作之伪传，得崔、张两君之考证，殆可成为定谳了。"[1]吕思勉先生也说："《谷梁》昔人以为今文，近崔适考定亦为古文，其说甚确。"[2]崔、张二氏说真的是不可移易之论吗？否。为辨明这一问题，兹先将崔适说要点引证如下：

《汉书·梅福传》："推迹古文，以《左氏》《谷梁》《世本》《礼记》相明。"

《后汉书·章帝纪》："令群儒受《左氏》《谷梁》《古文尚书》《毛诗》。"

此《谷梁传》一则明言"古文"，一则与三古文并列，其为古文明矣。《汉书·儒林传》述《古文尚书》曰：孔安国传授都尉朝；朝授胶东庸生；庸生授胡常，以明《谷梁春秋》为部刺史。

案：西汉儒者无一人兼授今古文者。胡常所传《尚书》《左氏》为古文，《谷梁》亦为古文明矣。

以上就是崔适为我们提供的《谷梁传》为古文经学的三个根据。可惜的是，崔氏罗列的这三条根据，没有一条是确证。

详考《汉书·梅福传》中的"古文"二字，乃泛指古代典籍而言，与经今、古文学的"古文"涵义风马牛不相及。若说此处的"古文"二字系指经今、古文学之"古文"，那么难道《世本》、《礼记》都是古文吗？都是刘歆一手编造的吗？可见，崔说此是明言《谷梁》为"古文"云云，是没有说服力的，此其一。

---

[1] 钱玄同：《重论经今古文学问题》，《古史辨》第5册。
[2] 吕思勉：《先秦史》第二章，开明书店，1974年版。

其二，《后汉书·章帝纪》所说"《左氏》《谷梁》《古文尚书》《毛诗》"四书，实指在当时有较大影响而未被列于学官的学问。"令群儒受"者，就是为其学选择接班人，使之后继有人，压根儿就没有涉及经今、古文学问题。崔适仅见四书"并列"，就断言《谷梁》为古文，是很武断的。假若崔说成立，那么平帝时经今、古文学并列于学官，能说都是今文或古文学吗？

其三，崔说"西汉儒者无一人兼授今古文者"，这完全是崔氏自设的前提，事实并非如此。若按崔说，《谷梁》为古文，《公羊》为今文，那么，刘向是汉代著名的今文学者，又是《谷梁》学大师。这一点，不但《汉书·儒林传》有明白的记载，就是崔适本人也承认《汉书·刘向传》引"卫侯朔召不往"文出《谷梁》。又，《汉书·梅福传》说梅福"少学长安，明《尚书》《谷梁春秋》"，他上书明引《谷梁传》，依崔说他无疑是"古文学家"了，但在梅福的上书中却大谈《公羊》家董仲舒的"建三统""存五帝"之说，岂不又成为经今文学家了吗？贾谊之孙贾嘉世治古学，又兼治《今文尚书》，也是个兼通经今、古文学的学者。若按传统的看法，《公》、《谷》二传皆为今文，那么兼治今古文学的学者则更不乏其人。如翟方进虽受《谷梁》，然好《左氏传》，胡常传《古文尚书》《左氏传》，又传《谷梁春秋》。最明显的例证莫过于《史记》，司马迁作《史记》博采今、古文学，如《今文尚书》《公羊春秋》《左氏春秋》等等。所以，崔适用"西汉儒者无一人兼授今古文者"作前提来论证《谷梁传》为古文，是缺乏科学根据的。其实，经今、古文学之分本始自刘歆，在刘歆以前并没有什么今、古文学的门户之见，当时学者对立于学官的经今文学和没立于学官的经今、古文学往往兼而治之。这是个不容否认的历史事实。

崔适又说《谷梁春秋》是刘歆编造的，理由是《汉书·儒林传》讲《谷梁春秋》的传授，"宗旨与《六艺略》同"。刘歆编造《谷梁》的目的在于"为《左氏》驱除"，"以篡《春秋》之统"。《谷梁传》最早见于《汉书·梅福传》，其时"去河平三年刘歆校书时已十八年矣，歆所造伪书已出故也"。

崔适此说完全没有文献根据。《谷梁传》在刘歆以前就存在的事实是对崔说的最有力反驳。清人汪中说："《谷梁春秋》，荀卿子之传也。"①荀子所传《谷梁传》一一可见。如：

1.《荀子·议兵》曰："师不越时。"

《谷梁传》隐公五年："伐不逾时。"

2.《荀子·礼论》："故有天下者事七世，有一国者事五世，有五乘之地者事三世，有三乘之地者事二世，持手而食者不得立宗庙。所以别积厚者流泽广，积薄者流泽狭也。"

《谷梁传》僖公十五年："天子七庙，诸侯五，大夫三，士二。故德厚者流光，德薄者流卑。"

3.《荀子·君子》："天子也者……尊无上矣。"

《谷梁传》隐公三年："大上，故不名也。"

4.《荀子·大略》："诸侯相见，……使仁居守。"

《谷梁传》桓公十八年："仁者守，……然后可以会矣。"

5.《荀子·大略》："货财曰赙，舆马曰赗，衣服曰襚，玩好曰赠，玉贝曰含。"

《谷梁传》隐公元年："乘马曰赗，衣衾曰襚，贝玉曰含，钱财曰赙。"

6.《荀子·大略》："诰誓不及五帝，盟诅不及三王，交质子不及五伯。"

《谷梁传》隐公八年："诰誓不及五帝，盟诅不及三王，交质子不及二伯。"

荀子为战国时人，他转述《谷梁传》义证据确凿。据此知《汉书·楚元王传》说浮丘伯是荀子门人，授《诗》于鲁申公；《儒林传》说"瑕丘江公受《谷梁春秋》及《诗》于鲁申公"，是有史实根据的。近世古文学大师刘师培也说："《谷梁》与《荀子》大义相通。"②足见崔适之说实属谬见。

但是张西堂的《谷梁真伪考》为申张崔说，居然不顾大量文献证据，谓"《谷梁》本杂取传记以造者。考厥取材，约有六类"："其一，其袭取《公羊》之文为最多"；"二，其次则为《礼经》《礼记》"；"三，又其

---

① ［清］汪中：《荀卿子通论》，载《述学·补遗》，《四部备要》本。

② 刘师培：《群经大义相通论·〈谷梁〉〈荀子〉相通考》。

次者《左氏》《国语》"；"四，又其次者为《荀子》"；"五，又其次者为《毛诗传》"；"六，再其次者，如齐人伐山戎，传本《管子》"。他把《谷梁传》与上述诸书或文同、或义同的地方，都说成是由"杂取"而来，从而论断说《谷梁传》是"向壁虚造"的，其成书年代则在西汉之末。

张说甫出，就受到学者批评。如徐震说远在刘歆之前西汉诸儒已引用《谷梁传》文，并援引《史记·十二诸侯年表》《汉书·刘向传》《陈汤传》、《韦玄成传》等文献为根据。徐说证据确凿，不可移易[①]。

在徐说之外，我们还可以补充一些材料，证明《谷梁传》流行于西汉之世。

董仲舒是西汉儒学大师，他直以《谷梁传》文为《春秋》之义。如他所著《春秋繁露》一书，在讲论《春秋》之义时有考不见今本《公羊传》而只见《谷梁传》者，现引数条如下：

1.《春秋繁露·玉英》曰："桓之志无王，故不书王。"

《谷梁传》桓公元年曰："桓无王，其曰王何也？谨始也。其曰无王何也？桓弟弑兄，臣弑君，天子不能定，诸侯不能救，百姓不能去，以为无王之道，遂可以至焉尔。"

2.《玉英》曰：纪侯"率一国之众，以卫九世之主。襄公逐之不去，求之弗予，上下同心而俱死之，故为之大去。《春秋》贤死义，且得众心也，故为讳灭。以为之讳，见其贤之也。"

《谷梁传》庄公四年曰："纪侯大去其国。大去者，不遗一人之辞也。言民之从者，四年而后毕也。纪侯贤而齐侯灭之，不言灭而曰大去其国者，不使小人加乎君子。"

3.《春秋繁露·王道》曰："天王伐郑，讥亲也。"

《谷梁传》桓公五年："为天王讳伐郑也。郑同姓之国也。"

4.《王道》曰："会王世子，讥微也。"

《谷梁传》僖公五年于《春秋》"公及齐侯、宋公、陈侯、卫侯，郑伯、许男、曹伯会王世子于首戴"条下两言"天子微"。

5.《王道》曰："祭公来逆王后，讥失礼也。"

① 徐震：《左谷解难》，《国学商兑》一卷一期，1933年。

《谷梁传》桓公八年："祭公来，遂逆王后于纪。其不言使焉何也？不正其以宗庙之大事即谋于我，故弗与使也。遂，继事之辞也。其曰遂逆王后，故略之也。"范注："以其遂逆无礼，故不书逆女而曰'王后'。'略'谓不以礼称之。"

6.《王道》曰："召卫侯不能致。"

《谷梁传》桓公十六年："十有一月，卫侯朔出奔齐。朔之名，恶也。天子召而不往也。"

7.《春秋繁露·玉杯》曰："臣之宜为君讨贼也，犹子之宜为父尝药也。子不尝药，故加之弑父。""故盾之不讨贼，为弑君也，与止之不尝药为弑父无以异。"

《谷梁传》昭公十九年说："夏五月戊辰，许世子止弑其君买。日弑，正卒也。正卒，则止不弑也。不弑而曰弑，责止也。"

此外，陆贾《新语·道基》、《至德》两篇也引有《春秋谷梁》云云，《辨惑》篇论鲁定公时事与《谷梁传》定公十年所载事大体相同。因其书晚出，崔、张不信，故不详举。

从上可见，《谷梁春秋》从战国到西汉一直流传不绝，时时为人们所称引。它与《公羊春秋》一样可以直称《春秋》，汉人亦以《谷梁》义为《春秋》义。《汉书·艺文志》说《春秋》有《公》、《谷》二传是不容怀疑的。崔、张二氏说《谷梁传》是刘歆伪造的古文经学，其成书在西汉之末云云，是不能成立的。

评杜预《春秋左传序》的"三体五例"问题

　　杜预自号"《左传》癖",是晋代研究《春秋》《左传》的名家。他以《春秋释例》、《春秋经传集解》两部著作与《春秋左传序》一篇论文奠定了在《春秋》学界的地位。本文不准备全面评价他的著作,只拟对他《春秋左传序》中提出的"三体五例"问题谈几点看法。毋庸讳言,这是一个经学史上的问题,在古今探讨《左传》"义例"的著作中,对此都有论及,但大多都缺乏全面性、系统性。自今日看来,儒家的经学问题往往也就是历史文献学的问题。所以,我们澄清杜预的"三体五例"说,对于深入认识《春秋》《左传》两部史学著作,是大有裨益的。

　　杜预的《春秋左传序》是他学术成就中的精彩一章,写得气势恢宏,文采飘逸,很受学术界称颂。近年,沈玉成、刘宁两先生著《春秋左传学史稿》一书,盛称杜序是"最早关于《春秋》、《左传》的论文","是对东汉以来古文学派意见的一次集中概括",是"杜预《左传》学的纲领"[①]。沈、刘两先生之说不为过誉。杜序阐释编年史的体例,历数《左传》作为儒家经典的由来,总结汉、魏《左氏》学成就,比较《春秋》三传优劣等,都有独到之处,对于后来《春秋》《左传》学的发展,有很大影响。但是,杜序中提出的"三体五例"问题,则谬误很多,对之不能不加辩诘。

　　杜序用很长一段话来专门谈"三体五例"问题:

　　其发凡以言例,皆经国之常制,周公之垂法,史书之旧章,仲尼从而修之,以成一经之通体。其微显阐幽、裁成义类者,皆据旧例而发义,指行事以正褒贬。

　　诸称"书""不书""先书""故书""不言""不称""书曰"之

---

①　沈玉成、刘宁:《春秋左传学史稿》,江苏古籍出版社,1992年版,第139—144页。

类，皆所以起新旧、发大义，谓之变例。然亦有史所不书，即以为义者，此盖《春秋》新意，故传不言"凡"，曲而畅之也。

其经无义例，因行事而言，则传直言其归趣而已，非例也。故发传之体有三，而为例之情有五：

一曰"微而显"，文见于此而起义在彼。"称族，尊君命""舍族，尊夫人""梁亡""城缘陵"之类是也。

二曰"志而晦"，约言示制，推以知例。参会不地、与谋曰及之类是也。

三曰"婉而成章"，曲从义训，以示大顺。诸所讳辟、璧假许田之类是也。

四曰"尽而不污"，直书其事，具文见意。丹楹刻桷、天王求车、齐侯献捷之类是也。

五曰"惩恶而劝善"，求名而亡，欲盖而章。书齐豹盗、三叛人名之类是也。

推此五体以寻经传，触类而长之，附于二百四十二年行事，王道之正、人伦之纪备矣。

杜预文中所谓"发传之体有三"，即"发凡言例"或曰"发凡正例"与"新意变例"、"归趣非例"三者，就是"三体"；所谓"为例之情有五"，即"一曰微而显"、"二曰志而晦"、"三曰婉而成章"、"四曰尽而不污"、"五曰惩恶而劝善"，就是"五例"。杜预认为"发凡正例"乃是"经国之常制，周公之垂法"；"新意变例"是孔子遵周公之典"起新旧，发大义"所创立的义例；"归趣非例"则是左丘明因"经无义例，因行事而言，则传直言其归趣而已"，故曰"非例"。在杜预看来，只有《左传》所载的"三体五例"才是解释孔子《春秋》的关键。依此推寻"经传，触类而长之"，方能得《春秋》"王道之正，人伦之纪"。

杜预的"三体五例"说在学术界产生了很大影响，许多学者信以为孔子《春秋》是依周公旧典抄胥史策旧文而成的。如唐刘知几云："《春秋》之作，始自姬旦，成于仲尼。丘明之传，所有笔削及发凡例，皆得周典，传孔子教，故能成不刊之书，著将来之法。"又云：孔子"作《春秋》，上遵周公遗制，下明将来之法"①等等，皆承杜预之说。故清儒皮锡瑞评论杜序云："及杜预之说出，乃有周公之《春秋》，有孔子之《春秋》，周公之凡例多，孔子之变例少。若此，则周公之功大，孔子之功小。故唐时学校尊周公为先圣，抑孔子为先师。"②

杜预"三体五例"说的提出，并没有汉、魏传统《左氏》学说为依据，仅是他个人的杜撰。他杜撰此说的唯一根据是《左传》昭公二年的一段话："春，晋侯使韩宣子来聘，且告为政，而来见，礼也。观书于大史氏，见《易象》与《鲁春秋》，曰：'周礼尽在鲁矣，吾今乃知周公之德与周之所以王也'。"杜预注："《易象》，上下经之象辞；《鲁春秋》，史记之策书。《春秋》遵周公之典以序事。"又云："《易象》《春秋》，文王、周公之制。"并借此推论说："韩子所见，盖周之旧典、礼经也。"不难看出，杜预所谓的"三体五例"说，就是依靠这种层层推论的方法建立起来的。皮锡瑞曾批评他说这是孤证③。我认为这连孤证也不能构成。因为，《左传》只能证明韩起在鲁国参观了太史氏藏书，见到了两种重要典籍：一为《易象》，一为《鲁春秋》，感受到了周公之德与周之所以王的历史气氛；而不能证明《易象》与《鲁春秋》是"周之旧典、礼经"，《春秋》是"遵周公之典以序事"的，更不能证明《易象》与《鲁春秋》就是"文王、周公之制"。因此，杜预依据这段材料提出的《左传》凡例正是"周公之遗制"，孔子作《春秋》是"周公之志，仲尼从而明之"④云云，都是主观臆测，不足信据的。

杜预的"三体"说提出以后，受到了历代学术界大多数学者的激烈批评。唐代《春秋》学者赵匡批评说：

杜预云凡例皆周公之旧典、礼经。按其传例云："弑君称君，君无道也；称臣，臣之罪也。"然则周公先设弑君之义乎？又云："大用师曰灭，弗地曰入。"又周公先设相灭之义乎？又云："诸侯同盟，薨则赴以名。"

---

① ［唐］刘知幾：《史通》《申左》、《古今正史》，上海古籍出版社，1978年版。

② ［清］皮锡瑞：《经学通论》卷4《春秋》，中华书局，1954年版。

③ ［清］皮锡瑞：《经学历史》卷3《经学昌明时代》，中华书局，1987年版。

④ ［西晋］杜预：《春秋序》，《春秋左传正义》，《十三经注疏》本，中华书局，1980年版，第1705页。

又是周公令称君之名以告邻国乎？虽夷狄之人，不应至此也。又云："平地尺为大雪。"若以为灾沴乎，则尺雪丰年之征也；若以为常例须书乎，不应二百四十二年唯两度大雪。凡此之类，不可类言[①]。

赵匡的批评很中肯。对于这一点，连为《左传》作疏的孔颖达也不能为之辩护，云："言发凡五十，皆是周公旧法，先儒之说《春秋》者多矣，皆云丘明以意作传，说仲尼之经，凡与不凡，无新旧之例。"[②]

继唐人之后，宋代《春秋》学者刘敞、王皙、叶梦得、吕大圭等也都对杜预的"三体"说有所批评。如《左传》成公十五年云："凡君不道于其民，诸侯讨而执之，则曰某人执某侯。不然则否。"依此凡例，《春秋》僖公十九年载："春，王三月，宋人执滕子婴齐。"滕子婴齐应是无道昏君。但事实并非如此，《春秋》所称"宋人"实为宋襄公。宋襄公为图霸业而执婴齐，又令邾文公执鄫子，并"用鄫子于次睢之社，欲以属东夷"。[③]此传例与《春秋》经文明显不合，杜预为之弥缝说："称人以执，宋以罪及民告。"刘敞批评道："宋人执滕子婴齐。杜云'称人执者，宋以罪及民告'，非也。宋为无道，诬人之君以告诸侯，而《春秋》不为辩，则是《春秋》同其恶也。"[④]刘敞经对传例进行研究之后进一步指出："仲尼未尝授经于丘明，丘明未尝受经于仲尼。然丘明所以作传者，乃若自用其意说经。"[⑤]刘氏所言是对的。所谓《左氏》传例，既非周公遗制，亦非孔子变例，而是左丘明"自用其意说经"。因为左丘明未从孔子"口授传旨"，所以其说多与《春秋》违异，自在情理之中。王皙批评《左氏》传例说："《左氏》云'国逆而立之曰入'者，则郑伯突入于栎，且杀檀伯，岂国逆乎？云'复其位曰复归'者，则卫侯朔复于卫，何以不言复归？云'诸侯纳之曰归'者，则蔡季自陈归于蔡，乃蔡人召之，岂诸侯纳之乎？云'以恶曰复入'者，盖见栾盈、鱼石唯此书'复入'，故云尔。夫书其出奔，又书其复入，皆以险难擅入其国，以据其邑，则罪已明矣，何必以'复入'为恶哉？此《左氏》

---

① ［唐］陆淳：《春秋集传纂例》卷1《赵氏损益义第五》，《古经解汇函》本。

② ［唐］孔颖达：《春秋序》疏，《春秋左传正义》，《十三经注疏》本，中华书局，1980年版，第1705页。

③ 《左传》僖公十九年。

④ ［北宋］刘敞：《春秋权衡》卷4，《通志堂经解》本。

⑤ ［北宋］刘敞：《春秋权衡》卷1，《通志堂经解》本。

之说不通也。"①

叶梦得批评《左氏》书"入"传例云："若曰逆而立之，此止为君之辞，则许叔入许、齐小白入齐，国人皆未尝逆之也，然皆书'入'也。若曰通君臣，则卫晋之入，《左氏》自以为卫人逆公子晋于邢；蔡季之入，《左氏》自以为蔡人召蔡季于陈，然皆不书'入'也。逆者不书入，不逆者书入，则何以为例乎？"②杜预把《左传》"凡例"抬得很高，视为"周公之遗制"，并说仲尼遵之以作《春秋》。而"凡例"多与《春秋》相违，证明孔子作《春秋》并没有依据"凡例"，所谓"凡例"出于周公说，也就不攻自破了。

吕大圭说："《左氏》熟于事而《公》《谷》深于理。盖《左氏》曾见国史，故熟于事而理不明；《公》《谷》出于经生之手，故虽深于理而事多谬。""宗《左氏》者以为丘明受经于仲尼，所谓'好恶与圣人同'者，然《左氏》大旨多与经戾，安得以为好恶与圣人同乎？"③其说也是对的。《左氏》作为《春秋》的传，重在传事而不在传义，所以杜预抬高《左氏》传例，并依它来解《春秋》，当然会破绽百出，不得《春秋》要领。

但是，唐、宋《春秋》学者对《左氏》传例的批评，多依《左氏》编年的体例，随其具体记载而发，表现出零散、不集中的特点，缺乏有系统的、理论性的概括。

在唐、宋《春秋》学者中，不但大多否定《左氏》传例为周公、孔子作，也有否定其为左丘明所作的。在这方面，唐人啖助是个代表。他说："旧说以《左氏》为丘明受经于仲尼，今视《左氏》解经浅于《公》、《谷》，诬谬实繁。若丘明才实过人，岂宜若此？推类而言，皆孔门后之门人。"④认为《左氏》所载凡例、解经语之类，皆孔门后人所附益。

至清代，诸儒多从啖氏说。陈澧在《东塾读书记》中即说："《左氏》凡例与所记之事有违反者，可见凡例未必尽是《左氏》之文，有后人所附益而又未详考传中之事也。如庄十一年传云：'凡师：敌未陈，曰败某师；皆

---

① ［北宋］王皙：《春秋皇纲论》卷4，《通志堂经解》本。所云《左传》凡例见成公十八年等。

② ［南宋］叶梦得：《春秋考·统论》卷3，清武英殿聚珍版。

③ ［南宋］吕大圭：《春秋五论》之5，《通志堂经解》本。

④ ［唐］陆淳：《春秋集传纂例》卷1《赵氏损益义第五》，《古经解汇函》本。

陈，曰战。'孔疏云：'《释例》曰：令狐之役，晋人潜师夜起，而书战者，晋讳背其前意而夜薄秦师，以战告也。'传云：'凡去其国，国逆而立之曰入，复其位曰复归，诸侯纳之曰归，以恶入曰复入。'孔疏云：'《释例》曰：庄六年，五国诸侯犯逆王命，以纳卫侯朔，朔惧有违众之犯，而以国逆告。'此皆明知凡例不合而归之于告，是遁辞矣。"①明确提出《左氏》传例有"后人所附益"成分。皮锡瑞进一步指出："《左氏》之例，始于郑兴、贾徽，其子郑众、贾逵各传家学，亦有条例，颖容已有释例，在杜预之前。"②又云：《左氏》的"卿卒"与"日食"二例为"后人所附益，固无可疑。即五十凡亦未知出自何人？然郑、贾、颖已言例在前，则非杜预所创，特不当以旧例为周公所定耳。"③认为自汉代郑兴、贾徽等诸儒开始，《左氏》学者就效法《公》、《谷》二传创造传例。至于"凡例"究竟出自谁手，则不能肯定。杜预的《释例》是步汉人后尘之作，他的错误仅在于把"凡例"当作是周公制定的。

最早推测"传例"是刘歆附益的，为清儒刘逢禄。他在《左传》隐公元年："公及邾仪父盟于蔑"条下说："此类释经，皆增饰之游辞，不可枚举。"④于"郑伯克段于鄢"条下说："凡书曰之文皆歆所增益，或歆以前已有之，则亦徒乱《左氏》文采，义非传《春秋》也。"⑤于庄公二十六年"秋，虢人侵晋。冬，虢人又侵晋"条下说：刘歆强以《左传》为传《春秋》，"或缘经饰说，或缘《左氏》本文前后事，或兼采他书，以实其年。如此年之文，或即用《左氏》文，而增春、夏、秋、冬之时，遂不暇比附经文，更缀数语。要之，皆出点窜，文采便陋，不足乱真也。然歆虽略改经文，颠倒《左氏》，二书犹不相合。《汉志》所列《春秋》古经十二篇，经十一卷，《左氏传》三十卷是也。自贾逵以后分经附传，又非刘歆之旧，而附益改窜之迹益明矣。"⑥于《汉书·刘歆传》："及歆治《左氏》，引传文以解经，转相发明，由是章句义理备焉"条下说："歆引《左氏》解经，转

---

① ［清］陈澧：《东塾读书记》卷10，《清经解续编》本。
② ［清］皮锡瑞：《经学通论》卷4《春秋》，中华书局，1954年版。
③ ［清］皮锡瑞：《经学通论》卷4《春秋》，中华书局，1954年版。
④ ［清］刘逢禄：《左氏春秋考证·隐公篇》，《清经解》本。
⑤ ［清］刘逢禄：《左氏春秋考证·隐公篇》，《清经解》本。
⑥ ［清］刘逢禄：《左氏春秋考证·庄公篇》，《清经解》本。

相发明，由是章句义理始具，则今本《左氏》书法及比年依经饰《左》、缘《左》、增《左》，非刘歆所附益之明证乎？"①但是，刘逢禄的考证皆由对《左传》文字自身的分析而来，属于内证，而缺乏外证，即没有其它文献作佐证。所以，刘氏不敢遽下结论，而用疑问句作结，并提出自刘歆至贾逵等汉代《左氏》学者对传例皆有附益。

康有为进一步发展了刘逢禄的说法，十分肯定地断言《左传》传例皆刘歆伪作，云："《左传》多伤教害义之说，不可条举。言其大者，无人能为之回护。如文七年，'宋人杀其大夫'。《传》云：'不称名'，'非其罪也'。既定此例，于是宣九年'陈杀其大夫泄冶'。杜注：'泄冶直谏于淫乱之朝以取死，故不为《春秋》所贵而书名。'昭二十七年'楚杀其大夫郤宛'。杜注云：'无极，楚之谗人，宛所明知而信近之，以取败亡，故书名罪宛。'种种邪说出矣。……襄二十七年秋七月，'豹及诸侯之大夫盟于宋'。《传》云：'季武子使谓叔孙以公命，曰：视邾、滕。既而齐人请邾，宋人请滕，皆不与盟。叔孙曰：邾、滕，人之私也；我，列国也，何故视之？宋、卫，吾匹也。乃盟。故不书其族，言违命也。'是孔子贵媚权臣而抑公室也。凡此皆歆借《经》说以佐新莽而抑孺子婴、翟义之伦者。与隐元年'不书即位，摄也'同一奖奸翼篡之说。"②康有为不仅断定传例为刘歆所伪作，更断言《左氏传》亦刘歆作，目的在篡《春秋》之统，并为王莽篡汉张目。

刘、康说的出现，使关于《左传》传例的讨论非但没有解决，反而治丝愈棼、更加复杂化了。至此，对于《左传》传例的认识，于周公作、孔子作、左丘明作、汉代诸儒附益诸说之外，又添加了刘歆伪作说。但是，在上述诸说中，虽以刘、康说一度影响最大，曾掀起学术界轩然大波，而也以这一说最经不住推敲。今人杨伯峻先生批评他们说："康有为接受刘逢禄《左氏春秋考证》的论点，更加以穿凿附会，因此指《左传》等书为'伪经'。他写了《新学伪经考》、《孔子改制考》等书。这些书在当时政治上起的作用，自然应该另行论定。至于在学术上，却毫无是处。"③杨先生的批评是正

---

① ［清］刘逢禄：《左氏春秋考证·证续经之谬》，《清经解》本。
② 康有为：《新学伪经考》卷3《〈汉书·艺文志〉辨伪上》，古籍出版社，1956年版。
③ 杨伯峻：《春秋左传注·前言》，中华书局，1990年版，第42页。

确的，现已为学术界普遍接受。

在20世纪30年代，关于《左传》真伪的大讨论中，也出现了一次讨论《左氏》传例的热潮。其中有两位代表人物应引起我们的注意：一是陈槃先生，一是杨向奎先生。陈槃先生撰《左氏春秋义例辨》，对《左氏传》中"五十凡"与二百多条义例的来源逐一考证，下的功夫很深，他将"义例"分为二十四类，认为十之八九抄自《公羊》，其它则抄袭《谷梁》、《曲礼》、《国语》、《说苑》、《洪范五行》等文献。总的看来，其说虽不乏考证精详部分，但认为义例非《左氏》原文，则仍未摆脱唐、宋诸儒与刘逢禄、康有为说的影响。

杨向奎先生于《左氏》传例作了精深研究，先后撰写《略论"五十凡"》、《论〈左传〉之性质及其与〈国语〉的关系》、《试论章太炎的经学与史学》等一系列论文，谈《左传》的义例问题。在《略论"五十凡"》一文中，杨先生认为《左传》凡例可分为三类：一是凡言"书"与"不书"之类，应为史官修史旧法；二是言"曰"言"为"者，为史官修史时之属辞；三是"凡……礼也"之类，因《经》《传》记载很少，存而不论。要之，《左传》凡例"孔子不惟未本此而修史，抑尚不为《左传》所原有，当属后人之窜加者也"[①]。在这篇文章中，杨先生仍坚持认为《左传》"凡例"并非《左氏》原文，乃后人所窜入。但是，杨先生在继承清末经学大师廖平《春秋经说》与史学大师刘师培《周季诸子述〈左传〉考》等研究成果的基础上，经过进一步考证，从《史记》《礼记》《韩非子》《战国策》《尚书大传》《说苑》《新序》等战国与西汉早中期文献中摘录出诸书引《左传》书法、凡例、解经语及"君子曰"等材料，计46条之多，然后修正了自己的意见，重新得出结论说："《左传》之书法、凡例等，自《左传》撰述之初，即与各国策书之记事合编为《左氏春秋》，非出后人之窜加也。"[②]又说："然书法、凡例与《左传》记事，固非同一来源。盖《左传》之记事本于各国策书旧文，《左氏》作者取而编裁，再加上当时之礼俗禁忌等以成其

---

① 杨向奎：《略论"五十凡"》，《绎史斋学术文集》，上海人民出版社，1983年版。原载于《史学论丛》第2册，北京大学潜社，1935年11月。

② 杨向奎：《论〈左传〉之性质及其与〈国语〉之关系》，《绎史斋学术文集》，上海人民出版社，1983年版。原载于《史学集刊》1936年2期，前北平研究院。

所谓书法、凡例。至遂谓孔子本之而修经，则亦妄谈耳。"①杨先生的翔实考证，应该说已澄清了历代关于《左氏传》传例、解经语及"君子曰"等等的讨论。当然，杨先生的论证不是专门针对杜预"三体"说的，也没提及"三体"问题，但因"三体"包括在《左氏传》的义例中，是《左氏》义例、解经语的构成部分。所以，杨先生的研究成果实际上也就以实例否定了《左传》义例出于后人的附益说。至此，《左氏》义例出于周公、出于孔子、出于后人附益说全部都被否定了。但在今天，学术界对于《左氏》义例的讨论似乎重视不够，表现是在近年有关《左氏传》的著作中都不讲义例问题，致使某些青年学子仍受"三体五例"或后人附益说影响。故本文不揣冒昧，重提这一问题，以期引起学人们的重视。对于杜预的"五例"说，则古今学术界鲜有正面批评者。杨向奎先生也回避这一问题。说："杜预所谓'为例之情有五'者，亦杜预之说而已。至于何人窜之于《传》，则不敢断言。"②因此，我们对"五例"也须加以讨论。

考杜预的"五例"说，也来源于《左氏》。《左传》成公十四年云："故君子曰：'《春秋》之称，微而显，志而晦，婉而成章，尽而不污，惩恶而劝善。非圣人，谁能修之？'"但《左传》所载的这段话，据何休《左氏膏肓》云："说《左氏》者曰：'《春秋》之志，非圣人，孰能修之？'"可证它本是《左氏》学者讲《春秋》的话，并非《左传》原文。但后来被窜入到《左传》正文中了。既然"五例"不是《左氏》原文，那么杜预所谓以《左氏》"五例"探寻《春秋》"王道之正，人伦之纪"的说法就落空了。

退一步说，即使"五例"是《左氏》原文，它也多属细琐的书写体一类，不达《春秋》"道名分"的大旨，所解经文常出误谬。如杜预说："微而显"是"文见于此而起义在彼。'称族，尊君命'、'舍族，尊夫人'"云云。考《春秋》成公十四年载："秋，叔孙侨如如齐逆女。"《左传》释曰："秋，宣伯如齐逆女。称族，尊君命也。"《春秋》同年又云："九

① 杨向奎：《论〈左传〉之性质及其与〈国语〉之关系》，《绎史斋学术文集》，上海人民出版社，1983年版。原载于《史学集刊》1936年2期，前北平研究院。

② 杨向奎：《略论"五十凡"》，《绎史斋学术文集》。上海人民出版社，1983年版。原载于《史学论丛》第2册，北京大学潜社，1935年11月。

月，侨如以夫人妇姜氏至自齐。"《左传》释曰："舍族，尊夫人也。"杜预注："舍族，谓不称叔孙。"在杜预眼中，《左传》所谓"称族"、"舍族"，意义非同寻常，是"文见于此而起义在彼"，也就是"微而显"之例证。其实，《左氏》的解释是错误的。这不过是《春秋》记事"先目后凡"原则的体现而已。如《春秋》僖公五年载：夏，"公及齐侯、宋公、陈侯、卫侯、郑伯、许男、曹伯会王世子于首戴"。又载："秋八月，诸侯盟于首戴。"《公羊》释曰："诸侯何以不序？一事而再见者，前目而后凡也。"是其证。对于《左氏》的解释，何休在《左氏膏肓》中就有批驳："案襄二十七年，豹及诸侯之大夫盟，复何所尊而亦舍族？《春秋》之例，一事而再见者亦以省文耳。《左氏》为短。"宋刘敞也说："《左氏》曰遂不称族，'尊夫人也'。非也。此所谓一事而再见，卒名耳。"[1]清代经古文学家郝懿行也不为杜预辩护，说："一事而再见者，卒名之。侨如不氏，前已见也。"[2]由此可见，杜预的"微而显"云云，是不可信的。

杜预说"志而晦"是《左氏》所说的"与谋曰及"之类。这也不可信据。所谓"与谋曰及"，见《左传》宣公七年："凡师出，与谋曰及，不与谋曰会。"刘敞评这一传例曰："且用《左氏》考之，凡先谋而后伐者，称'会'多矣，不必云'及'也。"[3]他举《春秋》桓十六年云："夏四月，公会宋公、卫侯、陈侯、蔡侯伐郑。"依《左氏》传例，《春秋》书"会"，当为鲁不与谋。但《左传》是年载："春正月，会于曹，谋伐郑也。"证明鲁参与策划了伐郑事件。由此，刘敞说左丘明是"自用其意说经"，所以《左氏》义例常与《春秋》经文矛盾。杜预把这种与《春秋》矛盾的传例也奉为"志而晦"，其说怎能成立？

杜预说《春秋》桓元年书"郑伯以璧假许田"是"婉而成章，曲从义训，以示大顺"云云。但《公羊传》释此条经文则曰："其言以璧假之何？易之也。易之则其言假之何？为恭也。曷为为恭？有天子存，则诸侯不得专地也。"《谷梁》亦曰："假不言'以'，言'以'非假也。非假而曰假，讳易地也。礼，天子在上，诸侯不得以地相与也。"依周代制度，诸侯土地

① ［北宋］刘敞：《春秋权衡》卷5，《通志堂经解》本。
② ［清］郝懿行：《春秋说略》卷8，光绪七年本。
③ ［北宋］刘敞：《春秋权衡》卷3，《通志堂经解》本。

为天子所封，诸侯不得私自以地相易。《春秋》以"正名"为宗旨，不给诸侯擅自易地的权力，故讳易而书"假"，根本不是什么"婉而成章，曲从义训，以示大顺"。

杜预说"天王求车、齐侯献捷"是"尽而不污"云云。《左传》载此二事，于桓公十五年云："春，天王使家父来求车。非礼也。诸侯不贡车服，天子不私求财。"于庄公三十一年云："六月，齐侯来献戎捷。非礼也。凡诸侯有四夷之功，则献于王，王以警于夷。中国则否，诸侯不相遗俘。"因为此二事皆违背周礼，所以《春秋》作为非常事而记载下来。《公》《谷》二传释"天王求车"，与《左氏》精神一致。《公羊》云："王者无求，求车非礼也。"《谷梁》云："古者诸侯时献于天子，以其国之所有，故有辞让而无征求。求车，非礼也。"而《公羊》释"齐侯献捷"则云："齐，大国也，曷为亲来献戎捷？威我也。"是齐挟胜戎之势而向鲁示威，迫鲁屈服。所以，这两件事都没有"污"与"不污"的问题。

杜预说《春秋》书"齐豹盗，三叛人名"是"惩恶而劝善，求名而亡，欲盖而章"。书齐豹盗之事见于《春秋》昭公二十年："秋，盗杀卫侯之兄絷。"杜注云："齐豹作而不义，故书曰盗，所谓求名而不得。"三叛人事，一见《春秋》襄公二十一年："邾庶其以漆、闾丘来奔。"二见昭公五年："夏，莒牟夷以牟娄及防兹来奔。"三见昭公三十一年："冬，黑肱以滥来奔。"《左传》"君子曰"评论此四事曰："名之不可不慎也如是：夫有所有名而不如其已。以地叛，虽贱，必书地，以名其人，终为不义，弗可灭已。是故君子动则思礼，行则思义，不为利回，不为义疚。或求名而不得，或欲盖而名章，惩不义也。齐豹为卫司寇，守嗣大夫，作而不义，其书为'盗'。邾庶其、莒牟夷、邾黑肱以土地出，求食而已，不求其名，贱而必书。此二物者。所以惩肆而去贪也。"杜预发挥"君子曰"之言，说齐豹杀人是为"求名"，三叛人奔鲁是为掩饰其名。而《春秋》则相反，求名者不书名，掩其名者偏书名。但是，《左传》明载："卫公孟絷狎齐豹，夺之司寇与鄿，有役则反之，无则取之。"因此激怒齐豹，使他联合北宫喜等杀了公孟。"君子曰"也承认"齐豹为卫司寇，守嗣大夫，作而不义，其书为'盗'"。齐豹已是有名之人，又怎能说齐豹杀人是为"求名"呢？至于三叛人，一个出于莒，两个出于邾。莒、邾皆鲁毗邻小国。三叛人在国内激烈的倾轧中失势，不得已而带采邑奔鲁，不存在掩饰其名的问题。《春秋》所以书其名，《左传》明言是"重地也"。由此可见，《左传》"君子曰"所谓"或求名而不得，或欲盖而名章"是与《左传》传文相矛盾的。并且，"君子曰"称此四事为"微而显，婉而辨"，而杜预则说是"惩恶而劝善"，彼此也相违异，其说又怎能令人信服？对此，赵匡批评说："据《左氏》说，齐豹乃是怒絷而杀之，何得妄有求名之义乎？且推之情理，凡杀人者，皆谓怀怨，不胜其怒，乃为乱耳。又云三叛人欲盖而名彰，言其贱，必不书其名，夫子矫其心而书尔。如此，则三人预知夫子修《春秋》，贱者不书其名乎？为是将地赂鲁，而属夫子令不书乎？何言欲盖也？皆妄为曲说，殊可怪也。"[①] 叶梦得《春秋左传谳》也说"求名而不得"与"欲盖而名章"二例，"尤以见《左氏》非正受经者，间闻其说而不知其孰谓，是以言之每不当其处也"[②]。他们的批评都是对的。

综上可见，杜预的"三体五例"说是《春秋左氏》学中的一大疵点。"三体"既非周公旧例，也不是孔子变意，而是《左传》编著者所加，是《左传》作者所总结的《春秋》书法原则，应为《左传》原文之一部分。"五例"是汉代《左氏》学者赞美《春秋》之辞，后被窜入到《左氏》原文中。杜预提出"三体五例"说，目的在于抬高《左传》传经的地位，以与《公羊》、《谷梁》等今文经学分庭抗礼。但从学术的角度说，《左传》传经重在传事，传义非其所长。如果强以"三体五例"解《春秋》之义，实在谬误很多，不足信据。

（原载《史学集刊》1999年第3期）

---

① ［唐］陆淳：《春秋集传辨疑》卷10，《古经解汇函》本。
② ［南宋］叶梦得：《春秋左传谳》卷5，《四库全书》本。

《春秋左传注》辨正十二则

　　杨伯峻先生的《春秋左传注》（中华书局1990年修订本）是一部总结古今《左氏》注疏学的力作。注文广征经、史、子、集各部著作数百种，兼采今人及近代考古学、文字学研究成果，仅就资料丰富这一项而言，就已超越了自汉迄清的一切《左氏》注疏学著作。加上杨先生心思缜密，考证精核，所以是书一问世，即在学术界产生了很大影响，现已成为研究中国古代文、史、哲学者案头必备之书。

　　但是，像世界上任何事物都不能完美无缺一样，杨注也不无可商之处。当然，这些可商之处比起杨先生的煌煌成就来说，只不过是大醇小疵，丝毫不影响杨注在《左传》研究史上的地位。下面即对几个具体问题提点不同意见，以辨正之。不当之处，敬祈批评。

一

　　《左传》隐公五年载郑伐宋，云：

　　伐宋，入其郛，以报东门之役。宋人使来告命。公闻其入郛也，将救之，问于使者曰："师何及？"对曰："未及国。"公怒，乃止。

　　杨注"未及国"之"国"字云："国即郛内。《周礼·乡大夫》郑《注》云：'国中，城郭中也。'"郑注所谓"国中，城郭中也"，仅是"国"概念内涵之一种，杨注在这里拿来解"未及国"之"国"，是不确的。此处之"国"，应是与野对立而言的"国"。周代国、野分制，其制以郊为界，郊以内为国，郊以外为野。郊以内之人称国人，郊以外之人称野人。《尔雅·释地》云："邑外谓之郊，郊外谓之牧，牧外谓之野，野外谓之林，林外谓之坰。"《诗·鲁颂·》毛传云："邑外曰郊，郊外曰野，野外曰林，林外曰坰。"两文之差，仅在《尔雅》多一句"郊外谓之牧"。而据《国语·周语》曰："国有郊牧。"《周礼·地官·载师》曰："牧田任远郊之地。"知"牧"也爲郊之一部，是远郊。清儒焦循曾释周代"国"这一概念的内涵云："盖合天下言之，则每一封为一国。而就一国言之，则郊以内为国，外为野。就郊以内言之，又城内为国，城外为野。盖单举之则相统，并举之则各属也。"①可见周代一个"国"字的概念，竟有"一封"、"郊以内"、"城内"三种意义。郑注《周礼·乡大夫》定国、野赋税之别，云"国中，城郭中也"是对的。因为周代国、野之制，又曰乡、遂之制。乡即郊以内之国，遂即郊外之野。"乡大夫"的职能仅仅是掌管乡内即国郊以内的事务。而"就郊以内言之，又城内为国，城外为野"，故郑注《乡大夫》的"国中"为"城郭中"是对的。但郑注不足以证明宋使所言的"未及国"之"国"亦为"城郭中也"。

因为，宋使所言的"未及国"是就整个宋国说的，其涵义当如焦循所云"就一国言之，则郊以内为国，外为野"。郑军已攻入宋都的外城，且为鲁君所闻。但当鲁君询问时，宋使回答说郑军尚未进入宋国国郊以内。鲁君感到自己受了欺骗，方怒而辞宋使说："君命寡人同恤社稷之难，今问诸使者，曰：'师未及国'，非寡人之所敢知也。"若此"国"解为"城郭内"，是郑军虽未入城，但已兵临城下，鲁君怎么会迁怒宋使之辞而不发兵相救呢？至于宋使为何对鲁君说郑军"未及国"？还是杜预注得对，是"忿公知而故问，责穷辞"。

二

《左传》庄公四年载：

楚武王荆尸，授师孑焉，以伐随。

杨注据于豪亮《秦简〈日书〉记时记月诸问题》一文云："刑夷即荆尸"，秦之正月，楚曰"刑夷"。从而释"楚武王荆尸授师孑焉"作一句，为"楚武王正月授军队以戟也"。但杨注又颇为犹豫，补充说："疑此'荆

---

① ［清］孙诒让：《周礼正义·大宰》疏引。

尸'当作动词，指军事。"杨注之疑是对的。仅据《日书》，"刑夷"就有
"刑尸"、"刑尻"、"甜尿"等多种写法。所以，从古代文字通假的角度
讲，"刑夷"虽可释作"荆尸"，但不必就是"荆尸"。于豪亮先生所释自
然不失为一说，却也并不就是定论。

《左传》明言："楚武王荆尸"在"四年春，王三月"。《左传》昭公
十七年说："火出，于夏为三月，于商为四月，于周为五月。""王三月"
即周三月，于夏正应为一月。秦行颛顼历，颛顼历接近夏历，但楚历则与
夏历不同。有的专家认为楚"夏尿"之月为孟春，八月为孟夏，如此则"刑
尸"虽为秦正月，但却是楚十二月①。

再说，《日书》所载为"（秦）正月楚刑夷日七夕九"，而《左传》所
载为"楚武王荆尸"。两相比较，可以发现，《日书》记月仅系一个"楚"
字，曰"楚刑夷"，并无楚王谥号；而《左传》记事则有楚武王之谥。依先
秦文献通例，纪年可用王公谥号，但记月则从无用王公之谥号者。所以《左
传》"楚武王荆尸"一语，不可能是楚的记月之辞。就楚简而论，也还未有
发现用楚王谥号记月者。

杜预注这段文字说："尸，陈也。荆，亦楚也。更为楚陈兵之法。"是
有根据的。《左传》宣公十二年亦云：楚"荆尸而举，商、农、工、贾不败
其业，而卒乘辑睦，事不奸矣"。杜预注："荆，楚也。尸，陈也。楚武王
始更为此陈法，遂以为名。"日本学者竹添光鸿云："征伐之事，四者皆不
与焉，故曰不败其业。"②也说"荆尸"是"征伐之事"，而且说楚虽有征
伐之事，但商、农、工、贾不败其业。若云"荆尸"为正月，说"楚正月而
举，商、农、工、贾不败其业"，则于理有欠圆通。再说"刑夷"也不是楚
的正月，而是楚的十二月。

对于楚的"荆尸之陈"，当时晋国的上军帅士会在《左传》中有很好
的解释："军行：右辕，左追蓐，前茅虑无，中权，后劲。"这正是一个行
军中划分军队为"右、左、前、中、后"五部分的五阵式。士会的这个解释
是在论述楚国政治、军事与立刑行政的大局时说的。他讲楚国的军政大势，
正从楚"荆尸而举"谈起，中间说到"军行：右辕，左追蓐"的五阵式，最

---

① 陈伟：《包山楚简初探》第一章第一节，武汉大学出版社，1996年版。

② ［日］竹添光鸿：《左氏会笺》宣公十二年。

后落脚到"百官象物而动,军政不戒而备,能用典矣"。首尾一致,一气呵成。士会所说楚军所用之"典",指的就是楚武王的"荆尸之陈"。所以,杜预注"荆尸"为军阵之说,是确不可移的。杨注据于豪亮说谓"荆尸"为楚"正月"云云,则不可取。

<h1 style="text-align:center">三</h1>

《左传》庄公二十八年说晋献公:

又娶二女于戎,大戎狐姬生重耳,小戎子生夷吾。

杨注:"《晋世家》云:'重耳母,翟之狐氏女也;夷吾母,重耳母女弟也。'则大戎狐姬与小戎子为姐妹,小戎子盖以娣为媵者也。"杨注所据为《晋世家》,而《世家》文与《左氏》文有异。《左氏》明言戎为两个:一个大戎,一个小戎;大戎姬姓,小戎子姓。《世家》误会为一,是不可据的。

杨注又据周代存在的媵妾制,解小戎子为"以娣为媵者也"。此说亦不通,若小戎子为狐姬之娣,《传》文当云"大戎狐姬,其娣戎子"。或同《左传》僖公十七年云:齐桓公夫人有"长卫姬""少卫姬",当云"大狐姬""少狐姬"。此类例证于《左传》中还有数例,如庄公二十八年有:"骊戎男女以骊姬,归,生奚齐,其娣生卓子。"文公七年载鲁大夫公孙敖"娶于莒,曰戴己,生文伯,其娣声己生惠叔"。哀公十一年载卫大夫大叔疾"娶于宋子朝,其娣嬖"。皆不再言其娣之姓。而此处明言"大戎狐姬""小戎子",显然是一个姬姓戎,一个子姓戎,两种戎族。故杨注不确。

杨注所据《晋世家》之误,还有两个证据:其一,《左氏传》昭公十三年载晋大夫叔向曰:"我先君文公,狐季姬之子也。"依先秦时称谓,称兄弟、姊妹次第为伯(孟)、仲、叔、季。"季"为子女的最后一名,俗云"老儿子""老姑娘"。叔向是春秋中叶晋国卿大夫中最博学的一位,他既然称重耳之母为"狐季姬",就说明狐姬是"老姑娘",怎么还会有"狐姬之娣"呢?其二,依先秦男女称谓的惯例,男子称氏,女子称姓。女子所以称姓,原因虽然很多,但主要是周代的"同姓不婚"制造成的。女子称姓的事例，于《左传》比比皆是，如隐公元年之孟子、仲子、声子，上文所举的骊姬、戴己、声己等等。而此处《传》文云"大戎狐姬""小戎子"，"姬""子"亦当为戎女之姓。故杜预注："大戎，唐叔子孙别在戎狄者。小戎，允姓之戎；子，女也。"别二戎为二姓是对的。但说"允姓之戎"，则不对。清代学者顾炎武《左传杜解补正》卷一引明代陆粲说，云："据传允姓之戎居于瓜州，自惠公始诱以来，则此非允姓，别一戎，而子则其姓尔。"①此说较长。吴荣曾先生在《周代邻近于燕的子姓邦国》一文中也认为"小戎"是"别一戎而子其姓也"，"小戎子"是子姓戎人之女②。这些论断，都是对的。

四

《左传》庄公二十八年载楚伐郑：

子元、斗御疆、斗梧、耿之不比为旆，斗班、王孙游、王孙喜殿。众车入自纯门，及逵市。县门不发。楚言而出。子元曰："郑有人焉。"诸侯救郑。楚师夜遁。

杨注"楚言而出"云："楚子元等既入城，见其县门不发，复操楚语退出。所以楚言者，明楚不中计。杜注谓郑出兵而效楚言，误。"

其实，杜注不误。杜注云："郑示楚以闲暇，故不闭城门，出兵而效楚言，故子元畏之不敢进。"杜注代表了汉、魏《左氏传》学者的传统看法，如无其他确切反证，应该受到尊重。郑所以示楚以闲暇，是因为看准了楚令尹子元发动是役目的在于"媚文夫人"，是"项庄舞剑，意在沛公"，不是来争城夺地，拼死厮杀的。

杨注将"县门不发"看作是郑的"诱敌之空城计"，将"楚言而出"看作是楚人"复操楚语退出"，又将子元曰"郑有人焉"看作是"楚言之内容"，并说所以"楚言"者，明楚不中计。这种理解甚感不畅。因为，若子元言即为"楚言"，那么前边加上一句"楚言而出"，岂非语义重复？若说加上"楚言"方显出是楚不中计，那么子元一句"郑有人焉"，难道不能证

① 见《清经解》卷1。
② 吴荣曾：《周代邻近于燕的子姓邦国》，《先秦两汉史研究》，中华书局，1995年版。

明"楚不中计"吗？更何况楚人自然讲楚国方言，《左传》何必特别标出"楚言"二字？所以，对于传文的理解，应以杜注为长。

清代在《左氏》学上一向以反对杜注相标榜，但在这句注文上则尊重杜注。梁履绳《左通补释》云："纯门，郑外郭门也。逵市，郭内道上市。县门，施于内城门。郑示楚以闲暇，故不闭城门。"[1]毛奇龄《春秋毛氏传》更直言："郑人效楚言以示整暇。"赞成杜注对"县门不发。楚言而出"[2]的解释。显然，梁、毛二氏说是对的。

五

《左传》僖公五年载晋献公伐虢曰：

八月甲午，晋侯围上阳。问于卜偃曰："吾其济乎？"对曰："克之。"公曰："何时？"对曰："童谣云：'丙之晨，龙尾伏辰；均服振振，取虢之旂。鹑之贲贲，天策焞焞。火中成军，虢公其奔。'其九月、十月之交乎！丙子旦，日在尾，月在策，鹑火中，必是时也。"

对这段文字中的"天策焞焞"一句，杨注云："天策即傅说星。焞音暾，焞焞，无光耀貌，以其近日也。"杨此注从杜注而来。杜注云："天策，傅说星。时近日，星微焞焞无光耀也。"《国语·晋语二》载："鹑之贲贲，天策焞焞"，韦昭注亦云："天策，尾上一星名曰天策，一名傅说。"清儒惠栋、焦循等亦从杜预、韦昭之注。但焦循虽赞成杜注解"天策"为傅说星，却反对杜氏所说"焞焞"为"星微，无光耀也"之说，云："此时日月会于尾。尾星伏不见，则尾上之星亦伏不见。故天策以近日之故，不见星而见日之明。《说文》：'焞，明也。'《九歌·东君篇》：'暾将出兮东方。'王逸注：'谓日始出东方，其容暾暾而盛也。'焞焞即暾暾，谓日光出于天策星之间而盛，非谓天策星近日而微。焞焞属日，不属星，杜以为无光耀，非是。星无光耀，而日出则焞焞。天策焞焞，言天策所在之处，日光焞焞也。"[3]焦说虽甚辩，但《传》文明言"日在尾，月在

---

① 见《清经解续编》卷272。

② 见《清经解》卷131。

③ ［清］焦循：《春秋左传补疏》卷2，《清经解》卷1160。

策"，指明日不在月所在之天策，所以"天策所在之处"，不会"日光煇煇也"。清儒沈钦韩则不从众说，注"天策煇煇"云："《晋书·天文志》王良五星在奎北，居河中。前一星曰策星，王良之御策也，主天子之仆。《星经》：'策星西八壁半度，去北辰四十二度。'又云：'傅说一星在尾后，傅说主章祝，巫官也。'传所云天策者，盖策星也。《传》云：'日在尾，月在策'，日东月西，明策星在西方。'杜预云天策傅说星，疏谓《天官书》之文。考《天官书》无此文也。《宋史·天文志》云：'《左氏传》天策煇煇即傅说星也'，乃是袭杜预之谬说，不足为据。"[①]沈氏独具慧眼，其说不可易移。我们试依沈氏说，画一简要的天文示意图，即可说明问题。其图如下：

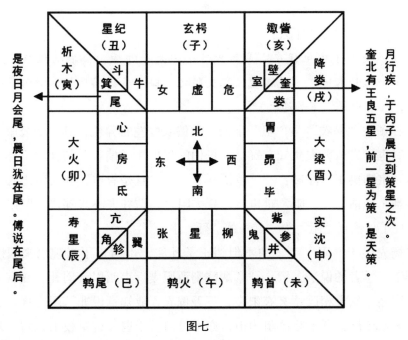

图七

是夜，日月会于尾，晨日犹在尾，傅说在尾后。而月行疾，于丙子晨已到策星之次。此策为奎北王良五星之前一星，是天策。

日人竹添光鸿《左氏会笺》也据《晋书·天文志》与《星经》，采沈氏说，指出："《传》所云天策者，策星也。下云：'日在尾，月在策。'

---

① ［清］沈钦韩：《左传补注》卷3，《清经解续编》卷587。

日东月西，明策星在西方矣。策星之微，犹虢之燧也。杜预云天策傅说星，谬。"晋用夏正，夏正十月相当于今天公历十一月，是时王良五星之策星恰在北半球的南北中轴线上，较之尾宿则在西方。

杨氏在注"丙子旦，日在尾，月在策，鹑火中，必是时也"时云："是夜日月合朔于尾星，而月行较快，故旦而过在天策。"是已经认识到日东月西的事实，但因执迷于杜氏天策为傅说星之说，故最终未能认识月既然已到西方，其策星便不可能是尾后之傅说星，故此天策必为奎北王良五星中之策星无疑。

六

《左传》闵公二年云：

晋侯使大子申生伐东山皋落氏。……大子帅师，公衣之偏衣，佩之金玦。……先丹木曰："是服也，狂夫阻之。曰'尽敌而反'，敌可尽乎？虽尽敌，犹有内谗，不如违之。"

杜预注"偏衣"与"阻"字云："偏衣，左右异色，其半似公服。……阻，疑也，言虽狂夫犹知有疑。"杨伯峻先生注"偏衣"与杜注不异，而于"阻"字则更正杜注曰："《晋语一》云：'且是衣也，狂夫阻之衣也。'《尔雅·释诂》：'阻，难也。'狂夫阻之，谓狂夫亦难穿之。"以"难"字取代了杜预释"阻"为"疑"的"疑"字。

杨先生于"阻"字之注不但纠正了杜注，也纠正了汉魏以来服虔、韦昭等诸多学者的说法，云："章炳麟则谓服虔、韦昭以《周礼·夏官》之方相氏当之。然方相氏蒙玄衣朱裳，不著偏衣，故知章说非。阻之犹言著之，说详《左传读》。韦昭读阻为诅，亦不可信。于鬯《香草校书》谓'是服也狂'为句，'夫阻之曰'连读，晋侯以偏衣服太子时而诅之也。'尽敌而反'即其诅辞云云，尤为臆说。"杨先生对服虔、韦昭、章炳麟、于鬯诸家说的纠正无疑是正确的。但其对于杜注的更正，我们则不能苟同。北京师范大学刘家和教授在讲论《左传》时，曾以此句为例讲清儒反杜注之失，说："杜预释：'阻，疑也。'是对的。"并引王念孙《广雅疏证》为据："《广雅·释诂》云：'猜、阻，疑也。'闵二年《左传》：'是服也，狂夫阻之。'杜注：'阻，疑也。'"①刘先生之说证成杜预此注为《左氏》"阻"字的确解。

杨伯峻先生引《尔雅》释"阻"为"难"固然不错，但用来解"狂夫阻之"，云"狂夫亦难穿之"，终觉不顺。狂夫，是精神病患者，是失去行为判断力的人，他所难穿的衣服不必是"偏衣"，可以是任何一种衣。杜注说"狂夫犹知有疑"，是说一个精神病患者都知此"偏衣"有疑，何况是正常的人？此说更贴近实际，也很生动形象。所以杜注较杨注优长。

七

《左传》僖公八年春：

晋里克帅师，梁由靡御，虢射为右，以败狄于采桑。梁由靡曰："狄无耻，从之，必大克。"里克曰："惧之而已，无速众狄。"虢射曰："期年狄必至，示之弱矣。"

夏，狄伐晋，报采桑之役也。复期月。

对采桑之役，杨注云："以下文'狄伐晋，报采桑之役也。复期月'观之，杜注谓此乃补叙去年之事，是也。"说明杨氏此注是从杜注的，也认为里克伐狄一事发生在去年，此是追述去年之事。对于"复期月"，杨注："期月即期年，此互文为义。"

但是，《史记·晋世家》与《十二诸侯年表》则谓晋伐狄与狄伐晋的采桑之役乃同年内发生的事。如《晋世家》云："［献公］二十五年，晋伐翟，翟以重耳故，亦击晋于啮桑，晋兵解而去。"裴骃《集解》云："《左传》作'采桑'，服虔曰'翟地'。"司马迁得窥"石室金匮之书"，裴骃为刘宋史学大家，其说是有根据的。

考杨、杜二氏注，判断晋伐狄为去年之事的根据仅为"复期月"三个字。他们解"复期月"为一年，狄既以今夏伐晋，是晋应于去年伐狄。但是，对于"期月"二字，古人是有不同解释的。一是与"期年"互文，表示一年之期。而另一义则为"匝一月"，仅表示一个月而已。如《礼记·中

---

① 1994年刘家和先生在北京师范大学举办的"中国先秦史与先秦文化高级研讨班"上的讲座。

庸》："择乎中庸，而不能期月守也。"郑玄注："自谓择中庸而为之，亦不能久行，言其实愚又无恒。"郑玄虽没明言"期月"的具体时间是一年或一月，但从他认为"期月"是"不能久"来看，不可能是一年。故孔颖达疏曰："期匝一月。"朱熹《四书章句》亦云："期月，匝月也。"《说文·禾部》："稘，复其时也。"段注："言匝也。十二月匝为期年，《中庸》一月匝为期月。《左传》旦至旦亦为期。今皆假'期'为之。'期'行而'稘'废矣。"段说至确。俞樾《茶香室经说》、竹添光鸿《左氏会笺》皆云："传文承'八年春，盟于洮'之下，则此役必在二、三月间也。"很有见地，可为《史记·晋世家》与《十二诸侯年表》的佐证。竹添又云："'复期月'，复者，反也、归也。言晋人自采桑归，仅期月耳，而狄师已至矣。"[①]应是对的。从上可见，《左氏》"期月"之确解，应为匝一月，而非一年。杜注、杨注皆有误。

八

《左传》僖公五年载宫之奇谏虞公曰：

虢，虞之表也；虢亡，虞必从之。晋不可启，寇不可玩。一之谓甚，其可再乎？谚所谓"辅车相依，唇亡齿寒"者，其虞、虢之谓也。

杨注"辅车相依"云："辅，车之一物"，"大车载物必用辅支持，故辅与车有相依之关系"。杨注是从王引之《经义述闻》"辅车相依"条而来的[②]。鉴于王引之的崇高学术地位，其解几乎已经成为学术界的定论。

但是，王、杨所释之"辅"，是大车载物两旁用的夹板，这种夹板是可以弃而不用的。《诗·小雅·正月》云："其车既载，乃弃尔辅。"是其证。而《左传》宫之奇所言之"辅"，是与"车"相连不可分离的，犹如唇与齿的相依关系。所以王、杨之解存在问题，即把本不可分割的东西分割开来了，并且把"辅"只限定于载物的大车的圈子中。

杜注"辅车相依"云："辅，颊辅；车，牙车。"将"辅车"解成人的两颊与牙床的关系。杜注源于服注。服虔解"辅车"云："辅，上颔车也，

---

① ［日］竹添光鸿：《左氏会笺》僖公八年。

② ［清］王引之：《经义述闻》卷17。

与牙相依。"从杜、服注可以看出，两人又有不同：服以"辅车"为"上颌车"，即"牙床"与"牙"的关系；而杜则将"辅车"看作是"两颊"与"牙车"的关系。杜说显然是受到《诗》以"辅"为车夹板的影响。

东汉另一经古文学大师许慎《说文·车部》释"辅"字云："辅，《春秋传》曰：'辅车相依'，从车甫声，人颊车也。"也认为"辅车"讲的是颐颊与牙床的关系。虽然段玉裁批评"人颊车也"四字"与上文意不相应"，是浅人妄增的，但并无根据。刘熙《释名》卷二云："颐，或曰辅车，其骨强，可以辅持其口，或谓牙车，牙所载也。"汉晋以来诸儒异口同声，皆释"辅车"为"人颊车"，是发人深省的。

因此，我们认为，考察"辅车相依"的真正涵义，应当从先秦车制的结构上去寻找答案。《诗》虽有关于"辅"的记载，但《诗》之"辅"与车可离可弃，与《左传》所云"辅车相依"截然不同，并非唇齿之关系。

就先秦车制而言，其不可或缺的构件中，唯有组成车轮的牙、毂、辐三部分中的"辐"字。此"辐"字应与《左传》的"辅"字相通。辐，是支撑车轮的条，内凑于毂，外入于车牙。《周礼·考工记·轮人》云："辐也者，以为直指也。"《说文》云："辐，轮轑也。""轑，车盖弓也。从车尞声，一曰辐也。"[1]辐一端粗，曰"股"，镶入牙中；一端稍细，曰"骹"，插入毂中。《老子》云："三十辐共一毂，当其无，有车之用。"[2]《考工记》与《老子》说清了辐为车条及其与牙及毂的关系。

毂为车轮中间的中空圆木，辐凑其表，轴贯其中，毂内端可以贯轴的大孔曰"贤"，外端出轴的小孔曰"轵"。

牙即车牙，是车轮接地的外圈。《周礼·考工记》曰："牙也者，以为固抱也。"《说文》云："牙，壮齿也，象上下相错之形。"[3]段注："壮齿者，齿之大者也。统言之，皆称齿、称牙；析言之，则前当唇者称齿，后在辅车者称牙。"它由数段柔曲之木合抱构成，也称𫐉、辋。它通过辐与毂紧密相联，组成坚固的车轮。如图所示：

---

① 《说文》卷14《车部》。

② 《老子》11章。

③ 《说文》卷2《牙部》。

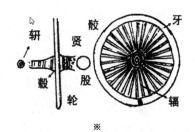

图八

由先秦车制看《左传》所云"辅车相依"一句，应指车轮之辐与车牙的关系：车牙含车辐，车辐镶入牙中。车牙为辐之表，车辐为牙之骨架，两者互相依存，缺一不可，是唇齿之关系。所以，《左氏》用车牙与车辐的关系比喻虞、虢的利害关系，云"虢，虞之表也；虢亡，虞必从之"。

由先秦车制还可以看出，东汉服虔以"辅"为"上颔车也，与牙相依"，是正确的。"上颔车"即以上下牙床为辅，牙镶入其中，牙与牙床的相依关系恰似辐与牙的关系。其他学者如许慎、杜预、刘熙、段玉裁等虽然也看到了辅与车如牙与牙龈的相依关系，但释"辅"为"颊"，以为辅、车如人的两颊与牙的关系，则仍未摆脱《诗》"辅"字的影响，就不确切了。

九

《春秋》僖公十四年载：

夏六月，季姬及鄫子遇于防。

杨注："季姬，杜氏《世族谱》以为庄公女，据《公羊》家言，则以为僖公女，以《传》文'来宁'观之，当是僖公女，盖归宁父母。"杨氏此注有误。季姬非僖公女，而应是庄公女，杜预《世族谱》的说法是正确的。

据《左氏传》，庄公生于鲁桓公六年（前706年），卒于庄公三十二年（前662年），享年44岁。庄公二十四年（前670年）娶夫人哀姜，其妹叔姜为媵，叔姜生闵公。庄公在位32年去世，闵公至多8岁。二年以后，闵公被杀，年龄不超过10岁。闵公死，僖公继位。关于僖公身份，历来有两说。其一，据《史记·鲁世家》，僖公为闵公之弟。《世家》曰："庆父使卜齮袭杀湣公于武闱。季友闻之，自陈与湣公弟申如邾，请鲁求内之。鲁人欲诛庆

父。庆父恐，奔莒。于是季友奉子申入，立之，是为釐（即僖）公。釐公亦
庄公少子。"僖公既为庄公少子，年龄当较闵公还小。其二，《汉书·五行
志中》载，鲁文公时祭祀宗庙，"登釐公于愍（即闵）公上，逆祀也。釐虽
愍之庶兄，尝为愍臣，臣子一例，不得在愍上。"说僖公为闵公庶兄，年龄
较闵公为长。何休从其说，其注《公羊》"跻僖公"曰："缘僖公于闵公
为庶兄，置僖公于闵公上，失先后之义。"①比较《史》《汉》两说，当以
《史记》说法为可靠。《汉书》说虽与《史记》有异，但并没可靠的证据。
问题还在于，杨伯峻先生于两说中也采《史记》说，谓："《鲁世家》云
'名申，庄公之少子'，又云'季友闻之，自陈与湣公弟申如邾'，则闵公
之弟也。而《汉书·五行志》则以僖公为闵之庶兄，说家亦皆因之，陆德明
《释文》、何休《公羊》注及疏并同此说，恐误。"②依杨说，僖公既为闵
公之弟，闵公死时，年方10岁，则僖公亦不会超过10岁，那么，至僖公十四
年（前646年），僖公最大不过24岁而已。一个24岁的国君，怎么会有早已
出嫁的女儿来归宁？周代的婚龄，据《周礼·地官·媒氏》说是"男三十而
娶，女二十而嫁"。天子、诸侯为早生后代，有特殊规定，《左传》襄公九
年说："国君十五而生子，冠而生子，礼也。"依《左氏》说，僖公15岁
结婚生子，其女最大也不超过9岁，何况季姬又是小女儿。据《礼记》《谷
梁传》，周代女子"十有五年而笄，二十而嫁"，即便季姬至"而笄"之年
（即许嫁之年）即出嫁，也要15岁，一个年纪仅仅9岁的小女孩是不能出嫁
的。所以，季姬不可能是僖公女，只能如杜氏《世族谱》所说，是庄公女，
她"来宁"，说明庄公当时虽已去世，但其母尚在，仅据"来宁"二字即判
断季姬为僖公女，是失误的。

十

《春秋》僖公十五年：

　　九月，……己卯晦，震夷伯之庙。

　　杨注："震，雷电击之也。夷伯，据《传》，当是展氏之祖。杜《注》

---

① 《公羊传·文公二年》注。
② 《春秋左传注·僖公元年》。

谓夷为谥，伯为字，或然。但不知夷伯何名，为何公之大夫。夷伯之庙当是展氏祖庙。"

杨氏此注有误，夷伯非展氏祖，而为当时展氏的祖父。杜注云："夷伯，鲁大夫展氏之祖父。夷谥，伯字。震者，雷电击之。大夫既卒，书字。"是符合实际的。杨注谓夷伯为展氏之祖，杜注谓夷伯为展氏之祖父，虽只一字之差，但却差之千里。杨谓"展氏之祖"者，盖展氏开宗之祖也；杜谓"展氏之祖父"者，盖当时展氏之祖父也。孔颖达疏："知此夷伯，展氏之祖父也。大夫之谥多连字称之。不知夷伯其名为何，又不知今之展氏其人是谁，故漫言祖父耳。"也是对的。

杨注"夷伯"为"展氏之祖"所以有误，是因为《左传》于"展氏之祖"有清楚的记载。《左传》隐公八年曰："无骇卒，羽父请谥与族。公问族于众仲，众仲对曰：'天子建德，因生以赐姓，胙之土而命之氏。诸侯以字为谥，因以为族。官有世功，则有官族。邑亦如之。'公命以字为展氏。"杜预注："诸侯之子称公子，公子之子称公孙，公孙之子以王父字为氏。无骇，公子展之孙也，故为展氏。"这说明"展氏之祖"是公子展。

春秋时，"公孙之子以王父字为氏"是一通例。当时，社会上实行宗法制度，凡不能继承王位、君位的王子、公子，受封为卿大夫以后，都要自立一宗。他们因在政治身份上有别于继承王位、君位的兄弟，所以又称"别子"。《礼记·大传》说"别子为祖"，指的就是他们，说他们是一个家族的开宗之祖。"别子"因自身是公子，其子是公孙，所以在公子、公孙这二代，由于与公室关系密切，还系以一个"公"字，表示还没有独立的氏族。但到公孙之子时，因为血亲关系上去公室已远，所以开始与公室分开，自立一家，即以"王父字"为氏，自成一个氏族。这也就是"别子为祖"的真正意义。其后，"继别为宗，继祢者为小宗"，即产生继承"别子"的大宗与继承大宗以外诸子的小宗。如鲁三桓，庆父、叔牙、季友，皆桓公之子、庄公之弟，其孙辈即以孟孙（庆父为长）、叔孙（叔牙）、季孙（季友）为氏。郑穆公有八子为卿：子良、子游、子国、子罕、子驷、子印、子丰、子孔，子孔因罪被杀，俗称"七穆"。后郑又立子孔之子公孙泄，其孙辈即以良氏、游氏、国氏、罕氏、驷氏、印氏、丰氏、孔氏为家族之称。

当然，我们知道，杨注是反对"公孙之子以王父字为氏"之说的。他于《左传》隐公八年注说："杜云以王父字为氏，盖本《公羊传》之说。明傅逊则以'展'为无骇本人之字。以文义观之，傅逊之说较可信。"竹添光鸿《左氏会笺》也从傅逊之说。那么，依杨氏注，展氏即从无骇得氏，无骇当然就是展氏之祖了。但是，他在本段的注文中又否定了自己的看法，说：夷伯庙，"高士奇《〈左传〉纪事本末》疑为无骇之庙，无据"。在隐公八年，杨注支持傅逊说，以无骇为展氏之祖；在僖公十五年，杨注又说以无骇为展氏之祖无据，岂不自陷于矛盾之中？

事实上，杜注是对的，展氏之祖是无骇祖父公子展，而雷电所击之"夷伯庙"，是当时展氏的"祖父庙"。祖父庙虽然也称"祖庙"，但它与作为远祖的"祧庙"是有区别的，是一名而两义。《礼记·王制》讲周代卿大夫庙制说："一昭一穆，与太祖之庙而三。"太祖庙虽然也称"祖庙"，但这个"祖"指的不是祖父，而是其家族的开宗之祖，也就是宗法制度中所说的"别子"，太祖庙一般也称"祧庙"。昭、穆庙又称二亲庙，昭为祖父庙，称"祖庙"；穆为父亲庙，称"祢庙"。二亲庙是变化的，这一代的"祢庙"，就是下一代的"祖庙"；而这一代的"祖庙"，到下一代就毁了，其庙主则迁入"祧庙"之中。而作为开宗之祖的"祖庙"，即"祧庙"，则是不毁的，是与这一家族共始终的。

明确了"祖庙"的这两重意义，我们就可以判断："夷伯之庙"并不是展氏家族始祖公子展之庙，也不是无骇庙，而如杜预所说它只是当时展氏家族二亲庙之一的祖父庙也。

十一

《左传》僖公二十八年：

子玉使斗勃请战，曰："请与君之士戏，君冯轼而观之，得臣与寓目焉。"晋侯使栾枝对曰："寡君闻命矣。楚君之惠，未之敢忘，是以在此。为大夫退，其敢当君乎？既不获命矣，敢烦大夫，谓二三子：'戒尔车乘，敬尔君事，诘朝将见。'"

杨注"为大夫退，其敢当君乎"一句曰："'为'同谓，以为楚军已退也。'其'同岂。因子玉是臣，晋文是君，臣不敢与君抗，君退，臣亦当退，故谓大夫退也。"这种注法与上下文义不协，迂曲难通。若直译出来就是："（我们）以为大夫已经退兵了，（大夫）居然没退，竟敢对抗我君！"这是公开谴责楚军。

但从上下文看，此句无谴责楚军之意。其上文为"楚君之惠，未之敢忘，是以在此"，表明晋文公知恩图报，实践了当年在楚对成王许下的"晋、楚治兵，遇于中原，其辟君三舍"的诺言。"为大夫退，其敢当君乎"，是说为楚大夫尚且退三舍，更岂敢与楚君对抗！表明晋国的军事行动是处处站在理上的，用行动显现出晋"君退"，楚"臣犯"，则"曲在彼（楚）矣"，从而激励士气。

所以，对"为大夫退，其敢当君乎"一句，竹添光鸿释为："言为大夫且退，况敢当楚之君乎？"[①]最为简捷明快，深得《左氏》之旨。这里的"为"字，不是"谓"，而是"给"，是表示行为对象之义。

十二

《左传》庄公二十八年载：

秋，子元以车六百乘伐郑，入于桔柣之门。子元、斗御彊、斗梧、耿之不比为旆，斗班、王孙游、王孙喜殿。众车入自纯门，及逵市。

杨注："子元、斗御彊、斗梧、耿之不比为旆"云："旆，前军也。详僖二十八年《传》、《注》。"

《左传》僖公二十八年载："狐毛设二旆而退之。"杨注首先引刘书年《刘贵阳经说》曰："设二旆，设前军之两队也。庄二十八年《传》'楚子元、斗御彊、斗梧、耿之不比为旆，斗班、王孙游、王孙喜殿'，旆、殿对文，而曰为旆，是旆必前军。楚前军名旆，晋制亦然。哀二年《传》晋赵鞅御郑师于戚，阳虎曰：'吾军少，以兵车之旆与罕、驷兵车先陈。'《注》：'旆，先驱车也。以先驱车益其军以示众。'盖以兵车之先驱者为一军，故云兵车之旆，是晋前军名旆之确证。又襄十八年《传》，晋伐齐，'左实右伪以旆先，舆曳柴而从之'，此旆亦是前军。张衡《东京赋》'殿

---

① ［日］竹添光鸿：《左氏会笺》僖公二十八年。

未出乎城阙，旆已返乎郊畛'，薛综注'旆，前军；殿，后军'，本《左氏》也。所以名旆者，以其载旆也。"接着杨注又云："旆本旌旗之旒，旌旗之有旒（飘带）者曰旆。互详昭十三年《传》'建而不旆'注。刘说是，杜《注》以旆为大旗，误。"

详考《左氏》传文，我们认为杜注不误，而是杨注、刘氏《经说》有误。他们的错误有以下几点。

其一，旆为军旗中的一种，先驱军所以称"旆"，盖因为它建旆而居前，并非所有先驱军皆称"旆"。《左传》庄二十八年杜注："子元自与三子特建旆以居前。广充幅、长寻曰旐，继旐曰旆。"杜预用子元"建旆以居前"为文，是相当准确的。子元为楚令尹，是楚国伐郑大军的统帅。他"建旆居前"，表示是亲自统帅前军。对于旆与前军的关系，竹添光鸿《左氏会笺》有很好的说明："旆与殿对。军行建旆居前，故称先驱为旆。为旆，为先驱也。旆即旐也。"这就是说，前军本称先驱，旆则为旗帜之名。但因先驱军要载旆，所以先驱军又往往以"旆"为代称。但是，以"旆"称先驱是有条件的，并不是所有前军一律称"旆"。这类事例于《左传》即有多见。如宣公十二年讲楚行军部次即为"右辕，左追蓐，前茅虑无，中权，后劲"。这五部分显然是楚的右、左、前、中、后五军。其前军称"前茅"，而不称"旆"。同年载楚令尹孙叔敖命楚军"南辕、反旆"，杜注："旆，军前大旗"，大旗亦反其向。大旆反向，后队变前队，说明楚军中有旆，但并不以"旆"名前军。襄公十八年载齐伐晋，"齐侯登巫山以望晋师，晋人使司马斥山泽之险，虽所不至，必旆而疏陈之"。杜注："疏建旆旗以为陈，示众也。"传文明言"虽所不至，必旆而疏陈之"，是说凡晋兵力未到之处，也设置稀疏的旗阵以为疑兵。此"旆"无疑是大旗而非前军。至于晋人又"使乘车者左实右伪以旆先，舆曳柴而从之"，杜注云："伪以衣服为人形也，建旆以先驱。"也是说晋人派部分战车建旆以为先驱，并以伪人、舆曳柴之举动惊吓齐师，并非说旆即前军。若旆为前军，何必言"旆先"两字？"先"字岂非赘语？襄公二十三年载齐伐卫，齐军出动阵势为"先驱""申驱"中军"启（左军）""胠（右军）""大殿"。此六军中，"先驱""申驱"是前军与次前军，亦不称"旆"。昭公元年，晋荀吴率军与狄人作战，改车兵阵式为步兵阵式，其车兵阵式为"两、伍、专、参、偏";其步兵阵式为"前、后、右角、左角、前拒",直称前军为"前拒",亦不曰"旆"。所以,刘书年说"楚前军名旆,晋制亦然"云云,是不准确的,不可作为定制看待。

《左传》所云"狐毛设二旆而退之",杜注:"旆,大旗也。又建二旆而退,使若大将稍却。"竹添光鸿进一步说:"于是,狐毛设二旆,为上军将、佐并退,以诱子西也。"①至确。在古代军事活动中,将帅皆有自己的战旗。《诗·商颂·长发》云:"武王载旆,有虔秉钺。"商汤所载之旆,即商汤战旗。此旆决不代表商汤为前军,也不是商汤又作一队。从《左传》看,郑庄公之战旗曰"蝥弧"②,齐景公之战旗曰"灵姑铚"③。齐鲁乾时之役,秦子、梁子以鲁庄公旗避于下道而被俘④;卫懿公与狄人战而败,因为不去其战旗,所以被狄所识而俘杀⑤,刘书年说狐毛"设二旆"是"设前军之两队",实误。因为晋上军本就分为二部,狐毛、狐偃各率一部,值此大敌当前之际,何必再设"两队",以分散兵力?为附会刘书年说,杨注将"设二旆,而退之"分开解读,云"设二旆"是晋上军再作前军二队;"而退之",是楚右师溃退。此说更扞格难通。因为:一则,对付楚右师的是晋下军,并非狐毛兄弟所率之上军;二则,《传》于上文已明言"楚右师溃",怎能又说楚右师退?何况"溃"是大崩,是军队溃不成军,何能又"退之"?三则,《传》文上言"狐毛设二旆而退之",以示晋上军将佐俱佯退,随后下文便说"楚师驰之",是楚子西果然中计,率左师来追击,于是落入圈套,受到晋中军截击,晋上军夹击而大败。所以,杨注说"而退之"是"楚右师败溃"云云,是讲不通的。

其二,杨注把"旆"与"斿"混而为一,说:"旆本旌旗之斿,旌旗之有斿(飘带)者曰旆。"也是错误的。先秦旗帜上的"旆"与"斿"是完全不同的两种物件。

关于斿,于《说文·㫃部》凡三见:一曰:"㫃,旌旗之游"。二

---

① [日]竹添光鸿:《左氏会笺》僖公二十八年。
② 《左传》隐公十一年。
③ 《左传》昭公十年。
④ 《左传》庄公九年。
⑤ 《左传》闵公二年。

曰："旐，旌旗之流也。"三曰："游，旌旗之流也。"并没有说旆为旌旗之旒。郑玄《周礼・巾车》注："大常，九旗之画日月者，正幅为縿，斿（与游、旐同，皆旒字）则属焉。"郭璞《尔雅・释天》注："縿，众旒所著。"都是对的。"縿"是旗身，是旗的核心部分，故曰"正辐"，上面可画日月、交龙、熊虎、龟蛇、鸟隼等图形。旒是縿的缀属部分。旒非一个而是若干个，其数字的多寡表示旗主人身份的贵贱等级。据《周礼・巾车》，王与诸侯、卿大夫之旗旒，各依爵秩高低，分别为十二旒、九旒、七旒、五旒、四旒、三旒、二旒、一旒等。《国语・齐语》载葵丘会上，周天子使宰孔赐命齐桓公，"赏服大辂，龙旗九旒"。"九旒"就是与齐桓公作为诸侯伯身份相符的旒数。据考古资料，旒既可为縿的附缀，也可以直系于旗杆上。如《斿妇鬻鼎》之旒为""形，即是直接系于杆上的旒。

关于旆，《说文・㫃部》曰："旆，继旐之旗也。"《尔雅・释天》曰："缁广充幅，长寻曰旐，继旐曰旆。"郭璞注："帛续旐末为燕尾者。"旐是古代旗帜之一种。"继旐曰旆"，就是接继旐旗縿后的帛，其帛为燕尾之形。何休《公羊传》宣公十二年注："缁广充幅，长寻曰旐。继旐如燕尾曰旆。"《诗・小雅・六月》："织文鸟章，白旆央央。""白"即帛。毛传："白旆，继旐者也。"但此旗非旐，据《周礼・司常》"鸟为属旟，龟蛇为旐"，此绘"鸟章"之旗应为"旟"，故郑笺云："鸟章，鸟隼之文章。"可是接旆的旗也并非只有旐一种。事实上，太常、龙旗、旟等皆可系旆。

旆虽然也接于縿末，但与旒不同，它只有一个，而且为燕尾之形。它是军旗的标志，只在军事活动中使用。如《左传》中"旆"字凡十见，皆与军事活动有关。旆作为军旗的一个组成部分，它可以随时从旗上取下或佩上。从它可随时佩上、取下来看，它也可以直系于旗杆上，不必都接在縿后。《左传》昭公十三年，诸侯会于平丘，晋治兵邾南，"建而不旆"。杜注："建立旌旗，不曳其旆。"《左传》又曰："壬申，复旆之，诸侯畏之。"杜注："军将战则旆，故曳旆以恐之。"是对的。唯杜注也以旆为旒，则不确。以旆为旒之误，始于《诗》毛传。《诗・小雅・出车》："设此旐矣，建彼旄矣。彼旟旐斯，胡不旆旆？"意思是说大军出征，已建起旟、旐之旗，为什么还不佩上示战之旆？但毛传云："旆旆，旒垂貌。"于是使人误以为斾即旒。其实，旒属旗的构成部分，是不能随意取下的。据《周礼·巾车》，旌旗七旒，旆旗四旒，既建其旗，其旒自垂，怎能说尚未垂旒？所以，此斾不可作旒字讲。后人以斾为旒者，皆从毛传之误。

斾与旒的不同，以图形表示，自会一目了然，如下图：

※

图九

带※的图参见杨英杰《战车与车战》，东北师范大学出版社，1986年版，第12页、162页。

（原载《文史》第54辑，中华书局，2001年）

孙膑故里辨析

一

关于孙膑的故里，现有郓城、鄄城、阳谷三说。笔者在翻检了《春秋》《左传》《古本竹书纪年》《史记》、《汉书》等文献材料后，对郓城①、鄄城、阳谷②三说的有关资料进行了综合考察，认为在这三说当中，以郓城说的根据最为充分，最接近历史的真实，兹予以申论。

《史记·孙子吴起列传》说："孙子武者，齐人也。""孙武既死，后百余岁有孙膑。膑生阿、鄄之间，膑亦孙武之后世子孙也。"这是我们研究孙膑故里的基本文献依据和基本出发点。《史记》这段文字谈清楚了两个问题：

其一，孙膑是孙武的后世子孙，齐国人。据《新唐书·宰相世系表》，孙武、孙膑乃齐田桓子（陈无宇）的儿子田书的后代。田书因"伐莒有功，（齐）景公赐姓孙"。

其二，"膑生阿、鄄之间"指明了孙膑的故里应在阿、鄄两地之间的某一地。春秋战国之"阿"，是古阿泽，在今郓城东北；"鄄"是古鄄城，在今郓城西南。阿、鄄之间多为水网洼地，其中有一片高地称"廪丘"，建有都邑，地望正与阿、鄄之间相符，且是齐国的重镇。证据是：

一、《左传·襄公二十六年》载："齐人城郏之岁，其夏，齐乌余以廪丘奔晋。"乌余是齐国大夫，廪丘自然属齐。杨伯峻先生《左传》注说："廪丘本卫邑，或齐取之以与乌余，故乌余得以之奔晋。"乌余奔晋的第二

---

① 郓城说，参见黄海澄《孙膑故里考辨》，《学术论坛》1992年第1期。

② 阳谷说，见刘文学《孙膑与聊城》，《聊城师院学报》（哲学社会科学版），1991年第4期。

年，晋为取誉于诸侯，捕获了乌余，并将侵占齐之廪丘、卫之羊角、鲁之高鱼都归还了原主。廪丘自此一直归齐所有。如《左传·定公八年》："公侵齐，攻廪丘之郛。"《哀公二十年》："齐人来征会。夏，会于廪丘。"《哀公二十四年》："晋侯将伐齐，使来乞师……（鲁）臧石帅师会之，取廪丘。"这些材料足以证明在春秋中期以后，廪丘为齐国土地。

二、战国时，廪丘虽一度落入赵国手中，但为时不久，即被齐国收复。《史记·齐世家》说："宣公五十一年（前405年）卒。子康公贷立。田会反廪丘。"田会又称公孙会。《古本竹书纪年》说：晋烈公十一年（公元前405年），"公孙会以廪丘叛于赵。田布围廪丘，翟角、赵孔屑、韩师救廪丘，及田布战于龙泽，田布败逋。"这说明廪丘落入赵国手中的时间是公元前405年。《史记·赵世家》说："（赵敬侯）三年（公元前384年），救魏于廪丘，大败齐人。"赵在廪丘救魏，大败齐国，说明在此之前廪丘又回到了齐国手中。

三、廪丘大部在今山东郓城县境内。郓城，在春秋时原属于鲁国。春秋时，鲁国有两个郓邑：一为东郓，与莒国为邻，地望在今山东省沂水县东北五十里，与孙膑故里无涉。另一个为西郓。《春秋·成公四年》："冬，城郓。"此即西郓，地望在今山东省郓城县东十六里，与齐廪丘地界相接。《春秋·昭公二十五年》说："齐侯取郓。"杜预注："取郓以居公也。"当时，鲁昭公欲除掉专政的大夫季平子，没有成功，反被季平子驱逐到齐国，所以齐侯夺取了鲁国的西郓来安置鲁昭公。从这时起，郓邑在名义上虽仍属鲁，是供鲁昭公安居的，可在实际上它已经落入齐国的掌握之中。鲁定公时，齐人一度还郓给鲁，《左传·定公七年》："齐人归郓、阳关，阳虎居之以为政。"但不到二年，鲁定公九年，阳虎又带着它和阳关等邑投奔了齐国。故《定公十年》又有"齐人来归郓、讙、龟阴田"的事。但此后二三十年间，"（鲁）悼公之时，三桓胜，鲁如小侯，卑于三桓之家"。[1]土地大部沦丧，郓邑还是并入了齐国版图。故郓邑、廪丘在战国时皆为齐地。孙膑出生在廪丘，故称齐人。

廪丘入汉以后，曾设县，隶属于东郡。其旧治在今郓城县水堡镇附近。

---

[1] 《史记·鲁世家》。

水堡，也就是《范县志》所说的"义东堡"。该地有关孙膑的传说很多，如说孙膑父孙操曾在廪丘安居；在水堡镇西南有"孙膑营"，相传齐魏桂陵之战时，孙膑率军经过故乡，曾驻扎此地。1956年，水堡村群众在孙膑营故址挖井时，曾于5米处挖出古河桥青砖、战国时的断剑、箭镞、甲片、陶器等物，在这一带的孙楼村还出土过齐国的刀币、铜箭头和铜觚，足证这些传说是有根据的。清代《濮州志》卷一《续古迹考》载："牛舔石在水堡，相传孙膑曾流憩于此，为其牛所舔，至今其痕犹存。"群众称之为"牛舔碑"。1992年4月上旬，在古廪丘孙林村的"孙氏先茔"中，发现有明代正统元年（公元1436年）大学士杨士奇为孙时父亲孙祯（字彦诚）撰写的墓志铭，铭文中有"伏伽振唐"一句。据此知孙时家族系孙伏伽后人。孙伏伽于《新唐书》卷103有传，曾仕唐为治书侍御史，后任陕州刺史。另据《元和姓纂》卷4，孙伏伽在唐代还做过户部侍郎，是清河人。唐清河孙氏，是孙武的后人。孙膑本亦孙武后世子孙。据此可知，明代居住在古廪丘的孙彦诚、孙时①一家确与孙膑有渊源关系。这些材料都是孙膑故里在廪丘的重要佐证。

二

关于鄄城说，笔者认为直到目前为止，它的根据还不充分。一则，《史记》没有说膑生于鄄；二则鄄在春秋时期和战国初年尚属于卫国领土，不符合孙膑齐人之说。

《春秋·庄公十四年》说："冬，单伯会齐侯、宋公、卫侯、郑伯于鄄。"杜预注："鄄，卫地，今东郡鄄城也。"今人杨伯峻先生说鄄邑故城"当在今山东省鄄城县西北，亦即河南濮城镇（旧濮县治）之东，但隔黄河耳"。鲁闵公二年（前660年），狄人伐卫，卫戴公迁到曹邑（即今河南滑县西南之白马故城），后卫文公又迁于楚丘（在今河南省滑县东）。卫国虽然遭此重创，国土大部沦丧，但鄄邑仍然在它的控制之下。《左传·昭公二十年》说："卫公孟縶狎齐豹，夺之司寇与鄄。"齐豹是卫国的司寇，公孟縶夺他的鄄邑，证明鄄邑是齐豹的采地。又，《左传·哀公二十五年》记载，

---

① 孙时，明代正统年间兵部右侍郎，孙彦诚之子。

卫国的褚师比、公孙弥牟、公文要、司寇亥、司徒期利用三种匠人和拳弥发动叛乱，攻击卫出公，卫出公"将适鄄"。弥曰："齐、晋争我，不可。"杨伯峻注："鄄，此时盖属卫，实近齐，又近于晋。"哀公二十五年为公元前470年，这就足以证明终春秋之世，鄄邑始终为卫国领土。战国时，卫一度属赵。《史记·卫康叔世家》说："是时三晋强，卫如小侯，属之。"《正义》曰："属赵也。"后来又从属于魏，是魏国的附庸。战国初年，魏、赵势力强大，作为其属国的卫，领土不可能被齐国吞并。《汉书·地理志》也说卫"成公后十余世，为韩、魏所侵，尽亡其旁邑，独有濮阳"。《史记·赵世家》说：赵成侯三年（前372年），"伐卫，取乡邑七十三……十年（前365年），攻卫，取甄"。甄即鄄，古两字通用。卫国失去鄄邑是在公元前365年以后。此时孙膑当已是成年人了。因为，孙膑在公元前353年齐魏桂陵之战时，已是一位老谋深算的将军，至少已三十岁左右。据此推算他应出生在公元前383年前后。那时鄄仍属卫，公元前365年赵攻取卫之鄄邑后，齐与赵经过反复争夺，至少在公元前348年以后，齐才把鄄并入自己版图。孙膑如果出生在卫国的土地上，人们就不会说他是"齐孙子"了。

持鄄城说的同志用来论定这样一个复杂历史问题的根据，主要是几份"孙氏族谱"和孙膑画像之类。岂不知族谱和画像都是可以随人迁徙的东西，用它的发现地怎么能够判定古人的故里？更何况用明、清时代的"孙氏族谱"来论定二千多年前孙膑故里的确切地点，这无疑在开历史的玩笑。据1991年在菏泽会上拿出的"忠孝堂孙氏族谱"手抄本和1992年4月公布的清顺治年间的另一"孙氏族谱"，说孙氏在金蒙之乱时迁徙的居住地"古路深沟，因名孙古路沟"。这说明：一、孙古路沟是因孙氏迁居以后起的名字，在此之前，它并不以"孙"字命名；二、该地在宋末元初还是"古路深沟"，是未开垦的土地，这样一个地方怎么会成为孙膑的出生地？最近，持鄄城说的同志又说在鄄城孙老家（即孙古路沟）发现了"孙氏家庙""孙膑墓志"等等。这些东西同样不能令人置信。鄄城地处古黄河淤积区，从考古学的角度看，如果古代真有孙膑家庙遗存下来，也应该深埋在几米，甚至十几米厚的黄土之下了，地上现存的庙宇之类肯定不是很古的，它证明不了孙膑的出生地。又，中国的墓志铭起源于南北朝时期，所谓刻有"孙膑墓志"的碑石，也肯定是晚近的东西。用诸如此类的证据来证明孙膑故里，犹治丝而梦，是解决不了问题的。

其实，鄄城孙古路沟的孙氏，本出自郓城廪丘。据古廪丘孙林出土的孙氏谱碑，郓城古廪丘孙岳的七世孙孙海，是迁居孙古路沟的第一代人，由此可见，鄄城、郓城两个孙氏本是同宗同源的。孙膑故里鄄城说难以成立，而阳谷说则理由更不充分。至于个别人把孙膑故里坐实在古阿邑，那就更经不起分析了，因此不再说它。

（原载《东岳论丛》1992年第5期）

浅谈儒家六艺的特点及其向六经的转化

近年，随着我国的国学热，国内兴起了一股读经之风。这是好事。它说明我们民族文化一方面向前发展，一方面又在不断地吸收优秀的传统文化。儒家六艺就是优秀传统文化的重要组成部分。故借此机会，我想谈谈儒家六艺的特点及其向六经的转化问题。

孔子所传授的六艺，是儒家思想的主要载体，后被尊为六经。

六艺，本是经孔子加工整理或撰著的六部书，也是他用以教育学生的六种教材。曰：《诗》《书》《礼》《乐》《易》《春秋》。

《史记·孔子世家》有很长的一段话记述六艺的来历：

孔子之时，周室微而礼乐废，诗书缺。追迹三代之礼，序《书传》，上纪唐、虞之际，下至秦缪，编次其事。曰："夏礼吾能言之，杞不足征也。殷礼吾能言之，宋不足征也。足，则吾能征之矣。"观殷、夏所损益，曰："后虽百世可知也，以一文一质。周监二代，郁郁乎文哉！吾从周。"故《书传》《礼记》自孔氏。

孔子语鲁大师："乐其可知也。始作翕如，纵之纯如、皦如、绎如也，以成。""吾自卫反鲁，然后乐正，《雅》《颂》各得其所。"

古者诗三千余篇，及至孔子，去其重，取可施于礼义，上采契、后稷，中述殷、周之盛，至幽、厉之缺，始于衽席，故曰："《关雎》之乱以为《风》始，《鹿鸣》为《小雅》始，《文王》为《大雅》始，《清庙》为《颂》始。"三百五篇孔子皆弦歌之，以求合《韶》《武》《雅》《颂》之音。礼乐自此可得而述，以备王道，成六艺。

孔子晚而喜《易》，序《彖》《系》《象》《说卦》《文言》。读《易》，韦编三绝。曰："假我数年，若是，我于《易》则彬彬矣。"……

子曰："弗乎！弗乎！君子病没世而名不称焉。吾道不行矣，吾何以自见于后世哉？"

乃因史记作《春秋》，上至隐公，下讫哀公十四年，十二公。据鲁，亲周，故殷，运之三代。约其文辞而指博。故吴、楚之君自称王，而《春秋》贬之曰"子"。践土之会实召周天子，而《春秋》讳之曰："天王狩于河阳。"推此类以绳当世。贬损之义，后有王者举而开之。《春秋》之义行，则天下乱臣贼子惧焉。

孔子在位听讼，文辞有可与人共者，弗独有也。至于为《春秋》，笔则笔，削则削，子夏之徒不能赞一辞。弟子受《春秋》，孔子曰："后世知丘者以《春秋》，而罪丘者亦以《春秋》。"

《史记》的这段记载是信而有据的。《史记·儒林列传》也说孔子"论次《诗》《书》，修起《礼》《乐》。"论是去取，次是编排，论次之外，即没有孔子的东西。修起是使《礼》、《乐》免于澌灭，也与著作不同。这四者是孔子取传统的东西经过编次修起用以教育学生的。至于《易》与《春秋》则不然，孔子成《春秋》，显然是作，而于《易》有《序》《彖》《系》《象》《说卦》《文言》传于世，也应该是作。不过序《易》之事发生在晚年而已。孔子用这六种编撰的教材教授学生。《史记·孔子世家》说："孔子以《诗》《书》《礼》《乐》教，弟子盖三千焉，身通六艺者七十有二人。"是其证。

六艺之名起源很早，本不是孔子的《诗》《书》《礼》《乐》《易》《春秋》。据《周礼·大司徒》说，大司徒"以乡三物教万民而宾兴之。一曰六德：知、仁、圣、义、忠、和；二曰六行：孝、友、睦、姻、任、恤；三曰六艺：礼、乐、射、御、书、数"。《周礼》所说的"乡三物"，可以归纳为三类：

其一，六德，即知、仁、圣、义、忠、和，讲的是古代社会的六种道德品质教育，属于社会伦理关系的范畴；

其二，六行，即孝、友、睦、姻、任、恤，讲的是古代社会的六种行为准则。据郑玄注："善于父母为孝；善于兄弟为友；睦，亲于九族；姻，亲于外亲；任，信于友道；恤，振忧贫者。"从父兄到九族，到外亲，再到朋友，着重体现着处理人际关系的原则。恩格斯在阐述两种生产的理论时说："一定历史时代和一定地区内的人们生活于其下的社会制度，受着两种生产的制约：一方面受劳动的发展阶段的制约；另一方面受家庭的发展阶段的制约。劳动愈不发展，劳动产品的数量，从而社会的财富愈受限制，社会制度就愈在较大程度上受血族关系的支配。"①可以看出，《周礼》所说的"六行"反映的主要是古代社会处理血族团体内部关系的遗迹，它说明我国古代社会在很大程度上仍受着"家庭的发展阶段的制约"，仍受到"血族关系的支配"。《周礼》所云的"乡三物"，不是别的，正是我国古代农村公社制度所固有的传统教育内容。

其三，六艺，即礼、乐、射、御、书、数，就是我国古代社会的文化教育。其中，礼、乐、书、数教育，应起源较晚，尤其礼、乐，恐怕源于产生国家以后。这四种教育就是当时的全部传统文化教育。而射、御则不是文化知识教育，而是属于大文化范畴的武艺技能教育。这种教育起源应很古老，至少可以追溯到原始的军事民主制时期。在原始的军事民主制时期，由于掠夺战争的需要，射、御应是当时氏族或部落成年男子所必备的本领。在农村公社的"六艺"教育中包括"射、御"，这说明在阶级社会里，最初的教育也是服从军事需要的。

又据《周礼·保氏》说："养国子以道，乃教之六艺：一曰五礼，二曰六乐，三曰五射，四曰五驭，五曰六书，六曰九数。"这说明当时接受六艺教育的并不是社会的大多数成员，而只是社会上层贵族的子弟，换句话说，在古代的等级社会里，六艺只是上层贵族教育子弟的科目。

《国语·齐语》记载，在正月的朝见时，齐桓公向各乡乡长征问："于子之属，有居处为义好学，慈孝于父母，聪慧质仁，发闻于乡里者""有拳勇股肱之力秀出于众者"，"有则以告，有而不以告，谓之蔽明"，"谓之蔽贤"。又《国语·楚语》载，楚庄王教育太子箴（即审，恭王名）的科目有《春秋》《世》《诗》《礼》《乐》《令》《语》《故志》《训典》。其中《世》《令》《语》《故志》《训典》等就属于《书》一类。这足以说明，中国古代农村公社式的教育传统直到春秋时期，还在一些国家中保持着。

但是，春秋恰又是中国周代礼乐制度开始瓦解的历史时期，其时"礼崩

---

① ［德］恩格斯：《家庭、私有制和国家的起源》第1版序言。

乐坏"，周代的传统文化与礼乐制度都发生了一系列的变化。《左传》襄公三十一年载，郑国大夫然明向执政子产建议"毁乡校"。昭公十七年说"天子失官，学在四夷"。这两例足以说明，以农村公社制度为特点的传统教育正渐遭破坏，无法再继续维持下去了。

正是在这样一个历史时期，孔子首开了私人讲学的先例。他将古代传统的"六艺"，即"礼、乐、射、御、书、数"的教育改为儒门"六艺"："《诗》《书》《礼》《乐》《易》《春秋》"。这一变化是中国古代教育领域的重大变革。

新的儒门六艺有着新的特点。《庄子·天下》篇说：

《诗》以道志，《书》以道事，《礼》以道行，《乐》以道和，《易》以道阴阳，《春秋》以道名分。

郭店楚简《语丛一》简说：

《诗》所以会古今之志也；《书》所以……；《礼》交之行述也；《乐》或生或教者也；《易》所以会天道人道也；《春秋》所以会古今之事也。

两相比较，除楚简《书》的特点不清楚，《春秋》差别较大以外，其他四种基本相同。六艺之中，《诗》《书》《礼》《乐》主要是孔子继承前人成果而加以编次修起的。《易》讲阴阳之道，孔子为之作《传》以阐述自然和人类社会的"义理"。《春秋》则是孔子截取一段鲁史而创作的，意在"正名分""拨乱世反诸正"，所以司马迁说它是"礼义之大宗"。

对孔门六艺特点的认识，不仅有庄子、郭店楚简《语丛一》，还有荀子、董仲舒及其他汉儒。

《荀子·儒效》说：

《诗》言是其志也，《书》言是其事也，《礼》言是其行也，《乐》言是其和也，《春秋》言是其微也。

董仲舒《春秋繁露·玉杯》说：

《诗》《书》序其志，《礼》《乐》纯其美，《易》《春秋》明其知。六学皆大，而各有所长。《诗》道志，故长于质；《礼》制节，故长于文；《乐》咏德，故长于风；《书》著功，故长于事；《易》本天地，故长于数；《春秋》正是非，故长于治人。

《礼记·经解》说：

温柔敦厚，《诗》教也；疏通知远，《书》教也；广博易良，《乐》教也；洁静精微，《易》教也；恭俭庄敬，《礼》教也；属辞比事，《春秋》教也。

从上述论证看，六艺的特点是各有侧重。《诗》是文化教育，《书》是历史教育，《礼》是行为规范教育，《乐》是道德风化教育，《易》是哲学理论教育，《春秋》是政治理论教育。这与传统"六艺"有了很大的差别，它标志着中国古代的教育已由注重文化与军事相结合型的体制开始向注重思想理论与文化型的体制转化。这一转化为后来战国时代"士"的兴起准备了人才与思想文化基础双重社会条件。

在孔子的"六艺"中，《春秋》占有特殊重要的地位。

《春秋》本是孔子截取《鲁春秋》而作的一部鲁国断代史。从历史学的角度看，它的史料价值实在是有限的。因为《春秋》的特点在于假史为名，而系统阐述孔子的政治思想和政治观点，并不注重史实。对于这一点，古贤有明确的论证。《孟子·滕文公下》说：

世衰道微，邪说暴行有作，臣弑其君者有之，子弑其父者有之。孔子惧，作《春秋》。《春秋》，天子之事也。是故孔子曰："知我者其惟《春秋》乎，罪我者其惟《春秋》乎？"

《离娄下》又说：

王者之迹熄而《诗》亡，《诗》亡然后《春秋》作。晋之《乘》，楚之《梼杌》，鲁之《春秋》，一也。其事则齐桓、晋文，其文则史。孔子曰："其义则丘窃取之矣。"

《孟子》一书证明，从史学角度看，《春秋》与当时通行的史籍，如晋《乘》、楚《梼杌》等并无差别，是一样的。但从政治角度看，就不同了。《春秋》中有《乘》与《梼杌》所不具备的"义"，即孔子的立场和观点。《公羊传》正是从这个视角出发，说《春秋》是"正名"之作，旨在"拨乱世反诸正"的。

对于《春秋》的"义"，汉儒有更深刻的认识。司马迁在《史记·太史公自序》中说：

余闻董生曰："周道衰废，孔子为鲁司寇，诸侯害之，大夫壅之。孔子知言之不用，道之不行也，是非二百四十二年之中，以为天下仪表，贬天子、退诸侯、讨大夫，以达王事而已矣。"子曰："我欲载之空言，不如见之于行事之深切著明也。"夫《春秋》，上明三王之道，下辨人事之纪，别嫌疑，明是非，定犹豫，善善恶恶，贤贤贱不肖，存亡国，继绝世，补敝起废，王道之大者也。

这就是说，在《春秋》这部史学著作中，孔子通过对春秋二百四十二年历史事实的笔削剪裁，集中表达了自己"深切著明"的政治观点，表达了自己"上明三王之道，下辨人事之纪""仪表"天下的政治理论，贯穿了自己"贬天子、退诸侯、讨大夫"，"拨乱世反诸正"的政治理想。

正因为如此，孟子才把孔子作《春秋》看成是一件惊天动地、古今罕有的大事，把它与大禹治洪水，周公兼夷狄、驱猛兽相提并论，并说"《春秋》，天子之事也"。司马迁转引汉上大夫壶遂说《春秋》"垂空文以断礼义，当一王之法"。司马迁自己也说："《春秋》者，礼义之大宗也"，并郑重申明学习《春秋》的重要意义：

有国者不可以不知《春秋》，前有谗而弗见，后有贼而不知。为人臣者不可以不知《春秋》，守经事而不知其宜，遭变事而不知其权。为人君父而不通于《春秋》之义者，必蒙首恶之名。为人臣子而不通于《春秋》之义者，必陷篡弑之诛，死罪之名。其实皆以为善，为之不知其义，被之空言而不敢辞。夫不通礼义之旨，至于君不君，臣不臣，父不父，子不子。夫君不君则犯，臣不臣则诛，父不父则无道，子不子则不孝。此四行者，天下之大过也。以天下之大过予之，则受而弗敢辞。故《春秋》者，礼义之大宗也。

从孟子、庄子、董仲舒到司马迁，都反复强调孔子贯穿于其中的立场、观点和方法，约言之曰"义"。所以，表"义"是《春秋》一书最显著的特点。如果忽略了《春秋》的"义"字，那么它真如王安石所说，是一堆"断烂朝报"了。

但是，《春秋》的"义"很难考究。《史记·司马相如列传》说："《春秋》推见至隐，《易》本隐以之显。"司马贞《索隐》引李奇曰："隐犹微也。言其义彰而文微。"《公羊传》也说《春秋》"多微辞"。正因为《春秋》用微辞表达自己的"义"，所以号称难读。

孔门的六艺转称为"六经"，始于战国时期。《庄子·天运》篇说：

"丘治《诗》《书》《礼》《乐》《易》《春秋》六经。"有人说,《庄子》的话不可信,《易》也非儒家六经。但郭店楚简《六德》篇云:"夫夫妇妇,父父子子,君君臣臣六者,……观诸《诗》、《书》,则亦在矣;观诸《礼》、《乐》,则亦在矣;观诸《易》、《春秋》,则亦在矣。"至少说明,在战国中期,《易》已经成为儒家经典了。详析之,"六艺"与"六经"又有所区别。"六艺"如我们上文所说,是指孔子用以教育学生的六种教学科目,而"六经"则是孔子为此六种科目所编定的六种教材。由于六科与六种教材同号,所以后来人们竟不辨正其别,以至于混同为一了。

孔子的"六艺"在战国时被尊为经典,主要原因有两个:

其一,孔子所创儒学成为战国时的"显学",孔子本人的地位也日趋提高;

其二,在儒学中产生了专门解释"六艺"的传。

孔子生时政治上很不得意,恓惶奔走,干七十余君而不遇,累累然若丧家之犬。所以,孔子把一生的主要精力用于文化教育事业上。他删《诗》《书》,订《礼》《乐》,赞《易》,作《春秋》。在整理、研究和传播历史文化遗产方面作出了重要贡献。同时,他创立儒家学派,教书授徒,"弟子盖三千焉",对古代的文化教育事业作出了巨大贡献。孔子的功绩赢得了世人的敬仰和尊重。在他生时,时人和他的弟子就推尊他为"圣人"。如《论语·子罕》记载:"大宰问于子贡曰:'夫子圣者与?何其多能也?'子贡曰:'固天纵之将圣,又多能也。'"但是,孔子是位谦虚的人,他不肯接受"圣者"的称号,说:"若圣与仁,则吾岂敢?抑为之不厌,诲人不倦,则可谓云尔已矣。"[1]

孔子死后,儒家成为显学,在社会上的影响越来越大。七十子及其后学终于尊他们的祖师为"圣人"。如《孟子》一书中已称赞孔子是"圣之时者也"。[2]又说:"自生民以来,未有夫子也。"[3]即使是在道家的代表作《庄子》一书中,也多次称赞孔子为"圣人"。[4]到了汉代,孔子的地位更加提

---

[1] 《论语·述而》。

[2] 《孟子·万章下》。

[3] 《孟子·公孙丑上》。

[4] 见《齐物论》、《天下》等篇。

高，成为了至圣。如司马迁《史记·孔子世家》说："孔子布衣，传十余世，学者宗之。自天子王侯，中国言六艺者折中于夫子，可谓至圣矣。"连汉代的开国皇帝刘邦经过鲁国，也要以"太牢"祭祀孔子，"诸侯卿相至，常先谒，然后从政"。随着孔子地位的不断提高，他用以执教的"六艺"也就被尊为"经典"了。

司马谈《论六家要旨》说："夫儒者以六艺为法，六艺经传以千万数。"这至少说明：一则在汉代，"六艺"已经分"经"、分"传"，有主有次了；二则经、传的名称是为区别"以千万数"的儒家典籍而设立的。孔子的"六艺"为经，弟子师口相传的解经之作为传。清儒章学诚《文史通义·经解上》说："依经而有传，对人而有我，是经传人我之名起于势之不得已，而非其质本尔也。"又说："因传而有经之名，犹之因子而立父之号矣。"这个解释较其他说法优长。其实，经、传之名并非儒家所专有。战国时，私人讲学蔚然成风，诸子百家争相著书立说，于是道家、法家、墨家皆各有其经、传，或曰经、说。如道家有《老子邹氏经传》《老子傅氏经说》《老子徐氏经说》[①]；法家李悝有《法经》，《韩非子》有经说、储说；墨家《墨子》有经说，等等。

基于上述两点，战国中期以后，六艺遂有六经之名。至汉文帝立六艺于学官，则六经之名就确定了。不过，因为《乐》经已佚，故仅存五经耳。

（原载《文化学刊》2008年第1期）

---

① 见《汉书·艺文志》。

关于《周易》"大衍之数"的问题

《周易》"大衍之数"的问题，是《易》学史上的重要问题，也是疑难问题之一。通行本《易·系辞传》虽说"大衍之数五十"，但自汉代起对它的认识就有分歧。直到今日，这一问题仍未解决。本文愿在前贤讨论的基础上，对这个问题再作一番探索。

一、"大衍之数"就是"天地之数"

"大衍之数"一词，首见通行本《易·系辞传》。它保存在《系辞传》所讲的"筮法"中，云：

大衍之数五十，其用四十有九。分而为二以象两，挂一以象三，揲之以四以象四时，归奇于扐以象闰，五岁再闰，故再扐而后卦。

天数五，地数五，五位相得而各有合。天数二十有五，地数三十。凡天地之数五十有五，此所以成变化而行鬼神也。《乾》之策二百一十有六，《坤》之策百四十有四，凡三百有六十，当期之日。二篇之策，万有一千五百二十，当万物之数也。是故四营而成易，十有八变而成卦。八卦而小成，引而伸之，触类而长之，天下之能事毕矣。显道神德行，是故可与酬酢，可与祐神矣。（以上为八章）

子曰：知变化之道者，其知神之所为乎？……（九章）天一地二，天三地四，天五地六，天七地八，天九地十。（十章首句）

在这段文字中，既有错简，又有脱文。宋贤朱熹根据程颐意见和自己的研究心得，将八、九、十这三章中的错简，重新安排如下：

天一地二，天三地四，天五地六，天七地八，天九地十。天数五，地数五，五位相得而各有合。天数二十有五，地数三十。凡天地之数五十有五，此所以成变化而行鬼神也。大衍之数五十,其用四十有九。分而为二以象两,挂一以象三……

程、朱慧眼卓识,对错简所作的纠正,是正确的。《汉书·律历志》引《易·系辞传》云:

天一地二,天三地四,天五地六,天七地八,天九地十。天数五,地数五,五位相得而各有合。天数二十有五,地数三十,凡天地之数五十有五,此所以成变化而行鬼神也。

汉熹平石经所载《易·系辞传》文亦与《律历志》此文相合。这就为程、朱说提供了确凿的证据。

"大衍之数"既然上承"天地之数",就应当与"天地之数"一致,是"五十有五",而不应当是"五十"。所谓"大衍之数五十"者,实是"大衍之数五十有五"之误。众所周知,通行本《易经》出于古文《易》,是汉费直所传。东汉陈元、郑众、马融、郑玄皆传其学。后王弼即本费氏《易》,以《彖》《象》《系辞》《文言》解经(见皮锡瑞:《经学通论》)。汉灵帝时,熹平石经《易》亦云"大衍之数五十",与通行本《易经》同,皆属汉代经学系统。

早在北宋,陆秉就曾指出通行本《易·系辞传》的这一错误。他说:"此脱文也。当云'大衍之数五十有五'。盖天一地二,天三地四,天五地六,天七地八,天九地十,正五十有五。而用四十有九者,除六虚之位也。古者卜筮,先布六虚之位,然后揲蓍而置六爻焉。如京房、马季长、郑康成以至王弼,不悟其为脱文,而妄为之说,谓所赖者五十,殊无证据。"[1]

陆秉指出"大衍之数"就是天地五十五数,是正确的。他解说"其用四十有九"是除布"六虚之位"也有来历,较京、马、郑诸儒为长。北宋胡瑗认为"大衍之数五十"是脱文[2]。

洞见"大衍之数五十"为脱文者,在清代还有纳兰性德。纳兰氏在《〈易〉九六爻大衍之数解》一文中说:

又如"大衍之数五十,其用四十有九",先儒曰"数所赖者五十",又曰"非数而数以之成"。是说也,予尤疑之。夫数贵一定,而曰"所赖者

---

[1] [宋]沈作喆:《寓简》卷一。
[2] 转引自梁敢雄:《大衍之数与天地之数考辨》,《鄂东易学通讯》总4期,1996年。

五十"，"非数而数"，不大诞谬哉？

尝深思而断之曰：此脱文也。天一地二，天三地四，天五地六，天七地八，天九地十，数正五十有五。故乾坤之策，始终此数。《系辞》明曰："天数二十五，地数三十。"

五十有五，岂不显哉！而何独于此灭其五数，以另为起例哉！①

纳兰氏说自然也是对的。他提示诸儒"数贵一定"，"数正五十有五"，"乾坤之策"始终也是此数。所谓"五十"者，是"灭其五数，以另为起例"，亦足以发人深省。

金景芳师早年研易，也觉悟到了这一问题，说：

"大衍之数五十"有脱文，当作"大衍之数五十有五"，脱去"有五"二字。大衍之数，即下文"成变化而行鬼神"之"天地之数"。"衍"者，推演。"大衍"者，言其含盖一切，示与基数之十个数字有别。

盖数之奇偶，分天分地，犹卦之两仪，有一，有__。……不然，则此处"五十"为无据，而下文"五十有五"为剩语②。

金景芳师认为"大衍之数"就是"天地之数"，大衍之数"五十"就是天地之数"五十有五"的脱文。这一点与陆秉、胡瑗、纳兰性德是一致的。但金师在释《说卦传》"参天两地而倚数"时进一步指出："盖天地者，即《系辞传》所谓'天一地二，天三地四，天五地六，天七地八，天九地十'。即于基数中十个数字，区别其奇偶，而命之为天地也。参天两地者，即《系辞传》所谓：'天数五，地数五，五位相得而各有合。天数二十有五，地数三十。凡天地之数，五十有五，所以成变化而行鬼神也。'""'参两'与'参伍'语意略同，意犹参错、参杂。后儒以实数释之，目为三二、三五，徒滋巧说，而反扞格不通。故参天两地者，即五天数与五地数相与参杂，而成五十有五，为大衍之数也。占者立此蓍数，而求数定爻定卦。故一则曰'而倚数'，再则曰'所以成变化而行鬼神也'。"③

金景芳师的论断明白无误地告诉我们，"五十有五"之数，从产生方面来说，是由"天一地二，天三地四"等区别为奇偶阴阳的十个自然基数而

---

① 《八旗文经》（影印本）卷六，辽沈书社，1988年版。

② 金景芳：《学易四种》，吉林文史出版社，1987年版，第56页。

③ 金景芳：《学易四种》，吉林文史出版社，1987年版，第55页。

来，故命之为"天地之数"；而从利用它推演《周易》，"求数定爻定卦"
方面来说，它能"成变化而行鬼神"，故又名"大衍之数"。所谓"大衍之
数"与"天地之数"，其实只不过是一个问题的两个方面，两种说法。若以
为"大衍之数"是一事，而"天地之数"是另一事，两者毫不相关，那就错
了。如果那样，则大衍的"五十"之数为无据，而天地之"五十有五"之数
为剩语。金师的论证显然较陆氏、纳兰氏之说有了新的发展。

在帛书《易·系辞》中，只载有"天一地二，天三地四，天五地六，
天七地八，天九地十"一语，而不见有"大衍之数"一章。有人即以为帛书
《易·系辞》不讲"天地之数"。这个看法是不对的。因为"天一地二，天
三地四，天五地六，天七地八，天九地十"等十数，就是"天地之数"。通
行本《易·系辞传》韩康伯注这段文字曰："《易》以极数通神明之德，故
明《易》之道，先举天地之数也。"孔颖达疏云："此言天地阴阳自然奇
偶之数也。""《易》之为道，先由穷极其数，乃以通神明之德也。故明
《易》之道，先举天地之数者"即其证。帛书《易》有"天地之数"而无
"大衍之数"，说明在古人眼中"天地之数"才是"以通神明之德"的"极
数"，而"大衍之数"不过是它的另一种提法，故可略而不计。

关于"大衍之数"就是"天地之数"的问题，我们还可以找到一些
证据。

《旧唐书·礼仪志》讲明堂之制曰："堂心八柱……又按《周易》大
衍之数五十有五，故长五十五尺。""堂檐……去地五十五尺。所以拟大易
之嘉数，通惟神之至赜，道合万象，理贯三才。"《通典》卷四十四谈到唐
代明堂之制也说："堂心八柱，长五十五尺。"杜佑按："大衍之数五十有
五，以为柱之长也。"《通典》又说："四檐，去地五十五尺。"杜佑解
释："大衍之数五十五。"

杜佑是唐代人。《旧唐书·礼仪志》的这段话是唐高宗在乾封二年后
所下的诏书，拟诏人断不敢误写。而《旧唐书》为五代后晋赵莹、刘昫、
张昭远等人所撰。这就证明在唐至五代时，人们如果不是见到了未脱文的
《易·系辞传》版本，那就是径直把"天地之数"称为"大衍之数"。两者
必居其一。唐孔颖达《礼记·月令篇》疏引郑玄《易·系辞传》注也直言
"大衍之数五十有五"。

成书于西汉末的《易纬·乾凿度》说："故大衍之数五十，所以成变化而行鬼神也。"似能证成"大衍之数五十"说。但其下文云："所以成变化而行鬼神也。"在通行本《易·系辞传》中，"所以成变化而行鬼神"的上文却是"凡天地之数五十有五"。两相比较，可以看出《易纬·乾凿度》也是把"大衍之数"与"天地之数"当作一回事的。《乾凿度》又说："衍天地合和数，天地合一二得三，合九六、合二十五及三十。"表明它认为"大衍之数"是由"衍天地合和数"而来的，是"二十五及三十"。所以其说占筮之数云："天地合策数五十五，所用法古四十九，六而不用，驱之六虚。"其"六而不用，驱之六虚"说，即三国姚信、董遇"以象六画"说，陆秉"先布六虚之位"说的祖本。

综上所述，我们可以推断说：通行本《易·系辞传》所说的"大衍之数"其实就是"天地之数"，是天地之数的另一种说法。"大衍之数五十"为"大衍之数五十有五"之误。所谓"大衍"就是大变，就是用天地五十五数推演天地变化，求数定爻定卦，方法是用四十九数占筮，用六数充当六虚之位。

二、汉魏以来《易》学家亦多以"天地之数"解"大衍之数"

汉魏以来的《易》学家，虽然大多尊奉"大衍之数五十"之说，但在具体解释"大衍之数"时，许多人却又援引"天地之数"以为据。兹仅举一部分具有代表性的说法论列如下。

《汉书·律历志》载刘歆解"大衍之数五十"曰："元始有象一也，春秋二也，三统三也，四时四也，合而为十，成五体。以五乘十，大衍之数也，而道据其一，其余四十九，所当用也，故著以为数。"刘歆既然承认"大衍之数"为"著数"，就应当承认它从"天一地二"等天地之数而来。但他不然。他说"大衍之数"是由"元始、春秋、三统、四时"来的，显然与《易·系辞传》所载的筮法相悖谬，著数怎么会从"元始、春秋、三统、四时"而来？早在筮法产生的时代，还不存在所谓的"三统"说。刘歆自己对此说也无信心，因此又引"天地之数"作注脚，云："故《易》曰：'天一地二，天三地四，天五地六，天七地八，天九地十。天数五，地数五，五位相得而各有合。天数二十有五，地数三十，凡天地之数五十有五，此所以成变化而行鬼神也。'"而这也就承认了"天地之数"才是"成变化而行鬼神"的蓍数。既承认"大衍之数"为蓍数，又承认"天地之数"为蓍数，将两者归结成为一事。那么，他不就自我否定了"大衍之数"来自"元始、春秋、三统、四时"之说么？

上文我们谈过，郑玄曾直言"天地之数"为"大衍之数"。他的这一说法载在《礼记·月令》孔疏中。孔疏云："郑注《易·系辞》云：'天一生水于北，地二生火于南，天三生木于东，地四生金于西，天五生土于中。阳无耦，阴无配，未得相成。地六成水于北，与天一并；天七成火于南，与地二并；地八成木于东，与天三并；天九成金于西，与地四并；地十成土于中，与天五并也。大衍之数五十有五，五行各气并气，并而减五，惟有五十。以五十之数不可以为七、八、九、六卜筮之占以用之，故更减其一，故四十有九也。'"但是，据《易·系辞传》孔疏引郑玄注则云："天地之数五十有五，以五行气通，凡五行减五，大衍又减一，故四十九也。"认为"大衍之数"是"天地之数五十有五"减去五行之数。似乎把"大衍之数"与"天地之数"看成了两事。比较郑玄的两说，可以看出孔颖达在《礼记·月令》篇疏所引的郑玄注很全面，应是郑氏"大衍之数"注原文。而《系辞传》疏所引似是对郑注后半段的概括之语。在《月令》疏所引的郑注里，郑玄不仅直言"大衍之数五十有五"，把它与"天地之数五十有五"完全看成是一回事，并且认为"五十"是"不可以为七、八、九、六卜筮之占"的数字，来历是"大衍之数五十有五"减去"五行并气"之数，故也称为"大衍之数"。郑玄此论指明了"大衍之数五十"说所以形成的根据。

王弼注"大衍之数"云："演天地之数，所赖者五十也。'其用四十有九'，则其一不用也。不用而用以之通，非数而数以之成。斯《易》之太极也。"[①]这就是说，"大衍之数"就是"天地之数"。"天地之数"虽然五十有五，但所"演"，即推演卦爻之"天地之数，所赖者"仅"五十"而已，故称"大衍之数五十"。但是"五十"不可以为"七、八、九、六卜筮之占"，而必须用"四十有九"。所以，王弼解云"其一不用"者，"斯《易》之太极也"。后儒多有赞成此说者。然详析之，王弼此说不确。因为

———————————
① 《周易正义》韩康伯注引。

"太极"是天地未剖判前的元气"一",整体"一",故又称"太一",即"大一"。这个"大一",是天地之"极数",包含着天地五十五数。而从"大衍之数五十"中分出的"一",是天地五十五数之"一",是具体的"一"。作为具体数字的"一",它不能代表包容宇宙整体的太极。

三国姚信、董遇注"大衍之数五十,其用四十有九"曰:"天地之数五十有五者,其六以象六画之数,故减之而用四十九"。[①]也认为"大衍之数"就是"天地之数"。"天地之数五十有五"减去"六画之数"后,所余即称"大衍之数五十,其用四十有九"。虞翻注"凡天地之数五十有五"曰:"天二十五,地三十,故五十有五。天地数见于此,故大衍之数,略其奇五而言五十也。"[②]认为"大衍之数"与"天地之数"是一致的,不过是天地五十五数举其整而略其奇之言。虞注不失为一说。这种举整数略奇数的方式,为古人所常用。如一年"三百有六旬有六日",古人即以"三百六十日"当之。虞翻在注"天一地二,天三地四,天五地六,天七地八,天九地十"时,直言:"此则大衍之数五十有五,蓍龟所从生。圣人以通神明之德,以类万物之情。"是他上文的最好证明。

唐崔憬注"大衍之数"曰:"案《说卦》云:'昔者圣人之作《易》也,幽赞于神明而生蓍,参天两地而倚数。'既言蓍数,则是说大衍之数也。明倚数之法,当参天两地。参天者,谓从三始,顺数而至五、七、九,不取于一也。两地者,谓从二起,逆数而至十、八、六,不取于四也。……故云大衍之数五十也。不取天数一、地数四者,此数八卦之外,大衍所不管也。"[③]崔憬把"参天两地"之法,解为天数从三起,地数从二起,不取天一、地四之数,违背天地之数的自然数序,自然是扞格不通的。但他承认"大衍之数"是蓍数,就是"参天两地"即"天地之数"的揲蓍之数,则是可取的。

唐李鼎祚的《周易集解》,是对汉魏以来《易》学成果的总结。他在谈到"大衍之数五十,其用四十有九"时说:"此章云'天数五,地数五,五位相得而各有合。天数二十有五,地数三十,凡天地之数五十有五,此所以

---

① 《周易正义》孔疏引。

② [唐]李鼎祚:《周易集解》卷十四。

③ [唐]李鼎祚:《周易集解》卷十四。

成变化而行鬼神',是结大衍之前义也。既云五位相得而各有合,即将五合之数配属五行也,故云'大衍之数五十'也。'其用四十有九'者,更减一以并五,备设六爻之位。蓍卦两兼,终极天地五十五之数也。"① 显而易见,在李鼎祚的解说中,既采纳了郑玄"大衍之数五十"是天地之数五十有五减去配属五行的"五行并气"之数的成果,又融会了姚信、董遇以为天地之数五十有五减去"以象六画"的六数的思想。这就说明,李鼎祚认为"大衍之数"与"天地之数"其实本为一事。所不同者在于:天地五十五数是"终极之数",而"大衍之数"则是天地之数减去五合之数。大衍用数四十九是蓍数,六爻之位是卦数。蓍卦合数就是"终极天地五十五之数也"。

当然,在汉魏以来的易学家中也有不以"天地之数"解"大衍之数"的。如京房,他在注"大衍之数五十"时云:"五十者,谓十日、十二辰、二十八宿也。"② 这种解释显背《周易》筮法揲蓍之数系由"天地之数"而来的原理。《左传》僖公十五年载晋大夫韩简释《周易》筮数的起源及与龟卜的区别,云:"龟,象也;筮,数也。物生而后有象,象而后有滋,滋而后有数。"证明古人认为筮数由物的繁衍滋生而来,并条理化为"天一地二"等十数,而不是从什么"十日、十二辰、二十八宿"来的,京房此说并无可取之处。马融在注"大衍之数五十"时云:"《易》有太极,谓北辰也。太极生两仪,两仪生日月,日月生四时,四时生五行,五行生十二月,十二月生二十四气。北辰居位不动,其余四十九转运而用也。"③ 把用来揲蓍求数定爻定卦的"大衍之数"归结为北辰、两仪、日月、四时、五行、十二月、二十四气,更属牵强附会之辞。再有荀爽注说:"卦各有六爻,六八四十八,加《乾》《坤》二用,凡有五十。《乾》初九'潜龙勿用',故用四十九也。"④ 此说将《易》所持以揲蓍的策数与卦爻之数混为一谈,且《易》之"用九""用六"并非二爻,指的是《乾》《坤》两卦如果都占到变爻时的处置问题,所以也不足为训。至宋,以朱熹为代表的《易》学家则多以河图、洛书解"大衍之数",如他说:"大衍之数五十,盖以河图

---

① ［唐］李鼎祚:《周易集解》卷十四。
② 《周易正义》孔疏引。
③ 《周易正义》孔疏引。
④ 《周易正义》孔疏引。

中宫天五乘地十而得之。至用以筮，则又止用四十有九，盖皆出于理势之自然，而非人之知力所能损益也。"①朱熹虽为《易》学名家，解《易》创获颇多，但将《周易》的揲蓍之数归结为河图中宫天五乘地十之数，则大谬不然。据清儒毛奇龄、胡渭、张惠言等考证②，朱熹所传的"河图"源自汉代的《易·系辞传》"大衍之数"注，其"洛书"则出于汉代的太乙九宫图。笔者曾撰《河图、洛书时代考辨》一文道其原委③。近年来，河图、洛书在《易》学研究中被炒得很热。不断有人著文说它们是原始时代的产物。殊不知，仅从目前的考古材料来看，想证明这一点是十分困难的。退一步说，即使有材料能证明上古确实存在与今传河图、洛书相近似的图形，那也只证明汉代的九宫图与《易·系辞传》所传的天地五十五数存在很早，渊源有自，而不能证明假冒它们之名的什么河图、洛书存在得早。这是不言自明的。

汉魏以来一些有代表性的《易》学家虽然未悟"大衍之数五十"有脱文，但大多承认"大衍之数"自"天地之数"而来，天地五十五数是母数，是"终极之数"；"大衍之数"是子数，是蓍卦之数，两者名异而实同。

近世讲"大衍之数五十"的《易》学家，多依汉魏旧说为据。但不深究汉魏《易》学家以"大衍之数"为天地五十五数之说，将两者当作两事，从而导致谬误。

综上可见，"大衍之数"就是"天地之数"，"大衍之数五十"是"大衍之数五十有五"的脱文。汉魏《易》学家也多把两者看成是一事，虽不悟"大衍之数五十"为脱文，但认为"大衍之数"是"天地之数"的蓍卦之数，也与事实接近。那种认为"大衍之数"与"天地之数"无关，是独立于"天地之数"以外的另一种数的观点，是错误的。

（原载《中国哲学史》1998年第3期，郭守信先生为第二作者。）

---

① ［南宋］朱熹：《周易本义》。

② 参见：［清］毛奇龄《仲氏易》，《清经解》卷117，上海书店，1988年版；［清］胡渭《易图明辨》，《清经解续编》卷37，上海书店，1988年版；［清］张惠言《易图条辨》，《清经解续编》卷307，上海书店，1988年版。

③ 见拙著：《河图、洛书时代考辨》，《史学集刊》1991年第1期。

《春秋左传注》辨正六则

杨伯峻先生所著《春秋左传注》是总结古今《左氏》注疏学的集大成之作，资料丰富、考核精审，具有很高的学术价值。1981年出版以后，即受到学术界普遍重视。1990年，杨先生又对注文重作修订，扫除讹脱、改正误注、补入新意与新资料，使注文更加完备。但是，大醇中难免小疵，笔者曾撰文指正过注文的十二条可商之处。今又有六则发现，特书于下，供方家批评。

一

《左传》桓公五年：

凡祀，启蛰而郊，龙见而雩，始杀而尝，闭蛰而烝，过则书。

杨注："郊礼，古今异说纷繁。今以《春秋》《左传》解《左传》。郊为夏正正月祈谷之礼。襄公七年《传》：'夫郊祀后稷以祈农事'可证。"

《左传》襄公七年：

夏四月，三卜郊，不从，乃免牲。

杨注："郊有二义，据《孝经》'昔者周公郊祀后稷以配天，宗祀文王于明堂以配上帝'，《礼记·郊特牲》'万物本乎天，人本乎祖，此所以配上帝也。郊之祭也，大报本反始也'，《公羊传》宣三年'郊则曷为必祭稷？王者必以其祖配'云云，则郊本为祭天之礼。祭天应有陪同受祭之人，周之始祖为后稷，因以后稷配飨。此本是原义。其后又以后稷为始作农耕之人，人既祭祀上天，上天应有以酬答，于是产生祈求好收成之义。"

在这两段注文中，杨先生说"启蛰而郊"是郊祀后稷以祈农事，郊有两重意义：一为祭天，二为人祈求好收成，都是对的。

但是，杨注有所不足。杨注的不足是将周人的"大报本反始"之郊天与"郊祀后稷以祈农事"之郊天混而为一了。实际上，周代郊天之祭不仅有两义，而且有两次：一为冬至郊天，二为启蛰郊天。冬至郊天是报本，报天生万物以养蒸民；启蛰郊天是祈农，祈求上天再予好收成。

冬至郊天，首见《逸周书·作雒》篇，周公"乃设丘兆于南郊，以祀上帝，配以后稷，日月星辰、先王皆与食。"[①]孔晁注："设，筑坛城；内郊，南郭也。"朱右曾注："丘，圜丘。兆，域也。"刘师培补充说："孔注：筑坛城内郊南郭也。案此文孔注不完。据《礼记·郊特牲》《祭法》孔疏引王肃《圣证论》，以圜丘即郊，证以本书，其谊实合。"《郊特牲》云："郊之祭也，迎长日之至也，大报天而主日也。兆于南郊，就阳位也。扫地而祭，于其质也。器用陶匏，以象天地之性也。于郊，故谓之郊。"此说十分清楚：冬至郊天地点在国之南郊，器物用陶瓦，显示质朴。时间在冬至之日，于夏正为十一月，于周正为一月。《周礼》郊、雩、尝、蒸之祭皆仲月，乃祭祀时间之下限。《周礼·大司乐》的记载亦与《逸周书·作雒》及《礼记·郊特牲》相符合。《大司乐》云："凡乐……冬日至，于地上之圜丘奏之。"圜丘，是周人祭天之地。冬至之日，于圜丘奏圜钟、黄钟、大蔟、姑洗等国之重器，非祭天而何？所以，周人在冬至祭天是不可否认的事实。

孟春祈谷祭天，即《左传》所谓"启蛰而郊"。时间在惊蛰之后。杜预注："启蛰，夏正建寅之月，祀天南郊。"建寅之月，于夏正为一月，于周正为三月。襄公七年，鲁至四月犹三卜郊，故受到孟献子批评："启蛰而郊，郊而后耕。今既耕而卜郊，宜其不从也。"依周制，启蛰之郊必用辛日。三月初，当卜三月上辛之日；不从，卜中辛之日；再不从，则直接用三月下辛之日。若三月只有两个辛日，皆不从，当直接用四月上辛之日，不须再卜。四月上辛为夏正仲春，尚在祭天时限之内。鲁至四月犹三卜郊，自然是非礼的。关于孟春祈谷之祭，亦见于《礼记·月令》，孟春"天子乃以元日祈谷于上帝。乃择元辰，天子亲载耒耜，措之于参保介之御间，帅三公、九卿、诸侯、大夫，躬耕帝藉"。在周代有一套命祀制度，"天子祭天地，

---

① 原作"乃设丘兆于南郊，以上帝，配□后稷。"此从王念孙说改，《读书杂志·逸周书第二》，中国书店，1985年版，第22页。

诸侯祭社稷"①。诸侯本无郊天的权利。故《礼记》与《公羊传》皆谓"鲁郊非礼"。但是，因为鲁本周公之后，虽无圜丘郊天之权，却有"启蛰而郊"为农事祈谷之权。《春秋》屡载鲁郊天之事，《左传》虽有批评，独未说鲁郊本身为非礼，即为明证。关于周代郊天之礼，古今异说纷繁复杂。究其分歧，焦点有二：一是冬至日郊天与夏正正月郊天是否二事；二是冬至郊天与圜丘郊天是否一事。

关于冬至郊天与夏正孟春郊天为二事，王肃曾有精辟之论："周以冬至祭天于圜丘，以正月又祭天以祈谷。《祭法》称柴泰坛，则圜丘也。《春秋传》'启蛰而郊'，则祈谷也。"又云："郊则圜丘，圜丘则郊。所在言之，则谓之郊；所祭言之，则谓之圜丘。于郊筑泰坛，象圆丘之形。以丘言之，则本诸天地之性。故《祭法》云'燔柴于泰坛'，则圜丘也。《郊特牲》云'周之始郊，日以至'，《周礼》云'冬日至，祭天于圜丘'，知圜丘与郊是一也。"其说至确。但是，早于王肃的郑玄对此另有看法：《作雒解》所讲的南郊设丘祭天与《大司乐》所讲圜丘祭实为两事；而设丘祭天在夏正正月，圜丘祭天则在冬至。由于郑、王两家说法不同，所以引起了古今学人关于周人郊天之礼的千古聚讼。对于这段经学史上的公案，清人孙希旦在《礼记·郊特牲》《集解》中有中肯的分析：

祭之于冬至者，大报天之正祭也；祭之于孟春者，祈谷之祭也。其所祭则皆昊天上帝也。郑氏见《祭法》"禘祭"在"郊稷"之上，谓郊既祭天，而禘在郊上，又大于郊，遂分郊、丘为二祭，谓"禘者冬至祭天皇大帝于圜丘，而以祭配；郊者祭感生帝于南郊，而以稷配"。不知禘乃宗庙之大祭，非祭天之名。但郊以稷配，而禘追及于祭，以尊卑言之，则郊之祭天为尊；以远近言之，则禘之及祭为远。此《祭法》之所以先言"禘祭"而后言"郊稷"也。且郑氏既分禘、郊为二，至《小记》与《大传》言"王者禘其祖之所自出"，则又以为南郊之祭，是自乱其说也。盖郊以祭天，禘以祭祖，必不可合也，而郑合之；《小记》《大传》之禘，即《祭法》之禘，冬至所祭之天，即孟春所祭之天，必不可分也，而郑分之。其汩乱经典甚矣！②

孙希旦的分析鞭辟入里，不仅仅批判了郑玄说，也为古今学人关于周代

①　《礼记·礼运》。
②　［清］孙希旦：《礼记集解》，中华书局，1989年版，第690页。

郊天之礼的争论画上了句号。

孙诒让在《周礼·大司乐》《正义》中为申张郑说，竟释《郊特牲》"郊之祭也，迎长日之至也"之"长日"为夏至，也是误说。上文我们说过，周人孟春郊天为祈谷。"迎长日"郊天为报本，而《郊特牲》明言"周之始郊，日以至"。说明日至的始郊在孟春祈谷之前，这怎能是"夏至"？更何况《大司乐》明言"冬日至"祭天，怎能说成"夏至"？所谓"迎长日之至"者，是说冬至以后，长日就到来了，并非说这天日最长。

从上可见，杨先生在《左传》襄公七年注中引用《孝经》"昔者周公郊祀后稷以配天"与《礼记·郊特牲》"郊之祭也，大报本反始也"来解释"启蛰而郊"也不合适。这两则文献说的是冬至报本郊天，而"启蛰而郊"说的是孟春祈谷郊天。两者虽然都是祭天，但目的与内容则有所不同，不可混为一谈。

二

《左传》僖公二十八年：

城濮之战，晋中军风于泽，亡大旆之左旃。祁瞒奸命，司马杀之。

杜预注："大旆，旗名。系旐曰旆，通帛曰旃。"

杨注引刘书年《经说》云："大旆之左旃，前军之左旃也。"杨注信刘书年以"旆"为"前军"说，故谓"大旆之左旃"是"前军之左旃"。

竹添光鸿云："大旆之左旃，言大旆与左旃也。古人多以'之'字为连及之词……说见王引之《经传释词》。"

杜、杨、竹添三说皆不确。考《曾侯乙墓竹简》有"右命建所乘大轈"一句简文，简背标题作"右敔（令）建驭大旆"。裘锡圭、李家浩两先生考释曰："大轈之轈，简背作旆。旆字，《说文》从'宋'声，简文从'市'声，'宋'、'市'二字形音俱近，故可通用。古代作战时，一般以兵车载旆置于军前。《左传》宣公十二年：'令尹南辕反旆'，杜预注：'旆，军前大旗。'载旆的前驱兵车也可以称为旆。《左传》哀公二年：'阳虎曰：'吾车少，以兵车之旆与罕、驷兵车先陈。'杜预注：'旆，先驱车也。'因'旆'用为兵车名，故简文或写作从'车'。简文所记之旆，有大旆、左

旆、右旆。《左传》僖公二十八年：'城濮之战，晋中军风于泽，亡大旆之
左旃。'大旆是指中军前驱的兵车，杜预理解为旗名是错误的。《左传》僖
公二十八年：'胥臣蒙马以虎皮，先犯陈、蔡，陈蔡奔，楚右师溃。狐毛设
二旆而退之。'疑即左旆、右旆之类。"①裘、李之释，确不可移。

从裘、李二先生释文可知，旆本为前军大旗，故常作旗讲。但因其建于
前驱兵车上，所以也可代称前驱兵车，也可以代表前驱兵。此文之大旆，既
非大旗，亦非前军，指的乃是中军前驱兵车。故"大旆之左旃"，就是"中
军前驱兵车之左旃"。故杜、杨、竹添三家之说皆误。

三

《春秋》僖公二十九年载：

公至自围许。夏六月，会王人、晋人、宋人、齐人、陈人、蔡人、秦人
盟于翟泉。

《左传》释之曰：

夏，公会王子虎、晋狐偃、宋公孙固、齐国归父、陈辕涛涂、秦小子
慭盟于翟泉，寻践土之盟，且谋伐郑也。卿不书，罪之也。在礼，卿不会公
侯，会伯子男可也。

对于文中"在礼，卿不会公侯，会伯子男可也"一句，杨注："王子
虎为周卿士，鲁僖公亲往，是公侯也。昭二十三年传云'列国之卿当小国之
君，固周制也'，则伯子男为小国之君，公侯之卿可往会之。此是依传解
传。考之史实，公侯伯子男五等既非事实，褒贬亦难悬揣。"此注前一段说
周王子虎为公，鲁僖公为侯，列国之卿当小国之君，伯子男为小国之君等，
都是对的。这段话即为《左传》"依传解传"之语，自应视作《左氏》作者
之语，为先秦旧说。但杨注弃先秦旧说而不用，而采用了当代学者傅斯年、

---

① 《曾侯乙墓》附录一《曾侯乙墓竹简释文与考释》，文物出版社，1989年版，第490、502页。

郭沫若、杨树达等先生之说①。断然否定了周代的五等爵制，云："考之史实，公侯伯子男五等既非事实，褒贬亦难悬揣。"这就有失公允了。

关于周代诸侯五等爵问题，载在先秦两汉文献，汉代学者言之凿凿，未可轻易否定。自20世纪三四十年代以后，由于新发现的西周青铜器铭文中，对诸侯的爵称或公、或侯、或伯，并无一定，于是被当代有影响的史学家傅、郭、杨等所否定。其实这一否定是轻率的。虽然诸家说在史学界占据了主流地位，但并未得到史学界公认。

20世纪80年代初，王世民先生从金文材料出发，采取"既注意各该器物的年代和国别，又要把那些诸侯的生前和死后追称区别开来"的研究方法，重新研究了周代诸侯五等爵，得出了与《公羊传》大体一致的结论："天子三公称公，王者之后称公，其余大国称侯，小国称伯子男。"②王说肯定了西周青铜器铭文中诸侯爵分"公""侯""伯子男"三等，是一重要研究成果。可惜杨先生在1990年重新修订注文时对王说未能采用，仍对五等爵持否定态度，这就不能不说是一个缺失了。学术界关于《左传》的成书年代虽然尚未最后定论，但康有为的刘歆伪作说已无人尊信，于春秋末、战国两说中，战国早中期说居于主流地位③。春秋末说赞成者也不在少数④。春秋末、战国早中期，去古未远，其说应该受到学术界尊重。《左传》襄公十五年说："王及公、侯、伯、子、男、甸、采、卫、大夫，各居其列。"与《左传》并称《春秋》内外传的《国语·周语中》载："昔我先王之有天下也，规方千里以为甸服，……其余以均分公、侯、伯、子、男。"《楚语上》曰："天子之贵也，唯其以公侯为官正，而以伯子男为师旅。"余如《周礼》《孟子》《礼记·王制》等言五等爵制皆信而有征，岂可断然否定！

---

① 傅斯年：《论所谓五等爵》，《历史语言研究所集刊》第二本，中华书局，1987年影印本。郭沫若：《中国古代社会研究》第四篇之《周代彝铭中无五服五等之制》，《郭沫若全集》历史编1；《金文所无考·五等爵禄》，《金文丛考》，人民出版社，1954年版。杨树达：《古爵名无定称说》，《积微居小学述林》卷六，中华书局，1983年版。

② 王世民：《西周春秋金文中的诸侯爵称》，《历史研究》1983年第3期。

③ 卫聚贤：《古史研究》，商务印书馆，1936年版；杨伯峻：《左传成书年代考》，《文史》第6辑；赵光贤：《左传编撰考》，《中国历史文献研究集刊》第12辑；童业书：《春秋左传研究》，上海人民出版社，1980年版；徐中舒：《左传选》，中华书局，1963年版。

④ 胡念贻：《左传的真伪和写作时代考辨》，《文史》第11辑。

　　傅、郭、杨诸家否定五等爵的依据，主要是在金文中诸侯爵称并无一定。其实这种现象在文献中也比比皆是，何足为怪。如《左传》称秦君忽为公、忽为伯，称郑君亦是。称齐君忽为公、忽为侯，称宋君为公，也称襄公为子。《国语·吴语》称吴君为王、为伯、为公等。经仔细研究不难发现，在诸侯的这些称谓中只有一种是本爵，其余多为尊称，个别亦有贬称。据《吴语》，晋董褐对吴王说："今君掩王东海，以淫名闻于天子，君有短垣，而自逾之，况蛮、荆则何有于周室？夫命圭有命，固曰吴伯，不曰吴王。诸侯是以敢辞。夫诸侯无二君，而周无二王，君若无卑天子，以干其不祥，而曰吴公，孤敢不顺从君命长弟！"吴王许诺。这条材料证明，周天子分封时确有任命诸侯爵秩的命圭。依命圭吴为伯爵，王号是吴君的僭越之称，公则是它迫于诸侯压力的临时称呼。

　　要了解周代诸侯的本爵也并非难事，《春秋》是孔子的"拨乱反正"之作，其载诸侯盟会皆序诸侯本爵。如僖公九年，"夏，公会宰周公、齐侯、宋子、卫侯、郑伯、许男、曹伯于葵丘"。侯、伯、男就分别是齐、卫、郑、曹、许五君的爵称。鲁亦侯爵，而称公者，因为《春秋》为鲁史，而五等诸侯在国内皆称"公"，是臣子之尊称。宋为公爵，之所以称"子"，据《左氏传》说是"宋桓公卒，未葬，而襄公会诸侯，故曰'子'。"《春秋》书诸侯之爵还有两个例外是吴、楚。春秋时，吴、楚二君自号为王，而《春秋》贬之曰"子"[①]。

　　公作为爵秩，除《公羊传》说"天子三公称公，王者之后称公"外，王朝卿士亦皆称公，如郑武公、庄公、虢公。诸侯于国内皆称公，是臣子尊称。诸侯于讣告称本爵，于下葬亦皆称公，是臣子之尊辞。秦、郑皆伯爵，故称秦伯、郑伯。郑武、庄公曾为王朝卿士，故称公。郑君、秦君在国内或死后，臣子亦称其为公，故郑有厉公、文公、穆公等；秦有穆公、文公、康公等。齐、晋依同理，爵本为侯，于国内皆称公，死后则称齐桓公、齐孝公、齐懿公、晋献公、晋惠公、晋文公等。但这些称号并非爵称，而是尊称。

　　《左传》又载："凡诸侯薨于朝、会，加一等；死王事，加二等。"许男参加齐桓公征讨楚国之大军，死于路上，"葬之以侯"礼。总之，先秦

――――――――――

① 《史记·孔子世家》。

文献中所反映的周代诸侯爵秩也是十分复杂的，也存在大量爵无定称现象，但由于文献记载的系统性，所以我们可以寻绎出它的本爵。而金文材料零散不整，带有很大局限性，要以它作为唯一尺度来衡量周代诸侯的爵秩等级，恐怕有害无益。从理论上说，周代是等级制社会，社会的阶级是由"各种社会地位构成的多级的阶梯"[①]。天子、诸侯、卿、大夫、士是社会上的统治阶级。卿、大夫、士又皆有上、中、下之分，诸侯岂能没有？天子、诸侯的妻妾与诸子皆排列有序。如晋文公嫡妻文嬴，次妃偪姞、三妃季隗、四妃杜祁，齐姜在五，秦之媵女在六、七、八、九妃，为辰嬴。[②]诸子依嫡子为尊，庶子为卑排序。嫡子又以长幼论尊卑，庶子则从母亲的贵贱论尊卑，曰"子以母贵"[③]。在这样一个等级严密的社会中，诸侯岂能无尊卑等次？应该说公、侯、伯、子、男五等爵反映的正是周代诸侯这一社会阶层的尊卑等级次序。

四

《左传》僖公三十年载，郑烛之武见秦伯，曰：

秦、晋围郑，郑既知亡矣。若亡郑而有益于君，敢以烦执事。越国以鄙远，君知其难也。

杨注"鄙远"云："以远地为其边鄙也。"不误。但其引《殷契粹编》八〇一片云"大方伐□，鄙廿邑"，并释云："大方即大邦，为殷人自称。谓殷伐□，夺其二十邑以为边鄙也。"则误。这条卜辞中的"大方"并非殷人自称，乃一个以"大"命名的独立方国。杨注所引《殷契粹编》八〇一片卜辞，现被收为《甲骨文合集》第六七九八条。其原文为"𣎳𨂠𠬝……𣌭廿𦀖"。陈梦家先生释此条为"大方伐□，啚廿邑"，认为大方是指一方国，并非殷之自称，并说"此大方与敦、啚为邻"[④]。对"𣌭"字释"啚"，不释"鄙"。陈说是对的。

关于甲骨卜辞中"大方"的材料，还有四条：

---

① 《马克思恩格斯选集》第1卷，人民出版社，1972年版，第251页。
② 陈恩林：《先秦两汉文献中所见周代诸侯五等爵》，《历史研究》1994年第6期。
③ 《公羊传》隐公元年。
④ 陈梦家：《殷虚卜辞综述》，中华书局，1988年版，第289-290页。

1.辛酉卜，七月，大方不其来征。（《合集》二〇四七六）

2.来告，大方出伐我师，車马小臣。（《合集》二七八八二）

3.大方 ✗ 年。（《合集》二八〇〇四）

4.辰卜王，大方……羊印不执。（《合集》二〇四六八）

上述诸条中的"大方"，皆方国名，不可以作殷自称解。

中国社会科学院考古研究所解《小屯南地甲骨》一二〇九片"惟大方伐"云："大方，方国名。过去见于武丁卜辞（《粹》八〇一、《合》八七、《南坊》三·六一、《文》四六四），廪辛卜辞（《粹》一一五一），此次又见于武乙卜辞。"[1]

关于"🔲"字，姚孝遂先生主编《殷墟甲骨刻辞类纂》亦从陈梦家先生释，作"大方伐……，亯廿邑"[2]。

这两个错误，杨先生在1990年重新修订《春秋左传注》时未能及时改正，应是一憾事。

五

《春秋》文公二年：

八月丁卯，大事于大庙，跻僖公。

《左传》释曰："跻僖公，逆祀也。"

杜预注《春秋》曰："大事，禘也。跻，升也。僖公，闵公庶兄，继闵而立，庙坐宜次闵下，今升在闵上，故书而讥之。"注《左传》曰："僖是闵兄，不得为父子。尝为臣，位应在下，令居闵上，故曰逆祀。"杜注清楚说明：闵、僖二公是兄弟，不是父子，宗庙位次在同一昭穆，不得异昭穆。在同一昭穆中，闵虽为弟，因先为君，故庙坐应在僖上，僖则应居闵下。

杨伯峻《左传》注则云："跻僖公，不惟享祀之位次变，昭穆亦变。"其根据有二，

《国语·鲁语上》：

夏父弗忌为宗，蒸，将跻僖公。宗有司曰："非昭穆也。"曰："我为

---

① 中国社会科学院考古研究所：《小屯南地甲骨》，中华书局，1980年版，第936页。

② 姚孝遂主编：《殷墟甲骨刻辞类纂》上册，中华书局，1989年版，第81页。

宗伯，明者为昭，其次为穆，何常之有？"有司曰："夫宗庙之有昭穆也，以次世之长幼，而等胄之亲疏也。夫祀，昭孝也。各致齐敬于其皇祖，昭孝之至也。故工、史书世，宗、祝书昭穆，犹恐其逾也。今将先明而后祖，自玄王以及主癸莫若汤，自稷以及王季莫若文、武，商、周之蒸也，未尝跻汤与文、武，为不逾也。鲁未若商、周，而改其常，无乃不可乎。"

因为在这段文字中有"非昭穆也"一句，韦昭即释为"非昭穆之次也"，并释"明"为"言僖有明德，当为昭。闵次之，当为穆也"。故杨注据以为是昭、穆变化之一证。

《周礼·春官·冢人》贾公彦疏引《左传》这段文字并释曰："文二年秋八月，大事于大庙，跻僖公。谓以惠公当昭，隐公为穆，桓公为昭，庄公为穆，闵公为昭，僖公为穆。今升僖公于闵公之上，为昭，闵公为穆，故云'逆祀'也。"此是杨注根据之二。

持此二证，杨注又引曾廉说为断语："天子诸侯由旁支入继大统者，皆当定为昭穆，虽诸父、诸祖父亦然。盖亲亲、尊尊之义两不相蒙，故服制天子绝旁期，无缘复叙亲属。"并谓"此语盖得古昭穆之真谛"。

将杜、杨两说相比较，杜注近古，是正确的，杨注实误。

孔颖达《春秋左传正义》云："礼，父子异昭穆，兄弟昭穆同。故僖、闵不得为父子，同为穆耳。当闵在僖上，今升僖先闵，故云逆祀。二公位次之逆，非昭穆乱也。"并解释《鲁语》"将跻僖公，宗有司曰：'非昭穆也。'弗忌曰：'我为宗伯，明者为昭，其次为穆，何常之有？'"一段话云："如彼所言，似闵僖异昭穆者。位次之逆如昭穆之乱，假昭穆以言之，非谓异昭穆也。若兄弟相代即异昭穆，设令兄弟四人皆立为君，则祖父之庙即已从毁。知其理必不然，故先儒无作此说。"其说至确。《礼记·祭统》讲论周代昭穆制度说："夫祭有昭穆，昭穆者，所以别父子、远近、长幼、亲疏之序而无乱也。是故有事于大庙，则群昭群穆咸在而不失其伦。"指明了昭穆制度之本质正在于"别父子、远近、长幼、亲疏之序而无乱"，使"群昭群穆咸在而不失其伦"。昭穆之序有二：父为昭，子为穆，父子异昭穆，是父子有别；兄在上，弟在下，兄弟同昭穆，是兄弟有伦。如果兄弟异昭穆，则是昭也一位，穆也一位，《祭统》又何必言"群昭群穆"？昭穆之二序，统言之皆谓昭穆，分言之则有父子异昭穆、兄弟同昭穆之说。孔疏正是看到了这一点，才指出鲁宗有司所言"非昭穆也"是指"位次之逆如昭穆之乱，假昭穆以言之（借"昭穆之乱"说"位次之逆"，因昭穆之序包括位次在内——作者），非谓异昭穆也"。可谓真知灼见。这也是解开《鲁语》"宗有司"之言的钥匙。若依韦昭注、贾公彦疏及杨注说，兄弟亦异昭穆，那么齐国在桓公死后，其子孝公、昭公、懿公、惠公先后立为齐君，岂不孝公成了惠公曾祖、昭公成了祖父、懿公成了父亲？兄弟四人成了宗庙里的祖孙四代！这岂不十分荒谬！故孔疏批判其说是"其理必不然"，怎能说它得古昭穆制度的真谛？

对于《鲁语》所载宗有司的话"夫宗庙之有昭穆也，以次世之长幼，而等胄之亲疏也"进行深入分析，我们也会得出与孔疏相同的结论。"次世之长幼"即区别父子之世次，区别同代兄弟之长幼。宗有司又言："故工、史书世，宗、祝序昭穆。"正因为书世次、序昭穆是昭穆制度的本质，所以工、史专掌书世次，辨血缘关系的辈份；宗、祝专掌依世次序昭穆之等列，辨同世兄弟之伦次。《礼记·祭统》所说"凡赐爵，昭为一，穆为一，昭与昭齿，穆与穆齿。凡群有司皆以齿，此之谓长幼有序"，正是宗庙昭穆经有司、工、史、宗、祝管理之后，庄严肃穆、整齐有序的形象。至于鲁宗有司说"今将先明而后祖"一事，也是用昭穆次序作譬喻，说变动闵、僖二公的庙坐之次，犹"先明而后祖"。对于这一点，杨注也见到了。李衡眉先生曾引杨注"子……不先父食久矣"条下注说："子不先父食，盖譬喻语，犹言后立之君其合食之位不能在于其先立之君之上。"李先生认为杨注没有看到鲁有司所谓"非昭穆也"也是譬喻，深以为憾[①]。

后世学者常引《后汉书·祭祀志》说"礼，为人后者为之子"一句，用来作为兄弟异昭穆的证据。李衡眉先生引用《汉书·韦玄成传》的材料反驳说："孝宣皇帝为孝昭皇帝后，于义壹体。"而此一体并非孝昭为昭，孝宣为穆，而如颜师古注所说："一体谓俱为昭也。礼，孙与祖俱为昭。宣帝之于昭帝为从孙，故云于义一体。"李先生又引《韦玄成传》"父为昭，子为穆，孙复为昭，古之正礼也"与《后汉书·祭祀志》"父为昭，南向；子为穆，北向。父子不并坐，而孙从王父"等材料，指证曾廉之说纯属臆测妄断

---

① 李衡眉：《昭穆制度研究》，齐鲁书社，1996年版，第96页。

之辞，断不可从[①]。是正确的，本文不再申论。

从上可见，杜注、孔疏、李衡眉之说得古昭穆制度之正；而韦昭注、贾公彦疏、曾廉说、杨注皆失之偏颇，并非古昭穆之礼。

六

文公四年，僖公母亲成风去世。《春秋》文公五年载：

春王正月，王使荣叔归含，且赗。

杨注"荣叔"云："庄元年经，周亦有荣叔来鲁锡桓公命，与此相距七十一年，当非一人，疑此荣叔或其后也。荣氏世称'叔'，其犹晋之赵盾、赵武、赵鞅、赵无恤世称'赵孟'，荀罃、荀盈、荀砾、荀瑶世称'知伯'，荀林父、荀庚、荀偃、荀吴世称'中行伯'欤？"杨注仅据荣氏家族在七十多年中只有两人称"叔"，就断定"叔"为荣氏世称，恐不妥。

杜预注《左传》庄公元年载"荣叔"云："周大夫。荣，氏；叔，字。"以叔为字，也不确。

竹添光鸿说："叔，犹虞仲、虞叔之叔。"并于文公五年传《笺》中申论云：

叔其行。凡王朝、侯国卿大夫书伯、仲、叔、季者，皆行次而非字也。《记》云'幼名，冠字，五十以伯仲'，则伯仲与字别为二矣。而说《春秋》者一之。是文王之子十人，其六称叔，为兄弟同字；晋赵孟世称孟，知伯、栾伯世称伯，为父子同字。有是理乎？盖伯、仲者，所以代名与字，为尊称也。故五十以伯、仲，尚齿也。而王朝之卿视诸侯，既无爵可称，又不可降于诸侯而斥其名，舍伯、仲曷称乎？在《礼》，为尚齿；在《春秋》为贵贵，其义一也。

王卿以伯、仲氏，如南季、仍叔、荣叔，是也。其诸侯兄弟次当承国者，以伯、仲系国，未立称之，如蔡叔、许叔、祭叔、萧叔、蔡季、纪季，是也。

侯卿以伯、仲系谥，没则称之，如经书夷伯、陈原仲，传鲁共仲、戴伯、成季，齐高敬仲、国懿仲，卫孙武仲，陈辕宣仲，皆是也。

---

① 李衡眉：《昭穆制度研究》，齐鲁书社，1996年版，第97页。

内卿加礼者，以伯、仲系名，于卒称之，如季友、仲遂、叔肸，是也。

竹添之说，凿凿有据，实不可易。伯、仲、叔、季之称，皆行次，非字亦非世称。荣叔之"叔"，是以伯、仲系氏；赵孟之"孟"，智伯、中行伯之"伯"，皆为行次，是用以代名与字的尊称。

杨注说"叔"为荣氏世称，根据不足。竹添光鸿云："成王时有荣伯，厉王时有荣夷公，荣叔盖其后也。"[1]新近陕西眉县杨家村新发现西周宣王时期青铜器《逨盘铭》有"荣兑"，亦应为荣氏家族成员。所以不能仅以春秋时见到两例"荣叔"，就以"叔"为世称。其"叔"字无疑应为伯、仲等行次之称。

至于晋赵氏四代称孟，其孟字也是伯、仲行次，而非"世称"。《白虎通·姓名》篇云"嫡长称伯"，"庶长称孟"。可见"孟"字本来自伯仲行次。赵盾原为赵衰庶子之长，因赵姬让内子之位于其母叔隗而得立为赵氏嗣子，故称"赵孟"。赵武为赵盾嫡长孙，随祖父称"孟"，不称"伯"。赵鞅又为赵武嫡长孙，故也称"孟"。赵襄子无恤，是赵鞅庶子[2]。赵鞅见晋国卿族兼并斗争十分激烈，为赵氏家族长远计，遂舍弃嫡长伯鲁而立有才能的无恤。无恤既称"赵孟"，可见也是庶长子，所以，此"孟"字也是行次。

从顾栋高《春秋大事表》看，智伯、荀伯（中行伯）之"伯"，亦皆家族嫡长相传的行次之称，并不是家族的"世称"[3]。作为家族世称的伯、仲行次，在春秋时只有鲁国的"孟孙""叔孙""季孙"三家。但这一世称已非单纯世称，而成了三家的氏族之名，即孟孙氏、叔孙氏、季孙氏。对于赵孟、智伯、中行伯，我们却不能称"赵孟氏""智伯氏""中行伯氏"。故从这一点，我们也可以断定"赵孟""智伯""荀伯"并非世称。

本文在写作过程中，承吴振武教授、吴良宝博士提出宝贵意见，在此谨致谢意。

（原载《古籍整理研究学刊》2005年第5期）

---

① ［日］竹添光鸿：《左氏会笺》庄公元年。

② 《史记·赵世家》。

③ ［清］顾栋高：《春秋大事表·春秋卿大夫世系表》，《清经解续编》第1册，上海书店，1988年版。

关于《春秋左传注》中《春秋》名称的辨正

　　《春秋》名称的问题是经学史上一个十分重要而又聚讼已久的问题。自汉代以来，学者们先后提出7种看法。其中以何休的"古者谓史记为《春秋》"与杜预的"错举四时"说最有代表性[①]。两说之中又以杜预说影响最大，自晋迄清受到大多数学者尊信。近代一些有影响的学者也赞成杜说。如周予同先生说："因为《春秋》是编年体，年有四时，不能遍举四字以为书名，故交错互举，取'春'、'秋'以包'冬'、'夏'。"[②] 蒋伯潜先生亦云："杜氏谓《春秋》错举四时之二，以为书名，盖示其编年史，其说甚是。"[③]

　　杨伯峻先生《春秋左传注》一书设有专章讨论"春秋名义"，推进了有关这一问题的探索。他肯定"春秋本是当时各国史书的通名"，卜辞中"有春、秋而无冬、夏"，并批评"春作秋成"及"阳中阴中"说等不足信，都是正确的。但是，他仍然没有摆脱杜预的影响，说"史书之名为《春秋》，即是节取'春夏秋冬'四字中'春秋'二字"[④]。鉴于《春秋左传注》在学术界的权威地位，对这一问题，不可不辨。

　　"错举四时"是杜预提出的。他说："《春秋》者，鲁史记之名也。记事者以事系日，以日系月，以月系时，以时系年，所以纪远近，别同异也。故史之所记，必表年以首事。年有四时，故错举以为所记之名也。"[⑤] 在这段话里，杜预赞成何休"古者谓史记为《春秋》"的说法，指出"《春秋》"

---

① 　何说见《春秋公羊经传解诂》隐公第一疏引，北京图书馆出版社，2003年版。杜说见《春秋左传序》，《春秋左传正义》，《十三经注疏》本，中华书局，1980年版。

② 　周予同：《群经概论》，小百科丛书本，商务印书馆，1947年版，第62页。

③ 　蒋伯潜：《十三经概论》，上海古籍出版社，1983年版，第422页。

④ 　杨伯峻：《春秋左传注·前言》，中华书局，1990年版，第1、4页。

⑤ 　［西晋］杜预：《春秋经传集解·春秋序》，上海古籍出版社，1978年版，第1页。

是"鲁史记之名"，是正确的。他对于"编年史体"是"以事系日，以日系月，以月系时，以时系年"的概括也十分精辟。唐刘知幾云："夫《春秋》者，系日月而为次，列时岁以相续，中国外夷，同年共世，莫不备载其事，形于目前。理尽一言，语无重出，此其所以为长也。"[1]这是对杜预关于"编年史体"说的重要补充。杜预把年代、四时与《春秋》名字联系起来，说"史之所记，必表年以首事"，也很有见地。但是，他说《春秋》名称由"错举四时"而来，则不确。最早揭杜预此说之短的，也是刘知幾。他说："案，儒者之说《春秋》也，以事系日，以日系月；言春以包夏，举秋以兼冬，年有四时，故错举以为所记之名也。苟如是，则晏子、虞卿、吕氏、陆贾，其书篇第，本无年月，而亦谓之《春秋》，盖有异于此者也。"[2]

从天文学史上考察，最古的季节只有春、秋两季，而不是春、夏、秋、冬四时。四时是后起的概念。上古只有春、秋两季与原始社会的农牧业生产有密切联系，当是原始先民在同大自然的斗争中对自然现象及其变化规律的初步认识。最早的天文学就是由原始先民对周边自然环境及对天空的细致观察而形成的。正如马克思所说："在埃及预先确定尼罗河水涨落的必要，产生了埃及的天文学。"[3]清初著名学者顾炎武也曾说过："三代以上，人人皆知天文。'七月流火'，农夫之辞也。'三星在天'，妇人之语也。'月离于毕'，戍卒之作也。'龙尾伏晨'，儿童之谣也。后世文人学士，有问之而茫然不知者矣。"[4]相传为夏代历书的《夏小正》，成书虽晚，但其中保存着许多古代的天象与物候知识。可见，先民在同大自然的斗争中无时无刻不在观察自然，观察天象，古代的天文学便随之产生。

在古代，最初并没有"年"的概念，只有收获的概念，只有草木荣枯的概念。这几乎是世界各地的通例。拉法格说："维科指出他那时代的佛罗伦萨农民不说几年而说'几次收获'。"[5]许多民族志材料都能充分证明这一点，如：《北史·党项传》云党项羌"无文字，但候草木以记岁时"[6]。《北

① ［唐］刘知幾：《史通·二体》，上海古籍出版社，1978年版。

② ［唐］刘知幾：《史通·六家》，上海古籍出版社，1978年版。

③ ［德］马克思：《资本论》卷1，人民出版社，1985年版，第631页。

④ ［清］顾炎武：《日知录》卷30，商务印书馆，1939年版。

⑤ ［法］拉法格著，王子野译：《思想起源论》，三联书店，1963年版，第60页。

⑥ ［唐］李延寿：《北史·党项传》，中华书局，1974年版，第3192页。

史·流求传》云流求"俗无文字，望月亏盈，以纪时节，草木荣枯，以为年岁"①。《酉阳杂俎》说："武宁蛮好着芒心接离，名曰苎绥，尝以稻记年月。"②徐梦莘《三朝北盟会编》说："女真之人，不知纪年。问之，则曰：'吾见青草几度。'以草一青为一岁。"③洪皓《松漠纪闻》云："女真旧绝小，正朔所不及，其民皆不知纪年。问之，则曰：'我见青草几度矣。'盖以草一青为一岁也。"④孟珙《蒙鞑备录》说："今成吉思皇帝者，甲戌生。彼俗初无庚甲，今考据其言而书之，易以见彼齿岁也。其俗每以草青为一岁。人有问其岁，则曰：'几草矣。'亦尝问彼月、日，笑而答曰：'初不知之，亦不能记其春与秋也。每见月圆而为一月，每见草青迟迟，方知是年有闰月也。'"⑤《黑鞑事略》也说："若鞑之本俗，初不理会得，只是草青，则为一年。新月初生，则为一月。人问其庚甲若干，则倒指而数几青草。"⑥

上述材料说明，我国古代先民不论农业民族还是游牧民族，起初并没有"年"与"四时"的概念。游牧民族把草本的一荣一枯定为一个规律性的时间周期，即青草几度。草青即春，草枯即秋。草本的一荣一枯恰恰是农业民族的一种一收。考《说文·禾部》云："年，穀孰也。从禾千声。"《尔雅·释天》说："周曰年。"郭璞注云："取禾一熟。"⑦证明古文中"年"之本义，即禾谷成熟。又《说文·艸部》说"春"字曰："萅，推也。从艸，从日。艸春时生也。"《汉书·董仲舒传》即说："春者，天之所为也。"⑧《汉书·律历志》说："春，蠢也。物蠢生，乃动运。"⑨秋也与禾谷成熟有关。《说文·禾部》曰："秋，禾穀孰也。从禾，爐省声。"《汉

---

① ［唐］李延寿：《北史·流求传》，中华书局，1974年版，第3133页。
② ［唐］段成式：《酉阳杂俎》卷4，中华书局，1981年版，第47页。
③ ［南宋］徐梦莘：《三朝北盟会编》卷3，光绪四年印本，第4页。
④ ［南宋］洪皓：《松漠纪闻》，《国学文库》第4编，民国22年重印本，第19—20页。
⑤ ［元］陶宗仪：《说郛》卷54，中国书店，1986年版，第5页。
⑥ ［南宋］彭大雅撰，［南宋］徐霆疏证：《黑鞑事略》，《丛书集成初编》第3177册，中华书局，1985年版，第5页。
⑦ ［东晋］郭璞注，［北宋］邢昺疏：《尔雅注疏》卷6，《十三经注疏》本，中华书局，1980年版，第2608页。
⑧ ［东汉］班固：《汉书》卷56，中华书局，1962年版，第2501页。
⑨ ［东汉］班固：《汉书》卷21，第971页。

书·律历志》也说："秋，犙也。物犙敛，乃成孰。"①《文选·秋兴赋》注引《释名》说："秋，就也。言万物就成也。"②春时草木萌动，蠢蠢而生；秋时，万物就敛，禾谷成熟，一种一收，就是一春一秋，古人即目为一年。年是禾谷成熟，在古人心目中就是一种一收一个时间过程。而春、秋则是自然界草木生长一荣一枯的两个生长阶段。久而久之，人们就把两者联系起来，很自然地把一种一收的"年"归并为"一荣一枯"两个阶段，并称为"春秋"。于省吾先生描绘这一过程说："初民只有周而复始的岁度节候观念，后有春秋二时的划分。"③其说至确。不论从人的认识发展过程看，还是从天文学发展史看，古人都是先有年岁的观念，而后才有一年划分为两季的事实。于省吾先生又说："甲骨文无夏字，虽有冬字，但均作终字用，当然亦无冬夏对贞之例。此乃商代有春秋而无夏冬之明证。"④

由此可见，中国古代社会最初只有春、秋两季而无春夏秋冬四时，夏是从春中分化出来的，冬是从秋中分化出来的，是古人对自然变化规律进一步深入观察的结果。所以，"春秋"也就成了"年"的代称和别名。这一称谓一直到春秋时代还保持着。此种现象于先秦典籍中几乎随处可见。《诗·鲁颂·閟宫》讲鲁君祭祀先祖，云："春秋匪解，享祀不忒。"《左传》僖公十二年载齐下卿管仲拒绝王以上卿之礼招待，说齐上卿"若节春秋来承王命"，王将如何接待？⑤《国语·周语上》载周襄王之内史过向襄王讲周代古制，云："古者，先王既有天下，又崇立上帝、明神而敬事之，于是乎有朝日、夕月以教民事君。诸侯春秋受职于王以临其民，大夫、士日恪位著以儆其官，庶人、工、商各守其业以共其上。"⑥《国语·楚语上》云："春秋相事，以还轸于诸侯。"韦昭注："言四时相聘问之事，回车于诸侯。"⑦《周礼·地官·州长》云："春秋以礼会民。"《庄子·秋水》讲大海之容量："春秋不变，水旱不知。"《礼记·中庸》云："春秋修其祖庙。"诸如此

① ［东汉］班固：《汉书》卷21，第971页。
② ［梁］萧统编：《文选》卷13，上海古籍出版社，1986年版，第585页。
③ 于省吾：《岁时起源初考》，《历史研究》1964年第4期。
④ 于省吾：《甲骨文字释林》，中华书局，1979年版，第2页。
⑤ 《左传·僖公十二年》。
⑥ 《国语》卷1，上海古籍出版社，1988年版，第37页。
⑦ 《国语》卷17，第540—541页。

类，不胜枚举。诸文献中的"春秋"两字，皆不能理解为"错举四时"，都是代表一年之称。

"春秋"既是年的代称，所以人们用它来表示历史，命名史书。从这一点上说，何休讲"古者谓史记为《春秋》"，是十分正确的。中国自古以来就设史官记事。《史记·太史公自序》讲司马谈临终遗言云："余先周室之太史也。自上世尝显功名于虞、夏，典天官事。"①说明在西周以前中国就已有史官记事，司马氏家族先世就曾从事这一职业。《尚书·多士》说："惟殷先人，有册有典。"这是殷代有史记事的明证。甲骨文中的"史"字与"御史"一词，虽然学术界看法颇多②，但其作为记事人员的本质却不容否定。刘知幾《史通·史官建置》说："盖史之建官，其来尚矣。昔轩辕氏受命，仓颉、沮诵实居其职。至于三代，其数渐繁。"是有根据的。现在没有发现夏代文字，我们不敢说夏代已有记事之史，但口传之史应是有的，否则哪里来的《夏书》？史官至迟在商代已经产生。《周礼》一书中记周代史官分工之细，曰"大史""小史""左史""右史""内史""外史"等，是可以信据的。《左传》定公四年记载周王室分封诸侯都要配备"祝、宗、卜、史"。《礼记·玉藻》曰："动则左史书之，言则右史书之。"③《汉书·艺文志》曰："左史记言，右史记事。事为《春秋》，言为《尚书》，帝王靡不同之。"④两文虽对左、右史职掌说法不一，但都承认有史官记事。史官将所记之事编纂起来，即为《春秋》。所以，《春秋》是记事一类史书的泛称。故《孟子·离娄下》说："晋之《乘》，楚之《梼杌》，鲁之《春秋》，一也。""一也"，指的是它们都是记事的史书，尽管名称不同，但都是《春秋》一类。也正因为如此，《晏子春秋》、《虞氏春秋》《吕氏春秋》《楚汉春秋》才皆被称为《春秋》。刘知幾《史通·六家》篇云：

① ［西汉］司马迁：《史记》卷130，中华书局，1982年版，第3295页。

② 甲骨文"史"字，参见罗振玉：《殷虚书契考释》，中华书局，2006年版；王国维：《观堂集林》卷六《释史》，中华书局，1959年版；陈梦家：《史字新释》和《史字新释补证》，《考古学社社刊》第5期；胡厚宣：《殷代史官为武官说》，《全国商史学术讨论会论文集》，《殷都学刊》编辑部，1985年；王贵民：《说御史》，《甲骨探史录》，三联书店，1982年版。

③ ［东汉］郑玄注，［唐］孔颖达疏：《礼记正义》卷29，《十三经注疏》本，中华书局，1980年版，第1473页。

④ ［东汉］班固：《汉书》卷30，第1715页。

"《春秋》家者，其先出于三代。案《汲冢琐语》，记太丁时事，目为《夏殷春秋》。"杨伯峻先生纠正刘知幾《史通》误把文丁作太丁，是对的。但他借夏商时并无《夏殷春秋》之名而否定西周以前不存在《春秋》一类史书，则不确。一者"惟殷先人，有册有典"；二者，殷代甲骨刻辞已大量出土。这类记事甲骨，依照《礼记·玉藻》说法，也是记事类的史书，故可目为《春秋》一类。

杜预的"错举四时"说，据陈维礼先生研究，出于《春秋》《公》《谷》二传。他说："现今所传《春秋》，纪事以四时为纲，即使本时无事可记，也要书上首时。《公羊传》隐公六年：'秋，七月。此无事，何以书？《春秋》虽无事，首时过则书。首时过则何以书？《春秋》编年，四时具，然后为年。'又《谷梁传》桓公元年：'冬，十月。无事焉，何以书？不遗时也。《春秋》编年，四时具，而后为年。'这是一年划分为四时以后的事。"①陈说是对的。春、夏、秋、冬四时产生于"春秋"二时以后。"四时具然后为年"与"首时过则书"，"不遗时也"是孔子作《春秋》的书法原则，应该说这是孔子对编年史体例的进一步完善。但是，它与《春秋》的得名并无关系。因为孔子《春秋》由沿用《鲁春秋》之旧名而来。据《墨子·明鬼下》记载，在战国初年，周、齐、宋、燕各国都有《春秋》保存下来。它们并不都是"四时具然后为年"的。杜预受《公》《谷》二传影响将《春秋》得名与孔子《春秋》书法原则联系起来，论说编年史体例非常精确，而说《春秋》由"错举四时"而来则大谬不然。

关于《春秋》名称问题，还有其他一些说法，如"春作秋成"说，"阳中阴中"说，"阳初阴始"说，"奉始养终"说，"春秋刑赏"说，"春秋褒贬"说等。另外，章太炎先生据《墨子·明鬼下》载周之《春秋》有"杜伯射宣王"事，就说《春秋》之名起于周宣王时；近人毛起据《孟子·离娄下》云"王者之迹熄而《诗》亡，《诗》亡然后《春秋》作"，便断定："《春秋》最早不过起源于东周以后"等说法，先后受到了杨伯峻先生和陈维礼先生的批驳。这些批驳都是很中肯的，故本文不再赘述。

（原载《古代文明》2008年第3期）

---

① 陈维礼：《春秋名称考辨》，《汕头大学学报》1987年第1期。

古籍标点注释辨误四则

一

　　陈鼓应先生《庄子·人间世》注"栎社树"曰"以栎树为神社。"误。其误说源于其注所引的清林云铭与近人朱桂曜说。林云铭曰："以栎树为土神而祀之。"朱桂曜说："古时恒择木之大者以为社而祀之。"[①]考诸先秦古籍，此二人说并无根据。成玄英疏曰："栎，木名也。社，土神也。祀封土曰社。"[②]其疏至确。社乃土神，古无祀树以为社神之礼。

　　《周礼·地官·大司徒》曰："设其社稷之壝而树之田主，各以其野之所宜木，遂以名其社与其野。"[③]郑玄注："社稷，后土与田正之神。壝，坛与埒坎也。田主，田神后土、田正之所依也，诗人谓之田祖。所宜木，谓若松、柏、栗也。若以松为社者，则名松之野，以别方面。"依郑注，社为后土之神，贾公彦疏谓："五土之总神"，稷为田神，"稷是原隰之神，宜五谷，五谷不可遍举，稷者五谷之长，立稷以表神名"[④]。壝者，委土之名。坛与坎，即封土作坛坎，亦即成疏之"祀封土为社"。于坛坎周围栽上该社所适合生长的树木，曰田主，即供土神、稷神所凭依的木主。《论语·八佾》载："哀公问社于宰我，宰我对曰：'夏后氏以松，殷人以柏，周人以栗。'"[⑤]此可证成郑注。由此观之，《庄子·人间世》的"栎树社"，乃是因栽种栎树而得名的神社，同时栎树也是社神所凭依的田主。栎树虽为土神

①　陈鼓应：《庄子今注今译》，中华书局，1983年版，第132-133页。
②　[清]郭庆藩：《庄子集释》，中华书局，1961年版，第170页。
③　[清]孙诒让：《周礼正义》，中华书局，2003年版，第692页。
④　[清]孙诒让：《周礼正义》，中华书局，2003年版，第694-695页。
⑤　[清]刘宝楠：《论语正义》，中华书局，1986年版，第63-64页。

所依之田主，但它并非土神。古人不仅以树木作社稷之田主，而且也用作逝世的诸侯卿大夫之木主。《春秋》鲁文公二年曰："春王二月，……丁丑，作僖公主。"杜预注："主者，殷人以柏，周人以栗。"日人竹添光鸿笺曰："礼，既葬而作主，欲神灵之有所凭依也。"①这是春秋时人以木作人神所凭依之主的显证。古人之所以选择树木作社稷神、祖先神之田主、木主，清人惠士奇有很好的说明："盖木之茂者神所凭，故古之社稷恒依树木。"②古人虽以树木作社稷之田主、人神之木主，但田主、木主却不是土神、稷神与人神。这就是说田主与社稷之神，木主与人神是完全不同的两个概念。社、稷之神，不论是王的大社、王社，诸侯的国社、侯社，还是乡、州、遂、县及公邑、采地的公社，永远都是土神、稷神，而不能也不可能是它栽种的和其神所依的树木。这正像木主虽为人神灵之所依，但木主本身却不是人神一样。

故《庄子·人间世》所说之"栎树社"不过是因栽种栎树而得名之社，栎树也仅为该社神所依之木，而非社神。所以陈、林、朱三家把栎树当作"神社"，当作土神，说什么"以栎树为土神而祀之"，其误是十分明显的。

二

郭彧先生把《易·系辞传上》讲《乾卦》上九爻辞"亢龙有悔"一段话断句为："子曰：贵而无位，高而无民，贤人在下，位而无辅，是以动而有悔也。"③这一断句是错误的，不可取的。对于这句话，传统注释家皆断作："子曰：贵而无位，高而无民，贤人在下位而无辅，是以动而有悔也。"

郭先生质疑这一句读说："贤人在下位而无辅，是贤人处在下位，而没有人辅助？还是贤人处在下面，而圣人之位没人辅助？"④通过这一质疑，

---

① ［日］竹添光鸿：《左氏会笺》，巴蜀书社，2008年版，第677页。

② ［清］孙诒让：《周礼正义》，中华书局，2003年版，第697页。

③ 郭彧：《〈易文献学津涉〉——参与〈儒藏〉精华编书稿编审的初体会》，《儒家典籍与思想研究》第2辑，北京大学出版社，2010年版，第4-5页。

④ 郭彧：《〈易文献学津涉〉——参与〈儒藏〉精华编书稿编审的初体会》.《儒家典籍与思想研究：》第2辑，北京大学出版社，2010年版，第4-5页。

我们发现郭先生并没有读懂这句话，不明白《易·系辞传》关于"位"的涵义。这一点，他在另一段的论述中暴露得更加明白，云："《系辞》曰：'天地设位，圣人成能。'又曰：'圣人之大宝曰位。'由此可知，'位'是指圣人之位而言，贤人则没有'大宝'之位。"[1]郭先生的错误在于，把《易·系辞传》所说的"位"只理解成"圣人之大宝曰位"之位，而不知《易》之六爻皆有位，曰"六位"。

《易·说卦传》云："昔圣人之作《易》也，将以顺性命之理。是以立天之道曰阴与阳，立地之道曰柔与刚，立人之道曰仁与义，兼三才而两之，故《易》六画而成卦。分阴分阳，迭用柔刚，故《易》六位而成章。"这段话告诉我们：《易》所顺的"性命之理"，就是天地人三才的"阴阳、刚柔、仁义"的变化之理。三画卦已具备三才之道，但为卦之小成。故兼三才而两之，即天地人三才各有一阴一阳，是六画而成卦。"分阴分阳，迭用柔刚"，是说六画之位，分成阴、柔，阳、刚两部分，初三五位为阳，二四上位为阴。这是《易》之六爻皆有位之明证。郭文所引《系辞》"天地设位，圣人成能"之位，实指六位而言。故《系辞传上》又云："天地设位而易行乎其中矣。"虞翻注曰："位谓六画之位。"是对的。而六位又有尊卑之分，初者地位最低，表示事物的开始，上位地位最高，表示事物的终结及即将到来的转化。故《易·系辞传上》论此二位之爻的特点说："其初难知，其上易知，本末也。"二、三、四皆臣位，五为君位。这四位上的爻表示事物发展的中间阶段。《易·系辞传下》论此四爻位特点说："二与四同功而异位，其善不同。二多誉，四多惧，近也。"又说："三与五同功而异位，三多凶，五多功，贵贱之等也。"二与四皆阴爻，三与五皆阳爻，是同功。二位在内卦之中，四位在外卦之下，是异位。二处地中之位，与五有对应关系，故多美誉；四处近君之位，故多恐惧，是其善不同。三处下卦之极，是人臣之危位；五处天中之位，是人君之位，故三位多凶，五位多功，这是由六位的贵贱等差决定的。所以《系辞传上》说："是故列贵贱者存乎位。"

至于《系辞》所说"天地设位，圣人成能"，无非是说圣人能利用天地所设之阴阳六位来施展自己的才干而已。故朱熹释曰："天地设位，使圣人

---

① 郭彧：《〈易文献学津涉〉——参与〈儒藏〉精华编书稿编审的初体会》.《儒家典籍与思想研究》第2辑，北京大学出版社，2010年版，第4-5页。

成其功能。"①

郭先生所引《系辞传》曰："子曰：贵而无位，高而无民，贤人在下位而无辅，是以动而有悔也"一段话，其实是不完整的。因为《系辞传》的这段话是孔子专门用来解说《乾》上九爻辞"亢龙有悔"的，不是一句泛指《易》位的话。这句话是说乾阳之气，经过初潜，二见，三惕，四跃，五飞几个阶段后，至上九位时已经衰竭。"亢"，王肃释曰："穷高曰亢"。故《乾文言》解此爻说："亢龙有悔，穷之灾也。"龙是代表乾阳之气的，也是代表龙德之人的。阳气在上九位上只宜静，而不宜动，动则得咎，故曰："亢龙有悔。"这段话的"贵而无位"，是说上九之位虽然高贵，但已失去君位。"高而无民"，是说上九既失君位，对人民就没有感召力了。"贤人在下位而无辅"，是说虽有九二、九三、九四诸臣在下位，但九二与九五为应；九四与九五为比；九三虽与上九有应对关系，但两者皆为阳爻，居上下卦之极位，三之位"重刚不中，居下之上，乃危地也"②之位，"上九至于亢极，故有悔也"③，两者又为敌应。以此九二、九三、九四诸贤人没有去辅助上九者，孔子故曰"贤人在下位而无辅，是以动而有悔也。"古今学者断此句读是正确的。郭先生对此提出质疑是没弄懂《易传》"位"之真正涵义。

郭先生为申明自己说法之正确，援引《帛书·易传》为例，说："子曰贵而无立高而无民贤人在其下矣立而无辅是以动而有悔也。"其实，《帛书·易传》帮不了郭先生的忙。因为，对这句话的句读从《帛书·易传》一开始出现就是有争议的。张政烺先生就断为："子曰：贵而无立（位），崇〔而无民〕，贤人在其下□位而无辅，是以动而有悔也。"④因为明了"位"的含义，所以从传统说法。而陈松长先生的《帛书〈系辞〉释文》则断为："贵而无立（位），〔高而无民〕，贤人在其下，□立（位）而无辅，是以动而有悔也。"⑤显而易见，陈说不了解《周易·系辞传》关于"位"的涵

① ［清］李光地：《周易折中》，九州出版社，2002年版，第886页。

② ［清］李光地：《周易折中》，九州出版社，2002年版，第44页。

③ ［清］李光地：《周易折中》，九州出版社，2002年版，第47页。

④ 张政烺：《马王堆帛书〈周易·系辞〉校读》，《道家文化研究》第3辑，上海古籍出版社，1993年版，第30页。

⑤ 陈松长：《帛书〈系辞〉释文》，《道家文化研究》第3辑，上海古籍出版社，1993年版，第418页。

义，更兼"□"字，即后来廖名春先生释读的矣字，当时尚无释读者，于是就做出了上述的误断。郭先生不辨张、陈两家说之是非，竟蹈袭陈之误说，故其说是不可以接受的。

<h2 align="center">三</h2>

《春秋左氏传》文公二年载："宋祖帝乙，郑祖厉王，犹上祖也。"杨伯峻先生注："宋以帝乙为祖，郑以厉王为祖。帝乙，微子父；厉王，郑桓公父。宋始封于微子，郑始封于桓公，然而合食之时，微子犹不能先于帝乙，桓公犹不能先于厉王。始封之君犹且尊尚其父祖，故云'犹上祖也'。"杨注说："始封之君犹且尊尚其父祖，故云'犹上祖也'。'"是对的。但说"宋以帝乙为祖，郑以厉王为祖"，则大谬不然。杨注不知凡始封君，不论诸侯与卿大夫都是国或家的太祖。故宋之太祖为微子，郑之太祖为桓公友。而帝乙与厉王则是始封君的所出之王而已。因为，周代实行分封制度"天子建国，诸侯立家"①，凡立国的王子，立家的公子，因有别于太子，故统称别子。《礼记·大传》云"别子为祖"，指的就是这种立国立家的别子。孙希旦曰："为祖者，言为后世之太祖也。"有人称始封君为"始祖"，不妥。孙希旦曰："得姓之祖，谓之始祖。"②

但在周代王、公、卿大夫又追祀祖之所自出，这是中国古代社会尊始观念在礼仪制度上的反映。《礼记·大传》说："礼，不王不禘。王者禘其祖之所自出，以其祖配之。"郑注："凡大祭曰禘。自，由也。大祭其先祖所由生，谓郊祀天也。"③其说至确。中国古代帝王无不认为自己是天之元子，故追祀天，有郊天配祖之祭。《诗·周颂·思文》："思文后稷，克配彼天。"《时迈》："时迈其邦，昊天其子之。"皆其证。

诸侯与王在政治上有尊卑之别，在追祀祖之所自出时不敢及天，但可追及所出王。据《左氏传》，周初谈及姬姓封国时无一不与所出王相联系，如僖公五年说"太伯、虞仲，太王之昭也……虢仲、虢叔，王季之穆

---

① 《春秋左传正义》，《十三经注疏》，中华书局，1980年版，第1744页。

② ［清］孙希旦：《礼记集解》，中华书局，1989年版，第914、903页。

③ 《礼记注疏》，《十三经注疏》本，中华书局，1980年版，第1506页。

也。"僖公二十四年说："管、蔡、郕、霍、鲁、卫、毛、聃、郜、雍、曹、滕、毕、原、酆、郇，文之昭也。邘、晋、应、韩，武之穆也。凡、蒋、邢、茅、胙、祭，周公之胤也。"太伯、虞仲、虢仲、虢叔、管、蔡、郕、霍、鲁、卫、毛、聃、郜、雍、曹、滕、毕、原、酆、郇、邘、晋、应、韩、凡、蒋、邢、茅、胙、祭等太王、王季、文王、武王、周公之子都是诸侯国的始封君；而太王、王季、文王、武王、周公就是这些封国诸侯的所出王、公，因此各诸侯国都设有所出王之庙。《左传》襄公十二年载鲁有"周庙"，杜预注："文王庙也。周公出文王，故鲁立其庙。"又载有"祖庙"，杜预注："始封君之庙。""始封君"之庙，依孙希旦说就是"太祖庙"。《左传》昭公十八年载郑国发生火灾，子产使"祝史徙主祏于周庙"。杜预注："周庙，厉王庙也。"郑之厉王庙既曰"周庙"，则"太祖庙"应为郑桓公友之庙。日本学者竹添光鸿曾就鲁、郑二国有周庙与太祖庙一事发表言论说："郑之火也，必祖庙距火近，恐及。而周庙别一地，故可徙宗祏。倘非厉王之庙，将徙于何所？"又云："窃意王子就封，祭出王，凡国皆然，然惟始封之君一代。逮其既薨，继世者自立庙，奉始封之君为太祖，阅五世乃备二昭二穆，而太祖之位不改，所谓'别子为祖也'。至于周庙则有其举之莫敢废，要不敢以所出之王为祖，而名之曰周庙。"[1]其说始封君可立所出王之庙并进行祭祀，是正确的。但诸侯虽不敢以所出王为太祖，却可追祀所出王则是毫无疑义的。

在王畿采地，王室同姓公卿大夫也有立祖王庙之权。《周礼·春官·都宗人》："掌都祭祀之礼。凡都祭祀，致福于国。"郑玄注："王子弟则立其祖王之庙，其祭祀，王皆赐禽焉。"孙诒让《周礼正义》认为郑注"都、家王子弟有得立祖王庙者，殆无疑义"[2]。郑注是可信的。

大夫与诸侯在政治上有尊卑之别，所以在追祀先祖时不敢及所出王，但可及所出君。故《左传》《国语》在谈到列国卿大夫时，也无不与其所出之君相联系。如鲁之三桓出于鲁桓公，郑之七穆出于郑穆公，宋之戴、武、宣族出于宋戴公、武公与宣公，其族号皆取自其所出君之"谥"号。《左传》昭公十年载："齐惠栾、高氏"，即栾、高二氏作为齐国公族，皆出自齐惠

① ［日］竹添光鸿：《左氏会笺》，巴蜀书社，2008年版，第1264页。
② ［清］孙诒让：《周礼正义》，中华书局，2003年版，第2224页。

公。《左传》庄公二十八年说："凡邑，有先君宗庙之主曰都，无曰邑。"
可见在周代，卿大夫在采邑为所出君立宗庙是合乎礼制的。昭公十六年，郑
子产说郑大夫孔张"为嗣大夫，承命以使，周于诸侯，国人所尊，诸侯所
知，立于朝而祀于家"。服虔注："祀其所自出之君于家，以为大祖。"①
服虔之注对错参半：说"祀其所自出之君于家"是对的；说"以所自出之
君"为太祖则误。孔张为子孔之孙，子孔为郑穆公之子。所以，郑国孔氏
家族的太祖当为子孔，而郑穆公则为孔氏家族的所出之君。孔颖达据《礼
记·郊特牲》"大夫不敢祖诸侯"批驳服虔注，谓孔张"安得祀所出之君为
大祖乎"？孔张当然不敢以郑穆公为太祖，这是服虔的错。但以孔张为代表
的孔氏家有权追祀太祖所出之君而及郑穆公，则毫无疑义。卿大夫追祀所出
君之事，其他先秦文献也有记载。《国语·晋语一》说："夫曲沃，君之宗
也。"韦注："曲沃，桓叔之封，先君宗庙在焉。"桓叔为晋文侯之弟，晋
穆侯之少子，所立先君宗庙，应为所出君晋穆侯之庙。《论语·八佾》曰：
"季氏八佾舞于庭，是可忍也，孰不可忍也！"又说："三家者以雍彻。子
曰：'相维辟公，天子穆穆，奚取于三家之堂？'"依马融注，"季氏之
庭"、"三家之堂"就是季氏的"家庙"，也就是《礼记·郊特牲》所说季
氏"公庙之设于私家"的鲁桓公庙。从《论语》的记载看，季氏立桓公庙，
祭祀祖之所出之君，这并不是僭礼，孔子批评季氏指的也不是此事，而是指
在祭祀鲁桓公时僭用了"八佾"与"雍"等天子礼乐。《周礼·春官·家宗
人》："掌家祭祀之礼。凡祭祀，致福。"郑玄注："大夫采地之所祀，与
都同。若先王之子孙，亦有祖庙。"郑此注"祖庙"与上注《都宗人》不
同，指的不是"祖王庙"，而是"太祖庙"。此与"凡邑，有宗庙先君之主
曰都，无曰邑"相一致。"祖王庙"，即先君宗庙，只能设在都中，于邑则
只能立太祖庙。故孙诒让特于《周礼正义》中指出："谓王子孙之自为宗
者，其家邑亦得立祖庙。"此"祖庙"，即"太祖庙"。许多学者分辨不清
太祖庙、祖王庙，乃至始祖庙的关系，常将三者相互混淆，杨注即是一例。

　由上述可知，周代天子所封的国，诸侯所立的家，皆以始封君为太祖，
但每一封建国与家都要追祀太祖所自出的王、公，立祖王庙。所以"宋祖帝

---

① 　［唐］孔颖达：《春秋左传正义》，《十三经注疏》本，中华书局，1980年版，第2079页。

乙，郑祖厉王"之"祖"字，表示的并不是帝乙为宋之太祖，厉王为郑之太祖，仅仅是二国之君所出的祖王而已。

四

《左传》宣公十二年："晋人或以广队不能进，楚人惎之脱扃。少进，马还，又惎之拔旆投衡，乃出。顾曰：吾不如大国之数奔也。"杜预注："惎，教也。扃，车上兵阑。"又注："还，便旋不进。旆，大旗也。拔旆投衡上，使不帆风，差轻。"是正确的。但杨注从刘文淇说，云："'拔旆投衡'，杜注以为一事，谓拔旆投于衡上。衡即车轭，辕前横木厄马颈者也。刘文淇《旧注疏证》引黄承吉说，则谓'是两事，谓拔去旆，又拔去衡。投者，投之车外，与'拔旆'互文，拔者亦投，投者亦拔。去此两物于车外，则车轻马便，乃可得出。'"并说黄承吉说比杜氏注"较胜"[1]。其实杨、刘、黄之说是错误的，其误在于不懂先秦车制。

依先秦车制，衡是战车上不可或缺的重要构件，是战马驾车所用，要拔去衡，则马无法驾车。《释名·释车》云："衡，横也。横马颈上也。"（见图1）

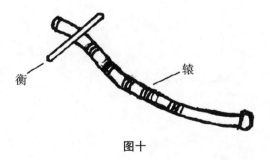

衡　　　辕

图十

杨英杰先生曾论战车形制说："衡，按其形制分为直衡与错衡两种。直衡是一根平直的圆木棒，一般较短，多一米左右。错衡之名多见于古文献。《诗·小雅·采芑》：'约軝错衡，八鸾玱玱。'又《诗·大雅·韩奕》：

---

① 杨伯峻：《春秋左传注》，中华书局，1990年版，第741页。

'王赐韩侯，淑旂绥章，簟茀错衡。'毛传：'错衡，文衡'。"① （见图
2）杨说至确。

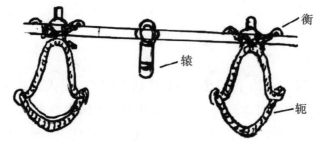

图十一

由此可见，衡乃战车上系轭驾马之组件，若拔去衡，便连轭也一起拔
去了，试问脱离衡轭的战车马还能拉着逃出陷地吗？杨、刘、黄之说，其
误甚明。

（原载《东北师大学报（哲学社会科学版）》2011年第5期）

---

① 杨英杰：《战车与车战》，东北师范大学出版社，1986年版，第24-28页。

《儒藏学案》序

　　四川大学古籍整理研究所主编的国家重点学科项目、中国孔子基金会重大项目付梓已近尾声，又一部长达90余万字的鸿篇巨制《〈儒藏〉学案》书稿随之诞生。这部著作实际上是他们20年呕心沥血编纂《儒藏》工作的总结。

　　这部书稿由七部分组成：首为叙编，以明清二代三位儒学先贤孙羽侯、曹学佺、周永年首创编纂《儒藏》为开端，以示不忘记他们的历史功绩。然后，展示两千多年来四川经学、儒学源远流长的发展史，从西汉文翁的石室传经直到晚清廖平、谢无量、蒙文通等国学大师的丰富成果与人才辈出的盛况。民国初年，四川经学、儒学人才皆聚集于川大。由是四川大学成为继承儒学传统文化的中心，一向被国内同仁所关注。直到20世纪80年代，中央通知有条件的大学承建古籍整理研究所，川大老一辈儒学家徐中舒、缪钺、杨明照等大师还在第一线工作。这一点无疑是川大古籍所首先申报、首先立项、首先出版《儒藏》的地利优势与人才优势。

　　一编《〈儒藏〉春秋》阐述儒学及其各学派发生发展与变化历史，是《学案》的重点。

　　二编《〈儒藏〉同仁》展示了川大古籍所的济济人才，老专家虽然陆续退出工作岗位，但新崛起的中青年学者已成为骨干，卓越的领导、优秀的团队、深厚的学术功底、团结一心的精神风貌，引领着儒学发展的新潮。任重道远，准备迎接儒学现代化高潮的到来吧！

　　三编《〈儒藏〉师友》。师者，老一辈学者像钟肇鹏、汤一介、贾顺先、李学勤等大师级人物。友者，是年辈相当的学兄、学友与朋友。这些师友是川大编纂《儒藏》的热情支持者。不论对川大《儒藏》编纂工作贡献大小，哪怕只有尺寸之功，也一样看待，居然开辟一块专栏，予以表彰，介绍生平，宣传业绩，盛赞学术成果。充分表现了他们对老一代学者的崇敬，对同辈学友兄弟般的"深情厚谊"。"爱情与友谊"是人类社会的两大支柱，让我们的友谊化作弘扬祖国儒学文化发展的动力吧！

四编《〈儒藏〉薪传》是川大古籍所培养硕士、博士与博士后等高层次人才的记录。自1998年，川大古籍所《儒藏》编纂工程立项以来，就有计划地培养儒学研究与儒学文献学方面的学生为《儒藏》工程服务。

1998年至2015年，先后招收硕士生59名，毕业50名，在读9名。2004年至2015年先后招收博士生32名，毕业24名，8名在读。2005年至2015年，招收入站博士后30名，出站23名，7名在站。他们所培养的三层次学生，总体上质量都很高。培养的首位硕士金生杨，其学位论文《苏氏易传研究》，质量很高，毕业后论文就随之发表了。其博士论文《宋代巴蜀易学研究》也是篇高水平论文。川大古籍所的博士毕业生中，大多数为高质量人才，留校工作的王小红、张尚英、李冬梅、郑伟等，学位论文都很出色。限于所内编制问题，一些分配到外单位，或其他高校的学生，也有许多优秀者，例如，潘斌、刘兴淑、夏微、刘平中、姚文永、李东峰等皆是，不一一点将了。

出站的博士后，水平更可观，如马泓波、李梅、戴莹莹、田君等，出站报告水平都很高。前两位，一个返回西北，一个去了山东，都在高校任教。后两位出站就加入了本校古籍所的团队，已经成为骨干。而一位尚未出站的博士后杜春雷与一位尚未毕业的博士霞绍晖也都参加了所里的工作。还有两位硕士毕业生，一位汪璐，一位马琛也参加了所里的工作。一个只有20余人编制的学术团队，竟有10名近年毕业的硕士、博士与在读博士、出站博士后与在站博士后，占全所专业人员的二分之一。这充分说明了川大古籍所培养的学生，不论是硕士、博士或博士后，在哪个层次上，含金量都很高。2009年在川大古籍所的基础上，川大又成立了"国际儒学研究院"。所以，我们认为川大古籍所与"国际儒学研究院"是中国当代儒学研究与儒学人才培养的中心与重镇，应当之无愧。

五编为《学术总目》主要展示了自1997年《儒藏》立项以来，川大古籍所的辉煌学术成果。成果简目，依川大的分类列为四类（因涉及成果很多，提法不同，故书籍称部，文章称篇）：

其一，儒学文献类：经部（凡通论、易、书、诗、三礼、乐、春秋、四书、孝经、尔雅、石经、出土文献）、丛书、文集、论考、语言（凡通论、文字、训诂、音韵、语法）等著作。

其二，儒学史类：凡通论、学案、传记、年谱、编年、书院、家族、政治、制度、历代儒学、目录提要、序跋等著作。

其三，儒学人物类：凡通论、先秦、两汉、三国、魏晋、隋唐、两宋、明、清等著作。

其四，儒家思想文化类：凡中和、孝悌、治国理政、礼乐、教育、信仰、价值、思想、儒学与宗教、儒学与现代化、儒学文化的交流与普及、大众儒学系列等著作等。

儒学四部类成果，再加上高校古委会与四川省等有关科研项目，川大古籍所累计发表学术论文1800余篇，学术专著160部，1000余册。先后获国家、省部级与高校古委会社科项目100余项。获省部级以上奖励30余项。

统观这些惊人的学术成就，足以说明川大古籍所的学术团队实力雄厚、勤劳奋进，有一种大无畏的革命精神。正是基于这种精神，才促成了他们在国内儒学研究领域的优势地位。

《儒藏论坛》是他们在编纂《儒藏》时形成的一种学术交流、研讨与讲座的形式。其中记载了从2004年3月至2015年底止，川大古籍所聘请校内外、海内外著名高校专家举办讲座，人数竟达130多人次。不但促进了学术交流，增加了彼此的友谊，更开阔了与会者的学术视野，有力地推动了儒学研究向纵深方向发展。最后《学案》以附录的形式做了结语。其《儒藏》大事记，就是篇翔实的《儒藏》编纂史，记录着他们艰苦奋斗20年的光荣历史及广泛的社会影响。他们以"儒学论坛""儒学通讯""儒学讲座""儒藏网"等各种形式宣传自己的业绩。

在《儒学学科建设》一栏，他们系统地论列了设置儒学学科的重要性与必要性。提出了设置久已湮灭、但现实急需的儒学为一级学科的建议。

《儒藏》作为中华民族的精神宝库既已诞生，为学术界深入研究儒学提供了方便条件。在这一点上，川大古籍所也捷足先登，走在了前面。《〈儒藏〉春秋》所有的《总序》《分序》《小序》与《提要》等，就是从各个角度论列儒学及其流派发生发展与演变的论文，水平远超过《儒藏》编例的要求。舒大刚所长写的总序就是最明显的例证，他从三个方面论列中国儒学的本质特点是"中国人特有的世界观、价值观和思维方式"，是"中华民族精神的核心"，是"中国传统文化的主干和灵魂"，然后以七个小标题——"儒学是中国的""儒学是东方的""儒学又是世界的""儒学是历史的""儒学又是现实的""儒学是理论的""儒学尤其是实践的"，论证在中国建设社会主义新精神文明的今天，需要儒学，编纂《儒藏》是时代的需要，尤具迫切性，并依据大量史料，创造性地提出了"三藏二十四目"的编纂体例。全文笔力雄健，气势高屋建瓴，把儒学的本质、价值、社会功能与巨大的影响力、感召力，论证得有理有据，令人信服。这是我所见到的，对儒学评价最高、最系统、最深刻、最全面、最准确、最公允的文章。听之令人振聋发聩，读之令人心旷神怡。

其写的"元典小序"同样精彩。尤其在阐释"元典"时，竟创造性地把《荀子》《大戴礼记》《国语》都收入到元典中来，又把《乐记》《周礼·大司乐》《乐经》佚文与李光地《古乐经传》等编为"乐教"，以备《乐经》之缺等，都很有学术眼光。

再有邱进之先生写的《周易类小序》也十分好。在几个关键性问题上拿捏准确。如曰《周易》本卜筮之书，是古《易》之一，得孔子赞《易》，做"十翼"以来，才成为孔门经典。文王画卦之说不可信，但作爻辞之说则有据。自孔子与其弟子传授《易》以来，《周易》经传与易学三位一体的易学体系才形成。无《易传》，《周易》不成经典；无《周易》，则《易传》是"无源之水"，经传实不可分。这些都是正确的。

《儒藏》"三藏二十四目"的各书序言写得都十分坚实，有理有据。每篇几乎都可以说是学术论文，说明川大古籍所的同仁下了相当的功夫。所以我开篇就说《〈儒藏〉春秋》是《学案》的重点，这部分已不是"形下学"，而是名副其实的"形上学"了。

但是，儒学总体上究竟是什么学？这一点在《学案》中讲得很明确。舒大刚所长在"总序"的"儒学是理论的"一节中概括其为"集哲学、政治、伦理、社会、教育以及其他思想观念为一体，是中国精神的集中体现"，是正确的。又把《易》之宇宙观，儒学之五常之教，中庸之辩证思维方式合而论之，当然也是对的。但是，对近些年学术界关于儒学总体的论述认识不足，存在一些瑕疵，应予以重视。

实事求是地说，关于对儒学本质的认识，自古以来就一直存在分歧。

在历史上，最早称儒学为"仁"学或"仁义"之学的是庄子。《庄子·天道》引孔子讲自己的学说要点曰："要在仁义。"《礼记·中庸》载孔子说："仁者人也，亲亲为大。"将"仁"列为"五常之首"。《吕氏春秋·不二篇》曰："孔子贵仁。"证明早在战国时，学术界就称孔学是"仁学"，继之《孟子》大讲仁政。于是，孔孟仁学，成了儒学的专用名词，一直延续到今天。

战国晚期《荀子》提出"隆礼重法"。加之司马迁之父司马谈"论六家要旨"时，贬低"六艺经传以千万数。累世不能通其学，当年不能究其礼，故曰'博而寡要，劳而少功'"，只有"列君臣父子之礼，序夫妇长幼之别，虽百家弗能易也"①。所以，战国晚期，出现了以《荀子》为代表的儒家礼学。其学至今仍有人支持。近世章太炎先生论国学，实即"儒学"，谓是"修己治人"之学。宋人重视四书，鉴于《大学》讲"内圣外王"之道，所以，后来学者提出儒学是"内圣外王"之学等。20世纪80年代，中西文化交流时，我国老一辈学者如张岱年先生提出中国古代哲学与西方哲学的不同点：西方哲学讲"人、物"两分，"主、客"对立。而中国古代哲学则讲"天人合一"。最后，冯友兰先生把中国的传统哲学，尤其是中国儒学定为"天人之学"。我赞成冯友兰先生的观点。当然，张、冯两先生所说的儒学主要指《中庸》与《孟子》等文献而言，未涉及六经。

其实，最能反映儒学是"天人之学"的著作不是《中庸》，也不是《孟子》，而是《易传》。《易传》思想源于《周易》。自从刘歆改变汉今文经学的次序，重排六经，认为《周易》始伏羲时代，时间最早，所以列为六经之首。《尚书》以《尧典》为开端，列第二位，皆以时间为序。他们当时尚未认识到《周易》可以统率其他五经。到宋代才有人提出《周易》为中华传统之源。清四库馆臣才说："《易》道广大，无所不包。"②但从来没有人对此做过论证，只是一句空言而已。近世疑古派贬《周易》为卜筮之书，无哲学可谈，又说《易传》非孔子作，云云。《周易》地位下降，新中国成立以后多数高校几乎无讲《易》学之人。

---

① ［西汉］司马迁：《史记》，中华书局，1982年版，第3290页。
② ［清］永瑢等：《四库全书总目提要》，文渊阁《四库全书》本。

其实自孔子赞《易》做"十翼"而后，《周易》才有了脱胎换骨的变化。《易传》对《周易》的重新解读是全面的、彻底的。主要之点有三：其一，改造它"神"的概念，说"阴阳不测之谓神"。旧《周易》的"神"无疑以为是"自然神、祖先神"，这一点，张岱年先生做过充分论证。与它同时代并且较早的《尚书·洪范》称其与龟卜是"神谋""鬼谋"，可为铁证。

其二，《易·系辞传》将旧《周易》占筮用的"五十枚"通灵的蓍草，改变为"天一地二，天三地四，天五地六，天七地八，天九地十"[1]等十位自然数，以奇数为阳，为天；偶数为阴，为地。占筮不过是天地阴阳之术的自然变化，这就从根本否定了它的占筮是"以通神明之德"[2]。

其三，由于"神"的概念变化，数的性质变化，使原本用来通神明之德的八卦与六十四卦体系，随之转变成了反映天、地、人三才之道阴阳发展变化的模式。《周易》的神秘外衣被一层层剥掉，其理性的因素得到根本发展。作为卜筮之书的《周易》才堂而皇之地走进了哲学殿堂。从这一点上说，若无《易传》重新解读《周易》，《周易》是不会成为儒家经典的。

《易传》从《周易》阴阳对立统一中发掘出了"易"道，曰："一阴一阳之谓道，继之者善也，成之者性也。"[3]一阴一阳就是天地阴阳的变化之道，善是天地生育万物与人类的德。其善德为人与万物所禀承，故曰"继之者善也"。天地赋予人与万物的生命各有各的特点曰性。万物之性各不相同，故曰"成之者性也"。这恰是《易》学"人德天赋"[4]的"天人之学"内涵之一。

《易·系辞传》又为《周易》提出了"宇宙生成论"，曰："《易》有太极，是生两仪，两仪生四象，四象生八卦。"[5]这短短的几句话与《老子》和"太一生水"一样，就是宇宙生成论。"太极是有之最大者"，韩康伯释为最大的元始之气。"生两仪"者，"两仪"就气而言，是阴阳两气；就形

① 《周易·系辞传》，《十三经注疏》本，中华书局，1980年版，第81页。
② 《周易·系辞传》，《十三经注疏》本，中华书局，1980年版，第86页。
③ 《周易·系辞传》，《十三经注疏》本，中华书局，1980年版，第78页。
④ 下文阐释《乾文言》时，有详尽论述。
⑤ 《周易·系辞传》，《十三经注疏》本，中华书局，1980年版，第82页。

象而言，则阳气是天，阴气是地。"两仪生四象"者，就气而言，是阳上生阳，曰老阳之气；阳上生阴，是少阴之气；阴上生阴，曰老阴之气；阴上生阳，曰少阳之气。四季的形体特征是天地运行时寒暑相推产生的，少阳之气为春，老阳之气继之为夏，少阴之气继之为秋，老阴之气继之为冬，少阳、老阳、少阴、老阴相继循环就是春、夏、秋、冬四季。四象生八卦，八卦代表天地间万事万物。所以，这是一个宇宙生成论的模式。

在这一模式中，摸不到，看不见，只有在理性中存在的"太极"则是宇宙本体。它的理论体系的核心二字，曰"阴阳"。《系辞传下》说："刚柔者，立本者也。"①又说："乾，阳物也。坤，阴物也。阴阳合德而刚柔有体。"②又马王堆帛书《易之义》曰："易之义，唯阴与阳。"③说得很明确。"阴阳"是宇宙本体"太极"所生的包括天地在内的万物之母，是《易》学的理论核心。天、地、人三才之道则是《易》学阴阳变化的三种重要表现形式，或曰三种重要内涵。但三才之道并不是《易》学理论的"核心"。《易》学的理论核心只有一个，就是"阴阳"。上文我们已经说过"易之义，唯阴与阳"。其他天地间的万事万物之"阴阳"变化，都是它的表现形式，无一例外。所以，有人否定《易》学是"天人合一"之学，认为《易》学的宗旨是"天、地、人三才之道"。其说是不妥当的。因为"天、地、人三才之道"不过是《易》道"阴阳"的三种重要形式而已，不能概括全部《易》学。以它为《易》学宗旨，是贬低了《易》学本质是"阴阳"的理论模式。

实际上，在《易》学体系中，天、地的地位是不平等的。一者，《系辞传》明言"天尊地卑"，"天贵地贱"；二者，天为阳、为大、为君、为父、为夫；地为阴、为小、为臣、为子、为妻。三者，从卦德上看，天健地顺，地是"承天而时行"的，一旦违背天道，小则迷失自我，大则恃阴气之威，敢与阳战，干出逆天之事。就人事而言，则是"臣弑君，子弑父"的大逆不道。所以地道的本质只是天道的仆从而已。

因此，古人在谈到人与自然关系时，往往不提地道，而直言"天人之

---

① 《周易·系辞传》，《十三经注疏》本，中华书局，1980年版，第85页。
② 《周易·系辞传》，《十三经注疏》本，中华书局，1980年版，第89页。
③ 张政烺：《马王堆帛书〈周易〉经传校读》，中华书局，2008年版，第137页。

学"、"天人合一"，以天为天地自然的代表。所以《系辞传》明言《易》学宗旨是"明于天之道，而察于民之故"①。《周易尚氏学》也说"《周易》之大义"是"天道与人事"，此外，"无二理也"。这些说法都是正确的。若否定《易》学为"天人之学"，从本质上说就否定《易》学以"阴阳"为核心的理论。

《易·乾卦》卦辞："元亨利贞。"李鼎祚案："《说卦》：乾，健也。言天之体以健为用，运行不息，应化无穷，故圣人则之。欲使人法天之用……《子夏传》曰：元，始也。亨，通也。利，和也。贞，正也。言乾禀纯阳之性，故能首出庶物，各得元始（即春）、开通（即夏）、和谐（即秋）、贞固（即冬），不失其宜，是以君子法乾而行四德。故曰：'元、亨、利、贞'矣。"②古人释"元、亨、利、贞"为"春、夏、秋、冬"是有根据的，因为《说卦传》明言：《震》为春分，为东方；《离》为夏至，为南方；《兑》为秋分，为西方；《坎》为冬至，为北方。《震》主春，万物萌发；《离》主夏，万物繁茂；《兑》主秋，万物成熟；《坎》主冬，万物收藏。四时，乃天地生长万物的周期，故曰"天德"。

《乾·文言》释曰："元者，善之长也；亨者，嘉之会也；利者，义之和也；贞者，事之干也。君子体仁，足以长人；嘉会，足以合礼；利物，足以和义；贞固，足以干事。"③何妥解："贞，信也。君子贞正，可以委任于事。故《论语》曰'敬事而信'，故干事而配信也。"④何妥说应为古说。李鼎祚受《孟子》"四端"影响改"信"为"智"，成为后来通说。其实"贞固"释"信"较之释"智"，更符原意。《文言》又曰："君子行此四德者。故曰：乾，元、亨、利、贞。"⑤此"四德"，即天地生养万物的"四时之德"，在天曰元、亨、利、贞，在人曰仁、礼、义、信。而人的"四德"，则秉承于天。《系辞传下》曰："天地之大德曰生"，说天地最大的德是生天下万物与人。怎么生？即《易传》所说的"天地氤氲，万物化醇；

---

① 《周易·系辞传》，《十三经注疏》本，中华书局，1980年版，第82页。
② ［唐］李鼎祚：《周易集解》卷1，中国书店，1984年版，第1页。
③ 《周易·乾文言》，《十三经注疏》本，中华书局，1980年版，第15页。
④ ［唐］李鼎祚：《周易集解》卷1，中国书店，1984年版，第4页。
⑤ 《周易·乾文言》，《十三经注疏》本，中华书局，1980年版，第15页。

男女构精，万物化生"。①在万物化生中，天地把自己的天命信息赋予万物而形成万物各种各样的生命形式与特性。独有人作为天地间的万物之灵，得天独厚，在禀受生命信息时，又赋予了人德行，即把元、亨、利、贞，即仁、礼、义、信四德赋予了人类。其实这一说法还早于儒学，据《左传》鲁襄公九年载，鲁成公之母穆姜曾讲过《易》之"元、亨、利、贞"释"仁、礼、义、信"之事，此时孔子尚未出生。据高亨先生研究，此乃春秋时人所创解释《周易》的新思想，可惜高先生明知此是春秋时出现的《周易》新说，但他仍强调其原意是什么"大享利占"，过于保守，使自己丧失了一次深入探讨《周易》，突破其卜筮之学的机会。而孔子作《周易》时，则将此说纳入《乾文言》中，此是春秋时人认为"天赋人德"最生动、最具体的实例，从而实现了"人德源于天"的理论突破。《中庸》的"天命之谓性"，《孟子》的"仁、义、礼、智四端"说皆源于《易传》，这是《易》学为"天人之学"的铁证。

当然《易传》《中庸》《孟子》所讲的"人性"由上天所赋，但天之所赋只是一种潜质，人降生以后，需要后天的再教育、再学习，这些潜能方能充分发挥出来。因此《周易》对人的后天教育抓得很紧，要君子不断进德修业，要自强不息，努力奋斗，"学聚，问辩，宽居，仁行"，学《易》以修德为主，学好"《履》以和行，《谦》以制礼，《复》以自知，《恒》以一德，《损》以远害，《益》以兴利，《困》以寡怨，《井》以辩义，《巽》以行权"②等各种德行，准备有朝一日"或跃在渊"，然后实现"飞龙在天"，进而达到圣人"天人合一"境界。此不单是《易》学，也是儒学的人生最高境界。

许多学者认为《易传》的理论水平远较《周易》为高，朱熹曾说："有天地自然之易，有伏羲之易，有文王周公之易，有孔子之易。"③所谓"孔子之易"即"十翼"，"文王周公之易"即《周易》。朱熹评曰："不可便以孔子之说为文王之说也。"因为"十翼"之说"幽深奥远"，与《周易》六十四卦卦义及三百八十四爻爻义相较，实有过之而无不及。这应是学术界

---

① 《周易·系辞传》，《十三经注疏》本，中华书局，1980年版，第88页。

② 《周易·系辞传》，《十三经注疏》本，中华书局，1980年版，第89页。

③ ［南宋］朱熹：《周易本义·图目》，中国书店，1994年版，第13页。

公认的事实。而《周易》为本经，《易传》则依赖《周易》才能踏入"经"的层次，岂非怪事？但这毫不奇怪！《易传》当然是金子，但《周易》则是一座巨大的金矿。因为在《周易》八卦与六十四卦的巨大卦爻体系中蕴藏一个阴阳对立统一的哲学体系。暂且不论《乾》、《坤》二经卦是众卦之父母，万物之祖宗，单就六十四卦体系而言，从《乾》、《坤》两卦为《易》之门户始，《易》的六十四卦，实为三十二对阴阳对立统一体，凡相邻两卦，非反即对。乾、坤实即阴阳，为这一体系的核心。有阴阳则《易》存，若阴阳一旦息，《易》的阴阳对立就会随之毁灭。故《易》以《既济》，第六十三卦止，《既济》卦三阴三阳各居其位，象征阴阳之矛盾止息了，故《既济》卦辞说："初吉，终乱"。《易传》曰："终止则乱，其道穷也"，《易》也就几乎止息了。六十四卦阴阳运动的一个大周期结束了。但六十四卦为《未济》，《序卦传》云："物不可穷也，故受之以《未济》终焉。"终者，六十四卦体系之终结；未终者，《未济》六画，三阴、三阳皆不在自己的阴阳位上，说明新的阴阳对立又从《未济》开始了，世上物不可穷，《易》也就不会穷尽。

孔子正是抓住了这一《周易》的本质特点，提出"阴阳"为《易》的"核心"说，创立了"阴阳"为"一阴一阳"之天道。《周易》即为"天道"之源，那么天、地、人三才之道，也就成了《易》道的三种表现形式。《易传》既是解说这一源头的，当然也就屈居下位了。

总之，经《易传》的勤奋发掘，《周易》经传成为了中国古代唯一一部有本体论，有宇宙起源说，有价值观，有人生观，有阴阳对立的辩证思维形式，还有八卦与六十四卦、三百八十四爻的学说体系，因此是一部成熟的古代哲学著作，而且更是一部反映"人与天地自然合一，人与社会合一，人与人合一"的儒学"天人之学"的理论体系。

本文目的旨在谈清《周易》经传的"天人学说"体系，故不准备全面论《易》，以下各章亦如此。除《周易》而外，其他如《尚书》《诗经》《礼》《乐》《春秋》等五经，从本质上说，也都是"天人之学"。下面我们分别论之。

首先说《尚书》。《尚书》的"天人关系"说，始于《尧典》。这是中国父系氏族社会的晚期，母系氏族社会流传下的"万物有灵"说，崇拜自然神祇的传统，不但保留而且有所发展。并且，除巫史人员外，氏族社会的首领有了颁历数、法则天、代替天的权力。

《论语·泰伯》说："子曰：大哉，尧之为君也！巍巍乎，唯天为大，唯尧则之。荡荡乎，民无能名焉。"言尧德广如天，民无言可以形容。又说："巍巍乎，其有成功也，焕乎，其有文章。"[①]尧太高大了，事业有成功。社会光明，有其礼乐法度。《左传》哀公六年载《夏书》佚文曰："惟彼陶唐，帅彼天常，有此冀方。"[②]陶唐亦指尧也，说尧能循天之常道，占有冀方之地。

《论语·尧曰》："咨，尔舜，天之历数在尔躬。允执其中，四海困穷，天禄永终。"[③]告诫舜要坐好帝位，允执天道之中，不能过，也不能不及，否则四海穷困，你的禄位也就随之永绝了。《孟子·滕文公上》也有相同记载。这说明在尧舜时代，部落首领，即《尚书》所谓"帝"，是有资格法则天，率领民众遵循天道的人，又是唯一拥有天之历数的人。《尚书·尧典》开篇就是尧命羲、和二天官钦若昊天，历象日月星辰，敬授人时，制定历数。分命羲仲、羲叔、和仲、和叔在部落四境宅嵎夷，曰旸谷；宅南交；宅西，曰昧谷；宅朔方，曰幽都。建立日晷，观察太阳出没运行。举行迎日出之礼，协助羲、和二氏，确定二分二至，确定一年有三百六十有五日，制定历法（即历数），交给尧颁布实施。古人认为天之历数，就是天之规律。天之规律只能由首领掌握，所以尧退帝位后，把历数交给舜，就是把"帝位"禅让给了舜，后"舜亦以命禹"（《论语·尧曰》，此说亦见伪《古文尚书·大禹谟》）。

其二，父系氏族社会继承了母系氏族社会的崇拜天地自然神祇的传统，而且形成了比较明确的祭祀制度。所有祭祀都由首领依规定执行。

如《尧典》载尧让帝位于舜时，舜要向天神、地祇、百神致礼报告，曰："肆类于上帝"，是非常之祭。肆类于上帝，即举行祭天之礼，并配以"文祖"，继之，"禋祀六宗"（天宗三，曰：日、月、星辰；地宗三，曰：岱、河、海），再继以"望于山川，遍于群神"，即祭祀山川、五祀、

---

① 《论语·泰伯》，《十三经注疏》本，中华书局，1980年版，第2487页。
② 《左传》哀公六年，《十三经注疏》本，中华书局，1980年版，第2162页。
③ 《论语·尧曰》，《十三经注疏》本，中华书局，1980年版，第2535页。

四渎各类以尊卑为次序的百神。一则表示对天地等神祇的敬仰，二则表示自己登帝位禀告诸神，三则显示了自己的权力，只有氏族社会的帝，才有这样的权力。其余各地的部落首领无权祭天，也没有颁布历数之权，只能祭祀自己部落、氏族所在地的山川。

其三，在尧舜时代，"天命"思想已经产生。《皋陶谟》曰"天叙有典"，"天秩有礼"，"天命有德"，"天讨有罪"，意为人世的典章制度、礼仪规范，都是缘人情而法天制定的。天命有德者为君，天讨有罪者，例如"流共工于幽州，放驩兜于崇山，窜三苗于三危，殛鲧于羽山"[1]。虽曰"天之罚"，其实都由部落首领"帝"代行天罚的。《皋陶谟》又说"天聪明，自我民聪明。天明畏，自我民明畏"，天的意志反映的是部落庶民的愿望。《尚书》重德，《皋陶谟》所载之九德"栗"、"立"、"恭"、"敬"、"毅"、"温"、"廉"、"塞（实）"、"义"，是专为扶掖行事中九种行为"宽"、"柔"、"愿"、"乱"、"扰"、"直"、"简"、"刚"、"彊"的偏差而提出的，这九德是教育社会全部成员的。

孔子在《礼记·礼运》中所讲的"大同社会"，曰："大道之行也，天下为公，选贤与能，讲信修睦，故人不独亲其亲，不独子其子"[2]云云，指的即是《尧典》《皋陶谟》所记的氏族社会。这是儒家认为中国上古史上最辉煌的一页，故《尚书大传》说："《帝典》可以观美。"《孔丛子》载孔子说："吾于《帝典》，见尧舜之圣焉。"故汉人说："孔子祖述尧舜。"伪古文《尚书·大禹谟》所说的"人心惟危，道心惟微，惟精惟一，允执厥中"[3]，讲的就是只有尧、舜二帝才能做到"人心符合道心"的圣人。后儒讲"二圣三王"，二圣者，即尧、舜，是上古法天、代表天的人物，而三王则指夏商周三代的圣王。

在人类社会进入国家以后，夏、商、周三代之王争相标榜自己是受"天命"之王。"天命"之说有了新的意义，主要是成为王的治国"工具"，传统重"民"的含量日益减少了。禹是舜提拔的氏族社会的最后一位"帝"，是由氏族社会进入国家的桥梁式人物。老年的禹选择益为"帝位"继承人，

① 《尚书·舜典》，《十三经注疏》本，中华书局，1980年版，第128页。
② 《礼记·礼运》，《十三经注疏》本，中华书局，1980年版，第1414页。
③ 《尚书·大禹谟》，《十三经注疏》本，中华书局，1980年版，第136页。

但时移世易，禹的儿子启杀掉了益，以武力夺取了"帝位"，建立了夏王朝。有扈氏不服，起兵反对，大战于甘，启作《甘誓》，指责"有扈氏威侮五行，怠弃三正，天用剿绝其命，今予惟恭行天之罚"①。结果战胜有扈氏，坐稳了王位，开辟了家天下的新模式。后来周人承认启的地位，在《尚书·召诰》中说："有夏服天命，惟有历年。"夏、商、周三代的更替模式，都是从有德的祖先受"天命"取得天下为始，而后嗣孙辈，因乱德昏庸，失了天下。

《尚书·盘庚》云："先王有服，恪谨天命。"《咸有一德》说："非天私我有商，惟天佑于一德。"清华大学战国竹简《尹诰》曰："惟尹既及汤，咸有一德。尹念天之败西邑夏，曰：'夏自绝其有民，亦惟厥众，非民亡与守邑。厥辟作怨于民，民复之用离心。我捷灭夏，今后曷不监？'"②遂消灭了夏。

商传至纣王，肆行暴政，杀王子比干，囚箕子，天怒人怨。周文、武二王皆受"天命"讨之。商纣尚恃"有命在天"，有恃无恐，最终被武王剿灭。《尚书·牧誓》载武王谴责纣曰："今商王受，惟妇言是用，昏弃厥肆祀弗答，昏弃厥遗王父母弟不迪；乃惟四方之多罪逋逃，是崇是长，是信是使，是以为大夫卿士，俾暴虐于百姓，以奸宄于商邑。今予发，惟恭行天之罚。"③灭纣兴周。

所以，由《尚书》所见，在三王时代，"天命"思想已完全操控在"王"的手里。

根据《尚书·洪范》，在大禹治水时，天赐他"洪范九畴"，即治国安民的"大法九章"，其第五章"皇极"，是专为捍卫"王权"而设立的。凡臣民行事，必"遵王之义"、"遵王之道"、"遵王之路"。凡"皇极"之敷言，臣民必须"是彝是训，于帝其训"。听王的话，才于天为顺。而且王又增加了特权，可以"作福"、"作威"、"玉食"，其他人一概不行。王已明显成为了凌驾于人民之上的王朝君主，与氏族社会的首领即"帝"，有了天壤之别。"天"在君、民关系中的调节作用降低了。君受天命牧民，

---

① 《尚书·甘誓》，《十三经注疏》本，中华书局，1980年版，第155页。

② 李学勤主编：《清华大学藏战国竹简》（壹），中西书局，2010年版，第132页。

③ 《尚书·牧誓》，《十三经注疏》本，中华书局，1980年版，第183页。

"天命"成了"君"的"工具","天"已无力再承担"民意"的代表，"民"的地位随之下跌了。

但是，由于氏族民主制的传统犹在，伪古文《尚书·五子之歌》呼吁："民为邦本，本固邦宁。"《尚书·泰誓》强调《皋陶谟》的观点："天矜于民，民之所欲，天必从之。""天视，自我民视；天听，自我民听。"①即便《洪范》的"大法九章"中，也给庶民在国家大事决策中一个位置。因此，孔子在《礼记·礼运》中考虑到夏、商、周三代毕竟出了一批明君圣主，"禹、汤、文、武、周公、成王""未有不谨于礼者也，以著其义，以考其信，著有过，刑仁讲让，示民有常"②。再加《孟子》曾说商代"自汤至于武丁，贤圣之君六七作"。《孟子》之说虽晚，但为历史事实。早为孔子所知，所以孔子乃定三王时代为"小康"，即庄子在《天下》篇所说的"内圣外王"时代。

《尚书》重德之说，是讲天选择有德者为天下王。这一思想是夏、商、周三代"德治"思想的主流，影响极为深远。直到"礼崩乐坏"的春秋，犹发挥着作用。鲁宣公三年，楚穆王与晋争霸天下，过周，向周王室问鼎之大小轻重，王孙满理直气壮地回答："在德不在鼎。昔夏之方有德也，远方图物，贡金九牧，铸鼎象物……使民知神奸……桀有昏德，鼎迁于商，载祀六百。商纣暴虐，鼎迁于周。德之休明，虽小，重也；其奸回昏乱，虽大，轻也。天祚明德，有所底止。成王定鼎于郏鄏，卜世三十，卜年七百，天所命也。周德虽衰，天命未改。鼎之轻重，未可问也。"③可见《尚书》"二圣三王"的"天人之学"是孔子亲自划分出来的。

《诗经》的"天人之学"，集中表现在《雅》《颂》两类诗中，尤以《周诗》为最多，其内涵也是讲殷、周的王、后与"天命"有不解之缘。

《商颂·玄鸟》曰："天命玄鸟，降而生商。宅殷土芒芒。"《史记·殷本纪》则曰："殷契，母曰简狄，有娀氏之女，为帝喾次妃。三人行浴，见玄鸟（燕子）堕其卵，简狄取吞之，因孕生契。"④说法虽异，但都

① 《尚书·泰誓》，《十三经注疏》本，中华书局，1980年版，第181页。
② 《礼记·礼运》，《十三经注疏》本，中华书局，1980年版，第1414页。
③ 《左传·宣公三年》，《十三经注疏》本，中华书局，1980年版，第1868页。
④ ［西汉］司马迁：《史记》，中华书局，1982年版，第91页。

与玄鸟有关。感生者必有异能，在尧舜时，舜命契为司徒，"敬敷五教"。
《玄鸟》又说："古帝命武汤，正域彼四方，方命厥后，奄有九有。"其言
天帝命武汤正其封疆，汤命其他群侯扩大封地拥有了九州。《玄鸟》又说：
"商之先后，受命不殆，在武丁孙子。武丁孙子，武王靡不胜。"①说殷之先
君受命勤勉，不惧凶险，在武丁孙子。武丁孙子能继承汤大业，扩展殷商疆
界上千里，四海来朝，承受百福，皆上天所赐。契、汤、武丁等商代君王先
后皆受"天命"眷顾。

《商颂·长发》是另一首商人怀念祖先契及其孙相土及十四代孙成汤，
完成灭夏大业，建立殷王朝的史诗。说契为上帝所立之殷王，威武刚毅，熟
习大国、小国国情，遵循王礼不越轨。契之孙相土干事轰轰烈烈，天帝之命
不可违，与海外都有联系。至于成汤降生正逢时，上天命他为九州榜样，他
荷天之美德，"不刚不柔，敷政优优，百禄是遒"。荷天之宠，敷奏其勇，
载旆秉钺，如火烈烈，"韦顾既伐，昆吾夏桀"。建立功业，"允也天子，
降予卿士"，良臣伊尹，辅助商王，成其功业。《礼记·孔子闲居》载，孔
子盛赞《诗·长发》讲汤的功德，曰："天无私覆，地无私载，日月无私
照。奉斯三者，以劳天下，此之谓三无私。其在《诗》曰：'帝命不违，至
于汤齐。汤降不迟，圣敬日齐。昭假迟迟，上帝是祗。帝命式于九围。'"②
这是说成汤的功业，全凭自己的德行创建。上天支持他，是出于公心，并无
私意。

周代《诗经》的"天人之学"与殷代内容虽异，但体系相同，因为《商
颂》出于春秋时宋人之手。所以周人也是把大周的王业与其先祖的德业统一
起来，认为"天命靡常，有德者得之"，所以大周成就王业，也是受上天眷
顾的结果。并且周人认为自己的祖先弃，是其母姜嫄踩到天帝脚印拇指而受
孕生的，名曰弃，与天结有初缘，也有异能，善种庄稼，在舜时被任命为
"后稷"，主管部落农业，把种植技术传到华夏各地。

《诗·大雅·烝民》曰："天生烝民，有物有则。民之秉彝，好是懿
德。"③这条材料相当重要，过去没有引起学术界同仁注意。这是一条"民

---

① 《诗经·玄鸟》，《十三经注疏》本，中华书局，1980年版，第623页。

② 《礼记·孔子闲居》，《十三经注疏》本，中华书局，1980年版，第1617页。

③ 《诗·大雅·烝民》，《十三经注疏》本，中华书局，1980年版，第568页。

德天授"的最好证明。烝者，众也。说天生众民，自出生以来就"有物有则"。那么何物、何则呢？郑笺曰："天之生众民，其性有物象，谓五行仁、义、礼、智、信也。""则"，郑笺曰："其情有所法，谓喜、怒、哀、乐、好、恶也。"①郑氏说是正确的。这与《易·乾文言》说人的"仁、义、礼、信"四德是上天所赋的思想完全吻合。何况《诗》下文又云："民之秉彝，好是懿德。"即是老天生众民，就把天的美德赋予人了。换句话说，众民是禀赋天之常道而生的，所以每个人都有美德。从这一条材料看，周人的思想境界比殷商时人有所进步。《烝民》下文又云："天监有周，昭假于下。保兹天子，生仲山甫。仲山甫之德，柔嘉维则。"②这更是明言，天为保护天子，才生了仲山甫，仲山甫之德，温柔良善有准则，可证仲山甫之德亦由天所授。仅凭这首诗，就可以断定《周诗》是典型的"人德天授"的"天人之学"，与《易·系辞传》"天地之大德曰生"，"继之者善也，成之者性也"异曲同工。

《诗·大雅·文王》是纪念文王的"诗"，首先回忆文王受天命之时"有周不显，帝命不时"，两"不"字皆读"丕"也。是说有周声名大显，上帝天命大得其时。亹亹文王，令名流传不止。去世之后，神灵在天，光昭天下。周虽旧邦，受天命维新。"文王孙子，本支百世"，世世显贵。武王伐纣时，"商之子孙，其丽不亿"，一亿十万，即不下十多万人。但天鉴于文、武二王之德，"上帝既命，侯于周服"，即上帝劝说殷民"天命靡常"，"聿修厥德"，即说天命无常道，惟德是从，你们殷之臣民，自求多福吧。"殷之未丧师，克配上帝"，现在不同了，殷之大命需改易了。于是殷商臣民乃服于周，文王的声誉、德行永远令天下万邦信从，这是文王死后的感召力。

《大雅·文王有声》是讲文王在世时的功劳。"文王受命，有此武功。既伐于崇，作邑于丰。"③"文王烝哉"，烝，君也，说文王是个好君主。

《大雅·下武》讲有周一代继一代都有明君圣主。曰："下武维周，世有哲王。三后在天，王配于京。王配于京，世德作求。永言配命，成王之

---

① 《诗·大雅·烝民》，《十三经注疏》本，中华书局，1980年版，第568页。

② 《诗·大雅·烝民》，《十三经注疏》本，中华书局，1980年版，第568页。

③ 《诗·大雅·文王有声》，《十三经注疏》本，中华书局，1980年版，第526页。

孚。"①下武者，指周王的后嗣。说周王室，世代都有睿智的王。三后升天（指太王、王季、文王），三王升了天，武王留镐京作王，配天命。武王留京配王命，是其世德可匹配天命。要想周人永久匹天命，成王心中要诚敬。成王心存诚敬，下土诸侯才有法规可行。这是周王告诫后嗣永尊文王法度，孝思，昭兹受天佑，国运长久，有人会辅佐王室作藩屏。

《大雅·大明》叙述周之兴起，始于文王。《诗》开篇说：人的明明之德布于地上，天的赫赫之明却在天上。要选择有德的人做人世的"王"，"天难忱斯"，天也很不容易判断。文王之母太任，本殷属国挚仲任氏的女儿，下嫁周王王季，生此文王。小小文王，德行端方。"天临在下，有命既集"。天命意属文王，赐给他个新娘，是个大邦姑娘，是谓"天作之合"。文王亲迎于渭水，不显婚礼之光。上天命此文王，于周于京建家邦。文王之后维莘，不久笃生武王。上天佑我周室，天命降给武王，率军讨伐大商。殷商之旅，布满战场，就像森林一样。武王牧野誓师，又有上天帮忙。六军先锋师尚父，首先攻击商军，表现像鹰扬。武王指挥大军，全面攻伐大商。一朝天下清明，灭了暴君纣王。这是一首史诗，表达的是天命文王，在周原一带建邦立国，发展势力，眷顾他，待他长大，赐给他一个大邦姑娘，真是"天作之合"。待文王夫人维莘生了武王，上天又庇佑周室，授命武王，准备伐商，经过文武两代的筹划，终于灭了大商。之所以能灭商的重要理由，就是文王、武王因德高爱民而受到"天命"的支持。天鉴有德，立有德者为民之君。代表"天命"的君，再讨伐失去了人民信任的"昏君"，成就新王朝的伟业。《尚书》《诗经》有关政治思想的主流就是"天命""德治""以民为本"，诚如《孟子》所说："得民心者得天下，失民心者失天下"。

关于周代文、武二王品德高尚，所以受"天命"兴周灭商的事例很多。如《周颂·唯天之命》说"文王之德之纯"，《周颂·昊天有成命》说："昊天有成命，二后（文王、武王）受之。成王不敢康，夙夜基命宥密。"②意为文武二王受天之命灭殷兴周，使成王受到激励，继位之后勤勉工作，不敢安逸，早起晚睡为国操劳。

---

① 《诗·大雅·下武》，《十三经注疏》本，中华书局，1980年版，第525页。

② 《诗·周颂·昊天有成命》，《十三经注疏》本，中华书局，1980年版，第587页。

《周颂·执竞》也说："执竞武王，无竞维烈。不显成康，上帝是皇。自彼成康，奄有四方。"[1]说武王以举世无双的功业建立了周王朝，其子孙成王和康王，也被上帝看准是皇王，所以成康二王把疆域扩展到四方。

《大雅·板》篇，还讲过在国家有困难的情况，对那些大宗子弟嬉戏的行为进行警告："敬天之怒，无敢戏豫；敬天之渝，无敢驰驱。昊天曰明，及尔出王；昊天曰旦，及尔游衍。"[2]谴责这些王室大宗子弟，在国家有灾难，上天发怒，情绪多变的情况下，竟敢嬉戏、放纵。老天眼睛最明亮，不要做出违反王道的事，上王的眼睛像朝日，不要做出放荡的事。发出上天公允、选立明德的信号。周王室要教育好子弟吧，以免重蹈夏、殷末世的覆辙。可见《诗》学的本质是"天命有德作君王"，"失德虐民则成桀纣"，已经形成了规律。新王在地，天鉴明照，民意体现天意。天无私覆，地无私载，日月无私照，作恶的君主，迟早有报。

《礼》《乐》作为"天人之学"，《礼记》载有丰富的资料足可证明。

首先，我们说"礼"的产生。《礼记·礼运》曰："夫礼必本于大一，分而为天地，转而为阴阳，变而为四时，列而为鬼神。其降曰命，其官于天也。"[3]这段话虽然谈的是"礼"的起源，实际上与《系辞传》谈宇宙起源论息息相关。说明礼发源于"太一"，是与天地万物一同产生的，是天地万物的规律和秩序。"分而为天地"，即是《易·系辞传》的"太极生两仪"。"两仪"从气质上说就是阴阳二气，从形态上说是天与地。所谓"转而为阴阳"，正是从阴阳的气质上说的。"变而为四时"，正是《系辞传》所说的"两仪生四象"。两仪即是天地之象，又是阴阳二气，而四象从气质上说，乃是少阳、老阳、少阴、老阴四象，而从形态上看，则是少阳为春，老阳为夏，少阴为秋，老阴为冬的四时之变。至于"列而为鬼神"，《易·系辞传》说"阴阳不测之谓神"。依此看"鬼神"，就是阴阳二气的变化形式。对此，朱熹有过明确的论证，曰："阴精阳气，聚而成物，神之伸也。"即说阴阳交合而生物，物之伸（生长）就是神。当物完成一个生命历程，就发生了变化，"魂游魄降，散而为变，鬼之归也"。即说当物老时，阴阳离

---

① 《诗·周颂·执竞》，《十三经注疏》本，中华书局，1980年版，第589页。

② 《诗·大雅·板》，《十三经注疏》本，中华书局，1980年版，第550页。

③ 《礼记·礼运》，《十三经注疏》本，中华书局，1980年版，第1426页。

析，魂游而魄散，物散即亡，阴阳二气，各归自然，就是鬼。鬼者，归回自然。由此观之，所谓"列而为鬼神者"，实为世界上的阴阳二气不断发生的生生死死不停变化。《庄子·逍遥游》曾说过："朝菌不知晦朔，蟪蛄不知春秋"，我们常说"人生一世，草木一秋"，宇宙中的生生死死变化无穷，岂非"列而为鬼神"乎！

"其降曰命"，孙希旦释曰："言天理之流行而赋于物者，则谓之命，所谓'天命之谓性'也。"[①]是对的。万物从天理中各禀受了"命"，从而形成具有各自独立特点的生命形态，也形成了与其他各物不同的属性，形成了不同的"命定"形式。

《左传》成公十三年，有一显例。周王室成肃公、刘康公二人参加晋伐秦之役。在祭社受脤之时，成肃公惰。刘康公说："吾闻之，民受天地之中以生，所谓命也。是以有动作礼义威仪之则，以定命也。能者养之以福，不能者败以取祸。是故君子勤礼，小人尽力，勤礼莫如致敬，尽力莫如敦笃。敬在养神，笃在守业。国之大事，在祀与戎，祀有执膰，戎有受脤，神之大节也。今成子惰，弃其命矣，其不反乎？"[②]果然，成肃公死在了此役的晋国瑕地。这一事件的灵验与否，我们不论。我要说的是，春秋时代的社会上层人物，都知道自己是禀受天地之理而出生的，上天都赋予了自己"命定"的生命历程，人人都应慎重对待自己的生命，要尊重礼仪道德修养。

《礼记·昏义》说周代的八礼曰："夫礼，始于冠，本于昏，重于丧祭，尊于朝聘，和于射乡，此礼之大体也。"[③]冠礼是古代成人礼，故为礼之始。婚礼是人伦之始，故曰"本于昏"。八礼中最重要的是丧、祭二礼。丧礼是祖先的送终之礼，故重。祭礼是祭祀天地、百神与宗庙之礼，是人向"自然神"与"祖先神"祈福之礼，所以丧祭是八礼中最重要的礼。朝、聘是天子和诸侯、诸侯与诸侯之间的礼，所以是最尊的礼。至于乡射与乡饮酒礼，是国人或乡人之间的礼，重在和谐乡里与族人的关系。

周人认为"国之大事，在祀与戎"，所以祭祀天地、百神与宗庙之礼，皆由王亲自主祭。之所以如此，是先王担心"礼教"不能达于天地、宗庙、

---

① ［清］孙希旦：《礼记集解》，中华书局，1989年版，第616页。
② 《左传》，《十三经注疏》本，中华书局，1980年版，第1911页。
③ 《礼记·昏义》，《十三经注疏》本，中华书局，1980年版，第1681页。

鬼神，所以亲自主持祭天地、百神与宗庙之礼。

《礼记·礼运》又曰："故祭帝于郊，所以定天位也；祀社于国，所以列地利也；祖庙，所以本仁也；山川，所以傧鬼神也；五祀，所以本事也。故宗祝在庙，三公在朝，三老在学。王前巫而后史，卜筮瞽侑，皆在左右。王中心无为也，以守至正。"[①]

郊祭上帝，尊重天，故祀于南郊，定天位于阳地，以报上天生育万民之大功。社者，土神，亲地，报大地生万物养民之功。祭宗庙，庙者貌也。追思先祖之貌，厚祭祖先，以报祖先开创王业、养育后代子孙之仁恩。望祭山川，报山川草木百神福佑之德。祭五祀者，即祭春神句芒，夏神祝融，秋神蓐收，冬神玄冥，中央神后土，祈祷诸神赐予丰收，这是祭祀的本事。祭祀的排场很大，宗伯、太祝在宗庙，太傅、太师、太保三公在朝，三老在学。王作为主祭者，前有巫，后有史，以备与神沟通以及记言、记事；瞽侑皆在王之左、右，巫卜择日解惑，瞽侑奏鼓乐相礼。此时，王心中无为，逍遥自得，惟守正祭祀天地、百神、宗庙大礼之正常完成。这一礼数非同小可。《礼运》又说："故礼义也者，人之大端也，所以讲信修睦而固人之肌肤之会、筋骸之束也，所以养生、送死、事鬼神之大端也，所以达天道、顺人情之大窦也。故唯圣人为知礼之不可以已也。故坏国、丧家、亡人，必先去其礼。"[②]谓祭天地、百神、祖先神的大礼，是和于天，和于地，和于百神，和于祖先的礼。换句话说，是人和于天地自然百神的礼，是人和于祖先神的礼，其重要性是不言而喻的。

其次，《礼记》认为人与万物都是天地所生，即《礼运》所说："是故夫礼，必本于天，殽于地，列于鬼神，达于丧、祭、射、御、冠、昏、朝、聘。故圣人以礼示之，故天下国家可得而正也。"[③]再次交代礼由"承天之道"而来，意在"治人之情"，极其重要。人们"失之者死，得之者生"，因为礼是"本于天，殽于地，列于鬼神"的。"承天之道"者，说礼本于天地自然之道，人因之而建立自己的礼之体系，构成人类生存的基石，所以失礼的人就无法生存。殽者，法也，礼效法天地之昼夜循环，寒暑有变，风雨

---

① 《礼记·礼运》，《十三经注疏》本，中华书局，1980年版，第1425页。

② 《礼记·礼运》，《十三经注疏》本，中华书局，1980年版，第1426页。

③ 《礼记·礼运》，《十三经注疏》本，中华书局，1980年版，第1415页。

有期等法规，建立人类礼之系统。鬼神者，阴阳之气也，上达天，下及地，充塞于宇宙之间，昭布森列而不可无。故能达于丧、祭、射、御、冠、昏、朝、聘八礼，圣人以展示人情于天地、鬼神之间，天下国家诸种事物就可以得正。而万物除了上天"命定"的秩序之外，皆无自己创立的礼义体系，这是人与物的重要区别之一。

《礼运》又曰："人者，其天地之德，阴阳之交，鬼神之会，五行之秀气也。"又谓："故人者，天地之心也，五行之端也。食味、别声、被色而生者也。"①这就是说，人与万物虽然皆为天地所生，都一样禀受天地之德，得阴阳二气，各具鬼神（阴阳）变化之形，其理是相同的，并无二致。但人又得"五行之端"，即仁、义、礼、智、信五常之德的端绪，又多得金、木、水、火、土五行之秀的灵气。而且万物于饮食、声色各得一偏（指动物饮食单调，声色不能全具），而人能食六味、六和，听五声、看五色，各类食物及声色，皆可食用、欣赏。故为"天地之心"、"万物之灵"，具备驾驭天地之间万事万物的智慧与能力。

正因为人为"天地之心"、"万物之灵"，所以先王为人类提出了更高的伦理道德修养条件。《礼记·礼运》："夫礼，先王以承天之道，以治人之情。故失之者死，得之者生。《诗》曰：'相鼠有体，人而无礼。人而无礼，胡不遄死！'"

那么，"人情"是什么？怎么治理？

《礼记·礼运》将人情划分为两个部分：一曰"七情"："喜、怒、哀、惧、爱、恶、欲，七者弗学而能。"是与生俱来的。治理人之七情，"舍礼何以治之？"只能用礼。

《礼记·礼运》说："饮食男女，人之大欲存焉；死亡贫苦，人之大恶存焉。故欲恶者，心之大端也。人藏其心，不可测度也。美恶皆在其心，不见其色也，欲一以穷之，舍礼何以哉？"②这是说人之"欲恶"是伴随人生而来的，潜藏在人心中，不能识别，不可测度。识别心之大端的"欲恶"，只有一个办法，就是"以礼治之"，以礼考察人们实践行为的美善与丑恶。实践行为合理者，其情必美善；实践行为悖理者，其情必丑恶。

---

① 《礼记·礼运》，《十三经注疏》本，中华书局，1980年版，第1424页。
② 《礼记·礼运》，《十三经注疏》本，中华书局，1980年版，第1422页。

人情的另一部分，曰"人义"："父慈、子孝、兄良、弟弟、夫义、妇听、长惠、幼顺、君仁、臣忠，十者谓之人义。讲信修睦，谓之人利。争夺相杀，谓之人患。故圣人之所以治人七情，修十义，讲信修睦，尚辞让，去争夺，舍礼何以治之？"①从十项"人义"来看，其中五项源于上古氏族社会的"五教"，即"父义、母慈、兄友、弟恭、子孝"。只不过删去了"母慈"，改为"妇听"，而新增加了"长惠、幼顺、君仁、臣忠"，再加一个"夫义"，与"妇听"相配而为十"人义"。这一增一减，反映了时代的变化，"十义"无疑是进入国家后形成的新的人伦标准。

进入春秋时代，孔子提出以"仁"为核心的仁学体统。首先是"仁、义、礼"三者。《礼记·中庸》载，鲁哀公问政于孔子，子曰："为政在人。取人以身，修身以道，修道以仁。仁者，人也，亲亲为大；义者，宜也，尊贤为大。亲亲之杀，尊贤之等，礼所生也。"②上文我们讲过，孔子作《乾·文言传》明确认为"仁、礼、义、信"四德源于"天之四德"。此又提出上天所授四德，以"仁"为核心。"义者宜也"，就是按仁的原则便宜行事，该做的坚决做，不该做的坚决不做。《中庸》虽说"尊贤为大"，但《孟子·万章下》说"贵贵、尊尊，其义一也"，其实就是人们尊重当时社会上的各级封君。孔子把父权纳入"仁"，把君权纳入"义"，反映他的仁义思想正是周代社会父权与君权的集中表现。礼由"亲亲"与"尊尊"的等差而产生，当然是"仁义"思想的外在表现了。

其实，早在孔子之前，春秋时人就对"礼"有充分的认识。《左传》隐公十一年说："礼，经国家、定社稷、序人民、利后嗣者也。"僖公十一年说："礼，国之干也。"成公十三年说："礼，身之干也。"昭公二十六年说："君令、臣恭、父慈、子孝、兄爱、弟敬、夫和、妻柔、姑慈、妇听，礼也。"较之《礼运》所谓"十义"，有过之而无不及。

但是，孔子"仁、义、礼"学说，为礼建立起了一套理论体系。《礼记·哀公问》载孔子说："丘闻之：民之所由生，礼为大。非礼无以节事天地之神也；非礼无以辨君臣、上下、长幼之位也；非礼无以别男女、父

---

① 《礼记·礼运》，《十三经注疏》本，中华书局，1980年版，第1422页。
② 《礼记·中庸》，《十三经注疏》本，中华书局，1980年版，第1629页。

子、兄弟之亲，昏姻疏数之交也。君子以此之为尊敬然。"①是其证。同时把"礼"纳入"仁"学为核心的五常体系中。孔子又说："古之为政，爱人为大。所以治爱人，礼为大。所以治礼，敬为大。敬之至矣，大昏为大。大昏至矣！大昏既至，冕而亲迎，亲之也。亲之也者，亲之也。是故君子兴敬为亲，舍敬，是遗亲也。弗爱不亲，弗敬不正。爱与敬，其政之本与。"②认为"爱与敬"，实即"礼"是国家行政之本。

《礼记·儒行》说："儒有忠信以为甲胄，礼义以为干橹；戴仁而行，抱义而处；虽有暴政，不更其所。"③《礼记·儒行》有段发挥"仁"为儒学核心的话亦很精彩，曰："温良者，仁之本也。敬慎者，仁之地也。宽裕者，仁之作也。孙接者，仁之能也。礼节者，仁之貌也。言谈者，仁之文也。歌乐者，仁之和也。分散者，仁之施也。儒皆兼此而有之，犹且不敢言'仁'也。其尊让有如此者。"④

由于孔子"仁"学体系的建立，儒家的礼也形成有内涵、有表现形式，有本（忠信）有文（义理）的独立的理论体系。

到战国中期，由于《孟子》把上古"五教"改造成适应后世国家形式的"五伦"，即"父子有亲，君臣有义，夫妇有别，长幼有序，朋友有信"。孔孟的"仁义"五常之说与孟子的"五伦"学说成为了儒家礼教的基本内容，受到后学的广泛重视，"十义"之说渐趋湮灭。

"五伦"之中，"夫妇有别"被视为人伦之本。"父子有亲，君臣有义"被视为人伦之大者。《礼记·礼器》甚至把"天地之祭，宗庙之事"，"社稷山川之事，鬼神之事"等都列入人伦。孙希旦解曰："王者事天如事亲，事死如事生。天地之祭，宗庙之事，与夫子之所以事父，臣之所以事君，皆伦常之大者也。"⑤郑玄注："天、地、人之别体也。"孔颖达疏："神是天之别体，社稷山川是地之别体，鬼是人之别体。"⑥所以儒家把"祭天地、社稷、百神与祖先之祭"皆以人伦来处之。

---

① 《礼记·哀公问》，《十三经注疏》本，中华书局，1980年版，第1611页。
② 《礼记·哀公问》，《十三经注疏》本，中华书局，1980年版，第1611页。
③ 《礼记·儒行》，《十三经注疏》本，中华书局，1980年版，第1669页。
④ 《礼记·儒行》，《十三经注疏》本，中华书局，1980年版，第1671页。
⑤ ［清］孙希旦：《礼记集解》，中华书局，1989年版，第628页。
⑥ 《礼记·礼器》，《十三经注疏》本，中华书局，1980年版，第1431页。

　　由此可见，儒家的礼，已远远超出了制度的礼、秩序的礼、人们行为规范的礼的范畴，已上升为古代社会的一种意识形态，一种对天地、社稷、百神与祖先神的信仰，是构筑人与天地、百神、祖先神和谐相处的纽带，是人世君与民、人与人、人与家国、天下和谐相处的理论体系，这充分体现了儒家"礼之用，和为贵"的精神。周代的礼学，内容十分丰富，因有些内容不涉及"天人之学"，故不赘。

　　"乐"是礼的孪生兄弟，两者往往被相提并论。《礼记·乐记》说："及夫礼乐之极乎天而蟠乎地，行乎阴阳，而通乎鬼神，穷高极远而测深厚。"[1]言礼乐的功能上至于天，下委于地。孔氏注曰："天降膏露，是极乎天也；地出醴泉，是蟠乎地也。"[2]行乎阴阳，指祭祀。祭祀时，百神俱至则通乎鬼神也。这段话证明礼乐本是一体。乐为阳，礼为阴，一气之和，无所不通。

　　《乐记》曰："乐著大始，而礼居成物。著不息者，天也；著不动者，地也；一动一静者，天地之间也。故圣人曰礼乐云。"[3]又曰："乐者，天地之和也；礼者，天地之序也。和，故百物皆化；序，故群物皆别。乐由天作，礼以地制。过制则乱，过作则暴。明于天地，然后能兴礼乐也。"[4]

　　又曰："大乐与天地同和，大礼与天地同节。和，故百物不失；节，故祀天祭地。明则有礼乐，幽则有鬼神。如此，则四海之内合敬同爱矣。"[5]郑玄注："同和同节，言顺天地之气与其数。百物不失，不失其性。祀天祭地，成物有功，报焉。礼乐，教人者。鬼神，助天地成物者也。"[6]是对的。这段话实际是讲礼乐的功用：大乐能反映天地的自然之和，大礼能反映天地的自然之节，礼乐反映天地同和同节，万物得和气、节气，足以和谐。故祀天祭地，明者有礼乐同和同节，与天地同功；幽暗处有阴阳二气予以附和，故四海之内得和谐之气，无不合敬同爱。

　　故上古圣王，尧作《大章》，舜作《大韶》，禹作《大夏》，汤作《大

① 《礼记·乐记》，《十三经注疏》本，中华书局，1980年版，第1531页。
② 《礼记·乐记》，《十三经注疏》本，中华书局，1980年版，第1532页。
③ 《礼记·乐记》，《十三经注疏》本，中华书局，1980年版，第1532页。
④ 《礼记·乐记》，《十三经注疏》本，中华书局，1980年版，第1530页。
⑤ 《礼记·乐记》，《十三经注疏》本，中华书局，1980年版，第1530页。
⑥ ［清］孙希旦：《礼记集解》，中华书局，1989年版，第988页。

濩》，武王作《大武》，皆"因时以制礼，象功以作乐，皆能以成一代之治也"，所以任何人都不能小视礼乐的社会功能。

《乐记》又曰："天高地下，万物散殊，而礼制行矣。流而不息，合同而化，而乐兴焉。春作夏长，仁也。秋敛冬藏，义也。仁近于乐，义近于礼。乐者敦和，率神而从天；礼者别宜，居鬼而从地。故圣人作乐以应天，制礼以配地。礼乐明备，天地官矣。"①官，主也，即由天地主管。

这段话再次强调，礼乐本于天地，本于自然。天高地低，万物错陈，此自然之礼。时间流而不息，万物阖辟无穷，此自然之乐也。春作夏长，此天地生物之仁；秋敛冬藏，此天地成物之义。仁近于乐，义近于礼。乐性敦和，率阳气而从天；礼性别宜，率阴气而从地。故圣人作乐以应天，制礼以配地。礼乐明备，天地分别主之，此礼乐源于天地，而和于天地之自然理数。

所以《乐记》明言，乐器，即黄钟、大吕、弦歌、干戚等，是乐之末节；铺筵席、陈尊彝、列笾豆以升降为礼者，也是礼之末节。礼之本在于德，在于尊天地，而敬祖先之德行。

故《乐记》载君子曰："礼乐不可斯须去身。致乐以治心，则易、直、子、谅之心油然生矣。易、直、子、谅之心生则乐。乐则安，安则久，久则天，天则神。天则不言而信，神则不怒而威，致乐以治心者也。致礼以治躬，则庄敬，庄敬则严威。"②郑玄释这段话大义曰："善心生（即易、直、子、谅，朱熹作：易、直、慈、良）则寡于利欲，寡于利欲则乐矣。志明行成，不言而见信如天也，不怒而见畏如神也。"孙希旦引真德秀讲礼乐修养对于人的重要性说："乐之于人，能变化其气质，消融其渣滓。故礼以顺之于外，而乐以和之于中。此表里交养之功，而养于中者实为之主，故圣门之教，立之以礼，而成之以乐也。"③

可见，礼乐的修养对于人来说十分重要，礼乐的修养本质是"仁义"的修养，也就是天德的修养啊！因为在儒家看来，人与礼乐同出于天地自然，都由太一所生，形态虽异，但本质一致，乐生于天，为阳；礼出于地，为

---

① 《礼记·乐记》，《十三经注疏》本，中华书局，1980年版，第1531页。

② 《礼记·乐记》，《十三经注疏》本，中华书局，1980年版，第1543-1544页。

③ ［清］孙希旦：《礼记集解》，中华书局，1989年版，第1030页。

阴。而人是天地之灵，阴阳备于一身，有仁有义，五常之德全备。礼、乐、人皆出于天地。人之礼乐，当然是天人之学了。

《春秋》是孔子作的一部鲁国断代史，上起隐公元年，下迄鲁哀公十四年。后学又为续两年，到鲁哀公十六年。孔子的《春秋》主要取材于鲁史《春秋》，但又收集了列国史料。所以从史学角度看，《春秋》与"天人之学"似乎没有直接联系。《孟子·离娄下》说："王者之迹熄而《诗》亡，《诗》亡然后《春秋》作。晋之《乘》，楚之《梼杌》，鲁之《春秋》，一也。其事则齐桓、晋文，其文则史。孔子曰：'其义则丘窃取之矣。'"① 这是说从史学角度看《春秋》是史书，与晋国之《乘》，楚国之《梼杌》一样，没有差别。但《春秋》有"义"，是孔子站在西周王道立场上所表达的王道大义。《公羊传》正是从这个角度出发，肯定《春秋》是"正名"之作，是拨乱世反诸正，让政治回归到西周王道上来。《孟子·滕文公下》又说："世衰道微，邪说暴行有作，臣弑其君者有之，子弑其父者有之。孔子惧，作《春秋》。《春秋》，天子之事也。是故孔子曰：'知我者其惟《春秋》乎，罪我者其惟《春秋》乎？'"② 所谓"天子之事"就是奉天命，行王道之事。所以，孟子把孔子作《春秋》看成是一种惊天地、泣鬼神的大事，把作《春秋》与大禹治水，周公兼夷狄、驱猛兽相提并论，可见对天下的震动之大。

对于孔子《春秋》的凛然大义，汉儒多有知者，董仲舒就是一位代表。司马迁在《太史公自序》中说：

余闻董生曰："周道衰废，孔子为鲁司寇，诸侯害之，大夫雍之。孔子知言之不用，道之不行也，是非二百四十二年之中，以为天下仪表，贬天子、退诸侯、讨大夫，以达王事而已矣。"子曰："我欲载之空言，不如见之于行事之深切著明也。"夫《春秋》，上明三王之道，下辨人事之纪，别嫌疑，明是非，定犹豫，善善恶恶，贤贤贱不肖，存亡国，继绝世，补敝起废，王道之大者也。③

司马迁也曾郑重申明《春秋》的重大意义。在《太史公自序》中讲：

---

① 《孟子·离娄下》，《十三经注疏》本，中华书局，1980年版，第2727-2728页。

② 《孟子·滕文公下》，《十三经注疏》本，中华书局，1980年版，第2714页。

③ ［西汉］司马迁：《史记》，中华书局，1982年版，第3297页。

有国者不可以不知《春秋》，前有谗而弗见，后有贼而不知。为人臣者不可以不知《春秋》，守经事而不知其宜，遭变事而不知其权。为人君父而不通于《春秋》之义者，必蒙首恶之名。为人臣子而不通于《春秋》之义者，必陷篡弑之诛，死罪之名。其实皆以为善，为之不知其义，被之空言而不敢辞。夫不通礼义之旨，至于君不君、臣不臣、父不父、子不子。夫君不君则犯，臣不臣则诛，父不父则无道，子不子则不孝。此四行者，天下之大过也。以天下之大过予之，则受而弗敢辞。故《春秋》者，礼义之大宗也。①

司马迁的论断是正确的。他又说："万物之散聚，皆在《春秋》。《春秋》之中，弑君三十六，亡国五十二，诸侯奔走不得保其社稷者不可胜数。察其所以，皆失其本已。"②

何休《公羊经传解诂》卷一引宋氏《春秋说》云："《春秋》书有七缺，七缺之义如何？答曰：七缺者，惠公妃匹不正，隐桓之祸生，是为夫之道缺也。（鲁）文姜淫而害夫，为妇之道缺也。大夫无罪而致戮，为君之道缺也。臣而害上，为臣之道缺也。僖五年'晋侯杀其世子申生'，襄二十六年'宋公杀其世子痤'，残虐枉杀其子，是为父之道缺也。文元年'楚世子商臣弑其君髡'，襄三十年'蔡世子般弑其君固'，是为子之道缺也。桓八年'正月，己卯，烝'；桓十四年八月'乙亥，尝'；僖三十一年，'夏四月，四卜郊不从，乃免牲，犹三望'。郊祀不修，周公之礼缺，是为七缺也矣。"③所以孔子《春秋》以"王道"自认，贬天子、退诸侯、讨大夫，口诛笔伐乱臣贼子，把他们永远钉在历史的耻辱柱上。

从《春秋》的本质特点看，司马迁在《太史公自序》中说："先人有言：'自周公卒五百岁而有孔子。孔子卒后至于今五百岁，有能绍明世，正《易传》，继《春秋》，本《诗》《书》《礼》《乐》之际？'意在斯乎！意在斯乎！小子何敢让焉。"④故立志继承孔子的事业。

司马迁把自己的《史记》，定为"究天人之际，通古今之变，成一家之言"的著作。那么他所继承的《春秋》理所应当也是"天人之学"。何况

---

① ［西汉］司马迁：《史记》，中华书局，1982年版，第3298页。

② ［西汉］司马迁：《史记》，中华书局，1982年版，第3297页。

③ 《春秋公羊经传解诂》卷一，《十三经注疏》本，中华书局，1980年版，第2195页。

④ ［西汉］司马迁：《史记》，中华书局，1982年版，第3296页。

《春秋》"上明三王之道"，此"王道"，儒家一向认为就是天道。《春秋》是"礼义之大宗"，礼义大宗的"核心"乃是"仁、义、礼、智、信"五常。而五常则为"天赋人德"，因此《春秋》学的本质实为"人心和于天道，人德和于天德"的"天人之学"，是毫无疑义的。

（本文是为舒大刚教授主编的《儒藏学案》撰写的序言）

怀师篇

悠悠四十载，帷下忆师恩

金景芳师百年诞辰即将到来。先生惜于去年辞世。先生辞世前，嘱我帮他带好最后两名博士生，殷殷话语，言犹在耳，乃不久先生竟殁，令人悲不自胜。

我在先生门下受教四十余载，耳提面命，受益良多。抚今追昔，往事历历，师恩深重，莫敢忘怀。今特捡几件鲜为人知的故事，笔之于策，以志永哀。

一、初沐师恩

我于1959年进入吉林大学历史系学习，先生时任系主任。在全系迎新会上，始睹先生风采。先生为一代饱学硕儒，一席迎新辞，慷慨激昂，勉励学生好学勤思，掌握马列理论，做红色历史学家。声音洪亮，中气充沛，给我留下深刻印象。

1961年，先生为历史系几个年级合班讲授《中国史学名著选读》，从此得亲聆先生教导。先生精研文献，广涉百家，学识渊博，授课生动活泼，挥洒自如，善于驾驭学生心理，引发学生进入文章境界。记得先生在讲授《史记·留侯世家》开篇时，随口咏诵李白《经下邳圯桥怀张子房》的五言古诗："子房未虎啸，破产不为家。沧海得壮士，椎秦博浪沙。报韩虽不成，天地皆振动。……"整个课堂为之振奋，听课者无不全神贯注，一片鸦雀无声。课后，不少学生去查阅这首诗，并背诵下来。先生教学的诱人魅力，于此可见一斑。

1961年秋，我与同班张云鹏、孟昕伯同学有幸师从历史文献学家罗继祖先生，学习史学史、版本目录学。1962年，又学《论语》。当时，我们对儒家典籍及先秦诸子之学所知甚少，在学习中自然遇到了许多不甚了了的问题。时逢罗先生回大连度假，于是，我们便产生了向金先生请教的念头。但是，几名大三学生，去向身为教授、系主任的先生请教，先生能接待我们吗？我们抱着试一试的忐忑心情敲开了先生的家门。先生问明来意，脸上现出了既惊讶而又喜悦的表情。我们悬着的一颗心才放下来。令先生惊讶的是，竟有大三学生在读《论语》；令先生喜悦的是，几名本科生竟直接找他来请教。听说我们在跟罗先生学《论语》，先生很中肯地评价说："罗继祖先生没有上过公学，但他师承家学，汉学功底深厚，于宋、辽、金、元文献很有研究，尤其擅长写文言，文言文炉火纯青。现在这样的人已经不可多得了。你们能跟罗先生学习，是很幸运的。"接着，我们向先生提出了几个具体问题，还记得其中一个是：《论语·微子》所载荷蓧丈人云"四体不勤，五谷不分"二句话，注疏家解说歧疑，令我们疑惑。先生夸奖说这个问题提得好。他拿出刘宝楠《论语正义》作为示范，说关于这一问题，朱熹《四书集注》说是丈人批评子路的；包注说是指孔子说的，此说流传最广；刘宝楠《论语正义》引宋人说："'四体不勤'二语，荷蓧丈人自谓"，刘宝楠、宋翔凤赞成此说，我也赞成此说。三说中以朱注最无道理。至于包说，孔子明言"吾少也贱，故多能鄙事"，并做过"委吏""乘田"等小吏，怎能不识五谷？包说之所以流行，那是因为它最适应当代批孔的政治需要。先生教导我们，学习《论语》已不能再走尊孔读经的老路，应当采取批判继承的态度，分清精华和糟粕，譬如孔子说"唯女子与小人为难养也"等，就是糟粕。又说学习《论语》这类儒学经典，不但要弄懂文字训诂，更重要的是要弄懂思想本质，从学说体系上去掌握。孔子思想的核心有两点：一是仁，二是中庸。前者是思想本质，后者是思想方法。"仁"的主要内容是"亲亲"，讲血缘关系，强调父权。"义"是仁的外延，主要内容讲"尊尊"，讲政治关系，强调君权。"礼"是仁义的表现形式，故曰："亲亲之杀，尊贤之等，礼所生也。""中庸"不是折中主义，不是模棱两可，而是适中。孟子继承发展了孔子的"仁"，提出"四端""性善""仁政"等，《大学》《中庸》又提出正心诚意，致知格物及修、齐、治、平之道，都是对孔子"仁"学的进一步发挥。孔孟的这一思想即为儒家一脉相承的"内圣外王"之道。先生娓娓道来，像给研究生讲课一样，讲了一个多小时，使我们受到了一次深刻的儒学教育，也使我们见识了先生诲人不倦的大儒风范。从先生家出来，我们都很庆幸，开玩笑说："咱们大学没毕业，却当了一回先生的研究生。"先生的谈话令我们感受至深，久久不能忘怀。

1963年，先生应唐长孺教授之邀，赴武汉大学讲学。归来后，我与云鹏、昕伯去府上拜谒，顺便为系里学生主办的《春秋文苑》征稿。先生兴致勃勃地谈起了在武大讲学的事，说讲的是关于老子及《老子》成书的问题。先生说《老子》一书虽不免有后人羼入部分，这是先秦古书流传中的通例，但它的成书年代在春秋而非战国，根据是比较充分的，仅在于信不信而已。现在学术界有些学者硬把它的成书时代往后拉，明显是受到疑古思潮的影响。我有勇气向他们挑战。对《老子》第一章中的几个疑难断句，先生也讲了自己的意见，认为应从《老子》的思想本质出发，作出自己的判断。先生还谈了《老子》书中的"道"有"常道"与"非常道"两重性及《老子》一书的"重母统"等问题。尽管我们对这些问题似懂非懂，无法与先生对话，但先生谈锋甚健，滔滔不绝，使师生间的情感交流十分融洽。先生还谈到他在武大东湖赴唐先生宴会时，有感于1938年赴川路过武汉，遂作一首七律，并交给我们，作为他对学生刊物《春秋文苑》的支持。这首诗被我们编入《春秋文苑》第三期。因"文革"祸乱，原诗稿已失。由于岁月悠远，经我与孟昕伯回忆，仅得其中五句，特录于此，以候知情者补充。诗曰：

> 嘉召啜茗在高楼，
> 眼底东湖一望收。
> 墩寻九女瞻遗迹，
> 馆认三闾得胜游。
> ……
> ……
> ……
> 裁笺染翰足风流。

与先生接触愈多，我们愈深切地感受到先生谈论的总是学生、学习、学术，很少谈论日常琐事。他常用自己的治学经历启发教育后学，读书要脚踏实地，为学要独立思考。伴随着这些交往，师生之间的情谊也愈加深厚了。

1963年秋，先生为我们年级开设《先秦思想史》专题课。田居俭先生时任金老助手，为这门课编写了讲义，分绪论、儒、道、法、墨、结语六章。先生讲先秦思想，勇于突破学术界成见，提出自己的独到见解。如学术界普遍认为孔子思想是唯心主义，先生则认为是唯物主义；学术界批判"中庸"

为折中主义，先生说"中庸"反对"过"与"不及"，符合辩证法精神。其它如否定荀子为法家，主张《老子》成书于春秋等皆是。先生精辟的学术见解和敢于坚持真理的勇气，渊源于他深厚的古代文献功底和较高的马列主义理论水平。但关于先生的马列主义水平，在当时是很少有人承认的。因为先生学习马列，一没出国深造，二没进过理论研讨班，全靠自学。先生悟性颇高，每当读过一部理论著作，常有出人意表的见地。1978年发表的《谈谈中国原始社会向奴隶社会过渡的问题》，1980年发表的《论中国奴隶社会的阶级和阶级斗争》，1982年发表的《论井田制度》等论著，都是他运用马列主义理论指导学术研究的范例。

先生授课还注重发挥学生的主观能动性。他多次组织课堂讨论，让持相反学术观点的学生充分发表意见，不搞"一言堂"。对与先生相左的意见，先生也不正面批评，而是在分析材料中循循善诱，收到以理服人之效。我与孟昕伯在专题课中表现突出，深受先生青睐。毕业时，先生鼓励我们报考他的研究生。

每当我回忆起在吉林大学读书时的这一段生活，就会深深感到我能有今天，实与两位先生的教导分不开，一位是罗继祖先生，一位就是金先生。尤其是金先生，倘若当时没有他为我指示一条治学门径，我便不会考研究生，也不会在大学搞教学和科研。所沐师恩，远胜滴水，报效终生，当不遗憾。

二、入帷师门

1964年，我考上先生的研究生，如愿以偿地成为先生门下弟子。当时先生共有5名研究生。1961年招收二名：一名曹国晏，一名刘焕曾，二人皆北大历史系毕业。1964年招收了三名，除我以外，还有王治功（内蒙古大学毕业）、黄云峰（吉林大学毕业）。孰料入学仅一月，就按国家要求到吉林省梨树县参加社会主义教育运动去了。

1965年，随着国内社教运动轰轰烈烈地展开，高教战线有了较大变化：一是决定停止招收文科研究生，要文科人才在阶级斗争中培养；二是调整1964年入学研究生指标，减少传统学科名额。当我们返校时，这第二项工作正在进行。记得先生郑重地约我到他家，语重心长地说："这次国家调整传统学科研究生指标，规定古代史专业只能保留1个人。你们3个人都不错，我本想把你们都培养出来。但是这已不可能了。我和系总支反复研究，决定把你留下继续读书。王治功和黄云峰两人调整到系里王藻先生的印度史研究室去。我之所以留下你，是考虑到你过去学得不错，很有培养前途。希望你今后谨言慎行，把书读好，能在古史领域为国家做出成绩来。"临别，先生特地把珍藏多年的复性书院院刊《吹万集》及所发表的《论宗法制度》《易论》《论井田制》等文章的抽印本送给我，勉励我努力学习。

调整工作结束后，我开始了紧张的学习生活。由于先生只带我1个人，所以对课业要求极为严格。

首先，开了一张阅读目录，有必读书，参考书。分类有马列经典、专业文献、今人著作。嘱我对所列目录，要做到有的精读，如《左传》，能吃透精神。有的要通读，如《周礼正义》，掌握其主要内容。对一般文献要泛读。对于精读、通读和泛读还要根据所研究问题具体而定，凡与研究问题有直接关系的资料都要精读，参考资料则通读、泛读。

20世纪60年代初，在国内人文界流行三句话："读死书、死读书、读书死"。吉大领导对这几句话也很重视，把它作为警句张贴于学生阅览室。先生与我谈到这一问题时说："我赞成这一名言的头二句：'读死书，死读书'，我们古史专业读的都是死书，所以'读死书'我赞成。读书么，就要下死功夫，古代典籍汗牛充栋、浩如烟海，不下死功夫，是不会有成绩的。所以'死读书'，我也赞成。但'读书死'一句，我就不赞成了。书是死的，人却是活的，应该让死书为活人服务，而不是让活人被死书牵了鼻子。提倡读书死，岂不是让人们陷入死书堆中无法自拔吗？做学问讲求厚积薄发，所以要多读书，而'读书死'充其量不过是书蠹，怎么能发扬光大书的精神？"先生要求学生要"死读书"，能钻到书中去，但要钻出来，把书读透、读活，切实掌握古代文献的精华。

其次，先生要求我做学习笔记。先生一贯提倡读书要多动脑，勤思考。说"子云：'学而不思则罔'"，指的就是学习不动脑的弊端。做读书笔记，可以是论点摘抄，可以是对疑难问题的认识，可以是比较注释家的不同训释，可以是不同观点的争鸣，形式可以多种多样。但必须读完导师指定的书目，必须要有自己的学习心得。先生总结自己一生治学的经验，认识到只有经过自己头脑思考的知识，才能真正变成自己的知识。

在1965-1966学年第一学期，先生要求我读完杜预《春秋经传集解》；读完李光地《周易折中》的《系辞传》部分，其它部分读得越多就越好。每两周检查一次读书笔记。

第三，写学年论文。从1964年9月入学算起，到1965年9月正式学习专业课，已经一年。为检查我的学习成果，先生要求我在1966年3月，即下学期开学时，交一篇学年论文。字数不限，但要言之有物。最好结合学习毛泽东的《实践论》、《矛盾论》两论，写一篇运用毛泽东哲学思想分析历史材料的文章。我用两个月时间就读完了《左传》，并将笔记交给先生。先生阅后，表示满意。然后，我集中力量学习《周易折中》，并用矛盾论的观点写了一个《论〈周易〉辩证法思想》的写作提纲。先生对提纲提了修改意见后，我便着手去写。文章初稿尚未写完，一场批判新编历史剧《海瑞罢官》，批判"三家村"的斗争已在全国范围展开，吉林大学文科师生悉数被卷入到了这一浪潮中。十年"浩劫"以后，我重新回校攻读研究生，才得再续旧稿，写出《论〈周易〉的哲学思想》一文，发表于《史学集刊》（1982年第3期）。"文革"中断了我的学业。1968年，我被分配到长春市实验中学任教，长达十年之久。但是，这一段学习经历奠定了我后来治学的基础。先生的治学道路、治学思想和治学方法，深深地影响着我的一生。

三、师品高洁

先生常对我讲做人要讲道德文章，文章固然要好，道德更要好。先生道德高尚，有如寒梅、青松，令人景仰。尤其是在"左倾"思潮泛滥的那些年代，先生依然敢顶逆流，操守不改。

1962年，在吉大党委召开的"神仙会"上，先生针对总路线、"大跃进"、人民公社所谓"三面红旗"引发的一些问题，引用《老子》"治大国若烹小鲜"的话，尖锐批评1958年以来国家折腾得太厉害。说出了许多人想说而不敢说的话，代表了当时的民意。在几年后的"文革"中，先生因为这些话，不断遭到批判。

1965年冬，姚文元发表《评新编历史剧〈海瑞罢官〉》，标志所谓"无产阶级文化大革命"已经发动。当时学术界还蒙在鼓里，围绕着"海瑞评价"、"清官"、"道德继承"等学术问题进行争鸣。但多数人已逐渐明白了这场学术争论有着重大政治背景，所以噤若寒蝉，不敢再讲真话。先生独不然，不改刚直本性，在吉林大学老教师学术讨论会上，旗帜鲜明地提出"统治阶级的道德可以批判继承"，向坚持"统治阶级道德不能批判继承"的极"左"思潮挑战，并声称要和他们"大战三百回合"。这件事不仅在吉林大学掀起了轩然大波，甚至惊动了省委。省委宣传部已把先生列为批判对象，组织人力准备批判。后因"文革"进展迅速，省委宣传部部长也被当作"黑帮"揪出，而未及实行。

我作为学生，当时确为先生捏一把汗，到家里去探望他。先生心情很平静，说"批判继承"是马克思主义对待一切历史文化遗产的基本态度，为什么不能对待"统治阶级的道德"？难道统治阶级的道德不包括在历史文化遗产中吗？毛主席也曾说过历史上的统治阶级在其上升时期是朝气蓬勃的、革命的、具有人民性的，那么它上升时期的一些先进品德也不能继承吗？

先生还针对当时极"左"思潮的一些其他表现进行了抨击。说前两年批判巴人的人性论，巴人错在哪里？马克思主义认为人性就是人的社会性，而人的社会性有很多内容，其中阶级性是主要的。但现在把主要的当作了唯一的，说人性就是阶级性，并据此批判别人，这不对嘛！关于批判"合二而一"，先生说毛泽东同志自己讲世界上的一切事都是对立统一的，"合二而一"作为"一分为二"的反命题，两者正是一对矛盾统一体。若没有"合二而一"，"一分为二"怎么单独存在呢？一些人号称懂得马列主义，到处教训人，其实他们讲的并不是马克思主义。至于咱们学校叫嚣要批判我的那些人，他们讲的不是马克思主义，他们没有真理，我根本不怕他们。

当然，先生这些大义凛然的话，在当时特殊的历史条件下，只能在私下对我说了。但是，先生面对逆流，敢讲真话、敢于坚持真理的精神，全校有目共睹，受到了多数人的赞誉。

1966年8月，学校爆发了"斗鬼"事件，造反的学生把代校长刘靖、党委副书记陈静波等领导及几乎全部老教授揪到文科楼小操场游斗。先生被戴上写有孔教徒的高帽，赫然列于其中。事后，我到先生家慰问，先生说青年学生么，有过激行为可以理解。但对上层领导支持这么搞表示很不理解，担心国家越搞越乱，说着潸然泪下。这是我第一次看到先生落泪。

接着，先生被造反派强占了房子，赶到柳条路他原住宅的门房里。不久就有两名歹徒蒙面入室强抢，劫走先生部分现金及衣物。听说后，我每次都顶着政治压力，前去探望先生。只见这是栋东西向的平房，不仅房间狭小，仅一厨房一居室，而且没有暖气设备，只有一段自己烧的火墙，供冬天取暖。先生与师母年事已高，就在这简陋潮湿的门房里苦渡了四个严冬。这时，先生已话语无多，失去了昔日侃侃健谈的兴致，往往是师生默坐，相对无言。

20世纪70年代初，学校开始招收"工农兵学员"，先生的状况多少有些转变。随着"批林批孔"的深入发展，中山大学杨荣国教授秉承上层意旨，到长春来发动"批儒评法"。先生参加了他的学术报告会，会后有关部门组织专家讨论，称赞者有之，附私者有之，发挥者有之，独先生再持异议，指责杨荣国的讲座有问题。杨在讲到《论语·阳货》篇时，把阳货"归孔子豚"之"豚"字，讲成了小猪。在一般意义上，讲"豚"为"小猪"并不错。因为"豚"之本义确是"猪之小者"。但具体到《论语·阳货》篇，就有问题了。因《阳货》中的"豚"字，据《孟子·滕文公下》说乃是"蒸豚"，是一种熟食。所以杨说受到了先生指责，先生还谈了自己对孔子的看法。先生敢于指责中央树立的"批儒评法"理论权威的做法，自然又不合时宜，在吉林大学乃至吉林省教育界、学术界，又引起了不小的轰动。粉碎"四人帮"以后，学术界迎来了科学的春天。先生得以回到教学岗位，一边科研，一边培养研究生。我也得以重返先生门庭。先生一生就是这样一个人：不论处在顺境逆境，在学术上都敢于坚持真理，敢于向权威挑战；从不依草附木，随波逐流，一贯"说自己的话，走自己的路"。先生能在古史学领域独树一帜，形成独立的一派，正是基于他这种高洁的品格、坚毅的脾性。先生一生著作等身，培育学生千余、博士弟子二十有三，立德、立言、立功，名播海内外，可谓不朽。

我为人治学，深受师恩。恩师一生诲人不倦，逆境时更显品格高洁，令人铭诸肺腑。今谨记此数端，思以报于万一，亦寄托对先生永远的思念！

学生陈恩林
二〇〇二年四月，识于吉林大学南区十宅逸斋

先生虽逝，风范长存[①]

——深切怀念罗继祖师

　　5月29日晨，罗师姐报来继祖师于昨夜辞世的消息。对此，我并未感到愕然。半月前，我曾与单位领导专程去大连解放军210医院探视，见先生病体沉疴，翻身仰卧都要有人帮扶，已知先生将不久于世。虽然有心理准备，但噩耗传来，回首与先生43年的交往，想到师生间由岁月凝成的深厚情谊，仍禁不住悲从中来，泪落如雨。

　　1959年，我进入吉林大学历史系，正值先生讲授历史文选课。先生是著名学者罗振玉长孙，承继家学，学识渊博，于古代史学、文学、目录校勘、金石文字及书法绘画诸学皆有精深造诣。授课时能将历史典故、文坛掌故信手拈来，并善于以古喻今，所以很受学生欢迎。当时，先生家居大连，只身在吉林大学任教，住在五舍。我与同学张云鹏、孟昕伯因钦佩先生学识，便常去请教，时间一久遂与先生成了莫逆。

　　1961年，先生开始私下给我们三人讲授当时系里不开设的史学史与版本目录学。1962年，又讲授"四书"。先生说"四书"是旧时私塾的入门之学，涵盖儒学精华，作为历史系的学生，应当有所了解。讲史学史，先生充分肯定祖父罗振玉对甲骨学的贡献，并戏称这是"内讲不避亲"，表现了先生实事求是的精神。讲《论语》，于《子路篇》"四体不勤，五谷不分"章说："求索上下文义，此语乃荷蓧丈人自谓。宋人已有是说，清宋翔凤从而肯定，都是对的。现在为了批孔需要，硬说此语是丈人批抨孔子的，与文义不符，是讲不通的。"表现了先生敢于坚持真理的精神。当时学术界"左"

[①]　编者按：先生此文作于2002年，未署具体日期，今一仍其旧。

倾思潮泛滥，禁区很多，先生敢讲真话，多能发人深省。先生一生善属文，尤好诗，常以诗纪事。

1961年夏，我们感念先生寄旅孤寂，邀先生同游南湖。先生游兴很高，归来作一诗相赠：

> 浴沂童冠景前修，
> 鼓棹南湖乐此游。
> 更喜黉门盛桃李，
> 朝花晚实岁常秋。

1962年冬，我们学完《论语》。按先生要求每人写一心得，先生阅后，批曰："孺子可教，勉哉！"并作诗鼓励：

> 勉矣二三子，
> 一篇吾忝师。
> 真看鼓干劲，
> 慎莫俪前规。
> 夕诵萤窥几，
> 朝研雪映帷。
> 东风须努力，
> 薪胆十年期。

诗中对我们后生学子的关爱与期盼之情，灼然可见。

1963年春，我们主办学生刊物《春秋文苑》，请先生题词。先生凝思片刻，题诗一首：

> 诸生日讲肆，
> 劬书当食肉。
> 余力学为文，
> 斐然期刮目。
> 植基砺三余，
> 功成忌一暴。
> 崇实戒浮言，
> 斯语愿三复。

在诗中，先生对我们勤学习、办刊物，奖勉有加。我为这首诗作了注，并配以短评，刊于《春秋文苑》第一期。当时，有不少学生将诗抄作座右铭。

1963年夏，先生应召到中华书局校点《宋史》。校点"二十四史"，是20世纪60年代国家组织的大型古籍整理项目。参加者皆学界名宿。先生膺此选，足以说明他在学术界的地位和影响。临行前，先生与我们合影留念。并以遒劲的笔力在每人照片背面题一首七绝：

> 昌黎传道吾岂敢，
> 迟暮仍惭句读师。
> 辛苦书城各珍重，
> 盛年莫负镜中姿。

这是先生对我们的器重与鼓励，令我们终生难忘。我们与先生依依惜别，其情其景，至今记忆犹新。先生是我在大学读本科时对我影响最大的一位师长。他有渊博的学识，更有笃厚的修养，处事胸怀坦荡，严于律己，宽以待人。对学生循循善诱，诲之不倦；对朋友温文尔雅，诚信有加；对领导不骄不谄，不卑不亢。为学敢于坚持真理，不媚世趋时，颇具儒家的长者风范。他以高尚的德操学品，影响着吉大历史系几代学生，也赢得了学生们的爱戴。

"文革"中，先生因祖父问题，被打入"黑帮"行列。五舍的房子被抢占，人也被赶到解放大路一楼北侧紧靠厕所的屋子，冬天又潮又冷，他与法律系一老先生同住。我不顾政治压力，仍常常去看望他。一日，先生受到造反派围攻，诬他"撕毁革命大字报"，要拉出去教训。我便挺身而出，为先生解了围。先生对这件事很在意，后竟让人写入传记中。这令我心中很不安。因为先生对我恩重如山，此一小事，本不足挂齿，又何足入传？

"文革"后，先生精神焕发，与张博泉教授等为吉大历史系创建辽金史、东北地方史专业，后转入古籍所，又创建了历史文献学专业，并为这两个专业培养了一批优秀人才。先后出版著作十余种。先生的著作以内涵丰富、学术功力深厚与文笔犀利见长，如《墐户录》《枫窗脞语》等，被学术界誉为当代《容斋随笔》。1988年，先生以两耳失聪，申请离休，返回大连。

先生回大连后，仍以著述、书法为事，每日笔耕不辍，新作不断问世，生活非常充实，并一如既往关心学校的发展，关心学生们的成长。1995年初，先生见到我1994年年末发表的一篇有关周代五等爵的文章，即来信鼓励说"久不见恩林之作，今睹五等爵之文大有乾嘉遗风，足见近年有长进"。我与先生始终保持着通信往来，并经常能得到先生教诲。

1992年，先生八十大寿。我与孟昕伯撰文纪念。文中有一首诗赞美先生，其中一句为"诗礼传家艺渊深"。先生阅后，提笔将"深"字改为"邃"，作"诗礼传家艺渊邃"。虽改此一字，但全诗的意蕴就更加文雅了。

2000年，先生八十有八，为米字寿诞，我又撰联相贺：

秉渊雅家学名重艺林学苑

登米字华诞寿齐北海泰山

先生阅后，于赠我新作《枫窗三录》封二上书："恩林在我门下旧矣，今继长古籍所，声誉翕然。新撰联寿我，重一学字，然词义无碍也。《三录》皆旧作，无新义，不知审阅后以为何如？庚辰年四月十六日，鲠翁识。"先生晚年号鲠庵，故称鲠翁。先生的批评很中肯，此上联要改掉后边的"学"字，则会更加增辉。这一年我已登花甲，六十岁的人，尚蒙恩师垂教，可谓人间幸事。不幸先生今竟逝矣，痛何如之！

回首往事，如在目前。今先生虽逝，但先生开创的学术事业，后继有人；先生遗世的学术著作，嘉惠后人；先生的德操风范，永世长存。

跋

  这次由吉林大学出版社发排的"增订本",是因为我在最近几年发表了一些富有新意的文章,这些文章是受到北京大学哲学系张岱年教授的启发而形成的。20世纪80年代,张先生出版了一部《中国哲学史大纲》,提出以《中庸》与《孟子》为代表的儒学认为"天之根本性德,即含于人的根本心性中。天道与人道,实一以贯之。宇宙本根,乃人伦道德之根源;人伦道德乃宇宙本根之意义"。这一论断十分精彩,令我非常钦佩。于是儒学的"天人相通"观,就被我铭刻在心。

  我曾在导师金景芳先生指导下阅读过五经的一些篇章,尤其对《易传》比较熟悉,联想到这一点,我认为《易传》的"天人合一"说,要比《中庸》与《孟子》早。《易·乾文言》解《乾卦》卦辞"元亨利贞"为"仁礼义信",为学术界所共知。而且早在孔子出生以前,《左传》襄公九年,鲁成公之母穆姜就曾以"仁礼义信"解过《周易·随卦》的"元亨利贞"。由于《易》学界认为此说可疑,没有被接受。所以,《乾·文言》所论"人德天授"说也被学术界所弃。其实,《系辞传》《说卦传》关于"人德天授"都有明确记载。如《系辞传》云"乾坤其易之门邪?乾,阳物也。坤,阴物也。阴阳合德,而刚柔有体,以体天地之撰,以通神明之德",认为乾天、坤地是《易》的门户,天下万事万物皆由天地产生,并带有乾坤之德。又云:"天地氤氲,万物化醇;男女构精,万物化生";"一阴一阳之谓道,继之者善也,成之者性也",这段话是说乾阳与坤阴相交相索为"化醇"、"构精"生成万物;"继之者善也"是说在乾坤生万物之时,就把天地的善德赋予了万物,当然也包括人类;"成之者性也"是说天下万物虽然都是天地所生,但每一物自身特有的性质与其生命历程皆与它物不同,因此万物千姿百态各不相同。从上可见,《系辞传》所论与《乾文言》天地生人并赋予人以德智，在本质上是一样的。

《说卦传》论证的更明确："昔圣人之作《易》也，将以顺性命之理，是以立天之道曰阴与阳，立地之道曰柔与刚，立人之道曰仁与义，兼三才而两之，故《易》六爻而成卦，分阴分阳，迭用柔刚，故六位而成刚。"认为天之"阴阳"、地之"柔刚"、人之"仁义"三者是统一的。不仅天、地、人三才皆为一"阴阳"，而且"柔刚"与"仁义"也是天地人三才皆有。因为天、地、人三才皆出于太极，故"阴阳、柔刚与仁义"三者，天地人三才皆备。由是观之，被《易传》所改造的《周易》当然是"天人之学"。

何况，《左传》成公十三年，有一个礼义出于天的显例。是年，晋伐秦，周王室成肃公、刘康公参加是役。在战前祭社受脤时，成肃公惰。刘康公说："吾闻之，民受天地之中以生，所谓命也。是以有动作礼义威仪之则，以定命也。能者养之以福，不能者败以取祸。是故君子勤礼，小人尽力，勤礼莫如致敬，尽力莫如敦笃。敬在养神，笃在守业。国之大事，在祀与戎，祀有执膰，戎有受脤，神之大节也，今成子惰，弃其命矣，其不反乎？"果然，成肃公死在了此役的晋国瑕地。对于这一事件的灵验与否，我们不论。我要讲的是，成、刘二公居王室卿士之职，是春秋时代社会的上层人物，都知道自己是禀赋天地之理而降生的，上天赋予了自己命定的生命历程，应该遵守当时的礼仪道德修养，不应因轻忽而失去生命。这件事反映了春秋时代很多人都认识自己的命运系于天地。所以孔门师徒作《易传》把这一思想引进了《易》学领域，并成为《易》道的重点之一。

就《尚书》而言，其"天人合一"或曰"天人相通"的思想，也是有表现的。《尚书·虞夏书》之《皋陶谟》就说过："天聪明，自我民聪明；天明畏，自我民明畏"，孙星衍疏："民，人也，统贵贱言之"，故为"天人相通"，不分贵贱。《周书·泰誓》曰："天矜于民，民之所欲，天必从之"，"天视自我民视，天听自我民听"，也证明在周代"天人合一"之思想仍然存在。

伪古文《尚书·大禹谟》曾曰："人心惟危，道心惟微，惟精惟一，允执厥中"。人心，是讲人的思想；道心，是讲天的自然规律。人皆有心，不能统一，故曰"危"。道心为自然规律，是精确而唯一的。因此希望像禹那样的贤人，以人的思想去认识自然规律，做到"允执厥中"，即掌握自然规律，不偏不倚，恰如其分。就天人来说，希望"人心符合天道"，也是"天人合一"。

就《诗经》而言，《大雅·烝民》是反映"人德天赋"与"天人合一"的典型之作。《烝民》曰："天生烝民，有物有则。民之秉彝，好是懿德"，据《孟子·告子》载，孔子评价这首诗说："为此诗者，其知道乎！故有物必有则，民之秉夷也，故好是懿德"，朱熹注："蒸，《诗》作烝，众也。物，事也。则，法也。夷，《诗》作彝，常也。懿，美也。有物必有法：如有耳目，则有聪明之德；有父子，则有慈孝之心，是民所秉执之常性也，故人之情无不好此懿德者。以此观之，则人性之善可见。"朱熹此注是正确的。但他是相信人性源于上天的，所以他没有点破"人之懿德"是上天所授，这是自然法则，故人性皆善。

至于《烝民》的下部分，则更是明讲：上天为了保护周天子，特选仲山甫降生樊家，赋予德性，曰："天监有周，昭假于下，保兹天子（周宣王），生仲山甫。仲山甫之德，柔嘉维则……王命仲山甫，式是百辟。"意为上天派下仲山甫保护周宣王，安定周王朝，以其温柔、良善与贯彻国法之美德，做诸侯的榜样，延长王室绵长的国运。故此诗为"人德天授"、"天人合一"的典型著作。

就礼、乐而言，其为"天人之学"的资料更为丰富。

《礼记·礼运》把"礼乐"看成是与天地万物一道产生的万物之法则。其曰："夫礼、必本于太一，分而为天地，转而为阴阳，变而为四时，列而为鬼神。其降曰命。其官于天也。"这短短的几句话，阐述了一个重要的理论。就其本质而言，所论"礼本于太一"，其实就是《易传》所讲的宇宙生成论。认为"礼"的产生，同天下万物的产生出于一辙。因为"礼"就是天下万物并包括人类在内的生活历程及其发展规律。所谓"太[大]一"就是"太极"，是"有"之最大者，又可称为"大常""大恒"等。其所谓"分而为天地"，就是"太极生两仪"，"两仪"从气质上说是有强大生命力的阴、阳二气；而从形态上说是天地之间养育万物的载体。所谓"变而为四时"，就是《系辞传》说的"两仪生四象"。"四象"从气质上说是少阳、老阳、少阴、老阴；从形态上说是天地的春、夏、秋、冬四时之变。四时循环，万物随之生长、繁茂、成熟乃至冬季收藏。

　　所谓"列而为鬼神"，并非说世上有什么真的鬼神，指的是《系辞传》所说的"阴阳不测之谓神"，即"神"是阴阳二气发展的一个过程，一个阶段。一旦运动结束，其变化的吉凶悔吝等结果就会产生。宋代大儒朱熹在《本义》中对此有精辟的论断："易者，阴阳而已。幽明、死生、鬼神，皆阴阳之变，天地之道也。天文则有昼夜上下，地理则有南北高深。原者，推之于前；反者，要之于后。阴精阳气，聚而成物，神之申也。魂游魄降，散而为变，鬼之归也。"并非天地之间有鬼神，而是阴阳二气生生死死的不断变化而已。

　　故《礼记·礼运》说："人者，其天地之德，阴阳之交，鬼神之会，五行之秀气也。"所以人类有超越天下万事万物的能力与智慧，谓之"天地之心"。而"礼义也者，是人之大端也"，人有礼则生，失礼则亡。故礼合于天，合于地，合于百神（阴阳），合于祖先（鬼），和于人民，其重要性是不言而喻的。

　　乐是礼的孪生兄弟，两者往往相提并论。

　　《礼记·乐记》说："夫礼乐之极乎天而蟠乎地，行乎阴阳而通乎鬼神；穷高极远而测深厚"，此言礼、乐的功能上至于天，下委于地。礼、乐两者实为一体，乐为阳，礼为阴，一气之和，无所不通。

　　《乐记》又曰："乐者，天地之和也；礼者，天地之序也。和故百物皆化；序故群物皆别。乐由天作，礼以地制……明于天地，然后能兴礼乐也。"又说："大乐与天地同和，大礼与天地同节。和故百物不失，节故祀天祭地，明则有礼乐，幽则有鬼神（即阴阳流动之气）。如此，则四海之内，合敬同爱矣。"儒家认为礼乐与仁义从来都是一体的。《乐记》云："天高地下，万物散殊，而礼制行矣。流而不息，合同而化，而乐兴焉。春作夏长，仁也；秋敛冬藏，义也。仁近于乐，义近于礼。乐者敦和，率神而从天，礼者别宜，居鬼而从地。故圣人作乐以应天，制礼以配地。礼乐明备，天地官矣。"官，主也。谓礼乐制度起乎天地，成于天地。故上古圣人，继承了这一传统，以敬天地。尧作"大章"，舜作"大韶"，禹作"大夏"，汤作"大护"，武王作"大武"，皆仿天地，因时以制礼，象功以作乐，皆能成一代之治也。

　　正因为礼乐本于自然，本于天地，天高地迥，万物错陈，此自然之礼也；时间流而不息，万物阖闢无穷，此自然之乐也。礼、乐皆从天而来，圣人作乐以应天，制礼以备地。礼乐明备，且主于天地，所以礼乐之学，自古以来就是人类从自然学来的"天人之学"。

就《春秋》而言，治《公羊春秋》的董仲舒明确提出"天人合一"说，是众所周知的史实。司马迁在《太史公自序》中也明言："《春秋》者，礼义之大宗也"，并谓："《春秋》上明三王（夏、殷、周）之道，下辨人事之纪，别嫌疑，明是非，定犹豫，善善恶恶，贤贤贱不肖，存亡国，继绝世，补敝起废，王道之大者也"。司马迁所论的《春秋》"王道"，指的是孔子在《礼记·礼运》中所说的"小康"之道，因为孔子知道时移世变，"大同"时代已经一去不返了。所以提出："禹、汤、文、武、成王、周公，由此其选也。此六君子者，未有不谨于礼者也。以著其义，以考其信，著有过，刑仁讲让，示民有常。如有不由此者，在势者去，众以为殃，是谓小康"，"小康"就是孔子理想中的"王道"。这一点，在《庄子·天下篇》中，已经被庄周点破，曰"内圣外王之道"，此说也被后世儒家所承认。故《春秋》所说的"三王之道"，就是"天道"。因为在儒家看来，三王之道实为上天所赐，待三王后辈德衰以后，国运被上天转移至有行德的新王，此为天地的自然规律，新王因受到广大人民的拥护并实行"三王之道"而膺受天命。

《春秋》的思想之所以被称为"王道"，还有一个根据。司马迁在《太史公自序》中自述道："自周公卒五百岁而有孔子。孔子卒后至于今五百岁，有能绍明世，正《易传》，继《春秋》，本《诗》《书》《礼》《乐》之际，意在斯乎！意在斯乎！小子何敢让焉。"他立志坚定，不惜身罹宫刑也要完成《史记》。他在给老友益州刺史任安的书信中评价自己的作品说："（《史记》）凡百三十篇，亦欲以究天人之际，通古今之变，成一家之言……仆诚已著此书，藏之名山，传之其人，通邑大都，则仆偿前辱之责，虽万被戮，岂有悔哉！"表明他宁可忍受重刑而无愠色，也要继承夫子事业完成这部"究天人之际"的巨著，不负其宏图大志。所以，我们认为司马迁的观点是正确的，《春秋》就是一部究明三王之道的著作，是典型的"天人之学"，核心就是上天所赋的仁、礼、义、智、信五常之德。

基于上述之论，我在文集中"增补"了八篇文章，除一篇《古籍标点注释辨误四则》之外，其余七篇多与"儒学为天人之学"这一主题有关，尤其是《儒藏学案序》更直接阐述了《易》《书》《诗》《礼》《乐》与《春秋》六经本质上皆为"天人之学"。

20世纪80年代，我国迎来了科学的春天。随着中华民族优秀传统文化的复兴，《易》学也走向了发展的高潮，湖南长沙马王堆三号汉墓出土大量帛书《易》学佚本公开发表；90年代初，湖北荆门郭店一号汉墓又出土一批竹简，是战国中期偏晚的著作。郭店楚简中的《六德》《缁衣》《性自命出》《语丛》等儒家作品，充分说明了《易传》确为儒家作品，是孔子及其后学经历上百年的工夫，从春秋末到战国中期共同完成的。这批新的资料进一步推动了《易》学发展的高潮。如今由当代老一辈易学家金景芳、高亨、尚秉和、黄寿祺、冯友兰、张岱年等《易》学成就上，涌现出一批新兴的易学专家，如李学勤、廖名春、徐志锐、张善文、舒大刚、梁伟玄、康学伟、刘大钧、林忠军、金生杨、邱进之、傅道彬等，于象数、义理之学各有所长，是当代易学发展的生力军。

当然，当代易学的发展难免有泥沙卷进。自古以来，作为"谋食不谋道"的术数易学——江湖易学，总是打着《易经》的旗号进行算卦、相面、看风水等行当，谋取不当利益。经典《易》学是儒家用《易传》重新解读《周易》而后形成的经典。没有经儒家解读的《周易》，不论在汉代还是在清代，都被列入"术数略"，作为《卦书》或"卜筮之书"看待，不能登大雅之堂。世界上的文明国家，还没有过把远古巫术崇拜作为文化经典的先例。当代随着《易》学的发展，我们的学术界、教育界和文化艺术界都要警惕扛着经典易学的牌子、贩卖"打卦""算命""看相"之类江湖易学，其本质上还是旧的巫术而已，经典《易》学不能再沾染上这一污点。

由于孔门师徒通过近百年的努力，创造性地作出了重新解读旧《周易》的一部名著曰《易传》，亦称《十翼》。《易传》首先揭示了《周易》理论核心是"阴阳"，曰："一阴一阳之谓道"，"乾，阳物也；坤，阴物也。阴阳合德，而刚柔有体，以体天地之撰，以通神明之德。"阴阳又可称为"刚柔"，是"立本者也"。故"阴阳"是《易》之理论核心。

其次，《易传》揭示了宇宙生成论，曰："《易》有太极，是生两仪，两仪生四象，四象生八卦"，八卦可代表天地生成的万事万物。此宇宙生成论，与《老子》和《太一生水》三家，为中国古代三个代表性的宇宙生成论。

其三，"太极"是"有"而至大者，不可见、不可得，故为宇宙本体。而由八卦与六十四卦构成的《易》学体系内涵深厚，系统庞大，无疑可成为一个新的哲学体系。

其四，《易·系辞传》说："天地絪缊，万物化醇"，说乾坤广生万物，此乃"天地之大德曰生"。天地之生，是为天地阴阳之道之生，故曰"继之者善也，成之者性也"。谓万物与人，尤其是人在生成过程禀赋了天地四德，故曰善；禀赋了生命生存的规律及生态的形式与特点，谓之性。这与《乾文言》说天地把"元亨利贞"四德禀授人类一样，是"人德天授"，亦即"天人合一"。《易》"四德"之说，通过《孟子》讲四端，至汉形成了"仁义礼智信"五常，从本源上看，这也是《易》学位人类谋划的人性论与价值观。

由于《易》学"易道广大，无所不包"，所以古代中华民族的思想文化、文学艺术、经济军事、风俗习惯、医学、建筑等无不吸收《易》学理论，故研究中华民族传统文化的优秀成果是离不开《易》学的。

为此我把自己学习《易》学最新的体会加到文集中来，其中有不当之处，望学界同仁指正！

逸叟

时年七十有九

于2019年4月30日

逸斋先秦史

上册

论文集

[增订本]

陈恩林 著

吉林大学出版社（长春）

图书在版编目（CIP）数据

逸斋先秦史论文集 / 陈恩林著. —增订本. —长春：吉林大学出版社，2019.8
ISBN 978-7-5692-5290-3

Ⅰ.①逸… Ⅱ.①陈… Ⅲ.①中国历史—先秦时代—文集 Ⅳ.①K220.7-53

中国版本图书馆CIP数据核字(2019)第163913号

书　　名：逸斋先秦史论文集
YIZHAI XIAN QIN SHI LUNWENJI

作　　者：陈恩林　著
策划编辑：田茂生
责任编辑：李卓彦
责任校对：田茂生
装帧设计：刘　瑜
出版发行：吉林大学出版社
社　　址：长春市人民大街4059号
邮政编码：130021
发行电话：0431-89580028/29/21
网　　址：http://www.jlup.com.cn
电子邮箱：jdcbs@jlu.edu.cn
印　　刷：吉广控股有限公司
开　　本：787mm×1092mm　　1/16
印　　张：38.5
字　　数：650千字
版　　次：2019年8月　第1版
印　　次：2019年8月　第1次
书　　号：ISBN 978-7-5692-5290-3
定　　价：128.00元

作者简介

陈恩林，男，1940年11月生，吉林省公主岭市人。1964年毕业于吉林大学历史系。1978年考为吉林大学历史系中国古代史专业研究生，导师为金景芳教授。1981年获历史学硕士学位，1985年获历史学博士学位。曾为吉林大学古籍研究所所长、教授、博士生导师，兼中国史学会理事、中国先秦史学会副理事长、吉林省史学会顾问、吉林省《周易》学会会长。1993年获国务院特殊津贴，1997年被国家留学基金管理委员会聘为"中华文化奖学金"指导教授，2000年、2012年两次被中国社会科学院古代文明研究中心聘为专家委员会委员，2010年被东北师范大学聘为"教学名师"，2011年被四川大学聘为国际儒学研究院客座教授，2012年被四川省聘为《巴蜀全书》专家委员会委员。在《历史研究》《文史》《中国哲学史》《吉林大学人文社科学报》《社会科学战线》等刊物上发表学术论文70多篇，出版学术专著3部，古文译著2部，参与主编《金景芳学案》1部。

2008年作者在书房逸斋

2016年作者在芜湖

2014年11月在四川大学讲座

春华秋实：2016年携夫人在扬州

1963年5月送罗老赴京校点《宋史》时合影
前排左一：胡文斌；前排左二：罗继祖师；前排左三：陈恩林；
后排左一：孟昕伯；后排左二：张云鹏；左三；刘正吉

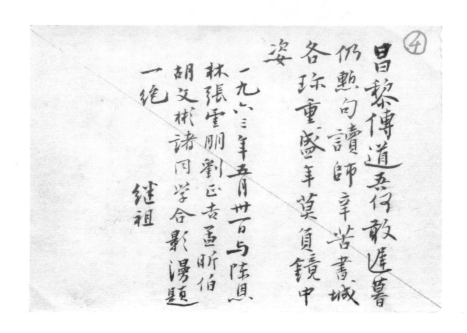

1965年社教归来与金老合影
前排左一：金景芳师；前排左二：曹国晏；后排左一：黄云峰；
后排左二：王治功；后排左三：陈恩林

1980年春在金老寓所

1992年在大连白云新村罗老书房

1999年10月在金老书房

1988年8月与东北师大陈连庆教授在哈尔滨太阳岛渡船上

1995年在北京与台湾大学哲学系陆文夫教授合影

2000年在大连白云新村，祝贺罗老米字华诞

2002年11月在吉林大学古籍所博士学位论文答辩会上
左一：陈恩林；左二：东北师大詹子庆教授；左三：清华大学李学勤教授

1998年9月在扬州西园与前金老助手、国史馆研究员田居俭先生在一起

2003年12月，与台湾辅仁大学文学系赵中伟教授在其别墅茶室

2003年12月在台湾景德书院与山长施纯德先生合影

2008年4月在韶山与中国社科院哲学史研究员、湖南大学岳麓书院
特聘教授姜广辉先生合影

2008年4月在岳麓书院讲金派易学，并与该院吴国荣等博士研究生合影
前排左五为吴国荣博士

2018年3月参加雅安茶文化研讨会
左一：四川大学舒大刚教授；左二：陈恩林；左三：清华大学廖名春教授

序①

　　吉林大学在中国古代历史和文献研究等方面，成果卓著，名家辈出。古籍研究所陈恩林教授，早年出于金景芳先生门下，秉承师学，对先秦史有丰富贡献，为学术界所周知。他的论作很多，散见各种报刊，读者搜求不易，有的我以往也未能获到。现在他精选32篇，辑成《逸斋先秦史学术论文集》，由吉林文史出版社出版，快读之余，在这里写几点感想，向陈恩林教授请教，同时也作为对本书的推荐。

　　《逸斋先秦史学术论文集》涉及的范围非常广泛，大体说来，可分作几个重点。从第一篇《先秦两汉文献中所见周代诸侯五等爵》至第五篇《谈中国古代国家形成的道路及特点》，集中论说先秦国家制度与社会结构，特别是分封与宗法。对金景芳先生曾经析论的君统、宗统问题，作了进一步的阐述补充。从第六篇《论〈易传〉的和合思想》到第十二篇《论〈大一生水〉与〈老子〉及〈易传〉的关系》，讨论《易》学，也是继金先生的学术道路而多有深入发扬。在论《老子》和《易传》思想差异上，尤有独到见解。从第十五篇《论〈公羊传〉复仇思想的特点及经今、古文复仇说问题》至第十七篇《经今古文学复仇说异义辨析》，第二十八篇《〈春秋〉和〈公羊传〉的关系》到第三十一篇《〈春秋左传注〉辨正十二则》，专研《春秋》经传，多有新义。从第十八篇《商代军队组织论略》至第二十六篇《军功爵制的确立是战国军事制度根本变革的标志》，则论述殷商以及春秋战国的军事制度，自成系统。这四个重点，已经涵盖了先秦国家、社会、思想、文化等诸多方面。

　　细读陈恩林教授的这部《逸斋先秦史学术论文集》，不难发现他究治先

---

① 编者按：这是李学勤先生为吉林文史出版社2003年12月版《逸斋先秦史学术论文集——陈恩林自选集》作的序。因篇目调整、增加，序中所提及篇数、次序与今本不同，今一仍其旧。

秦史有着一个非常突出的特色，就是特别重视古籍文献的分析论证。陈恩林教授于先秦经子要籍曾下多年工夫，熟悉各种注释笺疏，因此他所提出的种种论点都有文献材料的有力支持。大家了解，现在的先秦史研究必须以文献的研究和考古学以及古文字学的工作为其基础，两者互相补充依存，比喻为车之两轮、鸟之双翼，确非过当。近几十年，由于考古工作迅速开展，新的重大发现层出不穷，考古学及古文字学获得显著进步，对先秦史研究起到了重大的推动作用。但应该说明，这绝不意味着文献的研究便不重要了。实际上，许多考古学、古文字学疑难的解释，必须与文献相结合，才能够融会贯通。试以《逸斋先秦史学术论文集》中《先秦两汉文献中所见周代诸侯五等爵》一文为例，陈恩林教授指出："研究周代诸侯的五等爵问题，当然首先要依据地下出土的金文材料，这是毋庸置疑的。但是我们也应注意到，地下出土的金文材料往往零星不整，带有很大局限性。所以要想真正解决问题，还须把地下出土的金文材料与传世的先秦两汉文献材料结合起来考察。"这是很正确的。

经籍在先秦文献中占有中心的位置，陈恩林教授和金景芳先生一样，于此长期致力，有深厚积累，一个例子是《文集》中的《〈春秋左传注〉辨正十二则》。这篇论文在充分肯定杨伯峻先生的业绩后，提出多项商榷，缜密精核，确可称杨注的诤友，足见功力，这一点读者略读就能知道了。

经学在中国学术史上起过特殊重要的作用，历代经学家的大量著作有很多内容值得我们在研究先秦历史文化时参考借鉴。我们在这方面还应该做许多探索的工作，《文集》有关文章在这方面是很好的榜样。

我有幸常前往吉林大学，与陈恩林教授颇多切磋，得益非鲜，中国先秦史学会的工作也有不少合作机会。深切希望在这部《文集》问世之后，陈恩林教授有更多新著，促进学科的发展。

李学勤

2003年11月11日

于北京紫竹院

自　序

我的这部文集是增补修订稿，原稿曾于2003年由吉林文史社出版。这次修订除了对旧有文章进行校对订补外，还于《思想篇》增加了《论〈周易〉的社会和谐思想》一文；于《军事篇》增加了《〈孙子兵法〉十三篇论略》一文；于《文献篇》增加了《〈春秋左传注〉辨正六则》，《关于〈春秋左传注〉中〈春秋〉名称的辨正》，《浅淡儒家六艺的特点及其向六经的转化》三文。同时将原属《思想篇》的《关于〈周易〉"大衍之数"的问题》调整到了《文献篇》。另设《怀师篇》，将怀念金景芳师的原代序《悠悠四十载，帷下忆师恩》录入，又收入怀念罗继祖师的《先生虽逝，风范长存》一文，以志我的师承与学派渊源，以表我饮水思源，不忘师恩的心境。

回忆我的学习历程，从小学、中学到大学，都受到过良好的教育。无数辛勤的师长为我的健康成长贡献过心血，我从心底深深感谢他们，是他们为我这一生的学术事业奠定了坚实基础，而引领我走上学术道路最重要的两位导师则是金景芳与罗继祖两位先生。

金景芳师教导我读古史文献要注重精读、通读，也要有泛读，对于本专业的经典著作则要熟练掌握其精髓，这是开展学术工作的前提。罗继祖师教导我读古代典籍首先应掌握文字训诂；切不可粗枝大叶、不求甚解：粗枝大叶不可能做好学问，不求甚解写不出有价值的文章。金景芳师更经常告诫我：做学问要独立思考，"说自己的话，走自己的路，不要依草附木，随波逐流，人云亦云"。两位导师都说做学问是一件艰苦的费脑筋耗心血的苦差事，二老并引范文澜先生对联"板凳要坐十年冷，文章不写一句空"来鼓励我要有为学术而甘坐冷板凳的精神。搞古史研究确是件十分辛苦的工作：一苦在收集资料。古史资料由于年代久远，史籍湮没或阙如，多不系统完备，仅存的一些资料还散见于各类传世典籍中，搜求十分不易。对于近世新出土的考古学与文字学资料，还有识读与解说问题。所以吃苦是在所难免的。二苦是充分掌握前辈学术研究成果。凡研究古史问题，首先都要碰到如何对待前辈学者的研究成果问题。前辈研究成果很复杂，主要有汉儒注、唐儒疏、宋儒的精义与清儒之考据，还有近人的研讨成果，对于这些成果都要仔细阅读，这是开展深入研究的基础。如果前人研究成果不胜枚举，或者随着知识爆炸，新的信息层出不穷，难以全部收集，那就选择几种占主流地位或具有代表性的看法进行充分分析。这是一项十分繁难而又不可或缺的工作，科研工作要缺少这一环节，所作出的研究成果必然没有学术价值。三苦在于提出自己的独立性或曰创造性见解。这是三苦中最苦最难的一环，前两项工作只是打基础。所谓难就难在阅读古代文献、解析地下出土材料已经不易，还要对头绪万千的前人说法分析梳理，寻绎各种看法的异同，这足以令人眼花缭乱，头脑发胀，要想再突破众家之说提出独立见解，谈何容易！虽不容易，但这项工作还必须要做，否则学术事业如何发展？

据我多年的经验，对学术问题的新突破有三条途经：其一，要运用自己所掌握的丰富材料检验各家的说法，看各家立论的根据是否充分，是否牵强附会，是直接证据还是间接证据。只有在充分验证各家说法得失的基础上，才能够提出自己独立的见解；凡吸收前贤成果，不论引文或是引义都须注明出处，以示不敢掠美，切忌抄袭、炒作。其二，要不断学习与掌握新的理论与方法，善于从不同角度和层次上探索新问题，审视老问题。其三，要充分利用考古学提供的地下出土的新资料研究老问题，提出新问题。总之，学术研究是件苦差事，要想有新的突破，必须有叶剑英元帅所说"攻书莫畏难"的精神。学术研究虽然充满苦与累，但每当取得一点突破或有些成绩时，心灵上那种愉悦也是局外人难以体会到的。所以搞学术研究虽然苦，却是苦中有甜，苦中有乐。这也就是它能吸引许多学者对此终身不倦的魅力所在。

多年来，我一直谨守导师的教诲从事教学与科研。翻开我的这部文集，大家可以看到，虽然每篇文章学术分量不一，参差不齐，但都是合乎学术规范的。兹略举数例，加以说明。如《制度篇》关于周代诸侯五等爵问题。传统看法是周代诸侯存在五等爵，而自近世以来，许多史学大家鉴于在金文中存在诸侯"爵无定称"现象，所以断然否定了周代诸侯的五等爵。其实这是一种失误。因为从理论上看，周代作为古代一种等级制的社会，它的天子、诸侯、卿大夫、士有明确的等级，古代文献载之甚详，甚至连诸侯的妻妾、诸子都有明确的嫡庶等差，诸侯之爵怎能无等差？尤其是当朝聘会盟时怎么排序？从传世文献上看，诸侯也有"爵无定称"现象，但经仔细分析总能发现在诸侯的各种复杂称谓中必有一种是本爵，余者多为尊称、通称，也时有贬称。史实证明周代诸侯五等爵是不容否定的。

再如《思想篇》中关于《公羊传》所载的"大一统"问题。《公羊传》的"大一统"解为"尊一始"，是尊周代开国创制的"周文王"的。而学术界多以为是秦汉大统一后提出来的，认为"大一统"即"大统一"。这是一种错误认识。《公羊传》的"大一统"表明天下诸侯要奉周王室为天下"共主"。它是以周代的分封制、井田制与宗法制为基础的，它的思想内涵反映的是血缘政治关系与"尊王"的王道思想；而"大统一"是后起的概念，反映的是秦统一以后的地理政治关系与霸道思想，两者是两个不同时代的产物。

对于学术界长期存在的所谓经今、古文学复仇说的两个重要的不同点，其一《公羊传》云"子可复父仇"；而《左传》说"君命，天也"，是不可复仇。我们认为两说并无不同。因为《公羊》虽说"子可复仇"，但前提是"父不受诛，子可复仇"。即父无罪被杀，子方可复仇。要是父有罪被杀，子是不能复仇的。而《左传》虽说："君命，天也。"子不可复父仇，但指的是父有罪被杀。相反对于父无罪被杀的伍员向楚平王复仇，齐邴歜之父与阎职向齐懿公复仇，晋郤克向齐顷公复仇诸事也载之甚详。表明它是对于复仇与不复仇皆据事直书，并不与《公羊》矛盾。

其二云"《公羊》说复百世之仇，古《周礼》说复仇之义不过五世"。这一说法也并无矛盾，因为两者说的并不是一个层次上的问题。《公羊》所说"复百世之仇"，指的是国仇。因为国君世袭，先君与今君为一体之人，国君又与国为一体，所以可复百世之仇。而在古《周礼》中并无复国仇内容，所载内容皆为复家仇，说复家仇"可尽五世之内"。两者一说国仇，一说家仇，并没有可比性。

在《军事篇》中，我们讨论先秦军事制度是把它放到当时社会发展总体水平的大背景下考虑的。我们认为殷、西周、春秋时期社会经济发展不充分，其军事制度的基本特点是"国人当兵，野人不当兵"，其军事编制与社会居民的行政组织是统一的，是典型的"兵农合一"制度。这一制度的存在是由中国古代社会形态的特点决定的。这一制度不仅存在于先秦，也非华夏族所独有，在由氏族社会向国家的转化过程中，如宋代辽东女真完颜部创立的"猛安谋克"，明建州女真努尔哈赤创立的"八旗"制等，从本质上说都是这种集"兵民"为一体的"兵农合一"制度。

在《文献篇》中，有一组对《春秋左传注》辨正的文章，是我多年学习《春秋左传》的心得。杨伯峻先生的《春秋左传注》是他积三十多年学术功力，集汉、晋、唐、宋与清代注疏学成果，兼用传世文献与当代考古学、文字学资料，并参考了海外学者著作而完成的一部煌煌巨著，是《春秋左传》注疏学的集大成之作，代表了当代《春秋左传》注疏学的最高成就。这部著作几乎是搞古代史学、文学、哲学与社会学等学者的案头必备之书。我对此书是深为崇敬的。

但学无止境，《春秋左传》学历史久远，体系庞大，内容复杂，涉及知识面广，面对诸多问题杨注也难免百密一疏。所以我对杨注的个别问题提出了一些异议。

首先，我运用学术界公认的国野制、旗制等辨正杨注的一些失误。如杨注《左传》隐公三年"未及国"曰"国即郛内"。误。春秋时之"国"有三义：封国之国；郊以内为国；城内为国。此"国"字当为"郊以内"。又如先秦旗制之构件，有縿、斿、旆之分。縿为旌旗主体，上可画日月、交龙、鸟隼、龟蛇等图案；斿为旗的附缀，以数量多寡表示主人的身份地位，如天子十二斿，诸侯九、八、七斿等等；旆为系于旗上的帛，作燕尾形，可以随时系上或取下，是用以表示军事行动的。但杨注《左传》庄公二十八年"耿之不比为旆"云："旆本旌旗之斿，旌旗之有斿者为旆。"将旆与斿混为一谈，其误甚明。

其次，以先秦命姓、命氏、称谓等辨杨注之失。如《左传》庄公二十八年载晋献公"娶二女于戎，大戎狐姬生重耳，小戎子生夷吾"。杨注："大戎狐姬与小戎子为姐妹，小戎子盖以娣为媵者也。"误。实则大戎为姬姓戎，小戎为子姓戎，二戎姓本不同，何谈小戎为大戎之媵。《春秋》僖公十四年载鲁"季姬与鄫子遇于防"。杨注："季姬当为僖女公，盖归宁父母。"并批评杜预注"为庄公女"不确。杨注认为僖公为闵公之弟。那么，考诸《春秋》，僖公当生于庄公二十五六年，至僖公十四年，至多二十四岁。而且，季姬之季为"伯、仲、叔、季"中最小的排序，表明她是僖公最小的姑娘，怎么可能达到出嫁的年龄呢？杜注说"季姬，庄公女"。是正确的。

在关于《春秋》名称的问题上，杨注从杜注"错举四时"说，即所谓"年有四时，故错举以为所记之名"。其实此说亦误。因为不论从古代历法起源上考察，还是从民族学史上考察，皆证明古代民族先有春秋两季，后有春、夏、秋、冬四季。上古的春秋二季，就是游牧民族的草一青一黄，农业民族的一种一收。春是草本生长、禾稼耕种，秋是草木黄落、禾谷成熟；一青一黄，一种一收，一春一秋即为一年，而年之本义恰为禾谷成熟。所以表年的史书就被命名为《春秋》。至于《谷梁传》说："《春秋》编年，四时具，然后为年。"乃表彰《春秋》是编年史体及其特点，并非说《春秋》名称之起源。可见杜预所谓《春秋》之名起于"错举四时"是没有根据的，是违反先有春秋二季，后有春、夏、秋、冬四季的历史事实的。杨注从杜氏之误说，不可信据。

例证还有很多，不一一列举了。

总之，我文集所载的文章，都是谨守师训写作出来的。对于导师的教诲，我没齿不敢忘怀。我的一些话也多是老生常谈，了无新义，本不足以书诸笔端。但考虑到当前学术界多有学术失范、学术不端现象，这些弊端应产生于学术失真。凡一个国家、一个民族，其学术的根本目的都在于追求真理。但当前我国学术受到商品大潮的侵蚀，已经成为某些人趋名、趋利的手段。为名利，一些人急功近利，粗制滥造，大搞短平快学术作品；一些人借学术讲坛"夸精斗奥，炫耀流俗"，取媚市场，趁机谋利；一些人甚至走上作伪、抄袭、剽窃他人成果的道路。这些人在学术界虽然只占少数，但所掀起的空疏浮躁学风影响很大，切不可等闲视之。为弘扬追求真理的学风，我们不仅应改革学术评价体系，由重视科研成果数量转向重视质量，更应该寄希望于新生代学子，教育他们坚持发扬前辈学者脚踏实地"板凳要坐十年冷"的治学精神。为此目的，我的这些唠叨絮语就算是一匹恋栈老马为大有希望的新生代学子所贡献的一点识途之智吧！

陈恩林
二〇一〇年五月于吉林大学南校二十一栋逸斋

目　录

制度篇

先秦两汉文献中所见周代诸侯五等爵

关于周代诸侯的五等爵问题，载在先秦两汉文献中，是灼然无疑的。但是，由于近代考古学的发展，学术界发现在地下出土的青铜器铭文中，诸侯的五等爵名并无定称。针对地下材料与传世文献的矛盾现象，国学大师王国维率先撰《古诸侯称王说》一文，旨在强调"古时天泽之分未严，诸侯在其国，自有称王之俗"[①]，但并未否定周代诸侯的五等爵问题。其后，傅斯年、郭沫若、杨树达等一批学界名宿，依据金文中诸侯爵名无定称的现象，遽然否定了周代诸侯的五等爵制[②]。他们的论断也就成为在史学界占支配地位的说法。

最近，王世民先生从金文材料出发，吸收了先秦两汉文献中的一些记载，采取"既注意各该器物的年代和国别，又要把那些诸侯的生前与死后追称区别开来"的方法，重新研究周代诸侯的五等爵，得出了与《公羊传》所载"天子三公称公，王者之后称公，其余大国称侯，小国称伯、子、男"大体相同的结论[③]。无疑，这就把周代五等爵制的研究推进到了一个新的阶段。

研究周代诸侯的五等爵问题，当然首先要依据地下出土的金文材料，这是毋庸置疑的。但是，我们也应注意到，地下出土的金文材料往往零星不整，带有很大局限性。所以要想真正解决问题，还须把地下出土的金文材料与传世的先秦两汉文献材料结合起来考察。

鉴于王世民先生已将周代金文中的五等爵问题做了系统的论证，所以本

---

① 王国维：《观堂别集》卷1。

② 傅斯年：《论所谓五等爵》，《历史语言研究所集刊》第二本，中华书局，1987年影印本。郭沫若：《中国古代社会研究》第四篇之《周代彝铭中无五服五等之制》，《郭沫若全集》历史编1；《金文所无考·五等爵禄》，《金文丛考》，人民出版社，1954年版。杨树达：《古爵名无定称说》，《积微居小学述林》卷六，中华书局，1983年版。

③ 王世民：《西周春秋金文中的诸侯爵称》，《历史研究》1983年第3期。

文拟对先秦两汉文献所载的周代诸侯五等爵进行一番探索。冀对这一问题的深入讨论，提供一些有益的意见。

一

周代的所谓"爵"，就是周代统治阶级内部等级关系在法律制度上的规定。周代诸侯的五等爵，就是周代诸侯的五个等级。在先秦两汉文献中，周代诸侯划分为五等，这是不容否认的客观事实。《左传》襄公十五年载周代的列位等级说："王及公、侯、伯、子、男、甸、采、卫、大夫，各居其列。"《国语·周语中》载周襄王说："昔我先王之有天下也，规方千里以为甸服，……其余以均分公、侯、伯、子、男，使各有宁宇。"《逸周书·职方解》说："凡国，公、侯、伯、子、男，以周知天下。凡邦国，大小相维，王设其牧，制其职各以其所能，制其贡各以其所有。"[①]《左传》的这段话，据杜注是"言自王以下，诸侯、大夫各任其职"，意义正与《逸周书·职方解》一致。王是周代的最高统治者，"公、侯、伯、子、男"就是周代的五等诸侯，故《逸周书》云"凡邦国，大小相维"。"甸、采、卫"，杜注释为侯、甸、男、采、卫五服之名的略举，是对的。具体地说，采、卫主要指二服中的附庸小国。《国语·郑语》说："妘姓邬、郐、路、偪阳，曹姓邹、莒，皆为采、卫，或在王室，或在夷狄，莫之数也。"是邬、郐等附庸小国称采、卫之证。这样，在周代由王及公、侯、伯、子、男、附庸、大夫所组成的等列，就是其社会阶级结构的大略。

《逸周书·度训解》说周代"□爵以明等极"，孔晁注："极，中也。贵贱之等，尊卑之中也。"《淮南子·时则训》说："天子……乃命太史次诸侯之列。"公、侯、伯、子、男的排列次序，正表明它是标志周代诸侯贵贱尊卑的爵秩等列。《左传》昭公十三年载郑子产说："昔天子班贡，轻重以列，列尊贡重，周之制也。卑而贡重者，甸服也。郑伯男也，而使从公侯之贡，惧弗给也。""列"就是诸侯的等列。"列尊贡重"，就是爵位越尊贵，贡赋越重。"卑而贡重者，甸服也"，此甸字通圻，指的是王畿之内。

---

① 黄怀信《逸周书源流考辨》（西北大学出版社，1992年版）断此篇为春秋早期著作。

上引《周语中》说"规方千里以为甸服",是一证。《周语上》载祭公谋父云"先王之制,邦内甸服,邦外侯服",是二证。王畿之内的封国位虽卑而贡重。"郑,伯男也",是说郑为伯爵,而在男服,所以让它承担"公侯之贡",是不合理的。一些论著多把这句话与《国语·周语中》富辰所说"郑伯,南也,王而卑之,是不尊贵也"等同起来,说"伯男"与"伯南"一致,这是不对的。金景芳师早就说过:"郑伯,南也",指的是"郑伯这个人身份特殊"。因为郑武、庄公先后为王朝卿士。卿士职位也称"南"。所以应当尊贵,不能卑视[1]。这与"郑,伯男也"的含义完全不同。故富辰在下文说"平、桓、庄、惠"诸王"皆受郑劳,王而弃之,是不庸勋也"。又,《左传》僖公二十九年说:"在礼,卿不会公侯,会伯子男可也。"杜注:"大国之卿当小国之君,故可以会伯子男。"从这两条材料可以看出,周代的公、侯爵位在伯、子、男之上。公、侯、伯、子、男的排列是有序的。

《左传》哀公十三年载鲁大夫子服景伯说:"王合诸侯,则伯帅侯牧以见于王。伯合诸侯,则侯帅子男以见于伯。自王以下,朝聘玉帛不同。"子服景伯所说的"伯",是诸侯之长,又称"侯伯",也就是霸主。《左传》僖公二十八年载:"王命尹氏及王子虎、内史叔兴父策命晋侯为侯伯。"据《礼记·王制》:"八命为伯。"侯牧即诸侯,古代诸侯是牧民的,所以也称侯牧。"侯帅子男以见于伯"一句,竹添光鸿《左氏会笺》释为:"其曰'侯'者,盖兼公而言;其曰'子男'者,盖兼伯而言。谓公侯帅伯子男以见于伯也。"按:竹添说是正确的。《春秋》以"公侯"为一类,以"伯子男"为一类,所以"举侯可以兼公,举子男可以兼伯"。又,《国语·楚语》说:"天子之贵也,唯其以公侯为官正,而以伯子男为师旅。"韦昭注:"正,长也。"说明公侯相当于天子的"官正",亦即百官之长;而伯子男则相当于天子的师旅,位在公侯之下。

《左传》昭公四年载楚灵王在申地大会诸侯,楚大夫椒举向宋国左师向戌与郑国执政子产问礼仪形式。向戌说:"小国习之,大国用之,敢不荐闻?"并"献公合诸侯之礼六。"子产说:"小国共职,敢不荐守?"也"献伯子男会公之礼六。"杜预注:"其礼六仪也。宋爵公,故献公礼。郑

---

① 金景芳:《释"二南"、"初吉"、"三湌"、"麟止"》,《古史论集》,齐鲁书社,1981年版。

伯爵，故献伯子男会公之礼。"这也说明公爵位在伯子男之上。《左传》桓公十年载，齐国受到北戎侵袭，诸侯出兵救齐，其中郑国公子忽战功显著。但是，鲁人受齐国委托在给各国援军分发粮饷时，以王室颁行的爵禄等级为序，因郑为伯爵，所以列在最后。郑国愤愤不平，联合齐、卫一道攻击鲁国。《春秋》记载这件事，先书"齐、卫"，后书"郑"，把齐、卫看成主谋，郑是胁从。《左传》解释说："先书齐、卫，王爵也。"即说齐、卫为侯爵，位在郑国之上，所以记为首恶。

上述材料充分证明：在周代，"公侯"的爵位明显高于"伯子男"。五等诸侯的排列次序确是爵秩的高低等差。

专就"公侯"而论，公又高于侯。《左传》庄公十八年，"虢公、晋侯朝王，王飨醴，命之宥，皆赐玉五珏，马三匹。"①当时人评论说："非礼也。王命诸侯，名位不同，礼亦异数，不以礼假人。"所谓"名位不同"，是说虢公时任王朝卿士，位为"公"，而晋为侯爵，虢公爵位高于晋侯。依周制，天子接见诸侯，应"正班爵之义"②，虢公高于晋侯，赏赐时就该"礼亦异数"。而今王不辨虢公与晋侯的爵秩高低，赏赐同样的礼物，就是"以礼假人"，这是违背周礼的。

周代诸侯的"公、侯、伯、子、男"五等爵，是周代社会等级制度的重要组成部分。马克思、恩格斯曾概括世界各民族奴隶制与封建制的共同特点说："在过去的各个历史时代，我们几乎到处都可以看到社会完全划分为各个不同的等级，看到由各种社会地位构成的多级的阶梯。"③周代诸侯的五等爵就是周代诸侯中"多级的阶梯"的表现形式。在周代社会中，统治阶级内部的这种"多级的阶梯"是普遍存在的，不仅诸侯中有，卿大夫中也有。

《左传》桓公三年说："凡公女嫁于敌国，姊妹则上卿送之，以礼于先君；公子则下卿送之；于大国，虽公子亦上卿送之；于天子，则诸卿皆行，公不自送；于小国，则上大夫送之。"这里所说的"敌国"是匹敌的国家。"公子"，就是国君的女儿。在国君的姊妹或女儿出嫁时，依对方国家的大小，分别由上卿、下卿、诸卿和上大夫送行。说明卿大夫是有上下等级的。

---

① 原文作"马三匹"，据王引之《经义述闻》卷十七"马三匹"条改。
② 《左传》庄公二十三年。又《周礼·夏官·司士》曰："正朝仪之位，辨其贵贱之等。"
③ 《马克思恩格斯选集》第1卷，人民出版社，1972年版，第251页。

《左传》僖公十二年载，齐国的执政管仲到成周去为王室和戎人讲和。王准备以"上卿之礼"招待他。管仲因为齐国有国子、高子两位上卿，所以推辞不就，仅"受下卿之礼而还"。这证明在诸侯国的卿一级官员中确有上卿、下卿之分。

《左传》成公三年载鲁大夫臧宣叔说："次国之上卿当大国之中，中当其下，下当其上大夫。小国之上卿，当大国之下卿，中当其上大夫，下当其下大夫。上下如是，古之制也。"臧宣叔所说的"古之制"，就是西周制度。杜预注："古制：公为大国，侯、伯为次国，子、男为小国。"这说明在周代不仅诸侯国的卿大夫有上、中、下之分，而且不同国家的卿大夫在列国间的交往中地位也不尽相同。国家爵位尊，卿大夫的地位也尊；相反，国家的爵位卑，其卿大夫的地位也就卑。

列国卿大夫的上下等级是十分严格的。《左传》成公三年说晋国的中行伯（荀庚）"其位在三"，列于中军帅郤克和中军佐荀首之后。成公十六年，晋大夫郤至在鄢陵之战后，到成周向天子献楚捷时自夸其功，王朝卿士单子说："温季（即郤至）其亡乎！位在七人之下，而求掩其上。"当时，郤至为晋新军佐，位次在上、中、下三军将佐及新军将之下，列第八位。襄公二十六年，郑国战胜陈国，郑伯赏赐有功的子展、子产二将，"享子展，赐之先路，三命之服，先八邑；赐子产次路，再命之服，先六邑。"子产辞谢六邑说："自上以下，隆杀以两，礼也。臣之位在四，且子展之功也；臣不敢及赏礼。"子展时为郑国上卿，子西次之，良霄第三，子产居四。以周礼，卿大夫每下一级，赏格当减去二，曰"隆杀以两"。所以，子产不敢接受六邑的奖赏。以上数例足以说明周代卿大夫等级制的森严性。《周礼·春官·大宗伯》载，大宗伯在"以九仪之命正邦国之位"，"以玉作六瑞，以等邦国"之外，还有"以禽作六挚，以等诸臣"的职责。小宗伯则有"掌三族之别，以辨亲疏"的职责。列国的宗伯应当也有这种职能。春秋时郑国大夫公孙挥就以善于辨别列国大夫的"族姓、班位、贵贱、能否"而知名[①]。

周代社会的等级制度甚至渗透到了统治阶级的家庭中，天子、诸侯和卿大夫的妻妾也以嫡庶为原则划分成若干等级。嫡妻即正妻，只有一人。天

---

① 《左传》襄公三十一年。

子嫡妻称后，诸侯嫡妻称夫人，卿大夫嫡妻称内子。庶妻位在嫡妻之下，排成高低贵贱的等列。《左传》文公六年载，晋襄公逝世，其子幼弱。晋大夫因为国家多难，商议扶立年长的君主。贾季主张立晋文公庶妻辰嬴的儿子公子乐。赵孟不同意，说："辰嬴贱，班在九人，其子何震之有？"主张立晋文公庶妻杜祁的儿子公子雍，理由是："杜祁以君故，让偪姞而上之；以狄故，让季隗而己次之：故班在四。先君是以爱其子而仕诸秦，为亚卿焉。秦大而近，足以为援；母义子爱，足以威民。立之，不亦可乎！"晋文公嫡妻是文嬴，次妃为襄公生母偪姞，三妃为季隗，四妃为杜祁，九妃为辰嬴。清人俞正燮推断，文公在齐娶的"齐姜在五，秦女三人亦媵也，其在六、七、八欤"？可见，晋文公的夫人与八位庶妻的位次是井然有序的[①]。

《左传》昭公八年说："陈哀公元妃郑姬生悼大子偃师，二妃生公子留，下妃生公子胜。"陈哀公的夫人与二妃、下妃的排列也是井然有序的。

《左传》僖公二十四年，晋大夫赵衰娶晋文公的女儿赵姬为正妻，生赵原同、赵屏括、赵楼婴三子。赵衰追随文公在狄时曾娶狄女叔隗，生赵盾。赵姬是位贤达妇人，见赵盾有才干，就坚决请求以赵盾"为嫡子，而使其三子下之，以叔隗为内子而己下之"。这是卿大夫妻有嫡庶之分的证据。《左传》昭公十一年载："泉丘人有女，梦以其帷幕孟氏之庙，遂奔僖子，其僚从之。盟于清丘之社，曰：'有子，无相弃也。'僖子使助薳氏之簉。"杜预注："薳氏之女为僖子副妾，别居在外，故僖子纳泉丘人女令副助之。"是正确的。"其僚"，是泉丘女的僚友。沈钦韩《左传补注》云："薳氏是僖子正室，使二女助之，为其簉。或薳氏是僖子别邑，使二女别居于此为簉也，故下宿于薳氏。"此说实误。一者，僖子为鲁卿，在鲁都有府第，其府第在季氏宅东南，登其宅西北隅，便可望见季氏，其正妻怎能不在府宅而在薳氏？二者，如说"使二女别居为簉"，应是自为簉，《左传》怎会说"使助薳氏之簉"？依此知沈解不确。从这条材料看，孟僖子的妻子至少有四位，排列次序是正妻、副妾薳氏、二簉泉丘女、泉丘女僚友。

在统治阶级的家庭中，嫡妻所生的儿子曰嫡子，庶妻所生的儿子曰庶子。嫡子高于庶子。嫡子依长幼论尊卑，庶子依其母亲的贵贱地位论尊卑。

---

① 见［清］俞正燮：《癸巳存稿》卷七，商务印书馆，1957年版。

《公羊传》称这种现象叫"子以母贵"。如果庶子有继承父业为公、卿、大夫的，则其母也随之提高到夫人、内子的地位。《公羊传》称这一现象为"母以子贵"。

综上可见，周代社会是等级制的社会。这是它最本质的特点。它的卿大夫阶层是有等级的，它的贵族阶级家庭也是有等级的。因而，它的列国诸侯不会也不可能没有等级。这个等级就是"公、侯、伯、子、男"。

二

在先秦文献中，周代诸侯"公、侯、伯、子、男"的五等爵称，也像在青铜器铭文中一样，有无定称的现象。如据《春秋》《左传》《国语》，齐、卫之君时称公，时称侯；秦、郑之君时称伯，时称侯；滕、薛之君时称侯，时称伯，甚至称子；邾、莒之君时称子，时称公。对于这类问题，由于金文材料自身的局限性，是难以说明的。而先秦文献则比较系统，我们从中可以找到解决问题的线索。特别是由于"中国言六艺者折中于夫子"，而孔门学说由七十子后学师口相传，这可以使我们在先秦两汉的儒家著作中找到答案。

公。《公羊传》隐公五年说："天子三公称公，王者之后称公。"在周代，王室确曾设立过"三公"的高爵。《逸周书·祭公解》是当前史学界公认的西周作品。《祭公解》说："天子自三公上下辟于文、武"，又说："天子三公监于夏商之既败，丕则无遗后难，至于万亿年，守序终之。"同书《酆保解》《史记解》《武寤解》等也载有"天子三公"。《周礼·春官·典命》曰："王之三公八命。"《司服》曰："王为三公六卿锡衰。"《秋官·小司寇》曰："王南乡，三公……北面。"在周初，周公为太宰，召公为太保，太公为太师，他们就是"天子三公"。周代青铜器《琱生簋》铭文业已证明，周公、召公两人的身份，确为"公"爵[①]，《公羊传》所言不虚。

"天子三公称公"，可能是周初之制，实际上在成康以后，凡是王室的

---

① 李学勤：《青铜器与周原遗址》，《西北大学学报》1981年第2期。

执政卿士都可以称"公"，享受公爵待遇。王世民先生在《西周春秋金文中的诸侯爵称》一文中列举的毕公、明公、㻫公、益公、穆公、武公、井公、毛公、应公、芮公、虢公等王朝卿士，就都是公爵。在东周时期，仅从《左传》上看，不论是诸侯入为王朝卿士的，如郑武公、郑庄公、虢公，还是畿内诸侯、大夫担任卿士的，如召昭公、召戴公、单襄公、单穆公、尹武公、尹文公、王叔文公、刘康公等也都一律称公。畿内的公爵大多都有封邑。郑玄《诗谱·周南召南谱》云："文王受命，作邑于丰，乃分岐邦周、召之地，为周公旦、召公奭之采地。"解放前陕西扶风出土的《瑂生盙》、1961年扶风齐家村出土的《瑂我父簋》的"瑂（周）"字，据李学勤先生说："用为氏名，指周公的周氏；用为地名，则指周公的采地周城。"[①]其他如毕公的采地在毕，苏公的采地在温，芮公的采地在芮，东周时刘康公的采地在刘，尹氏的采地在尹等[②]，都能说明这一问题。

"王者之后称公"，主要指夏、殷二代之后称公。《逸周书·王会解》说在成周大会上，"堂下之右，唐公、虞公南面立焉。堂下之左，殷公、夏公立焉。"孔晁注："唐、虞二公，尧、舜后也。"夏公、殷公是"杞、宋二公"。《史记·周本纪》说周武王封"黄帝之后于祝，帝尧之后于蓟，帝舜之后于陈，大禹之后于杞。"《礼记·乐记》载孔子说："武王克殷（反）［及］商，未及下车，而封黄帝之后于蓟，封帝尧之后于祝，封帝舜之后于陈；下车而封夏后氏之后于杞，投殷之后于宋。"孔疏说这是"举三恪二代也"。清孙希旦《礼记集解》说"封黄帝、尧、舜之后，所谓'三恪'也。封夏、殷之后，所谓'二代'也"[③]，是正确的。《左传》襄公二十五年，郑子产说："昔虞阏父为周陶正，以服事我先王。我先王赖其利器用也，与其神明之后也，庸以元女大姬，配胡公（阏父子）而封诸陈，以

---

① 李学勤：《青铜器与周原遗址》，《西北大学学报》1981年第2期。

② 苏：《左传》成公十一年："苏忿生以温为司寇。"毕：《左传》僖公二十四年："毕原酆郇，文之昭也"。杜注："毕国在长安县西北。"芮：《左传》桓公三年杨伯峻注："周畿内国，姬姓，尝为王朝卿士，……今陕西省旧朝邑县（今朝邑镇）南有芮城，离大荔县治东南五十里，当即古芮国。"刘：《左传》宣公十年"秋，刘康公来报聘"。杜注："即王季子也，其后食采于刘。"尹：《左传》昭公二十三年："六月壬午，王子朝入于尹。"杨伯峻注："尹邑或在今洛宁县境。"

③ ［清］孙希旦：《礼记集解》，中华书局，1989年版，第1026页。

备三恪", 是其证。恪,《说文·心部》引作"憼",是"敬"之义。

《礼记·郊特牲》说:"天子存二代之后,犹尊贤也。尊贤不过二代。"《汉书·成帝纪》说:"盖闻王者必存二王之后,所以通三统也。"《白虎通·爵》篇则云:"公者,加尊二王之后。"由是观之,《公羊传》所说的"王者之后称公",在周代,只能是杞、宋二国。《春秋》记载宋国爵为公,与《礼记》、《汉书》相合。《左传》僖公二十四年说:"宋,先代之后也,于周为客,天子有事膰焉,有丧拜焉。"昭公二十五年,宋大夫乐大心说:"我不输粟。我于周为客,若之何使客?"又,何休《公羊传》隐公三年注说:"宋称公者,殷后也。王者封二王后,地方百里,爵称公,客待之而不臣也。"这些记载都是不容忽视的,它们确能证明周人以客礼待宋,并尊其爵为"公"。

杞的情况比较复杂。据《逸周书》,西周时杞为公爵。入春秋以后,仅称为侯。至鲁庄公二十七年以后,又称伯。杜预《左传》注云:"杞称伯者,盖为时王所黜。"在鲁僖公二十三年、二十七年、襄公二十九年,《春秋》又三称其为子。《左传》解释说:"书曰'子',杞,夷也。"又说:"杞,夏余也,而即东夷。"《春秋》严夷夏之防,杞用夷礼,所以就视同夷狄之君而称子。何休《公羊传》注说:杞本公爵,但春秋时"微弱,为徐、莒所胁,不能死位。《春秋》伯子男一也,辞无所贬。贬称子者,《春秋》黜杞不明,故以其一等贬之"[1]。与《左传》的解说大体相同,应是可信的。

可见,夏、殷二代之后在周初虽为公爵,但入春秋以后,杞即衰弱,且不断迁徙。据清人阎若璩考证,杞初封在河南开封,春秋鲁桓公二年迁于山东莒州及曲阜相邻之地,桓公六年迁淳于(山东省安丘县东北),僖公十四年迁到缘陵(山东昌乐县东南),襄公时又迁回淳于[2],国家也沦落成为"伯子男"一类小国。至于"三恪",爵低于公,仅为侯。《逸周书》称其为公,是沿用其旧名。《史记·周本纪》载,周在封蓟之后,又封召公奭于燕。其后,"蓟微燕盛,乃并蓟居之,蓟名遂绝焉"[3]。祝入春秋后亦不见于

---

① 《公羊传》僖公二十三年注。

② 〔清〕阎若璩:《四书释地又续·杞》,《清经解》卷22。

③ 《史记·周本纪》《正义》。

记载，只有陈国仍保持"侯"爵名号，但也沦落成为二三流小国。

"公"可以作为诸侯的通称，这是客观事实。但那已不是爵称，而只是一种荣誉称号，是尊称。如《春秋》一书于鲁十二君皆称公。何休《公羊传》隐公元年注云："鲁称公者，臣子心所欲尊号其君父。公者，五等之爵最尊。王者探臣子心欲尊其君父，使得称公。"鲁本侯爵，而在国内臣子则可以尊其号为"公"。这在周代是一条不成文的法则。这条法则还不仅限于侯爵，也通用于"伯子男"等各级诸侯。《白虎通·号》篇云："伯、子、男，臣子于其国中褒其君为公。"因为臣子"心俱欲尊其君父，故皆令臣子得称其君为公也"。但是，如果"诸侯有会聚之事，相朝聘之道"以互相交接时，则不得"私其臣子之义"，要求诸侯各称本爵。这一原则在《春秋》中表现得十分明显。《春秋》作为鲁国史，特称其君为"公"；而在记载其它国家诸侯朝会时，一律各称本爵。如《春秋》庄公十六年载幽之盟曰："冬十有二月，会齐侯、宋公、陈侯、卫侯、郑伯、许男、滑伯、滕子，同盟于幽。"又，僖公二十八年载践土之盟曰："五月癸丑，公会晋侯、齐侯、宋公、蔡侯、郑伯、卫子、莒子，盟于践土。"在这两次会盟中，《春秋》所列诸侯爵秩，除卫、滕二国而外，皆其本爵。卫所以称"子"，是因为卫侯当时出居在外，其弟叔武参与盟会，故以未成君之礼相待。滕之所以称子，是因为春秋时沦落成为"微国"，是宋国附庸[①]。齐、晋侯爵，之所以序宋公之上，是因为齐、晋先后受周天子册封为"侯伯"，为诸侯霸主。而列国诸侯于国内则一律可以称公。如《国语》一书系收集各国材料辑成，书中鲁、齐、晋、宋、卫、曹、郑、秦诸国君主皆称公。《左传》甚至称邾、莒等附庸小国君主为公，如邾文公、邾定公、邾宣公；莒共公、莒纪公、莒兹丕公、莒犁比公等。

诸侯在国内所称的"公"，显然已不是爵位，而只是一种尊称。我们说诸侯可以通称"公"，正是在这一意义上说的。

诸侯生称爵，死称公。这是诸侯称公的又一种形式，也是一种臣下尊君的称号。

《春秋》隐公八年："夏六月己亥，蔡侯考父卒。……八月，葬蔡宣

---

① 《左传》襄公二十七年。

公。"《公羊传》解云:"卒何以名,而葬不名?卒从正,而葬从主人。"何休注:"卒当赴告天子,君前臣名,故从君臣之正义言也。至葬者,有常月可知,不赴告天子,故自从蔡臣子辞称公。"也就是说诸侯死时,要发讣告向天子报丧,而讣告须称名称本爵,合乎君臣之正义。但安葬诸侯,则是诸侯臣子的事,所以从其臣子之辞称公。孔广森《公羊通义》说:"葬,生者之事也,故从主人辞也。生有五等,没壹称公。王者探臣子之心莫不欲尊其君父,故假以爵之最尊,又为之作谥以易其名,以甄其宫。"何休、孔广森对《公羊传》的解释都是正确的。《春秋》记载诸侯之卒皆称本爵,而记载诸侯下葬则一律称公。如隐公三年:"八月庚辰,宋公和卒","冬十有二月……癸未,葬宋穆公"。庄公二十一年:"夏五月辛酉,郑伯突卒","冬十有二月,葬郑厉公"。僖公四年:"夏,许男新臣卒","八月,……葬许穆公"。昭公元年:"六月丁巳,邾子华卒","秋,……葬邾悼公"。昭公六年:"春王正月,杞伯益姑卒","夏,……葬杞文公",等等。在一部《春秋》中,只有一次例外,即桓公十七年载:"六月丁丑,蔡侯封人卒","秋八月……癸巳,葬蔡桓侯"。何休注说蔡桓侯下葬"称侯者"是"夺臣子辞也",因为桓侯"有贤弟而不能任用,反疾害之而立献舞,国几并于蛮荆,故贤季抑桓,称侯所以起其事"。这是《春秋》的一种贬抑笔法。

《白虎通·号》篇也注意到了周代诸侯泛称公的问题,说:"何以知诸侯得称公?《春秋》曰'葬齐桓公',齐侯也。《尚书》曰'公曰嗟',秦伯也。《诗》云'覃公维私',覃子也。《春秋》曰'葬许穆公',许男也。《礼·大射》经曰'公则释获',大射者,诸侯之礼也,伯子男皆在也。"侯、伯、子、男是齐、秦、覃、许诸国的本爵,而公则是他们的统称。这也证明诸侯在国内被尊称的公,臣子安葬诸侯所称的公,并不是诸侯的本爵,而只是一种尊称。

侯,是五等爵的第二级。《白虎通·爵》篇说:侯是"百里之正爵"。《封公侯》篇说:"诸侯封不过百里。"这种说法,得到了《左传》的证明。《左传》襄公二十五年,郑子产说:"昔天子之地一圻,列国一同,自是以衰。"杜注:圻,"方千里";同,"方百里";衰,"差降"。圻,又作畿,《诗·商颂·玄鸟》云:"邦畿千里。"《逸周书·职方解》云:

"方千里曰王圻",卢文弨解:"圻与畿同。"说皆与《左传》合。《孟子·万章下》云:"天子之制,地方千里,公侯皆方百里,伯七十里,子男五十里,凡四等。"七十里、五十里的"差降",就是"衰"。

公、侯的封地虽然都是方百里,但公爵位尊,是王室的客,可以组建"三师"军队,有较大的独立性。侯,《逸周书·职方解》孔晁注云:"为王者斥侯也"(《周礼·职方氏》贾疏同)。春秋时王室大夫富辰追述分封诸侯的作用说:"昔周公吊二叔之不咸,故封建亲戚以蕃屏周。"[1]证明诸侯是王室的藩屏,承担着捍卫王室的任务。诸侯之长曰"元侯",又曰"侯伯"、"方伯",即《礼记·王制》所说"千里之外设方伯",其地位与公爵相埒。

在周初,齐、鲁、卫、晋、燕诸国都是方伯,守卫着王室的东、北、东北、东南边疆。如《尚书·康诰》曰:"王若曰:孟侯,朕其弟,小子封。"《汉书·地理志下》说:"周公……封弟康叔,号曰孟侯,以夹辅周室。"颜师古注:"孟,长也。言为诸侯之长。"可见,康叔封卫,为周初诸侯之长。

《诗·鲁颂·閟宫》说:"王曰'叔父,建尔元子,俾侯于鲁。大启尔宇,为周室辅。'"《左传》僖公四年,齐管仲说:"昔召康公命我先君大公曰:'五侯九伯,女实征之,以夹辅周室。'"春秋时晋国青铜器《晋公盨》铭文:"公曰:我皇祖唐公,膺受大命,左右武王,龢〔燮〕百蛮,广治四方。至于大廷,莫不事王。"1986年在北京房山琉璃河出土的西周燕器《克罍》《克盉》铭文:"王曰:太保,佳乃明乃心,享于乃辟。余大对乃享,令克侯于匽。"

上列材料证明,鲁、齐、晋、燕与卫一样,都是周初代表天子坐镇一方,享有征伐大权的方伯。《国语·鲁语下》说:"元侯作师,卿帅之,以承天子。""作师"就是组建军队。何休《公羊传》隐公五年注说:"天子六师,方伯二师,诸侯一师。"由于"侯"是王室的斥候,多封在畿外,所以他们与诸侯之长被周天子倚为藩屏,是天子在地方上的强大武力支柱。

伯爵遍布于王畿内外。《礼记·曲礼》云:"五官之长曰伯",孔疏:"伯,长也。"《风俗通·皇霸》篇云:"伯者,长也,白也。言其咸建五

---

① 《左传》僖公二十四年。

长，功实明白也。""伯"、"白"相通。在商代方国首领就已称"白"，如殷墟卜辞中已有井白、易白、丹白、羌方白、盂方白等。《逸周书·武顺解》云："五五二十五曰元卒……四卒成卫曰伯。"说明"伯"原为由百人组成的战斗编队，进而引申为百夫长之称，最后演变为一级爵称。

在周天子畿内，土地无多，所以不封侯而封伯。如东周畿内有原伯、毛伯。《左传》僖公二十四年孔疏说："盖是文王之子原、毛之后，世为王臣，仍为伯爵，或本封绝灭，食采畿内。"现存西周青铜器《毛公鼎》，出土于陕西扶风，证明毛伯在西周时也是畿内伯爵。凡伯，《左传》隐公七年杜注："周卿士。凡，国；伯，爵也。"祭伯，《左传》隐公元年杜注："诸侯为王卿士者。祭，国；伯，爵也。"《国语·周语上》韦昭注："祭，畿内之国，周公之后也。"孔广森《公羊通义》断"祭伯"之"伯"为行次之称，误。其他如毕伯、芮伯、杜伯等，也都是畿内伯①。

畿内伯的一个突出特点，是一般都历任王官，其中有入为天子三公、王朝卿士的，就称为"公"。但公爵只限于一身一世，其后世子孙则恢复本爵。如据《班簋》铭文，毛本伯爵，但毛伯"更虢城公服"以后，做了王朝卿士，就称毛公了。西周末又有毛公任王朝卿士。而其后世子孙则恢复本爵，春秋时有毛伯得、毛伯过、毛伯卫等。毕公高为武王世臣，成王时入为天子三公，而其后世子孙则称"毕伯"，现存青铜器《毕伯硕父鬲》，可为证明。祭本周公之后，称伯爵。但周穆王之世，祭公谋父任天子三公，即称祭公，而其后世子孙则恢复伯称。原伯，系文王子孙，春秋时原伯有入为王朝卿士者，故称原庄公、原襄公，而其它诸原，仍称伯，有原伯鲁、原伯贯、原伯绞等。这种现象与周初伯禽、吕伋任王朝卿士，故称"鲁公""丁公"，而其后世子孙一律称侯，属侯爵，是一致的。

郑也是个典型例子。宣王时，桓公友封郑，为畿内小国，因桓公任王朝卿士，所以称公。东迁以后，郑国势力扩张到了畿外，郑武、庄公连任王朝卿士，所以得保公称。但究其本爵，不过是"伯男"。子产说："郑，伯男也"，是其证。

畿外的伯，有曹伯、巢伯、吴伯等。吴的例子也很典型。吴本伯爵，春

---

① 毕、芮见前注；杜，《汉书·地理志》：京兆尹"杜陵，故杜伯国"。在今陕西西安东南。

秋时吴君自称王。在黄池会前，晋大夫董褐利用吴君"欲守吾先君之班爵"的诺言，折辩吴君说："今君掩王东海，以淫名闻于天子，君有短垣，而自逾之，况蛮荆则何有于周室？夫命圭有命，固曰吴伯，不曰吴王。诸侯是以敢辞。夫诸侯无二君，而周无二王，君若无卑天子，以干其不祥，而曰吴公，孤敢不顺从君命长弟！"①这段话证明，在周室班爵禄时，吴确实曾接受了伯爵的命圭。这是周代诸侯有五等爵的又一有力证据。春秋时，吴自称为王，是"淫名"，是"卑天子"，属于僭越行为。所以，晋与诸侯在黄池会上拒绝公开承认吴的王者地位。因为"诸侯无二君，而周无二王"，晋仍承认周天子是天下共主。但是，晋人说如果吴能放弃王号，改称"吴公"，晋也可以让步，同意由吴主盟。这又证明了春秋时期列国可以实力地位破坏周代的爵禄制度。至于《春秋》称吴君为"子"，那是因为《春秋》以"伯子男一也，辞无所贬"，是它用来"正名"的一种笔法。

子、男。《白虎通·爵篇》："子者，孳也，孳孳无已也。"可见，"子"本是从王、公家族中分化出来的后代子孙。"子"演化成为爵位，当起于商代。《尚书》载商末有微子、箕子。周承商制，沿用了"子"的爵号，在周原第十一号窖穴第八十三号甲骨上就有"今秋，楚子来"字样。但是，在西周大分封时，华夏族受封的子爵很少，且多为畿内小国。如《左传》文公三年有"沈子"，系周公后；桓公二年有"郜子"，系文王后。在东周畿内有王季子，本爵为子，受采于刘，为王室卿士，谥刘康公，其后世子孙称刘子。

子爵大都为夷狄之君。《礼记·曲礼》说："其在东夷、北狄、西戎、南蛮，虽大曰子。"郑玄注："九州之外长也。……虽有侯伯之地，本爵亦无过子。"如楚子、徐子、潞子、鼓子、肥子、莱子、夔子、白狄子等。依此，华夏诸侯有用夷礼者，也称子，如上文所言"杞子"。

子又是诸侯在服丧中的一种称谓。《春秋》僖公九年："公会宰周公、齐侯、宋子、卫侯、郑伯、许男、曹伯于葵丘。"宋子即宋襄公，其所以称子，据《左传》说："宋桓公卒，未葬而襄公会诸侯，故曰子。"又说："凡在丧，王曰小童，公侯曰子。"杨伯峻注曰："公侯包五等诸侯言之。

---

① 《国语·吴语》。

《春秋》之例，旧君死，新君立，不论已葬未葬，当年称子，逾年称爵。"杨注又引叶梦得《春秋传》曰："一年不可以二君，故未逾年之君不以爵见，内外皆称'子'。子般、子野卒，宋襄公以'宋子'会葵丘，陈怀公以'陈子'会召陵是也。未逾年，虽既葬，内亦称'子'不名，子赤卒称'子卒'；外亦称子，卫成公以'卫子'会盟于洮是也。旷年不可以无君，故逾年之君既葬称爵，郑厉公以'郑伯'会武父是也。虽未葬，亦称爵，卫惠公以'卫侯'会诸侯及鲁战，宋共公会诸侯伐郑是也。"又，《公羊传》庄公三十二年解《春秋》"子般卒"曰："君存称世子，君薨称子某，既葬称子，逾年称公。"《左传》《公羊传》的这些解说把诸侯在丧称子的各种情况讲得十分清楚了。

男。贾公彦《周礼·夏官·职方氏》疏："男之言任也，为王任其职。"孔晁《逸周书·职方解》注："男，任也，任王事。"在先秦文献中，男爵很少见，《左传》仅有许男、宿男、骊戎男三例。

当然，在先秦文献中伯作为行次、子作为尊称的现象也是存在的，因为它不属于本文的讨论范围，恕不论列。

<h1 style="text-align:center">三</h1>

周代诸侯的爵秩等级像世间其他事物一样，也是不断发展变化的。上引《左传》《国语》等文献证明周代诸侯爵有五等，但据《公羊传》说《春秋》以公为一等，侯为一等，伯子男为一等，是三等。《孟子·万章下》说："公一位，侯一位，伯一位，子男同一位"，是四等。同时，孟子说这仅是"尝闻其略"，"其详不可得闻也"。《左传》、《国语》与《孟子》、《公羊传》所载周代爵秩等级的不同，其实就是周代诸侯等级不断变化的反映。这一点也在《周礼》的记载中有所表现。《周礼·地官·大司徒》讲周代诸侯虽有"诸公""诸侯""诸伯""诸子""诸男"五等，但依其所食之地划分，则只为公食其半、侯伯"参之一"、子男"四之一"三等[①]。这又与《孟子》所说"公侯皆方百里，伯七十里，子男五十里"大体相

---

① 参见张亚初、刘雨：《周礼中的三等爵制》，《西周金文官制研究》，中华书局，1986年版。

同。可见，周代所封诸侯虽为五等，但从封地或所食之地看，实为三等。而公与侯、侯与伯、子与男等的差别，只是礼仪形式问题。所以，经过从西周到春秋的几百年变化，大体上就变成了《春秋》所说的三等。

春秋时，诸侯爵等的另一种变化，是列国不再以昔日的爵秩高低，而是以实力地位来论大小和强弱。《史记·十二诸侯年表序》说春秋时诸侯"力政，强乘弱，兴师不请天子，然挟王室之义，以讨伐为会盟主，政由五伯"，"文武所褒大封，皆威而服焉"，是完全正确的。据《左传》成公三年，晋卿荀庚与卫卿孙良夫同时聘鲁，鲁成公询问大夫臧宣叔会盟时将以谁为先？臧宣叔说晋为大国，卫与晋比仅为小国，晋又是伯主，所以应以荀庚为先。杜预也说："春秋时以强弱为大小，故卫虽侯爵，犹为小国"，小国应"降大国二等"。在周初，晋、卫同为元侯，而今晋强卫弱，卫已沦落成三流国家。

卫虽沦落为三流国家，所幸仍系侯名而爵号未黜，而杞、薛等国就没有这样的好运了。上文我们说过，杞在春秋由于受到徐、莒侵袭，国势日削，所以杜预说它被时王黜为伯爵。又《左传》庄公三十一年："薛伯卒。"顾栋高《春秋大事表·外诸侯卒葬》引《汇纂》云："薛称伯，时主所黜。"杜预与《汇纂》的说法是有根据的。《白虎通·爵》篇引《韩诗内传》曰："诸侯世子三年丧毕，上受爵命于天子。"即说依周制，旧君死，新君立，要接受天子的爵命。东周以降，王权削弱，此制已不通行。但据《左传》天子仍有册命诸侯之权，如僖公十一年，晋惠公立，"天王使召武公、内史过赐晋侯命"。文公元年，"天王使毛伯来锡公命"。杜预注："诸侯即位，天子赐以命圭。"又如，庄公十六年，"王使虢公命曲沃伯以一军为晋侯"。僖公二十八年，"王命尹氏及王子虎、内史叔兴父策命晋侯为侯伯"。既有策命权，就有贬黜权。周桓王褫夺郑庄公王朝卿士职，周庄王支持卫公子黔牟、黜抑卫侯朔都是例证。所以，杞因微弱被黜，薛因从属宋国被黜，应是可信的。

春秋时，一些弱小国家为减轻贡献给霸主的贡赋，或受大国挟持，或托庇于大国，从而自贬其爵，甘居小国地位的现象也是存在的。《左传》襄公二十七年载，晋、楚在宋召开弭兵大会，邾、滕等国为摆脱向晋、楚双方纳贡的负担，即甘心降黜，不以诸侯身份参加盟会，而私属于齐、宋。齐、宋乐得有人帮助纳贡，自然也愿意以他们为私属。邾本小国，自不必论。滕本侯爵而附庸于宋，就是自贬其爵了。又，《左传》定公元年，晋会诸侯筑成周城，宋大夫仲幾"不受功，曰：'滕、薛、郳，吾役也。'"杜注："欲使三国代宋受功役。"季氏本曰："薛自鲁桓公以来，服属于宋，鲁虽与同盟，犹以宋属待之。"①郳是小邾国。是时，薛、滕、郳都是宋国附庸。《春秋》以"正名"为宗旨，最重视名位。鲁成公二年，诸侯在蜀地会盟，由于蔡、许二君乘楚人车而失位，《春秋》于是盟即不书蔡、许之君。君子评论说："位其不可不慎也乎！蔡、许之君一失其位，不得列于诸侯，况其下乎？"滕、薛自行黜降，甘居附庸地位，所以《春秋》对滕始称"侯"而后称"子"，对薛始称"侯"而后称"伯"，通过王室或他们自行的贬黜来表现他们的附庸地位。犹如杞用夷礼，《春秋》即以夷狄的称谓待之一样。

春秋时，不但一些弱小国家自贬爵号，就是号称犹秉周礼的鲁国，苦于霸主的赋敛，也有甘居附庸国地位的打算。鲁襄公二十七年，宋之盟会前，鲁正卿季武子以公的名义命鲁与会使者叔孙豹曰"视邾、滕"，即要求把鲁降为邾、滕那样的附庸国。叔孙豹忍受不了这种屈辱，说："邾、滕，人之私也。我，列国也。何故视之？宋、卫，吾匹也。"所以坚决抗命，这才保全了鲁的诸侯爵秩，而没有沦落到"伯子男"一类。

综上可见，在先秦两汉文献中，周代诸侯公、侯、伯、子、男五等爵的排列是有序的。公最尊，是"天子三公"和"王者之后"，侯二，伯三，子、男为四、五。天子所封诸侯的爵号，一国只有一种。但是天子允许各级诸侯在国内称公，允许诸侯臣子在安葬其君时称公。这种"公"，已不是爵称，而是尊称。侯主要封在畿外，是王室的藩屏；侯伯为诸侯之长，地位相当于公。不论侯、伯、子、男，一旦担任天子三公或王朝卿士，就可以称公，但是这种公称只限于一身一世，其子孙则恢复本爵之称。子、男是华夏小国和夷狄之君的爵称，但是诸侯在服丧时也称子。

周代诸侯五等爵在从西周到春秋的数百年间也有发展变化，《春秋》、《孟子》所讲的三等、四等，应是这一变化的标志。春秋时，政由五伯，列国以实力强弱论大小，所以一些昔日的列国，如鲁、卫、薛、滕等沦落成了

---

① 〔清〕顾栋高：《春秋大事表·春秋凶礼表·外诸侯卒葬》"葬薛献公"条引，《清经解续编》卷93。

中小国家。更有甚者，一些小国为减轻霸主贡赋，或受大国挟持，或主动托庇大国，自甘黜降，居于附庸地位。时王也贬黜了一些微弱国家或甘居附庸地位的国家。凡此种种，在文献中也表现出诸侯爵称无定的现象。但如仔细研究，则不难找出问题的答案。这或许也可以对研究金文中诸侯爵无定称的现象有所启发吧！

（原载《历史研究》1994年第6期）

鲁、齐、燕的始封及燕与邶的关系

一

关于周初鲁、齐、燕的始封年代，史学界有两说：一说依据《史记·周本纪》，认为鲁、齐、燕始封在武王时，这是传统看法，学者多宗此说；一说综合《史记》、《逸周书》等文献，结合出土铭文，断定鲁、齐、燕始封在成王时，是周公平叛以后的事[①]。

我认为后一种看法接近史实，鲁、齐、燕的始封在成王之世，而不在武王时。三国之封皆在平叛前后，具言之，封鲁在平叛前夕，封齐在平叛开始时，封燕在平叛结束时。而从总体上看，三国之封都是周公、成王平叛斗争的一种战略布局。

为说明这一问题，我们首先必须考察《史记·周本纪》有关周初分封的记载。《周本纪》说："封商纣子禄父殷之余民。武王为殷初定未集，乃使其弟管叔鲜、蔡叔度相禄父治殷。……武王追思先圣王，乃褒封神农之后于焦，黄帝之后于祝，帝尧之后于蓟，帝舜之后于陈，大禹之后于杞。于是封功臣谋士，而师尚父为首封。封尚父于营丘，曰齐。封弟周公旦于曲阜，曰鲁。封召公奭于燕。封弟叔鲜于管，弟叔度于蔡。余各以次受封。"

《史记》的这段记载十分重要，它是武王灭商后实行安定天下的三条方针大计。

其一，对殷代旧贵族进行优抚，封纣子禄父（武庚）继续统治殷之余

---

① 参见金景芳：《中国奴隶社会史》，上海人民出版社，1983年版，第114—115页；唐兰：《西周青铜器铭文分代史征》卷2，中华书局，1986年版；孙华：《匽侯克器铭文浅见——兼谈召公建燕及相关问题》，《文物春秋》1992年第3期；晁福林：《试论西周分封制的若干问题》，陕西历史博物馆编《西周史论文集》（下），陕西人民教育出版社，1993年版。

民。但据《汉书·地理志》，武王将商代王畿分割为邶、庸、卫三部，而封禄父于邶，"俾守商祀"①，于旧王畿中只占三分之一，自然就削弱了殷代旧贵族的势力。其余两地，"庸，管叔尹之；卫，蔡叔尹之：以监殷民，谓之三监"。管叔、蔡叔是武王同母兄弟，由他们配合武庚监治殷民，显然还寓有控制武庚的意图，这当是周初统治集团的精心设计。后来以管、蔡、霍为"三监"的说法也就是由此产生的。

其二，褒封先圣王之后，稳定周人新的统治秩序。周以小邦胜殷，统治基础自然十分薄弱。为扭转这一局面，武王克殷反商，"未及下车"，就大封神农、黄帝、尧、舜、禹等先圣王之后，正反映了他扩大统治基础的急迫心情。据彭邦本先生研究，武王褒封的圣王之后及异姓邦国，不下数十②。这就大大巩固了周人的统治地位。

其三，武王封功臣谋士，以增强周统治集团的内部团结。首先，他封了管叔、蔡叔，以便控制殷王畿地区。其次，《史记》说他又分封了太公、周公、召公等功臣。但是，这一说法与有关文献相矛盾。如《鲁世家》说："周公不就封，留佐武王。"《燕世家》《索隐》说召公"亦以元子就封，而次子留周室代为召公"。《齐世家》《集解》引郑玄注说："太公受封，留为太师。"《尚书·金滕》《大诰》《逸周书·作雒解》等文献也记载太公、周公、召公确实没有就封，而是留在了王室，佐助武王处理政务。对这一矛盾现象，应怎样理解呢？

我们认为，《史记》所载并非无因，它与武王命管、蔡监殷，计划"宅兹中国，自之乂民"③，即营建洛邑为统治东方的大本营一样，应是武王构想的一种战略布局：在殷人势力颇盛的东部、东南及东北部建立周人的强大方国，以巩固新生的周政权。但是，这一计划未及实现，武王就一病不起，与世长辞了。所以太公、周公、召公都没有就封，而是留佐王室了。

武王死后，成王年幼，周公摄行政当国，"三监"与薄姑、徐、奄等相勾结，酝酿叛乱。周公"内弭父兄，外抚诸侯"，在成王初年果断封伯禽

---

① 《逸周书·作雒解》。

② 彭邦本：《武王之世分封的初步探讨》，陕西历史博物馆编《西周史论文集》（下），陕西人民教育出版社，1993年版。

③ 《何尊》铭文。

于鲁①，在"三监"与商奄地区布下一枚棋子。《诗·鲁颂·閟宫》载成王命伯禽的诰辞说："王曰：'叔父，建尔元子，俾侯于鲁。大启尔宇，为周室辅。'乃命鲁公，俾侯于东，锡之山川，土田附庸。"诰辞要伯禽至鲁后"大启尔宇"，也透露出当时东方奄、淮夷、徐戎叛乱在即的紧张形势。

《史记·鲁世家》载："伯禽即位之后，有管、蔡等反也，淮夷、徐戎亦并兴反。于是伯禽率师伐之于肸（即费），作《肸誓》。"《尚书·费誓》亦载"淮夷、徐戎并兴"，伯禽"惟征徐戎"事，应为信史。但是《尚书》伪孔传解《洛诰》周公还政成王以后，"王命作册，逸祝册，惟告周公其后"为"尊周公，立其后为鲁侯"。郑玄注也说："告神以周公其宜立为后者，谓将封伯禽也。"遂与《史记》的记载产生矛盾。这其实是一种误解，因为《洛诰》后面还有一句"王命周公后"。"王命周公后"者，是成王命周公留守成周、坐镇东都。由于召公留宗周，辅佐成王，这就构成了周初周、召二公"分陕而治"的体制。上引成王命伯禽的命辞于周公曰"叔父"，于伯禽曰"鲁公"，皆不曰"周公后"。此"周公后"非伯禽之明证。

《逸周书·作雒解》说周公在"三监"叛乱的次年"作师旅，临卫政（攻）殷，殷大震溃。降辟三叔，王子禄父北奔，管叔经而卒，乃囚蔡叔于郭凌。凡所征熊、盈族十有七国"。《史记·周本纪》说："周公奉成王命，伐诛武庚、管叔，放蔡叔。"又说："召公为保，周公为师，东伐淮夷，残奄，迁其君薄姑。"②讲的就是这段历史事实。成王时《塱方鼎》铭文："佳周公于征，伐东尸、丰伯、尃古，咸戈。公归，塱于周庙。"《禽簋》铭文："王伐商盖，周公谋，禽祝。""商盖"就是商奄，"禽"即伯禽。此二器铭文皆可证《逸周书》与《史记》所言非虚，并且伯禽也参加了平叛战事。这次平叛历时二三年，是分步骤、分阶段进行的：第一步首先平定管、蔡、武庚，这是叛乱的首恶，即"降辟三叔"；第二步伐淮夷、残奄、灭薄姑，是征伐"三监"的同盟，即"熊、盈族十有七国"。但是，《史记·周本纪》误置周、召二公"东伐淮夷，残奄，迁其君薄姑"事于周公还政成王以后，遂将周公平叛的两个阶段当作两件事，从而造成文献记载

---

① 《汉书·律历志》引刘歆《三统历》云："成王元年正月己巳朔，此命伯禽俾侯于鲁之岁也。"刘歆误以为周纪年中有周公七年。其实，周无周公纪年。成王元年即接武王末年。

② 薄姑为齐地的独立国家，这里《史记》误把它当作了奄君。

的混乱，并由此引出了史学界关于周初两次平叛说。

封太公与封伯禽一样，也是周公平叛的战略部署之一。《左传》僖公四年载齐管仲说："昔召康公命我先君大公曰：'五侯九伯，女实征之，以夹辅周室。'赐我先君履：东至于海，西至于河，南至于穆陵，北至于无棣。"这段话，据《史记·齐世家》是管蔡叛乱时召康公命太公望的。由于太公在武王时并未就封，所以晁福林先生认为它实际上是成王"分封齐国时的部分命辞"①，此说甚是。《汉书·地理志》已洞见封太公在成王时，说："周成王时，薄姑氏与四国共作乱，成王灭之，以封师尚父，是为太公。"但说在灭四国之后，似不妥。因为从诰命命辞上看，太公参加了平叛战争，封齐应在四国叛乱时。黄盛璋先生曾对召康公所说的"五侯九伯"进行过详细考察，指出五侯是薄姑、徐、奄、熊、盈五国，"九伯"指"淮夷诸国"②。这也充分证明了封齐在"三监"叛乱时，是周公平叛的一项战略措施。

《史记·齐世家》载太公就国时，"道宿行迟。逆旅之人曰：'吾闻时难得而易失。客寝甚安，殆非就国者也。'太公闻之，夜衣而行，黎明至国。莱侯来伐，与之争营丘。"崔东壁先生曾指责这段记载失实，说："此文绝类战国策士之言。"③实不然。《史记》之失不在所载的事件，而在于把成王时事颠倒到了武王时期。成王时"三监"及熊、盈十七国叛乱，声势浩大，形势危急。成王封太公于齐，去讨伐"五侯九伯"。太公"道宿行迟"，逆旅之人方有"时难得而易失"之谏。太公听劝，乃"夜衣而行"，兼程至营丘，恰遇莱夷来攻，是一入齐境即面临征战。平叛以后，太公并有薄姑氏故地。故《左传》昭公二十年云："昔爽鸠氏始居此地，季荝因之，有逢伯陵因之，薄姑氏因之，而后大公因之。"至于《汉书·地理志》的说法，则是从成王平叛以后的结果上讲的。可见，明确了封齐的时代，《史记》的记载就顺理成章，问题也就迎刃而解了。

1986年北京琉璃河遗址1193号墓出土周初重器克罍、克盉。承林沄先

① 晁福林：《试论西周分封制的若干问题》，陕西历史博物馆编《西周史论文集》（下），陕西人民教育出版社，1993年版。

② 黄盛璋：《保卣铭的年代、地理与历史问题》，《历史地理与考古论丛》，齐鲁书社，1982年版。

③ 崔适：《崔东壁遗书》，上海古籍出版社，1983年版，第341页。

生见告，二器铭文可释曰："王曰：太保，佳乃明乃心，享于乃辟。余大对乃享，令克侯于匽，使羌、狸、叡于御髟。克口匽，入土罘又（有）司，用作宝尊彝。"史家都认为此二器铭文所言正是周初封燕事。但因对文中的"克"字解说颇歧异，从而形成两种观点。一说"克"为人名，是召公奭之子，第一代燕侯。另一说"克"为助动词，铭文讲的正是封太保本人①。我认为，从《尚书》、《逸周书》等文献上看，武王时召公没有就封，所以此器铭文中的"王"，应是成王。封燕的史实只能发生在成王时。"克"字解作人名也比较合理。对此，孙华先生在《匽侯克鼎铭文浅见》一文中有详尽分析，应是可信的②。

前文说过，成王时平叛分为两个阶段：第一阶段是镇压"三监"，即伐管、蔡、武庚，统帅是周公。"三监"失败，"王子禄父北奔"，平叛进入第二阶段。第二阶段是征讨"熊、盈族十有七国"，即《周本纪》所说："召公为保，周公为师，东伐淮夷，残奄，迁其君薄姑。"证明召公参加了第二阶段的平叛，并为周军统帅之一。

《史记》的说法得到了成王时铜器铭文的有力证明。《保卣》铭文云："乙卯，王令及殷东国五侯。"王即成王，保为太保，学者咸无疑辞。郭沫若先生曾释"及"为"逮"，"五侯"为徐、奄、熊、盈、薄姑③，是对的。但后来异说颇多。对此，黄盛璋先生撰《保卣铭的年代、地理与历史问题》一文，充分发挥郭老的观点。论述"及"为"追及"，是"逮捕"之意；"殷东国五侯"确为"薄姑、徐、奄、熊、盈五国"，与《左传》僖公四年所说"五侯九伯"之"五侯"一致，信而有征。

但是，在征讨"殷东国五侯"时，周公、召公是兵分两路，重点不同的。周公征讨的重点在东南，是"东伐淮夷，残奄"。召公征伐的重点在东北，是追击北奔的禄父及平定北部的反夷。至于东方的薄姑，可能就由太公继续解决了。成王时器《太保簋》铭文云："王伐录子耴，叡厥反，王降征令于太保。太保克敬亡遣。"有的学者曾释"录子"为"禄父"，虽未必正确，但此录子为追随禄父叛乱的商王族之一支，则无问题。太保奉王命征伐

---

① 参见《北京琉璃河出土西周有铭铜器座谈纪要》，《考古》1989年第10期。

② 孙文见《文物春秋》1992年第3期。

③ 郭沫若：《文史论集》，人民出版社，1961年版，第320—322页。

录子，唐兰先生说："显然是随着王子禄父北奔的路线"，应是合理的①。孙华先生据《小臣𧷽鼎》铭有"召公建燕"一语，推断说："很可能通过这次军事行动，周人的势力范围才扩展到北方的'肃慎、燕亳'之地，燕国的建立很可能就在这时。"②这个推断很正确。但他误信周初两次平叛说，遂把封燕之事判在周公归政成王以后，则与书传不符。在周初平叛时，于征服之地随时封建国家的现象是存在的。如《沬司徒疑簋》铭云："王来伐商邑，诞令康侯䵣于卫。"唐兰先生释为"王来征伐商邑，命康侯在卫地防守边境"③，非是。《左传》庄公二十八年说晋侯"使大子居曲沃，重耳居蒲城，夷吾居屈。群公子皆鄙"。杜预注："鄙，边邑。"杨伯峻先生进一步注："皆鄙者，皆居于边鄙也。"由杜、杨注来看，"䵣于卫"，是说从宗周看以"卫"为鄙，而令康侯"居"于卫，与申生、重耳、夷吾居于曲沃、蒲城、屈一致，是封于卫。此说与《逸周书·作雒解》所说平定"三监"后，"俾康叔宇于殷，俾中旄父宇于东"正相符合。由克罍、克盉铭知，成王令克"使羌、狸、叡于御邶"④。可见，封燕也是在召公平定燕地以后随之发生的事，是成王、周公镇抚北方的战略部署，不在成王大分封时。

我们还可以从《左传》与《诗经》等文献上找到一些封燕在大分封前的线索。《左传》僖公二十四年谈成王大分封，有"邘、晋、应、韩"四国。杜预注："韩国在河东郡界"，误。杨伯峻注："其封本当在今河北省固安县东南之韩寨营"，是正确的。《诗·大雅·韩奕》说："溥彼韩城，燕师所完。"毛传释韩在"左冯翊夏阳西北"，即今陕西韩城，郑笺释"燕"曰"安"是错误的。《今本竹书纪年》曰："成王十三年，王命燕师城韩"，此可以证"燕"为国名。但俞正燮《癸巳类稿》认为此"燕"为姞姓的南燕⑤，亦误。黄焯依据王符《潜夫论》、《经典释文》引王肃说、《水经注》论定此"韩"为"近燕之韩"，"燕为北燕"，说"若以燕为南燕，无论韩在固安，抑在韩城，皆属难通"⑥。《诗》又云："其追其貊，奄受北国。"

① 唐兰：《西周青铜器铭文分代史征》卷1下，中华书局，1986年版。
② 孙文见《文物春秋》1992年第3期。
③ 唐兰：《西周青铜器铭文分代史征》卷1下，中华书局，1986年版。
④ 林沄：《释史墙盘铭中的"逖虘髟"》，《陕西历史博物馆馆刊》第1辑，三秦出版社，1994年版。
⑤ ［清］俞正燮：《癸巳类稿》卷2《〈韩奕〉燕师义》。
⑥ 黄焯：《毛诗郑笺平议》卷9，上海古籍出版社，1985年版。

顾炎武《日知录》曰："其追其貊，乃东北之夷。"也证明韩在周的北国区域，与北燕相邻①。韩既为大分封时所建，燕的建国一定早于韩，否则燕自顾筑城之不暇，又怎能为韩国筑都？由此可见，召公北征胜利封燕，成王亲政后又封韩，周王室对经营北土是十分重视的。

二

王国维曾在《北伯鼎跋》一文中提出"邶即燕"的观点，在史学界引起很大反响，许多学者尊信王说，燕与邶国的关系问题，就成为燕国史研究中的一个重要课题。

燕是自商代以来就存在的古国，武王灭商以后，周人在古燕国的旧地上重新封建了姬姓的燕，这一点已经是史学界的共识。我认为，与燕相近的周初的邶国，也是一个自商代以来就存在的国家。它应该是殷墟卜辞所说的北方。兹列数证如下：

1.于北方叔擒？（《屯南》二一七〇）

2.于北方乎南缯？（《怀特》一三七九）

3.辛亥卜，北方其出？（《合集》三二〇三〇）

4.庚寅贞，王其征北方。

……寅贞，王……北方惟……伐，令途（屠）……方。（《屯南》一〇六六）

上述卜辞，依据传统分期方法，1、2条属于三期廪辛、康丁时期；3、4条属于四期武乙、文丁时期。其所说的"北方"，即是名北的方国。尤其是"北方其出"一条与"刀方其出？"（《粹编》一一八八）"呈方出？"（《铁云》一二一四）"贞，呈方其亦出？"（《林》二、一九、五）"贞，呈方其出？"（《人》一〇九二）"土方出？"《明》一六〇四）等辞例完全一致。而刀、呈、土等方即为方国名，那么，北方也应该是方国名。陈梦家先生在《殷虚卜辞综述》一书中已认识到了"北方"的存在，并举"辛亥卜，北方其出"一条为例。但是，他又作出了颇为犹疑的判断，说："'北方'可能指北地的方国，犹如后世的朔方；也可能是北方，与西

---

① ［清］顾炎武：《日知录》卷3《韩城》。

周初的北国（即邶）有关"①。我认为陈梦家先生说"北方其出"的北方"可能指北地的方国"，是不对的。因为与北方同例的刀方、呈方、土方等既是独立的方国，就不能说成是刀地的方国、呈地的方国、土地的方国，则北方也不能是指北地的方国，而应是指独立的方国。当然，在殷墟卜辞中，北方有时也用来泛指北地的方位，如："北方受禾？"（《合集》三三二四四）"辛亥卜，内贞：帝于北方曰伏风。"（《合集》一四二九五）等辞即其例。但是，在卜辞中，凡指东、西、南、北等方位的辞，更多的是用"土"字表示，这就是为大家所熟知的"东土"、"南土"、"西土"、"北土"等四土。这种习惯用语直到周代仍然存在，如《左传》昭公九年载周大夫詹桓伯说："我自夏以后稷，魏、骀、芮、岐、毕，吾西土也；及武王克商，蒲姑、商奄，吾东土也；巴、濮、楚、邓，吾南土也；肃慎、燕、亳，吾北土也。"所以，陈梦家先生所说的后半句，即北方"可能是北方，与西周初的北国（即邶）有关"，应是正确的。周初的邶国见于金文。1890年河北涞水曾发现邶伯器，王国维据以论定说："彝器中多北伯、北子器，不知出于何所，光绪庚寅直隶涞水县张家洼又出北伯器数种，余所见拓本有鼎一、卣一。鼎文云：'北伯作鼎。'卣文云：'北伯戏作宝尊彝。'北盖古之邶国也。"②陈梦家在《西周铜器断代》一文中也说邶国"在今易水、涞水流域"。可见，北方即北国，因其地望在殷王朝北部，故以"北"字命名。

但是，王国维的文章也有失误之处，即把金文中的古北国与《诗经》中邶、鄘、卫的邶国牵混为一，说"邶即燕"，并以奄与鄘声相近，进一步推论鄘即鲁，把《汉志》所说商王畿"邶、庸、卫"三地扩大到了河北涞水与山东曲阜。《汉志》所云商王畿仅局限于河内，谓周公尽以其地封康叔为卫，孔颖达在《毛诗正义》中已批评它是"国大非制"，更何况王说将它扩大到河北与山东？考《左传》襄公二十五年载春秋时子产论周初分封说："昔天子之地一圻，列国一同，自是以衰。"杜预注"圻"为"方千里"，"同"为"方百里"。《孟子·万章下》云："天子之制，地方千里，公侯皆方百里，伯七十里，子男五十里"，是可信的。据《左传》昭公二十八年说，周初分封"兄弟之国者十有五人，姬姓之国者四十人"。《荀子·儒

① 陈梦家：《殷虚卜辞综述》，中华书局，1988年版，第300页。
② 王国维：《北伯鼎跋》，《观堂集林》卷18。

效》说："周公……兼制天下，立七十一国，姬姓独居五十三人。"《吕氏春秋·观世》说："此周之所封四百余，服国八百余。"证明周初天下诸侯、方国千而有余，那么其封疆必如《孟子》所说大者百里，小者七十里、五十里而已。武庚的封地断不会北至河北涞水，大到可与周王畿相比肩。

《左传》定公四年载，春秋时卫大夫祝鮀说卫国初封的疆界是："自武父以南，及圃田之北竟，取于有阎之土，以共王职，取于相土之东都，以会王之东蒐。"卫大夫自论本国封地，是不会有误的。这个封地，据杨伯峻先生综合各家说后注云："武父未详"，"此圃田，以地望推之，或即郑之原圃"，"原圃即郑之圃田泽，《水经·潧水注》云：'泽在中牟县西，西限长城，东极官渡，北佩渠水，东西四十许里，南北二十许里。'"①"杜注：'有阎，卫所受朝宿邑，盖近京畿。'江永《考实》谓'昭九年，周甘人与晋阎嘉争阎田，及阎地近甘，则有阎之土亦当近其地。'当在今河南洛阳市附近。""相土之东都为今河南商丘市。然《通鉴地理通释》四云：'商丘当作帝丘。'则东都当为今河南濮阳县。"大致不出今河南北部偏东地区。卫封兼故邶、殷两国，在当时已是头等大国，号曰"孟侯"。邶仅为其一隅，怎会大到河北涞水？

所以，金文中的北国与《诗经》中的邶国必然是两个国家。这种两国同名的现象为先秦封国所常见。如，燕有南燕、北燕，虢有东虢、西虢，吴有句吴、北吴，韩有姬姓之韩与武穆之韩等。

金文中的邶国，据唐兰先生说，因其参加纣子禄父的叛乱，已被成王伐灭，其领土之一部并入了韩国②，其余应如刘起釪先生所说，"在西周之世早已并入燕了"③。

1962年在湖北江陵发现一批西周早期铜器，其中7件有铭文，曰："北子冊瓶"，"北子⊠鼎"，"作北子□簋"等④。林沄先生说其铭中"⊠"形系族徽，"这一族徽起源于商"⑤。这可以看成是金文中的邶国为商代古国的

---

① 《春秋左传注》僖公三十三年。

② 唐兰：《西周青铜器铭文分代史征》卷二，中华书局，1986年版。

③ 刘起釪：《周初的"三监"与邶、鄘、卫三国及卫康叔封地问题》，《历史地理》第2辑。

④ 见《江陵发现西周铜器》，《文物》1963年第2期。

⑤ 林沄：《对早期铜器铭文的几点看法》，《古文字研究》第5辑。

又一明证。这批"北子"器可能是作为周人的战利品，通过"分器"的形式流入江陵地区的。

关于《诗经》中的"邶"，《汉书·地理志》于"魏地"一节中说得最清楚。上文虽提及，仍有必要详加引征："河内，本殷之旧都，周既灭殷，分其畿内为三国，《诗·风》邶、庸、卫国是也。邶，以封纣子武庚；庸，管叔尹之；卫，蔡叔尹之。"《后汉书·郡国志一》亦云："朝歌，纣所都居，南有牧野，北有邶国，南有宁乡。"《说文·邑部》云："邶，故商邑，自河内朝歌以北是也。"郑玄《诗谱·邶鄘卫谱》曰："自纣城而北谓之邶，南谓之鄘，东谓之卫。"郑说邶在纣城以北，与《说文》同，甚是。但其说鄘为南、卫为东则误。金景芳师说："邶，谓在殷之北；鄘，谓在殷之东。"[1] 刘起釪先生也说："鄘即东"，"卫即殷"[2]，都是正确的。武王封纣子禄父（武庚）于邶，命管叔尹庸，蔡叔尹卫。尹即正、长，是管理之意。《汉书·地理志》又说：

《书序》曰"武王崩，三监畔"，周公诛之，尽以其地封弟康叔，号曰孟侯，以夹辅周室；迁邶、庸之民于雒邑，故邶、庸、卫三国之诗相与同风。《邶》诗曰"在浚之下"，《庸》曰"在浚之郊"；《邶》又曰"亦流于淇"，"河水洋洋"，《庸》曰"送我淇上"，"在彼中河"，《卫》曰"瞻彼淇奥"，"河水洋洋"。故吴公子札聘鲁观周乐，闻《邶》、《庸》、《卫》之歌，曰："美哉渊乎!吾闻康叔之德如是，是其卫风乎？"

《汉志》所言，有《左传》为证，是有根据的。清儒陈启源也说："季札闻歌《邶》《鄘》《卫》而知康叔、武公之德。若康叔无邶、鄘、卫，其德化何由遍及三国乎？"[3] 邶入于卫，前人无异辞。而庸入于卫，则与《逸周书·作雒解》略异。上引《作雒解》云："俾康叔宇于殷，俾中旄父宇于东。"中旄父，学者皆认为是康叔之子康伯髦，又名伯髦父。东即庸。这句话是说周公把庸封给了中旄父。孙诒让《邶鄘卫考》说："周公以武庚故地封康叔，实尽得三卫全境。以其地闳广难治，故依其旧壤，仍区殷、东为二，以其子弟别治之，如晋文侯弟成师别治曲沃，东周惠公子班别治巩为西

① 金景芳：《中国奴隶社会史》，上海人民出版社，1983年版，第113页。
② 刘起釪：《周初的"三监"与邶、鄘、卫三国及卫康叔封地问题》，《历史地理》第2辑。
③ ［清］陈启源：《毛诗稽古编·邶鄘卫》，《清经解》卷62。

周君之比。是中旄宇东，虽专治其邑而仍属于其父，则与三监分属微异。逮康叔卒，康伯嗣立，而东遂不复置君，故采诗者三卫不复析别。是三卫始时三监鼎峙，中则殷、东虽分二宇，而实统于一属，终乃夷东为邑而与殷合为一，其事可推迹而得也。"剖析三卫之地分合始末甚详，可以信据。

陈槃先生辨析河内之"邶"非涞水之邶，谓武庚之封目的在"俾守商祀"，其封地绝不会远到河北涞水，而当在"纣城（淇县）之东北，亦即殷都（今安阳）之东南"，甚精当。并指出《诗》之邶在涞水说有三不通："一者与以上所论邶、鄘、卫三国同风接壤而距朝歌甚近之事实不合；二者与邶城、邶水等遗址相去甚远；三者康叔之封卫也，兼有三监，如邶在涞水，鄘复在鲁，则康叔之封域方且千里，真孔冲远《正义》所谓其广延反过于周公矣。"[1]也是对的。但是，陈先生与王国维一样，因不知金文之邶与《诗经》之邶实为两国，所以断言"涞水殆不可能复有一邶国"，"涞水之邶者"，乃"河内邶国之迁地"。自今日看来，也与史实相违。

最近，刘起釪先生说："'卫'在今以淇县为中心的豫北地区；'邶'在今漳水以北的河北省境内。"[2]如果刘先生此说的"卫"，包括了邶、鄘、卫三地；此说的"邶"为自商代以来就存在的古邶国，那就是至确之论了。可惜的是，刘先生误信王国维合金文之邶与《诗经》之邶为一的说法，所指的"卫"并不包括邶、鄘，所指的"邶"也不是自商代以来就存在的古邶国，则就是错误的了。

综上所述，我认为鲁国始封在周公平叛前夕，齐之始封在平叛开始时，燕国始封在平叛刚结束时。三国之封都是周初平叛和镇抚东方的一种战略布局。周初的邶国有两个：一为金文之邶，在河北涞水流域，是自商以来就存在的古国；一为河内之邶，系武王分割商王畿而封武庚者。后来，涞水之邶并入了燕、韩，河内之邶并入了卫国。近世以来，学者们关于邶国地望的争论，或说在河北，或说在河南，皆由不知邶国有二所致。

（原载《历史研究》1996年第4期）

---

[1] 陈槃：《〈春秋大事表·列国爵姓及存灭表〉譔异续编》（二），《史语所集刊》第32本。邶城，陈谓今汤阴县东南有北城镇；安阳县东、汲县东北并有邶城。邶水，在滑县白马城。
[2] 刘起釪：《周初的"三监"与邶、鄘、卫三国及卫康叔封地问题》，《历史地理》第2辑。

关于周代宗法制度中君统与宗统的关系问题

一、问题的提出

在周代宗法制度的研究中，关于君统和宗统的关系问题，是争论最大，也是最重要的问题。这场争论起源于汉代，是由毛亨和郑玄对于两首《诗》的不同理解而引起的。《诗·大雅·公刘》："食之饮之，君之宗之。"毛传："为之君，为之大宗也。"郑笺："宗，尊也。公刘虽去邰国来迁，群臣从而君之尊之，犹在邰也。"《诗·大雅·板》："价人维藩，大师维垣，大邦维屏，大宗维翰。"毛传："价，善也。藩，屏也。垣，墙也。王者天下之大宗。翰，幹也。"郑笺："价，甲也；被甲之人，谓卿士掌军事者。大师，三公也。大邦，成国诸侯也。大宗，王之同姓之适子也。王当用公卿诸侯及宗室之贵者为藩屏垣幹、为辅弼，无疏远之。"毛、郑对《诗》的不同理解，带来了对宗法制度的不同认识：依毛传，认为天子、诸侯在宗法系统之内，君统与宗统是统一的；依郑笺，则认为天子、诸侯不在宗法系统之内，君统与宗统是分而为二的。

由于郑玄精研"三礼"，博治群经，所以他的解说较毛传可信。自汉以后，迄于清代，多数学者皆宗郑说，从而使郑说成为了在学术界占统治地位的说法。近代国学大师王国维，融经学和史学为一体，对于殷周两代的社会制度进行了充分的比较研究，在宗法制度方面，力主郑说，认为君统和宗统是二事。这使君统与宗统的关系问题更加明晰。

但是，当代一批有影响的史学家，如范老、李亚农、周谷城等先生则尊崇毛传，摒弃郑笺，谓天子是天下的大宗，国君是一国的大宗，君统与宗统是合而为一的①。这就使君统与宗统的关系问题，再次成为宗法制度研究中争论的焦点。1956年，吾师金景芳先生撰《论宗法制度》②一文，全面论述了君统与宗统的关系，认为它们属于两个不同的范畴，并对上述说法进行了批驳。但嗣后，郭老主编《中国史稿》继续坚持"天子是天下的大宗，诸侯是一国的大宗"的说法。最近，有的学者说：不能用《礼记》的材料来研究宗法制度，因为这是汉儒的说法，不足以代表周代的宗法观念，而应当使用更原始的金文和文献材料③。这种看法当然不无道理。但问题在于：（1）汉儒的说法，如系古文家说，则有文献根据；如系今文家说，则师口相传，渊源有自。他们所祖述的周代典章制度，如果能够得到《左传》、《国语》等信史的印证，我们没有理由认为不能用来说明周代的宗法问题。（2）金文和现有的《诗经》等西周文献，文字简约，语义不明，如果不与汉儒整理的《礼记》和《仪礼·丧服·传》等相结合，则根本无法说清楚宗法问题。如迄今为止，那些常被现代史学家用来论证君统与宗统是统一的金文和西周文献，像《善鼎》、《何尊》、《驹形盉尊》、《王子午鼎》、《宗妇鼎》、《晋公盦》等铭文和《诗经》等文献，如不借助毛传，就不能独立说明问题。所以，所谓用金文和西周文献来说宗法，归根结蒂还是用毛传来说宗法。然而，毛亨也是汉儒，基于上述认识，我认为郑玄的说法是对的，周代的宗法制度中，君统与宗统是二事而不是一事。

二、从马克思主义理论上看，君统与宗统是二事

君统与宗统是研究周代宗法制度时所遇到的两个基本概念。所谓君统，指的是王位和君位的继承系统。由于王、公是中国奴隶社会国家政权的最高级和次一级首脑，所以君统实质上是国家公共职务的继承系统。所谓宗统，指的是卿大夫家族首脑的继承系统，由于卿大夫之族不是一级政权组织，所

---

① 范老说见《中国通史简编》（修订本）第一编第三章；李亚农说见《中国的奴隶制与封建制》附注（《李亚农史论集》，上海人民出版社，1962年版，第13—14页）；周谷城说见《中国通史》上册"由继统法到宗法制"条。

② 《论宗法制度》，《东北人民大学人文科学学报》1956年第2期。

③ 赵光贤：《周代社会辨析》，人民出版社，1982年版，第101—102页。

以宗统实质是家族血缘共同体的世袭系统。

根据马克思主义的观点，氏族社会的社会结构是以血族团体为基础的，所以氏族社会的社会组织形式与血族团体的组织形式是统一的。例如部落、胞族、氏族等组织，一方面是氏族社会的社会组织，另一方面也是血族组织。这是氏族社会的鲜明特点。阶级社会则不是这样。随着氏族制度的消亡，"以血族团体为基础的旧社会，由于新形成的社会各阶级的冲突而被炸毁；组成为国家的新社会取而代之，而国家的基层单位已经不是血族团体，而是地区团体了"①。在阶级社会里，以世袭王权为特征的国家政权系统已经"脱离了自己在人民、氏族、胞族和部落中的根子"，"转变为旨在反对自己人民的一个独立的统治和压迫机关了"②。这就是说，在阶级社会，作为政权系统的君统，已经摆脱了血缘团体的制约，成为了一种凌驾于社会之上的独立力量。"他们作为日益同社会脱离的权力的代表，一定要用特别的法律来取得尊敬，由于这种法律，他们就享有特殊神圣和不可侵犯的地位了"③。马克思主义的这一观点说明，在任何形式的奴隶制国家中，不论是发达的奴隶制还是东方的家庭奴隶制，君统与宗统都不可能是统一的。虽然在中国的夏、殷二代，由于社会劳动的不发展，社会仍在较大程度上受着血缘关系的支配，但是从殷代祭祀先王的制度上看，王权与族权的差别已很明显。到了周代，随着奴隶制度的进一步发展，在君统之外出现了宗统，这正是政权系统已完全独立于血族系统的鲜明标志。周代君统的神圣不可侵犯的地位，也表现得十分突出。周初"管蔡启商，惎间王室，王于是乎杀管叔而蔡蔡叔"④。《左传》隐公四年说："大义灭亲"，僖公五年说："桓、庄之族何罪，而以为戮，不唯偪乎？亲以宠偪，犹尚害之，况以国乎？"《国语·晋语一》说："为仁与为国不同。为仁者，爱亲之谓仁；为国者，利国之谓仁。故长民者无亲，众以为亲。"《公羊传》庄公三十二年说："君亲无将，将而诛焉。"又说："诛不得辟兄，君臣之义也。"哀公三年说："不以家事辞王事，以王事辞家事。"《谷梁传》隐公七年说：

---

① 《马克思恩格斯选集》第4卷，人民出版社，1972年版，第2页。

② 《马克思恩格斯选集》第4卷，人民出版社，1972年版，第161页。

③ 《马克思恩格斯选集》第4卷，人民出版社，1972年版，第168页。

④ 《左传》定公四年。

"诸侯之尊，弟兄不得以属通。"文公二年说："不以亲亲害尊尊。"这些材料中的"国""义""王事""尊尊"，说的就是政权系统，即君统；而"仁""亲""家事""亲亲"，说的就是家族系统，即宗统。不难看出，在周代君统明显高于宗统，并能支配宗统。《左传》定公四年说："君命，天也。"所以当君统与宗统发生矛盾时，要牺牲宗统，捍卫君统，这就叫"大义灭亲"。《仪礼·丧服·传》把这种政权系统高于家族系统的原则概括为："诸侯之子称公子，公子不得祢先君；公子之子称公孙，公孙不得祖诸侯，此自卑别于尊者也。若公子之子孙有封为国君者，则世世祖是人也，不祖公子，此自尊别于卑者也"是正确的。在君统系统中，最高的王位继承系统又高于君位继承系统。《诗·小雅·北山》："溥天之下，莫非王土；率土之滨，莫非王臣。"即说王权最尊，是至高无上的，王权高于君权，君统高于宗统，这是一条不可逾越的原则，故《礼记·郊特牲》说："诸侯不敢祖天子，大夫不敢祖诸侯。"

君统的特点是单线继承。凡是王位和君位的继承者，都被看成是始王、始君的继体之人。如《诗·大雅·文王》说："文王孙子，本支百世。"《公羊传》隐公元年说："王者孰谓？谓文王也。"文公九年说周顷王是"继文王之体，守文王之法度"。庄公四年说："国君一体也，先君之耻犹今君之耻也，今君之耻犹先君之耻也。"《公羊传》所反映的"继体"思想是个源远流长的古老观念。拉法格说："当长子继承法成为习惯的现象时，新的家长的权力——在某些国家中他们是最年幼的儿子——要能制服自己的伯叔、兄弟和他们的妻儿，只有靠他们的迷信观念的帮助，正是迷信观念使他成为死者的代表，死者从其坟墓的深处给他忠告和命令。服从他，他们只是服从死者灵魂的意志。"① 拉法格所说的新家长是死者的代表，与周代的"继体"思想，精神是一致的，可见它由来已久，是父权制时代的产物。在周代的"继体"观念中，父将王位与君位传子，称为"传重"；子承父王位与君位，称为"正体于上"②。对那些在继体系统而外的王室或公室子弟，或封为诸侯，或封为卿大夫。这些受封者谓之"别子"，他们所建立的继承系统，就是"宗统"。不过，由于诸侯也是国家政权的首脑，所以他们虽然是

---

① ［法］拉法格著，王子野译：《思想起源论》，三联书店，1963年版，第144-145页。

② 《仪礼·丧服·传》。

王室的宗子，但在其封国内，则是至尊，其继承系统，属于君统。

宗统的特点是复线继承。别子的世嫡，继为大宗，其庶子之嫡继为小宗。在宗统范围内，其成员的政治地位不论是士还是大夫，一概统于宗。如《左传》襄公二十三年说，季武子无嫡子，立庶子悼子为本宗族继承人，悼子的庶兄公鉏氏虽富，也必须尊崇悼子。《礼记·曾子问》："曾子问曰：'宗子为士，庶子为大夫，其祭也如之何？'孔子曰：'以上牲祭于宗子之家，祝曰：孝子某为介子某荐其常事。'"《礼记·丧服小记》说："士不摄大夫，士摄大夫唯宗子。"在君统系统中，政治关系支配血缘关系，而在宗统系统中，血缘关系支配政治关系。《礼记·丧服四制》说这是："门内之治恩掩义，门外之治义断恩。"

三、"宋祖帝乙、郑祖厉王"不能证明君统与宗统是统一的

《左传》文公二年说："宋祖帝乙，郑祖厉王，犹上祖也。"杜预注："帝乙，微子父；厉王，郑桓公父。二国不以帝乙、厉王不肖，而犹尊上之。"《国语·鲁语上》说："天子祀上帝，诸侯会之受命焉。诸侯祀先王、先公，卿大夫佐之受事焉。"韦昭注："先王，谓若宋祖帝乙、郑祖厉王之属也。"这两条材料是现代史学家论证天子与诸侯、诸侯与大夫可以论宗法关系，君统与宗统是统一的，并否定《礼记·郊特牲》说"诸侯不敢祖天子，大夫不敢祖诸侯"的最有力的根据。但是，《左传》《国语》和《礼记》这个从表面上看似矛盾的说法，其实并不矛盾，只是双方提出问题的角度不同而已。《礼记·郊特牲》的说法，是从立宗的角度说的。从立宗的角度说，别子家族是别子所立，所以别子被尊为一宗之"祖"。这个"祖"，就是家族的太祖。《礼记·大传》和《丧服小记》所说"别子为祖"，即指此而言。倘若别子家族不以别子为祖，反而去以天子、诸侯为"太祖"，这不但因尊卑不同，是绝对不允许的，而且别子家族也就不成其为别子家族，势必与天子、诸侯家族浑然无别。《左传》和《国语》的说法，是从宗族追祀祖之所自出的角度说的。如《国语》所说"天子祀上帝"，即认为上帝是王者的祖之所自出，而天子是上帝的"元子"[①]。"诸侯祀先王"，即认为先

---

① 《尚书·召诰》。

王是诸侯的祖之所自出。所以《礼记》所说的"祖",是开创王室、公室、家室的"太祖",而《左传》《国语》所说的"祖",是王室、公室、家室祖之所自出的"祖",两者是截然不同的。

《礼记·大传》在讲论周代的宗法制度时,把宗法家族的"祖"与其"祖之所自出",已经区别得一清二楚。可惜的是,有些学者则不予注意。如《礼记·大传》说:"别子为祖,继别为宗,继祢者为小宗。有百世不迁之宗,有五世则迁之宗。百世不迁者,别子之后也,宗其继别子之所自出者,百世不迁者也。"在这段话中,"别子为祖",说的就是宗法家族的"太祖";"别子之所自出者",说的就是宗法家族的太祖"祖之所自出",亦即别子的所出之君。"别子之后也,宗其继别子之所自出者",正是说别子的后人在宗祀别子的同时,还要宗祀别子的所出之君。但是,由于郑玄对"别子之所自出"一句无注,孔颖达疏云:"经云'别子之所自出'者,自,由也,谓别子所由出,或由此君而出,或由他国而来,后世子孙恒继此别子,故云继别子之所自出。"孔疏说"别子之所自出",是"别子所由出,或由此君而出,或由他国而来",这本是对的;但又说"别子之所自出",是别子"后世子孙恒继此别子",结果在语义上陷入了前后矛盾,因而使《大传》真意淹没。至宋,朱熹更认为"之所自出"为衍文,这就否定了《礼记》关于别子之后可以宗祀别子所出君的记载。但在清代,经朱大韶、毛奇龄等学者的研究,《大传》的真谛被重新发现。朱大韶说:"之所自出"并非衍文,而是"天子之别子封为国君,奉其先君为所出王;诸侯之别子爵为卿大夫,奉其先君为所出君"[①]。毛奇龄说:"诸侯不敢祖天子,此立宗之说也;不敢祖先王而父先王,则继所自出之意也。"[②]《左传》和《国语》的说法正是从"继所自出"的意义上讲的,所以它不能证明君统与宗统是统一的。

王、公、大夫追祀祖之所自出,这是中国古代社会的一种传统习惯和礼仪形式。《礼记·丧服小记》说:"王者禘其祖之所自出,以其祖配之。"《大传》说:"礼,不王不禘。王者禘其祖之所自出,以其祖配之。"郑玄注:"凡大祭曰禘。自,由也。大祭其先祖所由生,谓郊祀天也。"郑氏以

① 〔清〕朱大韶:《实事求是斋经义·之所自出非衍文》。

② 〔清〕毛奇龄:《大小宗通绎》。

王者祖之所自出为天，至确。不仅《尚书·召诰》明载天子为上帝之"元子"，而且《荀子·礼论》说："王者天太祖。"《诗·周颂·思文》说："思文后稷，克配彼天"等等，都是佐证。诸侯与王在政治上有尊卑之别，在追祀祖之所自出时不敢及天，郊天之祀"止乎天子"①，但可以及所出王。《左传》在谈到周初姬姓封国时，无一不与其所出之王相联系。如僖公五年说："大伯、虞仲，大王之昭也……虢仲、虢叔，王季之穆也。"僖公二十四年说："管、蔡、郕、霍、鲁、卫、毛、聃、郜、雍、曹、滕、毕、原、酆、郇，文之昭也；邘、晋、应、韩，武之穆也；凡、蒋、邢、茅、胙、祭，周公之胤也。"定公四年："曹，文之昭也；晋，武之穆也。"太伯、虞仲、虢仲、虢叔等等，是诸侯国的始封君，所以是本国的太祖；而太王、王季、文王、武王等，则是诸侯国太祖的所出王。《左传》襄公十二年载"宗庙"，杜注："所出王之庙"，"祖庙"，杜注："始封君之庙。"把"祖"和"祖之所自出"区分为二，不相混同。所以，在周代诸侯不得以天子为始祖，但得宗祀所出王，这是毫无疑义的。襄公十二年又载，鲁有"周庙"，杜注："文王庙。"昭公十八年载，郑有"周庙"，杜注："厉王庙。"这是诸侯得宗祀其所出之王的又一明证。不单诸侯国可以立所出王庙，宗祀所出王，在王畿采地，王室同姓卿大夫也同样有权立祖王庙，宗祀其所出王。如郑玄《周礼·春官·都宗人》注云："王子弟则立其祖王之庙，其祭祀，王皆赐禽焉。"

大夫与诸侯在政治上亦有尊卑差别，所以在追祀先祖时不敢及所出王，但可以及所出之君。《左传》在谈到列国的同姓卿大夫时，也无不与其所出君相联系。如鲁的桓族，郑的穆族，宋的戴、武、宣族等，其族号均取自其所出君的"谥"号。《左传》襄公二十五年，齐东郭偃对崔杼说："今君出自丁，臣出自桓。"丁即齐丁公，桓即齐桓公，二公分别是齐崔氏和东郭氏所出之君。《左传》昭公十年说："齐惠栾、高氏。"栾、高二氏是齐国的公族，惠就是栾、高二氏所出君齐惠公。《左传》庄公二十八年说："凡邑，有宗庙先君之主曰都，无曰邑。"可见在周，卿大夫于采邑为所出君立宗庙，是一般礼制。齐崔氏的宗邑——"崔"，即为崔氏"宗庙先君之主"

---

① 《荀子·礼论》。

的所在邑。《左传》昭公十六年，郑子产说孔张"为嗣大夫，承命以使，周于诸侯，国人所尊，诸侯所知，立于朝而祀于家。"服虔注："祀其所自出之君于家，以为大祖。"①服虔这话，对错参半：说"祀其所自出之君于家"，是对的；说以"所自出之君"为"太祖"，则不对。孔张为子孔之孙，子孔为郑穆公子，所以孔张家族的太祖是子孔，而所出之君是郑穆公。孔颖达疏据"大夫不敢祖诸侯"驳斥服虔，谓孔张"安得祀所出之君为大祖乎"？也就对错参半了。孔张虽然不敢以所出君为太祖，但可宗祀所出君。

大夫可以宗祀所出君的史实，亦见于其他先秦文献。《国语·晋语一》说："夫曲沃，君之宗也。"韦注："曲沃，桓叔之封，先君宗庙在焉。"曲沃桓叔出于晋穆公，所立"先君宗庙"，盖即晋穆公庙。《论语·八佾》说："季氏八佾舞于庭，是可忍也，孰不可忍也！"又说："三家者以雍彻。子曰：'相维辟公，天子穆穆。奚取于三家之堂？'"依马融注，"季氏之庭"、"三家之堂"，就是季氏的"家庙"。而季氏的"家庙"也就是《礼记·郊特牲》所说季氏"公庙之设于私家"的鲁桓公庙。从《论语》的记载看，季氏立鲁桓公庙，祀祖之所自出，这并不是僭礼，孔子批评季氏也并非指此事，而是指季氏在祭祀桓公时，僭用了"八佾""雍"等天子礼乐。郑玄《周礼·春官·家宗人》注说："大夫采地之所祀，与都同。若先王之子孙，亦有祖庙。"孙诒让《正义》曰："都、家王子弟有得立祖王庙者，殆无疑义。"由此可知，周代的卿大夫家族在宗祀始祖别子时，也要宗祀别子的所出君，而这是性质不同的两件事，不可混为一谈。

《仪礼·丧服·传》说："诸侯之子称公子，公子不得祢先君；公子之子称公孙，公孙不得祖诸侯。"这与"大夫不敢祖诸侯"基本精神一致，但与大夫可宗祀所出之君似乎矛盾。这个问题怎样解释呢？其实这个问题也不难解决。《左传》隐公八年说，鲁公子展之孙无骇卒，请谥与族。众仲曰："天子建德，因生以赐姓，胙之土而命之氏。诸侯以字为谥，因以为族。官有世功，则有官族，邑亦如之。公命以字为展氏。"杜预注："公孙之子以王父字为氏。"孔疏："公子、公孙系公之常言，非族也。……至于公孙之子，不复得称公曾孙，如无骇之辈直以名行。及其死也，则赐之族，

---

① 《左传》昭公十六年孔疏引。

以其王父之字为族也。"这就是说，公子、公孙既然系以一个"公"字，则表明他们未完全脱离公室，还未建立起独立的家族系统。而在诸侯家族中，不论从政治上说，还是从血缘上说，国君都是"尊无二上"的。《荀子·致士》说："君者，国之隆也；父者，家之隆也。隆一而治，二而乱。"《礼记·丧服四制》说："国无二君，家无二尊。"即此之谓。周人所以强调"隆一而治"，目的显然在于防止君位争夺。所以在诸侯家族中，祖诸侯、祢先君的，只能有一个人即国君，其他人一概不可僭越，否则即有争位之嫌。但是到公曾孙时，经过诸侯命氏赐族，别子家族已经脱离公室，形成了独立的有氏有族的宗法家族系统。这时，公曾孙作为家族的首脑，就血缘关系说，去公室已远；就政治关系说，与君统的尊卑差别已如泾渭般分明，他已经失去了争夺君位的可能，所以他不但以"别子为祖"，而且也宗祀祖之所出之君了。《礼记·大传》在讲到"宗其继别子之所自出"时，不说别子之子，而说"别子之后也"，其意义正在这里。

四、从王、公家族的分化过程，看君统与宗统的不统一

宗法制度作为奴隶社会的上层建筑，它与氏族制度有着明显的差别：氏族制度是自然形成的血族团体，原始的共耕制是它形成的经济基础，血缘关系则是它形成的唯一社会纽带。宗法制度则不然。宗法制度既不是单纯经济活动的产物，也不是自发的"血族团体"。它是统治者通过"胙土命氏"，确立以"别子为祖"的政治手段而建立的。所以在宗法制度中，血缘关系虽然仍起着联结作用，但这已不是它的社会本质，它的社会本质已经是严格的等级制度。王国维在谈到周代宗法制度的形成时说："由嫡庶之制而宗法……生焉。"[1]这个结论是不可移易的。周代宗法制度的等级性正是通过嫡庶制度表现出来的。周代的嫡庶制度是体系完整的等级制度，它的基本内容有四点：其一，贵族家庭把众妻划分为嫡庶两级；其二，依等级制的原则，再把庶妻划分为若干等级；其三，贵族家庭把众子划分为嫡庶两级；其四，依据"子以母贵"[2]的原则，再把庶子划分为若干等级。同时，周代

---

① 王国维：《殷周制度论》，《观堂集林》卷10。

② 《公羊传》隐公元年。

的宗法系统也正是从以嫡长子继承制为特点的王、公世系体系，即君统中分化出来的。

《白虎通·封公侯篇》在谈到君统，也就是王、公家族的分化时说：王者"受命不封子者，父子手足，无分离异财之义。至昆弟支体有分别，故封之"。（《仪礼·丧服·传》作："父子首足，昆弟四体。"）从王、公家族的发展阶段上看，王、公与其诸子"无分离异财之义"，同属于王室、公室。其诸子一统于君父，王、公既是自己子女的君，又是他们的父。在这一阶段，君主和家长是集于王、公一身的，是统一的。但是，当王、公死后，嗣君继位，因"昆弟支体有分别"，王、公家族则发展到了另一个阶段：新君可以封自己的昆弟为诸侯和卿大夫，即所谓"天子建国，诸侯立家"[①]。受封者即谓"别子"。于是，王、公家族开始分化。但是这种分化往往不可能一下子完成，而需要有一个历史过程。如周文王有十六子受封，但在武王之世只封过周公、叔鲜和叔度等[②]，其余郕、霍、卫、毛、聃、郜、雍、曹、滕、毕、原、酆、郇等国，迟至成王时始受封[③]。所以，由王、公之子到受封成为"别子"、再至别子二世"继别为宗"，三世出现"继祢为小宗"，形成以"别子为祖"的大小宗体系，中间隔着一二代人。因此，在新的别子家族形成之前，新君与他的诸昆弟处于一种特殊状态中：一方面，由于君统单线继承的性质，决定了"公子不得祢先君"；另一方面，出于政治上的尊卑差别，"国君不统宗"，"公子不得宗君"[④]。于是在王、公家族中，在昆弟之间就出现了一种血缘关系上的散无统纪状态。为解决这一矛盾，王、公乃"命嫡昆弟为宗"，使群王子、公子宗之。王子、公子之宗由是产生。清儒程瑶田说："宗之道，兄道也，大夫士之家以兄统弟，而以弟事兄之道也。"[⑤]实是不刊之论。而王子、公子之宗的产生，则标志着原本是父子一体的王、公家族现在已经一分为二：一方面嗣君即位，继承了君统体系；另一方面新君的昆弟建立了公子、王子之宗，这是有别于君统的宗统。

---

① 《左传》桓公二年。
② 《史记·周本纪》。
③ 《左传》僖公二十四年。
④ "国君不统宗"，见《诗·大雅·公刘》孔疏引晋孙毓说；"公子不得宗君"，见郑玄《礼记·大传》注。
⑤ ［清］程瑶田：《宗法小记·宗法表》。

公子之宗作为宗法制度产生时的一个重要阶段，这是传统的礼学家注意得很不够的。他们讲宗法，不讲公子之宗，只讲别子之宗，认为宗法制度始于别子。如万斯大说："宗法由别子而生"，"别子之称所由来，亦宗法之所始。"[①]而这是不正确的。这种讲法掩盖了"公子"与"别子"这两个概念的不同差别：凡"先君之子，今君昆弟"[②]，皆可称作公子，这是无条件的。但别子则不同，《礼记·大传》说"别子为祖"，表明别子的称谓是有条件的。别子不是一般意义上的公子，而是开创一支独立家族的太祖。《白虎通·宗族篇》云："别子者，自为其子孙为祖。"即其证。所以，公子如不能或尚未自立一宗，则不得称别子。由是观之，在王、公家族的分化中，首先产生的是公子之宗，而不是别子之宗。

但是，公子之宗的数目是有限的。一般说来，每一君只有一宗。它主要有三种形式。《礼记·大传》说："公子有宗道。公子之公，为其士大夫之庶者，宗其士大夫之适者，公子之宗道也。"所谓"公子之宗道"，就是我们所说的公子之宗。郑玄注："公子不得宗君，君命适昆弟为之宗，使之宗之。"孔疏："既立适为大宗，则不复立庶为小宗"，即《大传》所说"有大宗而无小宗"。这是公子之宗的第一种形式。其次，如国君无嫡昆弟，只有庶昆弟，则不立大宗，但立小宗，即《大传》所说"有小宗而无大宗"。这是公子之宗的第二种形式。再次，如国君之昆弟，不论嫡庶，只有一人，则不立宗，即《大传》所说"无宗亦莫之宗"。这种无宗的状态其实是公子之宗的第三种形式。有的学者说，在严格的宗法制度下，不会有一个贵族孤立于宗法之外。所以认为"无宗亦莫之宗"是不存在的，也是不合理的[③]。这种说法是不能从发展的角度看问题而得出的结论。

公子之宗的特点，在于它存在时间的短暂性。清儒毛奇龄说："特其宗及身而止，无与于后世之宗。"[④]是正确的。一般说来，公子之宗只存在一世，是不继祖之宗。如果公子之宗继祖，就会出现庶公子的子孙以嫡公子为祖的不正常现象，而这是周人所不取的。程瑶田对于公子之宗的特点也有

---

① ［清］万斯大：《学礼质疑·宗法四》。

② 《礼记·大传》郑玄注。

③ 赵光贤：《周代社会辨析》，人民出版社，1982年版，第104页。

④ ［清］毛奇龄：《大小宗通绎》。

深刻的认识，他说："此三公子者，其所谓宗，但尽公子之世则宗之。至于其子则各有所继之宗，而前所定大小宗之子既不得祖诸侯，则不得谓继祖之宗，而群公子之后人亦不得相率而宗之。"①公子之宗及身而止的特点，清楚地表明了它的过渡性，表明它还不是完全独立的宗法系统，因此，公子、甚至公孙还系以一个"公"字，说明他们在身份上还是公室成员。如鲁三桓，在庄公之世，即俱为公室成员，并以庄公母弟季友为大宗。所以季友能鸩叔牙、杀庆父，叔孙、孟孙两家不敢抗争。

但是，随着公子受封为别子，他们就获得了双重身份：作为公子，是公室成员，受嫡大宗或庶小宗统制；作为别子，是开创自己家族的太祖。但当别子一世时，别子之宗仅在萌芽当中，必须到别子二世，别子的大宗才告成立，故《礼记·大传》云："继别为宗。"对于"继别为宗"的意义，《白虎通·宗族篇》表述得最为确切："继别也，各自为宗。"说明继别者各以所出别子为宗，不再宗"公子之宗"。至此，王、公家族进一步分化，一个公子之宗开始转化为若干个别子之宗。别子之宗方最后摆脱了与王、公家族的关系，形成了有别于君统的独立宗法家族系统，而公子之宗也就宣告消亡了。当然，由于王、公继世，所以旧的公子之宗虽告消亡，而新的公子之宗又在产生，只要奴隶制国家不亡，这个过程也就不会完结。从《左传》《国语》来看，鲁国的桓族，郑国的穆族，晋国的桓、庄之族，宋国的戴、桓之族，楚国的若敖氏之族等等，每一君只有一族，其实就是公子之宗。而鲁三桓的季孙氏、叔孙氏、孟孙氏；郑七穆的良氏、罕氏、驷氏、国氏、游氏、丰氏、印氏；宋戴族的华氏、乐氏、皇氏，桓族的鱼氏、荡氏、向氏、鳞氏等，就是由公子之宗分化出来的别子之宗。

《白虎通·宗族篇》说，别子之宗"小宗有四，大宗有一"。一大宗是别子的世嫡之宗，特点是"百世不迁"，具有继祖和收族的作用，是君统的藩屏。四小宗是：（1）继祢之宗，同父昆弟宗之；（2）继祖之宗，同祖昆弟宗之；（3）继曾祖之宗，同曾祖昆弟宗之；（4）继高祖之宗，同高祖昆弟宗之。小宗的特点是"五世而迁"，也就是说，凡高祖以上者，即认为亲属关系已竭，不必再立小宗，这叫作"祖迁于上，宗易于下"②。

① ［清］程瑶田：《宗法小记·宗法表》。
② 《礼记·丧服小记》。

由于别子之宗是"天子建国，诸侯立家"的产物，所以采邑是大宗的经济基础，官职是大宗的政治依托，故春秋时人云"弃官则族无所庇"[1]。

宗法制度由公子之宗和别子之宗两个发展阶段构成。别子之宗是独立于君统之外的家族系统，公子之宗是由君统向别子家族过渡的桥梁。这在汉代学者们的认识就已经模糊了。郑玄注《礼记·大传》"公子有宗道"，就没有划清公子之宗与别子之宗的界限，没有把公子之宗看成是宗法制度的一个必要发展阶段。宋、清两代的学者更把公子之宗与别子之宗看成是一回事。王国维先生也没有能从发展的角度看待公子之宗，反而把它当作是与别子之宗相矛盾的东西，说："《大传》此说（指公子宗道三事——笔者），颇与《小记》及其自说违异。"[2]从而得出了天子、诸侯是"最大之宗"的结论。实际上，天子、诸侯家族是以世袭王（君）权为特征的政权系统，是君统；别子家族是以财产继承为特征的血缘家族共同体，是宗统。在以"等级的阶级"为特征的奴隶制时代，君统与宗统在政治上的尊卑差别，是十分鲜明的，也是不可逾越的。因此，作为政权代表的天子、诸侯不能也不可能成为宗法系统的"最大之宗"。当然，在诸侯尊同可以论宗法的情况下，"最大之宗"是有的，但"宗子"并非天子，而是原来王子之宗的大宗子。如周公曾为文王诸子的大宗子，所以直到战国时，文王庶子所封滕国，仍旧称鲁为"宗国"[3]。从王、公家族的分化过程，我们可以看出，在王、公家族中只有父子两代能做到君权与父权的短暂统一，但这时并没有产生宗法关系。宗法关系的产生始于新君与其昆弟一代，开始是公子之宗，继之是别子之宗。但公子之宗仍可以以"公室"的面貌出现，所以它虽然是宗法制度的一个发展开端，但还不是完全独立的宗法体系。而别子之宗已经是独立的宗法系统，它与君统的界限已十分鲜明，两者并不是统一的。

（原载《社会科学战线》1989年第2期）

---

[1] 《左传》文公十六年。

[2] 王国维：《殷周制度论》，《观堂集林》卷十。

[3] 《孟子·滕文公上》。

关于周代宗法制度的两个问题

周代宗法制度是史学界长期以来一直争论不休的问题。事实上，对于宗法制度的理解，在很大程度上取决于对中国早期国家形态的准确认识。近年来，在有关中国早期国家形成问题的讨论中，一些学者在引进国外人类学、民族学理论的同时，对大量的考古材料进行了系统的整理，从而对于中国早期国家形成的具体过程能够做出较之以往更为详尽的描述，如有的学者根据塞维斯等人类学家建构的"游团—部落—酋邦—国家"的模式，对中国早期国家产生的历史过程进行了新的诠释，有的学者在借鉴人类学理论模式的基础上，以考古学材料为基本素材，把中国早期国家的形成概括为从"平等的农耕聚落"到"初步分化和不平等的中心聚落"，再到"都邑国家"的过程[①]，从而打破了以往单一的"部落联盟""军事民主制"的单一理论模式。总之，就中国早期国家形成的具体道路而言，在个体家庭还没有充分独立，原有的家长制家庭尚未彻底瓦解的前提下，中国早期国家不可能是雅典型国家那样的纯粹地域性的结构[②]，父系家族组织的长期存在是宗法制度形成的基本条件。对于这一点，有的学者通过对商代"子卜辞"和宗族组织的研究，指出商代也存在着与周代类似的宗族组织[③]，这对于周代宗法制度的研究无疑

---

① 以上诸说参见：王震中：《中国文明起源的比较研究》，陕西人民出版社，1994年版；赵伯雄：《周代国家形态研究》，湖南教育出版社，1990年版；谢维扬：《中国早期国家》，浙江人民出版社，1995年版；李学勤主编：《中国古代文明与国家形成研究》，云南人民出版社，1997年版。

② 关于这一点，参见笔者：《试论中国早期国家的若干特点》，《古代文明研究》（第1辑），文物出版社，2001年版；孙晓春：《中国早期国家形成问题初论》，《天津社会科学》1999年第3期。

③ 比较重要的论著有林沄：《从武丁时代的几种"子卜辞"试论商代的家族形态》；裘锡圭：《关于商代宗族组织与贵族和平民两个阶级的初步研究》；朱凤瀚：《商周家族形态研究》，天津古籍出版社，1990年版。

大有裨益。不过,仅就周代的宗法制度而言,它的本质是什么,它与商代家族制度之间有着什么联系?在宗法制度下,君统与宗统之间的关系究竟应作何理解?如何确定周代宗法制度适用的范围?这些问题仍然有待于进一步解决。我们认为,周代的宗法制度是家长制家庭结构长期发展演变的结果;虽然周代在天子、诸侯这两个等级上也存在着某种宗法关系,但是严格意义上的宗法制度则仅仅存在于卿大夫家族内部。

一、周代宗法制度是家族结构长期发展演变的结果

中国早期国家形成的过程,某种意义上是家长制家族组织国家化的过程;同时,由于家长制家族组织的长期存留,也使早期国家具有了家长制家庭的特征。在这一过程中,本来与国家这一政治结构相矛盾的家族组织并没有消失,相反,却通过制度化的方式,使家长制家族组织日益成为专制国家的政治结构的一部分。其具体表现就是以血缘关系为基础的宗法制度的形成。关于宗法制度,王国维在《殷周制度论》一文中说:“由嫡庶之制而宗法与服术二者生焉。商人无嫡庶之制,故不能有宗法。藉曰有之,不过合一族之人奉其族之贵且贤者而宗之。其所宗之人,固非一定而不可易,如周之大宗、小宗也。周人嫡庶之制,本为天子诸侯继统法而设,复以此制通之大夫以下,则不为君统而为宗统,于是宗法生焉。”[1]应该说,王国维把宗法制度与家族组织内部的嫡庶制度联系在一起的思路是正确的,不过,其商代无嫡庶之制的说法似有进一步研究的余地。近年来,一些学者在对商代子卜辞的研究基础上,认为商代后期已经存在嫡庶之别,并且已经存在与周代类似的家族组织,并进而推论商代已经存在“跟周代相似的宗法制度”[2]。这一说法显然更多地注意到了商周之际家族组织发展的连续性。我们认为,宗法制度的形成是一个相当长的历史过程,周代的宗法制度与商代后期的家族组织与家族制度也一定存在内在的联系。但是,周代宗法制度是有着特定内涵和特征的家族制度,它与商代后期的家族制度又存在着一定程度的差异。

① 王国维:《殷周制度论》,《观堂集林》卷10。
② 裴锡圭:《关于商代宗族组织与贵族和平民两个阶级的初步研究》,《古代文史研究新探》,江苏古籍出版社,1992年版。

关于商代家族组织内部的情况，我们只能从甲骨卜辞和商代后期有关文献中知其大概，现有的文献资料足以证明，商代后期的家族组织已经发展到了这样的程度。

首先是以一夫一妻为一个基本单位的小家庭的出现。恩格斯在论及斯拉夫人的家长制家庭公社时说：这种家庭公社"包括一个父亲所生的数代子孙和他们的妻子，他们住在一起，共同耕种自己的田地，衣食都出自共同的储存，共同占有剩余产品。公社处于一个家长的最高管理之下，家长对外代表公社。"[①]恩格斯所说的这种情况，是家长制家庭的典型形态。可以说，中国古代最初的家长制家族组织也曾经历过这一阶段。在家族成员同居共财甚至家长也通过选举产生[②]的情况下，夫妻关系在家族组织中不可能占有重要的位置，家族成员也不可能因为进一步的血缘划分而产生亲疏的差别，也不会产生继承制度上的嫡庶之制。只有在以一夫一妻为单位的小家庭适度发展的情况下，家族成员内部才会产生亲疏远近之别，以区分嫡庶为主要内容的继承制度也就有了真实的意义。

新中国成立以后对殷墟西区墓地以及梅园庄南侧墓地、安阳市铁西区刘家庄墓地的发掘，发现了大量的夫妻并葬墓[③]。朱凤瀚同志据此推断说，这一时期，"在主干或直系等小型伸展家族中，一夫一妻的核心家族是最基层的亲属组织，夫妻之间关系已在家族亲属中占有重要位置"。[④]小家庭的发展，是原有的同居共财的家族组织分化的前提和表征，当家族组织日益分化为以小家庭为单位的亲属群体以后，宗法关系在这种家族内部也就事实上存在了。其次，家族组织内部出现了分族结构。由于家长制家族组织内部小家庭的发展，商代后期的家族组织内部出现了分族结构，即甲骨文卜辞中的"多子"族，反映在商代后期墓葬中就是一些较小的墓群的出现。商代后期王卜辞中有一条关于"黄多子"的卜辞：

贞：呼黄多子出牛，侑于黄尹？（《合集》3255）

---

① 《马克思恩格斯选集》第4卷，人民出版社，1972年版，第54页。

② 恩格斯在《家庭、私有制和国家的起源》中描述的斯拉夫人的札德鲁加就是这种情况。

③ 《殷墟梅园庄几座殉人墓葬的发掘》，《中原文物》1986年第3期；《安阳铁西刘家庄南殷代墓葬发掘简报》，同上；《1969—1977年殷墟西区墓葬发掘报告》，《考古学报》1979年第1期。

④ 朱凤瀚：《商周家族形态研究》，天津古籍出版社1990年版，第117页。

裘锡圭先生认为，"黄多子"就是黄族的一些族长，这一说法显然是正确的。再如《左传》定公四年载周初大分封时，"分鲁公以大路、大旂……殷民六族，条氏、徐氏、萧氏、索氏、长勺氏、尾勺氏，使帅其宗氏，辑其分族，将其类丑"。对于"宗氏"与"分族"，历来有不同的解释。我们认为，所谓宗氏，实际上就是家族组织中处于支配地位的亲属团体，分族则是处于从属地位的亲属团体，这与西周以后所谓的大宗、小宗很有相似之处。这些记载表明，商代后期父系家族组织内部的亲属层次的分化已经达到了这样的程度，即一个家族是由若干个子族构成的，在家族内部已经出现了"宗氏"与"分族"的尊卑之别。

在逻辑上，家族组织发展的每一阶段，都应建立起与现实的家族组织相适应的家族制度，商代的家族组织内部也一定存在规范家族成员的权利与义务的家族制度，作为历史发展的阶段性产物，这种家族制度与周代的宗法制度在本质上也应该是一致的。不过，从有关文献记载来看，商代的家族组织还是一种简单的形式。如，商代后期王卜辞中称商王的儿子为"子某"，但在非王卜辞中也称族长之子为"子某"；在王卜辞中称"多子"时是指诸王之子，而在非王卜辞中则称族长的诸子为"多子"，如前面引述的"黄多子"。这说明，商代后期的王族与非王家族之间在称谓上还没有出现明显的差别。如果说商代后期也存在着"宗法制度"的话，这种制度也只能是像王国维所说的那样，"不过合一族之人奉其族之贵且贤者而宗之"。西周以后的情况则大不相同，周王之子称王子，而诸侯之子称公子，公子之子称公孙，公孙之子以王父字为氏。称谓的复杂往往象征着亲属关系的复杂与维系这种亲属关系的家族制度的细密。王国维在《殷周制度论》中就周代宗法制度说道："周人嫡庶之制，本为天子诸侯继统法而设，复以此制通之大夫以下，则不为君统而为宗统，于是宗法生焉。"这句话无疑抓住了周代宗法制度的本质。

商周之际政治制度的一个重大变化，就是西周时期的分封制度。《荀子·儒效》叙述周初大分封的情况时说："周公屏成王而及武王，以属天下……立七十一国，姬姓独居五十三人。"[1]周初大分封时的受封者主要是同

---

① 据《左传》及《史记·汉兴以来诸侯王年表》，"五十三"当为"五十五"之误。

姓，从表面上看，周初大分封不过是周王朝实现其政治统治的手段之一，但它却对周人部落内部的家族结构产生了重大的影响。在嫡长子继承制度下，周王的嫡长子继位为王，而其余子弟则各得一块封地为诸侯或畿内大夫，其结果，在诸侯这个等级上，同姓家族变成了充分国家化的结构。天子、诸侯固然仍然可以说是其治下同姓家族的总族长，但是，国家在本质上毕竟是地域的结构，作为天下共主的周天子或一国之君的诸侯国国君，毕竟不是单纯意义的族长，君主与同姓的诸父、昆弟以及其他家族成员之间，除去一般意义的血缘关系以外，还存在着血缘关系所不能取代的政治关系，而且后者是更为重要的关系。由于这种关系的存在，国君所掌握的权力就不再是原来意义上的"家长权力"，这在客观上要求原有的家族制度作出某种改变以适应这种关系。《仪礼·丧服·传》说："诸侯之子称公子，公子不得祢先君；公子之子称公孙，公孙不得祖诸侯，此自卑别于尊者也。若公子之子孙有封为国君者，则世世祖是人也，不祖公子，此自尊别于卑者也。"这里所说的"自卑别于尊"和"自尊别于卑"，正是周代宗法制度的基本精神，它所强调的是君主与同姓家族的其他成员之间的政治尊卑，这种尊卑差等虽然与家族内部血统关系不无联系，但是在本质上却是由以地域结构为基础的政治关系决定的。在这一意义上，君主已经不是一般意义上的家族长，与专制君主同姓的任何家族成员都不能以单纯的血缘宗法关系理解其与君主之间的关系，是所谓"诸侯之尊，弟兄不得以属通"①。

在强调政治上的尊卑差等的前提下，周代宗法制度成为主要实行于大夫、士阶层的家族制度。《礼记·大传》在祖述周代的宗法制度时说："别子为祖，继别为宗，继祢者为小宗。"关于"别子"，汉人郑玄和清人程瑶田都以为是"自卑别于尊"的公子②。西周以后，在嫡长子继承制度下，国君的嫡子继承君位，而不能继承君位的公子只能为大夫，所以必须自己另立宗统。如春秋时期鲁桓公的三个儿子庆父、叔牙、季友，便分别成为鲁国孟孙、叔孙、季孙三个家族的太祖，他们的后人只能奉他们为太祖，而不能以鲁桓公为太祖。周代宗法制度的这一规定最初显然是为了适应区别政治尊卑

---

① 《谷梁传》隐公七年。
② 《礼记·丧服小记》郑注："谓之别子者，公子不得祢先君。"程瑶田《宗法表》附注："诸侯之公子自卑别于尊曰别子。"

的需要产生的，因此它也就成为有周一代公子另立宗统制度的依据。

作为主要实行于士大夫阶层的家族制度，宗法制度强调大小宗之别，严格规范了族人与族长、大宗与小宗之间的权利与义务。一般地说，不能继承君位的公子另立宗统，公子的地位同样由其嫡长子继承，是为一宗的宗子；而没有继承权的庶子也需在家族内另立家支，其后人以其为奉祀祖先，是为小宗。大小宗同属于一个宗法系统，因为宗子"正体于上"，是"传重"之人[①]，因此，宗子与族人、大宗与小宗之间也存在着与君臣关系相类的统属关系，"大宗者，尊之统也。大宗者，收族者也"。[②]而小宗则处于大宗的控制和支配之下，不能单独从事诸如祭祀等重要的家族活动。《礼记·曾子问》："曾子问曰：'宗子为士，庶子为大夫，其祭也如之何？'孔子曰：'以上牲祭于宗子之家，祝曰：孝子某为介子某荐其常事。'"《礼记》的这段话基本上反映了周代宗法制度的实际。再如，《国语·鲁语下》载鲁国公父文伯母："朝哭穆伯而暮哭文伯。仲尼闻之，曰：'季氏之妇可谓知礼矣。'"公父氏为季氏小宗，孔子在这里不称之为公父氏而称季氏，显见直到春秋晚期人们在观念上对大小宗之间的统属关系依然十分重视。在宗法制度下，小宗一般不能干预大宗的家族事务，但小宗的家族事务却有可能受到大宗的干预。《国语·鲁语下》载："公父文伯退朝，朝其母，其母方绩。文伯曰：'以歜之家而主犹绩，惧忓季孙之怒也。其以歜为不能事主乎？'"韦注："季孙，康子也。位尊，又为大宗也。"这说明，直到春秋后期，大宗仍有权力干预小宗的家庭生活。

《礼记·大传》在追述周代的宗法制度时说："有百世不迁之宗，有五世则迁之宗。百世不迁者，别子之后也，宗其继别子之所自出者，百世不迁者也。宗其继高祖者，五世则迁者也。"这种严格意义上的宗法制度，在商代肯定没有实行过，而战国七十子后学的这段话也绝不可能是凭空臆断，可以说，"大宗百世不迁，小宗五世则迁"的宗法制度是西周以后才出现的。由于宗法制度是与嫡长子继承制度相联系的，在嫡长子继承制下，大宗有收族的责任，所以"大宗百世不迁"不难理解。问题是周代宗法制度为什么要有"小宗五世则迁"的规定，对此，吾师金景芳先生早在20世纪50年代曾据

---

① 《仪礼·丧服》。

② 《仪礼·丧服》。

《礼记·丧服小记》"亲亲，以三为五，以五为九。上杀，下杀，旁杀，而亲毕矣"一段话，指出"小宗五世则迁的礼制，实以亲亲之杀的理论为基础"①，至于这一规定对于周代的家族组织有什么样的意义，先生则未及深论。其实，周代的家族组织在本质上是以血缘关系为纽带的结构，而要使家族组织的本质不致发生变化，就必须通过某种制度规定以保证血缘关系是第一位的关系。可是，在事实上，人与人之间的血缘亲属关系是由近及远渐次递减的，如吾师金景芳先生所说："血亲的连锁，一层远于一层，彼此情感也一层疏于一层。"当一个家族团体里的人们之间的亲属关系疏远到一定程度的时候，亲属关系必然让位于以地缘为基础的社会关系；当一个家族内部亲属关系疏远的人达到一定数量时，家族团体也将相应地发生质变。所以，周代宗法制度规定"小宗五世则迁"，使五服以外的小宗"祖迁于上，宗易于下"②，从而保证了家族组织内部第一位的关系永远是血缘宗法关系，血缘家族组织不会因为家族成员之间血缘关系疏远而发生质变，这正是宗法制度的意义所在。

《礼记·大传》："四世而缌，服之穷也。五世祖免，杀同姓也。六世亲属竭矣。"周代宗法制度规定"小宗五世则迁"，为家族组织内部的血缘亲属关系划定了限界，把五服以外的小宗排除在家族组织之外，表明中国古代文明已经发展到了这样的程度，即人们已经自觉地意识到，血缘宗法关系已经不是社会生活中普遍和唯一的关系，它只能在一定的限度内起作用，而超过这个限度就只能让位于其他社会关系。

宗法制度规定周代的父系家族组织以"五服"为限，也具有维护君主的政治权力和家族组织内部族长权力的意义。陈恩林在《关于周代宗法制度中君统与宗统的关系问题》一文中曾经谈到，"君统的特点是单线继承"③，在嫡长子继承制度下，只有嫡长子才能合法继承君主的地位与权力，其余诸子只能另行立宗（大宗或小宗）。尽管在隶属关系上，"君有合族之道"，但是，仅就君主的"公室"而言，其成员的数量是有限的，它只能包括那些尚未独立出去的群公子。由于嫡长子继承制在原则上把没有继承权的诸子排除

---

① 金景芳：《论宗法制度》，《东北人民大学学报》1956年第2期。

② 《礼记·丧服小记》。

③ 《社会科学战线》1989年第2期。

在继统之外，公室的规模便不可能无限扩张，如果不对宗族组织的规模作出相应的规定，任宗族组织世世代代藩衍下去，其结果只能是宗族组织坐大，必然威胁君主的权力。所以，周代宗法制度规定"大宗百世不迁，小宗五世则迁"，实际上起到了限制宗族组织规模，维护君主权力的作用。不唯如此，实际上，在家族组织内部，宗子也是单线继承的。虽然在原则上大宗有收族的权力，但是，在嫡长子继承制度下，大宗的成员也同样是有限的，如果听任小宗无限制地扩大，宗子在家族组织内部的绝对权力必然受到威胁。在这一意义上，"小宗五世则迁"对于维护族长的权力也是完全必要的。作为长期的历史过程发展的结果，周代宗法制度成为主要实行于卿大夫家族组织内部的制度。它以"大宗百世不迁，小宗五世则迁"为基本特征，其主要功能在于规范卿大夫家族组织内部大宗与小宗之间的关系。

二、关于宗法制度下的君统与宗统关系问题

关于宗法制度下君统与宗统的关系，学术界的争论由来已久。这场争论源自汉代的经学家。《诗经·大雅·公刘》："食之饮之，君之宗之。"毛传释为："为之君，为之大宗也。"《大雅·板》："价人维藩，大师维垣，大邦维屏，大宗维翰。"毛传："价，善也。藩，屏也。垣，墙也。王者天下之大宗。翰，干也。"而郑笺则说："价，甲也；被甲之人，谓卿士掌军事者。大师，三公也。大邦，成国诸侯也。大宗，王之同姓之適子也。王当用公卿诸侯及宗室之贵者为藩屏垣干、为辅弼，无疏远之。"按照毛传所说，天子诸侯在宗法系统之内，天子就是宗法意义上的天下之大宗；而郑玄则本于《礼记》和《仪礼》，以为天子诸侯与宗法意义上的宗统不是一回事，君统与宗统不是合一的。上述两种歧见一直延续于今。就新中国成立以来国内史学界有关宗法制度的研究而言，大多认为"天子是天下之大宗"[①]。持这一观点的学者认为，郑氏的说法本诸《礼》家，《礼记》是七十子后学所作，不足以说明周代的宗法制度，而《诗经》以及毛传则是研究周代宗法制度更为可靠的材料。从表面上看，有关周代宗法制度的歧见，似乎是

---

① 陈恩林《关于周代宗法制度中君统与宗统的关系问题》一文曾对此有过详细介绍，该文见《社会科学战线》1989年第2期。

"《诗》家"与"《礼》家"的差异，可是，人们忽略了至关重要的一点，即自古及今凡说宗法制度者，无不认为宗法制度就是《礼记》所说的"别子为祖，继别为宗，继祢者为小宗"，"大宗百世不迁，小宗五世则迁"为基本特征的家族制度。如果抛开《礼记》，仅就《诗》之所言，就无从说明周代宗法制度的大略。所以，对于宗法制度研究来说，《诗经》以及西周早期金文的有关记载不是不重要，但问题的关键是如何解释这些文献材料。

周代天子、诸侯以及卿大夫之间是否存在宗法关系，我们的意见是肯定的。其实，自王国维时起，凡是认为君统不同于宗统的人，都没有否认这种关系的存在。如，王国维在《殷周制度论》中说："故由尊之统言，则天子诸侯绝宗，王子公子无宗可也。由亲之统言，则天子诸侯之子，身为别子而其后世为大宗者，无不奉天子诸侯以为最大之大宗。特以尊卑既殊，不敢加以宗名而其实则仍在也。"①吾师金景芳先生早在1956年《论宗法制度》一文中也指出，"诸侯世爵，掌握一国政权，尽臣诸父昆弟，在其政权所及的范围内，宗法不适用，决定身份的是政治地位不是血缘关系。但是，如遇到另外一种情况，即与诸侯尊卑相同，则宗法还适用"。②据《左传》昭公二十八年的记载，周初分封的同姓诸侯国之间有"兄弟之国"和"同姓之国"的差别。兄弟之国实际上就是血缘关系较近的诸侯国，即所谓"文之昭也"、"武之穆也"，而同姓之国的血统关系则相对较远。这种血缘关系在很大程度上决定了周初各诸侯国之间的亲密程度。直到春秋时期，这种关系依然保留着。如，《左传》襄公十二年："凡诸侯之丧，异姓临于外，同姓于宗庙，同宗于祖庙，同族于祢庙。是故鲁为诸姬，临于周庙；为邢、凡、蒋、茅、胙、祭，临于周公之庙。"依杜注所释，宗庙为"所出王之庙"，祖庙为"始封君之庙"，祢庙为父庙。因为凡、蒋、邢、茅等六国"皆周公之支子，别封为国，其祖周公"。可证诸侯国之间的祭丧聘问之礼也是依据血缘宗法关系的远近而有别的。再如，《左传》僖公五年载晋假虞灭虢，虞国大夫宫之奇建议虞公不许，而虞公则说："晋，吾宗也，岂害我哉？"据《史记·吴世家》、《晋世家》所载，虞国始封之君虞仲为仲雍之后，"周武王克殷，求太伯、仲雍之后，……乃封周章弟虞仲于周之北故夏虚"。而

① 王国维：《观堂集林》卷10。
② 金景芳：《论宗法制度》，《东北人民大学学报》1956年第2期。

晋则为周武王弟唐叔的封国，两国始封之君为同高祖兄弟，虞公称"晋，吾宗也"，所强调的也正是这一点。再如，《左传》昭公十三年："季孙犹在晋，（鲁）子服惠伯私于（晋）中行穆子，曰：鲁事晋何以不如夷之小国？鲁，兄弟也。"可见当时人们对这种"兄弟"关系的重视程度。再如，襄公九年《左传》载鲁襄公送晋侯，"晋侯以公宴于河上"，欲为鲁襄公行冠礼，而季武子说："今寡君在行，未可具也，请及兄弟之国而假备焉。……还及卫，冠于成公之庙。"由此可见，西周初年延续下来的"兄弟"关系，在诸侯之间的丧祭朝聘中仍然还有一定的作用。

如果仅从家族结构方面考虑，西周时期同姓诸侯国之间当然存在着血缘宗法关系，这种关系与西周时期天子、诸侯等政治等级之间的政治关系是相互关联的。但是，在看到同姓诸侯国之间的宗法关系的同时，我们必须承认，宗法关系并不是同姓诸侯之间唯一的关系，而且也不是第一位的关系。如同前面我们说过的那样，周初大分封以后形成的诸侯国，在本质上是地域性的结构，无论西周初年的统治者在怎样的程度上强调同姓、兄弟之国间的宗法关系，即所谓的"封建亲戚，以藩屏周"，但大分封的结果却不可能是扩大了的家族结构，只能是原有的家族结构的质变。周初大分封以后的诸侯国君，在本质上是国家这一地域性结构的首领，而不是单纯意义上的家族组织的首领。尽管周王室也有称同姓诸侯为"宗族"的情形，如《左传》僖公二十四年载："召穆公思周德之不类，故纠合宗族于成周，而作《诗》曰：'常棣之华，鄂不韡韡。凡今之人，莫如兄弟。'"这里所说的"宗族"，就是同姓诸侯国的国君。周王室强调"凡今之人，莫如兄弟"，表明同姓诸侯国之间原初的"兄弟"关系已经发生了质变，否则，"思周德之不类"也就成了无谓的虚语。在同姓诸侯这一等级上，血缘宗法关系已让位于政治关系，退居到了次要的地位。宫之奇针对虞公"晋，吾宗也"一语所发表的言论"亲以宠偪，犹尚害之，况以国乎"，明显反映了这一事实。

尽管天子、同姓诸侯、大夫这三个等级之间存在着事实上的亲缘关系，但是，这种亲缘关系在某种意义上是不相通的，体现在周代社会，就是只有上一等级才能强调这种关系，而下一等级一般不能表达这种关系，这便是《礼记》所说的"自卑别于尊"。《诗·伐木》"既有肥羜，以速诸父"句下，毛传："天子谓同姓诸侯，诸侯谓同姓大夫皆曰父，异姓则称舅。"毛传的这一说法，在先秦典籍中可以找到很多证据。如，隐公五年《左传》载鲁隐公称臧僖伯为"叔父"，庄公十四年《左传》载郑厉公称原繁为"伯父"，《礼记·祭统》载卫庄公呼孔悝为"叔舅"，但是，绝没有大夫称国君、诸侯国君称天子为父、为舅的情况。所以，这种亲属关系对于不同的等级来说，意义是不一样的，《诗·伐木·序》说："自天子至于庶人，未有不须友以成者。亲亲以睦，友贤不弃，不遗故旧，则民德归厚矣。"天子诸侯对于下一等级使用亲属称谓，是为了使"民德归厚"，而大夫对国君、国君对天子使用亲属称谓便是大不敬。自两汉以来凡是认为君统与宗统合一的人们，大都以为宗法可以上通于天子诸侯，当然，我们并不否认，天子、同姓诸侯与卿大夫之间的确存在着某种宗法关系，但在周代社会，宗法关系是不能自下而上表达的，即使天子、诸侯在某些场合使用"父""舅""兄弟"之类的亲属称谓，也完全是出于政治统治需要，它远不是等级关系的实质。

卿大夫家族内部的宗统不能上达天子诸侯；同样，天子、诸侯两个等级的君统也不能下达于卿大夫家族。在前面我们曾经说过，在卿大夫家族中，族长与家族成员之间也存在严格的隶属关系。这种关系与君臣关系十分相似。如《仪礼·丧服·斩衰章》"公、士、大夫之众臣为其君，布带绳屦"句下，《子夏传》说："君谓有地者。"从表面上看，这段记载似乎可以证明卿大夫家族内部有君统。可是，《斩衰章》还有"妾为君"，郑注："妾谓夫为君者，不得体之，加尊之也。"其说得之。《丧服》称卿大夫和妾之夫为君，所强调的是人际关系中的尊卑之等，而不是说明人际关系的本质。家臣奉卿大夫为君，并不是国君意义上的君。如《左传》所说，"天子建国，诸侯立家"，卿大夫只不过是家族内部的至尊。从《左传》的有关记载来看，凡是以君臣对言者，都是特指国君与臣下，从来没有卿大夫与家臣对称为君臣的情况，有时虽然也用臣代指卿大夫家臣，但是都有严格的限定，标明为某某之臣，如"（季）公鸟之臣申夜姑"[1]，"陈豹欲为子我臣"[2]。可见，在西周春秋时代，人们对于君臣的概念有着特定的理解，君臣关系也严格地限定为国君与臣下的关系。

---

① 《左传》昭公二十五年。
② 《左传》哀公十四年。

周代宗统不能上通于天子诸侯，君统不能下达于卿大夫以下，其根本原因在于，诸侯国与卿大夫家族是性质不同的结构。对于这一点，《左传》隐公五年孔疏说："诸侯之国有大小之异，大夫无地之大小，明以年之长少为异。"孔疏的这一说法显然抓住了问题的关键。西周以降，卿大夫家族不是地域性的结构，能够表明卿大夫家族地位的主要标志只能是血统，即其"祖之所自出"，如所谓桓、庄之族等等。而诸侯国则是地域性的结构，决定诸侯国等级地位的主要因素是国土的大小、民人的多少、军乘的众寡，如"百里之国""千乘之国"等等。所以，无论诸侯君与卿大夫之间在血统上有什么样的联系，"家"与"国"之别却是绝对的界限。

《礼记·丧服四制》在论及国与卿大夫家族的本质差别时说："门内之治恩掩义，门外之治义断恩"，以往人们大多以为《礼记》为汉儒所作，不可据信。但是，这句话也见于近年出土的郭店楚简[①]，可见，早在春秋中期以前，重视国与家之别就已经成为普遍认同的观念。《左传》昭公二十五年载叔孙氏司马云："我家臣也，不敢知国。"郭店楚简《六德》篇又有："为父绝君，不为君绝父。"这些记载足证周代的诸侯国与卿大夫家族是两种性质不同的结构，在二者之间，君统与宗统是不相通的。

在以往关于周代宗法制度的研究中，认为君统与宗统合一，宗法可以上通于天子诸侯的人们，往往以所谓"宋祖帝乙，郑祖厉王"为据。对此，陈恩林在《关于周代宗法制度中君统与宗统的关系问题》一文中，已经充分辨明，这是追祀其"祖之所自出"，而不是以帝乙、厉王为太祖。文献中的"祖之所自出"与宗法意义上的太祖，即"别子为祖"实际上是不同的概念，说者恰恰混淆了二者之间的界限。

周代宗法制度的根本性规定，就是"大宗百世不迁，小宗五世则迁"，一个家族组织内部的小宗，在过了五服以后必须另立宗。如果说宗法制度也上通于天子诸侯，没有继承王位的王子似乎也可以被看作是小宗氏，那么，"五世则迁"也就应该适用于诸侯国之间的关系。可是，在先秦典籍中，恰恰不存在诸侯国迁宗改庙的情形。如，鲁、卫在受封时是兄弟之国，到了鲁襄公时已过十余世，但两国仍称兄弟之国；虞在周初受封时，与唐叔之间的

---

① 郭店楚简《六德》篇作："门内之绚紖掩窏，门外之绚宜斩紖。"《郭店楚墓竹简》，文物出版社，1998年版，第188页。

血缘关系已近五世，可是到了春秋时，虞公仍称"晋吾宗也"，可见，诸侯国并没有因为血统的疏远而迁宗。再如，郑国出自厉王，到了春秋中叶也已经过了五世，而郑国却一直追祀厉王，"郑祖厉王"恰恰是诸侯不行宗法的证据。

清人程瑶田说："宗法者，大夫士别于天子诸侯者也。公子不得祢先君，公孙不得祖诸侯矣。……故宗法者，为大夫士立之，以上承夫天子诸侯而治其家者也。"[①]程氏的这一说法确为不易之论。

综上所述，宗法制度是古代家族结构长期发展演变的结果，宗法制度所以存在的前提，是家族组织内部个体家族的相对发展和以血缘关系为纽带的家族组织的存在。由于诸侯国与卿大夫家族是两种性质不同的结构，因此，宗法制度也就不能上通于天子诸侯，君统是前者的体现，而后者只能表达为宗统。所以，所谓"天子是天下之大宗"云云，并不具有宗法制度的意义。

（原载《社会科学战线》2002年第6期，孙晓春教授为第二作者）

---

① ［清］程瑶田：《宗法小记·宗法述》。

谈中国古代国家形成的道路及特点

　　有关中国古代国家形成的道路及特点，我与孙晓春先生曾合作探索过，在此，我愿意把我们的主要看法简单谈一下。近年来，随着对大量考古学材料的系统整理和对国内外人类学、民族学的引进和吸收，有的学者即根据塞维斯等人建构的"游团—部落—酋邦—国家"的模式，对中国古代国家产生的进程进行了新的诠释[①]；有的学者则提出中国古代国家的形成是从"平等的农耕聚落"，到"初步分化和不平等的中心聚落"，再到"都邑国家"的过程[②]。这就打破了统治我国史学界多年的从氏族、部落到国家的单一理论模式。

　　我国史学界传统的理论模式来源于恩格斯的《家庭、私有制和国家的起源》。在这部著作中，恩格斯阐述了由氏族社会进入国家的三种模式，即由氏族组织转变为国家的雅典模式，通过部落征服进入国家的德意志模式和由家长制家庭进入国家的罗马模式，并说，雅典国家是"一般国家形成的一种非常典型的例子"。但是，由于受到苏联理论界的影响，我国史学界长期把恩格斯所说的雅典模式教条地理解为唯一的模式，从而使学术界对中国古代国家起源的探索一度陷入困境。

　　现在看来，国家产生的道路是复杂多样的，已不止于恩格斯所说的三种模式。但我们也不否认各种模式之间总有相同之处和共同遵循的一些规律。从中国现存的传世文献与地下考古材料出发，我们可以看出中国古代国家的形成走的是一条这样的道路：在家长制家庭的基础上，通过部落征服而形成国家。这条道路兼具罗马人国家和德意志国家形成过程的双重特征。恩格斯

---

① 谢维扬：《中国早期国家》，浙江人民出版社，1995年版。

② 李学勤主编：《中国古代文明与国家形成研究》，云南人民出版社，1997年版；王震中：《中国文明起源的比较研究》，陕西人民出版社，1994年版。

作出的国家与氏族组织的重要差别之一是"它按地区来划分它的国民"的论断，仍然是我们理解中国古代国家形成问题的关键。在中国古代国家产生之际，由于商品经济极不发达，家长制家庭没有像雅典那样分化为个体家庭，氏族部落内部虽然存在着一定程度的贫富差别，但是阶级分化并不十分明显。所以我们认为，中国古代国家产生的动因主要不是由于氏族内部的阶级分化，而是部落之间的征服战争。部落战争的结果是征服者把被征服者置于自己的统治之下，从而使属于不同部落的人们组成了新的结构，于是原有的以血缘关系为纽带的家长制家庭便具有了地域的性质。

在部落征服与家长制家庭这两种因素的综合作用下，中国古代国家便有了以下四个特点：

其一，部落征服的特征。中国古代国家是在部落征服的过程中形成的。在相当长的历史时间内，部落之间的界限并没有因为征服者与被征服者之间统治关系的确立而消失，征服者与被征服者之间依然存在着严格的界限。专制国家对征服部落与被征服部落实行分治的政策。这种政策在夏代表现为以夏邑为中心姒姓集团与有穷氏、殷氏等地方势力的对立；在商代表现为以大邑商为中心的内外服制；到了西周，便发展成为较为完善的国野制度。其一般特点是，征服者居住于国中，被征服者居住于野。野人的政治地位远远低于国人，"亡国之社盖揜之"[1]，国人拥有当兵、入仕、受教育的权利，野人则否。由此可见，在黄河流域的中心地带最初出现的那些城邑，其军事与政治意义远远大于经济意义，它不仅具有防御外部入侵的功能，也起着镇压被征服者反抗的作用。这一特点与日耳曼人国家的形成过程有着相似之处，所不同的是，日耳曼人在征服罗马以后，实行了日耳曼人在罗马人村落里定居的政策，并最后使自己的"氏族消失在马尔克公社中了"[2]。但是，在古代中国，征服者与被征服者在相当长的历史时期内是异地而居的，他们之间的融合是一个漫长的过程。

在中国古代社会，"国"与"野"的对立表现为阶级对立、城乡对立。关于这一点，学术界很早就注意到了。但是，我们要强调的是，在中国古代国家中，"国"与"野"的对立不是一般意义上的城乡对立、阶级对立，更

---

① 《公羊传》哀公四年。

② 《马克思恩格斯选集》第4卷，人民出版社，1972年版，第148页。

重要的是它体现了征服者的部落与被征服者的部落之间的对立。居住"野"中的居民，由于其被征服者的地位，构成了那个历史时代的社会最底层。在以往有关商周时期社会形态的研究中，人们往往先入为主地认定中国古代存在着奴隶制，因而认为野人属于种族奴隶或家庭奴隶，其实，先秦典籍中没有充分的证据说明商周时期居住在"国"以外的野人是奴隶，至少他们不是希腊、罗马社会那样的可以买卖、随意宰杀的奴隶，他们是被当作人而不是牲畜或财产对待的。在部落征服战争中，胜利者没有把被征服者整体地置于奴隶地位，这可能是商周社会的一个十分重要的特点。

其二，专制国家行政结构与家长制家庭结构一体化。恩格斯说："一定历史时代和一定地区内的人们生活于其下的社会制度，受着两种生产的制约：一方面受劳动的发展阶段的制约，另一方面受家庭的发展阶段的制约。"[①]中国古代国家由于商品经济的不发达，在形成的过程中，原有的家长制家庭不仅没有被破坏，反而比较完整地保留了下来。因此，便有了与雅典人的国家完全不同的特征。在雅典，氏族组织与国家是根本不相容的，但是在古代中国，家长制家族组织却与国家在某种程度上达成了一致，家长制家族组织不仅没有因为国家的产生而消亡，相反在国家产生以后得到强化，原有的家庭结构生长成为政治结构的补充部分，成为专制国家的重要支柱。

近年来聚落考古的有关发现，有助于我们对于中国早期文明产生与发展过程中的家族结构进行描述。如距今六七千年的陕西临潼姜寨聚落遗址便是一例。据有关研究报告，姜寨遗址大约100座房屋被分成5个大的群落[②]。有些学者认为，这5个群落应该是5个大家族[③]，这一意见显然是正确的。不过，从这5个群落的房屋围出一个约1400平方米的广场，进而形成一个共同活动的空间的情况来看，也很有可能这5个家族最初曾经出自一个共同的祖先。从姜寨遗址的情况来看，在父系大家族组织内部，个体家庭或人们常说的小家庭并不是充分发展了的结构。如在5个房屋群中各有一座大型房屋，有的学者根据

---

① ［德］恩格斯：《家庭、私有制和国家的起源》第1版序言，《马克思恩格斯选集》第4卷，人民出版社，1972年版，第2页。

② 严文明：《中国新石器时代聚落形态的考察》，《庆祝苏秉琦考古五十五年论文集》，文物出版社，1989年版。

③ 李学勤主编：《中国古代文明与国家形成研究》，云南人民出版社，1997年版，第22页。

房内有可睡二三十人的土床这一情况，断定这些房子是家族集会议事、未婚青年男女夜宿的家族公房①。如果此说不误的话，家族的青年男女在家族公房中住宿，恰好可以说明在当时的大家族内部小家庭还不是充分发展了的结构。

在个体家庭没有充分发展的前提下，生产劳动也应该是以大家族为单位共同进行的，春耕、播种以及田间管理和收获等一系列生产程序，皆在大家族组织下统一进行。在姜寨的家族结构下，个体家庭是很不发展的结构，这在某种程度上决定了中国古代国家形成期间家族结构的发展路向，即父系大家族的长期存留，西周、春秋以后的宗法家族组织是这种家族结构最完善的类型。在古代国家产生以及夏商周三代的兴替过程中，存在着一个家长制家庭国家化的过程。在夏、商、周三族通过征服战争取得了对黄河流域中心地区的统治地位以后，原有的家族结构便演变成了专制国家的政治结构，父家长制家庭内部家长的绝对权力演变为君主的绝对权力，父系家族组织内部各级家族长也相应地变成专制国家各级行政长官。甲骨卜辞中多见的"王族""多子族"从事政治、军事活动的记载，即表明商代的家族组织仍然是作为专制国家的政治结构的基本单位而存在的，而商王朝的各级官吏是由与商王有亲缘关系的家族长担任的。在西周初年的大封建过程中，作为周人家族组织的大家长，周天子成为天下共主，而周王的兄弟子侄则分别成为统治各诸侯国的国君，诸侯国君的兄弟子侄则受封为卿大夫。《左传》桓公二年说"天子建国，诸侯立家，卿置侧室，大夫有贰宗，士有隶子弟"，实际上是对家长制家族组织国家化过程的形象概括。

在家长制家庭基础上建立起来的中国古代国家，不可能有雅典那样纯粹地域性的结构，这反映在先秦典籍中，就是人们常常以家族组织的象征——宗庙和地域性的"社稷"并称，以此作为国家的代名词。《左传》中所说的"宗庙""社稷"，指的都是国家政权。《左传》庄公二十八年说："凡邑，有宗庙先君之主曰都，无曰邑。邑曰筑，都曰城。"先秦时期的都邑，当然是地域性的结构。不过，据此"凡"所说，都与邑的各自地位以及二者之间的从属关系，不是由其地理位置、规模大小决定的，而是由各自的居民

---

① 李学勤主编：《中国古代文明与国家形成研究》，云南人民出版社，1997年版，第24页。

在既定的家族结构中的地位决定的。有"宗庙先君之主"的为"都",其居民是家族始祖的直系后代;没有"先君之主"的为"邑",其居民或是家族组织的旁系或异姓家族,所以其地位低于"都"。地域性结构之间的隶属关系决定于血统,这是中国古代国家的重要特征之一。

由于家长制家庭结构的影响,专制国家重要的官职也是由占统治地位的家族的族长担任的。商周的情况,上文我们已谈及。春秋时期,鲁国的三桓,晋国的六卿,郑国的七穆,宋国的华、向,卫国的孙、宁等,皆为执掌国政的世家大族。

在家长制家庭结构的影响下,古代国家内部宗族组织与军事组织也往往是一体化的。商周时期的甲骨文与铜器铭文中,多见以"族"为单位的军事组织。《周礼》一书对于周代的居民组织和军队组织的统一性有详尽的描述。《周礼》所说的大部分内容与《国语·齐语》载管仲治齐的"作内政而寄军令"相一致,两相印证,可以认为《周礼》所说的军事编制确为周代军事编制。

在中国历史上,金代女真人的"猛安谋克",明清满洲人的"八旗"制度,其实也与周人一样,都是融家族组织与军事组织为一体的结构。

中国古代国家的社会成员一般拥有双重的身份。一方面,他们是以血缘关系为纽带的家族组织成员;另一方面,他们又是地域性结构即国家的居民。朱凤瀚同志说,甲骨文中的"以众"、"氏众",是指高级贵族率领下的族属,他们不仅是一般身份的平民,事实上也包括家族组织的各级族长[①]。这是正确的。直到春秋时期,作为国家的主要人口的普通民众,仍然生活在一定的家族组织中。《左传》僖公十年说:"神不歆非类,民不祀非族。"这里所说的民,当指春秋时期的平民而言。显然,直到春秋时期,一般意义上的大众对于自己的族属仍然十分明确。《国语·晋语四》载阳樊人仓葛说:"阳人有夏商之嗣典,有周室之师旅,樊仲之官守焉。其非官守,则皆王之父兄甥舅也。"也可证明阳樊的居民是生活在一定的家族组织之中的。

其三,中国古代国家的居民仍然保留着聚族而居的生活方式。中国早期的国家在本质上应属地缘组织而不是血缘组织,但是,在家长制家庭长期存

---

① 朱凤瀚:《商周家族形态研究》,天津古籍出版社,1990年版,第138页。

留的前提下，由于古代国家的居民是在一定的家族组织下生活的，因此，聚族而居的习俗却被完整地保存了下来。《周礼·地官·乡师》说："正岁，稽其乡器，比共吉凶二服，闾共祭器，族共丧器，党共射器，州共宾器，乡共吉凶礼乐之器。"这里所说的闾和族，都是当时的居民组织。以闾和族为单位的居民之所以能够共用祭器和丧器，是因为他们有着共同的祖先。古代国家的居民聚族而居的生活方式，反映在丧葬制度上就是族葬制度。《周礼·地官·大司徒》说："以本俗六安万民，一曰媺宫室，二曰族坟墓，三曰联兄弟"。"族坟墓"下，郑注说："族，犹类也。同宗者，生相近，死相迫。"显然是对的。新中国成立以后，考古工作者对于商周时期一些重要墓地进行了发掘，如殷墟西区的家族墓地、陕西张家坡西周墓地等，都清楚地表明商周时期确实存在着文献中所说的族葬制度。古代国家的居民生则族居，死则族葬，家族内部的血缘关系仍是维系社会成员关系的重要纽带。由于古代国家的居民是聚族而居的，因此，便产生了家族的称号与地名完全一致的情况。在商代甲骨文中，有许多族名与地名相同的事例，如雀、竝、沚等。这种情况在《春秋左传》中更是俯拾可见，如周初封鲁的殷民六族中有长勺氏，而鲁有长勺之地。《左传》昭公二十二年载"刘子如刘"，"刘"当即东周王室刘氏家族的居住地。隐公五年《左传》载有"尹氏"，而昭公二十三年又有"刘子从尹道伐尹"，"尹"也当因尹氏家族聚居于此地而得名。这种族名与地名相同的情况表明，从商周时期到春秋战国之际，父系家族成员聚族而居的情况没有发生很大的改变。

其四，依血缘差等确定居民的政治等级。由于家长制家族组织的长期存留，在中国古代国家内部，经济要素并不是确定居民社会等级的唯一的要素，人们的社会地位在通常情况下是由血缘关系决定的。在中国古代国家中，社会的阶级结构与阶级斗争，如马克思和恩格斯所说，是由"各种社会地位构成的多级的阶梯"[①]。《左传》昭公七年说："天有十日，人有十等，下所以事上，上所以共神也。故王臣公，公臣大夫，大夫臣士，士臣皂，皂臣舆，舆臣隶，隶臣僚，僚臣仆，仆臣台。"这段记载当是商周社会等级结构的真实写照。那么，商周时期的等级结构是由什么因素决定的，或者说中

① 《马克思恩格斯选集》第1卷，人民出版社，1972年版，第251页。

国古代国家的居民各自的社会地位是由什么决定的？按照马克思主义的基本原理，人的社会地位归根结底决定于经济因素，这是毋庸置疑的。但是，由于中国古代社会特定的历史环境，决定了定居农业是社会主要的生产部门。在土地为公社所有并定期分配给个体农户耕种的井田制度下，除少数贵族外，社会大部分成员之间并没有出现悬殊的贫富分化，所以，经济因素便不可能成为决定社会等级结构的唯一要素。而这就出现了中国古代国家的等级结构在较大程度上是由血缘关系决定的事实。从商代的甲骨卜辞以及西周、春秋时期的文献记载来看，商周时期各个家族的地位，实际上是按照血统划分的，王族和公族处于最高的等级，以下依次是血统远近不一的同姓卿大夫家族。朱凤瀚同志通过对商代甲骨卜辞中"子某"与"非子某"祭祀对象不同这一现象的研究，指出"子某与非子某诸同姓贵族在祭祀体系上的差别，表明二者与王有血缘亲疏的差别"，这种差别"可能表明他们有着不同的宗法地位"[①]。这一说法是符合商周时期历史实际的。《左传》定公六年载鲁国季氏的家臣阳虎作乱，"盟公及三桓于周社，盟国人于亳社"，亳社即殷人的社。这说明作为被征服者的商代遗民，由于与国君之间没有血缘关系，他们在某种程度上被看作是另类。

在商周时期，政治权力往往也按照血缘关系的远近分配。这种血缘关系，主要是指与现实的君主之间的血统。朱凤瀚同志说，西周初年在王朝政治中发挥过重要作用的世族，多数是周天子的同姓，同时，没有任何一个世族能够在整个西周时期始终居于王朝主要执政大臣之列[②]。在家长制家族组织长期存留的情况下，哪个家族与君主特别是现实的君主之间有较近的血缘关系，哪个家族的首领也就有可能拥有更大的权力和更高的地位。有了更高的政治地位，也就意味着这些家族将拥有更多的财产和土地，在这一意义上，古代国家内部的财产分化，也同样不是由于纯粹的经济原因形成的。中国古代国家内部的等级首先体现为不同的家族之间的等第差别。

在家长制家族组织内部，也存在着家族成员之间的等级差别。家族长占据家族组织内部的最高等级，家族成员也依与族长的血缘关系的远近而各自占据着不同的位置，而与族长血缘关系较远的族众，便成为家族组织最底层

---

① 朱凤瀚：《商周家族形态研究》，天津古籍出版社，1990年版，第53—57页。
② 朱凤瀚：《商周家族形态研究》，天津古籍出版社，1990年版，第410—411页。

的人口。

由于家长制家族组织的长期存留，中国古代国家便具有了家长制家庭的特征。这种特征的一个主要表现就是以血缘关系为基础的宗法制度的存在。宗法制度的形成是一个相当长的历史过程，周代的宗法制度与商代后期的家族组织与家族制度以及我们在姜寨聚落遗址中所见到的那种类型的家族结构，其实存在着逻辑上的必然联系。这种家族制度的存在以及在这种制度下出现的"子族""多子族""大宗""小宗"等家族结构，恰好是中国古代国家内部以血缘关系划分社会等级的确证。

总之，中国古代国家是在特定的历史环境下，通过特定的方式形成的。虽然它的本质是以地域划分国民，但是，由于原有的部落形态和家长制家庭没有彻底打破，所以，家长制家庭结构长期存留就成为中国古代社会的根本特点。我们认为，认清中国古代国家形成的这一根本特点，对于深入认识中国古代的社会形态是很有裨益的。

（原载《河南大学学报》2003年第4期）

思想篇

论《易传》的和合思想

　　先秦和合思想是中国古代哲学思想宝库中的精华部分，而《易传》的和合思想则是先秦和合思想的集中代表。

　　对于《易传》的和合思想，学者们已经做了许多有益的探索，并取得了一系列的成果。但是，毋庸讳言，一些研究成果对《易传》的和合思想的系统性尚缺乏深入的认识，往往停留在"和合生物"这一层面上。《易传》和合思想的核心是阴阳的对立与统一。而四时有序、天地和合并不是它追求的最高目的。它追求的最高目的是人与天地合德，是"天人合一"。它还认为阴阳和合与不和合是事物发展的两极，密不可分。所以，不能仅从"和合生物"这一层面来谈和合，也不能离开不和合而专谈和合。

　　《易传》和合思想内容丰富，充满辩证精神，下面准备从四个方面来分析它的特征。不当之处，望方家指正。

一

　　《易传》和合思想的特征之一，是主张阴阳有等次的和合。

　　《易·系辞传》论述宇宙生成说："《易》有太极，是生两仪，两仪生四象，四象生八卦。"两仪，就其性质来说，称阴阳；就其法象来说，称天地；就《周易》的语言来说，称乾坤。《易传》的和合思想就是从阴阳的对立统一入手而展开的。太极为宇宙万物之本源，它的本源性正在于它的阴阳两性。但是，在《易传》中，阴阳两性的地位并不平等，而是阳主阴从，阳尊阴卑，阳大阴小。《易·系辞传上》开宗明义：

　　天尊地卑，乾坤定矣。卑高以陈，贵贱位矣。

　　《易传》的乾，就是阳，代表天、君、父、夫等刚健性事物；坤，就是阴，代表地、臣、子、妇等柔顺性事物。"天尊地卑"一句话，就确定了乾、坤两类不同事物的尊卑地位。其尊卑序列的表现形式是《易》卦六爻之位。故《系辞传上》说："列贵贱者存乎位，齐小大者存乎卦。"韩注、孔疏说六爻之位贵贱在上下，"皆上贵而下贱也"。卦的大小在阴阳，若《泰》阳长阴消，曰"小往大来"；《否》阴长阳消，曰"大往小来"。

《易纬·乾凿度》述《易经》六爻贵贱等级："初为元士，二为大夫，三为三公，四为诸侯，上为宗庙。"《乾凿度》所讲为汉人之说，虽失之过凿，但大体可反映《易传》思想。如《乾·上九》爻辞："亢龙有悔。"《乾文言》解曰："贵而无位，高而无民。"虽未说上九为宗庙，但肯定其高贵则是实。故荀爽注："在上，故贵。"又如《坤·六三》爻辞："或从王事，无成有终。"《坤文言》释："阴虽有美含之，以从王事，弗敢成也。地道也，妻道也，臣道也。"虽未明言其是否为三公，但肯定它代表臣。臣道的特点是"劳而不伐，有功而不德"[①]。

《易传》认为天、乾所以为尊、为主、为进，地、坤所以为卑、为从、为退，是由它们自身的属性决定的。《说卦传》曰："乾，健也；坤，顺也。"虞翻说健是"精刚自胜，动行不休"，顺是"纯柔承天时行"[②]。坤顺承乾，随乾而行，决定了代表乾、坤两类事物的阴与阳，从本质上说就不可能是并列的、对等的，而只能是尊卑有序的、贵贱有等的。这样，在阴阳构成的和合体中，阳尊阴卑、阳主阴从也就是自然的了。

《易传》和合思想的等级性是周代社会等级制度在意识形态领域的反映。

马克思曾说过：

唯物史观是以一定历史时期的物质经济生活条件来说明一切历史事变和观念、一切政治、哲学和宗教的[③]。

周代是等级社会，其社会的等级结构是"天子有公，诸侯有卿，卿置侧室，大夫有贰宗，士有朋友，庶人、工、商、皂、隶、牧、圉，皆有亲暱，

---

① 《周易·系辞传上》。

② ［唐］李鼎祚：《周易集解》卷十七，中国书店，1984年影印版（以下再引只称《周易集解》）。

③ 《马克思恩格斯选集》第2卷，人民出版社，1972年版，第537页。

以相辅佐也"①。天子、公卿、大夫、士、庶人、工商、皂隶牧圉等所处的社会等级不同，他们所占有的社会财富以及在社会上所分享的政治权利亦不同。《左传》宣公十二年说："君子小人，物有服章，贵有常尊，贱有等威，礼不逆矣。"认为跨越贵贱等级，就是逆礼。在这样等级森严的社会条件下，希冀《易传》的和合思想不反映等级制度，是根本不可能的。

有些学者习用"礼之用，和为贵"②一语解释《易传》的和合思想，但不谈礼的性质，这是有问题的。"礼之用，和为贵"其实讲的是礼的有次序和合。

周代的礼，号称"经礼三百，曲礼三千"。《仪礼》载冠、婚、丧、祭、朝、聘、乡饮酒、乡射八礼；《周礼》载吉、凶、军、宾、嘉五礼，等级性都是很严格的。《左传》庄公十八年说："名位不同，礼亦异数。"就是说爵秩等级不同者，所享受的礼遇也不同。《左传》襄公二十六年又说："自上以下，隆杀以两。""杀"即减。是说自上而下爵秩每减一级，相应的礼遇就削减二数。如《周礼·春官·典命》载，上公旗冕皆九旒，侯伯则七旒，子男五旒，即所谓"隆杀以两"。

《礼记·中庸》曰："亲亲之杀，尊贤之等，礼所生也。"《曲礼》曰："夫礼者，所以定亲疏，决嫌疑，别同异，明是非也。"皆一语中的，揭示了礼的等级本质。在周代社会中，"亲亲之杀"反映的就是血族关系的等级；"尊贤之等"反映的就是社会上的政治等级。所谓"礼之用，和为贵"，讲的就是以等级制为基础的礼，要恪守尊卑贵贱不同等级的和合。当前，凡研究和合思想的学者皆未谈到和合思想的等级性，这不能不是一件憾事。

还有学者说："男女合和之精神在《礼记》中演化为一种重要的人伦道德——男女（夫妻）'同尊卑'。""后来的'男尊女卑'和'夫为妻纲'，在真正的中华文化与真正的儒家文化里没有任何依据。"③这是错误的。先秦虽然尚未产生"夫为妻纲"这样极端的思想，但"男尊女卑"却早已出现。恩格斯曾说过："母权制的被推翻，乃是女性的具有世界历史意义

---

① 《左传》襄公十四年。

② 《论语·学而》。

③ 刘明武：《是"阴阳合和"还是"阳为阴纲"？----评董仲舒的阴阳观》，《中华文化研究》2001年秋之卷。

的失败。"①自父权制取代母权制之后，"男尊女卑"观念就随之产生了。个体婚制就是"作为女性被男性奴役，作为整个史前时代所未有的两性冲突的宣告而出现的"②。《礼记》中所载的"夫妻同尊卑"，是有前提条件的。《礼记·丧服四制》说："资于事父以事母，而爱同。"《礼记·表记》说："母亲而不尊，父尊而不亲。"在家庭中，父权最尊；在社会上，君权最尊，即"天无二日，土无二王，国无二君，家无二尊，以一治之也"。③《仪礼·丧服·传》："父，至尊也。"《荀子·致士》："君者，国之隆也；父者，家之隆也。隆一而治，二而乱。"讲的都是男尊女卑，父尊子卑，君尊臣卑。连子女对母之爱，都被说成是由父爱决定的。所谓"男女（夫妻）同尊卑"讲的不过是"妻以夫贵"而已。在父家长制占统治地位的周代社会，儒家怎能突破"男尊女卑"的观念？

二

《易传》和合思想的特征之二，是认识到了世界万物阴阳和合的多样性，并主张容纳多样性。

"和合"一词，最早见于西周末年，是周太史史伯对郑桓公问时提出的，曰："商契能和合五教，以保于百姓者也。"④含义是协调族众与百姓的团结。但是，问题不在于"和合"的提出，而在于在问对中史伯提出了对"和实生物"的深刻认识。史伯指出：同性事物之和不能生物，只有异性事物之和才能生物。百物由土与金木水火相杂而生成，味道由辛酸苦辣甜相杂而调口，身体由强健四肢组成而能自卫，声音由六律调和而能悦耳，七窍功能不同而皆受役于心，人具首足八体而成人，人建九脏能经纪性命树立纯德。不同事物的相互结合与转化相生，造就了人间世界"出千品，具万方"的多样性。

史伯讲论"和实生物"虽然还是直观的、感性的，甚至含有某些牵强

---

① 《马克思恩格斯选集》第4卷，人民出版社，1972年版，第52页。

② 《马克思恩格斯选集》第4卷，人民出版社，1972年版，第61页。

③ 《礼记·丧服四制》。

④ 《国语》，上海古籍出版社，1982年版，第515页。

之处，但毫无疑问，已经上升到了自然哲学的高度①。《易传》发展了史伯的"和实生物"说，用高度概括的阴阳二气相交生物理论，取代了土与金木水火相杂而生物的旧说。《系辞传上》说："形而上者谓之道，形而下者谓之器。"首次提出了"道"、"器"理论。依据这一理论，阴阳和合生物属于"道"论，物物相和生物属于"器"论。两者有重大差别。所以，《易传》的阴阳和合生物说把史伯的"和实生物"思想从自然哲学层次提高到了形上学层次。这在中国古代思维史上是一个划时代的进步。《易传》认为《易》"以刚柔立本"②，万物皆本阴阳而生，万物皆"阴阳合德，而刚柔有体"③，由阴阳和合构成的世界万物则是多种多样的。

《易》对于事物阴阳和合多样性的认识，表现在它对《易》卦的阐释上。

《易传》认为《易》之《乾》《坤》《震》《巽》《坎》《离》《艮》《兑》八经卦，可以代表世界上任何事物。如自然界的天、地、山、泽、风、雷、水、火；动物界的马、牛、龙、鸡、豕、雉、犬、羊；家庭中的父、母、长男、长女、中男、中女、少男、少女。也可以代表时间和空间：《震》为春分，为东方；《巽》为立夏，为东南；《离》为夏至，为南方；《坤》为立秋，为西南；《兑》为秋分，为西方；《乾》为立冬，为西北；《坎》为冬至，为北方；《艮》为立春，为东北。

《易》之别卦，就是由八卦"因而重之"组成的六十四卦。它不但可以代表世界万事万物，而且可以表现世界万事万物的发展变化规律。《系辞传》说："《易》与天地准，故能弥纶天地之道。仰以观于天文，俯以察于地理，是故知幽明之故。原始反终，故知死生之说。精气为物，游魂为变，是故知鬼神之情状。"又说《易》能"范围天地之化而不过，曲成万物而不遗，通乎昼夜之道而知"。世界万事万物的发展变化是复杂的、多样的，《易》模拟表现世界万事万物的手段也是复杂多样的。《易》之象，能拟天下事物之形容，"象其物宜"④；《易》之卦，能尽天下事物之情伪⑤；

---

① 黄玉顺：《生命结构与和合精神》，《社会科学研究》1998年第1期。

② 《周易·系辞传下》原作："刚柔者，立本者也。"此处取其义。

③ 《周易·系辞传下》。

④ 《周易·系辞传上》。

⑤ 《周易·系辞传上》。

《易》之爻，变而"遂成天下之文"①，"感而遂通天下之故"②；《易》之蓍，能"通天下之志"③；《易》之数，"遂定天下之象"④；《易》之系辞，能断天下之"吉凶"⑤。《易传》看到了世界万事万物及其发展变化的差异性、多样性，但它并不认为这些差异与多样性互相排斥，而认为它们出于"太极"，皆由"阴阳"构成，所以具有统一性，是普遍联系的，是可以相互容纳的。上文我们所引《易传》曰"弥纶天下之道"、"范围天地之化"、"曲成万物而不遗"等论述，就是它兼容世界万物思想的有力证明。

《易·说卦传》曰："天地定位，山泽通气，雷风相薄，水火相射。"⑥天地、山泽、风雷、水火本是性质不相同，差异性很大的对立事物。但是，由于它们都具有阴阳之体，故天地可以相交，山泽可以通气，风雷可以相薄，水火可以相射。通过它们差异性、多样性的交相互补，交相和合，庶类就有所生成，品物就有所发展。"若使天地不交，水火异处，则庶类无生成之用，品物无变化之理"⑦。这些矛盾着的事物，在世界万物的成长变化过程中，各有自己的作用，"雷以动之，风以散之，雨以润之，日以烜之，艮以止之，兑以说之，乾以君之，坤以藏之"。它们的作用得到充分发挥，万物生长就能繁茂，品物流行就能多姿，世界也就会变得更加丰富多彩。这是《易传》兼容万物思想的又一种表现。

《坤·象传》曰："坤厚载物，德合无疆。含弘光大，品物咸亨。"蜀才释"德合无疆"曰："天有无疆之德，而坤合之。"荀爽释"含弘光大"曰："乾二居坤五曰含，坤五居乾二为弘。坤初居乾四为光，乾四居坤初为大也。"释"品物咸亨"曰："天地交，万物生，故咸亨。"坤是地，大地以母亲般的胸怀荷载万物。但坤性顺，顺承天而德合无疆，天地相应而含弘光大，天地相交相合而万物品类亨通。《坤·象传》曰："地势坤，君子以

---

① 《周易·系辞传上》。

② 《周易·系辞传上》。

③ 《周易·系辞传上》。

④ 《周易·系辞传上》。

⑤ 《周易·系辞传上》。

⑥ "水火相射"一句，通行本《周易正义》、《周易集解》皆作"水火不相射"，此据马王堆汉墓帛书《易传》改。

⑦ ［唐］孔颖达：《周易正义·说卦传》，《十三经注疏》本，中华书局，1980年版，第94页。

厚德载物。"大地是柔顺的，负载着万物。君子要效法大地，以敦厚至德兼容万物，养育人民。《易传》的这一容物养民思想，现已凝结成为中华民族优秀的民族性格之一。

《易·说卦传》曰：

昔者圣人之作《易》也，将以顺性命之理，是以立天之道，曰阴与阳；立地之道，曰柔与刚；立人之道，曰仁与义。兼三才而两之，故《易》六画而成卦。分阴分阳，迭用柔刚，故《易》六位而成章。

《易传》认为天、地、人三才是一个统一的整体。人是天地所生，既与天地统一，又有别于天地。人之所以与天地万物统一，因为人是万物之一种。《序卦传》曰："有天地然后万物生焉，盈天地之间者唯万物。"讲的就是这种统一性。人之所以有别于天地，因为天地间唯人有灵，可以认识三极之道，是天地间一切活动的主体。《易》卦六画，初、二为地，三、四为人，五、六为天，就是用来表现天地人三才之道的。天道虽刚，亦含柔德；地道虽柔，亦含刚德。人禀受天地二气而生，自然也含刚柔二体，即"曰仁与义"。

《易传》把天地人看作是一个统一的整体，并探索天地人三者阴阳刚柔的变化规律，探求人与万物的性命之理，这不正是它兼容万物多样性的最好证明吗？

三

《易传》和合思想的特征之三，是认识到事物阴阳的两端而主张追求中道。

《易传》关于世界万物两端的思想是复杂、多方面、多层次的。从世界万物的起源上说，它认为阴、阳就是两端。《易·系辞传上》说："一阴一阳之谓道。"世界万物的产生无不从阴阳开始。乾是阳的代表，坤是阴的代表。《乾·彖传》曰："大哉乾元，万物资始，乃统天。"乾元是刚劲的元阳之气，世界万物无不资取元阳之气以为开始。天是元阳之气结成的形体，故乾元统于天。《坤·彖传》曰："至哉坤元，万物资生，乃顺承天。"坤元是柔顺的元阴之气，世界万物无不资取元阴之气赖以生长。地是元阴之气凝成的形体，是顺承天的。孔颖达解释"资始""资生"的不同作用说："初禀其气，谓之始；成形谓之生。乾本气初，故云资始；坤据成形，故云资生。"[1] 即说万物发生先禀受乾元之气，坤元之气随后顺承乾元，以成就万物之形体。所以，万物莫不为阴阳和气，而阴阳则为它的两端。

《易》卦是《易》模拟天地万物及其发展变化的结构系统，不论经卦、别卦，它的两端都是《乾》、《坤》。

从经卦来说，《说卦传》云："《乾》，天也，故称乎父。《坤》，地也，故称乎母。"《乾》《坤》两卦是父母卦，余六卦《震》《巽》《坎》《离》《艮》《兑》皆由《乾》《坤》两卦相交相索而来，称为六子卦。《乾》《坤》两卦当然是八经卦的两端。但是从经卦的内部结构看，"天地定位，山泽通气，雷风相薄，水火相射"。所以，它们分为天地、山泽、风雷、水火四组，八卦又各为每组事物的两端。

《易经》六十四卦反映世界万事万物发展变化更大更复杂的过程。它由八卦"因而重之"构成。故经卦《乾》《坤》应为"众卦之父母，万物之祖宗"[2]。《系辞传下》："子曰：'《乾》《坤》，其《易》之门邪？'"此讲别卦《乾》、《坤》是《易》之门户，自然就是六十四卦的两端。

从传世本《周易》六十四卦的卦序看，相邻两卦为一组，可分为三十二组，其卦象非反即对，是阴阳矛盾对立统一体，每卦各为事物发展三十二个阶段的两端。《易·杂卦传》云："《乾》刚《坤》柔，《比》乐《师》忧。《临》《观》之义，或与或求。《屯》见而不失其居，《蒙》杂而著。《震》起也，《艮》止也。《损》《益》，盛衰之始也。《大畜》，时也；《无妄》，灾也。《萃》聚，而《升》不来也。"等等。就是对这三十二组阴阳合体之卦各端特点的生动描述。

《周易》六十四卦，每卦又为一时，是卦时。每卦六爻，每爻亦为一时，是爻时。王弼《易略例》说："卦者，时也。爻者，适时之变也。"初爻为事物之始，上爻为事物之终，是卦时发展过程的两端。《系辞传下》

---

[1] ［唐］孔颖达：《周易正义·坤》，《十三经注疏》本，中华书局，1980年版，第18页。

[2] 朱震《汉上易传·卦图》卷上引李挺之谓："《乾》、《坤》二卦为《易》之门，万物之祖。"我以为"万物之祖"应为经卦，参见拙作：《略论〈周易〉的卦变问题》，《周易研究》1988年第2期。

说："六爻相杂，唯其时物也。其初难知，其上易知，本末也。"本为初爻，代表事物之初生，人们尚未见到事物发展的全过程，仅见初爻，自然对事物难以说明。末为上爻，代表事物的终结，人们见到上爻，就已见到了事物发展的全过程，自然易对事物作出判断。前贤言《易》为寡过之书，就是因为人们可以利用《易》探求事物的发展方向，以趋吉避凶。

《易传》追求中道的思想，主要表现在它对《易》卦、爻体系的阐述中。在《易》的六爻中，除初、上二爻代表本末以外，余四爻称为中爻。《系辞传下》曰："若夫杂物撰德，辨是与非，则非其中爻不备。"崔憬注谓"中爻"是二、三、四、五爻，极是。《易》是讲阴阳对立统一的，初、上两爻作为事物发展的两端虽然很重要，但"杂合所主之事，撰集所陈之德，能辨其是非"[①]，一句话，反映事物阴阳变化的是非得失，则集中体现在中四爻上。在中四爻中，最受重视的，又莫过于二、五。二为下卦之中，五为上卦之中，是《易》三才之道的中极，《易》的阴阳和合境界往往通过它们表现出来，所以《易传》最重视此二爻。

《系辞传下》说："二与四同功而异位，其善不同。二多誉，四多惧，近也。柔之为道，不利远者，其要无咎，其用柔中也。"韩康伯注："二处中和，故多誉也。四近于君，故多惧也。"崔憬注："言二是阴，远阳虽则不利，其要或有无咎者，以二柔居中，异位于四也。"[②]二与四虽同为阴爻之位，但因二居下卦中极，而四居上卦之下极，又近于君，所以二多美誉而四多凶惧。

《系辞传下》又说："三与五同功而异位，三多凶，五多功，贵贱之等也，其柔危，其刚胜邪？"徐志锐注："三居下卦的偏位，是卑贱，所以多凶。五居上卦的中位，是六爻之中至尊之位，所以多功，多功与多凶，就是因贵贱之等差不同。"[③]徐注得之。在《易传》中有十九次谈到"得中"，凡得中之爻，不论卦时是吉是凶，是否是亨，皆有吉或趋吉之义。

如《同人》，卦象为䷌，承《否》卦而来。《否》为天地不交，《同

---

① ［唐］李鼎祚：《周易集解》卷16引崔憬注。

② ［唐］李鼎祚：《周易集解》卷16引。

③ 徐志锐：《周易大传新注》，齐鲁书社，1987年版，第474-475页。

人》是"否则思通，人人同志，故可出门同人"①。其六二为阴爻居阴位，九五为阳爻居阳位。《彖传》曰："柔得位得中而应乎乾，曰同人。《同人》曰：'同人于野，亨。利涉大川'，乾行也。文明以健，中正而应，君子正也。唯君子为能通天下之志。"《同人》二、五两爻得位、得中，又得正，故是一阴阳和合之吉卦。

再如《蹇》，卦象为䷦，是承《睽》卦而来。《序卦传》："《睽》者乖也，乖必有难，故受之以《蹇》。"其象前有水、后有山，是一险难之卦。《蹇》卦卦时虽难，但因其九五为阳爻居阳位，六二为阴爻居阴位，有阴阳和合之象。故《彖传》曰："蹇，难也，险在前也。见险而能止，知矣哉。蹇利西南，往得中也；不利东北，其道穷也。利见大人，往有功也。当位贞吉，以正邦也。蹇之时用大矣哉！"西南为坤方，是平易之地。东北为艮方，是山地。《蹇》已处于险难之时，当然利于平易而不利于多阻之山地。"往得中"，程颐释作："九上居五而得中正之位，是往而得平易之地，故为利也。"②"当位贞吉"，程《传》释作："《蹇》之诸爻，除初外，余皆当正位，故为贞正而吉也。"③《蹇》之九五、六二爻阴阳相应，居中履正，临难不惧，君臣一心，克时济世，渡过蹇难，故可"正邦"。其济蹇之道，顺时量险，避难求易，履中守正，上下和合，其道至大，故曰"《蹇》之时用大矣哉"。

《易》卦反映客观世界阴阳变化的形式是复杂多样的。如果说《同人》所讲的二、五之阴阳和合是顺境的和合；而《蹇》所讲的二、五之阴阳和合则是逆境的和合。那种认为古代凡讲到阴阳和合时一定是一片光明、处于顺境的观点是片面的，是缺乏思辨精神的。实则古人更注重逆境的阴阳和合，它也更有现实意义。

在《易传》中，十三次谈到"刚中"，刚健的事物得中位，有利于推动事物的发展。

如《临》，卦象为䷒，是承《蛊》卦而来。《序卦传》："《蛊》者事

---

① ［唐］孔颖达：《周易正义·序卦传》韩康伯注，《十三经注疏》本，中华书局，1980年版，第95页。

② ［清］李光地撰，李一忻点校：《周易折中》卷10，九州出版社，2002年版，第559页。

③ ［清］李光地撰，李一忻点校：《周易折中》卷10，九州出版社，2002年版，第559页。

也，有事而后可大，故受之以《临》。《临》者大也。"《临·彖传》曰："临，刚浸而长，说而顺。刚中而应，大亨以正，天之道也。"所谓"天之道"，指的是阳长阴消之道。依汉人的十二辟卦，《复》《临》《泰》《大壮》《夬》五卦是阴阳消长之卦，并认为阴阳消长之道是自然的寒暑相推之道，故称"天之道"。《临》卦初九、九二为两阳爻，是"刚浸而长"。下《兑》上《坤》，是"说而顺"。九二居下卦之中而与上卦六五有应，是"大亨以正"。九二爻辞："咸临，吉无不利。"六五爻辞："知临，大君之宜，吉。"爻象曰："大君之宜，行中之谓也。"九二、六五二爻皆处中位，上下相应，又顺天道，故是一阴阳和合之吉卦。

刚直的事物在发展过程中，即使遇到困难和挫折，赖其"刚中"，也可解脱，有"无咎"或"受福"之幸。

如《困》，卦象为▓，此承《升》卦而来。《序卦传》曰："升而不已必困，故受之以《困》。"《象传》曰："泽无水，困。"此卦水在泽下，是泽已干涸之象，是一阴阳不和之凶卦。《彖传》曰："困，刚掩也。险以说，困而不失其所，亨。其唯君子乎？贞大人吉，以刚中也。有言不信，尚口乃穷也。"困的表现是卦中九二、九五二阳爻皆被阴爻所掩。但九二、九五两爻为阳又居中，故曰"刚中"。九五不但居中又守正，表明君子处困境而又善守正道，所以"大人吉"。但当《困》之时，"人所不信，欲以口免困，乃所以致穷也"。[①]

《困》九二、九五两爻，一"困于酒食"，一"困于赤绂"。但"二以刚中之德困于下，上有九五刚中之君，道同德合，必来相求"[②]。"相求而后合者也，如君臣朋友义合也"[③]。然后各守"中直"之道，利用祭祀，致其诚敬，"则能亨天下之困，而享受其福庆也"[④]。

《困》卦之象，有三阳爻，三阴爻，故可称阴阳刚柔之体。但当困难之时，水在泽下，是阴阳不通之象。其三个阴爻皆有阳之义，故其刚柔不交，卦义近于"天地不交"之《否》。这就宣示了一个真理：和合的事物必然刚

---

① ［清］李光地撰，李一忻点校：《周易折中》卷10，九州出版社，2002年版，第571页。

② ［清］李光地撰，李一忻点校：《周易折中》卷6，九州出版社，2002年版，第371页。

③ ［清］李光地撰，李一忻点校：《周易折中》卷6，九州出版社，2002年版，第374页。

④ ［清］李光地撰，李一忻点校：《周易折中》卷12，九州出版社，2002年版，第724页。

柔有体，但刚柔有体的事物却未必和合。关键的一点在于阴阳是否交通，是否合德。

在《易传》中，"中行"、"中道"凡十五见。具备中行、中道品质之爻，也在各类卦时中皆得吉亨。

如《复》，卦象为䷗。《彖传》曰："复亨。刚反，动而以顺行，是以出入无疾，朋友无咎。反复其道，七日来复，天行也。"《复》承《剥》卦而来。《剥》是阴长阳消之卦，《复》则反其道，是阳长阴消之卦。阴自五月《姤》卦时始来消阳，至十一月重为阳所消，是阴阳消长之规律，历七月一反复[①]，故曰"天行也"。

其六四爻辞曰："中行独复。"虞翻注："四在外体，又非内象，不在二、五，何得称中行耳？"其说非是。六四所说之"中行"，实指六四爻，即我们上文所说的"中四爻"。其在五阴之中，又独与初九相应，有和合之象，故曰"中行独复"。爻象曰："中行独复，以从道也。"所从之道，即阴阳消长之道。

再如《解》，卦象为䷧，是承《蹇》卦而来。《序卦传》曰："《蹇》者难也，物不可以终难，故受之以《解》。《解》者缓也。"《彖传》曰："解，险以动，动而免乎险，解。解利西南，往得众也。无所往[②]，其来复吉，乃得中也。"《解》上卦为《震》，为动，下卦为《坎》，为险。《解》"动而免乎险"，是动乎险之外，故能免去《蹇》之难。西南为坤方，坤为众，指九四入坤得众[③]。"无所往，其来复吉，乃得中也"，此指九二爻。荀爽注："阴处尊位，阳无所往也。来复居二，处中成险，故曰复吉也。"[④]九二之吉，一在其得"中道"；二在其与六五应，有阴阳和合之象，是趋吉之卦，故能做到缓解蹇难。《论语·子路》载"中行"，包注："行能得中。"《雍也》载"中庸之为德也"，郑注"中和可常行之德"，亦皆为在人伦关系中讲和合之道。

---

① ［唐］李鼎祚：《周易集解》卷6引侯果注"古人呼月为日"说。
② "无所往"三字，《十三经注疏》本《周易正义·解》的《彖传》无，今据《周易集解》本。
③ ［清］李光地撰，李一忻点校：《周易折中》卷十引朱熹《本义》，九州出版社，2002年版，第560页。
④ ［唐］李鼎祚：《周易集解》卷8引。

在《易传》的和合思想中，"中正"之道是它追求的最高境界。这一点集中地表现在《乾》卦《象》《象传》与《文言》中。

《乾》，卦象为▇。《乾》是纯阳之卦，性质为健。《象传》曰："天行健，君子以自强不息。"要求人们顺应天德，昼夜不懈，自强不息。《乾文言》对《乾》之二、五两爻皆极称赞。谓九二曰："龙德而正中者也。"九二居位而不当，故曰"正中"，而不谓"中正"。又曰："见龙在田，利见大人，君德也。"

谓九五曰："大哉乾乎！刚健中正，纯粹精也。"九五以阳爻居阳位，所以是"刚健中正，纯粹精也"。又曰："飞龙在天，乃位乎天德。"《乾》之九是有君德之人，至九五是有君德之人又居于天德之位，达到了"时乘六龙以御天"的境界。这一境界正是《易传》所追求的"中正"之道的最高境界：

与天地合其德，与日月合其明，与四时合其序，与鬼神合其吉凶。先天而天弗违，后天而奉天时。天且弗违，而况于人乎，况于鬼神乎！

这一境界也就是"天人合一"的境界。九二以阳爻居阴位，是有君德而无君位。爻象阴晦阳明，故曰"天下文明"，是人与地合德。九五以君德居天位，是人与天合德。故《象传》、《象传》、《文言》反复强调九五"时乘六龙以御天"，"飞龙在天，大人造也"，"同声相应，同气相求，水流湿，火就燥，云从龙，风从虎，圣人作而万物睹"等，就是从各方面描述"天人合一"境界的特点和内容。《易传》认为人要达到"天人合一"境界，需要经过几个阶段：其一，进德修业，自强不息。这一阶段凡君子经过努力都能达到。其二，与地合德。修至这一阶段，已具君德，能成为大人。凡君子也能达到。其三，既具君德又居天位，进至"天人合一"境界。而达到此境界，非圣人莫属，一般君子难以做到，更不要说庶民百姓了。由此可见，《易传》所讲的"天人合一"，是它理想的最高境界，是天下大化的境界，后儒所讲的"内圣外王"境界实即此"天人合一"境界。

关于《乾·象传》的"保合大和"一词，李鼎祚《周易集解》与孔颖达《周易正义》皆无确解。高亨先生以"四时之气皆极调谐，不越自然规律"[①]作解，仅得其半义。徐志锐先生解"保合，则是指保持住阴阳的这种结

_____

① 高亨：《周易大传今注》，齐鲁书社，1979年版，第55页。

合"；"大和"是"阴阳对立面的统一是天地大化之开始"①。虽较高亨先生进了一步，但仍未跳出自然规律的窠臼。《易传》并非专讲自然规律、四时合序、天地合德之作，更主要的是，它通过六爻三极之道来讲天人关系。所以，"保合"一词，实讲人顺应四时之气与地合德，"大和"则讲人顺应六气之道与天合德。因此，"保合大和"不但讲天地人三才阴阳之气自然和合，更重要的是讲人与地合德，与天合德，讲人和于天的最高境界是"天人合一"。

四

《易传》和合思想的特征之四，是认识到了事物的阴阳和合与不和合是并存的，是互相转化的，不和合也是事物发展的必然过程或状态，是事物发展的动力之一。但这种过程或状态往往对事物发展带来不利影响，甚至造成灾害，所以应予以防范，以避免或减少损失。

《易传》认为天地万物是一个"穷则变，变则通，通则久"②的发展过程。而"物不可以终通"③，必然再次转化为"穷"。于是就形成了一个自然法则：物穷必变，变则通，通久必穷，穷而后再变。这一法则说明，和合仅是事物发展的一个过程、一个阶段或说一种状态，当然是事物发展最顺畅、最和谐、最美善的阶段或状态。但它并不可能持久，和久必变是任何事物、任何人都改变不了的自然规律。"穷"与"通"，即不和合与和合，是事物发展的两极，所以离开穷来谈通，离开不和合来谈和合，是片面的、不深刻的。对此，《易传》有许多论述。如《系辞传下》说："安而不忘危，存而不忘亡，治而不忘乱，是以身安而国家可保也。""爱恶相攻而吉凶生，远近相取而悔吝生，情伪相感而利害生。"《杂卦传》说："《井》通，而《困》相遇也。《咸》，速也；《恒》，久也。《涣》，离也；《节》，止也。《解》，缓也；《蹇》，难也。《睽》，外也；《家人》，内也。《否》、《泰》，反其类也。"《革·彖传》曰："革，水火相息，二女同

---

① 徐志锐：《周易大传新解》，齐鲁书社，1987年版，第2页。

② 《周易·系辞传下》。

③ 《周易·序卦传》。

居，其志不相得。"本是水火相灭，二女矛盾的穷困之象。但因其中爻六二与九五为阴阳和合，所以穷能生变，最终转化为"天地革而四时成，汤武革命，顺乎天而应乎人"的吉卦。《易传》讲穷通之变的事例还有很多，兹不备举。《左传》庄公四年曰："盈而荡，天之道也"；哀公十一年曰："盈必毁，天之道也。"所讲穷通转化之理，精神实质与《易传》一致。

《说卦传》还用八卦为模式，具体说明天地四时终而复始变化的特点，曰："帝出乎震，齐乎巽，相见乎离，至役乎坤，说言乎兑，战乎乾，劳乎坎，成言乎艮。"又曰："《艮》，东北之卦也，万物之所成终而所成始也，故曰'成言乎艮'。"在这里，八卦分别代表四时八节与四面八方。《震》《巽》《离》《坤》四卦代表从春分到立秋这一时段与从东到西南这一地理方位，反映万物的萌发、繁茂与走向成熟；《兑》《乾》《坎》《艮》四卦代表从秋分到立春这一时段以及从西到东北这一地理方位，反映万物成熟、收敛、归藏。四时终而复始的变化，就是通与穷、和合与不和合的变化。《艮》是这一变化的关节点，既代表旧事物的终结，又代表新事物的萌发。

《易传》认为世界上一切事物都受穷通规律的支配，即使作为万物之祖的天地本身也不例外。如代表天的《乾》是一健卦，是阳气充分发展之卦，但阳气发展到"保合大和"的九五爻以后，至上九则"亢龙有悔"，陷入了"盈不可久"①的"穷之灾"境地②。代表地的《坤》，是厚德之卦。但其德发展到六五"黄裳元吉"以后，至上六则"龙战于野"，敌阳而与阳战，由和合走向不和合，结果是"其道穷也"③。反映"一阴一阳"之道的乾坤体现着穷通变化，由乾、坤所决定的其它诸卦也无不如此。《泰》九三爻辞曰："无平不陂，无往不复"则是对这一规律的又一概括。

世间万事万物和合与不和合的变化是多种多样的，《易传》模拟这一变化的形式也是多种多样的。

就《易》之别卦来说，每卦皆由上下二经卦构成。《系辞传下》说："阳卦多阴，阴卦多阳。"若其上下两卦一为阴卦，一为阳卦，一般来说是

① 《周易·乾象传》。
② 《周易·乾文言》。
③ 《周易·坤》上六爻《象》。

亨通之卦。但这又不是绝对的。因为它还要受卦时等其它条件制约。上文我们所讲的《困》卦，就是一例。《易传》最重视的是阴阳交通。《系辞传》曰："天地絪缊，万物化醇；男女构精，万物化生。"《泰》之所以是吉卦，就是因为它代表"天地交而万物通也，上下交而其志同也"[①]，是阴阳和合之卦。反之，《否》之所以为凶卦，也因为它代表"天地不交，而万物不通也。上下不交，而天下无邦也"[②]。《否》卦虽然也由三阴爻、三阳爻组成，但其象为☰☷，天在上，地在下。天气性质是上升，地气性质是下降，上者自上，下者自下，两者不交通，故《否》为阴阳不合之卦。

就《易》卦之六爻与六位关系来说，六位是不变的，初、三、五为阳位，二、四、上为阴位；而六爻或阴或阳是"变动不居，周流六虚，上下无常"的。若阳爻居阳位，就是得位、得正，就是和合；反之就是不得位、不和合。在六爻中，初与四、二与五、三与上有对应关系，若两者一为阴一为阳则为有应，是和合之象，否则是敌应，是不和合之象。就六爻的相邻两爻来说，又有"比"与"不比"的关系，相邻两者为阴阳，就是比，就有和合之象；反之就是不比，是不和合之象。在两爻相比中，若上爻为阴，下爻为阳，是阴乘阳，虽有比而有所不和。

《易传》认为世界万物的阴阳和合与不和合是相对应而存在的，如车之两轮、人之两足，缺一不可。和合与不和合的相互转化，动力都源于事物内部阴阳的对立统一。《易传》对阴阳的和合与不和合是并重的。它重视和合，在于协调社会人际关系，追求人与社会合德；在于居安思危，增强忧患意识。和合与不和合这两者皆不可偏废。所以，那种只讲和合而排斥不和合的思维方法，是不符合《易传》和合思想本义的。

总之，《易传》和合思想内容丰富，极具系统性和思辩性，对后来儒家及诸子的阴阳和合说有很大影响，对中华民族传统文化与传统思维方式的形成，作出过重要贡献。现在有人批判传统和合思想可导致"哲学霸权""话语暴政"云云，是不符合历史实际的、是错误的。

（原载台湾辅仁大学中文系编《第三届先秦两汉学术研讨会论文集》，2003年5月）

---

① 《周易·泰象传》。

② 《周易·否象传》。

论《周易》的社会和谐思想

　　《周易》是中国古代一部重要的文化典籍，经孔子学派为《易》作《彖》《系》《象》《说卦》《文言》等十翼之后[①]，它就成为了儒家的六经之一。《周易》的社会和谐思想内容十分丰富，但学术界对此尚缺少较全面系统的论述。今不揣谫陋，特撰六个问题进行讨论，以期方家指正。

一、"天人合一"是《周易》社会和谐思想的理论基础

　　"天人合一"是《周易》哲学思想的本质特点，而这一思想正是它社会和谐思想的理论基础。

　　《易·说卦传》云："立天之道，曰阴与阳；立地之道，曰柔与刚；立人之道，曰仁与义。兼三才而两之，故《易》六画而成卦。"宣告天、地、人是统一的，"三才"之道就是天、地、人之道。这是典型的"天人合一"之论。

　　《周易》认为人类社会是天地发展到一定阶段的产物，说"有天地然后有万物，有万物然后有男女，有男女然后有夫妇，有夫妇然后有父子，有父子然后有君臣，有君臣然后有上下，有上下然后礼义有所错"[②]。天地是万物之祖，产生在前，人类夫妇、父子、君臣产生在后。人类社会是自然界发展到高级阶段的产物，是自然界的一个组成部分。

　　《易·序卦传》说："盈天地之间者唯万物。"《系辞传》又说万物皆"阴阳合德，而刚柔有体"，即万物都由阴阳合德而生，所以"一阴一阳之谓道"。而阴阳之道的变化是有规律的："日往则月来，月往则日来，日

---

① ［西汉］司马迁：《史记·孔子世家》。
② 《周易·序卦传》。

月相推而明生焉。""寒往则暑来,暑往则寒来,寒暑相推而岁成焉。"日月往来、寒暑交替就是自然界阴阳的运动规律。《易·乾》卦卦辞所云:"乾,元、亨、利、贞。"《子夏传》释为"始、通、和、正";古人又释为"春、夏、秋、冬"。[①]"元"为春,万物始生;"亨"为夏,万物亨通;"利"为秋,万物和成;"贞"为冬,万物收藏,表达的是自然界的运动规律。《说卦传》还运用八卦及其代表的方位进一步阐释四季变化规律说:乾之元气至春分始震,《震》是东方之卦,万物开始生长;《巽》是东南之卦,是立夏,其时万物生长一片洁齐;《离》是南方之卦,是夏至,其时万物包括飞、潜、动、植都出现了;《坤》是西南之卦,是立秋,坤为大地,万物立秋时赖大地养成;《兑》为西方之卦,是秋分,万物成熟,一片欢悦;《乾》为西北之卦,是立冬,其时寒暖交替,阴阳二气相搏;《坎》为北方之卦,是冬至,其时万物归藏,唯水在流动;《艮》是东北之卦,是立春,其时旧的发展过程已经结束,故曰"成终",但春风吹动,新的发展过程又将开始,故曰"成始"。《艮》是万物成终成始之卦。

在《周易》看来,一年四季的时间与空间运动都是和谐有序的,万物在时空中生长、茂盛、成熟、收敛,年复一年也是和谐有序的。自然界的和谐发展过程是生生不息的,故曰"生生之谓易"。但这一生生过程并不是简单的重复,而是一个革故鼎新、推陈出新的发展过程。《周易》认为世间万物皆由阴阳构成,阴阳是对立统一的,互相联系、互相作用、相辅相成,所以"山泽通气,火水相射,雷风相薄"[②]。因此,自然界万物和谐发展的本质是阴阳和谐。

自然界的发展是和谐有序的,由它产生的人类社会的发展当然也是和谐有序的。

《系辞传》说:"天尊地卑,乾坤定矣。卑高以陈,贵贱位矣。"自然界天尊地卑,人类社会是君尊臣卑,贵贱之等皆井然有序。《左传》昭公七年说:"天有十日,人有十等。"这十等人是王、公、大夫、士、皂、舆、隶、僚、仆、台。实际上周代的等级制比这一说法更为复杂。因此,《周

---

① 尚秉和:《周易尚氏学》,中华书局,1980年版,第13页。

② 陈松长、廖名春:《帛书〈二三子问〉、〈易之义〉、〈要〉释文》,《道家文化研究》第3辑,上海古籍出版社,1993年版,第430页。

易》所说的和谐就是维持各等级间利益的和谐。这是它社会和谐思想的根本特点。

《周易》认为人的本性、人类的伦理是由天地自然决定的。《系辞传》说："一阴一阳之谓道，继之者善也，成之者性也。"因为"天地之大德曰生"，而生养万物就是善。万物无不得天地阴阳二气而生，也就得到了天地的善质，此即"继之者善也"。得到天地善质的万物各有自己的特殊性，即"成之者性也"。《系辞传》又说："成性存存，道义之门。"指人们要修养自己受之于天的善性，使之存之又存，不要丢失，就进入了"道义之门"。可见，《周易》关于人性的观点，实际上也是性善论。

《周易》称人的社会伦理为"四德"，即前文所言"元、亨、利、贞"。从自然界来看，它是春、夏、秋、冬；而从人类社会看，它则是仁、礼、义、信。《易·乾文言》释曰："元者，善之长也。亨者，嘉之会也。利者，义之和也。贞者，事之干也。君子体仁足以长人，嘉会足以合礼，利物足以和义，贞固足以干事。君子行此四德者，故曰：乾，元、亨、利、贞。"善之长，是仁；嘉之会，是礼；利物，是义；贞者正也，正固干事，是信。此四德出于天地自然，是君子行为的理据。

《礼记·礼运》说："夫礼必本于天。"又说："夫礼，先王以承天之道，以治人之情。"与《周易》思想一致，可以看成是对《周易》伦理出于天道自然的最好诠释。人之善性由天决定，人的伦理四德由天决定，"天人合一"，自然界发展和谐有序，人类社会是承天道而来，故亦和谐有序。

二、圣人君子在位是实现社会和谐的首要条件

圣人在《周易》一书中占有崇高地位。《系辞传》说圣人能极深研几天下之理、"成天下之务""定天下之业""断天下之疑"，能"明于天之道，而察于民之故"，是"知周乎万物，而道济天下"之人。《系辞传》说："圣人之大宝曰位。"即说君位是圣人的大宝。《乾》九五爻辞："飞龙在天，利见大人。"讲的就是圣人在位治理天下。故《乾文言》释"利见大人"说："夫大人者，与天地合其德，与日月合其明，与四时合其序，与鬼神合其吉凶，先天而天弗违，后天而奉天时。天且弗违，而况于人乎，况

于鬼神乎!"这个"大人"就是在位的圣人，"大人"能与天地、日月、四时、鬼神合德、合明、合序、合吉凶，就是进入了"天人合一"的境界，实现了人与人、人与社会、人与自然和谐。这是《周易》所追求的阴阳和谐、阴阳和合的最高境界，亦称"保合大和"境界。

君子是仅次于圣人的贤人。《周易》对君子也有很高评价。《系辞传》云："君子知微知彰，知柔知刚，万夫之望。"意为君子能见微知著，知彰明事物，知阴知阳，这是万民的希望。君子还应具备三项修养："安其身而后动，易其心而后语，定其交而后求。"若"危以动，则民不与也；惧以语，则民不应也；无交而求，则民不与也"。君子能做到"上交不谄，下交不渎"，"安而不忘危，存而不忘亡，治而不忘乱，是以身安而国家可保也"。因此，由君子来管理国家也可以保持社会和谐稳定的发展。

国家的职位关系到国家的治乱兴衰、存亡安危，所以应该由圣贤担任。《系辞传》说："德薄而位尊，知小而谋大，力小而任重，鲜不及矣。"鲜，少也；及，及祸。德行硗薄居尊位，缺少智慧谋大事，力气小而挑重担，是很少不惹祸难的。若坏人当道，如夏桀、商纣那样的国君，《周易》主张予以推翻，故称赞"汤武革命"是"顺乎天而应乎人"。这样就能保证社会的和谐发展。

三、财富是实现社会和谐的物质保证

《易·系辞传》曰："圣人之大宝曰位，何以守位曰仁，何以聚人曰财。理财正辞，禁民为非曰义。"

对"理财正辞"，荀爽注："尊卑贵贱，衣食有差，谓之理财。名实相应，万事得正，为之正辞。"崔憬注："夫财货人所贪爱，不以义理之，则必有败也。"[1]二说都是对的。就是说当时社会依据人的贵贱尊卑等级分配社会财富，即"理财"；理财做到名实相应，即"正辞"。在周代，社会财富主要是土地，天子名义上是天下土地的所有人，曰："溥天之下，莫非王土。率土之滨，莫非王臣。"[2]但天子仅占邦畿千里之地，"其余以均分公、

① ［唐］李鼎祚：《周易集解》卷15引，中国书店，1984影印版。
② 《诗·小雅·北山》。

侯、伯、子、男，使各有宁宇"①。这就是分封制度。《礼记·礼运》称此为"天子有田以处其子孙，诸侯有国以处其子孙，大夫有采以处其子孙，是谓制度"。天子、诸侯、大夫、士占有的土地就叫"公田"。除贵族占有土地外，凡居国内之民，不论国人、野人都有权分配到一份土地作为"私田"。此即所谓"井田制"。这种按等级分配土地及其它社会财富的方式就是"理财正辞"。

国家只有保证人民有衣食之源，社会才能和谐发展。一个人民生活无着、统治者奢侈无度的社会是不可能和谐的。

《周易》认为人类社会与自然界一样，是一个否极泰来，泰极否来，"无平不陂，无往不复"（《泰》九三爻辞）的螺旋式发展过程，总是从平衡到不平衡，再由不平衡到平衡。社会财富分配不均就是社会发展不平衡的表现之一。为防止社会财富分配过分集中，它在《损》、《益》两卦中提出了社会财富均衡分配思想。

《损·象传》曰："损下益上，其道上行。"其卦上为《艮》、为山，下为《兑》、为泽，象征水在山下，浸润山体，故为损下益上之义。《象传》所云"上"，指上层统治者；"下"，指下层人民。从社会财富分配角度看，"损下益上"指的是统治阶级向人民征收赋税、征发徭役。"其道上行"是说损道是上层统治者的意志。统治阶级认为"损"是合理的，是天经地义的。但卦辞说："损，有孚，元吉，无咎。"孚即信。告诫统治者向人民敛财，要有信誉，符合道义，这样才能受人民拥护，也才能得到"元吉，无咎"。如果一味"损下益上"，不断搜刮盘剥下层人民，势必造成社会两极分化，从而引发社会危机。所以《损·象传》要求统治者"以惩忿窒欲"，不要奢侈纵欲。

《损·象传》又说："损刚益柔有时，损益盈虚，与时偕行。"是说损要有时，当损则损，当益则益，当盈则盈，当虚则虚，一切依时而定。要善于审时度势，把握时机，"与时偕行"。所以《损》卦初九爻辞提醒统治者要"酌损"，不可损之过分；九二爻辞告诫统治者不损时要"弗损，益之"。六三爻辞说："三人行则损一人，一人行则得其友。"先儒对"三人

---
① 《国语·周语中》。

行则损一人，一人行则得其友"一句，多不得其解。其实《易》意甚明，三去其一是二，二是一阴一阳；一得友为二，亦是一阴一阳。故《系辞传》以"天地絪缊"、"男女构精"来解释"致一"，意为有阴阳方可生物。旨在劝告统治者搜刮民财要注意不要搜刮罄尽，要使人民保有余财以维持再生产。六四爻辞说"损其疾"，是说要为人民损去弊政。六五爻辞说"或益之"；上九爻辞也说"弗损益之"。一卦六爻，有四爻讲不损反益。可见，《损》卦对"损下"的限度十分重视，再三强调损要注意时势，不可损下过分。这与孔子所说社会财富分配"不患寡而患不均"[①]是一致的，充分体现了社会均衡思想。

《益》卦与《损》卦正相反。《序卦传》说："损而不已必益，故受之以《益》。"损害人民而不知止，必将走向反面，即转化为益。《益》卦辞说："益，利有攸往，利涉大川。"《彖传》曰："益，损上益下，民说无疆。自上下下，其道大光。"益道就社会来说是益民之道，所以"民说无疆"。益道应由统治者自上而下实行，是人间正道，故"其道大光"。

《周易》认为"损上益下"是天道，故《彖传》进一步阐述益道说："益动而巽，日进无疆。天施地生，其益无方。凡益之道，与时偕行。"《益》卦由《震》、《巽》组成，《震》为动为雷，《巽》为顺为风，是震动风从，故每日都有进益。"天施地生"，是说当益之时天地和谐，万物滋生，天地滋养万物的作用无处不在，无时不在，故曰"其益无方"。益道是天道，天道就要"与时偕行"，在自然界，天时一到，万物资生；在人类社会，当人们需要帮助时，国家就一定要给予帮助。《谦·象传》也说："谦，君子以裒多益寡，称物平施。"谦者虚也，裒者取也。天道总是取多益寡，称物平施。所以《谦·象传》说："天道亏盈而益谦，地道变盈而流谦，鬼神害盈而福谦，人道恶盈而好谦。"人民最需要帮助时，是遭遇灾荒。故《益》六三爻辞说："益之，用凶事，无咎。""凶事"就是天灾人祸，主要指水、旱、饥馑、瘟疫等灾害。这时统治者一定要用益道帮助人民渡过难关，国家才能"无咎"，社会才能和谐与稳定。

《益》卦告诉统治者救灾要"有孚中行"（六三爻辞），讲信用、行中

---

① 《论语·季氏》。

道。又要"告公用圭"，即要由国君亲自用信符颁布救灾命令，要各级政府认真执行。

显然，《益》卦与《损》卦一样，所表现的社会思想都具有社会均衡论性质。它要求在上位的统治者时刻注意社会下层人民的利益，要保障社会下层人民有衣有食，安居乐业。下层人民遇到灾荒或困难，要认真予以解决，使"民说无疆"，社会自然就和谐稳定了。

四、礼义刑罚是实现社会和谐的制度保证

《系辞传》曰："圣人之大宝曰位，何以守位曰仁。"项安世注："圣人之仁，即天地之生。"[①]可见"仁"就是天地的善德，就是生人、养人、爱人。因此，统治者都应遵循天道，以"仁"为指导思想治理天下。此即《乾文言》所说"君子体仁足以长人"。《泰·象传》云："天地交，泰。后以财成天地之道，辅相天地之宜，以左右民。"后即君，财通裁，宜即义。告诫统治者要裁成天地善道，辅助天地大义，以仁爱之心役使人民，以实现天地和谐、社会和谐。

"礼""义"是"仁"的外在表现。李鼎祚《周易集解》本《序卦传》云："履者，礼也。"《说文》云："礼，履也。"《履·象传》云："上天下泽，履。君子以辩上下，定民志。""辩上下"就是辨上下尊卑等级，"定民志"就是要人民"各当其分，以定民之心志也"。《序卦传》说："有君臣然后有上下，有上下然后礼义有所错。"错是设置、施行。《礼记·礼运》说："礼义以为纪，以正君臣，以笃父子，以睦兄弟，以和夫妇，以设制度，以立田里。"两文都认为礼义是文明社会的标志，是文明社会最重要的制度。干宝《易·序卦传》注说："有君臣之位，……有上下之序，则必礼以定其体，义以制其宜。"[②]《礼记·礼器》说："礼也者，合于天时，设于地财，顺于鬼神，合于人心，理万物者也。"据《仪礼》，周代有冠、婚、丧、祭、朝、聘、乡射、乡饮酒八礼。据《周礼》，周代有吉、凶、军、宾、嘉五礼。说明周代是一个礼制比较完备的社会。而《礼记·礼

---

① ［清］李光地：《周易折中》引，九州出版社，2002年版，第847页。

② ［唐］李鼎祚：《周易集解》卷17引，中国书店，1984年影印版。

运》一语道破周礼的本质曰："是故礼者，君之大柄也。"指出礼制是周代统治者维护统治秩序、保持社会和谐的最重要手段。

义，《系辞传》说："禁民为非曰义。"又说："立人之道，曰仁与义。"王宗传注："仁，德之用也。义，所以辅仁也。"[1]项安世注："其德意之所发，主于仁民。义者，仁之见于条理者也。"[2]《礼记·礼运》说："仁者，义之本也。"仁是义之本；义是仁的外在规定。《礼记·中庸》载孔子说："义者宜也。"所谓"宜"，就是按仁的原则便宜行事，该做的坚决做，不该做的坚决不做，故《系辞传》说"禁民为非曰义"。

总之，《周易》认为以"仁"为指导的礼义制度是维护社会和谐的最有效的工具。

《周易》认为刑罚也是维护社会和谐稳定的重要制度。《噬嗑》卦即专讲刑罚与用狱。监狱是国家的暴力机器，刑罚是暴力的工具，都是讲对内镇压的。《噬嗑》卦辞曰："噬嗑，亨，利用狱。"《彖传》释曰："刚柔分，动而明，雷电合而章。柔得中而上行，虽不当位，利用狱也。"程颐解"刚柔分"曰："刚爻与柔爻相间，刚柔分而不相杂，为明辩之象。"[3]此是说治狱首先要明辨是非。《震》动而《离》明，两者和合章明，"照与威并行，用狱之道也"[4]。此卦六五阴爻居阳位，是不当位。但《彖传》却说"利用狱"。程颐解释说："治狱之道，全刚（指阳爻居阳位）则伤于严暴，过柔（指阴爻居阴位）则失于宽纵。五为用狱之主，以柔处刚而得中，得用狱之宜也。"[5]所以，《噬嗑·彖传》这段话包括三层意思：一是治狱要明辨；二是明与威并行；三是要刚柔适当，避免过严与过宽。这也是《周易》反复强调的治狱原则。

《噬嗑·象传》云："雷电，噬嗑。先王以明罚敕法。""明罚"，一是说惩罚得当，罚所当罚；二是说治狱过程要有透明度，明白无误。"敕法"，是颁布法律，使用狱有法可依。《豫·象传》又说："圣人以顺动，

---

① ［清］李光地：《周易折中》引，九州出版社，2002年版，第846页。
② ［清］李光地：《周易折中》引，九州出版社，2002年版，第847页。
③ ［清］李光地：《周易折中》引，九州出版社，2002年版，第529页。
④ ［清］李光地：《周易折中》引，九州出版社，2002年版，第529页。
⑤ ［清］李光地：《周易折中》引，九州出版社，2002年版，第529页。

则刑罚清而民服。"《豫》卦是《震》在上，是动；《坤》在下，是顺。上动下顺，《易》以为是天地之道，是"日月不过而四时不忒"。说圣人要顺天地之道以治天下，制法要顺民意，执法也要顺民意，刑罚清明，人民就会服从。

《周易》一再告诫统治者用狱要谨慎，要善赦轻罪，复议死罪。《贲·象传》说："山下有火，贲。君子以明庶政，无敢折狱。"意为山火之明太小，可以办小事，折狱是大事，不可以用小明去办，提出谨慎用狱思想。又《旅·象传》说："山上有火，旅。君子以明慎用刑，而不留狱。"程颐释曰："火之在高，明无不照，君子观明照之象，则'以明慎用刑'。"①但谨慎又不能太过，导致"留狱"。对于可以原谅的"小过"要予以宽赦，故《解·象传》曰："雷雨作，解。君子以赦过宥罪。"主张免除轻过，宽宥重罪。关于慎用死刑，《中孚》卦说得很清楚。其《象传》曰："君子以议狱缓死。"项安世解释说："狱之将决，则议之；其既决，则又缓之。"②是说对决狱定案，要反复商议；对已判死刑的，要暂缓执行，以体察有无隐情，从而尽决狱者最大的职守。这些思想无疑带有浓厚的人文主义精神。

《周易》另一个重要刑罚思想是"小惩而大诫"。《噬嗑》初九爻辞："屦校灭趾，无咎。""校"是木械，"灭趾"是用刑具套在脚上，没了脚趾。这就是"小惩"。程颐释曰："人有小过，校而灭其趾，则当惩惧，不敢进于恶矣。"③《系辞传》云："小惩而大诫，此小人之福也。"故爻辞曰"无咎"。对于罪行较重的人，《周易》主张予以较重的惩罚。《噬嗑》六二爻辞："噬肤灭鼻，无咎。"孔颖达疏曰："肤是柔脆之物，以喻服罪受刑之人也。乘刚而刑，未尽顺道，噬过其分，故至'灭鼻'，言用刑大深也。"④虽然用刑很深，但因罚所当罚，刑所当刑，所以即使"灭鼻"也是"无咎"。对于那些"恶积而不可掩，罪大而不可解"⑤的人，《周易》主张

① ［清］李光地：《周易折中》引，九州出版社，2002年版，第745页。

② ［清］李光地：《周易折中》引，九州出版社，2002年版，第758页。

③ ［清］李光地：《周易折中》引，九州出版社，2002年版，第187页。

④ ［唐］孔颖达：《周易正义》，《十三经注疏》本，中华书局，1980年版，第37页。

⑤ 《周易·系辞传下》。

用重刑。《噬嗑》上九爻辞："何校灭耳，凶。""何校"，械其首，械大而没耳。故朱熹释曰："恶极罪大，凶之道也。"①这是对罪恶大而又怙恶不悛者的严厉惩罚。《周易》认为只有用刑罚惩治那些盗寇奸宄之人，才能维护统治秩序，从而保证社会和谐有序的发展。

五、道德修养是实现社会和谐发展的必备条件

道德修养，也是《周易》的主要内容之一。《乾·大象》说："天行健，君子以自强不息。"谆谆告诫人们要像天一样自强不息，修养德才。《乾文言》九三爻曰："君子进德修业。忠信，所以进德也；修辞立其诚，所以居业也。""进德修业"，就是修养德才。忠信是修养德行的前提。在儒家看来，礼是仁义之道的外在表现，故"欲观仁义之道，礼其本也"。但又认为"忠信，礼之本也"②。特别重视忠信。认为忠信是人内在的纯朴真诚，具备这种品质，才能不断提高修德层次。修辞立其诚则是忠信之德的外在表现，具备这种才干方能真正居业。

进德修业的君子能做到"知至，至之，可与幾也；知终，终之，可与存义也"。并能"居上位而不骄，在下位而不忧"，"因其时而惕，虽危无咎矣"。《乾文言》九四爻曰："君子进德修业，欲及时也。"及时，就是《文言》九三爻所说："终日乾乾，与时偕行。"乾是健，每日皆奋进，健之又健，与时代共进。《周易》对"时"与"行"的关系在其它卦中也有阐释。《益·象传》说："凡益之道，与时偕行。"《艮·象传》说："艮，止也。时止，则止；时行，则行。动静不失其时，其道光明。"江泽民同志提出的"与时俱进"思想，就是对《周易》"与时偕行"思想的继承与发挥。

《乾文言》又说："君子以成德为行，日可见之行也。"即说成德要在践行中，"学以聚之，问以辩之，宽以居之，仁以行之"。明确指出，君子的德不是天生的，是在"可见之行"中经过学聚、问辩、宽居、仁行的修养锻炼得来的，是后天努力的结果。

《系辞传》还以九卦为例，反复讲解学《易》的修德问题，称为"三

① ［清］李光地：《周易折中》引，九州出版社，2002年版，第191页。
② 《礼记·礼器》。

陈九德"："《履》，德之基也；《谦》，德之柄也；《复》，德之本也；《恒》，德之固也；《损》，德之修也；《益》，德之裕也；《困》，德之辨也；《井》，德之地也；《巽》，德之制也。"凡君子都应依据此"九德"修善德行，做到"《履》以和行，《谦》以制礼，《复》以自知，《恒》以一德，《损》以远害，《益》以兴利，《困》以寡怨，《井》以辩义，《巽》以行权"。这种"九德"兼具的君子才能以道辅济君父，去创造社会和谐局面。

君是国家的统治者，负有以德化教育人民的义务。《蛊·象传》云："君子以振民育德。"《临·象传》云："君子以教思无穷，容保民无疆。"都说君子教化人民、保护人民应像大地一样宽厚，无疆界、无穷尽。《贲·象传》曰："文明以止，人文也。观乎天文以察时变，观乎人文以化成天下。""天文"指日、月、星辰；"人文"指仁、礼、义、信。意为观"天文"，察自然变化；观"人文"，用人文之道裁制人民，以化成天下，达到社会和谐。

为教化人民，达到社会和谐，统治者还采用了"神道设教"的手段。《观·象传》曰："观天之神道，而四时不忒，圣人以神道设教，而天下服矣。"天道运行，四时不忒，带有神秘性质。圣人利用天之神秘性以设教，而天下人民莫不服从。这是圣人巧妙地利用宗教意识维护统治秩序，同时也就构建了社会和谐。

统治阶级还认识到教化人民重在感化人心。《咸·象传》说："天地感而万物化生，圣人感人心而天下和平。"天地感是阴阳相感。《周易》认为圣人在上位，是阳；人民在下位，是阴。圣人以至诚之心感化天下人民，也是阴阳相感，故能达到"天下和平"。由此可见，古代统治者已经看到了人心的重要性。《孟子》提出的"得民心者得天下"，应是对《易经》的继承与发展。

六、从家庭和谐到国家、天下和谐是实现社会和谐的模式

《周易》指出要实现社会和谐首先要从家庭和谐做起。《易·家人》卦讲的就是家庭和谐的模式。《家人·象传》曰："家人，女正位乎内，男

正位乎外。男女正，天地之大义也。家人有严君焉，父母之谓也。父父、子子、兄兄、弟弟、夫夫、妇妇，而家道正。正家而天下定矣。"

《家人》卦提出家庭和谐的首要条件是"男女正"，并认为这是"天地之大义"。指明家之道、国之道、天地之道是统一的，体现了"天人合一"思想。家庭是社会的基本生产生活单位，家庭和谐是社会和谐的基础。

《家人·象传》认为"女正位乎内，男正位乎外"，是"家道正"的特点之一。《家人》卦，九五爻为阳，居中履正，象征家长；六二爻为阴，阴爻居阴位，象征主妇。两爻阴阳和合，象征家庭和谐。在男尊女卑的周代社会，承认主妇为家中"严君"之一，与汉以后的"夫为妻纲"相比较，显然是相当进步的。

"家道正"的特点之二，是"父父、子子、兄兄、弟弟、夫夫、妇妇"，各安其位，守其分。中国自古以来就重视家庭伦理。《尚书·尧典》讲"敬敷五教"就是理顺父、母、兄、弟、子的关系。《礼记·礼运》更将家庭的"父慈、子孝、兄良、弟弟、夫义、妇听"称作是人伦之义。维持家庭人伦之义的关键是"爱"。《家人》九五爻辞："王假有家，勿恤吉。"《象传》释曰："王假有家，交相爱也。""假"释为大，是"王大有家，交相爱也"。说王要在家庭中做爱的榜样，使家人交相爱护。一个"交相爱"的家庭自然是和谐家庭。

在和谐家庭中，家长要"言有物而行有恒"。讲话要言之有物，不可空谈；做事要有恒心，不可半途而废。要防止子弟"有闲"，因闲生事。要求家庭主妇不可"擅行其事"。治家宁可失之严，也不要失之宽。失之宽会使"妇子嘻嘻"，失掉家节。在家中，家长要"有孚威如"，即有信、有威，保持家庭严肃和谐。把家庭和谐推广到宗族、国家与天下，就会实现天下和谐。

《同人》卦是讲宗族和谐、国家和谐的。说到"同"字，不可不多费些笔墨。《左传》载有齐晏婴的"和"、"同"之辩，谓"同"是"以水济水"。学术界多数人都已接受了这种看法。但是，我要说这种看法是不全面的。古代文献中的"同"字，并不是都这么讲。《周易》所讲的"同"，就与晏婴之说有别。《周易》讲的"同"是阴阳和合。《乾文言》曰："同声相应，同气相求。"王弼《易略例》释曰："夫阴之所求者，阳也。阳之所求者，阴也。"王说是对的。在《周易》一卦六爻中，初与四、二与五、三与上有"应"与"不应"的关系，若为一阴一阳则为"应"，若二爻皆为阴或皆为阳则为"不应"，或曰"敌应"。王弼曰："夫应者，同志之象也。"邢畴注也说："得应则志同相合。"足见《周易》讲的"同"，是阴阳相和。所谓"同心"、"同志"、"同德"，都是阴阳和合，亦即阴阳和谐。明乎此，才能理解《周易》之和同。

《同人》卦"天与火，同人。"其卦九五与六二，两爻一为阴一为阳，是"柔得位而应乎刚"。《同人》初九爻辞："同人于门，无咎。"门，家门。把一门之内的家庭成员团结起来，当然"无咎"。六二爻辞："同人于宗，吝。""宗"是同祖之义。与同宗之人团结，是团结家族成员，较团结家庭进了一步。但君子应有博大胸怀，长远眼光，与更多的人"同"，只团结族人未免范围狭小，故为"吝"。九五爻辞："同人先号咷而后笑，大师克相遇。"九五爻是《同人》卦主，与六二爻有应求关系。但卦中九三、九四两爻是"敌刚"，皆为同人的障碍。终因九五、六二两爻阴阳和合，故能突破障碍，达到同人目的。所以是"先号咷而后笑"，如大军胜利会师。上九爻辞："同人于郊，无悔。"郊为城外之地。周代国、野分制，郊以内为国，郊以外为野。"同人于郊"，就是同于国人。团结国人虽然很好，但所同范围亦小，志向未得伸展，所以仅得"无悔"。《同人》的目标，卦辞说得明白，是："同人于野，亨"。"同人于野"是将野中之民也团结起来。这样就把全国人民都团结起来了，自然会实现社会和谐。

《周易》认为只团结一国之人还未达到社会和谐的目的。圣人君子志在"通天下之志"，实现全天下的团结。《咸·象传》说："圣人感人心而天下和平。"《乾·象传》说："首出庶物，万国咸宁。""天下和平"、"万国咸宁"，自然是全社会和谐、天下和谐。这才是《周易》所企盼的"天地交而万物通也，上下交而其志同也"①的"天人合一"的和谐美好境界。

综上可见，《周易》所讲由家庭和谐、国家和谐到天下和谐的模式，与《礼记·大学》所说"修身、齐家、治国、平天下"的模式在思想本质上是一致的，应是修、齐、治、平的一个重要方面。

（原载《吉林大学社会科学学报》2007年第2期）

---

① 《易·泰·象传》。

略论《周易》的卦变

一、卦变问题的提出

卦变是《周易》研究中的一个重要问题。《易·泰》卦辞云："小往大来。"《否》卦辞云："大往小来"。《周易》所讲的大小往来，也就是阴阳二爻的变化往来。孔疏说："阴去故小往，阳长故大来。"是正确的。而《周易》所谓的卦变，也就是由于阴阳二爻的往来变化所引起的六十四卦卦象的改变。孔子作《易传》，对于《周易》的卦变思想进行了系统的阐述和发挥。清代学者黄宗羲说："卦变之说，由《泰》《否》二卦'小往大来'、'大往小来'而见之。夫子发明卦义者于是为多，固《易》中一大节目也。"[①]黄氏的说法极有见地。但是自《易传》以后，学术界对于卦变的理解则言人人殊。汉《易》学家重卜筮、轻《易》理，尤其是焦赣、京房一派专以灾异说《易》[②]，不谈《易传》。三国虞翻承袭汉《易》旧说，他讲卦变也不遵从《易传》，而专谈象数。魏晋时，王弼起而扫除象数，但认为卦变是汉人"伪说"[③]，则失之偏颇。其后，唐李鼎祚撰《周易集解》，搜罗保存汉《易》旧说。宋代的汉《易》学者朱震、宋《易》学者李挺之、朱熹等继承并发展了虞翻的汉《易》卦变说，以象数谈卦变，其说距《易大传》越来越远。宋《易》学中的另一些学者，以程颐、苏轼为代表，则坚持发挥《易大传》的卦变思想。这样，就在《易》学发展史上形成了两种截然不同的卦变说。虞翻、李挺之、朱震、朱熹一派离开《易大传》，从象数出发谈卦变，虽然认为卦变是阴阳二爻的往来运动引起的，但没有认识到支配阴阳

---

① ［清］黄宗羲：《易学象数论》。

② 《汉书·京房传》。

③ ［魏］王弼：《周易略例·明象》。

二爻变化的动力是《乾》《坤》两经卦的相求相索。因而他们在卦象上做表面文章，认为凡卦象相近就可互相生成，不但《乾》《坤》可以生卦，其它如《复》《姤》《临》《遯》《泰》《否》《观》《大壮》《屯》《蒙》《贲》《艮》《晋》《无妄》《噬嗑》等别卦也可以生卦。他们把《乾》《坤》两经卦的决定性作用降到一般别卦的水平，相反则又把一般别卦提高到《乾》、《坤》两经卦的地位。程颐、苏轼等则从《易大传》出发来考察卦变，认为卦变是《易》变的一种表现形式，是《乾》《坤》两经卦相交相索的产物。《乾》《坤》两经卦生成了八卦，八卦生成六十四卦。所以《乾》《坤》两经卦是生卦之母，而其它诸卦不能生卦。降至清代，有些学者如惠栋、张惠言、姚配中、胡祥麟等专主汉《易》学卦变说，有的学者如顾炎武则主程、苏说。黄宗羲、胡渭虽然对虞翻、李挺之、朱震、朱熹诸说多有批评，但实际上则兼采两家。因而关于卦变的问题，千余年来一直没有真正解决。而解决这一问题，对于深入认识《周易》的哲学体系有着重要意义。有鉴于此，本文拟在总结前贤积极成果的基础上，对卦变问题试再做一番探讨。

二、《易大传》对卦变的阐释

《易大传》对于《周易》的卦变说进行了最早、最系统的阐述。它是把卦变纳到《易》变当中阐述的。《周易》的卦变，简单说就是卦象的改变。《周易》通过卦象的不断改变，旨在说明客观世界发展变化的复杂性和阶段性。《易大传》揭示了《周易》的变易思想，指出自然界和人类社会是生生不已、千变万化的，因此，作为反映自然界和人类社会发展模式的《周易》也是生生不已、千变万化的。卦变则是这种种变化中的一种重要形式。

《易大传》溯本穷源，从《易》六十四卦的生成和结构上对卦变进行了最深刻的阐释。《系辞传》说："《易》有太极，是生两仪，两仪生四象，四象生八卦。""太极"就是大一，是天地未剖判前的混沌元气。"两仪"，从客观世界来说，是天地，从《周易》的生成上说是乾、坤，也就是阴--、阳—两气。"四象"，从客观世界来说，是因天地运动而产生的春夏秋冬四时，就《周易》的生成上说是由乾、坤相交而生成的少阳、老阳、少阴、老阴。"八卦"，就客观世界来说，是由天地生成的万事万物，就《周易》的生成上说是由乾坤相交相索而产生的《乾》《坤》《震》《巽》《坎》《离》《艮》《兑》八经卦。许慎《说文》把这个过程概括为："惟初太极，道立于一，造分天地，化成万物。"其说极是。

《周礼·春官·大卜》谈到三《易》时说："其经卦皆八，其别皆六十有四。"《周礼》把《易》卦区别为"经卦"和"别卦"，是大有文章的，我们决不可等闲视之。经卦是三画卦，别卦是六画卦。《易大传》说六十四别卦是由八经卦"因而重之"产生的。这就是说，只有八经卦才是生卦之本，六十四别卦是不能生卦的。为此，《周易》特在每卦下标出构成该卦的上下两经卦之名。这是不容忽视的。而八经卦又由《乾》、《坤》两经卦产生。《说卦传》详论这个过程说："《乾》，天也，故称乎父。《坤》，地也，故称乎母。《震》一索而得男，故谓之长男。《巽》一索而得女，故谓之长女。《坎》再索而得男，故谓之中男。《离》再索而得女，故谓之中女。《艮》三索而得男，故谓之少男。《兑》三索而得女，故谓之少女。"这就是说，《乾》以一阳化《坤》初爻得震☳，化《坤》中爻得坎☵，化《坤》三爻得艮☶。反之，《坤》以一阴化《乾》初爻得巽☴，化《乾》中爻得离☲，化《乾》三爻得兑☱。由此可知，《震》《巽》《坎》《离》《艮》《兑》六子卦是《乾》《坤》两经卦相互作用的产物。当八经卦重为六十四别卦时，《乾》《坤》之变已通过其自身与六子卦寓于其中。所以，《乾》《坤》两经卦是众卦父母，是《周易》卦变的总根源。而六子卦与六十四别卦则是《乾》《坤》两经卦发展变化的具体表现形式。由于《乾》《坤》两经卦是众卦父母，所以由它们相重而产生的《乾》《坤》两别卦在全部六十四卦中也居于特殊地位。《系辞传》说："《乾》《坤》，其《易》之门邪？乾，阳物也；坤，阴物也。阴阳合德而刚柔有体，以体天地之撰，以通神明之德。"又说："《乾》《坤》，其《易》之蕴邪？《乾》《坤》成列，而《易》立乎其中矣。"其意义正在这里。

《易大传》还进一步从《周易》的应用上讲明了乾、坤引起卦变的道理。人们在应用《周易》时，首先要通过筮法，通过占筮的方法得出七八九六四种数字，然后再依据这些数字来画出卦象。占筮从表面上看，似乎与乾坤无关，但是经过《易大传》的解说，它们之间就有关系了。《系辞传》载筮法说："天一地二，天三地四，天五地六，天七地八，天九地十。""天数五，地数五，五位相得而各有合。天数二十有五，地数三十。凡天地之数五十有五，此所以成变化而行鬼神也。"《易大传》指出，筮法是从天地之数说起的：一、三、五、七、九是五个奇数，这代表天数；二、四、六、八、十是五个偶数，这代表地数。天数为阳，也就代表乾；地数为阴，也就代表坤。筮法所说的天地之数"成变化而行鬼神"，依《易大传》的解说，就是天地之数"参伍以变，错综其数。通其变，遂成天下之文；极其数，遂定天下之象。"这就明白地告诉我们：天地之数的"参伍"、"错综"，其实就是《乾》、《坤》两经卦的"六爻相杂"。可见，筮法所讲的由占筮得卦的思想，经《易大传》的说明，就与《周易》六十四卦的生成一脉相通了。

《易·系辞传》说："《易》之为书也不可远，为道也屡迁。变动不居，周流六虚，上下无常，刚柔相易。不可为典要，唯变所适。"这是从总体上，也是从一般意义上讲卦变的。卦变虽由《乾》《坤》两经卦相交相索产生，但具体实行交索的则是阴阳二爻。阴阳二爻在"六虚"，即六位中周流，它的排列组合形式不同，就形成了六十四卦的不同卦象。故王弼说："卦者，时也。爻者，适时之变者也。"[①]阴阳二爻可以在每一卦中往来变化，"周流六虚，上下无常，刚柔相易"，也可以纵横于六十四卦当中，从而使《周易》产生卦变。至于《易·说卦传》云："《乾》，天也，故称乎父。《坤》，地也，故称乎母。《震》一索而得男，故谓之长男。《坤》一索而得女，故谓之长女"等那段话，则是从局部上，也就是从每一卦来具体讲卦变的。由《乾》、《坤》两经卦所支配的阴阳二爻在每一卦的上下二体中升降往来，相交相易，形成不同卦象，从而产生卦变。

用《系辞传》和《说卦传》的讲法来验证《彖传》，则与《彖传》所言的卦变无不契合。如《随》䷐卦，《彖传》云："刚来而下柔。"即说其下卦《震》是乾来化《坤》初六，以初九取代初六，故云"刚来而下柔。"《噬嗑》䷔卦，《彖传》云："柔得中而上行。"即其上卦《离》是坤来化《乾》九五。五为中位，阴来居之，故曰"柔得中"。《离》处上体，故曰

---

① ［魏］王弼：《周易略例·明卦适变通爻》。

"上行"。这两例，是卦的上下二体皆变，而《象传》但言其一体之变。

《贲》卦，《象传》曰："柔来而文刚，故亨。分刚上而文柔。"其下卦《离》是坤来化《乾》九二，故云"柔来而文刚。"其上卦《艮》是乾来化《坤》上六，故云"分刚上而文柔"。《蛊》卦，《象传》云："刚上而柔下。"所谓"刚上"，是指上卦《艮》是乾来化《坤》上六；所谓"柔下"，是指下卦《巽》是坤来化《乾》初九。《咸》卦，《象传》云："柔上而刚下。"其上卦《兑》是坤来化《乾》上九，故云"柔上"。其下卦《艮》是乾来化《坤》六三，故云"刚下"。《损》卦，《象传》云："损下益上，……损刚益柔。"其下卦本《乾》，坤来化其九三，故云"损下"，又云"损刚"。其上卦本《坤》，乾来化其上六，故云"益上"，又云"益柔"。《益》卦，《象传》云："损上益下，……自上下下。"其上卦本《乾》，坤来化其九四，故云"损上"。其下卦本《坤》，乾来化其初六，故云"益下"。《易传》认为，《易》的阴阳二爻能在每卦当中"周流六虚，上下无常，刚柔相易"，故此卦被坤所化的《乾》九四，则降至下卦去化《坤》之初六，这是"自上下下"。《涣》卦，《象传》曰："刚来而不穷，柔得位乎外。"其下卦《坎》是乾来化《坤》六二，故曰"刚来"。《坎》为水，水流动不竭，故又曰"来而不穷"。其上卦《巽》是坤来化《乾》九四，四为阴位，六四居阴，上卦又为外卦，故曰"柔得位乎外"。《节》卦，《象传》云："刚柔分而刚得中。"其上卦《坎》是乾来化《坤》六五，下卦《兑》是坤来化《乾》九三。乾索上卦、坤索下卦是"刚柔分"；九五居中，故云"刚得中"。这些例证，是一卦的上下体皆变，《象传》亦通言其上下二体之变。

《讼》卦，《象传》云："刚来而得中。"《讼》下卦是乾来化《坤》六二，二为中位，故云"得中"。《大畜》卦，《象传》云："刚上而尚贤。"其上卦《艮》是乾来化《坤》上六。阳居上，故云"刚上而尚贤"。《晋》卦，《象传》云："柔进而上行。"其上卦本《乾》，坤来化其九五，故云"柔进而上行"。这几例，是一卦的一体变，《象传》也但言其一体之变。

《无妄》的卦变情况较为特殊。《象传》云："刚自外来，而为主于内。"对于这句话，许多象数派学者百思不得其解。因为他们把《易》阴阳二爻的上下往来仅局限于一卦当中。如蜀才说："此本《遯》卦。刚自上降，为主于初。"但此说不足据。如果刚自九三下降居初，是同在一卦一体之内，何谈"刚自外来"？朱震说："往来者，以内外言也，以消息言也。自内之外谓之往，自外之内谓之来。"①此说亦不足信。因为《无妄》内卦《震》初九并非自外卦《乾》而来。其外卦之阳，一毫而未损，朱说是失据的。在我们看来，这个问题并不难解决，关键在于应从总体上理解《易》阴阳二爻的上下往来。宋儒王宗传说得好："八卦成列，因而重之，而内外上下往来之义已备乎其中。"②所以《无妄》的"刚自外来"，无疑是指乾来化其下卦《坤》之初六。既化之后，其下卦变《震》，初九为《震》卦主，故云"为主于内"。

综上所述，我们可以把《易大传》对于《周易》卦变的阐释归纳如下：所谓卦变，就是由于阴阳二爻往来变化而引起的卦象改变。它是《易》变的一种形式。《乾》《坤》两经卦的相互交索是卦变的总根源。由于乾坤交索的形式不同，所以有六十四别卦卦象的不同。乾坤是卦变的总根源，说明《周易》及其所摹写的客观世界的统一性和普遍联系性。六十四别卦作为乾坤之变的表现形式，则说明《周易》及其所摹写的客观世界发展变化的复杂性和阶段性。

卦变的主要形式，大致有三种：其一、一卦之体皆变，即构成一卦的上下二体皆变；其二、一卦的上体变，下体不变；其三、一卦的下体变，上体不变。如《困》☰、《蛊》☰、《震》☰、《巽》☰等卦，就是构成一卦的上下二体皆变之卦。《困》上卦《兑》，是坤来化《乾》，下卦《坎》，是乾来化《坤》。《蛊》上卦《艮》，是乾来化《坤》，下卦《巽》，是坤来化《乾》。《震》上下卦都是乾来化《坤》。《巽》上下卦都是坤来化《乾》。如《小畜》☰、《大壮》☰、《晋》☰、《豫》☰等卦，是上体变、下体不变之卦。《小畜》、《晋》的上卦，是坤来索《乾》，《大壮》、《豫》的上卦，则是乾来索《坤》。如《遯》☰、《同人》☰、《师》☰、《升》☰等卦，是下体变、上体不变之卦。《同人》与《升》是一类，其下体都是坤来索《乾》。《遯》与《师》是另一类，其下体则是乾

---

① ［南宋］朱震：《汉上易传》。

② ［清］李光地：《周易折中·象上传》引。

来索《坤》。在六十四别卦当中，唯有《乾》《坤》两卦，一是纯阳，一是纯阴，自身无阴阳相杂之变，所以是《易》的门户。

三、汉《易》学关于卦变的成果及问题

汉《易》学的卦变说保存到今天的，以李鼎祚《周易集解》所辑的虞翻说最系统，也最具代表性。故黄宗羲说："古之言卦变者，莫备于虞仲翔。"[①]宋代朱震曾对虞氏的卦变说做过简要归纳：

虞氏卦变：《乾》《坤》生《坎》《离》。《乾》息而生《复》《临》《泰》《大壮》《夬》；《坤》消而生《姤》《遁》《否》《观》《剥》。

自《复》来者一卦《豫》。自《临》来者四卦《明夷》《解》《升》《震》。自《泰》来者九卦《蛊》《贲》《恒》《损》《井》《归妹》《丰》《节》《既济》。自《大壮》来者六卦《需》《大畜》《大过》《睽》《鼎》《兑》。自《夬》来者一卦《同人》。自《遁》来者五卦《讼》《无妄》《家人》《革》《巽》。自《否》来者八卦《随》《噬嗑》《咸》《益》《困》《渐》《涣》《未济》。自《观》来者五卦《晋》《蹇》《颐》《萃》《艮》。自《剥》来者一卦《谦》。

而《屯》生于《坎》。《蒙》生于《艮》。《比》生于《师》。《颐》《小过》生于《晋》。《睽》生于《大壮》或生于《无妄》。《旅》生于《贲》或生于《噬嗑》。《中孚》生于《讼》。《小畜》变《需》上，《履》变《讼》初。《姤》无生卦。

《师》《比》《同人》《大有》四卦阙，李鼎祚取蜀才、虞氏之书补其三卦，《大有》阙。[②]

朱震的归纳，一般来说问题不大，但严格地讲，考核得有欠精确，存在以下错误：（1）朱说《大壮》由《乾》生息而来，但虞翻自己说《大壮》是"阳息《泰》也"[③]，谓《大壮》从《泰》变来。（2）在《坤》消卦中，朱

---

① ［清］黄宗羲：《易学象数论》。

② ［南宋］朱震：《汉上易传·附易卦图》。

③ ［唐］李鼎祚：《周易集解》卷7《下经·大壮》引。

没有谈及《谦》卦，而虞翻说："《乾》上九来之《坤》。"[1]谓《谦》由《坤》变来。（3）朱说《坤》消卦中有《遁》，而虞翻说《遁》由《姤》来，是"阴消《姤》二"[2]。（4）朱说由《泰》变来的共九卦，而《大壮》也自《泰》变来，是为十卦。（5）在《遁》生成的五卦中，朱没有说《离》，而虞翻说《离》由《遁》来，是"《遁》初之五"[3]。（6）朱说虞认为《姤》无生卦，但虞自己说《遁》由《姤》来。（7）虞翻说《大过》或由"《兑》三之初"[4]产生，朱氏则没提及。

虞翻看到了卦变是由阴阳相互消息而引起的这一现象，也看到了《乾》《坤》两卦的相互消息而产生出《坎》《离》《复》《临》《泰》《夬》《谦》《姤》《遁》《否》《观》《剥》诸卦。这一点，应该予以肯定。

但是，我们也应注意到，虞翻所说产生《坎》《离》《复》《临》等卦的《乾》《坤》，不是经卦《乾》《坤》，而是别卦《乾》《坤》。这样，他就没有透过现象看到本质，没有揭示出卦变的总根源。虞翻从象数出发，认为别卦可以生卦，说不但《乾》《坤》可以生卦，《坎》《离》《复》《姤》《泰》《否》《临》《遁》《观》《夬》可以生卦，《讼》《艮》《师》《晋》《无妄》《噬嗑》等卦一样可以生卦。这就从根本上背离了《易大传》别卦不能生卦的基本原则。

虞翻的卦变说有这个缺陷，并不是偶然的。虞翻本承汉《易》旧说，而汉《易》学者重卜筮、轻易理，说《易》并不依据《易大传》，而是专谈象数。所以，虞翻讲卦变也是依据卦象进行类推。例如《颐》卦象为▆，《晋》卦象为▆。两卦卦象相近，虞即说《颐》由《晋》卦变来，是"《晋》四之初"[5]。《旅》卦象为▆，《贲》卦象为▆，《否》卦象为▆。三卦卦象相近，虞即说《旅》由《贲》卦变来，是"《贲》初之四"[6]。或从《否》卦变来，是"《否》三之五"[7]。这种置《周易》的生成结构于不顾，单纯依

---

① ［唐］李鼎祚：《周易集解》卷4《上经·谦》引。
② ［唐］李鼎祚：《周易集解》卷7《下经·遁》引。
③ ［唐］李鼎祚：《周易集解》卷6《上经·离》引。
④ ［唐］李鼎祚：《周易集解》卷6《上经·大过》引。
⑤ ［唐］李鼎祚：《周易集解》卷6《上经·颐》引。
⑥ ［唐］李鼎祚：《周易集解》卷11《下经·旅》引。
⑦ ［唐］李鼎祚：《周易集解》卷11《下经·旅》引。

据象数讲卦变的做法，抹煞了《周易》卦变的理论根据，使卦变变成了没有客观标准、可由他们随意驰骋主观想象的臆说。如侯果就说《颐》卦系由《观》卦变来，《观》卦象为▤▤，"《观》卦初六升五"①，即其初六爻上居五，九五爻下居初，就变成了《颐》卦。再如《蛊》卦▤▤，依虞翻说《蛊》由"《泰》初之上"而来②。而朱熹却说《蛊》由《贲》《井》《既济》三卦来，"自《贲》来者，初上二下；自《井》来者，五上上下；自《既济》来者，兼之。"③一个《蛊》卦，竟然造出了四个来源。这与《易大传》所说六十四卦的构成毫无共同之处。在《周易》看来，由天地产生万物和由《乾》《坤》产生六十四别卦是一致的，后者是对前者的模拟和反映。而如果说别卦能生卦，万物能互相生成，则等于说牛能生马，马能生牛，这绝不是《周易》的卦变思想。《周易》所讲的《乾》《坤》《屯》《蒙》六十四卦之变，仅在于说明客观世界物质的多样性和发展变化的复杂性。

由于汉《易》学谈卦变不遵从《易传》，结果导致了歧说滋蔓，而这个缺陷是他们自身无法克服的。

汉《易》学讲卦变的另一个弊病，在于不能辩证地看待阴阳消息，如虞翻在讲到十二消息卦时，说从《姤》至《否》是"阴息阳消"，从《复》至《泰》是"阴诎阳信"④。但事实上并不如此简单。从《易传》看，在从《姤》至《否》的《遯》卦中，其下卦《艮》就不是"阴息阳消"，而是阳息阴消（乾来化《坤》六三），在从《复》至《泰》的《临》卦中，其下卦《兑》也不是"阴诎阳信"，而是阳诎阴伸（坤来化《乾》九三）。可见十二消息卦并不是单纯的阴息阳消或阳息阴消卦，而是阴变中含阳，阳变中含阴，阴阳交互消息的。而这是汉《易》学者所认识不到的。

四、宋《易》学关于卦变的成果及问题

宋《易》学对于卦变的看法大体可以分为两派：一派以程颐、苏轼等为

---

① ［唐］李鼎祚：《周易集解》卷6《上经·颐》引。

② ［唐］李鼎祚：《周易集解》卷5《上经·蛊》引。

③ ［南宋］朱熹：《周易本义》。

④ ［唐］李鼎祚：《周易集解》。

代表，他们主要依据《易大传》谈卦变，反对汉《易》的卦变说。另一派以李挺之、朱震、朱熹为代表，他们继承并发展了汉《易》学的卦变说。

苏轼《东坡易传》说："凡《易》之所谓刚柔往来相易者，皆本诸乾坤也。乾施一阳于《坤》，以化其一阴，而生三子。凡三子之卦，有言'刚来'者，明此本《坤》也，而乾来化之。坤施一阴于《乾》，以化其一阳，而生三女。凡三女之卦，有言'柔来'者，明此本《乾》也，而坤来化之。非是卦也，则无是言也。"程颐《易传》说："卦之变皆自乾坤。先儒不达，故谓《贲》本是《泰》卦。岂有乾坤重为《泰》，又由《泰》而变之理？下《离》本《乾》，中爻变而成《离》；而上《艮》本《坤》，上爻变而成《艮》。《离》在内，故云'柔来'；《艮》在上，故云'刚上'，非自下体而上也。《乾》《坤》变而为六子，八卦重而为六十四，皆由乾坤之变也。"程、苏两家的这种说法，可以说是真正把握住了《周易》卦变说的核心，与《易大传》的思想完全相符。程、苏发前人之所未发，勇于突破汉《易》卦变说之蔽，是难能可贵的。但是，他们一则没有运用自己的观点对《易》六十四卦卦变进行通盘说明，二则没有指明《乾》《坤》有经卦与别卦的区别，所谓卦变之本应是经卦《乾》《坤》。所以没能从根本上解决卦变问题。故清张惠言说："程苏之说，盖皆空象往来"，"其病在空虚滑突"[①]。特别是程颐利用《随》卦说明卦变时，又把卦变仅局限于一卦的上下二体中，说："《乾》之上九来居《坤》之下，《坤》之初六往居《乾》之上，以阳刚来下于阴柔也。"这就授人以口实。朱熹批评说："程子专以乾坤言卦变，然只是上下两体皆变者可通。若只一体变者，则不通。"[②]不是没有道理的。

李挺之、朱震、朱熹等则把汉《易》学的卦变说进行规范化、系统化，然后提出了一系列《易》卦变模式图。

我们先说李挺之的《变卦反对图》和《六十四卦相生图》。李是陈抟先天之学的传人，其学上承东汉魏伯阳的《周易参同契》，下授邵雍，在宋《易》学中是很有影响的一个派系。他的两个卦图均载于朱震《汉上易传》所附《易卦图》中。为行文方便，不拟备引，只撮其要。其《变卦反对图》

---

① ［清］张惠言：《易图条辨》。
② ［南宋］朱熹：《朱子语类》。

要点如下：

（1）《乾》《坤》两卦为《易》之门、万物之祖：《乾》老阳▉、《坤》老阴▉。

（2）《乾》《坤》相索三变六卦不反对图，《坤》体而《乾》来交：《颐》《小过》《坎》；《乾》体而《坤》来交：《大过》《中孚》《离》。

（3）《乾》卦一阴下生反对变六卦：《姤》《同人》《履》；《夬》《大有》《小畜》。

（4）《坤》卦一阳下生反对变六卦：《复》《师》《谦》；《剥》《比》《豫》。

（5）《乾》卦下生二阴各六变，反对变十二卦：《遯》《讼》《无妄》《睽》《兑》《革》；《大畜》《需》《大壮》《家人》《巽》《鼎》。

（6）《坤》卦下生二阳各六变，反对变十二卦：《临》《明夷》《升》《蹇》《艮》《蒙》；《观》《晋》《萃》《解》《震》《屯》。

（7）《乾》卦下生三阴各六变，反对变十二卦：《否》《恒》《丰》《归妹》《节》《既济》；《泰》《咸》《旅》《渐》《涣》《未济》。

（8）《坤》卦下生三阳各六变，反对变十二卦：《泰》《损》《贲》《蛊》《井》《未济》；《否》《益》《噬嗑》《随》《困》《既济》。

李挺之此图以构思奇巧颇受后儒称道。黄宗羲说此图独得卦变之真[1]。胡渭说："李挺之言卦变，莫善于《反对》。"[2]李氏此图以《乾》、《坤》二卦为主体推研卦变，说《颐》《小过》《坎》三卦是《坤》体而《乾》来交，《大过》《中孚》《离》三卦是《乾》体而《坤》来交。《姤》《同人》《夬》《大有》《小畜》是《乾》卦一阴下生；《复》《谦》《豫》《比》《剥》是《坤》卦一阳下生等，这些固然与《易大传》精神相符。但是，他说："《乾》《坤》二卦为《易》之门、万物之祖"则存在问题。因为他所说的《乾》《坤》是别卦《乾》《坤》，而不是经卦《乾》《坤》。别卦《乾》《坤》虽然是"《易》之门"，却不是"万物之祖"。作为"万物之祖"的"乾坤"是经卦《乾》、《坤》。这是不容混淆的原则问题。李

---

① ［清］黄宗羲：《易学象数论》。

② ［清］胡渭：《易图明辨》。

氏认为别卦《乾》《坤》可以生卦，这就有悖于《易大传》。这个错误导致他在解《乾》卦下生二阴三阴，《坤》卦下生二阳三阳时，离开《乾》《坤》两经卦的相交相索，去孤立地考察卦象，结果其说多有不通。如在他所说的《乾》下生二阴卦中，《遯》《讼》《无妄》《大壮》《需》《大畜》六卦，就有《坤》中生阳的问题。《遯》《讼》《无妄》三卦下体本《坤》，而《乾》来化之；《大壮》《需》《大畜》三卦上体本《坤》，而《乾》来化之。在他所说的《坤》下生二阳卦中，《临》《明夷》《升》《观》《萃》《晋》六卦则有着《乾》中生阴的问题。《临》《明夷》《升》三卦下体本《乾》，是《坤》来化之；《观》《萃》《晋》三卦上体本《乾》，是《坤》来化之。同理，在他所说的《乾》下生三阴卦中，《恒》《丰》《归妹》《节》《既济》《咸》《旅》《渐》《涣》《未济》十卦，或上体或下体是《坤》中生阳；在他所说的《坤》下生三阳卦中，《损》《贲》《益》《蛊》《井》《既济》《噬嗑》《困》《随》《未济》十卦，或上体或下体是《乾》中生阴。这就说明《易》六十四卦之变，并非如李挺之所说，是《乾》下生一阴、二阴驯至三阴，《坤》下生一阳、二阳驯至三阳这样整齐划一。而是错综复杂的，是《乾》变中含《坤》，《坤》变中含《乾》。所以，李挺之的《变卦反对图》并没有道出《易》卦变的实质。

李挺之的《六十四卦相生图》对于卦变的解说，较之《变卦反对图》反而有所后退。他的《相生图》说：

《乾》《坤》者，诸卦之祖。《乾》一交而为《姤》，《坤》一交而为《复》。凡卦五阴一阳者，皆自《复》卦而来。《复》一爻五变而成五卦。凡卦五阳一阴者，皆自《姤》卦而来。《姤》一爻五变而成五卦。凡卦四阴二阳者，皆自《临》卦而来。《临》五复五变而成十四卦。凡卦四阳二阴者，皆自《遯》卦而来。《遯》五复五变而成十四卦。凡卦三阴三阳者，皆自《泰》卦而来。《泰》三复三变而成九卦。凡卦三阳三阴者，皆自《否》卦而来。《否》三复三变而成九卦。

不难看出，李挺之此图重复了汉《易》学的错误，认为《复》《姤》《临》《遯》《泰》《否》等别卦可以生卦。他与虞翻一样，都不了解《易》卦变的现象虽然通过六十四别卦表现出来，但变化的本质却在八卦，主要是《乾》《坤》两经卦的矛盾斗争。李挺之特别对《复》《姤》二卦表而出之："《乾》一交而为《姤》，《坤》一交而《复》"。此即李邵派"《复》、《姤》小父母"说的由来。但此说是错误的。依《易大传》说，《乾》一交而为《巽》，不是《姤》，《坤》一交而为《震》，不是《复》。《易大传》认为《乾》《坤》只有三交三索，没有什么"五复五变"之类。可见李氏此说错误的根源仍在于他混淆了经卦《乾》《坤》与别卦的根本区别。

朱震是宋代著名的汉《易》学家。他的卦变图以恢复虞翻说为旗帜，故名《虞仲翔卦变图》。但其图距虞氏说甚远，所以只能视为朱氏之学。其图要点如下：

（1）一阴一阳之卦各六，皆自《复》《姤》而变。

（2）二阴二阳之卦各九，皆自《临》《遁》而变。

（3）三阴三阳之卦各十，皆自《泰》《否》而变。

（4）四阴四阳之卦各九，皆自《大壮》《观》而变。

（5）变例之卦二：《中孚》《小过》。

（6）凡卦皆从《乾》《坤》来。①

朱震此图剔除了虞翻所说的《夬》《坎》《艮》《晋》《贲》《讼》《师》《无妄》《噬嗑》诸别卦生卦的卦例，承认凡变皆从乾坤来，使错杂无统的虞氏卦变说变成了系统化、规范化的卦变图。这不能不说是一个重要进步。但是朱震仍坚持虞翻的错误，认为《复》《姤》《临》《遁》《泰》《否》《大壮》《观》等标准的一阴一阳、二阴二阳、三阴三阳、四阴四阳卦是生卦之本。他并以李邵"《复》《姤》小父母"之说为根据，进行论证说："《乾》、《坤》大父母也，故能生八卦。《复》、《姤》小父母也，故能生六十四卦。《复》之初九交于《姤》之初六，得一阳；《姤》之初六交于《复》之初九，得一阴。《复》之二交于《姤》之二，得二阳；《姤》之二交于《复》之二，得二阴。《复》之三交于《姤》之三，得四阳；《姤》之三交于《复》之三，得四阴。《复》之四交于《姤》之四，得八阳；《姤》之四交于《复》之四，得八阴。《复》之五交于《姤》之五，

---

① ［南宋］朱震：《汉上易传·附易卦图》。

得十六阳；《姤》之五交于《复》之五，得十六阴。《复》之上交于《姤》之上，得三十二阳；《姤》之上交于《复》之上，得三十二阴。阴阳男女皆顺行，所以生六十四卦也。"①上面我们说过，《易大传》认为六十四卦由《乾》《坤》两经卦相交相索产生，而《乾》《坤》两经卦的交索，只有一索二索三索，没有什么"四交"、"五交"、"上交"，更不是《复》《姤》相交。所以，"《复》、《姤》小父母"之说是与《易大传》根本对立的，是一种臆说。《易大传》说过别卦《乾》《坤》是"《易》之门"，"《易》之蕴"，但从来没有说它是"众卦父母"，更何况《复》《姤》。胡渭批评这种观点说："夫《乾》《坤》生六子，是为八卦，因而重之，遂为六十四卦。六十四卦皆《乾》《坤》所生也。《姤》《复》《临》《遯》《否》《泰》同在六十四卦之中，安能生诸卦乎？"②胡氏的批评，可谓深中其弊。

朱熹的卦变图也是宋《易》学中具有较大影响的一种，其要点如次：

凡一阴一阳之卦各六，皆自《复》《姤》而来。凡二阴二阳之卦各十有五，皆自《临》《遯》而来。凡三阴三阳之卦各二十，皆自《否》《泰》而来。凡四阴四阳之卦各十有五，皆自《大壮》《观》而来。凡五阴五阳之卦各六，皆自《夬》《剥》而来。

朱熹此图与李挺之《六十四卦相生图》大致相同，差异只在多出了《大壮》《观》《夬》《剥》四个生卦之本。所以，它没有提出任何超过前人的积极成果。朱熹同朱震一样，一方面蹈袭汉《易》学的别卦生卦说，另一方面发展了李挺之、邵雍的"《复》《姤》小父母"说。不过，他把卦变讲得更加支离烦琐。黄宗羲评论说："朱子卦变图一阴一阳与五阴五阳相重出，二阴二阳与四阴四阳相重出，《泰》与《否》相重出。除《乾》《坤》之外，其为卦百二十有四，盖已不胜其烦矣。""使一卦之中头绪纷然，爻爻各操其柄，则彼卦之体已不复存，犹可认其自某所而来乎？"③黄氏的评论是很中肯的。

朱熹甚至把占筮家的变占方法也纳入卦变中来，说通过用九用六、一、

① ［南宋］朱震：《汉上易传·附易卦图》。
② ［清］胡渭：《易图明辨》。
③ ［清］黄宗羲：《易学象数论》。

二、三、四、五、六爻之变，"一卦可变六十四卦，而四千九十六卦在其中矣。"①所谓"四千九十六卦"云云，本是汉人为卜筮造作出来的。朱震说："《周易》以变为占，七卦变而为六十三卦，六十四卦变而为四千九十六卦，而卜筮者尚之。此焦延寿之《易林》所以兴也。"②可见这是汉《易》学的末流。朱熹竟然对汉《易》学的末流大加发挥，他的卦变说最不可取也就不足为怪了。值得一提的是，朱熹为南宋著名学者，成长在程、苏之后，治《易》以恢复《易》本义为标榜，然而讲卦变却不依据《易传》，不吸收程、苏的积极成果，反而倒向卜筮。这不能不说是《易》学研究中的一种倒退。

清代的《易》学家，多以恢复汉《易》为目的，所以于卦变大都主虞氏说。唯清初顾炎武独具卓识，认为卦变"皆出于《乾》《坤》，无所谓自《复》《姤》《临》《遯》而来者，当从程《传》。"③黄宗羲《象数论》、胡渭《易图明辨》能综合诸家说，持论也较公允。但因限于篇幅，就不一一谈及了。

（原载《周易研究》1988年第2期）

---

① ［南宋］朱熹：《周易启蒙》。

② ［南宋］朱震：《汉上易传·附易卦图》。

③ ［清］顾炎武：《日知录》卷一《卦变》。

河图、洛书时代考辨

关于河图、洛书的产生时代，清代的考据学家们早有答案：它出现于宋代，但思想内容则渊源于汉。这是个正确的结论。在没有充分的新材料的情况下，它不能被随便推翻。现在有人说河图、洛书是上古游牧时代传下来的，一个是游牧时代的气候图，一个是游牧时代的罗盘云云[①]。尽管这一说法缺乏立论的根据，但却引起了国内外学术界的普遍重视。至于河图、洛书是什么？是道家的养生图，还是气候图和罗盘，可任由人们去见仁见智，进行讨论，我们不予置辩。但对于说它是上古时代的产物这一问题，因为关涉对中华上古文明的评价，我们不能置喙不言，不能不进行一番考辨。

一、先秦两汉文献关于河图、洛书的记载

先秦文献有关河图、洛书的记载，凡三见。《尚书·顾命》说，周康王在大庙举行即位大典，陈列物品有："赤刀、大训、弘璧、琬、琰在西序；大玉、夷玉、天球、河图在东序。"（一说"河图"下有"洛书"二字）《论语·子罕》载孔子说："凤鸟不至，河不出图，吾已矣夫。"《易·系辞传》说："河出图，洛出书，圣人则之。"

记载虽有三条，但河图、洛书什么样？是图，是书，还是其它什么？先秦学者无一人谈及。其后秦兼六国，实行文化专制，焚书坑儒，废止《诗》、《书》、百家之语，《易》虽以卜筮之书不在禁列，但对河图、洛书则不见有人探求。待到西汉，孝文帝创置博士，孝武帝表章"六经"，学者们始对河图、洛书有所解说。但是，这种解说存在着很大的分歧。

---

① 见韩永贤：《对河图洛书的探究》，《内蒙古社会科学》1988年第3期。

依孔安国说：河图是八卦，洛书是九畴。如孔安国《论语》注云："河图，八卦是也。"唐孔颖达《易·系辞传》疏云："孔安国以为河图则八卦是也，洛书则九畴是也。"《尚书》伪孔传当然也持是说，云："伏牺氏王天下，龙马出河，遂则其文，以画八卦，谓之河图。"又云："天与禹洛出书，神龟负文而出，列于背，有数至于九，禹遂因而第之，以成九类。"孔安国说得到西汉另一学者刘歆的推崇，刘歆以为"虑羲氏继天而王，受河图，则而画之，八卦是也；禹治洪水，赐雒书，法而陈之，洪范是也。"①孔、刘的说法至西汉末已相当流行，所以为纬书所吸收。如《礼纬·含文嘉》说："伏羲德合上下，天应以鸟兽文章，地应以河图、洛书，伏羲则而象之，乃作八卦。"西汉末、新莽时的扬雄作《覈灵赋》云："大《易》之始，河序龙马，洛贡龟书。"东汉张衡作《东京赋》云："龙图授羲，龟书畀姒。"不但承认孔、刘的说法，而且对之作了艺术概括。其后，马融、王肃、姚信等学者皆笃信此说。这一说遂成为在学术界占主导地位的说法。

但另一种看法认为河图、洛书是书籍，而不是图画，是有书无图。如《春秋纬》说："河以通乾出天苞，洛以流坤吐地符，河龙图发，洛龟书感。河图有九篇，洛书有六篇。"《后汉书·张衡传》曾以"河"、"洛"二字命名图谶一类书籍，说有45篇。王充《论衡·实知篇》说："亡秦者胡，河图之文也。"此说得到了汉末大学者郑玄的赞同。郑玄注《尚书·顾命》云："河图，图出于河，帝王圣者之所受。"即不采用八卦说。相反，他注《易·系辞传》"河出图，洛出书"则采用《春秋纬》说，以为"河图有九篇，洛书有六篇"。汉末另一学者蔡邕注班固《典引》一书说："河图、洛书，皆存亡之事，尚览之以演祸福之验也。"李善注《雒书灵准听》曰："河图本纪图帝王终始存亡之期。"按照这派人的说法，河图、洛书不但是书，有文无图，而且是帝王兴灭的史鉴，得到它是一种祥瑞。《管子·小匡》就曾直言："河出图，洛出书，地出乘黄"，是三祥。此类书至隋代尚存，《隋书·经籍志》载："《河图龙文》一卷"，"其书出于前汉，有河图九篇、洛书六篇。"即其证。

从上述可知，先秦文献关于河图、洛书的记载是不明确的，连孔子也未

---

① 《汉书·五行志上》。

见过它究竟什么样。两汉学者不论对它的认识有多么大的分歧，说它是"八卦"、"九畴"也好，说它是有文无图的书籍也好，但都肯定了这样一个事实：即他们所说的河图、洛书绝不是宋人传下来的五十五点和四十五点的所谓《易》图。也就是说，宋人所讲的河图、洛书并不是自古流传下来的，至少它从先秦到两汉都不存在，而是宋人自己的创造。关于这一点，清儒黄宗羲的《易学象数论》、黄宗炎的《图书辨惑》、胡渭的《易图明辨》、张惠言的《易图条辨》都有明确的论证。张惠言甚至直斥所谓河图、洛书是"宋儒得之于异端，乃诧为千古之秘，不亦妄乎!"任何实事求是的科学工作者对前贤的这些论断，都不能置之不理。

二、河图、洛书出于宋代

河图、洛书出于宋代，是北宋初华山道士陈抟创制的。《宋史·儒林传·朱震》说："陈抟以先天图传种放，放传穆修，穆修传李之才，之才传邵雍。放以河图、洛书传李溉，溉传许坚，许坚传范谔昌，谔昌传刘牧。……牧陈天地五十五之数。"《东都事略·儒学传》也说："陈抟读《易》，以数学授穆修，以象学授种放，放授许坚，坚授范谔昌。"两书的差别只在一个李溉，但晁公武说：谔昌"自谓其学出于溢浦李处约"[1]。李溉与李处约不知是一是二。陈抟所传授的先天易图等，"其图书象数变通之妙，秦汉以来鲜有知者"[2]。后来发展成为《易》象数学中的一个重要流派，并衍化成为两支：一支是邵雍传授的先天《易》图，即阴阳回纹的古太极图；另一支是刘牧所陈的"天地五十五数"，即所谓河图、洛书。

但是，陈抟所传的河图、洛书等《易》图在流传中发生了歧变。

首先，刘牧所传的河、洛等《易》图数目已与陈抟始传的龙图等有了不同。陈抟始传的龙图，现今虽已亡佚，但其序保存在《宋文鉴》中。据元朝道士雷思齐说，其书"特称龙图，离合变通，图余二十，是全用《大传》天一地二至天九地十，五十有五之数，杂以纳甲，贯穿《易》理。"[3]但刘牧

---

① ［南宋］晁公武：《郡斋读书志》卷1。
② 《宋史·儒林传一·李之才》。
③ ［元］雷思齐：《易图通变》卷5。

据陈抟《易》图所作的《易数钩隐图》一书，则有55图之多。刘牧之所以增益《易》图，据雷思齐说是陈抟初为"形洛书者"，仅谓"尽去其五生数，只起地六至地十，自释十为用，十为成形"①，并未指实它是天地五十五数。现在保存在《宋文鉴》中陈抟的《龙图序》也说："始龙图之未合也，惟五十五数：上二十五，天数也，中贯三五九，外包之十五，尽天三、天五、天九并十五之位，后形一、六无位，又显二十四之为用也。兹所谓'天垂象'矣。下三十，地数也，亦分五位，皆明五之用也。十分而为六，形地之象焉。六分而成四象，地六不配。在上则一不配，形二十四；在下则六不用，亦形二十四。后既合也，天一居上为道之宗，地六居下为器之本。"它虽然承认了龙图未合之数由天地五十五数构成，但也没说这是洛书。元人张理据此序作"龙图天地未合之数图"②，如图一。

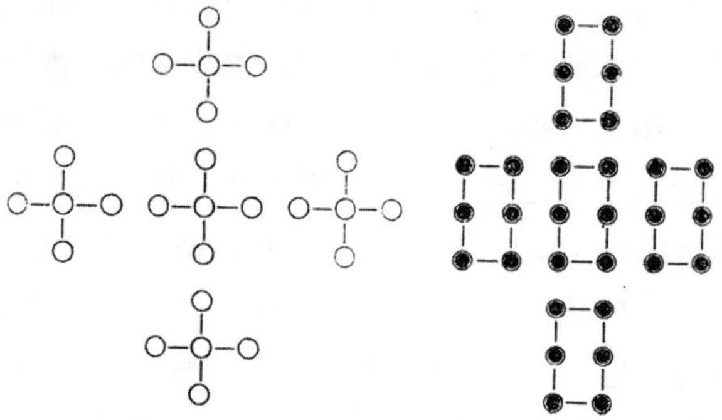

图一

此图也与洛书相去甚远。但是在陈抟的书末"再出两图：其一形九宫者，元无改异，标为河图；其一不过尽置列《大传》五十有五之数于四方及中，而自标异，谓为洛书，并无传例言说"③。雷思齐认为这是陈抟的一个失误。但刘牧因误益误，"以为洛书而有五十五图"，所以凭空多创三十余图。刘牧的《易》图后经李泰伯删定，保留三图，即先天图、河图、洛书。此即刘牧"以九为河图，十为洛书"的由来。

---

① ［元］雷思齐：《易图通变》卷5。
② ［元］张理：《易象图说·内篇》卷上。
③ ［元］雷思齐：《易图通变》卷5。

雷思齐又认为，刘牧误传洛书，其师范谔昌也有一定的责任。因为范谔昌不明陈抟标异河图、洛书的意图，所以他作《大易源流》，取《尚书·洪范》一水二火三木四金五土等五行之数，假托孔子讲造《易》之源曰："天一正北，地二正南，天三正东，地四正西，天五正中央。地六配子，天七配午，地八配卯，天九配酉，地十配中寄于末，乃天地之数五十有五矣。"很显然，范谔昌的这个《易》图把陈抟"尽置五十五数于四方及中"的洛书具体化了。但是这个图还没有把九畴分配九宫，与九宫无涉。至刘牧则把它与《洪范》结合起来了，说："《洪范》载洛书之'九畴'，本河图自然之数，虚皇极于中，而以八畴分布四正四维。"至此，一个"一六在北，二七在南，三八在东，四九在西，五十居中"的洛书图就形成了。从河图、洛书的形成过程，我们可以看到，此图自出于陈抟后，经种放、李溉、许坚、范谔昌，传至刘牧，中间几多变故，不断增益改进，最后以"九为河图，十为洛书"的面貌面世。似这样一个有明确记载的产生于宋代的东西，怎么可以说成是自上古游牧时代传下来的呢？

其次，刘牧所传的河图、洛书与刊载在朱熹《周易本义》卷首的河图、洛书完全不同，两者竟是互相颠倒的。刘牧的河图，被朱熹称为洛书；而朱熹所称的河图，则是刘牧所传的洛书。如图二、图三所示。

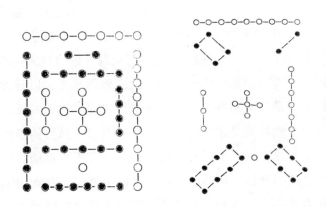

图二、图三　刘牧之洛书，蔡元定更为河图

河图、洛书的这个变化是蔡元定一手造成的。蔡元定是朱熹的门人，为朱熹起稿作《易学启蒙》。他在该书注中说明所以修订刘牧河图、洛书的理由云："古今传记，自孔安国、刘向父子、班固皆以为河图授羲，洛书赐禹。关子明、邵康节皆以十为河图，九为洛书。盖《大传》陈天地五十有五之数，《洪范》又明言'天乃锡禹洪范九畴'，而九宫之数，戴九履一，左三右七，二四为肩，六八为足，正龟背之象也。唯刘牧意见以九为河图，十为洛书，托言出于希夷。既与诸儒旧说不合，又引《大传》以为二者皆出于伏羲之世，其易置图书并无明验。"依据这一理由，蔡元定认为刘牧"易置图书"是无根据的，所以把它调整了过来。朱熹肯定了蔡元定的更正，并把它刊于《周易本义》卷首。鉴于朱熹在封建时代的权威地位，经蔡元定更正的河图、洛书反而得到了广泛流传，至于刘牧的原河图、洛书，则很少为人所知了。

事实上，刘牧所传的河图、洛书，虽在流传中有所增益，但毕竟传于陈抟，渊源有自，应更接近龙图的本象，而蔡元定的更正是无根据的，是错误的。

孔安国、刘向、刘歆、班固诸儒虽说过河图授羲、洛书赐禹，河图是八卦、洛书是《洪范》九畴，但他们从来没说过河图为十，洛书为九，即从来没有把天地五十五数说成是河图，也没有把四十五数说成是洛书。关子明《易传》虽然讲过："河图之文，七前六后，八左九右……洛书之文九前一后，三左七右，四前左，二前右，八后左，六后右"等，确与刘牧说相反。但是关子明《易传》是部伪书。宋代学者早已揭穿了这一点，如陈师道《后山谈丛》、何薳《春渚纪闻》、邵博《闻见后录》都说该书为阮逸伪撰，并以伪稿示苏明允。朱熹对此也很清楚，他说关子明《易传》"是阮逸作，《陈无己集》中说得分明"[1]。项安世《周易玩辞》说得更加明确："世所传关子明《洞极经》亦言河图、洛书，如刘氏说而两易之，以五方者为图，九宫者为书。按唐李鼎祚《易解》尽备前世诸儒之说，独无关氏。至本朝阮逸始伪作。"阮逸与刘牧同是宋仁宗时人，其时刘牧《易数钩隐图》已流行，阮逸为排斥刘学，遂伪撰关子明《易传》。蔡元定不辨真伪，信从关书，已是失误；朱熹已辨明真伪，仍曲从蔡说，是误上加误。蔡元定说："邵雍以十为河图，九为洛书。"也与事实不符。考邵雍《皇极经世书·观物外篇》说："圆者星也，历纪之数，其肇于此乎？方者土也，画九州井地之法，其放于此乎？盖圆者河图之数，方者洛书之文，故羲、文因之而造《易》，

---

① [南宋]朱熹：《朱子语类》卷67《易三》。

禹、箕叙之而作范也。"不难看出，在这段话中，邵雍仅说圆者为河图，方者为洛书，并没说河图为十，洛书为九。这个误解是朱熹造成的。他解邵雍这段话说："圆者河图之数，言无那四角底，其形便圆。""河图既无那四隅，则比之洛书，固亦为圆矣。"所谓"无那四角"、"无那四隅"的圆，就是十，反之方者就是九，就是洛书了。但是，据《观物外篇》的另一段话："圆数有一方数有二，奇耦之义也"。那么，"戴九履一"的洛书反应是圆，而五行五成的河图反应是方。恰与朱熹的解释相反。

由于蔡、朱说引据失实，所以他们所说的并流传到今天的河图、洛书，其实是被颠倒了的洛书、河图。宋代学者朱震、魏华父、张文饶、刘梦吉等都否定蔡说，以十为洛书、为方，以九为河图、为圆。

自宋以后，学者对河图、洛书的实质也多有揭露。如宋林至《易裨传》说河图、洛书原出于纬书，"纬候之家不过借河图、洛书之说，以神其事。至牧反复言之，而世之论《易》者多宗其说，《易》之本原愈以不明。"甚至连朱熹都认为先天图等"传自希夷，希夷又自有所传，盖方士技术用以修炼"者[1]。至于朱熹《周易本义》卷首刊先天等九图，朱熹当然要负一部分责任，但更主要的是"出于门人的依附"[2]。元代陈应润也说："先天诸图为道士修炼之术。"[3]清黄宗羲、胡渭、张惠言等对河图、洛书的本质都有深刻的认识，可参见我们上举各书。当然，说河图、洛书出于纬书，出于道士之手，这丝毫不意味着贬低河图、洛书之数在中国古代数学或许还有天文学史上的成就和地位。但是，如果把这一成就归功于上古游牧时代则是大错特错的，而只应把它归功于宋代和汉代。

三、河图、洛书渊源于汉《易》注和九宫图

清儒说河图、洛书出于纬书，这是指它的思想内涵实渊源于产生纬书的汉代。因为被颠倒的河图、洛书通行已久，纠正它反觉惊世骇俗。下面我们即采用通行的说法来论证一下它的由来。

① ［南宋］朱熹：《朱子语类》卷100《邵子之书》。

② 见［清］王懋竑：《白田杂著》，［清］胡渭《易图明辨》引。

③ 见［元］陈应润：《周易爻变义蕴》，［清］胡渭《易图明辨》引。

河图起源于郑玄的《周易·系辞传》注。对此，清毛奇龄早已发其覆。毛说陈抟创制的龙图，就是郑玄的"大衍之数"注，"康成但有注而无图，而抟窃之以为图；康成之注即可图亦非河图，而抟窃之以为河图。其根其氏，其曲其里，明白显著"[1]。陈抟利用郑玄《易·系辞传》注作河图的痕迹凿凿可考。《礼记·月令》孔颖达疏引郑玄《易》注云："天一生水于北，地二生火于南，天三生木于东，地四生金于西，天五生土于中。阳无耦，阴无配，未得相成。地六成水于北，与天一并；天七成火于南，与地二并；地八成木于东，与天三并；天九成金于西，与地四并；地十成土于中，与天五并也。大衍之数五十有五，五行各气并气。"陈抟袭用郑注，"尽置列《大传》五十有五之数于四方及中，而自标异，谓为洛书"，五传至刘牧，经蔡元定更名，就形成了所谓"河图之位：一与六共宗而居乎北，二与七为朋而居乎南，三与八同道而居乎东，四与九为友而居乎西，五与十相守而居乎中"[2]的模式。十分清楚，这个模式与郑玄《易》注一脉相承，有渊源关系。

郑玄的《易》注又本于纬书《易纬·乾凿度》。《乾凿度》说："天本一而立，一为数源，地配生六，成天地之数，合而成性。天三地八，天七地二，天五地十，天九地四，运五行，先水，次木生火，次土及金。"郑玄的根据应当还有《汉书·律历志》。《律历志上》说："天以一生水，地以二生火，天以三生木，地以四生金，天以五生土。五胜相乘，以生小周。"河图的思想内涵虽然渊源于汉，渊源于郑玄，但汉儒和郑玄都没有把《乾凿度》和《律历志》当作河图，郑玄也没有把自己的"大衍之数"注说成是河图，并且他对所谓"河图"另外有注，以为是书籍。由此也可以看出，宋人所传的河图并不是由汉代继承下来的，而是他们依据汉人提供的思想资料自己创造的。

再说，河图把"天一地二"之数与五行联系在一起，这也不是《易》所原有的。《易》本与五行无关。《易》以八卦、六十四卦概括天地万物，表现它们的发展变化规律。它虽然可以代表五行，如说《离》为火、《坎》为水等，但"天一地二"之数与水火五行并无必然联系。从《左传》、《国语》引用的卦例看，至少春秋时期尚无这种联系。《易》与五行的结合，

---

① ［清］毛奇龄：《河洛原舛篇》，载［清］毛奇龄：《仲氏易》。
② ［南宋］朱熹：《易学启蒙·本图书》。

是汉代出现的事。汉刘向、刘歆父子作《洪范·五行传》推衍灾异，始用《易·系辞传》天地六七八九之数，以续《尚书·洪范》一二三四五，作为五行生成的妃牡之数。其后，扬子云作《太玄·玄图》，马融、郑玄、虞翻作《易·系辞传》注皆采向、歆说，引五行以说《易》，《易》天地五十五数始与五行之数相结合。但是，他们都没有把天地五十五数说成是河图。这是因为他们懂得天地生成之数只与筮法相联系，只是生筮的数，还不是画卦的数。清代考据学者曾专门论列过这个问题。如胡渭说："一三五七九同为奇，二四六八十同为偶，是谓'五位相得'。一与二，三与四，五与六，七与八，九与十，一奇一偶，两两相配，是谓'各有合'，于五行五方曷与焉？于天地生成曷与焉？于河图、洛书又曷与焉？"①

至陈抟据天地五十五数作洛书、河图，始将大衍之数与河、洛之数结合起来。以至于后来学者竟以为《易》据河图、洛书而作，不知河图、洛书乃据《易》而作。清毛奇龄《河洛原舛篇》对于大衍之数与河图之数的差别说得十分清楚："世之言河图者，亦皆知大衍之数，然弟以为河图之阳二十五点、河图之阴三十点，与大衍之数一三五七九、二四六八十共成五十有五者，其数相合而已耳。而其天生地成，地生天成，或北或南，为火为水，能方能圆，有单有复，按之可为形，指之可为象，则河图有之，大衍不得而有之也。"②这就是说，大衍之数五十有五是天地赖以产生变化的数字，在未经卜筮前，它没有南北、水火、方圆、单复、形象的变化。经过取用四十有九、分二、挂一、揲四的卜筮过程，求出具体卦象，它始有时空的变化。而河图、洛书之数则不然，它一开始就是具体的，有南北、水火、方圆、单复、形象之变。所以，两者是绝对不同的。河图之数与五行的结合，是它产生在汉代以后的又一有力证据。

洛书来源于汉代的九宫图。

洛书的特点是："戴九履一，左三右七，二与四为肩，六与八为足，五为腹心，纵横数之，皆十五。"③这个特点正与汉代九宫的特点相符。北周甄鸾在《数术记遗·九宫算》一书注中概括九宫的特点说："九宫者，即二四

① ［清］胡渭：《易图明辨》卷1。
② ［清］毛奇龄：《河洛原舛篇》，载［清］毛奇龄：《仲氏易》。
③ ［北宋］刘牧：《易数钩隐图》。

为肩，六八为足，左三右七，戴九履一，五居中央。"两者是完全一致的。

九宫又称明堂九室，见载于《礼记·月令》。《月令》云：孟春，天子居青阳左个，仲春居青阳太庙，季春居青阳右个。孟夏居明堂左个，仲夏居明堂太庙，季夏居明堂右个。中央土，天子居太庙太室。孟秋，天子居总章左个，仲秋居总章太庙，季秋居总章右个。孟冬居玄堂左个，仲冬居玄堂太庙，季冬居玄堂右个。（如图四）

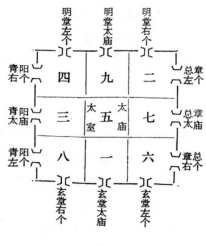

图四

《大戴礼记·明堂》讲九室分布说："明堂者，古有之也，凡九室……二九四、七五三、六一八。"后来，汉代学者把九宫与八卦联系在一起，创造了"太一下行九宫图"。《易纬·乾凿度》曰："太一取其数以行九宫。"郑玄注云："太一者，北辰神名也。下行八卦之宫，每四乃还于中央。中央者，（地神）［北辰］①之所居，故谓之九宫。天数大分，以阳出，以阴入。阳起于子，阴起于午，是以大一下九宫，从坎宫始。自此而从于坤宫，又自此而从于震宫，又自此而从于巽宫，所以（从）［行］②半矣，还息于中央之宫。既又自此而从于乾宫，又自此而从于兑宫，又自此而从于艮宫，又自此而从于离宫，行则周矣，上游息于太一之星而反紫宫。行起从坎宫始，终于离宫也。"③见图五。

---

① 原作"地神"，今从中华书局点校本《后汉书·张衡传》注改。

② 原作"从"，今从中华书局点校本《后汉书·张衡传》注改。

③ 《后汉书·张衡传》注引。

图五

1978年在安徽阜阳双古堆汝阴侯墓出土一块太乙九宫占盘，为汉文帝时物，其天盘形制如下：

四　九百姓　二

＼　｜　／

三相—　—七将

／　｜　＼

八　一君　六

图六

这件出土文物证明，汉代文献关于九宫的记载是有根据的。

九宫的形制源远流长，《孟子·滕文公》讲井地之法，八家共井，中为公田，计为九块。

《孙膑兵法》有"八阵"，《李卫公问对》解古代八阵图曰："其字井形，开方九焉。五为阵法，四为闲地，此所谓数起于五也。虚其中，大将居之，环其四面，诸部连绕，此所谓终于八也。"

《管子·轻重戊篇》说："虑戏（即伏羲）作造六峜，以迎阴阳，作九九之数，以合天道，而天下化之。"北魏刘徽《九章算经》序说："包羲氏始画八卦，作九九之数，以合六八之变，黄帝引而伸之。"九宫与井地、八阵的图式一脉相承，应产生于井地、八阵之后，并从中受到了启发。而九九之数则应是它们在数学上的理论概括。《管子》书和刘徽说它产生于伏羲时代只能是一种托辞。因为从产生井地、八阵、九宫的图式，到对它们进行理论抽象，需要一个相当长的历史过程。从文献记载看，井地为周代的土地制度，八阵见于战国，九宫产生于秦汉间，九九之数只会在其后不会在其前，绝不可能是伏羲时代的产物。同理，以二九四、七五三、六一八为特征，纵横皆十五的九宫之数也只能产生在九宫之后。陈久金、张敬国两先生说："九宫之数的发展，是中国数学史上的一个成就，它与天文历法无关。它大约发现于秦汉而绝非是原始人类所能掌握的。因此，它的排列形式与周以前的所谓法龟文的洛书没有共同之处。"①这个说法是正确的。可见，九宫之数并不是从洛书引申出来的，恰恰相反，倒是陈抟取九宫之数创制了"河图"，五传至刘牧而行于世，后被蔡元定翻作"洛书"。这段公案，何为源，何为流，何为本，何为末，明明白白，清清楚楚，实不容人混淆。现有人把宋代创造的河图、洛书上推到上古游牧时代，并据此断定说无文字时代的游牧民族对"透视概念已有认识，能把立体图用平面图表示出来"，又说他们"懂得了正方形、圆、球、透视等几何知识"等等②，纯属捕风系影之谈。

1987年安徽含山凌家滩新石器时代遗址出土的玉器中，有一玉龟腹甲、背甲各有一组呈 ⦂⦂ 形和 ⦂ 形的符号。更有一玉片，周边凿孔，上九下四左右各五。有人说这就是上古的河图、洛书③。我们认为这种说法也是缺乏根据的。据九宫之数，该玉片缺一少二无三，更无六七八，算不得九宫之数；据大衍五十有五之数，该玉片在缺少一二三六七八之外，还缺地十。似这样一个仅有四、五、九三组数字的玉片，怎能遽以为是河图、洛书呢？

综合上述，我们认为河图、洛书创制于宋，渊源于汉，绝不是先秦文献中所载的"河图"、"洛书"，更不是上古游牧时代的产物。河图、洛书的产生是《易》学象数学发展到一个新阶段的标志。它把九宫之数融入《易》学，把天地五十五数排列成序，使数学与《易》学相结合，形成了河洛图书之学，并成为《易》学中的一个重要流派。对于这样一个《易》学流派，人们尽可以从社会科学、自然科学的不同方面、不同角度进行充分的分析研究，但应做出科学的、恰如其分的评价。

（原载《史学集刊》1991年第1期）

① 陈久金、张敬国：《含山出土玉片图形试考》，《文物》1989年第4期。
② 见韩永贤：《对河图洛书的探究》，《内蒙古社会科学》1988年第3期。
③ 陈久金、张敬国：《含山出土玉片图形试考》，《文物》1989年第4期。

再谈河图、洛书的时代问题

拙文《河图、洛书时代考辨》在《史学集刊》1991年第1期发表以后，苏洪济先生撰《河图洛书考释》（以下简称"苏文"）、韩永贤先生撰《河图、洛书时代再考》[①]（以下简称"韩文"），先后批评拙文。不同学术观点互相交流，互相切磋，有利于学术的繁荣，因此本文准备本着实事求是的态度，再谈河图、洛书的时代问题。

一、拙文与苏、韩两文在今传河图洛书起源上的分歧

拙文认为，先秦时代存在着有关河图、洛书的传说。这一点，当然不容怀疑。拙文并列举《尚书·顾命》、《论语·子罕》、《易·系辞传》和《管子·小匡》四种先秦著作，来证明这个传说的存在。但鉴于《管子》一书的成书年代颇有争议，所以我笼统地把它归入先秦两汉文献一类，当时没有指明它为先秦著作。但是，传说终归是传说，不能根据传说来论定今传的河图、洛书就是先秦的东西。因为在先秦文献中，河图、洛书到底是什么？是图？是书？还是什么别的东西，谁也说不清楚。不仅先秦时人说不清楚，两汉的人也说不清楚。对此，清代的考据学家们，如胡渭的《易图明辨》、张惠言的《易图条辨》等早已论证得明明白白，恕不赘引。

今人刘大钧先生说："《系辞》虽说圣人作《易》则之'河图''洛书'，但历来讲《易》者，由西汉的施、孟、梁丘、京房、费直，到东汉的马融、荀爽、郑玄、虞翻、陆绩以及魏晋时的王肃、王弼、姚信、王庚、张瑶、干宝等，皆无人解'河图''洛书'是何等情形。唐人陆德明、孔颖

---

① 韩永贤：《河图、洛书时代再考》，《内蒙古社会科学》1992年第1期。

韩永贤先生则把它考证出来了，说："禹治洪水……于是发现了古文物石头制成的洛书，石上有圈点，其形似龟，故称之为'神龟'而不称龟。"①倘若韩先生的这个伟大发现是真的，它的意义将不亚于在周口店发现北京人猿的头盖骨，其丰功伟绩必将永垂中华文明的史册。可惜的是，韩先生没有提出任何有力的证据，因而他的说法只不过是子虚乌有、捕风系影而已。

总观苏文、韩文，他们赖以立论的根据，都是凿空之论。不仅如此，他们引证文献材料也随心所欲，极不严肃。关于这一点，我们将在下文来谈。

二、我与苏文在刘牧与朱熹所传河图、洛书上的分歧

拙文依据《宋史·儒林传》和《东都事略》指出，今出河图、洛书创始于宋代陈抟，由陈抟经种放、李溉、许坚、范谔昌，五传而至刘牧。后来，刘牧所传的河图、洛书为蔡元定所颠倒，蔡以刘的河图为洛书、以刘的洛书为河图。朱熹采蔡说，把河图、洛书列于《周易本义》卷首。

在朱熹以前，宋代的《易》学家几乎众口一辞，都从刘牧说。如朱震谓："河图……其图戴九履一，左三右七，二四为肩，六八为足，纵横十有五，总四十有五。"②张浚说："洛书备天地自然之数，自一至十，合为五十有五，此天地生成之数也。""河图以九宫配数，至九而止，合之为四十有五。"③吴沆说："盖合地二与四以为六，而为老阴；合天一三五以为九，而为老阳；又合六九之数，纵横数之皆十有五，而为河图。又以天一至地十合数五十有五，而为洛书。是故，大衍之数起于洛书，而六九之名，定于河图。"④又，李衡说："河图者，九宫；洛书，五行效之。"⑤

在朱熹之后，宋代的许多学者也不宗信朱说，为节省篇幅，兹不一一列举，仅引胡渭的一段考据以证明："《本义》虽列此二图，终不能厌服天下之心，故吕伯恭与朱子友善而信刘牧龙图之学，魏华父私淑朱子，亦以戴九

---

① 韩永贤：《河图、洛书时代再考》，《内蒙古社会科学》1992年第1期。
② ［南宋］朱震：《汉上易传·易卦图》卷上。
③ ［南宋］张浚：《紫岩易传》卷7。
④ ［南宋］吴沆：《易旋玑》上卷。
⑤ ［南宋］李衡：《周易义海撮要》卷7。

履一者为河图。他如朱元昇、葛同叟、李简、胡一中皆生于朱子之后，而不从《启蒙》。宋末元初，朱学盛行，始有从《启蒙》者，而郝经、刘因、雷思齐犹以为非。迨明之中叶，士子舍程《传》而专宗《本义》，天下于是惟知有卷首之图书而不复问其所从来矣。"①

当然，鉴于朱熹在学术界的崇高地位，当时学人中也不能没有依草附木的，例如王巽卿就是其中之一。他在《大易缉说》中就论定蔡元定所传河图、洛书为正宗，说："汉孔安国、刘歆、班固皆曰：'伏羲氏继天而王，龙马出河，遂则其文，以画八卦；禹治水时，神龟负文列于背，有数至九，禹法之，以陈九畴。'魏关朗亦曰：'河图之文，七前六后，八左九右；洛书之文，前一后九，左三右七。'由是汉魏诸儒皆以十为河图，九为洛书。初无异说，及刘牧独以九为河图，十为洛书，易而置之。"王说完全由承袭朱熹与蔡元定的《易学启蒙》而来。这种说法不值一驳。拙文已经说过："孔安国、刘向、刘歆、班固诸儒虽然说过河图授羲、洛书赐禹，河图是八卦、洛书是《洪范》九畴，但他们从来没说过河图为十，洛书为九，即从来没有把天地五十五数说成是河图，也没有把四十五数说成是洛书。"而王文所说的"禹治水时，神龟负文列于背，有数至九，禹法之，以陈九畴"一段话，苏文、韩文也都引用了，恃为有力证据。然而这段话出自《尚书》伪孔传，它既不是汉孔安国所作，所收经文也不是孔壁真《古文尚书》，而是一部东晋的伪书。王氏援引伪书立论，苏、韩亦步亦趋，这当然都是不能说服人的。至于关朗《易传》之伪，拙文已经说过，此不赘。

事实上，朱熹对蔡元定更改过的河图、洛书也持游移态度。他曾说过："安知图之不为书，书之不为图也？"②朱熹的态度，犹不失为学者的明智。

对于这个问题，今天学术界的有识之士也有明确的论述："我们今天所见的'河图''洛书'，乃朱熹从蔡元定之说，定于《周易本义》卷首的。它们与刘牧当初所传者相反：我们今天所见'河图'，正是刘牧的'洛书'；而现在的'洛书'，即是刘牧当初的'河图'。"③又说："因为这个'图''书'受到了朱熹的进一步肯定，故后人虽有知其非者，因碍于朱熹

① ［清］胡渭：《易图明辨》卷5。
② ［南宋］朱熹：《易学启蒙》卷上。
③ 刘大钧：《周易概论·历代〈易〉学研究概论（下）》，齐鲁书社，1988年版。

的权威地位，害怕'有干清议'，故无人点破。"①在旧的时代固然无人敢于
点破，难道在今天我们还有必要维护朱熹的权威，不敢点破吗？苏文引邵雍
说"圆者河图之数，方者洛书之文，故羲、文因之而造《易》，禹、箕叙之
而作范"来论证"十为河图，九为洛书"，也是不可信据的。因为邵雍只谈
了方、圆，而没有说什么"九""十"。以"十"为圆、为河图，以"九"
为方、为洛书，不过是朱熹的错误的理解。早在宋代，学者们就已经指出了
这一点。如魏了翁说："朱文公以十为河图、九为洛书，引邵子说辨析甚
详，叔原从之。乃邵子不过曰：'圆者，河图之数，方者，洛书之文。'今
戴九履一之图其象圆，五行生成之图其象方，是九圆而十方也，安知邵子不
以九为图、十为书乎？"②又，刘静修说："邵子但言方圆之象，而不指九、
十之数。若以象观之，则九又圆于十矣。"③

　　总之，当初刘牧的"河图""洛书"，系陈抟所传；而朱熹的"河
图"、"洛书"，系由蔡元定颠倒刘牧的河、洛而来。苏文抱定朱熹和蔡元
定的旧说，认为今传河图、洛书是正宗；刘牧所传的河、洛则是被颠倒过
的，是没有根据的。

　　韩文用现存"河图""洛书"的五十五圈点和四十五圈点来"证实
八卦记号来源于圈点"，并说："一开始应用圈点进行任意组成，表示需
要的象，这当是记号时代的晚期"云云。这完全是驰骋主观想象之论。今
传河图、洛书不过始创于宋代，用这种晚出的东西怎么能证明上古无文字
时代的事物？依韩文说，就算汉代的太乙九宫是洛书，而那个九宫也是由
"二九四、七五三、六一八"的数字组成的，而不是什么圈点。据考古资
料，在安阳殷墟四磨盘、山东朱家桥、陕西岐山凤雏村等地出土的卜骨和陶
器上的易卦，都是数字卦。其数字有一、六、八、五、九等，与《易·系辞
传》所说的天一地二、天三地四等天地五十五数相符。后为占卜方便，省
略为一、二，即阳一、阴--。根本不是什么以"长短横代换圈点"。正因
为《易》由数组成，所以早期的《易》学是象数学，在这里哪有什么圈点的
地位？

---

① 刘大钧：《周易概论·历代〈易〉学研究概论（下）》，齐鲁书社，1988年版。

② ［清］胡渭：《易图明辨》卷5。

③ ［清］胡渭：《易图明辨》卷5。

三、评苏、韩两文的研究方法

苏文讲论他的研究方法说："考证某一事物的来龙去脉，完全依赖于历史记载，事实证明是很不可靠的。必须要根据这一事物的实质和内涵，在有关历史记载的旁证下，以科学性和考证性为手段，以实事求是和合情合理为目的，才能对这一事物作出正确的认定。"

苏文的前一句话，应该说有它合理的部分，但是用来证明"完全依赖于历史记载"而得出的"很不可靠"的结论的材料，应该是比历史记载更可靠的东西：一是地下发掘的文字学材料，如甲骨金文、简牍帛书等；二是地下发掘的实物材料，而绝不是什么别的，更不能是离开历史记载的主观臆想。然而遗憾的是，苏文、韩文都没有这样做。苏文虽然打着"以科学性和考证性为手段，以实事求是和合情合理为目的"的旗号，但用来"正确认定"事物的方法，仍不过是一种主观主义的方法；韩文与苏文异曲同工，都把与他们主观臆想不一致的历史记载，简单地归于"不可靠"、"无证据的说"一类；而对于所谓"可靠"的文献记载，也要经过自己的主观改造，然后加以引用。其具体手法有以下几种：

其一，任意曲解古代文献，把不同历史时期的东西随便捏合在一起，然后用后人的说法冒充前人旧说。

如苏文引证《易·系辞传》说："古籍中有所谓伏羲氏'仰观俯察'天地万物，感河中龙马背上之图形而创造八卦说法。"考诸《易·系辞传》，哪里有这段话？实际上苏文引用的不过是《易·系辞传》的这样两句话：其一、《系辞传上》："河出图，洛出书，圣人则之"；其二、《系辞传下》："古者包牺氏之王天下也，仰则观象于天，俯则观法于地，观鸟兽之文与地之宜，近取诸身，远取诸物，于是始作八卦。"在这两段话中，哪里有什么"感河中龙马背上之图形，而创造八卦"之类文字的影子呢？苏文引证的这句话，不要说《易·系辞传》中没有，就是在《易·系辞传》的注疏中也是没有的。这句话实出于《尚书·顾命》伪孔传："伏牺氏王天下，龙马出河，遂则其文，以画八卦，谓之河图。"苏文任意把《易·系辞传》与《尚书》伪孔传牵混在一起，用东晋人的伪说来冒充先秦古说。

天下事无独有偶，韩文采用的手法与苏文如出一辙。如韩文说："按孔氏曰：天与禹神龟负文而出列于背，有数至九，禹遂因而第之以成九类。《易》言：'河出图，洛出书，圣人则之。'盖治水功成，洛龟呈瑞，如箫韶奏而凤仪，春秋作而麟至，亦其理也。世传戴九履一，左三右七，二四在肩，六八为足，即洛书之数也。"韩先生所引的这段"按孔氏曰"就是由《尚书·洪范》伪孔传、《易·系辞传》和宋蔡沈《书集传》三段话组成的。《易大传》出于先秦，"伪孔传"出于东晋，蔡沈《书集传》出于南宋。韩文用南宋的蔡沈说冒充为《尚书》伪孔传，然后用它来证明"禹治洪水发现洛书古文物是可信的"，这难道还不够荒唐吗？

问题还在于，韩文把拙文列举的先秦两汉文献证据都说成是错的，"错在引证古人的你说、我说、无证据的说。引证的有孔安国对《论语》的注、孔颖达对《易·系辞传》的疏、《尚书》伪孔传、《礼纬·含文嘉》、《覆灵赋》、《东京赋》、《春秋纬》、《后汉书·张衡传》、《论衡·实知篇》等等。"然而韩文列举的"正确"的证据是什么呢？原来是南宋蔡沈的《书集传》。蔡说的根据呢？是"孔氏曰"，也就是《尚书》伪孔传。我们引证真孔安国的《论语》注，韩文指责为是"无证据的说"；而韩文自己引用冒充孔安国说的《尚书》伪孔传，则是"有根据的说"。天下竟有这样的逻辑吗？大概韩先生在指责我们的时候，还不知蔡沈所引证的"孔氏曰"，就是《尚书》伪孔传吧？

其二、苏文用郑玄的《易·系辞传》"大衍之数"注代替"河图"、"洛书"注，乘机把自己的意见强加给郑玄。如苏文说："到了后汉，郑玄更进一步地把五行、天地和方位放入河图之中，这说明郑玄较之于扬雄有了更深一层的理解：'地六成水于北与天一并；天七成火于南与地二并；地八成木于东与天三并；天九成金于西与地四并；地十成土于中与天五并也。'（类似于郑玄的，还有《易纬·乾坤凿度》）"郑玄真的"把五行、天地和方位放入河图之中"了吗？回答是否定的。苏文所引郑玄的这段话，并不是郑玄的"河图""洛书"注，不能反映郑玄对"河图""洛书"的见解。郑玄注"河图""洛书"云："河以通乾出天苞，洛以流坤吐地符，河龙图发，洛龟书感。河图有九篇，洛书有六篇。"从郑玄对"河图""洛书"的解说中，怎能得出他"把五行、天地和方位放入河图之中"的结论来？其实，苏文所引郑玄的那段话是郑玄的《易·系辞传》"大衍之数"注，始见于《礼记·月令》孔疏。而把五行、方位融入天地五十五数的也不自郑玄始，早在西汉末年刘向、刘歆父子作《洪范·五行传》就开始了。也不能说"类似于郑玄的，还有《易纬·乾坤凿度》"，而应该说郑玄注《易·系辞传》"大衍之数"时吸收了《易纬》的成果。因为《易纬》成书于西汉的哀平之际，比郑玄早二百年。《易纬·乾坤凿度》说："天本一而立，一为数源，地配生六，成天地之数，合而成性。天三地八，天七地二，天五地十，天九地四，运五行，先水，次木生火，次土及金。木，仁；火，礼；土，信；水，智；金，义。又《万名经》曰：'水土兼智信，木火兼仁惠，五事天性，训成人伦。"可见，由西汉末年开始，许多学者不仅把五行、方位，而且把"仁礼信智义"与《易》的"天地之数"结合起来。郑玄的"大衍之数"注，正是这些《易》学成果的总结。至宋代，陈抟据此创造出"洛书"。司是在汉代，它既非"河图"，亦非"洛书"，不过是"大衍之数"注而已。

韩文声称有"考古发掘的新材料"来证明河图、洛书是上古无文字时代的产物。而他所引用的新材料，不过是我已经引用过的汉代太乙九宫占盘。这个占盘也帮不了韩先生什么忙，因为在汉代，九宫与河图、洛书是各自并存，并不牵混的。韩先生一口咬定该盘上的图就是洛书，有什么根据吗？没有。如果说有，那就是该盘上的图竟与现传的洛书惊人的一致吧？而这不但证明不了它是洛书，反而证明洛书确实是由改造它而来的。因为，据汉代的《灵枢经》《黄帝九宫经》《易纬·乾坤凿度》以及《南齐书·高帝本纪》引"太一九宫占"，《隋书·经籍志》载"太一九宫杂占"等文献，该占盘的图与诸书所载的"太一九宫"内容完全一致。严敦杰先生考定该盘名"太乙九宫占盘"[①]，是正确的。宋代的陈抟牵混"太乙九宫"与"洛书"的界限，把"太乙九宫"改造成为"洛书"，而今天韩先生又据宋人说来判定汉代的"太乙九宫"就是所谓的"洛书"，这能站住脚吗？要想证明汉代的"九宫"是洛书，应该拿出汉代的材料来，这一点还用多说吗？

其三，苏文把自己的意见强加于古人，用自己的主观臆断充作古人的

---

① 严敦杰：《关于西汉初期的式盘和占盘》，《考古》1978年第5期。

说法。如苏文依据《孟子·滕文公上》论断说："甚至连土地所有制，也推行井田制，将一块土地像洛书似的横三纵三地分为九份。"田制真的如苏文所说，是仿效"洛书"划分的吗？回答当然又是否定的。考《孟子·滕文公上》，说："方里而井，井九百亩，其中为公田。八家皆私百亩，同养公田。"据此，如果说汉代的"太乙九宫"或曰"明堂九室"与古代的井地之法存在着某种联系，倒也不为过，而说井田制是依据"洛书"划成的，则是厚诬古人。井田制是古老的农村公社的土地制度，是原始氏族制度的遗存，它几乎是与生民俱来的东西。而今传洛书不过是宋人依据汉代的"太乙九宫"（或曰"明堂九室"）创制的，就算"太乙九宫"可以追溯到周代，它也绝不能成为井田制度的源头。科学不是儿戏，而是严肃的事业。要证明井田制依据"洛书"划成，光凭想象不行，需要拿出证据来。

其四，引用伪书立说，是苏、韩两文的共同特点。苏、韩两文引用《尚书》伪孔传立论，已见上述，不再谈。此外，苏文援引今本《竹书纪年》说："黄帝五十年秋，七月庚申，凤鸟至，帝祭于洛水（"水"字苏文误为"书"）。"注："庚申，天雾，三日三夜，昼昏……雾既降，游于洛水之上，得《图书》焉"来证明"洛书"出现在上古。这条材料，大概也是苏文所说的"只使用两汉以前的一、二手材料"之一吧？然而，援引这样的材料来证明上古的问题是无济于事的。因为托名梁沈约注的今本《竹书纪年》是一部伪书，它的附注抄自《宋书·符瑞志》。韩文与苏文一样，在给我们开列的"汉代前各家对河图、洛书的叙述"的书单中，不仅把汉代的《礼记·礼运》《易纬·乾凿度》、扬雄《覈灵赋》、班固《汉书·五行志》及《五行志赞》、刘安《淮南子·俶真训》《白虎通德论》等著作，当作汉以前的东西，而且把南朝梁代刘勰的《原道》，也当作汉以前的东西。然而，更有甚者的是，韩文竟然把后世伪作的《子华子》、宋代人伪造的《三坟》之类，也都一股脑儿当作汉以前的东西。

写文章在选用材料时，首先要鉴别真伪，这是学术界的常识。苏、韩两先生对这样重要的问题怎么会不知道，而一再援引伪书立论呢？

最后，我还想说明一下，遵循实事求是的原则，对祖国的传统文化进行科学的研究和评价，这怎么就"随便贬低"了"中国五千年文明"呢？怎么就成了"对两千年《易》学成果的简单对待"呢？难道因为"《周易》从华夏大地传向五洲四洋，'河洛'之学以它东方文化魅力而使泰西学者赞叹不已"，我们就不要实事求是，就只能跟着叫好而不能谈论它的问题了吗？

我们研究自己国家的传统文化，应该走自己的路，有自己的民族自尊心和自信力。不论对于泰西学者叫了好的或是没有叫好的，都应该采取实事求是的科学态度，既不妄自菲薄，也不溢美虚夸。如果人家叫了一声好，自己就飘飘然起来，仿佛吸了一口鸦片烟，精神了一阵子；如果人家没叫好，自己就妄自菲薄，认为样样不行。这种态度，我认为是要不得的。

（原载《史学集刊》1992年第4期）

《易·乾》卦汇解

本文运用《易传》的阴阳对立统一理论与由象入理的方法，汇解《易》之《乾》卦。虽为汇解，但不罗列全部资料，只选择作者认为最贴近《易》理的说法来分析《乾》卦。《乾》作为《易》之门、《易》之蕴，含有《周易》的许多丰富内容及原理：生命起源与原动力，《乾》的性德与自然规律的关系、与人伦理规则的关系，乾元的"穷变""变通"、阴阳对转循环往复论，《乾》的"阴阳鬼神"说，《乾》的人类伦理来源与"进德修业"说，《乾》的"天人合一"思想等，都对我们深入认识《周易》的卦爻占筮体系与义理系统有重要的学术价值和学术意义。

乾，元亨利贞。

【汇解】：尚秉和先生释曰："《说卦》：'乾，健也。'《子夏传》：'元，始也；亨，通也；利，和也；贞，正也。'盖天之体以健为用，而天之德莫大于四时。元亨利贞，即春夏秋冬，即东南西北。震元，离亨，兑利，坎贞，往来循环，不忒不穷。"又说："盖元亨利贞，合之为乾德，分之为八卦之德，故即为六十四卦之根本。"[1]其说甚是。这是传统儒家之说。高亨先生注"元亨利贞"为"大享利占"[2]，是离开儒家经典《易》学，把《周易》重新解释到卜筮之书的老路上去了，不可取。

初九，潜龙勿用。

【汇解】：尚秉和先生曰："物莫神于龙，故借龙以喻阳气。"[3]此发挥汉马融"物莫大于龙，故取龙以喻天之阳气"，但将"大"字改为"神"，更符合原义。《易》之六爻，初、二为地，初在地下，二在地上。初九是阳

---

① 尚秉和：《周易尚氏学》，中华书局，1980年版，第13-15页。
② 高亨：《周易古经今注》，中华书局，1984年版，第13-15页。
③ 尚秉和：《周易尚氏学》，第16页。

气始生于地下，虽具阳德，但其气尚弱，宜修养待时，故曰勿用。

九二，见龙在田，利见大人。

【汇解】：王弼注："出潜离隐，故曰见龙。处于地上，故曰在田。"①
尚秉和先生释："《乾》为大人，二虽不当位而居中。利见者，言大人宜于
此时出见也。"并批评郑玄说"利见九五之大人"，为非②。是正确的。

九三，君子终日乾乾，夕惕若厉，无咎。

【汇解】：君子，指阳气、龙。言阳气上升到九三之位。

孔颖达解曰：九三"阳而得位，故称'君子'。在忧危之地，故'终
日乾乾'，言每恒终竟此日，健健自强，勉力不有止息。'夕惕'者，谓终
竟此日，后至向夕之时，犹怀忧惕。"③朱熹释："九，阳爻；三，阳位。
重刚不中，居下之上，乃危地也。然性体刚健，有能乾乾惕厉之象"，"言
能忧惧如是，则虽处危地而无咎也。"④尚先生释曰："三居下卦之终，故
曰'终日'，曰'夕'。惕，忧思也。厉，危也。忧危故无咎。"⑤三家皆
将"夕惕若厉"讲成忧思、忧惧，其实皆误。吾师弟廖名春运用马王堆帛书
《易传·二三子问》载孔子解"君子终日乾乾"曰："此言君子务时，待时
而动"；解"夕沂若，厉无咎"曰："时终而止之以置身，置身而静。"又
《衷篇》曰："'君子冬日键键'，用也；'夕沂若，厉无咎'，息也。
《易》曰：'君子冬日键键，夕沂若，厉无咎。'子曰：'知息也，何咎之
有？'"谓沂同析。析、惕两字，古音义皆同，为一字之异写。并结合《淮
南子·人间训》解"君子终日乾乾，夕惕若厉，无咎"曰"终日乾乾，以阳
动也；夕惕若厉，以阴息也。因日以动，因夜以息，唯有道者能行之。"此
是《易》九三爻辞之确解，实为不刊之论。⑥廖说以坚实的材料突破前儒之
解，诚可嘉也。

---

① ［唐］孔颖达：《周易正义》卷1《乾》，中华书局，1980年版，第13页。

② 尚秉和：《周易尚氏学》，第16页。

③ ［唐］孔颖达：《周易正义》，第13页。

④ ［南宋］朱熹：《周易本义》，中国书店，1994年版，第15页。

⑤ 尚秉和：《周易尚氏学》，第16页。

⑥ 廖名春：《〈周易〉经传与易学史新论》，齐鲁书社，2001年版，第4-7页。

九四，或跃在渊，无咎。

【汇解】：代表阳气的龙上升到九四之位。尚氏《易》释曰："《易林》、九家、荀爽皆以乾为江河，故乾亦为渊。"①谓龙已进入渊，其说可取。"或跃在渊"，因九四也是"多惧"之位，龙又以阳居阴位，不中不正，应对"或跃"与不跃慎重考虑，方能保跃而无咎。

九五，飞龙在天，利见大人。

【汇解】：朱熹曰："刚健中正，以居尊位，如以圣人之德，居圣人之位，故其象如此。"②尚氏《易》释曰："五于三才为天位，又为天子位，贵而得中，故曰'飞龙在天'。大人于此，居极尊之位，履万物之上"，"故亦曰'利见大人'"③。两说相较，以尚氏说为优长。

上九，亢龙有悔。

【汇解】：尚氏《易》曰："王肃曰'穷高曰亢'，上九居卦之极，故曰穷；在六爻之上，故曰高。高则易危，穷则事尽，故有悔。"④也较其它解释为优长。

用九，见群龙无首，吉。

【汇解】：朱熹释："'用九'，言凡筮得阳爻者，皆用九而不用七，盖诸卦百九十二阳爻之通例也。""盖六阳皆变，刚而能柔，吉之道也。"⑤这是学术界通说。尚氏《易》有不同看法，谓"《易》之本为六、七、八、九。七九阳，八六阴。今遇阳，胡以只言九，不言七？则以《周易》以九为用。""用者，动也，变也。用九者，言遇九则动，遇七则不动。""'见群龙无首，吉'者，申遇九则变之义也。九何以必变？阳之数，九为极多，故曰群。阳极反阴，乃天地自然之理。《乾》为首，……变《坤》则无首。"⑥两说相较，以朱说为长。尚氏说"用九"只是九变七不动，是误说。七也动，不过不是转变为阴，而是进为九，亦阳。故占筮时，不用七。"用九"者，是说《乾》卦为纯阳之卦，变到上九时，全部六爻皆成九了，

---

① 尚秉和：《周易尚氏学》，第17页。

② ［南宋］朱熹：《周易本义》，第15页。

③ 尚秉和：《周易尚氏学》，第17页。

④ 尚秉和：《周易尚氏学》，第17页。

⑤ ［南宋］朱熹：《周易本义》，第15页。

⑥ 尚秉和：《周易尚氏学》，第17页。

已没有七。故朱说"用九"是"六阳皆变"。若如尚氏所说，《乾》卦言遇九动，遇七不动，《乾》六爻中有七有九，变后就不会是《坤》卦。那么，怎样实现阴阳对转呢？《乾》卦为六爻皆九，才能发展到阳极，上九之极者，乃《乾》之终也。说明《乾》为全阳之卦，至此终。其它诸卦中上九之爻多矣，但卦体有阴有阳，所以不能转化为《坤》！《乾》诸爻皆变，成《坤》，《坤》卦无龙，故曰"群龙无首，吉"。因为《坤》以柔济刚，方能完成《乾》、《坤》对转。

《彖》曰：大哉乾元，万物资始，乃统天。

【汇解】：《系辞下》曰："彖者，材也。"材通财，又通裁。故《彖传》是孔子师徒裁度卦辞义蕴的。旧说"彖"是文王所系之辞，误。自太史公、扬子云、班固，皆以为孔子作。是正确的。

"资"字，郑玄《仪礼·丧服》注："资，取也。"荀爽曰："谓分为六十四卦，万一千五百二十册，皆受始于乾也，册取始于乾。"[1]因为《易·系辞上》说："二篇之策，万有一千五百二十，当万物之数也。"荀爽是《易》象数学大家，讲万物受于阳，取于阳，是可信的。郑、荀皆谓"资"作"取"解。可见"资始"是万物皆取乾元之阳气以为生命之开始。

朱熹曰："此专以天道明《乾》义。又析元、亨、利、贞为四德，以发明之。而此一节，首释'元'义也。"[2]尚氏《易》曰："统，领也。统天者，言乾元之德统领万物，总治一切。"[3]三说各有优长，统而言之，可以诠释这段话了。

云行雨施，品物流形。

【汇解】：尚氏《易》释："此释'亨'义，于时配夏。乾交坤成《坎》，《坎》为云为雨，故曰'云行雨施'。坤为品物，乾入坤，故曰'流形'。乾施坤受，和而为雨，品物润泽，万物洁齐，相见乎离，亨之义也。"[4]尚氏释"亨"全用《易》象，此说源于虞翻，又有所发挥，说出了"亨"的义蕴，较他说为优。

---

① ［唐］李鼎祚：《周易集解》卷1《上经·乾》，中国书店，1984年版，第3页。

② ［南宋］朱熹：《周易本义》，第15页。

③ 尚秉和：《周易尚氏学》，第18页。

④ 尚秉和：《周易尚氏学》，第18-19页。

大明终始，六位时成，时乘六龙以御天。

【汇解】：尚氏《易》曰："此释'利'义，于时配秋。《乾》为日，故曰大明。"六位者，《乾》之六爻所居之初、二、三、四、五、上也。时成者，变化也。《乾》六位变化有三层含义：其一，天道之变，阳气依六位次序由弱到强与穷而后复元。即经历潜、见、惕、跃、飞、亢之发展过程，而后实现阳极反阴，《乾》变成《坤》，这是天道的自然规律。其二，地道之变，地道受天之施，孕育万物，物逢春而生长，入夏而繁茂，至秋而凝敛，归冬而收藏。这是地道受乾元支配，进行四时有序的运动。其三，人道之变，人秉受天地和气而生，始生即受龙德，因未成熟而潜伏，经历见、惕、跃、飞、亢几个"进德修业"的发展阶段，成为居天位的大人。亢者，阳极而变阴。这是人道的正常发展规律。大人乘此六龙之阳以驾驭天道。朱熹释曰："此言圣人大明乾道之终始，则见卦之六位，各以时成，而乘此六阳以行天道，是乃圣人之元亨也"[1]，符合传意。尚氏《易》释曰："六阳"为"子寅辰午申戌"[2]，即《复》《泰》《夬》《姤》《否》《剥》六卦，明显背离《乾·象传》所讲六阳乃《乾》之六阳之说。尚氏说源于《易纬·乾凿度》。但《乾凿度》所说乃六阳卦，并非《乾》之"六龙"。其说实误。

乾道变化，各正性命，保合太和，乃利贞。

【汇解】：朱熹释曰："物所受为性，天所赋为命。太和，阴阳会合，冲和之气也。'各正'者，得于有生之初。'保合'者，全于已生之后。此言乾道变化，无所不利，而万物各得其性命以自全，以释'利贞'之义也。"[3]朱释"性"、"命"与"保合"是"乾道变化，无所不利，而万物各得保其性命以自全，以释'利贞'之义也"，是正确的，但有不足。尚氏弃朱说而不用，讲此段文字是"释'贞'义，于时为冬"[4]，丢了"利"字，则误。

《象传》此段是讲"利贞"之内涵。"保合"者实天地自然之和合，即天地合德，日月合明，四时合序，鬼神合其吉凶，万物随自然变化各正性

---

① ［南宋］朱熹：《周易本义》，第16页。
② 尚秉和：《周易尚氏学》，第19页。
③ ［南宋］朱熹：《周易本义》，第16页。
④ 尚秉和：《周易尚氏学》，第19页。

命。正性者，正物所受天授的独立个性，是一物与另一物相区别的标志。正命者，正天所赋的质的规定性，即物的生长规律。物各有自己的生长规律，违之者必导致凶。

"太和"则不然，它讲的不是"阴阳会合，冲和之气"，而是指人与天地自然之道和合。正如《乾文言》释九五爻曰："夫大人者，与天地合其德，与日月合其明，与四时合其序，与鬼神合其吉凶。先天而天弗违，后天而奉天时。"圣人是人类德行修养的最高代表，他与天地自然之道合德，就是"人道"与"天道""地道"三才之道合德。这就是"天人合一"，故曰"太和"。

首出庶物，万国咸宁。

【汇解】：朱熹曰：此元亨利贞"四德之所以循环而无端也"。"首出"谓"元者，物之始生"。这是对的。但说"孔子之意，盖以此卦为圣人得天位，行天道，而致太平之占也"[①]，则把《易传》阐述《易》之义理讲回到占筮方向去了，不可从。

尚氏《易》释曰："'首出庶物'者，元也，言又复始也。"说《易》之乾元，周而复始，生生万物而不止，是正确的。但说"万国咸宁"是"言如圣君当阳首出，万邦有庆也"[②]，则不确切。圣君是经过潜、见、惕、跃、飞的艰苦修养德业锻炼出来的，非始初就有圣人。《乾》九五爻才见圣人，是其显证。

自"大明终始"至"万国咸宁"一段，是《彖传》对《乾》卦的总结：论天地人之道的变化特点，圣人乘龙御天的条件，万物各正性命之实质，"保合太和"之内涵。最后讲圣人以人道与天道结合的方式以治天下，故"万国咸宁"，天下大治。上述所论都是为圣人实现"天人合一"的理想服务的。《易》之《彖传》《文言传》《系辞传》《说卦传》一致强调"天人合一"，说明"天人合一"是《周易》一书的本质特点之一，也是人类追求的理想社会之"最高境界"。

《象》曰：天行健，君子以自强不息。

【汇解】："象"是物的形象。《系辞下》云："《易》者，象也"，

---

① ［南宋］朱熹：《周易本义》，第16页。

② 尚秉和：《周易尚氏学》，第20页。

像物之形也。"象"分大小，"大象"乃一卦之象，"小象"为一爻之象。《乾》卦之象，《说卦传》谓："乾，健也。"孔疏："天有纯刚，故有健用。""天体之行，昼夜不息。"[1]实际上人们所见的"天行"是日行。《礼记·郊特牲》曰："郊之祭也，迎长日之至也，大报天而主日也。"孙希旦《集解》云："县（悬）象著明莫大乎日月，故祭天之礼以日为主。"[2]故大象所言"天行健"，实乃日行健也。从人道而言，朱熹释曰："君子法之，不以人欲害其天德之刚，则自强而不息矣。"《易》认为人要自强不息，自强则强，不自强则不强。

潜龙勿用，阳在下也。见龙在田，德施普也。

【汇解】：这是小象，即爻象，此为初九之象辞。程《传》曰："阳气在下，君子处微，未可用也。"[3]胡炳文曰："《乾》初曰'阳在下'，《坤》初曰'阴始凝'，扶阳抑阴之意，已见于言辞之表。"[4]阳气就是君子，阳气处于地下，就是君子处于微位，即初九爻。《乾》、《坤》两卦初爻对比，确能看出扶阳抑阴思想，因为《周易》认为阳大阴小。

"见龙在田，德施普也"，是《乾》九二爻象辞。说阳气已升到地上，即"田"，是出潜离隐了。所以，代表阳气的君子应该有所作为。宋儒程颐《易传》释曰："见于地上，德化及物，其施已普也。"[5]说君子向民众普施德化，是正确的。

终日乾乾，反复道也。

【汇解】：这是九三象辞，说君子终日健健而进德修业，与时偕行，践履《易》之阴阳之道。[6]

或跃在渊，进无咎也。飞龙在天，大人造也。

【汇解】：九四是龙已处于江河之渊，得进退可据之地。"或"，朱熹释："可以进而不必进也。"[7]是可进可不进，待机而动，故"进无咎也"。

---

① ［唐］孔颖达：《周易正义》，第14页。

② ［清］孙希旦：《礼记集解》，中华书局，1989年版，第688-689页。

③ ［清］李光地：《周易折中》，九州出版社，2002年，第603页。

④ ［元］胡炳文：《周易本义通释》，《四库全书》第24册，台湾商务印书馆，第464页。

⑤ ［清］李光地：《周易折中》，第603页。

⑥ ［清］李光地：《周易折中》，第603页。

⑦ ［南宋］朱熹：《周易本义》，第16页。

五是天之正位，龙德之人进入天位，故曰"在天"。大人者，圣人也。"造"，朱熹释："犹作也"。说圣人居君位，必有一番作为。

亢龙有悔，盈不可久也。

【汇解】：尚氏《易》曰："阳在上《乾》，盈。盈则必亏，故曰不可久。"[1]有悔者，亢龙阳气已穷，不可进，但恃盈而进，故有悔。

用九，天德不可为首也。

【汇解】：孔疏曰："九是天之德也。天德刚健，当以柔和接待于下，不可更怀尊刚为物之首。"[2]《易》主阴阳互济，若只刚无柔，刚柔不能相济，是凶之道。何况"用九"是阳极反阴，阴阳互变之时，故群龙皆不为首。无首则能以柔济刚，这是天的自然规律，故为吉。

《文言》曰：元者，善之长也；亨者，嘉之会也；利者，义之和也；贞者，事之干也。君子体仁足以长人，嘉会足以合礼，利物足以和义，贞固足以干事。君子行此四德者，故曰："乾，元、亨、利、贞。"

【汇解】：《文言传》只《乾》《坤》两卦有。先儒认为"文言"乃文王之言，误。《文言》是孔子及其弟子所作，是解释卦爻辞的，涵义很深。

尚氏《易》引唐李鼎祚《周易集解》云："'元为善长，故能体仁，仁主春生，东方木也；亨为嘉会，足以合礼，礼主夏养，南方火也；利为物宜，足以和义，义主秋成，西方金也；贞为事干，以配于智，智主冬藏，北方水也。'李氏此诂，最为透彻。与《太玄》'罔直蒙酋冥'理合，识《周易》真谛。盖此八句，为最古之《易》说。"[3]尚氏之说很有见地。李鼎祚之解，确把《文言》这段话说得清清楚楚。

但是，李解"贞者事之干"为"以配于智"一句，前贤则有分歧。隋何妥解曰："贞，信也。君子贞正，可以委任于事。故《论语》曰'敬事而信'，故干事而配信也。"何说是正确的。《文言》讲九二爻曰："龙德而正中者也。庸言之信，庸行之谨，闲邪存其诚。"九三爻又曰："忠信，所以进德也。"是一证。《礼记·礼器》云："先王之立礼也，有本有文。忠信，礼之本也；义理，礼之文也。无本不立，无文不行。"可见先儒最重

---

① 尚秉和：《周易尚氏学》，第21页。

② ［唐］孔颖达：《周易正义》，第15页。

③ 尚秉和：《周易尚氏学》，第22页。

"忠信"二字。故《文言》又说："修辞立其诚，所以居业也。"诚即信，守信方能居业。先儒认为要无"信"这种内在的纯朴忠诚，人是不能"进德修业"的。此是二证。《孟子》虽有"仁义礼智"四端说，谓"是非之心，智之端也"。但"是非之心"乃判断得失、分辨是非，与"足以干事"之"信"，有较大差异，不足信据。至唐李鼎祚批评何妥坚持的古说，附和孟子"四端"及董仲舒"仁义礼智信"五常，力主"贞干"释"智"。宋代朱熹亦主"贞"释"智"。从此"仁礼义信"遂被"仁礼义智"所取代。我认为溯本穷源，仍以"贞干"释"信"说优长。

《文言》要求君子依《乾》之"元亨利贞"四德配合人伦"仁礼义信"之理，以济天下，便会天下大治。这就是阴阳合德，"天人合一"。

初九曰："潜龙勿用"，何谓也？子曰："龙德而隐者也。不易乎世，不成乎名，遁世无闷，不见是而无闷。乐则行之，忧则违之，确乎其不可拔，潜龙也。"

【汇解】：朱熹释："龙德，圣人之德也，在下故隐。"①尚氏《易》曰："易，治也。初潜在下，与世无涉，故曰不易世，不成名。"②是正确的。尚氏又曰："'遁世无闷'者，言甘于隐遁；'不见是而无闷'者，言人不知亦不愠也"③，亦较他说为长。违者，否也。确者，坚刚也。虞翻释："君子弗用，隐在下位，确乎难拔，潜龙之志也。"④有人把此爻之隐与道家相联系，或讲成儒家的乱世之隐，皆非是。朱、尚、虞三家皆谓"龙德而隐"，是隐在下位，坚韧不拔。怎能说成道家出世之隐与乱世不出仕之隐呢？

九二曰："见龙在田，利见大人"，何谓也？子曰："龙德而正中者也。庸言之信。庸行之谨，闲邪存其诚。善世而不伐，德博而化。《易》曰：'见龙在田，利见大人'，君德也。"

【汇解】：《文言》此段专释九二爻之"大人"之义。尚氏《易》释

① ［南宋］朱熹：《周易本义》，第17页。
② 尚秉和：《周易尚氏学》，第23页。
③ 尚秉和：《周易尚氏学》，第23页。
④ ［唐］李鼎祚：《周易集解》，第5页。

曰："二居下卦之中，故曰正中。"①得"龙德而正中"之义。孔颖达曰："庸谓中庸、庸常也。从始至末，常言之信实，常行之谨慎。'闲邪存其诚'者，言防闲邪恶，当自存其诚实也。'善世而不伐'者，谓为善于世，而不自伐其功。'德博而化'者，言德能广博，而变化于世俗。初爻则全隐遁避世，二爻则渐见德行以化于俗也。……'见龙在田'，未是君位，但云'君德'也。"②程《传》释"大人"居九二也谓"虽非君位，君之德也"③。皆得《文言》之旨。

九三曰："**君子终日乾乾，夕惕若厉，无咎**"，何谓也？子曰："**君子进德修业。忠信，所以进德也。修辞立其诚，所以居业也。知至，至之，可与幾也；知终，终之，可与存义也。是故居上位而不骄，在下位而不忧。故乾乾因其时而惕，虽危无咎矣。**"

【汇解】：此爻释君德之人身处九三之危位，进德修业，因时而动。君子进德修业，首在进德，进德首在讲"忠信"。朱熹释曰："主乎心者，无一念不诚"，是忠诚要求君子修心。次讲"修业"，谓"修辞立其诚"。朱熹释曰："修辞，见于事者无一言之不实也。虽有忠信之心，然非修辞立诚，则无以居之。"④这是说把修心的成果落实到办事上，必干出一番事业。"修业"之所以又称"居业"，俞琰释曰："修业者，业未成则修而成之也；居业，业已成则居而守之也。"⑤

"知至，至之，可与幾也；知终，终之，可与存义也"。谓心知道之所在，即行而至。幾者，微也。心能先知道之幾微变化，故能参预机密之事。心知道之所终，行事能至终以为归宿，故可保存义理。故居上位，因时而动，能不骄傲；居下位，因时而息，虽处危境而无咎。德行刚健无懈怠之心，待时而动，故无忧虑。

九四曰："**或跃在渊，无咎**"，何谓也？子曰："**上下无常，非为邪也。进退无恒，非离群也。君子进德修业，欲及时也，故无咎。**"

① 尚秉和：《周易尚氏学》，第23页。
② ［唐］孔颖达：《周易正义》，第15页。
③ ［清］李光地：《周易折中》，第896页。
④ ［南宋］朱熹：《周易本义》，第18页。
⑤ ［清］李光地：《周易折中》，第900页。

【汇解】：俞琰曰："'上'与'进'释'跃'字，'下'与'退'释'在渊'之义。'无常'、'无恒'释'或'之义。"①邪，枉也；群，阳之同类也。君子能不枉、不离群类，上、进可"飞天"，下、退可处渊。及时进德修业，故无咎。

九五曰："飞龙在天，利见大人"，何谓也？子曰："同声相应，同气相求。水流湿，火就燥。云从龙，风从虎，圣人作而万物睹。本乎天者亲上，本乎地者亲下，则各从其类也。"

【汇解】：此释九五爻之"圣人作而万物睹"之理。程《传》释曰："人之与圣人，类也。五以龙德升尊位，人之类莫不归仰，况同德乎？上应于下，下从于上，'同声相应，同气相求'也。流湿就燥，从龙从虎，皆以气类。故圣人作而万物皆睹。上既见下，下亦见上。物，人也。古语云'人物'、'物论'，谓人也。"其说得之。王夫之释"本乎天者亲上，本乎地者亲下，则各从其类也"曰："亲上者，三辰也，依天而行；亲下者，草木也，依地而生。若动物，则得天地之中气，依地以处，而绝乎地；依空而游，而不至于天。其性本乎天也，其形本乎地也。"并批评"旧说以兽亲于地，鸟亲于天"非是②。这就是说亲于天者，是天上之星宿；亲于地者，是地上的植物。而人介乎两者之间，生于天地中和之气，故是天地并亲者。此说也批评了宋儒"动物亲天，植物亲地"的观点。颇具卓识，信而可从。

上九曰："亢龙有悔"，何谓也？子曰："贵而无位，高而无民，贤人在下位而无辅，是以动而有悔也。"

【汇解】：此释上九"亢龙"之德宜静不宜动，动而有悔。程《传》曰："九居上而不当尊位，是以无民无辅，动则有悔也。"其说得之。九居天之上位，故曰"贵"，居六爻之上，故曰"高"。贤人在下者，谓九二、九三、九四，三爻皆辅助天之正位的九五，故上九无辅。上九已失君位，当然无民。上九阳气已穷，又无民、无辅，动而有悔，是必然的。

---

① ［清］李光地：《周易折中》，第902页。

② ［清］王夫之：《周易稗疏》卷1，《清经解续编》第1册，上海书店，1988年。

"潜龙勿用"，下也。

【汇解】：以下几节是《文言》反复讲《乾》六爻之义。潜龙处在下位，故不可用。

"见龙在田"，时舍也。

【汇解】：朱熹曰："言未为时用。"程《传》释："随时而止也。"皆与《传》义不合。尚氏《易》曰："《易林》《家人》之《大有》云：'仲春、孟夏，和气所舍。'皆以舍为发。"①其说至确。所谓"时舍"者，是阳气应时而发也。

"终日乾乾"，行事也。

【汇解】：君子进德修业之事，须时时努力，不可稍息。

"或跃在渊"，自试也。

【汇解】：龙已在渊，待时而跃。故先自试，以择时跃进。

"飞龙在天"，上治也。

【汇解】：以龙之德而居君位，居上治民。

"亢龙有悔"，穷之灾也。

【汇解】：亢龙阳气已穷，穷而图进，必带来灾害。

乾元"用九"，天下治也。

【汇解】：朱熹曰："言乾元'用九'，见与他卦不同。君道刚而能柔，天下无不治矣。"②其说较他说为长。

"潜龙勿用"，阳气潜藏。

【汇解】：程《传》曰："此以下言《乾》之义。方阳微潜藏之时，君子亦当晦隐，未可用也。"③讲出了阳气潜藏义蕴。

"见龙在田"，天下文明

【汇解】：程《传》曰："龙德见于地上，则天下见其文明而化之。"④这从人事上说，是对的。另一义是阳气升到地上，万物奋发，故曰"文明"。此讲自然规律。

---

① 尚秉和：《周易尚氏学》，第26页。
② ［南宋］朱熹：《周易本义》，第18页。
③ ［清］李光地：《周易折中》，第905页。
④ ［清］李光地：《周易折中》，第905页。

"终日乾乾"，与时偕行。

【汇解】：程《传》："随时而进也。"①君子居阳位，德行刚健，故应随时而进。

"或跃在渊"，乾道乃革。

【汇解】：俞琰曰："革者，变也。下《乾》已终，上《乾》方始，犹天道更端之时也。"其说得之。

"飞龙在天"，乃位乎天德。

【汇解】：朱熹曰："天德，即天位也。盖唯有是德，乃宜居是位，故以名之。"②是说龙德之人居天德之位。其解至确。

"亢龙有悔"，与时偕极。

【汇解】：程《传》曰："时既极，则处时者亦极矣。"③其说得之。上九为爻时之终，是极。亢龙是阳气之极，极爻处于极位，是"与时偕极"也。

乾元"用九"，乃见天则。

【汇解】：朱熹释："刚而能柔，天之法也。"④阴阳互变，《乾》、《坤》对转，这是天的自然法则，亦是圣人依天道"用九"之德。

乾元者，始而亨者也。

【汇解】：朱熹曰："始刚必亨，理势然也。"⑤元亨利贞是《乾》卦四德，四德循环是天之规律。故说元始必发展到亨通，所以是"理势然也"。

利贞者，性情也。

【汇解】：俞琰曰："性言其静也，情言其动也。物之动极，而至于收敛而归藏，则复其本体之象，又将为来春动而发用之地。故曰'利贞者，性情也'。"⑥其说可从。尚氏《易》亦曰："'利贞者性情'，即谓阴之凝阳，变化和合，乃天地固有之性情，感之极正者也。"⑦两说内容相近，足可

---

① ［清］李光地：《周易折中》，第905页。
② ［南宋］朱熹：《周易本义》，第19页。
③ ［清］李光地：《周易折中》，第906页。
④ ［南宋］朱熹：《周易本义》，第19页。
⑤ ［南宋］朱熹：《周易本义》，第19页。
⑥ ［清］李光地：《周易折中》，第908页。
⑦ 尚秉和：《周易尚氏学》，第27页。

释"利贞者，性情也"。

乾始能以美利利天下，不言所利，大矣哉!

【汇解】：程《传》曰："乾始之道，能使庶类生成，天下蒙其美利。而不言所利者，盖无所不利，非可指名也，故赞其利之大曰'大矣哉!'"①是对的。

虞翻释曰："美利谓云行雨施，品物流形，故利天下也。"又释"不言所利，大矣哉"曰："天何言哉!四时行焉，百物生焉，故利者大也。"②

虞翻从象数学角度指出"美利"是天道自然行为，"不言所利"也是天道之自然。从自然之道看出乾道伟大，亦是合理的。

大哉乾乎!刚健中正，纯粹精也。

【汇解】：这是再次赞扬乾德之伟大。朱熹曰："'纯'者，不杂于阴柔。'粹'者，不杂于邪恶。"③乔中和曰："'刚'者，元也；'健'者，亨也；'中'者，利也；'正'者，贞也。元亨利贞，实以体之，'刚健中正'也，一爻之情，六爻之情也。"④此两说可释乾德之义。

六爻发挥，旁通情也。

【汇解】：朱熹曰："旁通，犹言曲尽"，意为曲尽《乾》之性德者⑤。这是误说。蔡清曰："六爻发挥，只是起下文'时乘六龙'之意。盖上文每条俱是'乾'字发端，一则曰'乾元'，二则曰'乾始'，三则曰'大哉乾乎'，至此则更端曰'六爻发挥'，可见只是为'时乘六龙'设矣。"⑥陆绩曰："《乾》六爻发挥变动，旁通于《坤》。"⑦尚氏《易》发挥说："言六爻遇九、六即变动也"，"其所以能旁通之故，则仍阴阳相求相感固有之理。"⑧我认为陆、尚两氏解"旁通"谓《乾》六爻遇九、六即变是有道理的，这符合《易》的阴阳互变规律。"六爻发挥"是从《乾》卦的全体说

---

① ［清］李光地：《周易折中》，第908页。
② ［唐］李鼎祚《周易集解》，第9页。
③ ［南宋］朱熹：《周易本义》，第19页。
④ ［清］李光地：《周易折中》，第909页。
⑤ ［南宋］朱熹：《周易本义》，第19页。
⑥ ［清］李光地：《周易折中》，第909-910页。
⑦ ［唐］李鼎祚：《周易集解》，第9页。
⑧ 尚秉和：《周易尚氏学》，第27-28页。

的，是说待六爻发挥既尽，上九便向阴转化，《乾》变成了《坤》。而蔡说"六爻发挥""只是为'时乘六龙'设矣"，虽有一定道理，但并不准确。

"时乘六龙"，以御天也。"云行雨施"，天下平也。

【汇解】：朱熹曰："言圣人时乘六龙以御天，则如天之云行雨施，而天下平也。"①朱说简练明白。"御天者"，驾驭天道；"天下平"者，遵行天之法则以治民，故"天下平"。

君子以成德为行，日可见之行也。潜之为言也，隐而未见，行而未成。是以君子弗用也。

【汇解】：此讲初九之爻已经成德，为何不用。文中之"日"，俞樾认为是"曰"字之讹。②其说可从。朱熹曰："成德，已成之德业。初九固成德，但其行未可见尔。"其说是对的。蔡清曰："盖初九时乎'潜'也，潜之为言也，隐而未见，隐而未见则行犹未成，是以君子亦当如之而勿用也。"其说亦是。意为初九虽有德，但时逢"潜"时，隐晦不见，其行未见，还须磨炼，故不能用事。

君子学以聚之，问以辩之，宽以居之，仁以行之。《易》曰："见龙在田，利见大人"，君德也。

【汇解】：此专讲九二君德的表现。朱熹曰："盖由四者以成大人之德。再言'君德'，以深明九二之为大人也。"③是对的。大人的君德就是"学聚"、"问辩"、"宽居"、"仁行"。

九三重刚而不中，上不在天，下不在田，故乾乾因其时而惕，虽危无咎矣。

【汇解】：程《传》曰："三'重刚'，刚之盛也。过中而居下之上，上未至于天，而下已离于田，危惧之地也，因时顺处，乾乾兢惕以防危，故虽危而不至于咎。"④其解甚明。

---

① ［南宋］朱熹：《周易本义》，第19页。

② 尚秉和：《周易尚氏学》引，第28页。

③ ［南宋］朱熹：《周易本义》，第19页。

④ ［清］李光地：《周易折中》，第912页。

九四重刚而不中，上不在天，下不在田，中不在人，故"或"之。"或"之者，疑之也，故"无咎"。

【汇解】：此解九四"或跃"之义。王夫之释："在渊者伏而未跃也，跃则出于渊矣。"[1]《系辞传》谓《易》六爻是"兼三才而两之"。"两之"者，初、二为地，三、四为人，五、上为天。二、三、五，为地、人、天之正位；初、四、上，为地、人、天之兼位。四在人之兼位，故曰四"上不在天，下不在田，中不在人"，是危惧之位。或之者，是"疑之"。说四处危位，遇事当慎重处理，则无咎。

夫大人者，与天地合其德，与日月合其明，与四时合其序，与鬼神合其吉凶。先天而天弗违，后天而奉天时。天且弗违，而况于人乎，况于鬼神乎！

【汇解】：九五爻是《乾》卦之主，是《乾》卦之德的最高代表。此《文言》即释九五之"大人"德行。程《传》云："大人与天地、日月、四时、鬼神合者，合乎道也。天地者，道也；鬼神者，造化之迹也。圣人先于天而天同之，后于天而能顺天者，合于道而已。合于道，则人与鬼神岂能违也？"[2]是对的。

这里讲的"道"有三层意思：其一，天道；其二，地道。至于鬼神之道，不过是天阳、地阴之道结合而出现的各种自然现象而已。故属于天地之道一类。其三，人道。上文我曾讲过，《彖传》之"保合"，即天地、自然之合；"太和"则是人道与天地、自然之道合。圣人能以人道合于天道，治理天下达到大治，其根源就是遵行天道，不违自然规律，而达到"天人合一"的崇高境界。

亢之为言也，知进而不知退，知存而不知亡，知得而不知丧。

【汇解】：此《文言》释上九之亢极有悔之义。孔颖达释曰："言此上九所以亢极有悔者，正由有此三事。若能三事备知，虽居上位，不至于亢也。"[3]其说正确。意为亢龙不知进退、存亡、得丧之阴阳变化之理，故招致有悔。

---

① ［清］王夫之：《周易稗疏》卷1，《清经解续编》第1册，上海书店，1988年。

② ［清］李光地：《周易折中》，第914页。

③ ［唐］孔颖达：《周易正义》，第17页。

其唯圣人乎!知进退存亡而不失其正者,其唯圣人乎!

【汇解】:李鼎祚曰:"再称'圣人'者,叹美用九之君,能知进退存亡而不失其正,故得大明终始,万国咸宁。"①知正者,诚如朱熹所说,是"知其理势如是,而处之以道"。两人所说的"用九之君"与"知其理势如是"者,就是圣人。圣人能知天道、能知人道而不失其正,亦即知"天人合一"之道,得"万国咸宁"之功。惟有圣人哪!

(原载《华夏文化论坛》2013年第1期,后曾收入《吉林大学古籍研究所建所30周年纪念论文集》,上海古籍出版社,2014年版)

---

① 〔唐〕李鼎祚:《周易集解》,第11页。

《易·坤》卦汇解

　　本文运用《易》象数及义理两家说解《周易》，采长补短，扬优弃误，故曰"汇解"。《坤》是《周易》的第二卦，地位仅次于《乾》卦。坤配乾，一天一地、一阳一阴，"阴阳合德，而刚柔有体"，是天下万物的祖宗。但是，乾健坤顺，乾君坤臣，乾主坤从。坤必须遵守"承天而时行"的阴道。若有违背，逆天而行，则会引发祸患。因之，坤自有生以来，就有顺逆两重性。顺天时，"坤厚载物，德合无疆，含弘光大，品物咸亨"。这是《坤》卦的大德，也是它思想的主流。但，坤阴之气一旦随顺自己的阴柔之性，失去管束，即"阳"未能防微杜渐，忽视了阴的随顺性，使之一步步走向积不善之路，小恶则有悔吝之灾，大恶会积之不悛，走上弑君、弑父之路。更有甚者，盛阴敢于敌阳，而与阳战，导致乾天、坤地双双受伤。所以，研究《坤》卦必须首先认识《坤》卦的这种两重性，否则不懂《坤》卦。

　　坤，元亨，利牝马之贞。君子有攸往，先迷后得主，利。西南得朋，东北丧朋，安贞吉。

　　这是《坤》卦卦辞。朱熹《本义》释："--者，耦也，阴之数也。坤者，顺也，阴之性也。注中者，三画卦之名也；经中者，六画卦之名也。阴之成形，莫大于地。此卦三画皆耦，故名《坤》而象地。重之又得《坤》焉，则是阴之纯，顺之至，故其名与象皆不易也（引者注："不易"即不变）。'牝马'，顺而健行者。阳先阴后，阳主义，阴主利。西南，阴方；东北，阳方。'安'，顺之为也；'贞'，健之守也。遇此卦者，其占为大亨，而利以顺健为正。如有所往，则'先迷后得'而主于'利'。往西南则'得朋'，往东北则'丧朋'，大抵能安于正则吉。"[①]

---

① ［南宋］朱熹：《朱子全书》（一），上海古籍出版社，2002年版，第32页。

朱熹之释详实、深刻，富有理性。

程《传》释："坤，乾之对也，四德同而贞体则异。乾以刚固为贞，坤则柔顺而贞。牝马柔顺而健行，故取其象曰'牝马之贞'。君子所行，柔顺而利且贞，合坤德也。阴从阳者也，待倡而和。阴而先阳，则为迷错；居后，乃得其常也。主利，利万物则主于坤，生成皆地之功也。臣道亦然。君令臣行，劳于事者，臣之职也。'西南'，阴方；'东北'，阳方。阴必从阳，离丧其朋类，乃能成化育之功，而有'安贞'之'吉'。得其常则安，安于常则贞，是以吉也。"①其说讲"丧朋"乃是"阴必从阳"，"乃能成化育之功"，较之朱熹更加明确，把《坤》之卦辞讲得很透彻。

晋儒干宝释"元亨利牝马之贞"，曰："阴气之始，妇德之常，故称'元'。与《乾》合德，故称'亨'。行天者莫若龙，行地者莫若马，故《乾》以龙繇，《坤》以马象也。坤，阴类，故称'利牝马之贞'矣。"②宋卢氏释"君子有攸往，先迷后得主，利"，曰："《坤》，臣道也，妻道也，后而不先，先则迷失道矣，故曰'先迷'。阴以阳为主，当后而顺之，则利，故曰'后得主利'。"③

崔憬释"西南得朋，东北丧朋，安贞吉"，曰："妻道也。西方坤、兑，南方巽、离，（引者注：此说从《说卦传》，不用汉"消息卦"）二方皆阴，与坤同类，故曰'西南得朋'。东方艮、震，北方乾、坎（引者注：四卦亦取《说卦传》方位），二方皆阳，与坤非类，故曰'东北丧朋'。以喻在室得朋，犹迷于失道；出嫁丧朋，乃顺而得常。安于承天之正，故言'安贞吉'也。"④干、卢、崔三家说亦皆符合《坤》卦辞之意。崔说辨"得朋"、"丧朋"之义尤为精彩。但从大的方面看，程、崔、朱三家的义理之说应胜一筹。

《象》曰：至哉坤元，万物资生，乃顺承天。坤厚载物，德合无疆，含弘光大，品物咸亨。牝马地类，行地无疆，柔顺利贞，君子攸行。先迷失

---

① ［北宋］程颐：《周易程氏传》，中华书局，2016年版，第10页。

② ［清］李道平：《周易集解纂疏》，中华书局，1994年版，第69页。

③ ［清］李道平：《周易集解纂疏》，第70页。

④ ［唐］李鼎祚：《周易集解·上经·坤》卷2，中国书店，1984年版，第1页。又，［清］李道平：《周易集解纂疏》作"崔觐"，第70页。

道，后顺得常。西南得朋，乃与类行；东北丧朋，乃终有庆。安贞之吉，应地无疆。

《彖》即《彖传》，是解释卦辞的。

朱熹《本义》释《彖传》，曰："此以地道明《坤》之义，而首言元也。'至'，极也，比'大'义差缓。'始'者，气之始（引者注："大"、"始"皆指《乾》，此把《乾》、《坤》的《彖传》对比解释）。'生'者，形之始。顺承天施，地之道也。"其次释"亨"，语言十分简练："言亨也，德合无疆，谓配《乾》也。"意为乾、坤二元之德相配相交，"德合无疆"之天地，"含弘光大"，天下万物繁茂亨通。其三释"利贞"，曰："言利贞也。马，《乾》之象，而以为地类者，牝，阴物，而马又行地之物也。'行地无疆'，则顺而健矣。柔顺利贞，《坤》之德也。"其四释"先迷失道，后顺得常。西南得朋，乃与类行；东北丧朋，乃终有庆"，曰："阳大、阴小，阳得兼阴，阴不得兼阳。故《坤》之德，常减于《乾》之半也。东北虽丧朋，然反之西南，则终有庆矣。"最后两句之意，坤到东北虽然丧失了朋类，但与西南相反，走上了阴从阳之道，阴阳合而生物，故谓"乃终有庆"。其五，最后信手拈来，为《坤·彖》的最后一句话"安贞之吉，应地无疆"做一结论，"安而且贞，地之德也。"[1]

朱熹释《彖传》，紧紧抓住了天地的"元、亨、利、贞"四德，显示了他《易》学理论的高超。因为天地四德就是天地赋予人类的"仁、礼、义、信"四德，这是《周易》"天人合一"之说的核心问题。

程《传》释"牝马地类，行地无疆"曰："取牝马为象者，以其柔顺而健行，地之类也。'行地无疆'，谓健也。乾健坤顺，坤亦健乎？曰：非健何以配乾，未有乾行而坤止也。其动也刚，不害其为柔也。"[2]其说亦简明，但未讲《彖传》本质在"元亨利贞"。

《九家易》释"至哉坤元"，曰："谓乾气至坤，万物资受而以生也。坤者纯阴，配乾生物，亦善之始，地之象也，故又叹言至美。"[3]是象数家也知"坤元"受乾元之气以生物，"亦善之始"。虽不系统，但认识到"坤

---

[1] ［南宋］朱熹：《朱子全书》（一），第91页。

[2] ［北宋］程颐：《周易程氏传》，第11页。

[3] ［清］李道平：《周易集解纂疏》，第71页。

元"是成物之善，也算了解"元"之重要性。

荀爽释"含弘光大，品物咸亨"，曰："乾二居坤五为'含'，坤五居乾二为'弘'。坤初居乾四为'光'，乾四居坤初为'大'也。"[①]其说误。《坤》为代表大地的纯阴之卦，从初至上皆为阴爻，其六爻运动皆阴无阳，从哪里来乾二、乾四之爻？其说不能成立。

荀爽释"万物资生"，曰："谓万一千五百二十册，皆受始于乾，由坤而生也。册生于坤，由万物成形，出乎地也。"[②]其说是句废话，无需解释。因为从《易》学理论上看，天下万物不论有无生命，皆由天地，即乾坤而生，是毫无疑义的。不论上古占筮之蓍草，还是儒家取天地"五十五数"，都在其内，众所周知。难道还有人说代表天下万事万物的"万一千五百二十策"之策数，不包括在"大衍之数"中吗？未经"大衍之数"的占筮过程，能得到六十四卦吗？

虞翻释《坤·象传》"西南得朋，乃与类行"，曰："谓阳得其类。月朔至望，从震至乾，'与时偕行'，故'乃与类行'。"[③]虞氏之释是从汉代的"阴阳消息卦"与《易》学以《坎》代月而形成的"朔、朏、望、既望、晦"等各种阴阳变化特点中得出的结论。

所谓"朔"，是每月初一，不见月光为阴。"朏"，《汉书·律历志下》引《月采篇》："三日曰朏"，《说文·月部》："朏，月未盛之明"，是月三日始发出光。汉代《易》象数学家将月于初三发出的光称为"朏"，当作《震》的形象。故虞翻曰"从震至乾"，即从初三至十五日，满月出现曰"乾"。象征《坤》从阴变成《乾》，故曰"阳得其类"。"其类"指西、南坤☷、兑☱、离☲、巽☴四阴卦。这是汉代《易》象数学家的看法，即"阴阳合为类"[④]。其说虽与"阴以阳为贵"说不同，但可备一说，无可厚非。

虞氏又释"东北丧朋，乃终有庆"，曰："阳丧灭《坤》，《坤》终复

---

① ［清］李道平：《周易集解纂疏》，第72页。
② ［清］李道平：《周易集解纂疏》，第71页。
③ ［清］李道平：《周易集解纂疏》，第73页。
④ 尚秉和：《周易尚氏学》，中华书局，1980年，第41页。

生。谓月三日,《震》象出庚,故'乃终有庆'。"① "阳丧灭《坤》",
即"阴阳消息卦"之十月(汉"阴阳消息卦"月份,皆指夏历而言。)为
《坤》▤卦,乃全阴之卦。然后,十一月为《复》卦,象为▤,一阳来消初
阴;十二月为《临》卦,象为▤,二阳消去阴之六二;正月为《泰》卦,
象为▤,三阳消去阴之六三;二月为《大壮》卦,象为▤,四阳消去阴之
六四;三月为《夬》卦,象为▤,五阳消去其六五,曰"五阳消阴"之
卦;四月为《乾》▤卦,是全阳之卦,《坤》之六阴全部被消,故曰"灭
《坤》"。

所谓"《坤》终复生",是说到了五月,一阴来消阳,卦名曰《姤》,
象为▤;六月卦名《遯》,象为▤,二阴消去阳之九二;七月《否》卦,
象为▤,是六三消去九三;八月《观》卦,象为▤,六四消去了九四;九月
《剥》卦,象为▤,六五消去了九五阳,故曰"五阴剥阳"之卦。至十月,
《坤》卦恢复全貌,象为▤,重回全坤地位。故虞翻释曰"乃终有庆"。
《坤》卦复生的过程,也是以"坤灭乾"的过程。东、北阳卦悉数被坤所
灭,坤也就失去了东北的"朋类",故谓"东北丧朋"。对此,荀爽解
曰:"阴起于午(引者注:即五月《姤》卦),至申三阴(引者注:即七
月《否》卦),得《坤》一体,故曰'西南得朋'。阳起于子(即十一月
《复》卦),至寅三阳(即正月《泰》卦),丧《坤》一体,故'东北丧
朋'。"② 亦可备一说。

虞翻与荀爽等汉末象数学家运用"消息卦"与月相变化讲《周易》,虽
然从表象上看能成一家之言,解《易》有些独立特点。但从《易》学理论上
看,有很大的缺欠,甚至可说是失误。因为他们的解说脱离了《乾》《坤》
二卦《象传》的基本思想。《乾》《坤》二卦《象传》的理论内涵是"元亨
利贞"四个天地之德,也就是天地赋予人类的"仁礼义信"四德。他们只在
"消息卦"的十二辟卦消息上,在"《坎》月"象的"晦、朏、望、既望"
等月光的无、弱、强与盈满上下功夫,而忽视天地"四德"这一核心问题,
不是失误是什么?

前文我们说朱熹从"元亨利贞"及结语五个方面释《坤·象传》内容

---

① [清]李道平:《周易集解纂疏》,第74页。
② [清]李道平:《周易集解纂疏》,第74页。

完整、理论清晰，反映了深厚的义理根底。虞翻作为汉《易》学名家，不但不在《易》理上下功夫，反而运用汉"消息卦"的形下学知识去窜乱《说卦传》的"元亨利贞"形上学的四德体系，竟然不知错。其理论修养较之义理学家相差何止千里！

其错之一：《说卦传》以《震》卦为三月春分，是月震气主之，阳气充塞大地，万物勃然风发，是为"元"。而"消息卦"以《夬》卦为春分，《夬》者，五阳绝阴，不论卦象还是义理上都没有蓬勃的朝气，能代表春天吗？

其错之二：《说卦传》以《离》主夏，为五月夏至。《说卦传》云"《离》为火、为日……为乾卦"，代表夏日天下大明，飞潜动植各种生物皆出而相见，万物亨通，各依自然规律发展，人类称之曰"礼"。而"消息卦"以《姤》卦为五月夏至。《姤》卦来自《夬》，寓意为"遇"，仅代表夏风行天下，哪有飞潜动植万物咸亨之气象？何况《姤》卦是阴兴阳消之卦，如何代表天下大明？

其错之三：《说卦传》以《兑》卦为九月秋分，兑为悦，反映万物成熟，人们纷纷享受金秋的硕果，收获各类庄稼，一片丰收的喜悦，一派欢乐的场景。而"消息卦"以《剥》卦代表金秋九月秋分。《剥》为"五阴剥阳"，是阴盛阳衰景象，阳气被剥落，一片凄凉与萧瑟，如何反映金秋的喜悦？

其错之四：《说卦传》以《坎》代表十一月冬至。因为《坎》"为水""为月"，而《坤》"为阴""为夜"，《坎》与《坤》皆夜行。《易·系辞传》云："阴阳之义配日月"，故《离》常代表《乾》，而《坎》常代表《坤》。《说卦传》曰："坤以藏之"，点明《坤》为冬至，但不用《坤》而用《坎》以代《坤》主冬至。坎卦之象为☵，为二阴包一阳，代表冬至时节，万物潜藏地下，休养生息，体现"贞固"足以干事，具守"信"之德。以待来日春归，孕育于地下的万物复甦，蓬勃生起。虽然汉儒选择"消息卦"的《复》䷗卦代表冬至，符合冬令时节，但《说卦传》为孔子师徒所作，为儒家经典；"消息卦"为汉儒所作，虽时令符合，两说相较，亦不能用汉人之说夺走孔门经典之说吧！

其错之五：《说卦传》以《坤》位于西南，代表八月立秋。秋天来到，万物皆争先致养于大地，争取早熟，故《说卦传》云"致役乎坤"，崔憬注："立秋则坤王（引者注：意为坤之王气主立秋），而万物致养也。"①这是合情、合理、合于时令、合于万物生长规律的。但汉人的"消息卦"把《坤》安排为"立冬"，从"阴阳消息"的角度看，并无大碍。但从《坤》致养万物成熟的角度看，就不合情理与自然规律了。虽然"阴阳消息卦"反映《易》一年十二月的阴阳消息十分形象，不失为一个新的发现，其成绩可以肯定。但从《说卦传》所列的"二分""二至"与立春、立夏、立秋、立冬等四时八节角度而言，《说卦传》是准确的，不应以"消息卦"这一后起的说法来窜乱成说。更何况《说卦传》的四时八节还表现着"元亨利贞"天地四德，它是《乾》《坤》两卦《象传》的理论支柱，"消息卦"岂能将它代替！

虞翻释"安贞之吉，应地无疆"，曰："坤道至静，故安。复初得正，故贞吉。"②此说不确。因为这句话是承"牝马……行地无疆"而来的，是训诫"君子攸行"，应学习《坤》之"柔顺"之德而行事。至于"复初得正"，讲的是《易》道"阴阳"的变化规律，总是"对立统一各向自己的对立面转化"的。"阴消阳""阳消阴"是其发展的自然过程，故曰"复初得正"。虞翻理解为"以乾灭坤""以坤灭乾"，乾坤互灭，是受时代局限，虽情有可原，但对《易》阴阳规律的认识尚有较大差距。

程《传》解释这段话说："《坤》之用，阴之为也，形而上曰天地之道，形而下曰阴阳之功……'与类行'者本也，从于阳者用也。阴体柔躁，故从于阳则能安贞而吉，应地道之无疆也。阴而不安贞，岂能应地之道？《象》有三'无疆'，盖不同也。'德合无疆'，天之不已也；'应地无疆'，地之无穷也；'行地无疆'，马之健行也。"③其说至确！哪有什么"至静，故安"与"复初得正，故贞吉"之意？

《象》曰：地势坤，君子以厚德载物。

宋衷释曰："地有上下九等之差，故以形势言其性也。"④朱熹《本义》

---

① ［清］李道平：《周易集解纂疏》，第695页。

② ［清］李道平：《周易集解纂疏》，第75页。

③ ［北宋］程颐：《周易程氏传》，第11页。

④ ［清］李道平：《周易集解纂疏》，第75页。

释："地，坤之象，亦一而已，故不言重。而言其势之顺，则见其高下相因之无穷，至顺极厚，而无所不载也。"①宋、朱两家，一个从地九等差别形势上论《坤》象之性；一个从地势高下相倾的顺势上论《坤》象之厚重，顺势而负载万物之性质，各有千秋。《说卦传》云："乾，健也；坤，顺也"，可证坤即顺也。借以说明大地高尚敦厚的品格，负载化育万物的能力，无与伦比。世上君子要以大地作为学习榜样，为家、国、社会贡献力量。

初六，履霜，坚冰至。《象》曰："履霜坚冰"，阴始凝也。驯致其道，至坚冰也。

干宝曰："重阴，故称'六'。刚柔相推，故生变。占变，故有爻。《系》曰：'爻者，言乎变者也'，故《易》系辞皆称'九''六'也。阳数奇，阴数偶，是以乾用一也，坤用二也。阴气在初，五月之时，自《姤》来也。阴气始动乎三泉之下，言阴气动矣，则必至于'履霜'，履霜则必至于'坚冰'，言有渐也。藏器于身，贵其俟时，故阳在'潜龙'，戒以'勿用'。防祸之原，欲其先几，故阴在三泉，而显以履霜也。"②

干宝的解说代表了汉晋象数学家的观点。他们看到了阴的两面性，故主张自"履霜"以后，要警惕阴的不善之举，以"防祸之原，欲其先几"，杜绝阴气进入"坚冰"状态。这是象数家的主流意识，与义理学一样，是可取的。

但是，他们不了解《乾》《坤》两卦纯阳、纯阴的特点，以为《坤》初六之爻始于《姤》卦，从而陷入误区。上文我们说过《坤》六爻从初至上皆为自身变化，并无《姤》《遯》《否》等卦介入，这是象数家们认识的失误。

朱熹《本义》曰："六，阴爻之名。阴数六老而八少，故谓阴爻为六也。霜，阴气所结，盛则水冻而为冰。此爻阴始生于下，其端甚微，而其势必盛，故其象如'履霜'则知'坚冰'之将至也。夫阴阳者，造化之本，不能相无，而消长有常，亦非人所能损益也。然阳主生，阴主杀，则其类有淑慝之分焉。故圣人作《易》，于其不能相无者，既以健顺、仁义之属明之，而无所偏主；至其消长之际、淑慝之分，则未尝不致其扶阳抑阴之意焉。盖

---

① [南宋]朱熹：《朱子全书》（一），第105页。
② [清]李道平：《周易集解纂疏》，第76页。

所以赞化育而参天地者，其旨深矣。"①

朱熹作为《易》学大家，深谙《易》理。对《系辞传》所云"爱恶相攻而吉凶生，远近相取而悔吝生，情伪相感而利害生"等阴阳变化之理早已娴熟于胸中。《坤》初六之"履霜""驯致其道，至坚冰也"的两重性，其焉能不知？《坤》的两重性表现在其性曰"顺"上。若从天而行，与天合德，则广生万物，得善德，"得常""有庆"，获安吉；反之，若逆天而行，则"失道"，不悔改则为"积不善"之人，逆象进一步发展，则有可能会成为积恶之家，以致成为"臣弑其君，子弑其父"的乱臣贼子。所以，对《坤》之"积恶"现象，必防微杜渐，早作分辨。朱熹还说："阳主生，阴主杀，则其类有淑慝之分焉"，圣人作《易》对此已用"健顺、仁义之属明之"，但事涉阴阳消长、淑慝变化，即使"赞化育而参天地者"亦难作为，"其旨深矣"。可见，朱熹的认识在义理上远超象数家。

对于《坤》初爻"履霜，坚冰至"问题，李光地于《周易折中》特以"案语"②形式进行论证。因文字太长，特择其要点陈述之。李光地以《易》道阴阳为指导思想，抛开《易经》中"天人合一"与"人德天授"等重要问题，专门谈"阴阳之义"在人类伦理上所体现的性质及其特点。

其一，从个体的人出发，说人心之神明，阳也；五官百体，阴也。

其二，从人的伦类来说，则分为两个层次：君、父、夫，阳也；臣、子、妻，阴也。由于心之神明，是运动全身的。故君父之事，调动臣子执行；夫之家事，以妇成之。诚如《家人》卦所说："女正位乎内，男正位乎外。男女正，天地之大义也。"人伦关系都是"天地之大义"，是不可以相悖的。但心为大体，五官百骸，则曰小体。君、父、夫谓之三纲而尊，臣、子、妻主于顺而卑。其大小尊卑于此辨，其顺逆之差于此分，其善恶之别于此生，其吉凶与否于此判。这反映在人个体上，心官为主，百体从令；而反映在人之伦类上，则君、父、夫之道行，臣、子、妾妇听命焉。但，阴与阳是合德的，如何把恶归于阴呢？"（君、父、夫）惟其耳目四肢，各逞其欲，并不奉夫天官（指心）；臣、子、妾妇亦各行其私，而不禀于君父，则臣、子、妾妇或有干涉阳（君、父、夫）之事，而邪始足以害正矣。"就人

---

① ［南宋］朱熹：《朱子全书》（一），第32页。

② ［清］李光地：《周易折中》，九州出版社，2002年版，第54页。下文引此书只注页码。

之个体而言，这表现为理性与贪欲的交战，个人的善恶由此显现。在国在家则表现为礼制破坏，相继出现乖戾不和。国与家也由此走上了祸患的阶梯。这就是"履霜，坚冰至"的大旨。所以，孔子师徒于《坤文言》所讲的，善恶之积"其所由来者渐矣"的问题，皆关乎国家兴衰大局，意深情切呀！

所谓"阳淑阴慝"说，难道阴真的邪恶吗？所谓"扶阳抑阴"说，难道一定要抑阴吗？重在全民的教化啊！要加强教化全民（君、父、夫与臣、子、妇妾等），就大可不必抑阴了。

推其源流，早在氏族社会，就有"执中"之说。伪古文《尚书·大禹谟》曾云："人心惟危，道心惟微，惟精惟一，允执厥中"，这是讲尧、舜二帝能做到"人心符合道心"的史实。孔门的《大学》、《中庸》讲"贬天子、退诸侯、讨大夫"，"拨乱世反诸正"，期望恢复王道，是将治国、教化为先的。所以对"履霜，坚冰至"的内涵"防微杜渐"，绝不可轻视。此为教化的重要根基。

李光地的案语写得很公允，认为治国大事，首在明君贤臣，不在下民。所以没有苛责阴类（臣、子、妾妇等下层），却含沙射影把君、父、夫等统治阶级上层的贪婪、腐败、失德作为国家混乱的祸患之源，很有见地，符合儒家思想。

六二，直、方、大，不习无不利。《象》曰：六二之动，直以方也。"不习无不利"，地道光也。

六二是《坤》卦之主，又居臣之位，有地之象，是《坤》柔顺地德的最高表现。

古人认为，天圆地方，圆者动，方者静。《系辞传》云："夫乾，其静也专，其动也直，是以大生焉。夫坤，其静也翕，其动也辟，是以广生焉。"乾为动中有静，坤为静中有动，这就是乾、坤作为天地时的基本性质。

朱熹《本义》释："柔顺正固，坤之'直'也；赋形有定，坤之'方'也；德合无疆，坤之'大'也。六二顺柔而中正，又得坤道之纯者，故其德内'直'外'方'而又盛大，不待学习而无不利。"[1]

程《传》曰："二，阴位，在下，故为《坤》之主。统言坤道，中正在

---

① ［南宋］朱熹：《朱子全书》（一），第32页。

下，地之道也。以'直、方、大'三者形容其德用，尽地之道矣。由'直、方、大'，故不习而无所不利。'不习'谓其自然，在坤道则莫之为而为也，在圣人则'从容中道'也。"又曰："'直、方、大'足以尽地道，在人识之耳。《乾》、《坤》纯体，以位相应。二，《坤》之主，故不取五应，不以君道处五也。《乾》则二五相应。"①程说"不习"谓自然，在坤道则"莫之为而为也"，真乃点睛之笔。乾元之"资始"，坤元之"资生"等，皆自然行为，都是不习而成，而无不利的。

荀爽释"不习无不利"云："物唱乃和，不敢先有所习。阳之所唱，从而和之，'无不利'也。"②此说不确。如上文程《传》所说，"不习谓其自然"，自然乃"莫之为而为"，非和"阳之所唱"，然后为"不习，无不利"。干宝曰："阴气在二，六月之时，自《遯》来也。"③此说亦误。《坤》为纯阴之卦，所以《坤》六二与《遯》六二不同。《坤》六二讲大地之德为"直方大"，实质为地法则乾之德。《遯》卦是讲退的。六二爻讲当退不退，因与九五相应，固用"黄牛之革"把自己与九五牢牢拴在一起，反映两者的对应关系。两卦两爻本质与内容皆无关联。

从解此爻可见，义理学解《易》优于象数学多矣。象数学往往眼光狭隘，斤斤于爻辞、爻象，而忽视大节。

六三，含章可贞。或从王事，无成有终。

所谓"含章"，是六三爻以阴居阳位，是阴中有阳，阳中有阴。"章"者，美也，为外在的表现形式，阴爻来居，故曰"含章"。

程《传》曰："三居下之上，得位者也。为臣之道，当含晦其章美，有善则归之于君，乃可常而得正，上无忌恶之心，下得柔顺之道也。'可贞'，谓可贞固守之，又可以常久而无悔咎也。或从上之事，不敢当其成功，惟奉事以守其终耳。守职以终其事，臣之道也。"④

"含章可贞"者，谓柔顺的《坤》代表的臣道、子道、妻道，就应固守贞顺的本性，含美不露。从王之事，尽力去干，但不居其功，守职以终其

---

① ［北宋］程颐：《周易程氏传》，第12页。
② ［清］李道平：《周易集解纂疏》，第77页。
③ ［清］李道平：《周易集解纂疏》，第77页。
④ ［北宋］程颐：《周易程氏传》，第12页。

事，遵守臣之道。程《传》之释优于他说。

《象》曰："含章可贞"，以时发也。"或从王事"，知光大也。

程《传》释曰："言为臣处下之道，不当有其功善，必含晦其美，乃正而可常。然义所当为者，则以时而发，不有其功耳。不失其宜，乃以时也，非含藏终不为也。含而不为，不尽忠者也。""或从王事，而能'无成有终'者，是其知之光大也。"[1]其释亦较他说为优，不再赘述。

六四，括囊，无咎，无誉。《象》曰："括囊无咎"，慎不害也。

六四是阴爻居阴位，处危惧之地。上下不交，无应无比，一似贤人处否闭时代，不得不晦迹而居。

朱熹《本义》释："括囊，言结囊口而不出也。'誉'者，过实之名，谨密如是，则无咎而亦无誉矣。六四重阴不中，故其象占如此。盖或事当谨密，或时当隐遁也。"[2]程《传》亦曰："四居近五之位，而（与五）无相得之义，乃上下闭隔之时，其自处以正，危疑之地也。若晦藏其知，如括结囊口而不露，则可得'无咎'"，而慎重如此，当然无害。既晦藏，自然"无誉"[3]。程、朱二贤的解释简要明白，反映了《坤》六四爻的处境及其避害的智慧。

虞翻曰："括，结也。谓《泰》反成《否》。《坤》为囊，《艮》为手，《巽》为绳，故'括囊'。在外，多咎也。得位承五，'系于包桑'，故'无咎'。阴在二多誉，而远在四，故'无誉'。"[4]此卦并非《泰》、《否》阴阳互转之卦，作为纯坤之卦，也无《艮》手、《巽》绳之说。六四爻讲的只是"爻时"，而非"卦时"，不涉及《否》《观》等卦的卦时，所以程颐说"四居近五之位"，与"五"不相得，乃上下闭隔之时，此时只是二爻之际的"时"。朱熹亦谓"六四重阴不中"，属于《系辞传》所谓"二与四同功而异位，……二多誉，四多惧，近也"，即四爻近君，故常为多惧之时位。苏轼《易传》曰：《坤》四爻"有善之名，而近于君，则惧矣。故

---

① ［北宋］程颐：《周易程氏传》，第12-13页。
② ［南宋］朱熹：《朱子全书》（一），第33页。
③ ［北宋］程颐：《周易程氏传》，第13页。
④ ［清］李道平：《周易集解纂疏》，第81页。

二之善宜著，四之善宜隐。"①四为近臣，有善不隐晦而宣扬之，岂不招祸？

虞翻把《坤》六四一爻之象说成《坤》变成《否》，是《泰》《否》互转，又扯出《艮》手、《巽》绳之类，显示他象数学非常娴熟，可以信手拈来，但实有不切之论，表明他于义理学领会不深。

干宝释："阴气在四，八月之时，自《观》来也。天地将闭，贤人必隐"②云云，此说亦谬。此释出自"阴阳消息卦"。消息卦借十二辟卦表现一年四季阴阳消息的过程，是十分可取的，但它并不能说明由八卦"因而重之"组成的六十四卦"阴阳"对立统一学说的理论体系。依《易》，《乾》《坤》是众卦父母，万物祖宗。故不能只依据《坤》之六四"阴气在四"，就说是"八月之时"，更不能说六四阴爻来自《观》卦。若此说成立，岂不成了《乾》由《夬》来、《坤》由《剥》来的笑话？

其实，据《说卦传》，《震》《巽》《坎》《离》《艮》《兑》皆《乾》、《坤》两卦相交相索生成，曰"六子卦"。而《周易》六十四卦又由八卦"因而重之"而生成。故《乾》《坤》为"众卦之父母，万物之祖宗"。《系辞传》曰："《乾》《坤》，其《易》之蕴邪""《乾》《坤》，其《易》之门邪"。这说明《易》象数家过于依赖象数，不深究《易》理，多有失误是自然的。

六五，黄裳，元吉。《象》曰："黄裳元吉"，文在中也。

程《传》释："《坤》虽臣道，五实君位，故为之戒云'黄裳元吉'。黄，中色；裳，下服。守中而居下，则'元吉'，谓守其分也。元，大而善也……'黄裳'既'元吉'，则居尊为天下大凶可知。后之人未达，则此义晦矣。不得不辨也。五，尊位也。在他卦，六居五，或为柔顺，或为文明，或为暗弱；在《坤》，则为居尊位。阴者，臣道也，妇道也。臣居尊位，羿、莽是也，犹可言也；妇居尊位，女娲氏、武氏是也，非常之变，不可言也。故有'黄裳'之戒而不尽言也。或疑在《革》，汤武之事犹尽言之，独于此不言，何也？曰：废兴，理之常也；以阴居尊位，非常之变也。"③

程氏之释，前部分讲得很有道理，但其指"'黄裳'既'元吉'，则居

① ［北宋］苏轼：《苏氏易传》，中华书局，1985年版，第184页。
② ［清］李道平：《周易集解纂疏》，第81页。
③ ［北宋］程颐：《周易程氏传》，第13页。

尊为天下大凶可知"云云，是什么"'黄裳'戒"，则违背《坤》六五爻辞之意。该爻的"黄裳，元吉"四字内涵绝无"大凶"之义。何况其《象传》也讲得明明白白："'黄裳元吉'，文在中也"，程颐自己也释曰："黄中之文，在中不过也。内积至美而居下，故为元吉。"不论爻辞与象辞，皆无"凶"义，何来"大凶"？足见其说不足信据。

程说"臣道"、"妇道"无称"君"者，也不尽然。至少在春秋时期，各级封君皆称"君"。《仪礼·丧服·传》："君，至尊也"，郑玄注："天子、诸侯及卿、大夫有地者皆曰君。"《尔雅·释诂》："林、烝、天、帝、皇、王、后、辟、公、侯，君也。"直到秦汉以后，出现皇权专制，才只有皇帝称"君"，而臣子皆不可称"君"。

春秋时代，列国诸侯夫人可称"小君"。孔子所著《春秋经》鲁庄公二十二年载"葬我小君文姜"，文姜为鲁桓公夫人、庄公之母。《谷梁传》释："小君，非君也。其曰君何也？以其为公配，可以言小君也。"《论语》亦曰："邦君之妻，……称诸异邦曰'寡小君'。"《白虎通》载："后，君也……称诸异邦曰'寡小君'，谓聘问兄弟之国及臣他国称之，谦之辞也。"[1]古人认为，夫妇一体，妻以夫贵。《仪礼·丧服·传》曰："父子一体也，夫妻一体也"，又说"父子首足也，夫妻牉合也"。《礼记·昏义》载：夫妻结婚以后，"共牢而食，合卺而酳，所以合体，同尊卑，以亲之也"。因此，皇、王为"君"，则夫人为"小君"。"小君"在皇、王面前是"臣妾"，但在臣民面前就是"君"。因为她是皇、王的"牉体"，是"合体"之人，所以享有特殊的权利。这是封建社会有些朝代往往由太后、皇后掌权的理论依据。

与程《传》相比，朱熹之释则绝口不提所谓"黄裳元吉"之戒的问题，他曾批评程《传》的颠顶："伊川要立议论教人，可向别处说，不可硬配在《易》上说。此爻何曾有这义？都是硬入。"[2]《朱子语类》明确提出："黄裳元吉，不过是说在上之人能尽柔顺之道。黄，中色；裳是下体之服。能似这个，则无不吉……这是那居中处下之道。《乾》之九五，自是刚健底道理（引者注：它不为上九"亢龙有悔"负责）。《坤》之六五，自是柔顺底道

---

① ［东汉］班固：《白虎通·嫁娶》。

② ［南宋］朱熹：《朱子全书》（十六），第2323页。

理（引者注：它也不为上六"龙战于野"负责）。各随他阴阳，自有一个道理。"①把"黄裳元吉"的内涵说得很透彻。可见程《传》谓"黄裳元吉"之戒，是失误的。

上六，龙战于野，其血玄黄。

上六爻辞的"龙战于野"直承初六的"履霜，坚冰至"，其阴气在地下蕴蓄已久，凝成坚冰，故恃盛阴敢于抗阳，并与阳战。

程《传》释："阴，从阳者也，然盛极则抗而争。六既极矣，复进不已则必战，故云'战于野'。'野'，谓进至于外也。既敌矣，必皆伤，故'其血玄黄'。"②朱熹《本义》曰："阴盛之极，至与阳争，两败俱伤。其象如此，占者如是，其凶可知。"③程、朱之解是正确的。阴战阳的理由，是阴在穷极之时，恃盛战阳，阻碍《乾》《坤》的阴阳对转，是"履霜，坚冰至"之戒结局的表现。

荀爽以"消息卦"解"龙战于野"曰："消息之位，《坤》在于亥，下有伏《乾》，为其嫌于阳，故称龙也。"④但依"消息卦"，《乾》不在亥，而在巳，是四月，而非十月。"《乾》位西北"、"《坤》位西南"都是《说卦传》的记载。上文我们说过，《说卦传》与"消息卦"所列一年十二月的卦位并不相符。要承认《说卦传》"《乾》在西北"，那就必须同时承认"《坤》在西南"。所以把《说卦传》拉来为象数学家的观点服务，是有欠妥当的。何况我们反复说明，乾坤阴阳的变化反映的是天地人三才之道的各种发展变化形式，难道世上的阴阳乾坤两性斗争与冲突都必须在"消息卦"规定的十月亥时进行吗？用汉人的东西来框架孔门《易》学天地阴阳变化，是不合适的。

《象》曰："龙战于野"，其道穷也。

程《传》释："阴盛至于穷极，则必争而伤也。"⑤

赵汝楳释曰："《乾》曰'亢龙有悔，穷之灾也'，《坤》曰'龙战于

---

① ［南宋］朱熹：《朱子全书》（十六），第2323页。
② ［北宋］程颐：《周易程氏传》，第13-14页。
③ ［南宋］朱熹：《朱子全书》（一），第33页。
④ ［清］李道平：《周易集解纂疏》，第84页。
⑤ ［北宋］程颐：《周易程氏传》，第14页。

野，其道穷也'。《乾》至上而穷则灾，《坤》至上而穷则战，战则不止于悔。"阴与阳战乃凶也，故《坤》上六是凶爻，朱熹已谓"占者如是，其凶可知"①。

用六，利永贞。

"用九"、"用六"是《乾》《坤》两纯阳、纯阴之卦特有的爻辞。意在使《乾》《坤》两卦能顺利完成相互对转。至于"用九"、"用六"的内涵，朱熹有清楚的说明："'用九'，言凡筮得阳爻者，皆用九而不用七，盖诸卦百九十二阳爻之通例也。以此卦纯阳而居首，故于此发之。而圣人因系之辞，使遇此卦而六爻皆变者，即此占之。"②"'用六'，言凡得阴爻者，皆用六而不用八，亦通例也。以此卦纯阴而居首，故发之。遇此卦而六爻俱变者，其占如此辞。"③但六十四卦中，只有首阳、首阴《乾》《坤》使用"用九""用六"，别无他例。故可以认为是两首卦的"专用爻"。

程《传》释："《坤》之'用六'，犹《乾》之'用九'，用阴之道也。阴道柔而难常，故用六之道，利在常永贞固。"④胡炳文释："《坤》'安贞'，变而为《乾》，则为永贞。'安'者，顺而不动。'永'者，健而不息。《乾》变《坤》，刚而能柔；《坤》变《乾》，虽柔必强。阳先于阴，而阳之极不为首；阴小于阳，而阴之极以大终。"⑤我认为在胡氏最后的结论中，应加入关键一辞"阴之极转而变阳"，方能获得"大终"，否则《坤》卦是不会"大终"的。忽视"用六"绝对不行。

《象》曰：用六永贞，以大终也。

朱熹《本义》曰："初阴后阳，故曰'大终'。"⑥《朱子语类》又曰："阳为大，阴为小……阴皆变为阳矣，所谓'以大终'也。言始小而终大也。"⑦符合《象传》之义，是经典性解说。

侯果曰："用六，妻道也，臣道也，利在长正矣。不长正，则不能大终

① ［南宋］朱熹：《朱子全书》（一），第33页。
② ［南宋］朱熹：《朱子全书》（一），第32页。
③ ［南宋］朱熹：《朱子全书》（一），第33页。
④ ［北宋］程颐：《周易程氏传》，第14页。
⑤ ［清］李光地：《周易折中》，第60页。
⑥ ［南宋］朱熹：《朱子全书》（一），第33页。
⑦ ［南宋］朱熹：《朱子全书》（十六），第2325页。

阳事也。"①虽不如朱熹解得精彩，但能讲出"用六"的本质是"妻道"、"臣道"，利在长正，"不长正，则不能大终阳事"，也与《象传》之义相合，值得一赞。

《文言》曰：《坤》至柔而动也刚，至静而德方，后得主而有常，含万物而化光。

朱熹《本义》释曰："刚、方，释'牝马之贞'也。'方'谓生物有常。"后几句与《象传》重复，无新意，故朱熹不释，只说了一句"含万物而化光"是"复明'亨'义"②。

《周易折中》引王宗传释："惟其动刚，故能德应乎乾，而成万物化育之功；惟其德方，故能不拂乎正，而顺万物性命之理，此坤之德所以能配天也。'后得主而有常'，则申'后顺得常'之义；'含万物而化光'，则申'含弘光大，品物咸亨'之义。"有些新意。

坤道其顺乎，承天而时行。

朱熹《本义》申《象传》之义，曰："复明'顺承天'之义"③。程《传》释："承天之施，行不违时，赞坤道之顺也。"④李光地《案语》："动刚，释'元亨'也，气之发动而物生也。德方，释'利贞'也，形之完就而物成也。柔静者，坤之本体；其刚其方，乃是乾为之主，而坤顺之以行止者，故继之曰'后得主而有常'，释'先迷后得主'也。含物化光，谓亨利之间，致养万物，其功盛大，释'西南得朋'也……盖孔子既以《坤》之元亨利贞，配乾为四德，则所谓'西南'、'东北'者，即四时也。故用《象传》所谓'含弘光大'者，以切'西南'，又用所谓'乃顺承天'，'行地无疆'者，以切'东北'，欲人知四方、四德，初非两义。此意《象传》未及，故于《文言》发之。"⑤其说《坤文言》之义补《象传》之未讲透彻者，是十分准确的，有利于学人对《坤》卦的深入理解。

积善之家，必有余庆；积不善之家，必有余殃。臣弑其君，子弑其父，

---

① ［清］李道平：《周易集解纂疏》，第86页。
② ［南宋］朱熹：《朱子全书》（一），第150页。
③ ［南宋］朱熹：《朱子全书》（一），第150页。
④ ［北宋］程颐：《周易程氏传》，第14页。
⑤ ［清］李光地：《周易折中》，第917-918页。

非一朝一夕之故，其所由来者渐矣，由辩之不早辩也。《易》曰："履霜，坚冰至。"盖言顺也。

这是在解释《坤》初六爻辞。关于"履霜，坚冰至"的大旨，上文已讲过很多。此文又在《文言》中出现，并明指"盖言顺也"。因此朱熹《本义》曰："古字'顺''慎'通用，案此当作'慎'"①，是可从的。程《传》释："天下之事，未有不由积而成。家之所积者善，则福庆及于子孙；所积不善，则灾殃流于后世。其大至于弑逆之祸，皆因积累而至，非朝夕所能成也。明者则知渐不可长，小积成大，辩之于早，不使顺长。故天下之恶，无由而成，乃知霜冰之戒也。霜而至于冰，小恶而至于大，皆事势之顺长也。"②其说把"顺事"之理说得很明白。但是尚未把"顺"字说透。我上文说过，"坤顺"有两重性，其一是"顺天""承天而时行"，这是坤之主流；其二，坤阴性柔，有顺随自身柔性之倾向。随性之阴，起于微末，不引人注目，故无"防微杜渐"之知者，难以早辨。西汉董仲舒曾说："积善在身，犹长日加益，而人不知也；积恶在身，犹火之销膏，而人不见也。"③正因为"积恶"不易发现，所以春秋时代"弑君三十六，亡国五十二，诸侯奔走不得保其社稷者不可胜数"。正因为春秋时代有这样的历史事实，所以才有《坤文言》论"阴"的善恶两重性以及阴之恶性可以导致弑君、弑父的惨祸，要求这个时代的家、国警惕"履霜，坚冰至"之戒。此是《文言》再讲《坤》初六爻辞之深意。

"直"其正也，"方"其义也。君子敬以直内，义以方外，敬义立而德不孤，"直方大，不习无不利"，则不疑其所行也。

这是在解释《坤》六二爻辞。程《传》释："'直'言其正也，'方'言其义也。君子主敬，以直其内；守义，以方其外。敬立而内直，义形而外方。义形于外，非在外也；敬义既立，其德盛矣，不期大而大矣，德不孤也。无所用而不周，无所施而不利，孰为疑乎？"④孔颖达释："君子用'敬以直内'，内谓心也，用此恭敬以直内心；'义以方外'者，用此义事以方

---

① ［南宋］朱熹：《朱子全书》（一），第151页。
② ［北宋］程颐：《周易程氏传》，第14-15页。
③ 《汉书·董仲舒传》。
④ ［北宋］程颐：《周易程氏传》，第15页。

正外物，言君子法地正直而生万物，皆得所宜。"①《朱子语类》曰："'敬以直内'，是持守工夫；'义以方外'，是讲学工夫……'直'是直上直下，胸中无纤毫委曲，'方'是割截方整之意……方是处此事皆合宜，截然区处得，如一物四方在面前，截然不可得而移易之意。"②

唐宋三位名家释《坤》六二爻辞，从"直、方、大"三德出发，论列坤道"直言理正，方言义正，大言盛德不孤"，而且认为大地有心、有思想，能"持守"，能"讲学"，有修养，能践行，完全是一位从人性出发的圣母形象。只有这样的"圣母"，才能匹敌那位"与天地合其德，与日月合其明，与四时合其序，与鬼神合其吉凶"的"大人"，实即"圣人"。在《易》学中，它们被称为"乾父""坤母"，也就是"天父""地母"，所以可称之为中国的"圣父""圣母"。

阴虽有美，含之，以从王事，弗敢成也。地道也，妻道也，臣道也。地道无成，而代有终也。

这是《文言》释六三爻辞。对于这句话，三国宋衷解释得很好，曰："臣子虽有才美，含藏以从其上，不敢有所成名也。地得终天功，臣得终君事，妇得终夫业，故曰'而代有终也'。"③程《传》释："为下之道，不居其功。含晦其章美，以从王事，代上以终其事，而不敢有其成功也。犹地道代天终物，而成功则主于天也。妻道亦然。"④宋、程两位学者皆从《易》"天尊地卑、君尊臣卑、父尊子卑、夫尊妇卑"的理论出发，对此爻的解释是正确的。这也是中国古代贯彻了几千年的社会法则。其他说法也都尊此为原则，不赘。

天地变化，草木蕃，天地闭，贤人隐。《易》曰："括囊，无咎，无誉。"盖言谨也。

这是《文言》解《坤》六四爻辞。六四以阴爻居阴位，而四又近君，是凶危之爻，故宜隐晦不宜动。

程《传》释："四居上近君，而无相得之义，故为隔绝之象。天地交感

---

① 《宋本周易注疏》，中华书局，1988年版，第155页。
② ［南宋］朱熹：《朱子全书》（十六），第2325页。
③ ［清］李道平：《周易集解纂疏》，第91页。
④ ［北宋］程颐：《周易程氏传》，第15页。

则变化万物，草木蕃盛，君臣相际而道亨。天地闭隔，则万物不遂，君臣道绝，贤者隐遁。四于闭隔之时，'括囊'晦藏，则虽无令誉，可得无咎。言当谨自守也。"①其说与释六四爻辞相近。

宋儒张浚释："'括囊'盖内充其德，待时而有为者也。汉儒乃以'括囊'为讥，岂不陋哉！阳舒阴闭，故孔子发'天地闭'之训。夫闭于前而舒于后，生化之功，自是出也。'括囊'之慎，庸有害乎？"②从"阳舒阴闭"的角度，说今时之"括囊"，乃为来日之有为，这是天地"生化之功"的必然历程。所以"括囊"之慎，是无害的。其说颇为新颖。

君子黄中通理，正位居体。美在其中，而畅于四支，发于事业，美之至也。

这是《坤文言》释六五爻辞之"黄裳"。朱熹《本义》释："黄中，言中德在内，释'黄'字之义也。虽在尊位，而居下体，释'裳'字之义也。'美在其中'，复释'黄中'。'畅于四支'，复释'居体'。"③《朱子语类》又云："二在下，方是就工夫上说，《文言》云'不疑其所行'是也。五得尊位，则是就他成就处说。所以云'美在其中，而畅于四支，发于事业，美之至也'。"④宋蔡渊释："'黄中通理'，释'黄'义；'正位居体'，释'裳'义。'黄中'，正德在内。'通理'，文无不通，言柔顺之德蕴于内也。'正位'，居在中之位，'居体'，居下体而不僭，言柔顺之德形于外也。'美在其中'，'黄中通理'也；'畅于四支，发于事业'，'正位居体'也。二、五皆中，二居内卦之中，其发见于外者，不疑其所行而已。五，外卦之中，其施于外，有事业之可观。坤道之美，至此极矣。"⑤对于这段话，各家之说纷然，只有朱熹、蔡渊二家之说简明扼要，故取之以释，大体上能反映《坤文言》之意。

阴疑于阳，必战。为其嫌于无阳也，故称"龙"焉。犹未离其类也，故称"血"焉。夫"玄黄"者，天地之杂也，天玄而地黄。

① ［北宋］程颐：《周易程氏传》，第15页。
② ［清］李光地：《周易折中》，第922页。
③ ［南宋］朱熹：《朱子全书》（一），第151页。
④ ［南宋］朱熹：《朱子全书》（十六），第2323页。
⑤ ［清］李光地：《周易折中》，第922-923页。

这是《坤文言》释上六爻辞与《象传》。朱熹《本义》释："'疑'，谓钧敌而无小大之差也。《坤》虽无阳，然阳未尝无也。血阴属，盖气阳而血阴也。'玄黄'，天地之正色，言阴阳皆伤也。此以上申《象传》之意。"[①]其释"为其嫌于无阳也，故称'龙'焉"，认为"《坤》虽无阳，然阳未尝无也"似不确。《坤》既为纯阴，又至上六，阴达极盛，当然无阳。《坤》因嫌于无阳，才称"龙"与阳战。蔡渊释："十月为纯坤之月，六爻皆阴，然生生之理，无顷刻而息。圣人为其纯阴而或嫌于无阳也，故称'龙'以明之。"[②]但其受汉代"消息卦"影响，把《坤》卦定为"十月"则不妥。上文我们说过，依《说卦传》，纯阴之坤在西南，并非"消息卦"十月之卦。《说卦传》又说在春分三月，震气主之，《乾》《坤》两卦各以阴阳元气交合而产生万物，并非十月。依《易》理，十月乃冬季归藏之时，不生物也。汉象数学家不明《乾》《坤》两卦纯阳、纯阴的内涵十分丰富，不但代表天地，而且可以代表天、地、人三才之道中的任何"阴阳"事物，怎能事事受时间、地点局限？更不用说是什么"消息卦"了。

程《传》释："阳大阴小，阴必从阳。阴既盛极，与阳偕矣，是疑于阳也。不相从则必战。卦虽纯阴，恐疑无阳，故称'龙'，见其与阳战也。'于野'，进不已而至于外也。盛极而进不已，则战矣。虽盛极，不离阴类也，而与阳争，其伤可知，故称'血'。阴既盛极，至与阳争，虽阳不能无伤，故'其血玄黄'。'玄黄'，天地之色，谓皆伤也。"[③]此释稍有不简，但在本质上符合《坤文言》原义。

明儒郑维岳释《坤文言》这段话，说其颇似孔子《春秋》笔法，他说："谓之曰'战'，阴与阳交战也，交战而独曰'龙战'者，是时阴处其盛，'嫌于无阳也'，故独称'龙'为战。若曰：阴犯顺而龙战之云耳，以讨阴之义与阳，不许阴为敌也。"[④]细审之，此《文言》并无类似"春秋笔法"的含义。太史公司马迁曾说："孔氏著《春秋》，隐、桓之间则章，至定、哀

---

① ［南宋］朱熹：《朱子全书》（一），第151页。

② ［清］李光地：《周易折中》，第925页。

③ ［北宋］程颐：《周易程氏传》，第16页。

④ ［清］李光地：《周易折中》，第925页。

之际则微，为其切当世之文而罔褒，忌讳之辞也"①，故有"微言""隐讳"之说。《周易》乃上古卜筮之书，孔子以义理解之，此"本隐以之显"耳！不必有什么"忌讳"，岂能用"春秋笔法"？此无根之论，不可信据。

（原载《北华大学学报（社会科学版）》2018年第5期）

---

① 《史记·匈奴列传》。

论《易传》对《周易》神学卜筮体系的改造

中国的传统《易》学划分为经典《易》学与数术《易》学两大部分。经典《易》学为儒学《易》，亦曰精英《易》学；数术《易》学为江湖《易》，是坚持走卜筮道路的《易》学。两者都发源于《周易》。后者，自汉代起就被称为"数术学"了。

"周易"一名，始见《周礼·春官·大卜》，与夏易《连山》、殷易《归藏》合称为"三易"。"三易"皆发源于巫术，是三代卜筮之书。因此，《周易》是周代神学巫术系统的代表作，这是不容置疑的。

《周易》走上经典化、哲学化的历程是一个复杂的发展过程，而在这一过程中儒家《易传》对它神学体系的改造则起到了关键作用。

《周易》作为卜筮之书，在周代由大卜所掌。周代的大卜，与太祝、宗人、太史合称"祝、宗、卜、史"，属于太史寮系统，是周王朝与其所分封的列国所必设的职官。《左传》鲁定公四年（前506年）载成王封鲁公伯禽说："用即命于周，是使之职事于鲁，以昭周公之明德。分之土田陪敦①，祝、宗、卜、史，备物典策，官司彝器。"证明太卜还是周代重要职官。他们掌握仰观天象，记录日、月、星辰之变化；俯察地理，瞻望山川形势、物候草木昆虫之变化；负责祭祀，辨别家族，制定谱牒、历法，从事卜筮，以沟通人神关系，所以被称为"巫"。据《周礼》，大卜、卜师、占人、筮人皆为巫，单是筮人就有九种之多，号"九筮"。据《诗经》，太祝为巫②。据《尚书·金縢》，周公为武王病祷告上帝、先祖，也具有巫的身份。《国语·楚语》说上古时代"夫人作享，家为巫史"。《易·巽》九二爻辞说："巽在床下，用史巫纷若。"马王堆帛书《易》多"巫史"连言，皆古代

---

① 《诗·鲁颂·閟宫》作"土田附庸"。
② 《诗·小雅·楚茨》："祝祭于祊，祀事孔明。"又云："工祝致告：神具醉止。"

"史"、"巫"不分之证。在周代，担当祝、宗、卜、史的巫职官吏都是知识分子，他们在从事祭祀、卜筮、观天察地制定历法时，常把许多自然与社会知识、生产与生活经验储藏到《易》卦爻系统中，于是在《易》学的神学体系中就产生了哲学的萌芽。

至周代，《周易》中的哲学因素有了较大的增长。《史记·太史公自序》说："昔西伯居羑里，演《周易》。"《汉书·艺文志》，扬雄《法言·问神篇》、《问明篇》，王充《论衡·谢短篇》等都说文王"重《易》六爻，演为六十四卦"。但此说受到了近代疑古派的质疑。

文王是否重"六爻，演为六十四卦"，一无确证，二则安阳四磨盘甲文已发现商代的六位数字卦，所以可能不确。但文王"演《周易》"则是可信的。马王堆帛书《易·要》篇云："文王仁，不得其志，以成其虑。纣乃无道，文王作，讳而辟咎，然后《易》始兴也"是一显证。吾师金景芳先生依据《易·系辞传》："《易》之兴也，其于中古乎""当文王与纣之事邪，是故其辞危"，判断说：《易传》的"'危者使平，易者使倾'，这是《周易》的思想，其来源就是文王被囚于羑里时的思想。文王被囚，是危者，希望平安脱险，故曰'危者使平'；纣王高高在上，得意忘形，是'易者'，文王的思想是使纣王倾覆灭亡，故曰'易者使倾'。文王在此时作《周易》，他的思想就变成了《周易》的思想了。"[①]廖名春先生也说："《周易》产生于'纣乃无道，文王作'的年代，是文王'讳而辟咎'之作，是反映了文王仁义思想和忧国忧民意识（不得其志，以成其虑）。"[②]所以吾师金景芳认为："《周易》是具有卜筮形式和哲学内容的矛盾统一体。它有荒诞的一面，也有正确的一面。"[③]李景春先生也认为《周易》中含有哲学思想[④]。金、廖两先生既然认为《周易》中含有文王思想，当然也就承认文王是《周易》的作者之一，对于推动《周易》哲理因素的发展起了重要作用。

至春秋时，《周易》一书哲理性因素继续得到发展。例如《泰》九三爻辞："无平不陂，无往不复。"《恒》九三爻辞："不恒其德，或承之

---

① 金景芳：《金景芳自序》，《〈周易·系辞传〉新编详解》，辽海出版社，1998年版。

② 廖名春：《〈周易〉经传十五讲》，北京大学出版社，2004年版，第192页。

③ 金景芳：《论〈周易〉著卦的组成和应用》，《学易四种》，吉林文史出版社，1987年版。

④ 李景春：《〈周易〉哲学的时代及其性质》，《文汇报》1961年5月19日。

羞。"《大有》上九爻辞:"自天祐之,吉无不利。"《谦》九三爻辞:"劳谦,君子有终,吉。"《随》六二爻辞:"系小子,失丈夫。"六三爻辞:"系丈夫,失小子。"《离》九三爻辞:"日昃之离(日已西斜),不鼓缶而歌,则大耋之嗟。"这些爻辞的含义很清楚:人生没有平坦路,坎坷是发展的常规;不坚守德操,就会招来羞辱;安分守己,有天护祐,无往而不利;有功而谦虚,终生谦虚,终生吉庆;丈夫与小子,系此失彼,不可兼得;日已西斜,人生过半,不能击缶歌乐,就会有垂老之叹。从这几例爻辞就可以看出,《周易》之卦爻体系已含有丰富的辩证思想和人生哲理,此足以证明春秋时《周易》理性的因素相对于其卜筮内容而言已有很大发展。所以高亨先生说春秋时《周易》"已经由筮书领域开始跨入哲理著作的领域"①。虽然如此,《周易》在春秋时仍被看作是卜筮之书,《左传》《国语》所载当时人占筮的22个卦例,就是明证。高亨先生依此说:"春秋时人基本是从占筮角度来利用《周易》的。"②

改造《周易》,使之成为真正的哲学著作,自孔子始。《史记·孔子世家》说孔子"晚而喜易,序《彖》《系》《象》《说卦》《文言》。读《易》,韦编三绝。曰:'假我数年,若是,我于《易》则彬彬矣。'"《史记》的记载,虽然遭到疑古派的否定,但许多学者不接受疑古派的看法。早在20世纪40年代,蒋伯潜、蒋祖怡父子就说:"十翼是否全出于孔子固是疑问,但孔子对《易》曾下过深切的研究,曾有所著述,而且引天道以论人事,使古时卜筮之书变为论哲理之书,由宇宙论演绎而为立身处世的伦理学说,则是不可动摇的事实。"③已经看到了《易传》对《周易》卜筮性质的改造,只是没有展开讨论。近年由于马王堆帛书《易》、郭店楚墓竹简及战国楚竹书的接连发现,疑古派的说法已很少有人尊信。孔门师徒运用阴阳对立统一观点系统解析《周易》,阐发《周易》中蕴藏的义理,又利用其旧有的卜筮外壳,使之成为一部占筮形式与哲理内容相互融合的古代哲学著作。所以,只有按照《易传》求德义思想解读的《周易》,才是儒家的经典

---

① 高亨:《周易杂论》,齐鲁书社,1979年版,第107页。

② 高亨:《周易杂论》,齐鲁书社,1979年版,第108页。

③ 蒋伯潜、蒋祖怡:《经与经学》,上海书店出版社,1997年版,第90页。

《易》学①。吾师金景芳先生一再说《周易》经传密不可分，道理就在这里。如无《易传》，则《周易》不能从根本上摆脱巫术神学体系的束缚，社会上流行的江湖《易》学就是明证。

综合《易传》的《彖》《系》《象》《文言》与《说卦》《序卦》《杂卦》各种内容，我认为它对《周易》的改造有三个重点，必须给予充分说明。

其一是《易传》对"神"字提出了新的界说。

在旧的卜筮体系里，"神"是天地万物的主宰，是超自然、超人力的化身。在中国古代社会，这种神力一般有三种：一是天神系统，如上帝、天、日、月、星、风、雨、雷、电、东王公、西王母等；二是地祇系统，如土神、谷神、山川草木、虎猫龟蛇之神等；三是人鬼，主要指祖先神，如先公、先王、先祖，也包括能"法施于民"的、"以死勤事"的、"以劳定国"的、"能御大灾"的、"能扞大患"的各类英雄人物，如契、冥、幕、稷、烈山氏等②。古代人们一旦遇有疑难之事，就要通过卜筮向神明发问。从甲骨卜辞看，商代人几乎事无巨细都向上帝和祖先发问。在周代，据《尚书·洪范》，决定疑难问题的五种因素是：王、卿士、庶人、龟卜、占筮。王、卿士、庶人，《易·系辞传》谓之"人谋"；龟卜、占筮，《易·系辞传》谓之"鬼谋"。"鬼谋"在决策中占有重要地位。即使是王、卿士、庶人都同意的一些行动，要是龟卜、占筮不从，即为"用作，凶"，也是不能行动的。《洪范》的记载说明周代巫术神学对人类的束缚作用还是相当大的。

最早认识到《易传》对《周易》旧有的"鬼神"观念作了新的解读的，是吾师金景芳先生。吾师在1955年发表的《〈易论〉上》一文中说：《周易·说卦传》所保留的原始意义上的"幽赞于神明"之"神明"一词，"必须与《易传》其他地方，如'以体天地之撰，以通神明之德'，'知变化之道者，其知神之所为乎'，'成变化而行鬼神'，'阴阳不测之谓

---

① 陈松长，廖名春：《帛书〈二三子问〉、〈易之义〉、〈要〉释文》："《易》，我复其祝卜矣，我观其德义耳也。"又曰："吾求其德而已，吾与史巫同涂而殊归者也。"载《道家文化研究》第3辑，上海古籍出版社，1993年版，第435页。

② 《国语·鲁语上》，上海古籍出版社，1988年版，第166页。

神'，'精气为物，游魂为变，是故知鬼神之情状'等，一切带有'神明''神''鬼神'等字样的词句，互相参证，细心体会"，才能理解"其真实意义，是指着宇宙本身所固有的东西而言，即所谓'变化之道'。换一句今天的话来说，就是变化发展的规律、法则"①。吾师的这一认识是相当深刻的，他已经看到了《易传》以新的反映宇宙固有规律的阴阳学说对《周易》旧有神学体系的改造，可惜没有继续深入探讨。张岱年先生继吾师之后，更明确指出："《易大传》改造了神的概念，提出了关于神的新界说"②。这就一针见血地道出了《易传》对于《周易》根本性质的改造。依据张先生的观点，《易·系辞传》所谓"阴阳不测之谓神"，指的并不是什么自然神、祖先神，而是由阴阳构成的万事万物内部阴阳矛盾的一种存在状态，或曰阴阳发展的一个阶段、一个过程。这一阶段的特点是阴阳矛盾没有揭晓，是阴是阳尚无定论，故曰"神"。《易·系辞传》又说："一阴一阳之谓道。"道是客观世界，即天、地、人三才的发展变化的规律，从而就把《周易》关于阴阳对立的思想提高到"道"，亦即客观世界发展变化规律的高度。由此，《易传》还揭示了"形而上者谓之道，形而下者谓之器"的道器理论。《易传》所阐释的"神"的新观念，对于《周易》来说具有革命性的变化，从此它的哲理性内涵得到充分发展，而旧的巫术内容则被扬弃，成为一部虽然保留卜筮的外壳却与哲理内容融汇为一的哲学著作。

吾师金景芳先生多年来一直强调《易经》包括《周易》与《易传》两个部分，是十分正确的。因为只有按《易传》思想所阐述的《周易》才是经典，而那个没有摆脱神学束缚的《周易》，如上文所说，在汉代就已被《汉书·艺文志》列入《数术略》。而作为数术学的《周易》，则不是也不能称作"易经"。

从历史发展过程上看，今传《周易》作于殷末周初，《易传》作于春秋末与战国中期，不是同一个时代的作品，这是毫无疑问的。但是据此说它们不属于一个思想系统，则大谬不然。思想是有历史继承性的。虽然《周易》与《易传》产生于两个时代，但《周易》的许多哲理性内容不经《易传》解

① 金景芳：《〈易论〉上》，《东北人民大学人文科学学报》1955年第2期。
② 张岱年：《论〈易大传〉的著作年代与哲学思想》，《中国哲学》第1辑，生活·读书·新知三联书店，1979年版。

读，或许至今仍为千古之谜，也上升不到"道"的高度，更进不了哲学的殿堂。

其二是《易传》对《周易》蓍与筮法的改造。

"蓍"是蓍草，是中国古代占筮的工具。中国古代与世界上许多古老民族一样经历过"万物有灵"时代，认为一切生物都是有灵性的。《礼记·礼运》说："何谓四灵？麟、凤、龟、龙，谓之四灵。"草也一样，《易·系辞传》说："探赜索隐，钩深致远，以定天下之吉凶，成天下之亹亹者，莫大乎蓍龟。""蓍"即蓍草，"龟"即龟甲，皆古代卜筮工具。《白虎通·蓍龟》云："天地之间寿考之物，故问之也。龟之为言久也，蓍之为言耆也，久长意也。"王充《论衡·卜筮》说："夫蓍之为言耆也，龟之为言旧也，明狐疑之事，当问耆旧也。"

龟可通灵，故用龟甲卜问神灵；蓍可通灵，故用蓍草占问神灵。《易·系辞传》所载古占筮法云"大衍之数五十"，知古代占筮要取蓍草五十枚。"数"在原始民族的观念中是一种"神秘的力量"，"每个数都有属于它自己的个别的面目，某种神秘的氛围，某种'力场'。因此，每个数都是特别地、不同于其他数那样地被想象（甚至可以说被感觉）"①。

但是，《易传》虽然保留了《周易》的占筮方法，却改造了占筮用数的神秘性，改造了它的内涵，对"大衍之数"进行了新的解说。《易·系辞传》说："天一地二，天三地四，天五地六，天七地八，天九地十。天数五，地数五，五位相得而各有合。天数二十有五，地数三十。凡天地之数五十有五，此所以成变化而行鬼神也。"在这段话中，首先，《易传》排除了蓍数的神秘性，认为筮数乃是代表天阳地阴的自然数，并不是通灵的蓍草之数。其次，指出"大衍之数"应来源于"天地之数"，故是反映天地阴阳变化之数，而不再是反映神明意志之数。其三，"此所以成变化而行鬼神"一句，也随"阴阳不测之谓神"而解成"此所以成阴阳发展之变化"。《易·系辞传》说："原始反终，故知死生之说。精气为物，游魂为变，是故知鬼神之情状。"依阴阳对立观点，"原始"是阴阳相交生物之始，"反终"是阴阳分离物死之终。"原始反终"，即是阴阳矛盾事物的开始与结

---

① ［法］列维·布留尔著，丁由译：《原始思维》，商务印书馆，1997年版，第201页。

束。"精气为物"是阴精阳气合而生物；"游魂为变"是魂游离于形魄之外，事物发生了"魂游魄降，散而为变"[①]的改变。"鬼，归也"，是复归于气。所以"鬼神之情状"，就是阴阳变化之情状。诚如朱熹所说："《易》者，阴阳而已。幽明、死生、鬼神，皆阴阳之变，天地之道也。"[②]总之，筮数经《易传》的阐释，摆脱了巫术体系，成为代表构成天下万事万物、反映万物规律性变化的阴阳二数。

在传世本《周易》中，"大衍之数五十，其用四十有九。分而为二以象两，挂一以象三，揲之以四以象四时，归奇于扐以象闰，五岁再闰，故再扐而后卦。天数五，地数五，五位相得而各有合。天数二十有五，地数三十。凡天地之数五十有五，此所以成变化而行鬼神也"一段，在《系辞传》的第八章；而"天一地二，天三地四，天五地六，天七地八，天九地十"一段在第十章，存在明显的错简。对此，朱熹根据程颐意见和自己的研究心得进行了纠正，其重新安排如下：

天一地二，天三地四，天五地六，天七地八，天九地十。天数五，地数五，五位相得而各有合。天数二十有五，地数三十。凡天地之数五十有五，此所以成变化而行鬼神也。

大衍之数五十，其用四十有九。分而为二以象两，挂一以象三……

朱熹将作为第十章的"天一地二，天三地四，天五地六，天七地八，天九地十"一节调到第八章的"天数五，地数五"一节之前是正确的。对于这一调整，《汉书·律历志》所引《易·系辞传》可为证明。但将"天一地二，……此所以成变化而行鬼神也"一节调到"大衍之数"一节之前则不确。吾师金景芳曾说过："《周礼》所称九筮，久已不传，今日存者唯有《易传》所述筮法一种，不知原为何筮。"[③]《易传》所述筮法，即今天所称的"大衍筮法"，由此可知"大衍筮法"一节，本非《易传》原文，乃《易传》为重新阐释"大衍之数"的来源与性质而引到传文中的。

马王堆帛书《易·系辞传》并没有"大衍之数"一段（缺二〇四字），而有"天一地二，天三地四，天五地六，天七地八，天九地十"一段。这也

---

① ［南宋］朱熹：《周易本义》，中国书店、1994年版，第108页。

② ［南宋］朱熹：《周易本义》，中国书店、1994年版，第108页。

③ 金景芳：《〈易论〉上》，《东北人民大学人文科学学报》1955年第2期。

从一个侧面证明"大衍之数"原为古筮法内容，所以帛书《易·系辞传》未录入。

据此，我认为对这段简文应这样安排：

大衍之数五十，其用四十有九。分而为二以象两，挂一以象三，揲之以四以象四时，归奇于扐以象闰，五岁再闰，故再扐而后卦。

天一地二，天三地四，天五地六，天七地八，天九地十。天数五，地数五，五位相得而各有合。天数二十有五，地数三十，凡天地之数五十有五，此所以成变化而行鬼神也。

《乾》之策二百一十有六，《坤》之策百四十有四，凡三百有六十，当期之日。二篇之策，万有一千五百二十，当万物之数也。

是故四营而成易，十有八变而成卦。八卦而小成，引而伸之，触类而长之，天下之能事毕矣。显道神德行，是故可与酬酢，可与祐神矣。

细绎这段文义，我们更加确信"大衍之数五十，……故再扐而后卦"一段是《易传》所引古筮法之文，而后面的"天一地二……是故可与酬酢，可与祐神矣"则是解读古筮法的。在引文之后再进行解释，这正符合古人写作的惯例。

首先，《易传》运用阴阳理论解读了古筮法"大衍之数"的由来与性质，谓筮数并非蓍草神数，来源也不神秘，而是天、地阴阳之数，是反映天、地、人阴阳变化规律的。由它组成的《乾》《坤》两卦策数可代表一年三百六十日；《易》阴、阳两爻的总策数一万一千五百二十则能代表天地万物之数。古"大衍之数五十"，而《易传》之"天地之数五十有五"，二者的差别由此产生，并引发了《易》学界长久的争论。

其次，《易传》将筮法的"分二""挂一""揲四""归奇"释为"四营而成易"；每成一爻需要三揲，故释云"十有八变而成卦"。

第三，《易传》认为"八卦而小成"，不能全面反映万物的情理，所以要"触类而长之"，即"因而重之"形成六十四卦。六十四卦则能模拟天地人间万事万物的变化，故说"天下之能事毕矣"。

第四，《易传》认为《易》既能模拟天、地、人三才之道的变化，能显示出客观事物之道，明示出人的德行。所以，也就可以与人应对，可以帮助人们探讨客观事物的阴阳之变。

经过《易传》的阐释，作为巫术占筮求神手段的筮法，就变成了利用天地之数求取事物阴阳变化规律的方法。

其三是《易传》改造了六十四卦模式的根本性质。

何为卦？《说文·卜部》云："所以筮也。从卜圭声，卜以问疑也。"可见卦是"卜以问疑"的。但问疑仅为筮的开始，所以它并没有回答出卦的根本性质。

唐孔颖达解《易·系辞传》"设卦"一句云："谓圣人设画其卦之时，莫不瞻观物象，法其物象，然后设之卦象。"原来卦的根本特点是象，是法万物之形容而画出的象。筮法为数，卦为象，故象数学是初期《易》学的主要内容。《周易》的卦画符号系统有两种形式：一曰八卦，《周礼·春官》称之为"经卦"，是三画卦；二曰"别卦"，是由八卦经"因而重之"形成的六十四个六画卦。

《易·系辞传》说："（包牺氏）于是始作八卦。"把八卦的产生推到了遥远的上古氏族社会。此说在近世遭到疑古派的否定，说它茫然无据。而我认为，这一传说本质是真实的。揭开中国古代历史，我们可以看到，凡文字、绘画、生产工具、生活用品哪一样不是古人在生产、生活实践中经过长期积累创造出来的？《系辞传》说："古者包牺氏之王天下也，仰则观象于天，俯则观法于地，观鸟兽之文与地之宜，近取诸身，远取诸物，于是始作八卦，以通神明之德，以类万物之情。"《易·系辞传》所说的"古者"，表明这段话记载的是古人传说。这一传说非常生动、具体地道出了古人积千百年对天象、地理与万物仰观俯察的实践而创造出了八卦模式。创造这一卦象模式的目的在于"以通神明之德，以类万物之情"。所以，上古八卦模式一经产生就是与通灵的巫术联结在一起的。

法国学者列维·布留尔说："原始的思维方式的社会的成员们，认为美术像，不论是画像、雕像或者塑像，都与被造型的个体一样是实在的。格罗特写道：'在中国人那里，像与存在物的联想不论在物质上或精神上都真正变成了同一。特别是逼真的画像或者雕像乃是有生命的实体的alter ego（另一个我），乃是原型的灵魂之所寓，不但如此，它还是原型的自身……这个如此生动的联想实际上就是中国的偶像崇拜和灵物崇拜的基础。'"①当八卦作为天、地、风、雷、水、火、山、泽的画像代表，古人认为两者就"真正变成了同一"，八卦之像就真正变成了它的模拟物。这是古代人类自然崇拜与灵物崇拜的真实写照。所以它可以反映神明的意志，可以比类万物的情状。因此，八卦不必就是包牺氏所画，但它一定产生在那个普遍存在自然崇拜与万物有灵的时代。

当前一些学者多采用《易·系辞传》所说"《易》有太极，是生两仪，两仪生四象，四象生八卦"一段内容来解说八卦的产生。其实，这是个失误。

因为，《易·系辞传》的这段话是以孔子为代表的儒家说的，它产生在春秋末期以后。它是儒家以阴阳对立的观点对《周易》之所以产生所作的理论总结。其说认为宇宙原是混沌的元气，元气始生阴阳二气，法象是天地；阴阳二气生成少阳、老阳、少阴、老阴四气，法象是春、夏、秋、冬四时；阴阳四气又生成八卦，即《乾》《坤》《震》《巽》《坎》《离》《艮》《兑》，它代表天、地、雷、风、水、火、山、泽。这段话从本质上说，是儒家借用"太极""两仪""四象""八卦"等数术语言来论证宇宙生成论的。它与《老子》说"道生一，一生二，二生三，三生万物"，《大一生水》说"大一生水，水反辅大一，是以成天。天反辅大一，是以成地。天地复相辅也，是以成神明。神明复相辅也，是以成阴阳。阴阳复相辅也，是以成四时"②相一致。这是产生在春秋、战国时代的三大宇宙生成论。

德国著名哲学家卡尔·雅斯贝尔斯曾提出过有关人类"轴心时代"的理论，认为在公元前500年前后是世界人类文明发展史上的关键时期。"这个时代产生了直至今天仍是我们思考范围的基本范畴，创立了人类仍赖以存活的世界宗教之源端。无论在何种意义上，人类都迈出了走向普遍性的步伐。"③"最不平常的事件集中在这一时期。在中国，孔子和老子非常活跃。

---

① 〔法〕列维·布留尔著，丁由译：《原始思维》，商务印书馆，1997年版，第37-38页。

② 陈恩林：《论〈大一生水〉与〈老子〉及〈易传〉的关系——〈大一生水〉不属于道家学派》，《逸斋先秦史学术论文集》，吉林文史出版社，2003年版，第143—151页。

③ 〔德〕卡尔·雅斯贝尔斯著，魏楚雄、俞新天译：《历史的起源与目标》，华夏出版社，1989年版，第9页。

中国所有的学派，包括墨子、庄子、列子和诸子百家，都出现了。"[1]显然，《易传》的太极生成万物论是世界人类文明进入"轴心时代"的产物。其思想水平和理论高度远非上古包牺氏所画的八卦可比。

包牺氏时代是上古中国刚刚进入驯服马牛羊等动物的畜牧时代，先民能画出代表天、地、雷、风、水、火、山、泽的八卦已属难能可贵，怎能提出高度抽象的宇宙生成论？如果说"《易》有太极，是生两仪"一段文字是论八卦起源的，那不等于向人们宣告在未有人类之前，八卦已经生产了？因为"四象生八卦"，即阴阳四气生成天、地、雷、风、水、火、山、泽八种物质时，人类尚未产生。《序卦传》云："有天地然后有万物，有万物然后有男女，有男女然后有夫妇。"是说先有天地，再有万物，然后有人类。人类产生在天地、万物后，八卦又是人为的东西，它怎会在人类之前由四象所生？所以"太极生两仪，两仪生四象，四象生八卦"一段话中的"八卦"，乃泛指以天、地、雷、风、水、火、山、泽为代表的世间万物，并不是专讲八卦起源的。

由三画组成的八"经卦"，在包牺氏时代本是"通神明之德"的，已如上文所言，此不赘。但经《易传》解说，它可以模拟天地万物的生成，可以代表天、地、人间万事万物。如：家庭中的父、母、长男、中男、少男、长女、中女、少女；牲畜中的马、牛、羊、豕、犬、龙、鸡、雉；器物中的金、布、竹、木、轮、甲、石、咸卤等等。其中，它所代表的天、地、雷、风、水、火、山、泽八种事物则是基本的。八卦互相矛盾、互相联系、相反相成，对世间万物的生长起着促进作用。八卦还能代表四时八方等宇宙的空间和时间。但是，八卦不论代表什么事物，其八种根本性质都不变，即"乾，健也；坤，顺也；震，动也；巽，入也；坎，陷也；离，丽也；艮，止也；兑，说也"，八者不变。这是八卦的卦德。八卦为小成，它不能反映世间复杂的事物，所以八卦"因而重之"，产生六十四卦。

六十四卦模式在卜筮时代本是神明回答人们的六十四种答案。但经《易传》解释，它成为模拟天、地、人三才之道的各种复杂模式。它以《乾》《坤》为阴阳对立体系的门户，每相邻两卦皆为一组阴阳对立的统一体，其

---

[1] ［德］卡尔·雅斯贝尔斯著，魏楚雄、俞新天译：《历史的起源与目标》，华夏出版社，1989年版，第8页。

卦象非"反"即"对"。《杂卦传》云："《乾》刚《坤》柔，《比》乐《师》忧。《临》《观》之义，或与或求。《屯》见而不失其居，《蒙》杂而著。《震》起也，《艮》止也。《损》《益》，盛衰之始也。"这里《乾》《坤》两卦，你阴我阳，六爻相反，是"反"卦；而《比》与《师》《临》与《观》《屯》与《蒙》《震》与《艮》卦，卦象互相对立，是"对"卦①。详推六十四卦，卦象莫不如此，是三十二对对立统一体，至《既济》《未济》结束，是一个大的发展过程。而最后一卦《未济》，六爻全部阴阳不当位，说明天地人三才之道的变化是永无止境的。故《系辞传》说"生生之谓易"，表明旧事物发展一经结束，新生事物的发展随即展开。

六十四卦内部又有互体卦，"应"与"不应"，"比"与"不比"，相比之卦又有承、乘、顺、逆等各种变化问题，皆由阴阳对立引起，而与鬼神无关，这就从根本上改造了六十四卦的卦爻体系，使它从神学巫术的控制下解脱出来。

总之，由于《易传》对《周易》的重新阐释，尤其是改造了"神"的观念，提出了关于"神"的界说；改造了筮法，以天地阴阳之数取代了神秘的蓍草通灵之数；改造了八卦、六十四卦的卦爻体系，使卦从神明的答案变成了模拟天、地、人三才之道阴阳变化规律的系统，最终使《周易》完成了从古代占筮著作向哲学著作的转变，进而成为一部儒家经典，也是中国古代哲学最具特色的高水平的经典。

（原载《吉林大学社会科学学报》2010年第5期）

---

① ［清］李光地：《周易折中》，九州出版社，2002年版，第969页。

论《易传》的人性善恶统一说

　　人性是人类在自然和社会活动中所表现出来的本质特征。人性不是一成不变的，它随着人类社会的发展和进步而不断地改变和完善。道德是人类本质的表现形式，道德修养水平的高低，代表人类素质修养的好坏。所以，人性的修养和完善，首先从道德的修养和完善做起。我国是世界上最早认识到人性需要修养和完善的国家之一。《尚书·皋陶谟》所讲的"栗""立""恭""敬""毅""温""廉""塞（实）""义"九德，《洪范》所说"正直""刚克""柔克"三德，无一不是针对当时人们的本性中存在的强横、怯懦、邪辟、贪鄙、凶顽、谄谀等各种不良品德而提出来的。

　　我国先民总是把人们的优秀品质与奸邪行为对立起来谈论。说明在他们心目中善行和恶行是对立统一的，不克服恶行，善行是发展不起来的。我国先民这种善恶并论的传统，在春秋时期表现得更为强烈。《左传》隐公三年谈到"六逆"、"六顺"时说："贱妨贵，少陵长，远间亲，新间旧，小加大，淫破义，所谓六逆也。君义、臣行、父慈、子孝、兄爱、弟敬，所谓六顺也。"隐公六年："善不可失，恶不可长。"僖公二十四年："庸勋、亲亲、昵近、尊贤，德之大者也；即聋、从昧、与顽、用嚚，奸之大者也。"类似的例证不胜枚举。说明我国古人认为善恶如影随形，密不可分。

　　战国是我国古代讨论人性的一个高潮时期，儒、道、墨、法各家纷纷提出自己的人性观，于是形成了人性的善、恶与不善不恶之激烈争辩。孟、荀两家分别作为人性善、人性恶的代表，是学术界关注的重点。在这方面，古今学者倾注了很多精力，也取得了丰硕的成果。但学术界对《易传》的人性思想关注得不多，成果也相对较少，并多持《易传》是人性善的观点。其实，这是失之偏颇的。《易传》是"天人合一"论者，说上天赋予人善性并不错；但《易传》又是阴阳对立统一论者，认为吉凶、悔吝、善恶、美丑、祸福是对立统一、互相转化的。所以，《易传》的本质是人性善恶统一论。这一方面是继承了古人将善德与恶德对举的传统，另一方面也是对劝善教育进行的理论总结。

一、《易传》的"天人合一"观是性善论的源泉

《说卦传》说："昔者圣人之作《易》也，将以顺性命之理，是以立天之道曰阴与阳，立地之道曰柔与刚，立人之道曰仁与义。兼三才而两之，故《易》六画而成卦。分阴分阳，迭用柔刚，故《易》六位而成章。"明确指出，圣人作《易》的宗旨是利用六画卦形式代表天、地、人三才之道，以阴阳、刚柔、仁义三对矛盾的发展变化，探求世界万事万物的性命之理。

宋儒朱震阐发《说卦传》这段记载说："《易》有太极，太虚也。阴阳者，太虚聚而有气也。柔刚者，气聚而有体也。仁义，根于太虚、见于气体而动于知觉者也。自万物一源观之，谓之性；自禀赋观之，谓之命；自通天地人观之，谓之理。三者一也。圣人将以顺性命之理，故分一而为三：曰阴阳，曰柔刚，曰仁义，以立天地人之道，盖互见也。"[1]朱氏认为：天、地、人三才之道都从作为宇宙本体的太极而来，都由阴阳元气构成，各形成自己的独立特点，皆秉承阴阳所授之命。天性为阴阳之气，地性为柔刚之体，人性为仁义之德。朱熹纠正《说卦传》"阴阳""柔刚""仁义"次序说："看来当曰'义与仁'，当以'仁'对'阳'。仁若不是阳刚，如何做得许多造化？义虽刚，却主于收敛，仁却主发舒。这也是阳中之阴，阴中之阳，互藏其根之意。"[2]其说得之，以"义仁"对"柔刚"，更有说服力。

对于太极的"太虚"之气造作人的"仁义"之性，《乾》卦讲得最为详尽。《乾》卦辞曰："乾，元、亨、利、贞。"《子夏传》："元，始也；亨，通也；利，和也；贞，正也。"《周易尚氏学》释曰："盖天之体，以健为用，而天之德莫大于四时。元、亨、利、贞，即春、夏、秋、冬，即

---

① ［南宋］朱震：《汉上易传》卷九，上海人民出版社，1990年版，第264-265页。
② ［南宋］黎靖德编：《朱子语类》（五），中华书局，1986年版，第1971页。

东、南、西、北。震元，离亨，兑利，坎贞，往来循环，不忒不穷。"①其说是对的。

《乾文言》释"元、亨、利、贞"四德之所以成为君子的"仁、礼、义、信"四德说，曰："君子体仁足以长人，嘉会足以合礼，利物足以和义，贞固足以干事。"乾，就是天。乾道的元始、亨茂、利义、贞藏，就是天道的四时规律。地道依天行事，春生、夏长、秋收、冬藏，于是就形成春、夏、秋、冬四时之德。人得天地之和气而生，于是天道的"元善、亨礼、利义、贞信"四德就禀赋于人了。故唐李鼎祚诠释这段话说："夫在天成象者，乾元亨利贞也。言天运四时以生成万物。在地成形者，仁义礼智信也。言君法五常以教化于人。元为善长，故能体仁，仁主春生，东方木也；亨为嘉会，足以合礼，礼主夏养，南方火也；利为物宜，足以和义，义主秋成，西方金也；贞为事干，以配于智，智主冬藏，北方水也。"②尚秉和对李鼎祚的解释给予了很高评价，谓："李氏此诂，最为透彻。与《太玄》'罔直蒙酋冥'理合，识《周易》真谛。盖此八句，为最古之《易》说。"（《周易尚氏学》卷一，第22页）尚氏的评价颇具卓识。说明自古以来，人们普遍认为人的优秀品质乃上天所授。

但我们也必须指出，李氏解"贞者事之干"为"以配于智"一句，前贤是有分歧的。隋代何妥解曰："贞，信也。君子贞正，可以委任于事。故《论语》曰'敬事而信'，故干事而配信也。"（《周易集解》卷一）何说是正确的。《乾文言》释九二爻曰："龙德而正中者也。庸言之信，庸行之谨，闲邪存其诚。"释九三爻又曰："忠信，所以进德也。"是一证。《礼记·礼器》云："先王之立礼也，有本有文。忠信，礼之本也；义理，礼之文也。无本不立，无文不行。"帛书《缪和》载："'困，亨；贞，大人吉，无咎；有言不信。'敢问大人何吉于此乎？子曰：'此圣人之所重言也。'"③可见孔门师徒最重"信"字。故《乾文言》又曰："修辞立其

---

① 尚秉和：《周易尚氏学》卷一，中华书局，1980年版，第13页。下引该书，仅随文标注书名与卷数等。

② ［唐］李鼎祚：《周易集解》卷一，中国书店，1984年版，第4页。下引该书，仅随文标注书名与卷数等。

③ 廖名春：《帛书〈缪和〉、〈昭力〉简说》，载《道家文化研究》第3辑，上海古籍出版社，1993年版。

诚，所以居业也。"诚即信实，守诚信实方能居业，认为人若无"信"这种内在的纯朴忠诚，是不能"进德修业"的。终《文言》一章，只字未提到"智"，怎可将"贞者事之干"解成"智"字？此是二证。《孟子》虽有"仁义礼智"四端说，但谓"是非之心，智之端也"。"是非之心"能判断得失，分辨是非，显然与"足以干事"之"信"，有较大差别，不足为据。自李鼎祚批判何说，附会《孟子》四端，又附合董仲舒"仁义礼智信"五常之教，力主"贞"释"智"，加之朱熹亦力主"贞"释"智"，遂使"仁礼义信"古义被掩没，而"仁义礼智"流行。溯本穷源，我们认为仍以"贞"释"信"，方符合《乾文言》原意。

《系辞传上》阐释人性出于天道之规律说："一阴一阳之谓道，继之者善也，成之者性也。"当代学者张怀承先生诠释这段话的内涵最为深入，云："性不是简单的来源于天，而是天道本体运化在人身上的本质体现。人性之所以为善，仁义礼智只是其具体内涵，而最根本的原因，在于人性是对天道之善（即本体的绝对道德精神）的继承。由此，人性便与天道本体直接联系在一起。人的道德完善不再仅仅是个人的修身养性，更是宇宙运化的终极完善。"[①]张先生的诠释十分精辟，点中了中国古代人性与天道本体合一的本质特点。

但是，我们若因此断定《易传》是性善论，则又欠妥当。一者，这只是《易传》所解读的人的先天性德，是人的一种自然潜质，在后天它能否正常发展出来尚存在问题；二者，《易传》是阴阳对立统一论者。"一阴一阳"作为三才之道是互相转化的。吉凶是阴阳变化的两极，悔吝是其中间状态。悔是向吉发展，吝是向凶发展。吉不必是善，但其中必然包括善；凶不必是恶，但其中必然有恶。吉凶是一个不断互相转化的循环过程。因此，自然的吉凶就在不断地转化中禀赋给了人类，从而形成了人类的善恶。这是天地自然变化的必然规律。

---

① 张怀承：《论中国传统人性论的逻辑发展》，《中州学刊》1999年第4期。

二、《易传》的人性善恶统一说

帛书《易之义》解读《周易》曰："《易》之义，唯阴与阳。"这是画龙点睛之笔，一语就说中了《易》的本质特点是阴阳对立统一。《系辞传下》也说："刚柔者，立本者也。"刚柔，即阴阳。也看到了《易》以阴阳、刚柔为根本。天下万事万物皆以刚柔为本体，皆以阴阳运动为规律。对于《易传》所阐释的《周易》这一本质特点，宋代朱熹的认识最深入。他发挥《系辞传上》"仰以观于天文，俯以察于地理，是故知幽明之故。原始反终，故知死生之说。精气为物，游魂为变，是故知鬼神之情状"一段话，说："《易》者，阴阳而已。幽明、死生、鬼神，皆阴阳之变，天地之道也。天文则有昼夜上下，地理则有南北高深。原者，推之于前；反者，要之于后。阴精阳气，聚而成物，神之伸也；魂游魄降，散而为变，鬼之归也。"[①]其指出《周易》一书三才之道变化的本质只是阴阳变化而已。幽明、死生、鬼神的变化都不过是阴阳变化的不同表现形式。生者，就是阴阳合气而生物，亦即"阴精阳气，聚而生物"。死者，就是阴阳二气衰竭而分离，亦即"魂游魄降，散而为变"。魂，精神；魄，形体。凡物之死，必精神与形体分离。阴阳二气，重归于自然，即"鬼之归也"。这一解说把天地自然与人类社会的千变万化都集中到阴阳变化的核心点上，诚为远见卓识。一部《周易》，六十四卦、三百八十四爻所反映的各种矛盾变化，归根结底就是"一阴一阳之谓道"的变化而已。这就是《周易》的本质。

当然，自然界的吉凶悔吝虽然没有表现出人类的祸福、善恶、贵贱之变。但是依据"天人合一"的观点，人为天地阴阳二气所生，天地的吉凶悔吝就自然会影响到人类，而表现为人类的善恶、祸福、贫贱与富贵了。

《乾文言》释九五爻说："圣人作而万物睹。本乎天者亲上，本乎地者亲下，则各从其类也。"王夫之解"亲上""亲下"曰："亲上者，三辰也，依天而行；亲下者，草木也，依地而生。若动物，则得天地之中气，依地以处，而绝乎地；依空而游，而不至于天。其性本乎天也，其形本乎地

---

① ［南宋］朱熹：《周易本义》，中国书店，1994年版，第108页。下引该书，仅随文标注书名与页码。

也。"①其说破除了旧说"兽亲于地，鸟亲于天"与宋儒"草木亲地，动物亲天"之说，道出了动物、主要是人类的特点。说人得天地之中和之气而生，是天地并亲者，既具天之阳德，又具地之阴德。所以，既禀赋了天地的吉质，又禀赋了天地的凶质。这是由天地阴阳合德的运动规律决定的。

马王堆帛书《易之义》载孔子说："万物之义，不刚则不能动，不动则无功，恒动而弗中则亡，此刚之失也。不柔则不静，不静则不安，久静不动则沈，此柔之失也。"这就是说作为由天地及万物构成的自然界，其阴阳运动规律也有"恒动则亡，久静则沈"的失误。这些自然的刚柔失误，表现在人类身上无疑就是恶、祸、夭、贫之类的灾害了。为此，孔子还具体论列了"五刚之失"与"五柔之失"。他说："《乾》之'亢龙'，《壮》之'触藩'，《姤》之'离角'，《鼎》之'折足'，《丰》之'虚盈'"等五卦的卦爻辞，就是刚之失的例证。"亢龙"是《乾》上九爻辞。其时阳气已穷，不宜进而宜退。但亢龙恃阳而进，导致"有悔"。"触藩"为《大壮》九三爻辞。九三阳爻居阳位，故"壮"，恃壮用刚，急于与上六应，故触藩伤角，进退不能。"离角"是《姤》卦上九爻辞，传世文献作"姤角"。姤，遇也。九以刚居上，处亢极之位，故曰"角"。以此位求偶，谁人与之，故招致吝。"折足"是《鼎》九四爻辞，九四是不能胜任而强为之刚。孔子批评说"德薄而位尊，知小而谋大，力小而任重，鲜不及矣"，果然招来"覆公餗"之祸而致凶。"盈虚"是《丰·彖传》之语。"天地盈虚，与时消息"，天地间有"刚柔互济"之道，《丰》为大、为阳、为盛，但《丰》上六不守常道，反而"丰屋"自蔽其明，故致明极反暗之凶灾。

孔子又说"《坤》之'牝马'，《小畜》之'密云'，《姤》之'蹢躅'，《渐》之'孕妇'，《屯》之'泣血'"等五卦的卦爻辞，就是柔之失的例证。"牝马"是《坤》卦辞。坤德本顺，应依乾行事，此为牝马之正。但此牝马违性逆乾，先于阳行事，则导致了本性迷失。"密云"是《小畜》卦辞"密云不雨，自我西郊"之语。畜，积也。小畜，阴积之不足。故徒具密云，未积至雨，当降雨而未降，阴之失也。"蹢躅"是《姤》初六爻辞。《姤》初六爻辞有"羸豕孚蹢躅"。蹢躅，有"前进"之义。羸，一般

---

① ［清］王夫之：《周易稗疏》卷一，《清经解续编》第1册，上海书店，1988年版。

释弱。但尚秉和释为"累"（《周易尚氏学》卷十三，第207页），《经典释文》释"累"为系累之义，可从。《姤》为一阴始生，阴气尚弱，宜静不宜动，但系累之豕，仍欲蹢躅而进，故曰"见凶"。"孕妇"指《渐》九三爻辞："鸿渐于陆，夫征不复，妇孕不育，凶。"鸿为水禽，而迁于陆上，非其所居之地。丈夫出征不返，妇虽妊娠因失夫而不能养育，故凶。此爻则为柔失刚、阴失阳之过也。"泣血"是《屯》卦上六爻辞。《屯》者，难也。上六处《屯》难之终、《坎》阴之上位，进无所进，退无所退，故忧惧而泣，曰"泣血涟如"，其失在阴柔无应。孔子通过上述众卦的阴阳刚柔之失，警示人们：自然界的阴阳刚柔变化并不是一帆风顺的，是复杂多变、不好掌握的。作为自然界来说，刚柔之失当然是天地自然之灾，但作为不同于天地的人来说，可就是善恶、祸福之灾了。所以，人们必须认识天地的刚柔灾害，努力驾驭这一自然灾害，以保障人类社会的福祉。

《易传》一书关于人类善恶、祸福、利害等对立统一性的描述，不胜枚举。《系辞传下》云："爱恶相攻而吉凶生，远近相取而悔吝生，情伪相感而利害生。""善不积不足以成名，恶不积不足以灭身。小人以小善为无益而弗为也，以小恶为无伤而弗去也。故恶积而不可掩，罪大而不可解。"这是说人的善恶之性无不是对立统一而存在的，并且无不是在后天积累起来的。善是经一点一滴积累而成名的，恶也是因弗去小恶、积累成罪大恶极而不可解。所以，人性之善恶最终会如何彰显，后天社会实践中的积累是占据主导地位的。

《坤文言》在解《坤》"初六，履霜，坚冰至"时，更直言人性之善恶都由天地而生，并都在后天实践中逐渐形成，说："坤道其顺乎，承天而时行。积善之家，必有余庆；积不善之家，必有余殃。臣弑其君，子弑其父，非一朝一夕之故，其所由来者渐矣。由辩之不早辩也。《易》曰：'履霜，坚冰至'，盖言顺也。"初六是《坤》之始爻，亦即"坤元"。《彖传》"至哉坤元，万物资生"即此爻，特点是"乃顺承天"，与天合德广生万物。若不顺天会"失道"，只有顺天乃能"得常"，乃能"有庆"。据《系辞传》，乾尊，坤卑；阳大，阴小；阳为君、父、夫、大人；坤为臣、子、妻、小人。由此可见，《坤》有两重性：从天而行，与天合德，能得善性，"得常""有庆"；反之，逆天先行，会"先迷失道"，则得不善之性。初六："履霜，坚冰至。"六是阴爻之名，初六阴少，气结成霜，顺至阴气发展盛大，则水冻而坚冰成。这是自然现象，无所谓吉凶。但就人事而言，坤顺天而行，则为积善之家，必得余庆；反之，坤逆天而行，则为积恶之家，可以导致"臣弑其君，子弑其父"的重大恶果。所以，作为君父对这些兆头不能不防微杜渐，早做分辨。故朱熹注"履霜，坚冰至"云："夫阴阳者，造化之本，不能相无；而消长有常，亦非人所能损益也。然阳主生，阴主杀，则其类有淑慝之分焉。故圣人作《易》，……盖所以赞化育而参天地者，其旨深矣。"（《周易本义》，第21页）谓此爻含有淑（善）慝（恶）之分、生杀之义。

尚秉和解《坤文言》初六爻则毫不隐讳地说："坤为积，为殃、为恶，故曰'不善'。坤多，故曰'余'……君、父则指乾也。坤消阳，故曰弑君父。此正申明'履霜，坚冰至'之理。阴在《姤》至微耳，积之不已，则阳可全消，其祸有不可胜言者，故曰'余殃'。余者，多也。此本世界之公理，人事之自然。"（《周易尚氏学》卷二，第39页）尚氏此说并非空穴来风。虞翻释"积不善之家，必有余殃"亦云："坤积不善，以臣弑君。以乾通坤，极《姤》生《巽》，为余殃也。"李鼎祚案："圣人设教……今于《易》象，阐扬天道，故曰'积善之家，必有余庆；积不善之家，必有余殃'者，以明阳生阴杀，天道必然，理国修身，积善为本。故于《坤》爻初六，阴始生时，著此微言，永为深诫。"（《周易集解》卷二，第5页）李、尚之说，本于汉魏《易》学。

《史记·太史公自序》云："《春秋》之中，弑君三十六，亡国五十二，诸侯奔走不得保其社稷者不可胜数。察其所以，皆失其本已。故《易》曰：'失之毫厘，差以千里。'故曰：'臣弑君，子弑父，非一旦一夕之故也，其渐久矣。'"这是司马迁申《坤文言》之义蕴。何休《春秋公羊经传解诂》引《春秋说》，曰："七缺者，惠公妃匹不正，隐桓之祸生，是为夫之道缺也。文姜（案：鲁桓公夫人）淫而害夫，为妇之道缺也。大夫无罪而致戮，为君之道缺也。臣而害上，为臣之道缺也。僖五年'晋侯杀其世子申生'，襄二十六年'宋公杀其世子痤'，残虐枉杀其子，是为父之道缺也。文元年'楚世子商臣弑其君髡'，襄三十年'蔡世子般弑其君固'，是为子之道缺也。桓八年'正月，己卯，烝'；桓十四年八月'乙亥，尝'；僖三十一年'夏四月，四卜郊不从，乃免牲，犹三望'。郊祀不修，周公之礼缺，是为七缺也矣。""七缺"被视为军国大事，其中有六项恰是夫妇、父子、君臣关系。《郭店楚墓竹简·六德》讲"圣、仁、智、义、忠、信"六德，谓"父圣、子仁（案：传世文献作父慈、子孝）；夫智、妇信；君义、臣忠"。先儒认为这是国之治道，"先王之教民"，"六者各行其职，而讪諆无由作也"，"观诸《诗》《书》，则亦在矣；观诸《礼》《乐》，则亦在矣；观诸《易》《春秋》，则亦在矣！"①这足以证明李鼎祚、尚秉和的解释符合历史实际。儒家的《易传》与《春秋公羊传》虽然一讲哲学，一讲政治，但思想本质却是一致的。

作为《周易》门户的《乾》《坤》两卦，乾代表天、君、父、夫、大人及一切阳刚事物；坤代表地、臣、子、妻、小人及一切柔顺事物。乾性健，主进主始；坤性柔，主顺主从。所以坤只有依天而动，方得善德。若先天而动，甚至逆天而动，则必得恶德。所以《坤》既言善德，亦含恶德。其爻曰："龙战于野，其血玄黄。"唐侯果释曰："《坤》，十月卦也。《乾》位西北，又当十月，阴穷于亥。穷阴薄阳，所以战也。故《说卦》云'战乎乾'是也。六称龙者，阴盛似龙，故称龙也。"（《周易集解》卷二）朱熹曰："阴盛之极，至与阳争，两败俱伤。其象如此，占者如是，其凶可知。"（《周易本义》，第22页）《坤文言》释曰："阴疑于阳必战。"朱熹曰："疑，谓均敌而无小大之差也。"（《周易本义》，第23页）说极盛之阴，势力敌阳，故敢与阳战，流出玄黄之血，阴阳两败俱伤。战阳之阴，是逆天之阴，自然是恶德。

《易传》解《泰》《否》两卦则是从本质上揭示两卦的善恶之德。《泰·彖传》："泰，小往大来，吉亨。则是天地交而万物通也，上下交而其志同也。内阳而外阴，内健而外顺，内君子而外小人。君子道长，小人道消也。"尚秉和释曰："阳上升，阴下降，故气交。坤为万物，为心志。交则万物气通，心志和合，故曰同。"又曰："内阳外阴，内健外顺，内君子外小人……乾为君子，坤为小人，《泰》本候卦，阳长故阴消。"（《周易尚氏学》卷四，第75页）《泰》是阳长阴消之卦，阳在下，阴在上，阳阴之

---

① 荆门市博物馆：《郭店楚墓竹简》，文物出版社，1998年版，第187-188页。

气上下相交接而为泰，为通。阳大在内为来，阴小在外为往，是阴去阳来之卦。是"君子道长，小人道消"之时。其德为吉，为善。

《否·彖传》："《否》之匪人，不利君子贞，大往小来，则是天地不交，而万物不通也；上下不交，而天下无邦也。内阴而外阳，内柔而外刚，内小人而外君子。小人道长，君子道消也。"尚秉和释曰："天气本上腾而在外，地气本下降而在内，愈去愈远，故气不交。气不交，故万物不通而死矣。坤为万物，为邦国。乾上坤下，君民不亲，上下闭塞，而邦必乱，故曰'无邦'。《否》，七月卦，阴长阳消，故曰'小人道长，君子道消'。"（《周易尚氏学》卷四，第79-80页）《否》是阴长阳消之卦，阳在上，而阳气上升；阴在下，而阴气下降，故是天地不交、万物不通之时。宋吕大临曰："否，闭塞而不交也。'否之匪人，不利君子贞'，言否闭之世，非其人者，恶直丑正，不利乎君子之守正。"[1]《否》卦代表是非颠倒、恶德流行、良善被弃的时代。阴作为凶德，在《周易》一书中，尤其在上六爻中，多有表现，如：《坎·象传》"上六失道，凶三岁也"；《大过》上六"过涉灭顶，凶"；《复》上六"迷复，凶"等。

《大有·象传》曰："火在天上，大有，君子以遏恶扬善，顺天休命。"朱熹释曰："火在天上，所照者广，为大有之象。所有既大，无以治之，则衅孽萌于其间矣。天命有善而无恶，故遏恶扬善，所以顺天。反之于身，亦若是而已矣。"（《周易本义》，第40页）程《传》释曰："万物众多，则有善恶之殊。君子享大有之盛，当代天工，治养庶类。治众之道，在遏恶扬善而已。恶惩善劝，所以顺天命而安群生也。"[2]两说意义相近，朱说天命无恶，程说万物有善恶之殊。若依《易传》，万物皆秉受天之善性而来，物之恶从何说起？上文我们说过，天地有吉凶。凶者，各种天地之灾。但自然之凶对于万物，尤其是对人来说，可就是祸、就是恶了。代表天地之道的阴阳、刚柔，亦有刚柔不济、阴阳不和之时。当它们的不济、不时、不和，秉赋于人时，不就给人类带来恶德了吗！天地自然阴阳、刚柔变化的规律是"穷则变，变则通"，"物不可以终通"，通久必穷，穷而再变，循环往复，以至于无穷。那么，它的穷与通、吉与凶、和合与不和合，自然也是

---

① ［清］李光地：《周易折中》，九州出版社，2002年版，第129页。
② ［北宋］程颐：《周易程氏传》，载《二程集》，中华书局，2004年版，第769页。

永不停止运转的。所以，不论自然界，还是人类社会，只有吉、福、和合、善，而没有凶、祸、不和合、恶，这是不可能的。如果说有，那只存在于宗教活动中对天国的信仰而已。

人类自产生以后，就带着自然赋予的善恶潜质。这种潜质真正成长为社会人的善恶本性，是由人的社会实践活动和人的主观努力方向决定的。《易传》注意到这一问题，十分强调人的"进德修业"，认为这是贯通人一生的大事业。仅以代表龙德最高成就的《乾》卦为例：初九虽已具备龙德，但要潜隐于位，修养待时而勿用；九二虽已出潜离隐，但要言信行谨，学聚，问辩，宽居，行仁，处处表现君子之贞。九三更要终日健健，时动时息，进德修业，专意务时，随时而动。九四虽处在渊，得到进退有据之地，但仍需及时"进德修业"，以便择时而跃，毫不松懈。直到九五"飞龙在天"，龙德之人终于登上天之正位，方可以大展宏图。至于上九亢龙，虽有亢进行为，终因"有悔"而中止前进，最后实现了阴阳对转，《乾》《坤》互变的正常结果。

《乾》六龙的修养过程颇似《礼记·中庸》的"慎独"式修养。但不同的是，六龙是各自在所处的位上经过种种考验而一步步升上来的。重视在社会实践中锻炼，尤其在逆境和困境中磨炼自己，增长才干，是《易传》强调的重点。《易传》所三陈的"九德"是最典型的例证。"《履》，和而至"，是德之基；"《谦》，尊而光"，是德之柄；"《复》，小而辨于物"，是德之本；"《恒》，杂而不厌"，是德之固；"《损》，先难而后易"，是德之修；"《益》，长裕而不设"，是德之裕；"《困》，穷而通"，是德之辨；"《井》，居其所而迁"，是德之地；"《巽》，称而隐"，是德之制。要求人们学好九德，以九德修身；用好九德，以九德修业，做到"《履》以和行，《谦》以制礼，《复》以自知，《恒》以一德，《损》以远害，《益》以兴利，《困》以寡怨，《井》以辩义，《巽》以行权"。不仅如此，《易传》还劝勉人们深入学习《周易》六十四卦，把每一卦都视作是人"进德修业"的榜样。要求人们全面掌握《周易》阴阳对立统一的规律，遏恶扬善，趋吉避凶，克服恶德，把自身的善质不断提升到圣人的水平，从而能"时乘六龙以御天"，进入人类理想的"天人合一"，即人德与天德统一的最高境界。

　　《易传》以"一阴一阳之谓道"的高度，论述人性的善恶统一论，乃先秦时代人性论的代表，是一个高峰。《易传》为孔子及其弟子所作，流行于战国。惜乎当时孟、荀两位大儒都未能参透《易传》"阴阳对立统一"的本质。孟子肯定人的善质，荀子指出人有恶欲。但是，人作为自然人的本质是善恶统一的，既有文明之光，也有野蛮之暗。所以，他们皆与《易传》的人性善恶统一论失之交臂，而未能使它向更高形式发展。

（原载《周易研究》2014年第5期）

《周易》是中国古代成熟的哲学著作

《周易》在先秦文献中多单称"易"，是中国古代最具文化特色的一部典籍。《周易》之名，首见《周礼·春官·大卜》，曰："大卜掌三兆之法：一曰玉兆，二曰瓦兆，三曰原兆。其经兆之体①，皆百有二十；其颂皆千有二百。掌三易之法，一曰《连山》，二曰《归藏》，三曰《周易》。其经卦（三画卦）皆八，其别（六画卦）皆六十有四。"

夏、商、周三"易"皆发源于上古巫术，"三易"则是三代卜筮之书。故《周易》原本是周代巫史文化之代表作，当无疑义。

《易》起源于八卦。传说八卦为氏族社会伏羲氏所创。《易·系辞传下》说："古者包牺（即伏羲）氏之王天下也，仰则观象于天，俯则观法于地，观鸟兽之文与地之宜，近取诸身，远取诸物，于是始作八卦，以通神明之德，以类万物之情。"这一传说内容十分生动，具体道出了上古先民经历了千百年来观察天象之日、月、星辰、风、雨、雷、电；地理之山高水深，树木丛生；陆上奔驰的兽，天空飞翔的鸟，水中畅游的鱼，千姿百态，丰富多彩。于是，他们在长期的实践中画出了天、地、风、雷、水、火、山、泽八种图形，以代表天、地、风、雷、水、火、山、泽的形象。他们创造的八卦模式，目的在于"以通神明之德，以类万物之情"。"神明"当然是万物有灵时代的"天神、地祇与人鬼"等各种自然神与祖先神。这种"万物有灵"之巫术直到新中国成立前，如民间信仰蛇神、黄鼠狼（仙）、狐狸（仙）、牛、马、猪、驴神等。伏羲时代的人则利用八卦模式的天、地、风、雷、水、火、山、泽之灵性以沟通万物，以认识万物的内涵及其外部特征。当是时，人民心中的八卦，并不是"易"，只是一种反映自然现象的、

---

① 经兆之体，谓卜龟正兆之体。体为兆象，龟体有金木水火土五兆，每兆各有二十四分，故曰兆为百有二十。本文引"十三经"皆随文注出篇名，不另出注。

带有巫术灵性的模型，或曰天、地、风、雷、水、火、山、泽的偶像而已。不过，这样的偶像能帮助他们在自然生活中保持安全。

20世纪30年代，认为《周易》含有哲学内涵的学者，只有胡适一人。我国前辈的疑古学者们否定《周易》含有哲学理性，并认为《易传》非儒家所作，嘲笑儒家作《易传》解《周易》之说于史学是"茫然无据"，子虚乌有，提出《易传》与儒家无关等等。今天我们应该重新认识这段话记载的历史真实性，重新认识原始氏族社会创造巫史文化的先民。

法国学者列维·布留尔说："原始的思维方式的社会的成员们，认为美术像，不论是画像、雕像或者塑像，都与被造型的个体一样是实的。格罗特写道：在中国人那里，像与存在物的联想不论在物质上或精神上都真正变成了同一。特别是逼真的画像或者雕塑像乃是有生命的实体的alter ego（另一个我），乃是原型的灵魂之所寓。"①从原始思维角度看，氏族社会先民创造出天、地、风、雷、水、火、山、泽的八卦图形，他们就认为其图形同真的天、地、风、雷、水、火、山、泽一样，图形与实物两者就"真正变成了同一"的。他们崇拜八卦之象，就认为能通过这形象去了解天、地、风、雷、水、火、山、泽的"神明之德"，就可以比类天、地、风、雷、水、火、山、泽等万物的情况。布留尔所论列的这些原始氏族先民的思维形式，应该就是伏羲时代"万物有灵"思想的写真，就是我国氏族社会先民自然崇拜与灵物崇拜思想的真实反映。

这样的史实，我国的古代文献多有记载。《山海经》不用说，《左传》宣公三年就明确记载："昔夏之方有德也，远方图物，贡金九牧，铸鼎象物，百物而为之备，使民知神奸。故民入川泽山林，不逢不若。螭魅魍魉，莫能逢之，用能协于上下，以承天休。"这段话证明，在氏族社会即将进入国家时，大禹曾用九牧贡金，铸鼎象物，物象有奇异山川、巨人面像及云雷波纹等，供人们分辨、识别神奸，以便进入山林川泽，不逢不顺，尤其不能遇到"螭魅魍魉"等山精树怪，这就是夏代先民的偶像崇拜。由此可知，夏代的《连山》、殷代的《归藏》与周代的《周易》等"三易"，就是上古的万物有灵，以及偶像崇拜发展来的。所以，《周易》系由伏羲氏所传的八卦

---

① ［法］列维·布留尔著，丁由译：《原始思维》，商务印书馆，2011年版，第42页。

演化而来，是毫无疑义的。

可惜的是，夏代《连山》、殷代《归藏》二"易"至今只有《归藏》尚有残余资料，其余皆已亡佚。唯有《周易》因为儒家用"十翼"重新解读，才得流传于世。

在周代，凡国之祭祀天神、地祇与人鬼（宗庙）以及军政大事，都要用《周易》卜筮。故国家主管神事的"太史寮"委派大史、大祝、大卜等天官人员专门管理《周易》，从事卜筮工作。管神事者的具体工作，首在沟通人神关系，所以被称为"巫"。在商、周二代，巫的地位很高。殷王大戊时有大臣巫咸；至殷王祖乙之时，有重臣巫贤，皆其证。周代，据《尚书·金滕》，周公曾为武王之病祷告上帝、先祖，愿以自己之死，去替换武王，周公无疑具有巫的身份。另据《国语·楚语》说上古颛顼时代，一度"夫人作享，家为巫史"，氏族社会几乎家家有巫，是"万物有灵"的反映。后来，颛顼果断取消"家有巫史"的现象，而将"巫"之权力收到氏族首领或国家之君王的手里。

周代的《易》掌握在"太史寮"，即主管天官的人手里。而这些人皆是当时的知识分子，他们观察天象，主持天、地、人（宗庙）祭祀，主持制定历法，常常把当时的一些自然知识与社会知识、生产生活经验等，储藏到六十四卦的卦爻象辞体系中，于是在神学卜筮的著作《周易》一书中就产生了早期哲学与理性思维的萌芽。《史记·太史公自序》说："西伯拘羑里，演《周易》"，《汉书·艺文志》，扬雄《法言·问神篇》、《问明篇》，王充《论衡·谢短篇》等皆说文王"重《易》六爻，演为六十四卦"。一则此说缺乏西周时代材料，二则在安阳四磨盘甲文中已发现商代六位数字卦，故"重《易》六爻"之事可能要早于周代。《周礼·大卜》讲夏易《连山》、殷易《归藏》曰："其经卦皆八，其别皆六十有四"，都是重卦早于周代之证。此足以表明文王所演之《周易》，明显是"六爻的《周易》"。马王堆帛书《易·要》篇云："文王仁，不得其志，以成其虑。纣乃无道，文王作，讳而辟咎，然后《易》始兴也。"吾师金景芳先生据《易·系辞传》所云"《易》之兴也，其于中古乎"，"当文王与纣之事邪，是故其辞危"判断说，《易传》的"危者使平，易者使倾"是《周易》思想，其来源就是文王被囚于羑里时的思想。文王被囚，是"危者"，希望平安脱险，故曰"危者使平";纣王高高在上，得意忘形，是"易者"，文王的思想使纣王倾覆灭亡，故曰"易者使倾"。文王在此时演《周易》，他的思想当然就是《周易》的思想。廖名春先生也说，"《周易》产生于'纣乃无道，文王作'的年代，是周文王'讳而避咎'之作，反映了文王的仁义思想（文王仁）和忧国忧民意识（不得其志，以成其虑）。"由此可见，由于文王演《周易》，所以《周易》一书的哲学成分有较大增加。

至春秋时代，由于王纲解纽，礼崩乐坏，社会发生了较大的变化。晋史墨说：春秋中叶以后，列国卿大夫专权，不仅王权失落，诸侯也逐渐成为赘旒。于是，列国"社稷无常奉，君臣无常位，自古以然。故《诗》曰：高岸为谷，深谷为陵。三后（指虞、夏、商三代）之姓，于今为庶"，"鲁文公薨，而东门遂杀适（嫡）立庶，鲁君于是乎失国，政在季氏，于此君也，四公矣。民不知君，何以得国？"（《左传·昭公三十二年》）在这样的变乱世道，《周易》一书的理性因素得到了进一步发展。

如《泰·九三》爻辞："无平不陂，无往不复"；《恒·九三》爻辞："不恒其德，或承之羞"；《大有·上九》爻辞："自天佑之，吉无不利"；《谦·九三》爻辞："劳谦，君子有终，吉"。从这些事例可以看到，在春秋时代《周易》的卦爻体系已含有丰富的理性因素与人生哲理，故高亨先生说春秋时的《周易》"已经由筮书领域开始跨入哲理著作领域"。但是，《周易》在春秋时仍被当时的人看作是卜筮之书。《左传》与《国语》所载当时人占筮用的22个卦例，就是明证。何况，《周易》神学卜筮体系没有变化，其所问筮的对象还是自然神与祖先神，巫术的帽子并没有摘去。高亨先生依此说"春秋时人基本是从占筮角度来利用《周易》的"，其说甚是。

① 金景芳：《〈周易·系辞传〉新编详解》，舒大刚主编《金景芳全集》第3册，上海古籍出版社，2015年版，第1137页。
② 廖名春：《帛书〈周易〉论集》，上海古籍出版社，2008年版，第48页。
③ 高亨：《周易杂论》，齐鲁书社，1979年版，第108页。

一

重新解读《周易》，剥去其神学卜筮体系的衣冠，使之成为真正的古代哲学著作，由孔子开始。《史记·孔子世家》说："孔子晚而喜《易》，序《彖》《系》《象》《说卦》《文言》。读《易》，韦编三绝。曰：假我数年，若是，我于《易》则彬彬矣。"《史记》的记载虽然遭到疑古学者的否定，但许多学者仍信从司马迁的叙述。如在20世纪40年代，蒋伯潜、蒋祖怡父子就说："'十翼'是否全出于孔子固是疑问，但孔子对《易》曾有过深切的研究，曾有所著述，而且引天道以论人事，使古时卜筮之书变为论哲理之书，由宇宙论演绎而为立身处世的伦理学说，则是不可动摇的事实。"①较早看到了《易传》对《周易》卜筮体系的改造。自20世纪70年代以来，由于马王堆帛书《易》与郭店楚墓简书儒家著作的发现，儒家著《易传》的史实已被学术界肯定。

以孔子为代表的儒家所著的《易传》包括《彖传》上下、《系辞传》上下、大小《象传》《乾》《坤》《文言传》与《说卦传》《序卦传》《杂卦传》7种形式、10部作品，故称"十翼"。十翼对《周易》神学卜筮体系作了全面解读，十分深刻。本文不准备全部释读，只想取其三个重点问题给予简单说明：

其一，《易传》对《周易》"神"的概念提出了新的界说。

在《周易》旧的神学卜筮体系里，"神"无疑是自然神与祖先神。自然神主要有天神、地祇二类；祖先神，既包括先公、先王、先祖，又包括"法施于民""以死勤事""以劳定国""能御大灾""能捍大患"（《礼记·祭法》）的各类英雄人物。所以，周人自古以来就祭祀天神、地祇与祖先（宗庙）。我们之所以肯定《周易》所说的"神"或"神明"是天神、地祇与人鬼，最明确的证据就是《尚书·洪范》。《洪范》是由大禹传下的治国之书，内涵"洪范九畴"，即"大法九章"。其第七项曰"稽疑"，由5种人参加决断国家有疑难问题的事务：王、卿士、庶人、龟卜（卜人）、占

---

① 蒋伯潜、蒋祖怡：《经与经学》，上海书店出版社，1997年版，第90页。

筮（筮人）。王、卿士、庶人，《洪范》称之为"人谋"；龟卜、占筮代表的是"幽微难明"的"蓍龟之道"，这种与"人谋"相对立的道，自然是神明之道。故《易·系辞传》称其为"人谋、鬼谋"，是正确的。由是观之，旧《周易》的"鬼神"观念，无可辩驳，自然是天神、地祇、人鬼。而《易·系辞传》重新解读《周易》"神"的概念为"阴阳不测之谓神"。北京大学的张岱年教授明确指出这是"《易大传》改造了'神'的概念，提出了关于'神'的新界说"①。这就一针见血地道出了《易传》对旧《周易》根本性质的改造。所谓"阴阳不测之谓神"，指的并不是自然神与祖先神，而是阴阳二物构成的千变万化的万物阴阳矛盾没有揭晓时的一个发展阶段，或曰一个发展过程。《易·系辞传》提出的新的"神"的界说，扬弃了旧《周易》的巫术形式与鬼神内容，使其内涵的哲理性得到了进一步发展。

其二，《易传》对《周易》旧的蓍与筮法进行了重新解读。

蓍草，是中国古代占筮用的工具。中国古代与世界上许多古老的民族一样经历过"万物有灵"的氏族时代，认为世上万物都是有灵性的。《礼记·礼运》说："何谓四灵？麟凤龟龙，谓之四灵。"草也一样，《易·系辞传》说："探赜索隐，钩深致远，以定天下之吉凶，成天下之亹亹者，莫大乎蓍龟。"蓍，即蓍草；龟，即龟甲，皆是古代卜筮者的占卜工具。汉《白虎通·蓍龟篇》云："此天地之间寿考之物，故问之也。龟之为言久也，蓍之为言耆也，久长意也。"汉王充《论衡·卜筮篇》说："夫蓍之为言耆也，龟之为言旧也，明狐疑之事，当问耆旧也。"认为老物有灵，而龟、蓍即兽与草中有灵性者，因此古人常用龟甲与蓍草占卜以问神灵。

《易·系辞传》所载古代之占筮法曰"大衍筮法"，用"大衍之数五十"，即五十支蓍草进行占筮。但孔门师徒扬弃了用"通灵蓍草"占筮的旧法，取消了蓍草的所谓"灵性"，而用天地自然五十五数，即《系辞传》所说"天一地二，天三地四，天五地六，天七地八，天九地十。天数五，地数五，五位相得而各有合。天数二十有五，地数三十，凡天地之数五十有五，此所以成变化而行鬼神也"。这段话彻底否定了用蓍草占筮的通灵性，从而对改造《周易》的神学卜筮体系起到了重要作用。首先，《易传》排除

① 张岱年：《张岱年学术论著自选集》，首都师范大学出版社，1993年版，第334页。

了蓍数的神秘性，而改用天阳地阴的天地自然之数进行占筮。《易》道的特点是"一阴一阳之谓道"。"乾，阳物也；坤，阴物也。阴阳合德，而刚柔有体。"天下万事万物皆天地阴阳和合而生成，故用天阳、地阴的奇偶之数占筮，反映的就是天地万事万物及阴阳相辅相成、发展变化的自然规律了，并非如蓍草一样去沟通神灵。因此，通灵的蓍草就被阴阳自然的变化彻底逐出了占筮的舞台。

对这一理论，后来贤者理解得最深的，是宋儒朱熹。他说："《易》者，阴阳而已。幽明、死生、鬼神，皆阴阳之变，天地之道也。"（见《周易本义·系辞上》）一言道破了《周易》以"阴阳"为核心的理论本质。

其三，《易传》改造了《周易》八卦与六十四卦模式的根本性质。

何为卦？《说文·卜部》云："所以筮也。从卜圭声，卜以问疑也。"可见卦是卜以问疑的。但问疑仅为筮的开始，所以《说文》没有回答出卦的根本性质。

唐孔颖达解《易·系辞传》"设卦"一句云："谓圣人设画其卦之时，莫不瞻观物象，法其物象然后设之卦象。"此说是。卦的特点是象，是《易》法则天下万事万物之形容所画出来的象。但象由数来，以数占筮；筮法为数，占筮定卦，是谓以数定象。所以"象数"是《易》的基本内涵，是《易》的基础。孔子研究《易》，侧重义理，故王弼解《易》重视"援象入理"。因为《易》的"义理学"是"形上学"，而"象数学"作为基础，虽不可缺，但一味追求象数的学者，有时往往不能摆脱"形下学"的束缚，难以进入"形上学"的理论境界。

《周易》的卦画形式有两种，一为八卦，又曰八经卦，是三画卦；二为别卦，是由八经卦"因而重之"形成的六十四卦，是六画卦。八卦既能代表天、地、风、雷、水、火、山、泽，又能代表天下万事万物，详观《说卦》、《序卦》、《杂卦》就能知晓。但只有八经卦，往往不能模拟世上万事万物的复杂变化，故被人称为"小成"之卦。六十四卦则能代表天下万事万物复杂的变化过程，构成《易》学的庞大体系。

在旧《周易》神学卜筮体系中，八卦与六十四卦都是"通神明之德，类万物之情"的工具。但是，由于《周易》"神"的概念被《易传》重新界说，失去"神"与"神明"的面貌。由于"蓍草通灵"的说法也被推翻，占筮采用天阳为奇、地阴为偶，占筮的过程变成了天地阴阳奇偶之数的自然变化过程。一切与神鬼、巫术相连的观念全被革除，所以一向被称为反映神明意志的八卦、六十四卦，全都变成了反映、模拟天地人三才之道阴阳发展变化的自然规律体系。《易传》重新解读《周易》，终于使这部周代巫术卜筮之书脱胎换骨，剥去重重神秘外衣，堂而皇之地进入中国古代哲学的殿堂。至汉代，《周易》连同其它四经一道成为儒家经典。

上文我们说过，《易传》对《周易》的解读是全面的、深入的。不仅仅是使之成为一部古代哲学著作，而且是一部内容丰富、体系完整、独具民族特色的、成熟的哲学著作。

首先，《易传》从《周易》阴阳对立统一中发掘出"一阴一阳之谓道，继之者善也，成之者性也"的理论核心。"一阴一阳"是天地万物发展变化之道。"成之者性也"，是天地生育万物与人类时赋予各种生命以不同的形态与特点，使万物千差万别各具独立的特点，谓之"成性"。这恰是《易》学"人德天赋"的"天人之学"的内涵之一。

其次，《易传》从《周易》八卦与六十四卦体系中抽象出"宇宙生成论"，曰："《易》有太极，是生两仪，两极生四象，四象生八卦"。这短短的几句话，同《老子》的"道生一，一生二，二生三，三生万物"（四十二章）性质一样。二者同地下出土的"太一生水"一道被学术界称为中国古代三种形式的"宇宙生成论"。

韩康伯释"太极"为"有之最大者"。释"两仪"，就气而言，是阴阳两气；就形象而言，则阳气为天，阴气为地。释"四象"，就气而言，阳上生阳曰老阳，阳上生阴曰少阴，阴上生阴曰老阴，阴上生阳曰少阳；就形象而言，是天地阴阳变化形成的四季，少阳是春季，老阳是夏季，少阴是秋季，老阴是冬季。"四象生八卦"，据《说卦传》："乾健也，坤顺也，震动也，巽入也，坎陷也，离丽也，艮止也，兑说也"，此为八卦卦德。凡天下万事万物其德类似八卦者，八卦皆能代表之。所以，八卦也是代表天下万事万物的模式。只不过这是一个以象数语言论列的"宇宙生成模式"。

在这一"宇宙生成模式"中，人们看不到、摸不到，只能在理性中存在的"太极"，则是"宇宙"本体。其理论体系的核心只有两个字，曰"阴阳"。对《周易》的理论为"阴阳"，《易传》有许多说明。《易·系辞传下》说："刚柔者，立本者也"，又说"乾，阳物也；坤，阴物也。阴阳合德，而刚柔有体"。马王堆帛书《易之义》曰："《易》之义，唯阴与阳"，皆说得清晰明白。"阴阳"是宇宙本体"太极"所生，其具体形态是乾、坤，亦即天、地，故是天地万物之母。"阴阳"作为《周易》的理论核心，则天地人三才之道与万物之道皆是《易》学阴阳变化的重要表现形式，也可以说是三种重要内涵。

不仅如此，凡天地万事万物之变化，皆为"阴阳"之变。因此，"阴阳"作为《周易》理论核心的地位是不可动摇的。有人否定《周易》是"天人之学"，故说《易》的宗旨是"天地人三才之道"。此说不确。依据《周易》的"易道"理论，天下万事万物皆生于乾、坤二物，故汉儒称乾、坤为"众卦之父母，万物之祖宗"①。但乾、坤并非宇宙本体，宇宙的本体是"太极"，而"太极"所生之两仪有两重性，一是乾、坤为太极的物质形象；二是阴、阳为太极的理气形象。因为阴、阳二气看不见、摸不着，是太极本体的代表。而且，包括天、地、人三才之道在内，凡天下万事万物都由阴阳构成，同出阴阳一理，所以阴阳之道是《易》学的核心理论，是形上学。故若以天、地、人三才之道为《易》学的宗旨和理论核心，岂不明显贬低了《易》学以"阴阳"为核心的理论价值？其说不可信据。

《周易》是因为《易传》的重新解读才成为真正的哲学著作，并成为儒家经典的。若无《易传》的新释，《周易》仍为卜筮之书；而无《周易》蕴藏的丰富的阴阳之道，则《易传》不可能发掘出其庞大的阴阳对立体系。故所谓"易经"，是《周易》与《易传》的合称，缺一不可。离开《易传》的《易》学，不可能成为经典《易》学，只能是以卜筮为生的江湖《易》学而已。反之，《易传》离开《周易》，则其理论只能是无源之水、无本之木，必将失去依据。对这一点，《易》学界应有清醒的认识。

我们之所以说《周易》为"天人之学"，是有坚实的历史依据的。

《周易·乾卦》卦辞："元亨利贞"，李鼎祚案："《说卦》：乾，健也。言天之体，以健为用，运行不息，应化无穷，故圣人则之。欲使人法天之用，不法天之体，故名乾，不名天也。《子夏传》曰：元，始也。亨，通

---

① 《周易参同契》云："《乾》、《坤》者，《易》之门户，众卦之父母"；《易纬·乾凿度》
云："《乾》、《坤》者，阴阳之根本，万物之祖宗也。"各节取一句而成。

也。利，和也。贞，正也。言乾禀纯阳之性，故能首出庶物，各得元始、开通、和谐、贞固，不失其宜。是以君子法乾而行四德，故曰元亨利贞矣。"①所谓"元始、开通、和谐、贞固"四德，就是春夏秋冬。古人释"元亨利贞"为春夏秋冬四季，是有根据的。《说卦传》表明：《震》为春分，为东方；《离》为夏至，为南方；《兑》为秋分，为西方；《坎》为冬至，为北方。《震》主春，万物萌发；《离》主夏，万物繁茂；《兑》主秋，万物成熟；《坎》主冬，万物收藏。四时，是天地生长万物的生命周期，故四德即天地之德。因为天为阳、为大、为主，地为阴、为小、为顺，故简称"天德"。

《乾文言》是《易传》的重要组成部分，其释"元亨利贞"曰："元者，善之长也；亨者，嘉之会也；利者，义之和也；贞者，事之干也。君子体仁，足以长人；嘉会，足以合礼；利物，足以和义；贞固，足以干事。"②隋儒何妥解："贞，信也。君子贞正，可以委任于事。故《论语》曰'敬事而信'，故干事而配信也。"其说是，应为古说。至唐李鼎祚受《孟子》"四端"影响，改"信"为"智"，成为后来通说。其实，"贞固"释作"信"较释"智"更符合《乾文言》本意。《文言》又说："君子行此四德者，故曰：乾，元亨利贞"，此四德，即天地生养万物的"四时之德"，在天曰元亨利贞，在人曰仁礼义信，而人的四德禀赋于天。《易·系辞传》明言："天地之大德曰生"，怎么生？即《易·系辞传》所说的"天地絪缊，万物化醇；男女构精，万物化生"。天地产生万物时将天命信息赋予它们，使之各备自己的特性和生命形式。人是万物之灵，所以除性与生命形式外，天地还赋予人四德与五行之秀气，赋予人德、慧、智、术等各种生存能力。

其实，天赋人德的说法早于孔门师徒所著的《乾文言》与《系辞传》。据《左传》载，鲁襄公九年，鲁成公之母穆姜"薨于东宫"。其初迁于东宫之时，曾占筮一卦，"遇《艮》之八"，"是于《周易》曰：随，元亨利贞，无咎"，穆姜就轻松地解释说："元，体之长也；亨，嘉之会也；利，义之和也；贞，事之干也。体仁足以长人，嘉德足以合礼，利物足以和义，贞固足以干事。"当穆姜讲"元亨利贞"为"仁礼义信"时，孔子尚未出

① ［清］李道平：《周易集解纂疏》，中华书局，1994年版，第27页。
② ［清］阮元：《十三经注疏》，中华书局，1980年版，第15页。

生，可证此解并非孔门师徒所作。据高亨先生考证说，"把元亨利贞看成四个独立的术语，认为元出于仁，亨出于礼，利出于义，贞是坚固的操守。考《周易》：元亨利贞的原意是'大享利占'，春秋时人给它们以新的含义，用来发挥他们的道德观点，使《周易》古经增加了哲理因素。这虽然不合《周易》的原意，然而是《周易》学的一个重大发展。"①高先生明明看到《周易》在春秋时已被有识之士进行了新的解释，这些解释增加了《周易》的哲理因素，展示了《周易》学的重大发展，这一论述是正确的。可惜，他仍然站在保守的立场上，视《周易》为卜筮之书，并自创说《周易》"元亨利贞"的原意是巫史时代的"大享利占"，明显陷入了矛盾状态。其实，《周易》中的这些哲学思想，正是在古代神学巫术体系中孕育出来的，不论是东方还是西方，哲学思想在神学思想体系中萌芽已是一种发展规律。马克思曾说，"哲学最初在意识的宗教形式中形成，从而一方面它消灭宗教本身，另一方面从它的积极内容说来，它自己还只在这个理想化的，化为思想的宗教领域内活动。"②高先生没有认识到这一点，从而使自己的《易》学研究进一步向前发展。但是，他提出春秋时代《周易》已从占筮之书向哲学方向发展，也是很有学术意义的。

杨伯峻先生在其《春秋左传注》中也指出穆姜以"仁义礼智"释"元亨利贞"，确为春秋时代人的思想。这可以证明，"天赋人德"思想，在春秋时代已成为社会上层人物的普遍看法。《左传》成公十三年也有一例。是年三月，周王室卿士刘康公、成肃公会晋侯伐秦，在出兵祭社受脤时，成子不敬，"刘子曰：'吾闻之，民受天地之中以生，所谓命也。是以有动作礼义威仪之则，以定命也。能者养之以福，不能者败以取祸。是故君子勤礼，小人尽力。勤礼莫如致敬，尽力莫如敦笃。敬在养神，笃在守业。国之大事，在祀与戎。祀有执膰，戎有受脤，神之大节也。今成子惰，弃其命矣，其不反乎！'"成肃公果然死在了此役的晋国瑕地。且不论这一事件的灵验与否，我们要讲的是，春秋时代社会的上层人物显然都知道自己是禀赋天地之德而生的，上天赋予自己"动作礼义威仪之则"，其实就是礼仪之德，以及

---

① 高亨：《〈左传〉〈国语〉的〈周易〉说通解》，《高亨著作集林》第1卷，清华大学出版社，2004年版。

② 《马克思恩格斯全集》第26卷，人民出版社，1973年版，第26页。

"命定"的生命历程，人人都应慎重对待自己的人生，尊重礼仪道德。

《诗经·大雅·烝民》亦云："天生烝民，有物有则。民之秉彝，好是懿德。天监有周，昭假于下。保兹天子，生仲山甫。仲山甫之德，柔嘉维则。"这更是一条"人德天授"的有力证明。烝者，众也。说天生众民，自出生以来就"有物有则"。孟子曾引此诗说明"仁义礼智"四端"非由外铄我也，我固有之也，弗思耳矣。"（《孟子·告子上》）并引孔子曰："为此诗者，其知道乎！故有物必有则，民之秉夷（彝）也，故好是懿德"。物，事也；则，法也；夷，《诗》作"彝"，常也；懿，美也。明言"有物必有法……是民所秉执之常性也，故人之情无不好此懿德者"，而此"懿德"则是上天所赋。朱熹《诗集传》亦谓："言天生众民，有是物必有是则……而达之君臣、父子、夫妇、长幼、朋友，无非物也，而莫不有法焉……是乃民所执之常性，故其情无不好此美德者。"①也赞成《诗经》的"天赋人德"思想。

其后说"天监有周"至"仲山甫之德，嘉柔维则"一段，更明确认为：天为保护周天子，特生仲山甫。仲山甫之德，"嘉柔维则"，即温柔善良、有原则，能完成保护周天子的职责。故此《诗》是典型的"人德天授"说例证。

至于《尚书》，早在《皋陶谟》中就有"天命有德"，"天讨有罪"。在《尚书》中所见的夏商周三王时代，更是大言"天命有德"，"天讨有罪"。启伐有扈，汤灭夏桀，武王伐纣，都因顺天意而改朝换代，其后人皆因失德而亡国败家。这已经成了中国古代的一条规律。所以"人德天授"的思想，并不是春秋时代的思想，而是由来已久矣。

春秋时代晚期，孔子编次《诗》、《书》，修起《礼》、《乐》，赞《易》，作《春秋》，整理六艺。特别是作《易传》，把累积于三王时代的"天命有德"、"天讨有罪"思想与春秋时人提出的"天赋四德于人"说，一并发展为"人德天赋"思想，吸收到《乾》、《坤》两个《文言传》中公布天下，使《易》成为"天人之学"，彻底摆脱了巫史文化的影响。由是，《中庸》的"天命之谓性"说，《孟子》的"仁义礼智"四端说，四端"根

---

① ［南宋］朱熹：《诗经集传》，中国书店，1994年版，第224页。

于心"、"本于天"、"尽其心者，知其性也。知其性，则知天矣"诸说纷至沓来，使《周易》的"天人之学"成为了儒家的主流思想。

当然，儒家的《易传》、《中庸》、《孟子》所讲的"人德"皆由上天所赋，但上天所赋的德，只是一种潜质。人类降生以后，需要后天的再教育、再学习，这些潜能才能充分发挥出来。因此，《周易》对人的后天教育十分重视，《易传》要求人们不断地进德修业，学天之道，自强不息；学地之道，厚德载物。《乾·九二》要君子努力"学聚"，"问辩"，"宽居"，"仁行"，最后达到"飞龙在天"的崇高境界。《周易》一书还三陈"九德"，要求人们做到"《履》以和行，《谦》以制礼，《复》以自知，《恒》以一德，《损》以远害，《益》以兴利，《困》以寡怨，《井》以辩义，《巽》以行权"等各种德行与术业。《乾·九五》爻曰"飞龙在天，利见大人"，《文言》释之曰："夫大人者，与天地合其德，与日月合其明，与四时合其序，与鬼神合其吉凶，先天而天弗违，后天而奉天时。天且弗违，而况于人乎，况于鬼神乎！"这是典型的"天人合一"之说，不单是《周易》，而且是整个儒学所追求的最高境界。

许多儒学家认为孔子及其弟子所作的"十翼"理论水平远高于《周易》，然而《周易》为经，"十翼"却以依附于《周易》才攀上经典位置，岂非怪事？

我们认为这并非怪事。宋代大儒朱熹说过，"有天地自然之易，有伏羲之易，有文王、周公之易，有孔子之易。"其评判说："自伏羲以上，皆无文字，只有图画，最宜深玩，可见作易本原精微之意。"其实，"自然之易"就是天地阴阳自然的变化规律；所谓"伏羲之易"，仅有天地风雷水火山泽八种自然模式，只是一种"不逢不若"，"以通神明之德，以类万物之情"的巫术工具，尚未达到《易》学水平。朱熹又曰："文王以下，方有文字，即今之《周易》（按：指卦爻辞）。然读者亦宜各就本文消息，不可便以孔子之说为文王之说也"，这段话是正确的。孔门师徒用《易传》全面解读《周易》，使《周易》成为经典，成为了新的《周易》，即经、传合一的《周易》。反之，由西周传下来的《周易》已成为旧的《周易》。旧《周易》虽然有许多哲学内涵，但在高亨先生看来，此书虽然处在由占筮向哲学方向发展的过程，其本质仍未摆脱巫史的束缚，其"神明"的内涵仍为"自然神与祖先神"。因之，它仍然是江湖《易》学者手中的"言食不言道"的生存工具，与孔门师徒专研《易》之义理用以治国、"言道不言食"的理想大相径庭，不可同日而语。对于这一点，研究《周易》的同仁们要有充分的认识。

正因为这一原因，朱熹才说"不可便以孔子之说为文王之说也"，可见《易传》之说"幽深奥远"，理论水平是超越了文王《周易》的。

虽然《易传》是金灿灿的黄金，然而经历千余年的累积与锻炼的《周易》则好比一座巨大的金矿，内涵已十分丰富。其所蕴藏的阴阳对立理论体系与哲学思想，已成为我们中华民族传统思想文化的宝库。其内涵中的宇宙生成论、本体论、以阴阳为核心的《易》道论、天赋人德论、天人合一论，乃至以"仁礼义信"为中心的人性论、价值观，再加上辩证思维的理论等等，经孔门《易传》之发掘，全部展现在先民面前。其各类思想文化形式无不具备，取之不尽，用之不竭。这座思想宝库成为经典，是当之无愧的。《易传》依据《周易》宝库发掘古代精神文明，立有大功，亦成为经典，也是合情合理的。

经传合一的经典《周易》，被《易传》不但发掘出上文所说的成熟的哲学理论，而且也充实了《周易》的八经卦与六十四卦体系的内涵。

就八卦而言，起源于上古伏羲时代，只有《乾》天、《坤》地、《震》雷、《巽》风、《坎》水、《离》火、《艮》山、《兑》泽，并没有《乾》父《坤》母之说，也没有《乾》《坤》为"众卦之父母，万物之祖宗"之说。

《乾》、《坤》为父母，《震》《巽》《坎》《离》《艮》《兑》六卦为子女的"六子卦"说，产生于孔门师徒所作的《说卦传》。《周易》谓八卦为"八经卦"，是三画卦，有许多特点与功能，皆被孔门师徒一一发掘出来：

其一，八卦可以模拟天地万物之生成。如"《易》有太极，是生两仪，两仪生四象，四象生八卦"就是显例，前文已述，不再赘。

其二，八卦可以代表天地间万物万事。伏羲氏所画八卦就是代表天地风雷水火山泽的。《易传》扩大了它的范围：就动物界而言，《乾》代表马，《坤》代表牛，《震》代表龙，《巽》代表鸡，《坎》代表豕，《离》代表雉，《艮》代表狗，《兑》代表羊；就人而言，分别代表父母与长、中、少三子三女；就人体而言，《乾》为元（首），《坤》为腹，《震》为足，《巽》为股，《坎》为耳，《离》为目，《艮》为手，《兑》为口。而且，八卦还能代表天下万事万物。

其三，八卦每卦都有卦德，不论模拟天地人三才之道的哪种变化形式，其卦德都不会改变。其特点是三"易"中的"不变"之"易"。据《说卦传》，经卦"八德"为："乾，健也；坤，顺也；震，动也；巽，入也；坎，陷也；离，丽也；艮，止也；兑，说也"，这是八卦的根本属性，固定不变。依据这一特性，乾只能代表天、君、父、夫、玉、金等刚性事物，不能代表地、母、臣、子、妻、布、文等阴性事物。反之，坤也只能代表地、母等柔弱事物。如果违犯《乾》、《坤》两卦的卦德，不论国还是家，都要出问题，甚至可能国灭家亡。八卦"不易之德"实是教育人们尊重天道、王道、父道，反映了父权家长制时代男尊女卑的思想文化。

其四，八卦以《乾》为父，以《坤》为母生育万物，二卦贵为"万物之祖宗"。但天地生育万物时并非一帆风顺，故六子卦也会帮助天父地母渡过难关。《说卦传》云："雷以动之，风以散之；雨以润之，日以烜之；艮以止之，兑以说之；乾以君之，坤以藏之。"这段话说，虽然乾天为父，主万物之生；坤地为母，生育万物以保护之、收藏之。而万物生成过程中，春雷震动大地，使春气勃发；巽以春风吹遍大地，使万物迅速出土；然后及时雨来滋润大地，要万物苗壮成长；雨过天晴，太阳则普照大地；万物生长到一定程度，艮予以调整，莫使万物贪长而果粒不实；至秋分万物成熟，兑喜悦迎来秋分，收获万物。大地之母收藏万物以度过严冬。这证明八卦之六子卦是天地生育收藏万物的有力的助手。

其五，《说卦传》曰："天地定位，山泽通气，雷风相薄，水火相射"（最后一句，取自马王堆帛书《易传·衷》篇）。

这段文字告诉我们，天地、风雷、水火、山泽，从表象上看不仅八卦卦爻结构相反，而且性质上也是你阴我阳、完全相反的，但这并不是《周易》的本质。《说卦传》认为天地、风雷、水火、山泽四对矛盾，看似对立，而本质是相互对应、相互联系、相互补充的统一体。你看，天在上、地在下，阴阳对立，但天覆地载，阴阳二气"絪缊，万物化醇"，两者则是统一的，为天地间生育了万物，为天上地下万物生存划定了适宜的位置。

山高泽平，山阳泽阴，是互相矛盾的，但山土泽水，两者是互相通气的；雷动风散，雷阳风阴，但两者相互搏击，推动了万物的成长；《坎》为水，《离》为火，水火两物矛盾重重，但两物可以相射。雨后天晴，日以烜之；日晒天干，雨以润之。水火融合，是推动万物生长不可或缺的条件。

有些学者擅改八卦次序，说巽☴震☳配，不如震☳艮☶配；艮☶兑☱配，不如巽☴兑☱配。其说源于宋儒，是错误认识。因为马王堆帛书《易之义》明言"《易》之义，唯阴与阳"，"阴阳"是《周易》一书的理论核心。宋儒之说，虽然从卦象上看好似合理，但严重违背了《易》学的理论核心是"阴阳"之道。此乃以"形而下学"之说窜改"形而上学"之理。严重点说，是肆意篡改经典，不符合《易》理。

其六，八卦还能代表天地自然的时间和空间。

《说卦传》曰："帝出乎震，齐乎巽，相见乎离，致役乎坤，说言乎兑，战乎乾，劳乎坎，成言乎艮。"其解曰："震，东方也"；"巽，东南也"；"离也者，明也，……南方之卦也"；"坤也者，地也"，位西南；兑，正西，是秋分时节；"'战乎乾'，乾，西北之卦也"，是立冬；"坎者，水也，正北方之卦也"，是冬至；"艮，东北之卦也"，为立春，"万物之所成终而所成始也"。明确指出，《震》《巽》《离》《坤》《兑》《乾》《坎》和《艮》八卦分别代表正东、东南、正南、西南、正西、西北、正北与东北，这恰是自然划分之天地空间，谓四面八方。而以《震》为春分；《巽》为立夏；《离》为夏至；《坤》为立秋，万物于秋致养于大地；《兑》为秋分，收获万物；《乾》为立冬，寒流来袭，所以寒热二气战于乾；《坎》为冬至，万物所归，是冬藏也；至《艮》，东北之卦，标志过去一年已告结束，新的一年即将到来，是为立春。所以曰："万物之所成终而所成始也。故曰'成言乎艮'"。这恰恰表明天地的时间运转，又从春天开始了，一年接一年，永不止息。①

而《易传》的所谓"先天八卦图"与"后天八卦图"为学术界所周知，也是代表天地时间与空间的作品。以上简述的八卦功能与特点，应是研习

---

① 陈恩林：《〈易·坤卦〉汇解》，《北华大学学报（社会科学版）》，2018年第5期。

《易》学的重要参考。

二

《周易》六十四卦作为反映天、地、人三才发展变化的庞大体系，它的六画卦与三画经卦不同，有自己别具一格的特点，以下分论之：

其一，六画卦有六位与六爻的虚实、动静问题。

六十四卦由八卦"因而重之"组成，所以每卦都有六爻，每爻在卦中都有自己的卦位，叫六位。六位从下往上数，曰初、二、三、四、五、上。六位之第一位曰"初"不曰"一"，表示事物的开始；第六位曰"上"不曰"六"，表明事物发展阶段的结束。其二、三、四、五四爻曰中爻，表示事物发展的中间阶段。六位的次序是固定不变的，是虚的，犹如会议室的座位，在无人坐的时候是空的，故称"六虚"。六虚只能模拟客观事物的静止状态，此是六位的特点之一。

六位特点之二，是六位还有阴阳之分。因为《易》道是有阴阳变化的，故位亦有阴阳之分。初、三、五三位为阳，因为三者是奇数，曰天数，故称阳。二、四、上三位为阴，为偶数、地数，故曰阴。与占筮用的"大衍之数"，即"天地之数五十有五"分阴阳两数的性质一样。

六爻是实的，是反映天下万事万物发展变化的。《易·系辞传上》说："圣人有以见天下之动，而观其会通，以行其典礼，系辞焉以断其吉凶，是故谓之爻。"所以爻是实的、运动的，是模拟事物发展变化的。《易》道有阴阳，六爻当然有阴阳。其与六位不同，六位的阴阳是奇阳、偶阴，固定不变，但六爻是变动的。六爻并不按部就班，阳爻去居阳位，阴爻去居阴位，而是根据筮法原则，通过"分二、挂一、揲四、归余"，"再闰再扐"四营过程，得出或阴或阳之爻去就所占之位，即《说卦传》所云"分阴分阳，迭用柔刚"。这说明六画卦的位是固定的，但来居位的爻则不拘一格，可阴可阳，可柔可刚，全凭占筮过程中得出的阴阳变化结果决定。故《易·系辞传下》描述占筮过程中筮数的变化曰："变动不居，周流六虚，上下无常，刚柔相易，不可为典要，唯变所适。"依"大衍筮法"，通过"分二"、"揲四"及"再闰再扐"，三变而成一易，即一爻，十有八变而成一卦。所以，居阴阳六位的爻，是阴是阳全由这十八变而得出的结果决定。虽然占筮的"神"性被否定了，但占筮过程之复杂仍带有神秘性质。

其二，六画卦中六爻与六位存在"当位"与"不当位"问题。

《周易》的六十四卦皆由上下二经卦组成，二卦六位、六爻又皆有阴阳之分。因为六位的初、三、五为阳位，二、四、上为阴位是固定的，而六爻之阴阳则自占筮得出，并不按部就班去就阴阳之位。所以就造成两种情况：一曰当位，即阳爻居阳位，阴爻居阴位；二曰不当位，即阴爻居阳位，阳爻居阴位。

《易传》认为：当位者表示顺性、顺理，有吉象；反之，不当位者为不顺性、不顺理，有悔吝或凶之象。当然这只是一般原则，不是绝对的，还要看其他约束条件。如《既济》卦，上卦为坎☵，下卦为离☲，初、三、五皆阳爻，二、四、上皆阴爻，又有六二与九五之阴阳和合，按理应该是大吉之卦，但其卦辞曰："亨，小利贞"，仅为小利、小吉。为什么？因为《周易》重在"变易"，讲阴阳、否泰、盛衰的对转。而《既济》卦六爻皆当正位，表示事物发展走上了盛极而衰的临界点，故卦辞曰"初吉终乱"。上六爻辞曰："濡其首，厉"，宋儒胡瑗释曰"物盛则衰，治极必乱，理之常也。上六《既济》之终，其道穷极，至于衰乱"，其说正确。再如《乾》上九爻辞曰："亢龙有悔"，是阳气正衰，"穷之灾也"，不可亢进。《坤》上六爻辞"龙战于野"，讲的也是《坤》以盛阴之气而敌阳，结果阴阳两伤。幸而《坤》卦六爻皆阴，迅速转为少阳，变成《乾》卦，终于完成阴阳对转。所以，对于六画卦的当位与不当位，原则虽在，但使用时要全面分析，谨慎处理。

其三，六画卦上下两经卦的"应"与"不应"问题。

《周易》六十四卦皆由两经卦构成，上面的卦曰上卦，又称外卦、悔卦；下面的卦曰下卦，又称内卦、贞卦。其下卦的初、二、三与上卦四、五、上三爻有对应关系。初与四、二与五、三与上三对如果皆为一阴一阳之爻，就叫"应"；反之，六爻三对或者皆为阳爻、或者皆为阴爻，则叫"不应"，也叫"敌应"。

在《易》的六十四卦中，应与不应是个重要问题。它在分析与判断卦爻辞的吉凶悔吝上起着重要作用。如《乾文言》在解九五爻辞"飞龙在天，利见大人"时引孔子的话说："同声相应，同气相求。水流湿，火就燥，云从龙，风从虎。圣人作而万物睹。"宋儒程颐释这段话云："人与圣人，类也。五以龙德升尊位，人之类莫不归仰，况同德乎？上应于下，下从于上，同声相应，同气相求也。流湿就燥，从龙从虎，皆以气类，故圣人作而万物皆睹。"其对"应"、"求"的解释是恰当的。

"应"之本义，是阴阳相应。王弼《易略例》说得最明确，"夫阴之所求者阳也，阳之所求者阴也……情（真）伪相感，远近相追，爱恶相攻，屈伸相推……夫应者，同志之象也。"但是，阴阳二字内涵复杂，不能从一而论。如君臣父子，皆为男性，以性别论皆可为阳，而因为君臣、父子有尊卑之分，因此君为阳而臣为阴，父为阳而子为阴。古人认为乾为天，五居天中，又是君位，刚健中正，得天之纯，居卦主之位，因此初、二、三、四、上五爻皆与九五相应、相比。故宋儒程颐释之曰："《乾》卦纯体，不分刚柔，而以同德（即各爻）相应"，是个特例。

据《周易折中·义例》统计，"以九二应六五者，凡十六卦，皆吉"。而"以六二应九五，亦十六卦，则不能皆吉，其凶吝者有之"[①]。其中有五卦非吉，有四卦以贞正顺渡艰难，只有七卦是吉。

其四，六画卦中相邻两爻存在"比"与"不比"关系。

"比"与"应"一样，相邻两爻必为一阴一阳，方可称为"比"，谓两爻有相求相得之意。反之，以刚比刚，以柔比柔，则谓之"不比"，即相邻两爻无相求相得之意。

构成相比的两爻，又有乘、承、顺、逆之说。上爻为阳，下爻为阴，曰承，具言之为"阴承阳"，是顺，有吉之象。反之，上爻为阴，下爻为阳，则曰"阴乘阳"，谓之逆。名虽为逆，但毕竟有"比"，较"不比"为好。在诸爻的相比中，以四爻与五爻之比最为重要，因为五是君位，四为近臣而顺之，是好现象。若五位为九五，四位为六四，则是阳乘阴之比，为最好，是顺性顺理，有吉象。

据《周易折中·义例》，以六四承九五者有十六卦，皆吉。如《比》卦曰"外比于贤"，《观》卦曰"利用宾于王"等。即使《坎》卦（上☵下

---

① ［清］李光地：《周易折中》，九州出版社，2002年版，第28页。

☵），《象传》曰："习坎，重险也"，意为坎上加坎，险中有险。但因六四爻承九五爻，六四爻《象》曰："樽酒簋贰，刚柔际也"，王弼释："刚柔相比而相亲焉，'际'之谓也。"程《传》释"樽酒簋贰"曰："质实之至，刚柔相际接之。"九五爻曰："坎不盈，祗既平，无咎"，意为加之水流未盈，使其卦顺利渡过了险境。反之，以九四承六五，为阴乘阳，是逆性逆理之例。《周易折中·义例》也统计了十六卦，其中有八卦或凶或不吉、悔。如《离》卦（上☲下☲），九四承六五，九四爻曰："突如其来如，焚如，死如，弃如"，不吉已甚。再如《鼎》卦（上☲下☴），九四承六五，九四爻曰："鼎折足，覆公餗，其形渥，凶"，是一凶爻。但《噬嗑》卦九四承六五，九四爻曰："噬乾胏，得金矢，利艰贞，吉"，六五爻曰："噬乾肉，得黄金，贞厉，无咎"，二爻一吉、一无咎，就是好的结局。

总之，相邻两爻之比情况复杂，古人解《易》甚至有二阴乘阳者，有二阳承阴者，又有众阴乘阳与阴承众阳者。如《姤》卦（上☰下☴），初六以阴承九二，二者相比。但有人说此卦为初六承众阳。再如《剥》卦（上☶下☷）可解为六五承上九，为阴承阳。但此卦为"阴阳消息卦"，故曰"剥"，为五阴剥阳，反映的是一个君子"不利有攸往，小人长也"的时代，而不解为五阴承阳。《序卦传》曰："《剥》者剥也，物不可以终尽，《剥》穷上反下，故受之以《复》"，即说阳被阴剥尽后，还是要复归而发展起来的，这是阴阳互变的规律决定的。君子要顺时而止，坚贞自守，"以观象"吧！

其五，六画卦的"时"、"中"、"位"问题。

卦时。在六十四卦的庞大体系中，每一卦为一时，反映这一体系的复杂变化特点。《周易折中·义例》将"时"划分为四类：（1）消息盈虚之谓时，《否》《泰》，《剥》《复》之类是也；（2）指事言者，《讼》《师》《噬嗑》《颐》之类；（3）以理言者，《履》《谦》《咸》《恒》之类；（4）以象言者，《井》《鼎》之类是也。四者皆"时"之类。细加考虑，其说不确。

从《周易》八卦与六十四卦理论体系上说，《易》之每一卦都是反映天地间万事万物变化的理，没有一卦是不谈理的。所以《义例》仅列《履》

《谦》《咸》《恒》几卦为"理"，则有很大缺欠。

再说，《义例》仅把《否》《泰》《剥》《复》几卦看成是"消息盈虚之谓时"；《讼》《师》《噬嗑》《颐》之类是指事之"时"；《履》《谦》《咸》《恒》是言理之"时"；《井》《鼎》之类是以象言之"时"，云云。把六十四卦看得太简单了。譬如，十二辟卦不仅仅是反映阴阳消息的。如《否》《泰》两卦除反映阴阳消息以外，又讲自然规律与社会规律。就自然规律而言，它讲天地交、万物通，《泰》乃天地自然阴阳交泰产生万物之卦；就人类社会而言，它讲上层社会政治清明，下层社会遵纪守法，上下相交而其志同，反映的是国富民强的有道社会。

至于"以象言者"，《井》《鼎》之卦也并非只言其象。《易·系辞传》说："《井》，德之地也"，朱注："《井》以不变其所，然后能《巽》顺于理，以制事变也。"《系辞传》"《井》居其所而迁"，朱注："《井》不动而及物。"故《井》卦能以德地辩义，《井》之德是"形上学"。如果仅把《井》看作象，则未见其德。同理，《鼎》卦之义，也并非只取其"象"而已。《序卦传》讲得十分清楚："革物者莫若鼎，故受之以《鼎》"，视鼎为国家重器。《象传》亦开篇明言："鼎，象也。以木巽火，亨饪也"，这只是一种现象。重在说明，治国之圣人亨通，用"鼎"烹饪，"以享上帝，而大亨以养圣贤。巽而耳目聪明，柔进而上行，得中而应乎刚，是以元亨。"明显借"鼎"说事，视鼎为国家重器，地位可与江山、社稷、宗庙同列。所以"德薄而位尊，知小而谋大，力小而任重，鲜不及矣"之人，一律不能任用。其谈理之重，远在谈象之上。若只言其象，《易》学岂不成了"形而下学"？说到"时"，《周易》六十四卦，每卦皆为一时，计六十四时；而每卦六爻，每爻也是一时，六爻六时，这是《易》学的基本特点。谈到"象"，每卦皆有一象，每卦六爻还有六个小象。不仅如此，《系辞传》还说："夫《易》彰往而察来，而微显阐幽，开而当名辨物，正言断辞则备矣。其称名也小，其取类也大。其旨远，其辞文，其言曲而中，其事肆而隐。因贰以济民行，以明失得之报。"六十四卦理论深奥，体系庞大，《周易折中·义例》之"时"简陋，不足以概括"时"之丰富内涵，不足为训。

谈到"卦时"，首先要讲《乾》卦。《乾》卦是阳气从弱到强的大发展时代，代表天地之四德，与圣人在九五天位上大展宏图，"与天地合其德，与日月合其明，与四时合其序，与鬼神合其吉凶，先天而天弗违，后天而奉天时"，达到了儒学最高的理想境界"天人合一"。

《乾》初九爻，阳气尚弱，宜修养待时，故曰"勿用"，即藏阳而勿用。

九二爻："见龙在田，利见大人。"阳气现地上，处不潜亦未跃之时，闲邪存诚，修养君德。

九三爻，阳气进入下卦之上，但在上卦之下，应继续进德修业，以修辞立诚居业，居上不骄，居下不忧，因时而惕，做到虽危而无咎。

九四爻，进入上卦，大臣之境。处于内卦时以德学言，处于外卦时则以时位言，仍要进德修业，待机会到来时准备飞天。先以"跃在渊"，虽然进退有据，但九四位多惧，故慎重考虑，保一跃无咎。

九五爻："飞龙在天，利见大人。"《尚氏易》释曰："五于三才为天位，又为天子位，贵而得中，故曰'飞龙在天'。大人于此，居极尊之位，履万物之上，……故亦曰'利见大人'。"[1]《乾文言》特指明此爻之尊，谓是圣人履君位，"圣人作而万物睹"，人君进入了"天人合一"的最高境界。

上九爻："亢龙有悔。"九五爻是阳气发展的巅峰，至上九，阳气已穷，宜静不宜动，因上九知悔，幸而未闯出祸来。

至《乾》卦"用九"，盖六阳皆成阴，顺利完成了阴阳对转，《乾》卦变成了《坤》卦。《乾文言》曰："乾元用九，乃见天则"，朱熹释曰："刚而能柔，乃见天则"，阴阳对变，乾坤对转，这是天的自然法则，亦是圣人依天道"用九"之德。故《乾文言》大声疾呼"大哉乾乎!刚健中正，纯粹精也"，"乾始能以美利利天下，不言所利，大矣哉!"一再赞扬乾德之伟大。

《乾》始于初爻，为"潜"，二爻为"见"，三爻为"惕"，四爻为"跃"，五爻达到阳气至高点为飞天，造就"天人合一"境界。上爻阳气已衰，有悔，不误大事。"乾元用九，乃见天则"，以《易》道阴阳互变，乾

---

[1] 尚秉和：《周易尚氏学》，中华书局1980年版，第17页。

坤相互转变，完成《乾》卦大业，也是《易》学的"内圣外王"与"天人合一"境界。

此乃《乾》卦之时也。

再举一例。《蹇》卦象上坎☵为水，下艮☶为山。其象坎险在前，艮山在后，前进后退都陷于险难之中，是六十四卦中"险难"卦之一。初六爻曰："往蹇来誉"，谓处于险难之时，不宜往，往而有难，宜于止不出行，或有美誉。《象》故曰："往蹇来誉，宜待也"。

六二爻曰："王臣蹇蹇，匪躬之故"，王弼释曰："处难之时，六二身为王臣，当位（阴爻在阴位），居于地之中，故蹇之又蹇（即顶着困难前进），以求济国之困。"

九三爻曰："往蹇来反"，往蹇者，不宜出，九三与上六虽然有应，但上六柔弱不在君臣之位，无力援助九三。故往者必遇蹇难。反之，九三下位为六二、初六，是为来反，亲附也。故《小象》曰："来反，内喜之也。"

六四爻曰："往蹇来连"，朱熹注："连于九三，合力以济。"上文我们说过，六四承九三，二者相比，故能合力以济国。

九五爻曰："大蹇，朋来"，《象》曰："大蹇朋来，以中节也。"《小象》之意，是六二与九五两爻皆居中而履正，阴阳和合，有应之象，故曰"以中节也"。苏轼《易传》指出："初六、九三、六四、上六四爻，或远或近，当蹇之时，皆视其势之可否，以为往来之节。"所以能无咎。尤其上六爻，当蹇时居卦之极，往无所之，与九五比，来就九五。

上六爻曰："往蹇来硕，吉，利见大人"，朱熹注曰："已在卦极，往无所之，益以蹇耳。来就九五，与之济蹇，则有硕大之功。"《象》曰："往蹇来硕，志在内也；利见大人，以从贵也。"

《蹇·彖传》曰："蹇，难也。险在前也。见险而能止，知矣哉！蹇利西南，往得中也；不利东北，其道穷也。利见大人，往有功也；当位贞吉，以正邦也。蹇之时用大矣哉！"

《蹇》卦是《周易》的险难之卦，之所以能度过此卦，一者六二与九五，两爻皆居中履正，逢蹇难之时，往来进退得宜，守节秉义，尤其六二执心不违，志匡王室。初六、九三、六四、上六不分臣民，逢国之难，皆知势之可否往来，不失中节，奋力济君、济国。而国君不但居中履正，而且善于修德正邦，处理有度，率臣民团结一心，终于克服险难，故作《易》者在《彖传》中赞美《蹇》卦"蹇之时用大矣哉！"

"爻时"。每一卦为一时，而卦的六爻，每一爻也称时。反映每爻在一卦中的发展变化情况。如上文我们讲《乾》的卦时，其初九爻为"潜龙勿用"，即说初爻阳弱，必须修养待时，不能出头显示自己，故曰"隐"。有些学者把"潜龙勿用"的隐说成是儒学的大隐于朝、中隐于市、小隐于野云云，甚至把道家庄子的出世之隐也讲了进来，这是十分错误的。《乾》初九爻之隐，不过是隐在位上而已。即隐在初九位上，与人无争，隐于下位，修养阳气，充实德才。九二见身于田，居地中之位，防闲邪恶，修养君子之德，自存其诚，为善于世。

九三："君子终日乾乾，夕惕若厉，无咎。"意为具有君德之人处在九三之危位，必须进德修业，忠诚修心，居上位，因时而动，"终日乾乾"；居下位，因时而息，虽处危境，德行刚健而无懈怠之心，故无忧虑。以上三段，即为三爻时，每一爻时，都有进步。

九四爻曰："或跃在渊，无咎。"孔子释曰："上下无常，非为邪也。进退无恒，非离群也。君子进德修业，欲及时也，故无咎。"朱熹注："进德修业，九三备矣。此则欲及时而进也"，是正确的。"或跃"二字，学者皆谓疑而未定之辞，因此九四要待时而动。孔子想要九四拿定主意，依靠自己长期的进德修业，及时跃而飞天，一举成功。九四果然一跃飞天，终获得九五天位。

故《乾文言》赞美九五爻辞："'飞龙在天，利见大人'，何谓也？子曰：同声相应，同气相求。水流湿，火就燥，云从龙，风从虎，圣人作而万物睹"，把飞天所获的天位，即君位看得无比隆重，如云从龙，如风从虎，是圣人坐上君位，大展宏图，而天下万物目睹。再者，《乾文言》下一段又讲圣人与天地、四时、日月、鬼神合德、合序、合明、合吉凶，"先天而天弗违，后天而奉天时"，是真正的圣人作王与"天地合一"了。这是"乾元用九，天下治也"的大好事。以《乾》《坤》两卦而言，除了六爻，还有"用九"、"用六"两个步骤。即经第七段发展过程，完成乾坤对转。为节约文字，其余爻时不再赘。

"中"。《周易》所讲的"中"，有两层意义：其一，指上、下两卦之

"中"。下卦之中为二、为地，上卦之中为五、为天。故六二或九五，是天地两卦之中。地卦属阴，故六二是居中履正，为顺时顺性之爻，又与五爻有应，是吉爻。上卦为天卦，又居君位，属阳性，故九五亦是顺时顺性之爻，居中履正，是大吉之爻。如若九居地中，六居天中，因为履中，也有吉性，为吉爻。

其第二层意思是指二、三、四、五四爻，为卦爻之"中"。初爻为始，上爻为终，中间四爻为事物发展的中间阶段，故居中四爻对每一卦吉凶悔吝之判断都是有较大影响的，尤其是二、五两爻，往往有决定性的作用。因为六爻是有等级的，初、二爻代表地，初为地下，代表庶民；二为地上，称为大人，是士大夫之流。三爻为人臣，远君而居阳位；四爻居阴位，为君之近臣。五爻是君位，是一卦之中心；上为事物之终结，为太上皇或宗庙，地位甚高，但已失去君权，因此爵位虽在而无实权。故四中爻的地位是不同的。《系辞传下》曰："二与四同功而异位，其善不同。二多誉，四多惧，近也。柔之为道不利远者，其要无咎，其用柔中也。"朱注："同功，谓皆阴位。异位，谓远近不同。四近君，故多惧。柔不利远，而二多誉者，以其柔中也"，也由于二爻与五爻有应也。《系辞传下》又曰："三与五同功而异位，三多凶，五多功，贵贱之等也。其柔危，其刚胜邪？"朱注："三、五同阳位，而贵贱不同。然以柔居之则危，唯刚能胜。"五贵为君，三乃臣也，故贵贱有差。三为阳位，要是以柔居之，危险更大，则应以刚居之，或可胜任臣之职。所以，四个中爻，尤其是二、五两爻对一卦的吉凶影响极大。《周易》六位之局，大体以尊卑、贵贱为差等，反映周代等级制度的特性。

但是，李光地在《周易折中·义例》中说："贵贱上下之谓'位'。王弼谓中四爻有位，而初上两爻无位，非谓无阴阳之位也，乃谓爵位之位耳。五，君位也。四，近臣之位也。三虽非近，而位亦尊者也。二虽不如三、四之尊，而与五为正应者也。此四爻皆当时用事，故谓之有位。初、上则但以'时'之始终论者为多，若以位论之，则初为始进而未当事之人，上为既退而在事外之人也，故谓之无位。然此但言其正例耳（可见李氏之说源于王弼）。若论变例，则如《屯》《泰》《复》《临》之初，《大有》《观》《大畜》《颐》之上，皆得时而用事，盖以其为卦主故也。"此说不凿凿而论某位为大夫，某位为诸侯等是正确的，但说初、上二爻无位则不确，甚至说"初、上"二爻是不当位的事外之人，此说与《说卦传》、《系辞传》相悖逆。

初为庶民说，是正确的。在周代，庶民虽无官职，但地位很高，他们是古代社会村社的成员，亦称国人，平时务农，战时为兵，有受教育之权，而且在军中有位。《周礼·小司徒》说"乃会万民之卒伍而用之：五人为伍，五伍为两，四两为卒，五卒为旅，五旅为师，五师为军，以起军旅"，是其证。《左传·昭公七年》亦言："天有十日，人有十等，下所以事上，上所以共神也。故王臣公，公臣大夫，大夫臣士，士臣皂，皂臣舆，舆臣隶，隶臣僚，僚臣仆，仆臣台。"春秋时的等级制度上承西周，以等级而论，《左传》所说的"士"，则是春秋列国"亦兵亦民"的军士，是由"国人"——庶民组成的。故汉儒有说初爻是"庶民"者，接近春秋史实。

李光地生活在封建专制的清代，认识不到周代王政时期"以民为本"的思想，故不仅无视初、上两爻的等级地位，甚至连两爻的"阴阳定位"也被否定了。他的说法来自王弼。《周易略例·辩位》说："按：《象》无初上得位失位之文，又《系辞》但论三五、二四同功异位，亦不及初上，何乎？唯《乾》上九《文言》云'贵而无位'，《需》上六云'虽不当位'。若以上为阴位邪？则《需》上六不得云'不当位'也。若以上为阳位邪？则《乾》上九不得云'贵而无位'也。阴阳处之，皆云非位，而初亦不说当位失位也。然则初、上者，是事之终始，无阴阳定位也。"其说大谬。明知初、上两爻是所办事务起始与终结，怎能说两爻是事外之人，岂不矛盾，不谬而何？

其一，《略例》说"《系辞》但论三五、二四同功异位，亦不及初上"是第一误。《系辞下》九章明言"《易》之为书也，原始要终，以为质也。六爻相杂，唯其时物也。其初难知，其上易知，本末也。初辞拟之，卒成之终。若夫杂物撰德，辩是与非，则非其中爻不备。噫亦要存亡吉凶，则居可知矣。知者观其象辞，则思过半矣。"这段话正是《系辞》谈六爻在各自位上的功能、作用与性质的。"原始"、"其初"肯定是讲初爻与初位的；"要终"、"其上"则是讲上爻与上位的，怎能说《系辞》谈位不讲"初、上"？"以为质也"的"质"指卦体，朱熹释曰："卦必举其始终而后成体，爻则唯其时物而已"，说得十分深刻。凡卦初、上两爻"原始要终"，连同二、三、四、五等四位中爻，方能构成一卦六爻的完整一体。岂如王弼所说，"初、上"两爻连"阴阳定位"都没有，反而强调"初、上者，体之终始，事之先后也，故位无常分，事无常所，非可以阴阳定也。"由此可见，王氏把初、上两爻的贵贱等级之位与阴阳之位全部抹杀，严重违背了《易传》义理。《易·说卦传》曰："昔者圣人之作《易》也，将以顺性命之理。是以立天之道，曰阴与阳；立地之道，曰柔与刚；立人之道，曰仁与义。兼三才而两之，故《易》六画而成卦。分阴分阳，迭用柔刚，故《易》六位而成章。"朱熹《本义》释曰："和顺，从容无所乖逆，统言之也。理，谓随事得其条理，析言之也。穷天下之理，尽人物之性，而合于天道，此圣人作《易》之极功也。"其说甚是。《略例》之说岂不与《说卦传》背道而行？

再说，《略例》说"《系辞》但论四爻（即"二、三、四、五"四中爻）功位之通例，而不及初上之定位也"，也违背历史事实。我们上文引的《系辞下》九章曰："六爻相杂，唯其时物也。其初难知，其上易知，本末也。初辞拟之，卒成之终。"这是《系辞传》明白地讲"初、上"二爻在一卦中的功能和作用。

《系辞下》第十章："《易》之为书也，广大悉备，有天道焉，有人道焉，有地道焉，兼三才而两之，故六。六者，非它也，三才之道也。"朱熹《本义》释："三画已具三才，重之故六，而以上二爻为天，中二爻为人，下二爻为地。"《系辞下》接着说："道有变动，故曰爻；爻有等，故曰物；物相杂，故曰文；文不当，故吉凶生焉。"《本义》又释："道有变动，谓卦之一体。等，谓远近贵贱之差。相杂，谓刚柔之位相间。不当，谓爻不当位。"项安世释曰："言圣人所以兼三才而两之者，非以私意傅会。三才之道，自各有两，不得而不六也。'爻有等'者，初二三四五上也。'物相杂'者，初三五与二四上，阴阳相间也。'文不当'者，九居阴位，六居阳位也。"

我们仅引一段《说卦传》与两段《系辞传》及朱熹、项安世的注文，就可以清楚地看出李光地《周易折中·义例》的误解。

但是，关于《略例》所引"唯《乾》上九《文言》云'贵而无位'，

《需》上六云'虽不当位'"的误解，尚未纠正，故还要多说几句。

其实，《略例》所说"唯《乾》上九《文言》云'贵而无位'"，不过是断章取义而已。《乾文言》的原文是解《乾》上九爻辞"亢龙有悔"的，曰："'亢龙有悔'，何谓也？子曰：贵而无位，高而无民，贤人在下位而无辅，是以动而有悔也。"《系辞传》开篇就说："天尊地卑，乾坤定矣。卑高以陈，贵贱位矣。"表明六爻从初、二、三到四、五、上，都是以贵贱地位排列的，初、二为地，三、四为人，五、上为天。而五爻作为天位之中，故其位最尊。《易》道以"阴阳"为理论核心，强调对立的双方，如乾坤、否泰、昼夜、上下等两极是互相转化的。《乾》之九五是阳发展的顶峰，而上九则是阳衰落的阶段，故《文言》下一段曰"亢龙有悔，穷之灾也"。虽然地位仍处在高贵之极，但一来非尊位，二来失去其下位的贤人们（即二、三、四位众官吏）的辅弼，幸亏上九知悔，才躲过穷灾，随"用九"一道从乾转而成坤，完成《易》道的乾阳与坤阴之对转。正因为如此，朱熹释曰："贤人在下位，谓九五以下无辅，以上九过高志满，不来辅助之也。"贤人既在上九位之下，又因上九恃位高志满，故皆不来辅助上九。唐孔颖达疏解《乾文言》另一段话"亢之为言也，知进而不知退，知存而不知亡，知得而不知丧"曰："上九所以亢极有悔者，正由有此三事。若能三事备知，虽居上位，不至于亢也。"尽管《乾文言》反复强调上九亢进的种种行为，表现他恃位而进的莽撞，《略例》竟全不理会，故犯了"断章取义"的错误。

《略例》"《需》上六云'虽不当位'"之说，也是有争议的。

说明这一问题也须从《易》理入手。《说卦传》说："《易》六画而成卦，分阴分阳，迭用柔刚，故《易》六位而成章。"《易》以奇数为阳，为天数；偶数为阴，为地数；同样，以初、三、五为阳位，以二、四、上为阴位。不论阴爻阳爻，皆以占筮次序入位。所谓"迭用柔刚"是说，柔者为阴爻，称六；刚者为阳爻，称九。位之阳者，刚爻居之，柔亦可居；位之阴者，柔爻居之，刚亦可居，柔与刚可以更相为用。正因为位可阴阳互用，方称"迭用柔刚"。"六位成章"者，是说凡六爻皆有位，没有无位之爻。这是《易》道之理。

上文我们所引的《周易略例》说"《需》上六云'虽不当位'。若以上为阴位邪？则《需》上六不得云'不当位'也。"首先，此说并不严谨。其所引并非《需》上六爻辞，实为此爻《象传》中语，虽说二者差别不大，但还是有所不同。上六爻辞为："入于穴，有不速之客三人来，敬之终吉。"朱熹注："阴居险极，无复有需，有陷而入穴之象。下应九三，九三与下二阳（初九、九二）需极并进，为不速客三人之象。柔不能御而能顺之，有敬之之象。占者当陷险中，然于非意之来，敬以待之，则得终吉。"从朱熹的注释看，其明显以为上六是有位的。若无位，怎能下应九三，又怎能意外接待三位不速之客？以上六之柔弱，只能顺之、敬之，虽陷险中，终得吉也。

《周易折中》引谷家杰释曰："三居下卦之终，而示之以敬；上居上卦之终，而又示之以敬，则知处《需》者贵敬也。"程《传》亦释曰："三阳《乾》体，志在上进。六，阴位，非所止之正，故无争夺之意，敬之则吉也。"

至于《需》上六《象》曰"不速之客来，敬之终吉。虽不当位，未大失也"，意为上六以柔弱之体处险极之地，本已不当，忽来不速之客三阳，幸得以敬待之，方能未大失也。此"不当位"与爻位无关。

朱熹《本义》释上六《象》辞明言："以阴居上，是为当位。"然后郑重质疑："言不当位，未详。"朱的质疑是正确的。明儒蔡清曰："虽不当位，谓其阴居险极，正与《困》上六'困于葛藟，未当也'一般。"所谓《困》卦上六《象》曰"困于葛藟，未当也。动悔有悔，吉行也"，同《需》卦一样，上六爻无"未当也"一辞，而"未当也"出于上六《小象》。程《传》释曰："为困所缠而不能变，未得其道也。是处之未当也。知动则得悔，遂有悔而去之，可出于困，是其行而吉也。"

由程颐、朱熹、蔡清、谷家杰诸儒之注可见，"初、上"二爻无位之说是有误的。《需》《困》二卦上六爻之"不当位"、"未当"讲的都不是"爻位"之位，而是处于险极的上六处置突然事件的"当"与"不当"问题，《义例》之说不可信据。

《周易》的理论在于天人合一、上下合一、君臣合一，这是其思想核心。若初爻无位，上爻亦无位，把这两爻从《易》六十四卦中分出去，六十四卦还是统一的卦爻体系吗？所以李光地与王弼的观点是不可信从的。《易》卦六位体系明见于《易·系辞传》与《说卦传》，是专为阴阳六爻设计的，王、李二家却说初爻与上爻无位，岂不可笑？难道存在仅由中四爻组成的六画卦吗？此说若正确，将置"六位而成章"于何地？

最后，谈《周易》六十四卦体系的内涵与特点。

对于《周易》的六十四卦庞大系统来说，八卦只是小成，不能反映天地万事万物的复杂变化，因此创作《周易》的圣人将八卦"因而重之"，构成六十四卦体系，以求"天下之能事毕矣，显道神德行，是故可与酬酢，可与祐神矣"。《易传》反复强调六十四卦之功能，谓《易》能"与天地准，故能弥纶天地之道"；《易》又能"开物成务，冒天下之道"，"圣人以通天下之志，以定天下之业，以断天下之疑"等，使《易》的内涵更加丰富，是圣人手中治天下最神圣的工具。

首先，《系辞传》引孔子的话说："《乾》《坤》，其《易》之门邪？乾，阳物也；坤，阴物也。阴阳合德，而刚柔有体，以体天地之撰，以通神明之德"。朱注："诸卦刚柔之体，皆以乾、坤合德而成，故曰《乾》《坤》，《易》之门。撰，犹事。"乾，为阳，为天；坤，为阴，为地。万物皆由乾阳与坤阴而生，并成为刚柔有体的万物。人类借乾坤以体悟天地阴阳之事，以通达天地阴阳变化的神秘本质。由是，汉儒视《乾》、《坤》为"众卦之父母，万物之祖宗"。《易》以"阴阳"为核心，故以有形体的乾（天）、坤（地）为门户，这是很有理论意义的。

六十四卦既以《乾》《坤》为门户，则以后天六十四卦图次序排列，包括《乾》《坤》在内，六十四卦变成了三十二对阴阳对立的统一体。

从《乾》《坤》开始，每相邻的两卦你阴我阳，非反即对，无一例外。如《乾》卦象上乾☰下乾☰，六爻皆阳，《坤》卦象上坤☷下坤☷，六爻皆阴，两卦之象两两对立，谓之"对"。从《周易》第三卦《屯》与第四卦《蒙》相邻两卦来说，亦同上例一样。《屯》卦象上坎☵下震☳，上《坎》为水，下《震》为雷，故名"水雷《屯》"。《蒙》卦象上艮☶下坎☵，上《艮》为山，下《坎》为水，故称"山水《蒙》"。若将两卦中任何一卦之象翻转过来，则"水雷《屯》"与"山水《蒙》"可以互相转换，谓之"反"。六十四卦三十二对，是非反即对的阴阳对立统一。这是六十四卦三十二对阴阳互变的特点之一。

虽然《周易·序卦传》与《杂卦传》的排列次序稍有不同，《杂卦传》

把《序卦传》中的《师》《比》《巽》《兑》《困》《井》等二十多对卦的次序改为《比》《师》《兑》《巽》《井》《困》等，且把《序卦传》的《既济》与《未济》，即第六十三卦与六十四卦两卦提到五十九位与六十位，而把《归妹》《渐》《姤》《夬》四卦放到六十一至六十四卦的位置上，就本质而言，这种改变并没有影响六十四卦体系与三十二对卦的对立统一性质。故吾师金景芳先生说："《序卦传》的精义，前人多不了解。例如韩康伯说：《序卦》之所明，非《易》之蕴也……其实《序卦传》具体地说明了《周易》六十四卦结构的完整的思想体系，非常珍贵。"金师提醒我们："这一点只有结合《系辞传》的'《乾》、《坤》其《易》之蕴邪'，'《乾》、《坤》其《易》之门邪'两段文字以及《序卦传》本身的'有天地，然后万物生焉'等语，才能看得出来。"①吾师的看法是正确的。六十四卦三十二对阴阳对立统一体，是中国古代思想文化的丰富宝库，其中包含很多天、地、人三才之道的精义，正有待于今天的青年学者去开发。

《易·系辞传》又说："《乾》、《坤》，其《易》之蕴邪？《乾》、《坤》成列，而《易》立乎其中矣。乾坤毁，则无以见《易》。《易》不可见，则乾坤或几乎息矣。""蕴"者，蓄也，积蓄、储藏之义。朱熹注："蕴，所包蓄者，犹衣之著也。《易》之所有，阴阳而已。凡阳皆乾，凡阴皆坤，画卦定位，则二者成列，而《易》之体立矣。乾坤毁，谓卦画不立；乾坤息，谓变化不行。"宋儒胡瑗亦释："此言大《易》之道，本始于天地。天地设立，阴阳之端，万物之理，万事之情，以至寒暑往来，日月运行，皆由乾坤之所生，故乾坤成而《易》道变化建立乎其中矣！若乾坤毁弃，则无以见《易》之用。《易》既毁，则无以见乾坤之用，如是乾坤或几乎息矣。"朱、胡二学者之释，抓住了问题的本质。

蕴者，藏蓄也，藏的是阴阳二气。而阴阳是《易》学的核心，储藏于乾天与坤地之中。故言乾坤为"《易》之蕴"。《易》若失去阴阳，则不能运行，故乾、坤既为阴阳二气之宝库，又是运动阴阳二气的动力源，是一刻也不能止息的。若阴阳停息，乾坤不转，则大《易》失去动力就会不可见，而大《易》不见，乾坤就几乎息矣。乾、坤实为《易》之核心、《易》之源

---

① 金景芳：《周易全解》，吉林大学出版社，1989年版，第551页。

泉，与《易》有着生死存亡、须臾不可分离的关系。

但是，作为《周易》六十四卦的体系，其运动模式总是有限度的，总不能万世不变。怎么解决这一问题？颇费古代圣贤的头脑。但是，聪明的古人终于找到了办法，孔门师徒只把《序卦传》之六十四卦的次序微微一调，就把问题解决了。即把应为六十四卦最后一卦的《既济》，调到第六十三的位置上来；把六十三卦《未济》调到六十四卦的位置上去。

《既济》卦的特点是卦的三阳爻处在三阳位上，三阴爻处在三阴位上。程《传》释《既济·序卦》说："为卦水在火上，水火相交，则为用矣。各当其用，故为既济，天下万事已济之时也。"意谓《既济》卦已经走到天下万事万物已济的尽头了。故其卦卦辞曰："亨，小利贞。初吉，终乱。"《彖传》释曰："亨。小者，亨也。利贞，刚柔正而位当也。初吉，柔得中也。"但曰"终止则乱，其道穷也"，谓其最后终乱，因为阴阳耗尽，其道已穷了，故走向了阴阳几乎止息之路。

其上六爻曰："濡其首，厉"，《象》曰："'濡其首厉'，何可久也"，朱熹注："《既济》之极，险体于上，而以阴柔处之，为狐涉水而濡其首之象。占者不戒，危之道也。"所谓"濡其首"是指不论人与兽，在涉水时，被水淹没了头，危险至极，故曰"初吉终乱"，是个凶卦，为阴阳止息报警。

但六十四卦体系的最后一卦变成《未济》，其卦的特点是三阴爻无一处在阴位上，同样，卦之三阳爻也无一处在阳位上。卦辞曰："亨，小狐汔济，濡其尾，无攸利"，朱熹注："《未济》，事未成之时也。水火不交，不相为用，卦之六爻，皆失其位，故为未济。"《彖传》曰："亨，柔得中也。'小狐汔济'，未出中也。'濡其尾，无攸利'，不续终也。虽不当位，刚柔应也。"从《彖传》上看，已言六爻"虽不当位，但刚柔有应"，就知此卦是无咎之卦。

其九二爻辞："曳其轮，贞吉。"其九四爻辞："贞吉，悔亡。"六五爻辞："贞吉，无悔。君子之光，有孚，吉"，《象》曰："'君子之光'，其晖吉也"。上九爻辞："有孚于饮酒，无咎。濡其首，有孚失是。"《象》曰："饮酒濡首，亦不知节也。"朱熹注："以刚明居《未济》之极，时将可以有为，而自信自养以俟命，无咎之道也。若纵而不反，如狐之涉水而濡其首，则过于自信而失其义矣。"

《未济》并非凶卦，而为无咎之卦，但"初六"作事不慎而"濡其尾"，是不知纪极，"上九"又"饮酒""濡其首"，虽与狐涉水濡其首有别，却有失常而不知节之意，可谓无咎之卦。但其九二、九四、六五这三爻皆"贞吉"，六五又与九二应，有"君子之光，有孚，吉"，因此不知纪极、失节只是小毛病而已。此卦的重要意义在于，它挽救了几乎阴阳止息的六十四卦庞大的卦爻体系。其卦阳爻全不在阳位，阴爻全不在阴位，只有《未济》才有这样的卦式，因此，它在《既济》的阳爻归阳位、阴爻归阴位，阴阳之交、六位皆互不相关，走上阴阳止息之路的关键时刻，为《易》起死回生，造成了新一轮的阴阳对立，使六十四卦体系再获运动不息的动力。所以，《未济》卦虽为小卦，但其功不可没。他如《说卦传》所讲的《艮》卦，既是旧一年的结束，又是新一年的开始。古人以《艮》为立春，也是精心设计的。

综上可见，孔子师徒通过著"十翼"，重新解读周代传下来的旧《周易》，扬弃了它的神学卜筮系统，为之深入发掘，创立了宇宙生成论、本体论、《易》道"阴阳"的核心理论，为古代中国文化建设提出了一套以"天人合一"为特色的自然观、人生观、价值观、人性论、人德天赋、辩证思维的形式，以及"仁义礼智信"五常说；并把大舜时代传下来的"五教"正式发展为儒家的五教：父义、母慈、兄友、弟恭、子孝，为中国古代的思想文化建设作出了重大贡献。

我们可以骄傲地说：经《易传》重新解读的《周易》虽然保存了卜筮的形式，但因其扬弃了旧的神学巫术思想，故而成为一部理论深奥完备、内涵博大精深，以"天人合一"说为代表的、具有中国特色的、成熟的古代哲学著作。

（原载《北华大学学报》2019年第2期）

论《老子》与《易大传》宇宙生成论的异同

　　《老子》与《易大传》是中国古代哲学史上的两部煌煌巨篇，内容博大精深，在我国古代思想文化发展史上占有重要地位。两书都有关于宇宙生成的论述，所论从语言学上看有较大的差异，但究其思想本质，则是同一的。鉴于前贤对这一问题尚未论及，故此特予申论。

　　《老子》四十二章曰："道生一，一生二，二生三，三生万物。万物负阴而抱阳，冲气以为和。"这是《老子》关于宇宙生成的论述，学者对此亦无疑义。

　　《易·系辞传》曰："《易》有太极，是生两仪，两仪生四象，四象生八卦。"这是《易传》关于宇宙生成的论述。但是，关于这段话，学术界多以为是《易传》讲八卦的产生与应用的，与宇宙发生论没有关系。学术界的这一看法虽然有些道理，但却未免流于表面化。因为，《易·系辞传》明言："《易》与天地准，故能弥纶天地之道。"又说："《易》之为书也，广大悉备，有天道焉，有人道焉，有地道焉。"《易》既然是摸拟天地变化的，所以它讲的"太极生两仪，两仪生四象，四象生八卦"过程，自然也是反映天地自然界发生及变化过程的。三国虞翻注"太极生两仪"即云："太极，太一。分为天地，故生两仪也。"[1]孔颖达《周易正义》也说："太极，谓天地未分之前，元气混而为一，即是太初、太一也。"[2]吾师金景芳先生申论"太极为太一"之说，云："太极也叫大一，是原始的一，整体的、混沌未分的一，而不是与二、三，等等相对的一。《说文》'一'字下说：'惟初太极，道立于一，造分天地，化成万物。'《汉书·叙传》说：'元元本本，数始于一。'《礼记·礼运》说：'夫礼必本于大一，分而为天地，转

①　［唐］李鼎祚：《周易集解》卷14引，中国书店，1984年版。
②　［唐］孔颖达：《周易正义》，《十三经注疏》本，中华书局，1980年版，第82页。

而为阴阳，变而为四时．'《吕氏春秋·大乐》说：'万物所出，造于太一，化于阴阳'．"①"太极"即为太一，是混沌未分之元气；"两仪"是元气造分的天地。那么"太极生两仪"一段话，自然是讲宇宙生成了。

《老子》与《易大传》宇宙生成论的不同，主要有两点。

其一，《老子》认为宇宙生成于"道"，"道"是天下万物之始。"道"是什么？《老子》曾用三章加以描述。《老子》二十五章云："有物混成，先天地生。寂兮寥兮，独立而不改，周行而不殆，可以为天地母。吾不知其名，故强字之曰道，强为之名曰大。"②这段话说，"道"超越于天地之上，寂无声，寥无形，独立运动不止，是天地万物的本源。

《老子》十四章云："视之不见名曰夷，听之不闻名曰希，搏之不得名曰微。此三者不可致诘，故混而为一。"对于这段文字中的"夷"字，古棣先生有详细的考证，曰：

傅奕本、王弼本作"夷"，乃后人所改，原作"几"。劳健说："范注（按：指范应元著《老子道德真经古本集注》）：'几'字，孙登、王弼同古本，傅奕云：'几者，幽而无象也。'按：范注特引傅氏义训，知所见傅本必作'几'。然今道藏傅本与诸王本皆作'夷'，《释文》亦作'夷'，注顾云，平也，钟会云，灭也，平也。盖'夷'、'几'二字草书与六朝别体形皆相近，其伪由来已久。是必传刻傅本、王本者，习见他本皆作'夷'，乃反疑'几'字为误而妄改，独范氏所见犹存其真也。陈景元亦云：'夷'古本作弯。几者，幽而无象也。《易》曰：'几者动之微。'虽有此义，今存而不论。故陈本仍作夷。明知古本、古义，乃反存而不论以伪传伪，惑之甚矣。……旧说从夷字，曲解，义本牵强，当作'几'无疑。"③

这段话说，"道"是人的感官感受不到的，眼睛看不见，耳朵听不着，手也摸不到，故名曰"几""希""微"。"此三者不可致诘，故混而为一。"河上公注："三者，谓夷、希、微也；'不可致诘'者，夫无色、无声、无形，口不能言，书不能传，当受之以静，求之以神，不可诘问而得之也。混，合也。故合于三，名之而为'一'。"河上公注释"不可致诘"为

① 金景芳：《古史论集》，齐鲁书社，1981年版，第225页。

② ［唐］傅奕：《道德经古本篇》。

③ 古棣：《老子校诂》，吉林人民出版社，1998年版，第33页。

"无色、无声、无形"是对的。"道"无色、无形、无声,是由"几"、"希"、"微"三者混合而成的。此句与"有物混成"精神实质正相一致。

说到这里,我们有必要指出,学术界关于《老子》所讲"道"与"一"的关系,认识是有分歧的。王弼注《老子》"道生一"章云:"万物万形,其归一也。"此"一"显指"道"而言。蒋锡昌注更明言:"道所生者一,一即道也。"学术界多从此说。但古棣先生则持异议,说:"解开这一章(即十四章)乃至老子哲学体系的一个关键,就是把'道'和'一'加以区别,不能混为一谈。历来注家,大都没有把'一'和'道'区别开来。从五十年代直到今天,讨论老子哲学的性质时,也有些人把'一'当作'道'。因此,生出若干纠缠来。"[1]古棣认为:"老子的道,是无形、无声的,道寂无声、寥无形(参见二十五章校诂),而'一'(原始物质)则是有形之类。"[2]两家之说,各执一词,迄今无定论。

我们认为,《老子》书中所讲的"一",究其性质,实有两类:一是无名的一,另一是有名的一。四十二章所讲"道生一,一生二"之"一"即是有名的"一"。故注疏家们释其为大一、元气都是对的。《老子》开宗明义第一章说:"无名,天地之始;有名,万物之母。""无名"就是道,"有名"就是一。有名的一,就是"道生一"的"一"。而本章所言的"一",由"几""希""微"混成,据下文说,它的特点是"其上不皦,其下不昧,绳绳不可名,复归于无物"。这个"不可名"又"归于无物"的"一",正是无名的"一",是与道同体的"一"。释德清释此"一"曰:"道体混融而不可分,故为一。"[3]至确。其实,《老子》二十五章论"道",说"道"是"有物混成"的,又是超越天地,"独立而不改"的,这也就具有了"一"的涵义,只不过未明言而已。《老子》三十九章云:"昔之得一者,天得一以清,地得一以宁,神得一以灵,谷得一以盈,万物得一以生,侯王得一以为天下贞。"高明先生注:"'天得一以清',即天得道以清也。下文皆如是,犹谓地得道以宁,神得道以灵,谷得道以盈,侯王得道以为天下正。"高注又说:"王念孙云河上本'贞'作'正',

---

① 古棣:《老子校诂》,吉林人民出版社,1998年版,第36页。

② 古棣:《老子校诂》,吉林人民出版社,1998年版,第36页。

③ 古棣:《老子校诂》,吉林人民出版社,1998年版,第35页。

注云：'为天下平正。'念孙案：《尔雅》曰：'正，长也。''为天下正'，犹《洪范》言'为天下王'耳。"①高注是正确的。此章《老子》近乎明言"道"也是"一"。

在《老子》一书中，所讲"道生一"的"一"及与"道"同体的"一"，界线比较清楚。惜乎学者们皆未深究，故见仁见智，各执一词，遂造成了对"道"与"一"关系认识的歧见。可见，读《老子》书，分清其"一"的双重涵义，是十分重要的。

《老子》二十一章曰："道之为物，惟恍惟惚。恍兮惚兮，其中有物。惚兮恍兮，其中有象。窈兮冥兮，其中有精。其精甚真，其中有信。"其中的"精"字，高明注："冯逸据《庄子·大宗师》'夫道，有情有信'，谓《老子》此文'精'字当读作'情'，'有精'即'有情'，其说甚是。"②古棣先生释"道之为物"曰："'道之为物'应解作道的创造物。"③其说得之。帛书《老子》此句作"道之物"。高明先生注："此文不作'道之为物'，而作'道之物'，其中'为'字似为后人增入。从《老子》书中所言'万物得一以生'，'道生之，德畜之，物形之，器成之'诸文分析，此文训'之'字为'生'似较训为'是'更含本义。"④与古棣先生的观点相一致。古棣先生解"恍兮惚兮，其中有物。惚兮恍兮，其中有象。窈兮冥兮，其中有精。其精甚真，其中有信"为讲道"产生物的过程和状态"⑤。也是有道理的。

从上述可见，《老子》所讲的"道"，既由"物"，由"无色、无象、无形"的物混成，能创造天地、万物，是宇宙的本根；又能与天地万物同体，混融于天地万物之中，使天得之以清，地得之以宁，神得之以灵，谷得之以盈，万物得之以生，侯王得之以为天下正，等等。这就使它具备了双重属性：一方面具有原始物质母体的性质，是它孕育了原始物质"一"；另一方面又具有超越物质的绝对精神的性质，是它赋予万物以灵性。从这一点

---

① 高明：《帛书老子校注》，中华书局，1996年版，第10页。

② 高明：《帛书老子校注》，中华书局，1996年版，第331页。

③ 古棣：《老子校诂》，吉林人民出版社，1998年版，第44页。

④ 高明：《帛书老子校注》，中华书局，1996年版，第330页。

⑤ 古棣：《老子校诂》，吉林人民出版社，1998年版，第49页。

说，它又是"与一切物相区别、相对待，并产生物"的超然独立体①。"道"的这种双重性，是许多学者对它难以进行界说的重要原因。

《易·系辞传》的宇宙生成论则与《老子》有别，它没有为天地万物安排一个恍惚不定、难以捉摸的母体，而径直把"太极"，即《老子》所谓"道生一"的"一"（原始物质），看作是天地万物的本源，割去了扑朔迷离的"道"。一个讲宇宙本源从"道"出发，一个讲宇宙本源从原始物质出发，这就是两者宇宙生成论的第一个不同。

其二，《老子》与《易·系辞传》关于宇宙生成的表述不同。《老子》论道创造宇宙过程说："道生一，一生二，二生三，三生万物。"又说："天下万物生于有，有生于无。"②"无"即道，"有"即一，是直接地、明白无误地讲宇宙之生成。《易·系辞传》则不同。它说："《易》有太极，是生两仪，两仪生四象，四象生八卦。"这并不是直接论述宇宙生成，而是利用太极、两仪、四象、八卦等《易》学所特有的卜筮、象数语言间接地讲宇宙的生成。虽然也有直接讲天地生成万物的语言，如《乾·彖传》"大哉乾元，万物资始"，《坤·彖传》"大哉坤元，万物资生"等，但都不系统。一个直接讲宇宙生成，一个间接讲宇宙生成，这是《老子》与《易传》宇宙生成论的第二个不同。

尽管《老子》与《易·系辞传》论述宇宙生成有此二点差异，但深入考察两说，我们则不难发现两者关于宇宙生成的思想本质其实是同一的。这种同一性有以下三点：

其一，《老子》与《易·系辞传》都用抽象的"数"来表述天地万物的生成过程。《老子》说："道生一，一生二，二生三，三生万物。"用一、二、三等自然数表示天地、万物，表达宇宙生成的复杂过程。《易·系辞传》用"天一地二，天三地四，天五地六，天七地八，天九地十"等十个自然数表示天地阴阳之数。又用太极、两仪、四象、八卦，即一、二、四、八等自然数表示元气、天地、四时、万物的生成过程。在世界哲学发展史上，用抽象的自然数来说明天地万物生成的过程，恐怕是中国古代哲学独具的特点。

---

① 古棣：《老子校诂》，吉林人民出版社，1998年版，第49页。
② 《老子》四十章。

其二，《老子》与《易·系辞传》都用阴阳对立学说来表达天地万物的对立。《老子》说："道生一，一生二，二生三，三生万物。万物负阴而抱阳，冲气以为和。"这段话如上所述，讲的是"道"创造原始物质，原始物质生成天地、万物。而"万物负阴而抱阳，冲气以为和"一句，讲的则是万物都包含着阴阳对立。讲阴阳对立思想的文字，在《老子》一书中只有这样一句。虽然只有一句，但却被《老子》十分重视，其五十五章说："知和曰常，知常曰明。"认为天地万物这种负阴抱阳的对立统一"是宇宙间事物运动永恒不变的规律"①。《易大传》一书则是专门阐释《易经》阴阳对立思想的。《系辞传》明言："一阴一阳之谓道。"《说卦传》云："立天之道，曰阴与阳；立地之道，曰柔与刚；立人之道，曰仁与义。"《易》以天地阴阳之数立卦，以阴阳之变表达天地万物之变，以六爻的阴阳变化表达天地人三才的变化。朱熹《周易本义·序》云："《易》者，阴阳之道也。卦者，阴阳之物也。爻者，阴阳之动也。"把《周易》一书所表达的宇宙根本对立是阴阳对立的思想说得十分透彻。

其三，《老子》所讲的"二生三"与《易·系辞传》所讲的"两仪生四象"，就宇宙生成论来说，实质上是一致的。

《老子》讲宇宙生成曰："一生二，二生三，三生万物。"《易·系辞传》讲宇宙生成曰："太极生两仪，两仪生四象，四象生八卦。"对于两文中的"一生二"与"太极生两仪"，自古及今，学术界多有一致认识，如上文我们所引的孔颖达《周易正义》说，即其证。为便于说明问题，在此我们再次详引孔说："太极，谓天地未分之前，元气混而为一，即是太初、太一也，故《老子》云'道生一'，即此'太极'是也。又讲混元既分，即有天地，故曰'太极生两仪'，即《老子》'一生二'也。不言天地而言'两仪'者，指其物体，下与'四象'相对。"②奚侗《老子集解》释"一生二"：《易·系辞传》"此云'一'，即'太极'；'二'即'两仪'，谓天地也。天地气合而生和，二生三也。和气合而生物，三生万物也。"《黄帝内经太素》卷十九《知针石》篇杨上善注："从道生一，谓之朴也；一分

① 高明：《帛书老子校注》，中华书局，1996年版，第96页。
② ［唐］孔颖达：《周易正义》，《十三经注疏》本，中华书局，1980年版，第82页。

为二，谓天地也；从二生三，谓阴阳和气也。"[①]孔、奚、杨三家注文是对《老子》与《易大传》宇宙生成思想相通的最好训释。

但是，他们仅仅认识到了《老子》的"一生二"与《易·系辞传》的"太极生两仪"，两者相通；而没有认识到《老子》讲的"二生三"与《易·系辞传》讲的"两仪生四象，四象生八卦"，就宇宙生成论来说，思想实质也是相通的。因为，《老子》所云"二生三"，学者多释为阴、阳二气生和气。前引杨上善、奚侗二贤之说，即为证明。那么，《易·系辞传》所云"两仪生四象，四象生八卦"，也正是讲阴、阳二气生和气的。"两仪"，据《系辞传》说，其法象就是天地，其性质则分为阴阳。"四象"，虞翻释为"四时"，朱熹则释为"老阳、少阴、老阴、少阳"[②]。朱熹所释是正确的。"两仪"用《易》的符号语言表示，就是—（阳）、--（阴）。两仪生四象，是阴阳二气交合，生出＝（老阳）、☳（少阴）、☷（老阴）、☳（少阳）等四象。而讲阴阳交合生物，正是《周易》的特点。如《系辞传》云："天地絪缊，万物化醇；男女构精，万物化生。"由于四象是反映阴阳变通的，即《系辞传》所谓"变通莫大乎四时"。所以，虞翻释"四象"为"四时"也是对的。至于"四象生八卦"，是天地四时运动又产生出八卦。八卦除《乾》☰、《坤》☷两卦外，余六卦被称为六子卦，都是阴阳的和合之气，如震☳、巽☴、坎☵、离☲、艮☶、兑☱。其实一部《周易》六十四卦，除作为众卦父母、《易》之门户的《乾》、《坤》两卦以外，其余六十二卦都是阴阳和合之气的不同组合形式，用以反映天、地、人间的各种不同事物。《周易》的本质正在于利用天地阴阳二气的平衡与不平衡、协调与不协调，来说明天地间万事万物的发展变化及其规律性。这与《老子》所云"万物负阴而抱阳，冲气以为和"，精神实质不是很一致吗？两者的不同仅在于，《老子》以一句"二生三"，概括天地阴阳之气生和气；而《周易》则将天地阴阳二气所生的和气发挥得淋漓尽致而已。

过去，学术界在评论《老子》与《易大传》宇宙生成论的思想成就时，往往褒《老子》而抑《易大传》。由于《老子》用中国古代特有的哲学术语，径直描述"道"生天地万物，而《易大传》用带卜筮性质的语言间接描

---

① 朱谦之：《老子校释》，中华书局，1984年版，第174页。

② ［南宋］朱熹：《周易本义》，中国书店，1994年版。

述"太极"生成天地万物，所以从哲学本体论的角度看，自然是《老子》的宇宙生成思想在高度上超过了《易·系辞传》。但是，从方法论上看，《老子》对于阴阳对立及阴阳和气的论述是过于抽象简单的，《易大传》则从多角度、多层面对阴阳二气的对立统一及阴阳和气的性质、形式进行了深入的论述，其思想深度又超越了《老子》。对于这一点，我们也不可不辩。

（原载《松辽学刊》2001年第5期）

论《大一生水》与《老子》及《易传》的关系

——《大一生水》不属于道家学派

　　郭店楚简《大一生水》篇是新发现的重要先秦文献之一。它的发现对于先秦学术史的研究，对于人们认识原始道家、《易传》及数术学派都有重要意义。学者们对它倾注了许多心血，进行了深入的诠释与解说，并取得了很大成绩。但是，学术界几乎众口一词，说它在学派性质上属于道家，则是可商的。

　　本文认为，在先秦学术史上，《大一生水》与《老子》及《易传》虽然都有关于宇宙生成的论述，但详考其内容，则各有不同。《大一生水》篇的思想虽然对《老子》有所吸纳，但并不属于道家，而与《易传》较为接近，可也不是儒家《易》学派别，应当属于在先秦时期广为流行的数术家学派。

　　《大一生水》篇与《老子》的宇宙生成论差异十分鲜明。《大一生水》云：

　　大一生水，水反辅大一，是以成天。天反辅大一，是以成地。天地复相辅也，是以成神明。神明复相辅也，是以成阴阳。阴阳复相辅也，是以成四时。四时复相辅也，是以成沧热。沧热复相辅也，是以成湿燥。湿燥复相辅也，成岁而止。

　　这一宇宙生成模式，为人们前所未见。所以许多学者称它为"一种新的宇宙生成模式"[1]，显然是对的。对这段简文中"大一生水，水反辅大一，

---

[1]　李零：《读郭店楚简〈大一生水〉》，《道家文化研究》第17辑，生活·读书·新知三联书店，1998年版。[法]贺碧来：《论〈大一生水〉》，《道家文化研究》第17辑。彭浩：《一种新的宇宙生成模式》，《郭店楚简国际学术研讨会论文集》，湖北人民出版社，2000年版。庞朴：《一种有机的宇宙生成模式》，《道家文化研究》第17辑；《宇宙生成新说——漫说郭店楚简》，《寻根》1999年第2期。

是以成天。天反辅大一，是以成地"一节，除陈松长先生释"大一生水"为
"大一生于水"而外[1]，其他学者的诠释大体一致，没有疑义。至于陈说，因
为考虑到时代相近的《老子》讲"道生一"，《易传》讲"太极生两仪"，
皆不可作"道生于一"，"大极生于两仪"解。《大一生水》篇又云："大
一藏于水。""藏"与"生"有较大差别。故不可从。

但是，对于简文中"天地复相辅也，是以成神明。神明复相辅也，是以
成阴阳"一段的解释，就纷呈歧见了。

李零先生释"神明"为"是与天、地或阴、阳对应的两种神灵"[2]。邢
文先生说："《大一生水》中的'神明'指的只能是神祇。"[3]彭浩先生说：
"'神明'一词，或指神祇，或指精神，或指神妙的作用。"[4]庞朴先生说：
"'神明'是天地的功能，大自然的作用。"[5]赵健伟说："鬼神、神明、神
是一样的。"[6]熊铁基先生说："神明一词有多种内涵。一为神祇，乃至专指
日神……二为无所不知，如神之明……三为与物质对立之精神，首先是人的
精神。"[7]还有很多，内容皆相近，不再列举。上述说法解此"神明"皆不
确。在古代典籍中，"神明"虽然有多种内涵，但在本文中却只能有一种，
而不能有多种。从上文看，它讲"大一生水，水反辅大一，是以成天。天反
辅大一，是以成地。"大一所生之水、天、地三者，水为金、木、水、火、
土五行中之水，天为气，地为五行中之土，是三种具体的物质存在形态。那
么，至"天地复相辅也"，即两种物质存在形态"气"与"土"之交互作
用，怎么就生出了"鬼神""神祇""精神"，或什么"功能"与"作用"
来？邢文先生解释说："'神明'释作神祇，并不悖逆《大一生水》的宇宙
演化之说。'天地''神明''阴阳''四时'，应该是这样的关系：天地

① 陈松长：《〈大一生水〉考论》，《郭店楚简国际学术研讨会论文集》。

② 李零：《读郭店楚简〈大一生水〉》，《道家文化研究》第17辑。

③ 邢文：《论郭店〈老子〉与今本〈老子〉不属于一系——楚简〈大一生水〉及其意义》，《郭店
楚简研究》，《中国哲学》第20辑，辽宁教育出版社，1999年版。

④ 彭浩：《一种新的宇宙生成理论》，《郭店楚简国际学术研讨会论文集》。

⑤ 庞朴：《〈大一生水〉说》，《郭店楚简与儒学研究》，《中国哲学》第21辑，辽宁教育出版
社，2000年版。

⑥ 赵健伟：《郭店楚墓竹简〈大一生水〉疏证》，《道家文化研究》第17辑。

⑦ 熊铁基：《对"神明"的历史考察》，《郭店楚简国际学术研讨会论文集》。

定位，神明布列其间；神明动静有殊，阴阳之气化生；阴阳之气运行，推变而为四时。"①我们知道，《大一生水》的宇宙生成论与《易传》"太极生两仪"的宇宙生成论一样，讲的都是宇宙自身的演化，是朴素唯物论，并没有给上帝神祇和人的精神留下发挥作用的空间②。邢文先生释"神明"为"神祇"，认为精神运动可以化生阴阳，就改变了《大一生水》朴素唯物论的性质，怎能说不悖逆《大一生水》的宇宙演化说？再者，《大一生水》下文说："阴阳者，神明之所生也。神明者，天地之所生也。"讲天地、神明、阴阳三者间的关系，是母与子式的化生关系，语义十分明确。而邢文先生将它们之间的关系改为："天地定位，神明布列其间；神明动静有殊，阴阳之气化生。"依这一解释，是：天地自定位，神明自布列；神明自动静，阴阳自化生。天地、神明、阴阳各自为政，哪里还有母与子之间的化生关系？因此，诸家之说与《大一生水》的上下文理、前后逻辑都是扞格难通的。所以，诸家说之误，也就不言自明了。

那么，"神明"到底指的是什么呢？王博先生曾据《易·说卦传》，解"神明"为日月③。其说得之。惜乎没有申论，所以没有被学者们接受。

《易·系辞传》说："县（悬）象著明，莫大乎日月。""日月相推，而明生焉。""日月之道，贞明者也。"《系辞传》认为日月生明，这是古人朴素唯物观念的反映，也是人们对"明"的最早的认识。《系辞传》又说："乾，阳物也。坤，阴物也。阴阳合德，而刚柔有体，以体天地之撰，以通神明之德。"《九家易》释"神明"曰："隐藏谓之神，著见谓之明。"④《说卦传》云：《坎》，"为月"，"为隐伏"。虞翻注："阳藏坤中，故为隐伏也。"⑤说明"隐藏"指的是月，而"著见"指的则是日。《说卦传》：《离》"为日"，荀爽曰："阳外光也"⑥，"外光"即著见。《说

---

① 邢文：《论郭店〈老子〉与今本〈老子〉不属于一系——楚简〈大一生水〉及其意义》，《郭店楚简研究》，《中国哲学》第20辑，辽宁教育出版社，1999年版。

② 张岱年：《论〈易大传〉的著作年代与哲学思想》，《中国哲学》第1辑，生活·读书·新知三联书店，1979年版。

③ 王博：《美国达慕思大学郭店〈老子〉国际学术讨论会纪要》，《道家文化研究》第17辑。

④ 〔唐〕李鼎祚：《周易集解》卷16引。

⑤ 〔唐〕李鼎祚：《周易集解》卷17引。

⑥ 〔唐〕李鼎祚：《周易集解》卷17引。

卦传》又云："昔者圣人之作《易》也，幽赞于神明而生蓍。"荀爽注："神者在天，明者在地。神以夜光，明以昼照。"[1]从《易传》来看，日月合而言之，则为明。若单言之，日以昼照，悬在当空，人所共见，是为明；月以夜光，时隐时现，神秘莫测，是为神。《易·晋》卦象为▤，《象传》曰："明出地上。"《明夷》卦象为▤，《象传》曰："明入地中。"更是直接将"日"称"明"之证。

《大戴礼记·曾子天圆》说："天道曰圆，地道曰方。方曰幽，而圆曰明。明者，吐气者也，是故外景；幽者，含气者也，是故内景。故火日外景，而金水内景。"王聘珍释曰："吐，犹出也。《说文》云：'景，光也。'外景者，光在外；内景者，光在内。《离》为火、为日，以二阳而周乎一阴之外，故光在外。《兑》为金，以二阳而说于一阴之内；《坎》为水，以一阳而陷于二阴之中，故光在内。"[2]《离》为日，《坎》为月。《离》二阳在外，是吐气者，光在外，故为"明"；《坎》一阳在内，是含气者，光在内，故为"幽"。此文之"幽"，即《九家易》所谓"隐藏谓之神"之"神"。可见，《大戴礼记》亦以日为"明"，月为"神"。

《曾子天圆》下文又说："吐气者施，而含气者化，是以阳施而阴化也。阳之精气曰神，阴之精气曰灵。神灵者，品物之本也。"对此处"神灵"二字，王聘珍释曰："神，谓天神。灵，谓地祇。"[3]不确。此"神灵"二字系承上文"明"、"幽"而来，明幽为日月，怎么"神灵"会变成"天神"、"地祇"？其误甚明。此"阳施阴化"的"神灵"，即"神明"，仍指日月而言。《易·说卦传》曰："《离》，为火、为日"；"《坎》，为水"、"为月"。孔颖达疏："为日，取其日是火精也。""为月，取其月是水之精也。"[4]日为火，火之精就是"阳之精"，而阳之精反为阴；月为水，水之精就是"阴之精"，而阴之精反为阳。说到这里，有的学者不免疑惑：日为阳，其精怎么为阴、为"神"？月为阴，其精怎么为阳、为"灵"？这不是阴阳倒转吗？其实，这不难解释：《周易》是专讲阴阳

① ［唐］李鼎祚：《周易集解》卷17引。
② ［清］王聘珍：《大戴礼记解诂》，中华书局，1983年版，第99页。
③ ［清］王聘珍：《大戴礼记解诂》，中华书局，1983年版，第99页。
④ ［唐］孔颖达：《周易正义》，《十三经注疏》本，中华书局，1980年版，第95页。

相生的。坤阴之所生《震》《坎》《艮》，皆为阳卦。乾阳之所生《巽》《离》《兑》，皆为阴卦。《离》为日，日本为阳，但其卦象☲，是二阳夹一阴，阴为其精。依《易·系辞传》"阳卦多阴，阴卦多阳"的原则，以其"阴为精"的性质定其为阴卦。同理，《坎》为月，月本为阴，卦象为☵，是两阴夹一阳，以其"阳为精"的性质定其为阳卦。所以《离》、《坎》二卦的特点是阳以阴为精，阴以阳为精。这与《大戴礼记》所云"阳之精气曰神，阴之精气曰灵"，正相符合。关于日、月为阳、阴之事，是指日、月之形体说的，《离》二阳在外，似乾，《坎》二阴在外，似坤，故《易·系辞传》说："阴阳之义配日月。"荀爽注："乾舍于离，配日而居，坤舍于坎，配月而居之义。"①乾阳、坤阴，以乾配日，以坤配月，透露了一些消息。《说卦传》更明言"《离》为火"，"为乾卦"，乾卦自然为阳。又说："《坎》为水"，"为矫輮"，"为下首"。荀爽注："水之流，首卑下"②，卑下为地、为柔，恰为阴之象。总之，《易传》认为，从形体上看，《离》两阳在外，为日、为乾、为阳、为明；从内含上说，阴在两阳之中，故其精气为阴、为神。同理，《坎》两阴在外，为月、为柔、为阴、为幽；而其内含是阳在二阴中，故其精气为阳、为灵（明）。所以，"神明"是日月之精，自然可以代表日月。

清楚了此段文中的"神明"，指日月而言，对"神明复相辅也，是以成阴阳"一句也就好解释了。"阴阳"的内涵也很丰富，泛指性质不同的两种事物。《黄帝四经·称篇》云："天阳地阴，春阳秋阴，夏阳冬阴，昼阳夜阴。大国阳，小国阴；重国阳，轻国阴。有事阳而无事阴。信（伸）者阳而屈者阴。"等等。但此文所讲"神明复相辅也"而产生的"阴阳"，并非泛指的阴阳，而是实指由"日月相推"而生成的"昼夜"。

阴阳既为昼夜，"阴阳复相辅也，是以成四时"，就明白无误了：是说昼夜的不停运动，昼来夜往，夜来昼往而产生了四时。四时以昼夜为标记的思想在古代中国是由来已久的。《尚书·尧典》讲四仲星，云："日中星鸟，以殷仲春"；"日永星火，以正仲夏"；"宵中星虚，以殷仲秋"；"日短星昴，以正仲冬"。即以测量昼夜的长短，作为划分四季的标准。

① ［唐］李鼎祚《周易集解》卷13引。
② ［唐］李鼎祚《周易集解》卷17引。

《论语·子罕》："子在川上曰：'逝者如斯夫，不舍昼夜。'"昼夜在这里代表的就不仅仅是一阴一阳一个时段，而是阴阳流转，日复一日，年复一年，永不停息。

以下"四时复相辅也，是以成沧热。沧热复相辅也，是以成湿燥。湿燥复相辅也，成岁而止。"说的就是四时运动产生冷热，冷热运动产生湿燥，湿燥运动而成一岁了。即《易·系辞传》所说"寒往则暑来，暑往则寒来，寒暑相推而岁成焉。"法国学者贺碧来先生说《大一生水》"所强调的是气候的变化如同四时和年岁"，"大一的特色更符合大自然，更符合农民生活，哲学的因素少"[1]。这个认识是很深刻的。《老子》的宇宙生成论是较成熟的哲学，而《大一生水》的宇宙生成论自然特色浓，哲学因素少，符合中国古代"人人皆知天文"的历史实际[2]。

我们认为，《大一生水》的宇宙生成论可以划分为两段：从大一生水、成天、成地、成神明为一段，主要讲水、天地与日月的生成。由神明成阴阳，阴阳成四时，四时成冷热，冷热成湿燥，湿燥成岁而止为二段，主要讲昼夜、四时、年岁的形成及四时的气候变化，带有历谱性质。在中国古代，人们确实是通过观察天象及风向、气候等变化来确定四时、年岁的。《尚书·尧典》所说"钦若昊天，历象日月星辰，敬授人时"，指的就是从观察天象入手，经过测定仲星，考辨四季风向而制定历法，而古代的制历工作主要由巫史承担。《大一生水》篇的宇宙生成论即带有明显的巫史文化特征。这一宇宙生成论的模式与《老子》的宇宙生成论截然不同。《老子》说："道生一，一生二，二生三，三生万物。万物负阴而抱阳，冲气以为和。"（四十二章）《老子》以"道"为天地万物之本原。又说："天下万物生于有，有生于无。"（四十章）认为天地万物皆从"无"、从"道"而来，这是讲"无"的哲学，讲"无生有"的哲学。

《大一生水》讲"大一"为水与天地之本原。"大一"近于《易传》所讲的"太极"（帛书《易传》作"太恒"）。"大一"是原始的一、混沌未分的一，故谓之"大一"，而一是有。所以，这是讲"有"的哲学，讲"有生有"的哲学。在思想体系上与道家根本不同。

---

① ［法］贺碧来：《论〈大一生水〉》，《道家文化研究》第17辑。
② ［清］顾炎武：《日知录》卷30《天文》。

有的学者把《大一生水》之"大一"与《庄子·天下》所讲老聃、关尹学说特点的"主之以大一"联系起来。认为这两个"大一"相同，是有问题的。对《庄子·天下》篇这句话，张岱年先生断为："主之以大，一。"以"大"与"一"为两个辞，是对的①。因为《庄子》是阐释《老子》思想的，《老子》书中无"大一"，而有"大"与"一"。所以，《天下》篇之"大一"，自然也应是"大"与"一"。钟泰先生也以"大"与"一"作二辞讲，云："《老子》书云：'道大，天大，地大，王亦大'，又云：'天得一以清，地得一以宁，神得一以灵，谷得一以盈，万物得一以生，侯王得一以为天下贞'，又云：'抱一为天下式'，此所谓'一'也。旧注以大一仅作一解，非也。"②依钟说，"大"为道，"一"为"道生一"之一。旧注误以"大一"为一辞，解作"一"，是有误的。《老子》的宇宙生成论用抽象的数字一、二、三代表天地万物、代表阴阳和气，用"道生一，一生二，二生三，三生万物"来概括宇宙生成过程，使用的是哲学术语，表明已具有很高的哲学思维水平。而《大一生水》用大一、水、天、地、神明、阴阳等具体的、带有巫术性质的语言来表达宇宙生成，且其后半部分又带有历法性质，表明其尚未摆脱巫史文化影响。所以，两者的宇宙生成论是根本不同的。

我们说《大一生水》的思想性质更接近《易传》，是因为《易传》以"太极"为宇宙本原。对"太极"一辞，郑玄《易纬·乾凿度》注曰："太极，有也。"虞翻《易传》注："太极，大一。"③孔颖达《周易正义》："太极，谓天地未分之前，元气混而为一，即是太初、太一也。"④由此观之，《大一生水》与《易传》皆以"大一"为宇宙本原，同属先秦时代"有生有"的哲学思想体系。

《大一生水》讲宇宙生成时所使用语言的内涵也颇多与《易传》相通。如其所谓的"天地""四时""阴阳、冷热、湿燥"，即与《易传》所谓

① 张岱年：《论〈易大传〉的著作年代与哲学思想》，《中国哲学》第1辑，生活·读书·新知三联书店，1979年版。
② 钟泰：《庄子发微》卷5《天下篇》，吉林省社会科学院保存影印本。
③ ［唐］李鼎祚：《周易集解》卷14引。
④ ［唐］孔颖达：《周易正义》，《十三经注疏》本，中华书局，1980年版，第82页。

的"两仪""四象""乾坤、坎离、震兑"等意义相近。《易传》的"两仪""四象"历来被释为"天地""四时",自不必说。其"乾坤"即为阴阳。《说卦传》云:"燥万物者,莫熯乎火","润万物者,莫润乎水"。是燥为火、为《离》,湿为水、为《坎》。《说卦传》又云:《震》"为决躁","《兑》为泽",《乾》"为寒,为冰",与其对应,《坤》即为热。是《震》可以为"燥",《兑》为泽,也即是"湿",而《乾》、《坤》又为冷热。

对于《大一生水》中的"神明",诸家解说之所以不确,亦皆因诸家多利用道家文献,如《庄子》以"神明"为天地之妙用,《经法》以道为神明之原,严遵《老子指归》以神明为道德等解"神明"之故。《大一生水》与《易传》相近,故以《易传》解释"神明",方觉贴切。强昱先生已注意到《大一生水》篇与道家思想的差异,说:"《大一生水》讲'天地名字并',而《黄帝四经》称天地之道'不能并立','固不两行'。在'天道贵弱'下,《大一生水》还应有对地道的论述,不知什么原因遗失了。由此也可以看出,《黄帝四经》强调对立下的统一,《大一生水》重视统一下的分别。前者同《易传》雷同,后者与《老子》一类。"[①]

《大一生水》的思想虽与《易传》有相通之处,但它并不属于儒家的《易》学系统。考《汉书·艺文志》,有"数术略"百九十家,分为天文、历谱、五行、蓍龟、杂占、形法六种。在天文、五行、杂占三种中,分别有以"泰壹""泰一""太元""天一"命名的著作七部。《大一生水》既然以"大一"名篇,应与先秦"大一"类著作有相通之处。再从它讲大一、水、天、地、神明、阴阳等一系列内容上看,它应属于数术家中天文家一类。至于它有些内容近于《周易》,是因为《周易》本卜筮之书,经孔子及其弟子与再传弟子的改造,《周易》经传始成为儒家"六艺略"之一种的。而原本作为卜筮之书的《周易》,仍赫然列于"数术略"的蓍龟类中。在包山楚简中,"大一"与"大一神"等也多与卜筮之《易》有关。《大一生水》既与卜筮之《周易》同属于数术家学派,其有相通相近的思想,就可以理解了。李学勤先生虽然也认为《大一生水》与道家关系密切,但他的

---

① 强昱:《〈大一生水〉与古代的大一观》,《道家文化研究》第17辑。

《〈大一生水〉的数术解释》一文，却首先从数术学的视角，来解析《大一生水》篇的"大一藏于水，行于时"一语[①]。其说精凿，不可易移。此也是《大一生水》属于数术家之一证。

在《汉书·艺文志》所载"诸子略"的道家37种著作中，以"太一"命名的，一部没有。在阴阳家21种著作中，以"大一"命名的，也一部没有。这就从一个侧面证明了，在先秦时期，《大一生水》一类著作在学派上并不属于道家。说它属于道家是没有文献根据的。把数术家中天文、五行一类著作纳入道家系统，是汉代以后的事。史学研究贵在还历史以本来面貌，因此不能用汉代以后出现的史实来判断先秦数术家的学派属性。

至于在《管子》《鹖冠子》《吕氏春秋》等后来的道家或杂家著作中，出现了"大一、阴阳、天地、四时、神明"一类词语或概念，诚如李学勤先生所言，正是"战国中晚期道家受到阴阳数术学说影响"的结果[②]，这些著作甚至将"道"与《老子》所说的道生的"一"，亦即数术家所说的"大一"等同起来，这只能是道家数术化倾向的一种表现，而不能证明《大一生水》属于道家学派。

（2002年12月中国先秦史学会天津年会论文）

---

① 李学勤：《〈大一生水〉的数术解释》，《道家文化研究》第17辑。
② 李学勤：《〈大一生水〉的数术解释》，《道家文化研究》第17辑。

谈庄子"道"的二重性及相关问题

庄子的"道"具有鲜明的二重性：一方面是抽象的道；另一方面又是具体的道。抽象的道是超越时空、支配宇宙的总规律；具体的道是有封域有界限的客观物质世界的具体规律。庄子"道"的这种二重性决定了他的认识论与真理观也具有二重性。

一、庄子"道"的二重性

庄子的"道"是由老子那里继承来的。老子把"道"划分为两类：一类是"常道"；另一类是"非常道"[①]。"常道"就是抽象的道，是天地的本原，万物的祖宗，无形无体，不可论说，故称为"无名"。"非常道"就是具体的道。它寓于有形体的万物当中，可说可讲，故称为"有名"。庄子的"道"也具有这种二重性。他描述抽象的道说："夫道，有情有信，无为无形；可传而不可受，可得而不可见；自本自根，未有天地，自古以固存；神鬼神帝，生天生地；在太极之先而不为高，在六极之下而不为深，先天地生而不为久，长于上古而不为老。"[②]太极是天地由此凝成的原始物质，六极是上下四方、是宇宙空间。道在"太极之先"，"六极之下"，自然是超越物质、超越空间的。道能"先天地""长于上古"，自然又是超越时间的。超越时空的无形的道，却能"神鬼神帝，生天生地"，自然是天地万物的总根源了。《庄子·知北游》谈到"道"的特点也说："道不可闻，闻而非也；道不可见，见而非也；道不可言，言而非也。知形形之不形乎！道不当名。""窅然、空然，终日视之而不见，听之而不闻，搏之而不得也。"

---

① 《老子》1章。

② 《庄子·大宗师》。

这就进一步指出了，道不但无形无体、超越时空，而且不可闻、不可见、不可搏，不能被人的感官所感知。这种"想象没有物质的运动的意图"不正是"偷运着和物质分离的思想"的哲学——唯心主义吗[①]！《庄子·知北游》有段描绘具体道的言论："东郭子问于庄子曰：'所谓道，恶乎在？'庄子曰：'无所不在。'东郭子曰：'期而后可。'庄子曰：'在蝼蚁。'曰：'何其下耶？'曰：'在稊稗。'曰：'何其愈下耶？'曰：'在瓦甓。'曰：'何其愈甚耶？'曰：'在屎溺。'东郭子不应。"在"蝼蚁""稊稗""瓦甓"，甚至"屎溺"里的道，就是具体的道。具体的道有物质客体，这使它有别于抽象的道。但是庄子所说的具体的道，不是具体的物质形态自身运动的产物，而是抽象的道"行于万物"[②]的结果。抽象的道在产生天地万物时也就把自己的一部分赋予天地万物当中了。所谓"大道流行，无所不在"，指的就是这种具体的道禀受于抽象的道的普遍性。

抽象的道怎样产生天地万物，产生具体的道呢？

《庄子·知北游》说：

夫道，窅然难言哉！将为汝言其崖略。夫昭昭生于冥冥，有伦生于无形，精神生于道，形本生于精，而万物以形相生。

《庄子·天地》说：

泰初有无，无有无名；一之所起，有一而未形。物得以生，谓之德；未形者有分，且然无间，谓之命；留动而生物，物成生理，谓之形；形体保神，各有仪则，谓之性。性修反德，德至同于初。

庄子的这两段话与老子所说的"天下万物生于有，有生于无"[③]，"道生一，一生二，二生三，三生万物"[④]，基本精神是一致的。庄子所谓的"冥冥"、"无有无名"，就是老子所说的"无"、"道"，这是天地万物的本根。庄子所谓的"昭昭生于冥冥"，"一之所起"，就是老子所说的"有生于无"，"道生一"。道所生的"一"，是原始的一，是天地未剖判、混沌未分的一，叫作"泰一"或"太一"。泰一没有具体的形体，故曰"有一而

---

① ［苏联］列宁：《唯物主义和经验批判主义》，人民出版社，1962年版，第283页。

② 《庄子·天地》。

③ 《老子》40章。

④ 《老子》42章。

未形"。"有伦生于无形",是说一切有伦类、有形体的东西都由无形中产生,是抽象道的产物。具体地说,就是道先产生精神,精神再产生形体,有形的万物各自相生,如种瓜得瓜、种豆得豆之类。"物得以生谓之德",是说物得道以生,物既生之后道即寓于其中,这就是"德"。由此可知,所谓"德",其实就是有物质客体的道。其所以称为德,不过是为了与那个抽象的道相区别而已。"未形者有分",是说物在得道以后,未形成具体形体之前,如婴孩之未孩时,素分就已经由道给决定了。道的这种支配物的客观必然性,叫作"命"。《庄子》书中,凡"命"字,如《德充符》说:"死生存亡,穷达贫富,贤与不肖,毁誉、饥渴、寒暑,是事之变,命之行也。"《大宗师》说:"死生,命也。其有夜旦之常,天也。人之有所不得与,皆物之情也。"《天运》说:"性不可易,命不可变。"《达生》说:"达命之情者,不务知之所无奈何。"讲的都是这种不以人的意志为转移的客观必然性。万物生成,生理具足,叫作"形"。有形的物各有自己遵循的规则,各有自己不同于其他事物的差别,叫作"性"。可见,道家的所谓"性"与"命",一个是事物矛盾的特殊性,一个是事物发展的客观必然性,两者皆禀受于道,是道的不同表现形式。

从庄子认为具体的道是由抽象的道生成的,抽象的道是天地万物的总根源这一点来看,他的哲学无疑是一种客观唯心主义哲学。有人把庄子超时空的道看成是主观的东西,说庄子哲学是主观唯心主义。这是不正确的。"庄子蔽于天而不知人"[①],强调人做"道"的奴仆。怎能是主观唯心主义呢?有人片面抓住庄子所讲的具体的道,说它是存在于物中的自然法则,因而庄子哲学是唯物主义的。这也不正确。庄子认为具体的道连同它寓于其中的物都是空洞无物的抽象道产生的,这怎能说是唯物主义呢?

二、庄子认识路线的二重性

庄子的"道"的二重性决定了他认识路线的二重性。换句话说,庄子提出了两条认识路线:一条是认识具体道的路线,即由心到物再到道;另一条

---

① 《荀子·解蔽》。

是认识抽象道的路线，即直接用心认识道。庄子提出的这两条认识路线的出发点都是心，是主观观念，而不是客观实际，所以就其性质来说，都是唯心主义的。

庄子主张认识具体的道所以要经过物，一则因为他认为具体的道寓于物中，二则基于他对客观物质世界的深刻认识。庄子虽然说物质世界是抽象道的产物，而且这一点决定了他哲学的客观唯心主义性质，但是只就物质世界和人类的关系而言，庄子则认为不是人类创造了物质世界，恰恰相反，而是物质世界产生了人类。他说："夫大块载我以形，劳我以生，佚我以老，息我以死。"[①]又说："适来，夫子时也；适去，夫子顺也。"[②]"大块"就是大地、大自然。大地负载人类，人类在大地上劳佚生死。人之初生，是随着大自然的变化适时而来；人之死亡，是随着大自然的变化顺时而去。这一切都是大自然的造化，人类对大自然是无能为力的。《庄子·至乐》也说："察其始而本无生，非徒无生也，而本无形，非徒无形也，而本无气。杂乎芒芴之间，变而有气，气变而有形，形变而有生，今又变而之死，是相与为春夏秋冬四时行也。"考察人的初始，本来没有生命，没有形体，也没有元气，处于一种芒芴的状态中。那么，人是怎么生成的呢？《至乐》的另一段话道出了真谛："天无为以之清，地无为以之宁，故两无为相合，万物皆化。"原来人像万物一样，随着天地的结合，凝而有气，变而有形，形既成就，变而生育。人从自然的变化中来，死后又复归于自然的变化中去。人在天地之间世代繁衍，生生死死，来来去去，犹如春夏秋冬四时运行。而这一切都是受冥冥中的那个抽象的道支配的。物质世界由"道"产生。但一经产生之后，物质世界就有了自己的特点。这个特点用三句话来概括，就是："量无穷，时无止，分无常。"[③]也就是说，物质世界，从计量上说是不可穷尽的；从时间上说是永无休止的；从禀分上说是随时变化，没有常数的。《庄子·庚桑楚》说："出无本，入无窍。有实而无乎处，有长而无乎本剽，有所出而无窍者有实。有实而无乎处者，宇也。有长而无本剽者，宙也。有乎生，有乎死，有乎出，有乎入，入出而无见其形，是谓天门。天门

---

① 《庄子·大宗师》。

② 《庄子·养生主》。

③ 《庄子·秋水》。

者，无有也，万物出乎无有。""有实而无乎处者"，是空间；"有长而无本剽者"，是时间。宇宙的时空不可穷尽，不可至极。万物从无有中发生，在宇宙中出出入入，生生死死，做永无休止的运动。庄子认为物质世界的这些特点可以认识，因而决定这些特点的具体的道，也就可以通过认识物来认识了。

《庄子·应帝王》篇有一段话，是庄子由心到物到道的认识路线的集中反映。这段话说："至人之用心若镜，不将不迎，应而不藏，故能胜物而不伤。""心若镜"是说人心像一面镜子，能够映照万物，这是认识的出发点。"不将不迎"，是心任物自来自去，并不主动追求。"应而不藏"，是物来即照，物去即消，心中不留任何痕迹。"故能胜物而不伤"，是说通过上述方式照鉴物，用心不劳，心不会有所毁伤，才能真正认识道。《庄子·养生主》所载庖丁解牛的故事，是表现庄子这条认识路线的一个鲜明实例。从庖丁的叙述中，可以把他认识解牛之道的过程归纳为四点：（1）"始臣之解牛之时，所见无非牛者"。这是说感官容易被牛所障蔽，所以不是认识的起点。（2）"方今之时，臣以神遇而不以目视，官知止而神欲行。"不用感官，而用心神，才能透过全牛照见真境。（3）经过三年实地解牛，认识到了解牛刀与牛体结构的关系："彼节者有间，而刀刃者无厚；以无厚入有间，恢恢乎其于游刃必有余地矣。"（4）通过对牛体结构的认识，也就得到了解牛之道："依乎天理，批大郤，导大窾，因其固然。"按此道解牛，"手之所触，肩之所倚，足之所履，膝之所踦，砉然响然，奏刀騞然，莫不中音。合于《桑林》之舞，乃中《经首》之会。"所用之刀，历19年解数千牛"而刀刃若新发于硎"。真可以说是收到了神奇的效果。此外，如《庄子·齐物论》载南郭子綦对天籁的认识，《逍遥游》载对于风、水、翼、舟关系的认识，《秋水》载北海若对大海的认识等等，也都是通过物来认识具体道的例证。

但是，对于产生物质世界的抽象道，这条认识路线就不适用了。因为抽象道没有物质客体，是与物质分离的独立存在，所以通过对物的认识不能达到对抽象道的认识。

庄子提出认识抽象道的途径是用"心"直接原照"道"。心是认识抽象道的出发点，但庄子又提出一般人的心不行，必须是"至人之心"。一般人的心由于受到知识、技能、感情、欲望的影响，只能认识道的一偏，不能认识道的全体。至人之心"无为名尸，无为谋府，无为事任，无为知主"，所以能"体尽无穷"①，认识抽象道。然而，"至人之心"并不是可以轻易取得的，必须要下一番主观修养功夫。庄子提出的修养功夫有两种：一是"心斋"；二是"坐忘"。《庄子·人间世》说："若一志，无听之以耳而听之以心，无听之以心而听之以气。听止于耳，心止于符。气也者，虚而待物者也。唯道集虚。虚者，心斋也。"不要用耳目器官去接触事物，不要用心去感知事物。弃置耳目，凝寂心神，仅凭气息与外界沟通，进入"虚而待物"的境界，这就是"心斋"。只有达到这一境界，才能认识大道。

《庄子·大宗师》说："堕肢体，黜聪明，离形去知，同于大通，此谓坐忘。"毁废四肢百体，屏绝聪明才智，离析人的形体，除却人的知识，万境皆空，与自然相通，这就是"坐忘"。"坐忘"是认识大道的又一境界。

《庄子·齐物论》讲的"吾丧我"；《德充符》讲的"有人之形，无人之情"；《刻意》讲的"去知与故"；《庚桑楚》讲的去掉"四六"，即"贵富显严名利"、"容动色理气意"、"恶欲喜怒哀乐"、"去就取与知能"等等，这不是"心斋"和"坐忘"的不同表现形式，就是与"心斋"和"坐忘"有异曲同工之妙的修美功夫，彼此没有什么本质差别。有人说"心斋"和"坐忘"是两回事，"心斋"是宋尹学派的方法，"坐忘"是庄子学派的方法。②我们认为这种说法是不妥当的。庄子所讲"心斋"的宗旨是虚静无为。宋尹学派所讲的"情欲寡浅"虽然同"心斋"相近，但宗旨是"见侮不辱，救民之斗，禁攻寝兵，救世之战"③，是积极有为。庄子主张消极无为，宋尹主张积极有为，两者大异其趣，怎能说"心斋"是宋尹学派的修养方法？

庄子的"心斋"和"坐忘"所以要求人们毁废四肢百体，屏弃聪明才智、知识和技能

等等，道理在于他认为人们要认识没有物质客体的绝对的道，人的感官、知识和技能等不但帮不了忙，反而会形成主观成见，给认识增添无端的

---

① 《庄子·应帝王》。

② 冯友兰：《论庄子》，《庄子哲学讨论集》，中华书局，1962年版，第119页。

③ 《庄子·天下》。

障碍。他说："井蛙不可以语于海者，拘于虚也；夏虫不可以语于冰者，笃于时也；曲士不可以语于道者，束于教也。"①讲的就是这个道理。至人达到"心斋"和"坐忘"的境界，其心若镜，"万物无足以铙心者"②，因而能"原天地之美而达万物之理"③，认识"可传而不可受，可得而不可见"的绝对的道。

从庄子提出的两条认识路线可见，它们有一个共同特点，就是否认感性认识，否定社会实践，与老子所说"不出户，知天下；不窥牖，见天道"的精神是一致的。列宁说："感觉的确是意识和外部世界的直接联系，是外部刺激力向意识事实的转化。"④庄子否定了感性认识，并否定了感性认识赖以产生的社会生活、社会实践，那么，他的所谓认识就只能是无源之水、无本之木。并且，他所说的"至人"屏弃了聪明才智，抛却了知识和技能，斩断了七情六欲，剥光了人的一切社会特征和生理特点，已不再是活生生的现实的人，而是个纯粹抽象的人。一个抽象的人当然也就谈不上有什么真正的认识了。

三、庄子真理观的二重性

因为庄子的道具有二重性，所以他认为在人的意识之外存在着两个客观实体：一个实体在"六合之外"；一个实体在"六合之内"。《庄子·齐物论》说："夫道未始有封，言未始有常，为是而有畛也。请言其畛：有左，有右，有伦，有义，有分，有辩，有竞，有争，此之谓八德。六合之外，圣人存而不论；六合之内，圣人论而不议。"所谓"六合之外"，郭象注："谓万物性分之表耳"，误。成玄英疏："六合之外……重玄至道之乡也"，是。"六合之外"指的就是那个没有封域、超越时空而存在的道。所谓"六合之内"，成玄英疏："六合者，天地四方也"，"六合之内，谓苍生所禀之性分"是对的。这指的是"有左有右，有伦有义，有分有辩，有竞

---

① 《庄子·秋水》。
② 《庄子·天道》。
③ 《庄子·知北游》。
④ ［苏联］列宁：《唯物主义和经验批判主义》，人民出版社，1962年版，第40页。

有争"的客观物质世界。

道与物质世界作为两个客观实体，自然都是庄子的认识对象，但是庄子认为对永恒的抽象道的认识才是绝对真理，而对客观物质世界的认识则不是绝对真理，仅是相对真理。因为，在庄子看来，"道未始有封"，是统一的，不可分割的。客观物质世界既然"有左有右，有伦有义，有分有辩，有竞有争"，就割裂了道的统一性，所以对客观物质世界的认识只能是"得一察焉"[①]，是道的一个方面。这种"得一察焉"的认识当然只能是相对真理了。庄子指出，物与物有着千差万别，此物之分，为彼物之成，此物之成，为彼物之毁，所以对物不能做出绝对的结论。比如：万物的贵贱、大小、有无、然否等，就都是从不同的角度看的，"以物观之，自贵而相贱；以俗观之，贵贱不在己。以差观之，因其所大而大之，则万物莫不大；因其所小而小之，则万物莫不小。知天地之为稊米也，知豪末之为丘山也，则差数睹矣。以功观之，因其所有而有之，则万物莫不有；因其所无而无之，则万物莫不无。知东西之相反，而不可以相无，则功分定矣。以趣观之，因其所然而然之，则万物莫不然；因其所非而非之，则万物莫不非。知尧桀之自然而相非，则趣操睹矣。"[②]这种由物、俗、差、功、趣的角度出发而得出的结论，只能是片面的、不完全的，当然算不上绝对真理了。庄子否认对物的认识是绝对真理，仅承认对虚无的道的认识是绝对真理，并且认为对道的认识不是由对物的认识组成的。而他所说的道是没有物质客体的，所以他的所谓绝对真理其实是抽象的真理。这样，他就犯了双重错误。其一，他否定了具体真理。列宁说过："没有抽象的真理，真理总是具体的"，"真理就是由现象、现实的一切方面的总和以及他们的（相互）关系构成的。"[③]庄子否定了具体真理，也就否定了客观真理。他所谓的绝对真理不反映任何具体物质过程，因而在现实世界中是不存在的。其二，他割裂了相对真理与绝对真理的关系。绝对真理与相对真理并不是两种不同的真理，而是同一个客观真理的两个方面：绝对真理是从认识的客观性方面来说的；相对真理是从认识的发展方面来说的。庄子把对道的认识与对物的认识完全对立起来，认为对

---

① 《庄子·天下》。

② 《庄子·秋水》。

③ ［苏联］列宁：《唯物主义和经验批判主义》，人民出版社，1962年版，第210页。

物的认识虽然是对道的认识的一部分，但却是不真实的一部分，对道的认识并不来源于对物的认识，两者毫不相干。这样，他就否定了绝对真理与相对真理的辩证关系，否定了恩格斯所说的“思维的至上性是在一系列非常不至上地思维着的人们中实现的”[①]科学。庄子之所以不承认对物的认识是绝对真理，在于他不懂事物变化的质量关系，片面夸大了事物变化的相对性。他说：“物之生也，若骤若驰，无动而不变，无时而不移”[②]。事物处于永不停顿的变化当中，“方生方死，方死方生，方可方不可，方不可方可”[③]，瞬息万变，界限模糊，可以无限制地向对立面转化，没有质的稳定性，从而否定了“为我们的相对认识所逐渐接近的，不依赖于人类而存在的客观的准绳或模特儿。”[④]最终陷入了相对主义的泥坑。

在庄子的思想中，有许多符合唯物论、符合辩证法的认识，如他说：“吾生也有涯，而知也无涯，以有涯随无涯，殆已。”[⑤]又说：“计人之所知，不若其所不知；其生之时，不若其未生之时。以其至小，求穷其至大之域，是故迷乱而不能自得也。”[⑥]这种对自然和人生，对已知和未知领域的认识，十分深刻。但是，这些深刻的思想都被他的相对主义所扼杀，结果得出了追求知识不但无益反而有害的消极结论。

在检验真理标准的问题上，庄子否认人的主观意见，提出了“待彼”的主张。他说：“既使我与若辩矣，若胜我，我不若胜，若果是也，我果非也邪？我胜若，若不吾胜，我果是也，而果非也邪？其或是也，其或非也邪？其俱是也，其俱非也邪？我与若不能相知也，则人固受其黮暗。吾谁使正之？使同乎若者证之？既与若同矣，恶能证之！使同乎我者正之？既同乎我矣，恶能正之！使异乎我与若者正之？既异乎我与若矣，恶能正之！使同乎我与若者正之？既同乎我与若矣，恶能正之！然则我与若与人俱不能相知也，而待彼也邪！”[⑦]我与人辩论，不论谁胜谁负，主观意见都解决不了是非

---

① 《马克思恩格斯选集》第3卷，人民出版社，1972年版，第125-126页。

② 《庄子·秋水》。

③ 《庄子·齐物论》。

④ ［苏联］列宁：《唯物主义和经验批判主义》，人民出版社，1962年版，第136页。

⑤ 《庄子·养生主》。

⑥ 《庄子·秋水》。

⑦ 《庄子·齐物论》。

问题。任何与我与人相同或相反的主观意见，也解决不了这个问题。解决这个问题的关键，是"待彼"。对"待彼"一辞，郭象注说："各自正耳"。即说排除一切人为的标准，使物相正。这是对的。但郭象认为"彼"是认识对象以外的"彼方"，则不确。此"彼"字，应以"物无非彼"之"彼"作解，就是与认识主体相对的。彼方，即认识对象。庄子规定的认识对象有两个：一个是"道"；另一个是"物"。而庄子认为对"物"的认识是相对的，不可靠的；对"道"的认识是绝对的，可靠的。因此，所谓用"待彼"做检验认识的标准，其实就是用"道"做标准。这个思想充塞于《庄子》全书，尤以《齐物论》和《秋水》两篇阐述得最为充分。两文认为，世界上的一切有关大小、贵贱、寿夭、有无、是非等的认识，都是片面、表面、相对、不全的。在"道"看来"莛与楹，厉与西施，恢恑憰怪，道通为一。"①从"物"的观点看，物有成有毁；从"道"的观点看，"凡物无成与毁，复通为一。"物之不齐，是道之所亏，万物齐一，道则大全。毫无疑问，道是庄子检验真理的最高标准。

总之，我们认为庄子的道有二重性，一个是抽象道，一个是具体道。由于认识这两种道的途径不同，所以庄子又提出了两条认识路线，一个是由心到物到道的路线，一个是由心直接原照道的路线。又因为他对这两种道的认识不同，所以他提出了相对真理与绝对真理两种真理观。但他割裂了绝对真理与相对真理的关系，否定相对真理，因而不但否定了客观真理，而且最终陷入了相对主义。认识庄子道的这种二重性及其相互关系，对于研究庄子哲学来说，无疑是有帮助的。

（原载《社会科学探索》1992年第1期）

---

① 《庄子·齐物论》。

论孔子的"仁义礼"思想及其本质

对于孔子的"仁义礼"思想及其本质,许多学者从不同方面、不同角度和不同层次上进行过研究,并取得了丰硕成果。但是勿庸讳言,有些研究成果往往没有把"仁义礼"思想与当时社会政治制度的主要特点结合起来考察,同时在揭示"仁义礼"的本质时,也仅限于指出它的阶级性,未能进一步挖掘这种阶级性的表现形式及其赖以产生的社会根源和历史根源。所以对这一问题有再作一番探索的必要。

"仁义礼"是构成孔子思想体系的基本内容。可以说,"仁"是孔子思想体系的核心和出发点。"义"是由"仁"派生的,是仁的外延。"礼"是仁义思想的外在表现形式,是仁义思想的行为规范。《庄子·天道》篇述孔子思想要点说:"要在仁义"。《天运》篇说:"孔子见老聃而语仁义。"《孟子·尽心上》说:"居仁由义,大人之事备矣。"《吕氏春秋·不二》篇说:"孔子贵仁。"他们都抓住了孔子思想体系的根本特点。

什么是"仁"?《礼记·中庸》载孔子对鲁哀公问说:"为政在人。取人以身,修身以道,修道以仁。仁者人也。"认为"仁"就是人与人的关系。《孟子·尽心下》说:"仁也者,人也。合而言之,道也。"所讲的"仁"与《中庸》一致。《说文》云:"仁,亲也。从人从二。"清朱骏声《说文通训定声》释曰:"仁者,情志好生爱人,故立字二人为仁。"也认为仁是人与人的关系,并且首先是亲属关系。"仁"作为人与人的关系,其基本内涵是"爱人"。《论语·颜渊》载:"樊迟问仁,子曰爱人。问知,子曰知人。"《孟子·离娄下》说;"君子以仁存心,以礼存心。仁者爱人,有礼者敬人。"《离娄上》也说;"爱人不亲,反其仁。"孔子为什么把"爱人"列为"仁"的基本内容呢?因为自有人类以来,人类社会总是由人群组成的。在阶级社会里,人群又是划分为不同的阶级、阶层和各种社会集团的。社会作为容纳各个不同阶级、阶层和各社会集团的统一体，必然要求人们处理和协调彼此之间的关系，借以保持社会的稳定和发展。"仁"，就是孔子在总结历史经验的基础上结合春秋时代的社会实际提出的协调人际关系的思想原则。所以这一原则以"爱人"为基本内容，是不难理解的。

基于"爱人"的思想，孔子要求每个社会成员都要加强个人修养，以高度完善的自我，去适应社会上的复杂人际关系。他说："夫仁者，己欲立而立人，己欲达而达人。"[1]又说："己所不欲，勿施于人。"[2]提倡每个人把自己想的、做的，也帮助别人想到、做到；自己所不愿接受的，不要施加给别人。他主张人们应实行"忠恕之道"，彼此诚恳相待、互相谅解，在个人与他人与集体发生利害冲突时，要克制自己，甚至于舍己利人。为此，他一再强调"克己复礼为仁"[3]。

从人的修养出发，孔子把社会道德也纳入了"仁"的范畴。他说："刚、毅、木、讷近仁。"[4]"居处恭，执事敬，与人忠"[5]是仁，"博学而笃志，切问而近思，仁在其中矣。"[6]他甚至把"仁"当作最高的道德原则，主张"志士仁人，无求生以害仁，有杀身以成仁。"[7]

《礼记·儒行》在谈仁与礼乐的关系时说："温良者，仁之本也；敬慎者，仁之地也；宽裕者，仁之作也；孙接者，仁之能也；礼节者，仁之貌也；言谈者，仁之文也；歌乐者，仁之和也；分散者，仁之施也。"认为仁是礼乐的根本，礼乐是仁的表现。近代学者谢无量先生曾进一步概括说："通观孔子平日所言及所定五经中所有诸德，殆无不在仁中。曰诚、曰敬、曰恕、曰忠、曰孝、曰爱、曰知、曰勇、曰恭、曰宽、曰信、曰敏、曰惠、曰悲、曰亲、曰善、曰温、曰良、曰俭、曰让、曰中、曰庸、曰和、曰友、曰顺、曰礼、曰齐、曰庄、曰肃、曰悌、曰刚、曰毅、曰贞、曰谅、曰质、曰直、曰廉、曰洁、曰决、曰明、曰聪、曰清、曰谦、曰优、曰愿、曰正、

---

① 《论语·雍也》。
② 《论语·卫灵公》。
③ 《论语·颜渊》。
④ 《论语·子路》。
⑤ 《论语·子路》。
⑥ 《论语·子张》载子夏语。
⑦ 《论语·卫灵公》。

曰睿、曰义，皆体仁中所包之德也。故仁者众德之统，万善之源；凡修齐治平之道，莫非仁用，而仁义礼智信五常，尤儒家为教之要领。"①仁是众德的统帅，众德是仁中所包的部分。谢先生所作的概括确为精辟之论。

孔子的"仁"包罗虽广，但如上文所说，"爱人"是它的基本点。而孔子的"爱人"又是分等级、有层次的。

孔子弟子有若说："君子务本，本立而道生。孝弟也者，其为仁之本与。"②这"孝弟"两个字，确是"仁"的根本，"爱人"的出发点。换句话说，孔子的"爱人"，首先要求的是孝弟，是从爱父母、爱兄弟、爱家庭做起。孔子说；"仁者人也，亲亲为大。"③又说："弟子入则孝，出则弟。"④孟子也说："仁之实，事亲是也。"⑤都证明了这一点。孔子提出的"仁"、"爱人"，要求从孝悌做起，这是孔子的高明之处。因为在阶级社会里，处理和协调复杂的人际关系，是最令统治者棘手的问题。而孔子能顺应人类的自然感情，以血缘关系作为处理这个问题的出发点，自然会有较强的说服力和吸引力，能收到事半功倍的效果。历史事实证明，孔子的"仁"学一经提出，不论是他的拥护者还是他的反对者都不能不把它当作一面旗帜来加以宣传。如《墨子·天志》说"仁"是"上利乎天，中利乎鬼，下利乎人"的"天德"。《庄子·天道》把"仁义"看作是"大道"中仅次于天和道德的一部分。不仅与儒家对立的墨、道两家如此，就连反对儒家最力的法家，也不得不给"仁"一定的地位。《韩非子·五蠹》说"文王行仁而王天下"，承认了"仁"的历史价值。

"仁"表现在政治上就是"德治"，就是用礼义教化人民。《论语·为政》说："道之以政，齐之以刑，民免而无耻；道之以德，齐之以礼，有耻且格。"若专以法教刑罚治国，人民虽可苟免于祸，但人格上不知耻，而以德礼来教化，人民不但知耻辱，并且行事也正派。孔子又说："君子之德风，小人之德草，草上之风必偃。"⑥君子与小人是一对对立的概念，君子是

---

① 谢无量：《中国哲学史》，中华书局，1942年版，第63页。

② 《论语·学而》。

③ 《礼记·中庸》。

④ 《论语·学而》。

⑤ 《孟子·离娄上》。

⑥ 《论语·颜渊》。

统治者，小人是被统治者，用德化教育人民，必须由统治者自身做起。对于为人民做过好事的政治家，孔子大加赞扬。如他多次称赞管仲，说："桓公九合诸侯，不以兵车，管仲之力也。如其仁，如其仁。"[①]"管仲相桓公，霸诸侯，一匡天下，民到如今受其赐。微管仲，吾其被发左衽矣。"[②]孔子强调德治教化，但绝对不排斥刑罚。不过他把德治教化放在第一位，刑罚放在第二位。《论语·子路》说："名不正则言不顺，言不顺则事不成，事不成则礼乐不兴，礼乐不兴则刑罚不中，刑罚不中则民无所措手足。"所谓礼乐兴、刑罚中其实讲的就是教化第一，刑罚第二。孔子主张为政要宽猛相济。他说："政宽则民慢，慢则纠之以猛。猛则民残，残则济之以宽。宽以济猛，猛以济宽，政是以和。"[③]所谓宽猛相济，就是教化和刑罚两手兼施并用。有人把儒法两家完全对立起来，说孔子不讲法治，不主刑罚，这实在是极大的误会。郑子产执法严明，弟弟叔鱼犯罪，他不包庇。孔子夸奖他"治国制刑，不隐于亲"[④]。据《荀子·儒效》，在孔子当鲁司寇时，"沈犹氏不敢朝饮其羊，公慎氏出其妻，慎溃氏逾境而徙，鲁之粥牛马者不豫贾。"儒家的鼻祖竟是一位执法如山、断狱无私的法官，怎能说他不讲法制呢？其实在先秦，礼与刑是不分的，出礼则入于刑，违礼即是违法，这是当时社会的通义。

孔子把"孝悌"作为"仁"的根本，"爱人"的出发点，绝不是偶然的，是由他所处的历史时代决定的。孔子所生活的春秋时代，正是中国的奴隶制时代。中国的奴隶制度是社会劳动不发展的东方家庭奴隶制。依据恩格斯两种生产的理论，人类的社会制度受着劳动发展阶段与家庭发展阶段的双重制约。社会劳动愈不发展，社会就愈在较大程度上受血族关系的支配。孔子所讲的"仁"、"孝悌"、"爱人"等等，正是这种血族关系在社会上仍占有较大的支配地位的反映。

当然，奴隶制的这种血族关系已与氏族社会的血族关系有了本质的差别。后者是自然发生的，各血缘团体之间与每一血缘团体内部的各成员之间

---

① 《论语·宪问》。

② 《论语·宪问》。

③ 《左传》昭公二十年。

④ 《左传》昭公十四年。

是彼此平等的。前者虽则也是自然发生的，但在它的血族关系中已经渗入了等级制的成分。恩格斯曾说："在历史上出现的最初的阶级对立，是同个体婚制下的夫妻间的对抗的发展同时发生的，而最初的阶级压迫是同男性对女性的奴役同时发生的。"①又说："现代家庭在萌芽时，不仅包含着奴隶制，而且也包含着农奴制……它以缩影的形式包含了一切后来在社会及其国家中广泛发展起来的对立。"②这种在现代家庭的萌芽中就孕育着的阶级对立，在奴隶制时代发展成熟了。奴隶主阶级家庭中父子夫妻间的尊卑嫡庶关系，奴隶主阶级家族中的宗法关系，大宗与小宗，宗子与众子关系等等，就是这种阶级对立的表现形式。

面对这种血亲家庭的尊卑等级，孔子提出的"爱人"，也就有了等差。

《礼记·丧服小记》论述奴隶制血亲家族中亲属间的尊卑等第说："亲亲，以三为五，以五为九。上杀，下杀，旁杀，而亲毕矣。"郑玄注说："己上亲父，下亲子，三也。以父亲祖，以子亲孙，五也。以祖亲高祖，以孙亲玄孙，九也。杀谓亲益疏者，服之则轻。"这段话把人们的血亲家族划分为三个等第：第一级是父己子三代。据《白虎通义》，父子是首足，所以这三代是一体之人。因而孔子提出孝悌并把它作为"爱人"的出发点。第二级是祖、父、己、子、孙五代。这五代不再是一体之人，血缘关系疏远了，所以爱的程度就递减了。第三级是从高祖到玄孙九代，这九代仅是一体相袭，血缘关系相距更远了，所以爱的程度就更加削弱了。这种爱在丧服制度上的表现就是"亲益疏者，服之则轻。"所谓"旁杀"，就是追溯旁系亲属关系也至五代而止。随血亲关系的疏远，服制亦逐级递减。

"爱人"的最明显的等差，表现在作为"仁之实"的"事亲"上。《礼记·丧服四制》说："资于事父以事母，而爱同。天无二日，土无二王，国无二君，家无二尊，以一治之也。"在家庭中，父权最尊，父是家庭的中心。子女对母亲的爱，被看作是由"事父"产生的，母只是父的附属品。可以说，这段话充分揭示了奴隶制家庭关系中阶级对抗和阶级压迫的底蕴。作为"仁之本"的"孝弟"，爱的等差更鲜明了。"孝"是事父，"弟"是敬兄；父尊于兄，所以"孝"重于"弟"。至于对一般群众，则是"泛爱众而

---

① 《马克思恩格斯选集》第4卷，人民出版社，1972年版，第61页。

② 《马克思恩格斯选集》第4卷，人民出版社，1972年版，第53页。

亲仁"了。这种爱较之爱高祖和玄孙自然就更加不如了。有人说孔子的爱是超阶级的爱，这显然是对孔子思想缺乏了解。

"义"是由仁派生出来的，把处理血缘家族中人与人关系的原则推广到非血缘关系的人群中、推广到社会上，就产生了义。《礼记·礼运》说："仁者，义之本也。"《孟子·尽心下》说："亲亲仁也，敬长义也。"都是对孔子的仁与义关系的最好诠释。义由仁发展而来，敬长由亲亲发展而来。故孟子说"老吾老以及人之老，幼吾幼以及人之幼。"①义要求人爱尊长像爱亲戚一样，对没有血缘关系的人群要像对有血缘关系的亲人一样。《论语·颜渊》说：

"四海之内，皆兄弟也。"孔子把天下看成是一家，所以把处理血缘关系的原则推广到社会上去。

孔子说："义者宜也。"②所谓"宜"，就是按仁的原则便宜行事，该做的坚决做，不该做的坚决不做。《论语·微子》说："君子之仕也，行其义也。"君子若是有勇无义一定为乱，小人若是有勇无义一定为盗。所以君子把义看作是最高尚的品德③。

在奴隶制社会里，非血缘关系的人群是划分为不同的阶级的，应当怎样贯彻"义"这个原则呢？

《礼记·中庸》载孔子说："义者宜也，尊贤为大。"《孟子·万章下》说："贵贵、尊尊，其义一也。"尊贤、贵贵、尊尊三者名虽异而实同，都是"义"的最重要的内容。所谓尊贤、贵贵、尊尊，其实就是要人们尊重当权者，尊重各级奴隶主封君。《礼记·丧服四制》说："资于事父以事君，而敬同。贵贵、尊尊，义之大者也。"认为"事君"是依据"事父"原则而制定的。在家庭里，父权为中心，把父权扩展到社会上，像事父一样事君，就形成了君权中心。《史记·梁孝王世家》说；"殷道亲亲，周道尊尊。""亲亲"与"尊尊"是殷周社会的两条重要政治原则。孔子把"亲亲"纳入"仁"，把"尊尊"纳入"义"，这就明白地告诉了人们，他的仁义思想正是殷周社会父权与君权的集中表现。在《论语》中，孔子一贯把君

---

① 《孟子·梁惠王上》。

② 《礼记·中庸》。

③ 《论语·阳货》。

父并举，如他说："事父母，能竭其力，事君，能致其身。"①"出则事公卿，入则事父兄。"②"君君臣臣，父父子子。"③等等，都是突出的例子。《孟子·滕文公上》说："父子有亲，君臣有义，夫妇有别，长幼有序，朋友有信。"《礼记·中庸》说："君臣也，父子也，夫妇也，昆弟也，朋友之交也，五者天下之达道也。"《礼记·丧服小记》说："亲亲、尊尊、长长，男女之别也，人道之大者也。"总之，自孔子以后儒家学派凡谈到人的伦理关系、政治关系时，无一不把父权与君权，实即"亲亲"和"尊尊"，放在最重要的地位。

"礼"是仁义思想的外在表现形式，是仁义思想的行为规范。孔子说："亲亲之杀，尊贤之等，礼所生也。"④亲亲即仁，尊贤即义，礼由亲亲与尊贤的差等产生，自然是仁义的表现形式了。孟子对仁义与礼的关系也有透彻的说明："仁之实，事亲是也。义之实，从兄是也。智之实，知斯二者弗去是也。礼之实，节文斯二者是也。"⑤"仁义"是一种思想，一种意识形态，只有经过礼的"节文"，制成规章制度，才能转化为现实的物质力量，才能通过它发挥仁义思想的社会功用。故孔子说："非礼，无以节事天地之神也。非礼，无以辨君臣、上下、长幼之位也。非礼，无以别男女父子兄弟之亲、昏姻疏数之交也。"⑥荀子在谈到礼的作用时也说礼可以"明贵贱亲疏之节"，它"以贵贱为文，以多少为异，以隆杀为要。"⑦"仁"是礼的核心，"礼"是仁的表现，所以孔子说"克己复礼为仁"。又说："非礼勿视，非礼勿听，非礼勿言，非礼勿动。"⑧认为人们的视、听、言、动如能符合礼，那也就做到仁了。孔子说："礼之用，和为贵。"希图用礼来协调统治阶级内部与统治阶级与被统治阶级的关系，使各个阶级、阶层的人们都能安分守

---

① 《论语·学而》。

② 《论语·子罕》。

③ 《孟子·颜渊》。

④ 《礼记·中庸》。

⑤ 《孟子·离娄上》。

⑥ 《礼记·哀公问》。

⑦ 《荀子·礼论》。

⑧ 《论语·颜渊》。

己。他说："君子博学于文，约之以礼，亦可以弗畔矣夫。"①他要求统治者"其养民也惠，其使民也义"②，对人民的奴役和剥削要有个限度。他要求人民循规蹈矩，不可"犯上作乱"。他一再强调人们要"立于礼"，说"不学礼，无以立"③，"不知礼，无以立。"④道理即在此。

早在孔子之前，人们对于"礼"就已经有了充分的认识。如《左传》隐公十一年说："礼，经国家、定社稷、序人民、利后嗣者也。"庄公二十三年说："夫礼所以整民也。"僖公十一年说："礼，国之干也。"成公十三年说："礼，身之干也。"昭公二十六年说："君令、臣恭、父慈、子孝、兄爱、弟敬、夫和、妻柔、姑慈、妇听，礼也。"这说明春秋时期的统治者都在利用"礼"来维护国家的统治和社会的稳定。孔子在继承前人成果的基础上，把礼与仁义结合起来，赋予"礼"以新的内容，创造出"仁义礼"的新思想体系。这是他对先秦礼制发展的重要贡献。

过去，人们在研究孔子的"仁义礼"时，往往把它看作是"牧师"的一手。这种认识虽然有它的合理性，但并不全面。"仁义礼"思想作为奴隶社会政治经济的集中表现，它并不单单是教化人民的，更主要的是教导统治者的。孔子希望统治者都成为崇礼好义的仁君贤相。他说："上好礼则民莫敢不敬，上好义则民莫敢不服，上好信则民莫敢不用情。"⑤又说："君子笃于亲，则民兴于仁。"⑥他要求统治者严于律己，处处起表率作用，说："政者，正也。子帅以正，孰敢不正？"⑦"苟正其身矣，于从政乎何有？不能正其身，如正人何？"⑧孟子更尖锐地指出统治者的这种表率作用绝不是可有可无的，而是身系全局的大事："君仁莫不仁，君义莫不义，君正莫不正。一正君而国定矣。"⑨他警告说："天子不仁，不保四海。诸侯不仁，不保社

---

① 《论语·雍也》。
② 《论语·公冶长》。
③ 《论语·季氏》。
④ 《论语·尧曰》。
⑤ 《论语·子路》。
⑥ 《论语·泰伯》。
⑦ 《论语·颜渊》。
⑧ 《论语·子路》。
⑨ 《孟子·离娄上》。

稷。卿大夫不仁，不保宗庙。"①对于国君的不仁不义行为，孔子认为臣下应予以匡正。如果国君不听劝谏，臣下则可以不合作。孔子说："所谓大臣者，以道事君，不可则止。"②春秋时，曹羁三次劝谏曹君，曹君不听，曹羁弃曹君而去，孔子说曹羁此举"得君臣之义也"③。季氏富甲鲁国，冉求继续为他敛财，孔子宣布说冉求"非吾徒也，小子鸣鼓而攻之可也"④。孔子不仅这样说，也这样做。他在任鲁大司寇、摄行相事时，鲁定公与执政的季桓子，"受齐女乐，三日不听政；郊，又不致膰俎于大夫"⑤。孔子便毅然弃官而去，离开了鲁国。对于暴君污吏、乱臣贼子，孔子虽然没有能力进行惩治，但他通过作《春秋》——予以口诛笔伐、贬斥诛绝。如鲁桓公弑兄而立，《春秋》不予书"王"，"以为无王之道。"⑥莒人弑其君，孔子特书其名，认为罪在国君⑦。清刘逢禄谈孔子《春秋》评鲁十二位国君说："就十二公论之，桓、宣之弑君宜诛；昭之出奔宜绝；定之盗国宜绝；隐之获归宜绝；庄之通仇外淫、灭同姓宜绝；闵之见弑宜绝；僖之僭王礼、纵季姬、祸鄫子，文之逆祀、丧娶、不奉朔，成、襄之盗天牲，哀之获诸侯、虚中国以事强吴，虽非诛绝，而免于《春秋》之贬黜者鲜矣。"⑧《史记·太史公自序》引董仲舒说，《春秋》"是非二百四十二年之中，以为天下仪表，贬天子、退诸侯、讨大夫，以达王事而已矣"。天子是天下的共主，鲁是孔子的父母之邦，孔子对天子和鲁君违背仁义、废弃礼制的行为，同对其他诸侯、大夫一样，也坚决予以贬讨，决不宽贷。孟子进一步继承了孔子的思想，主张诛除暴君，说"贼仁者谓之贼，贼义者谓之残，残贼之人谓之一夫。"他指出桀、纣就是这样的"独夫民贼"，武王伐纣是正义的，"闻诛一夫纣矣，未闻弑君也。"⑨孟子又说："君之视臣如手足，则臣视君如腹心"，

---

① 《孟子·离娄上》。

② 《论语·先进》。

③ 《公羊传》庄公二十四年。

④ 《论语·先进》。

⑤ 《史记·孔子世家》。

⑥ 《谷梁传》桓公元年。

⑦ 《左传》襄公三十一年。

⑧ ［清］刘逢禄：《公羊何氏释例·王鲁例第十一》，《清经解》卷1285。

⑨ 《孟子·梁惠王下》。

"君之视臣如草芥，则臣之视君如寇仇"①，并进一步提出了"民贵君轻"的观点。孔子的匡君思想无疑是进步的，这是他仁义思想中的精华所在。在孔孟匡君、民贵君轻思想的哺育下，中国历史上出现了许多敢于同封建皇权抗争的仁人志士。

仁即亲亲，以父权为中心，维护家族的"隆一而治"，在家族中表现为宗法关系；义即尊尊，以君权为中心，维护国家的"隆一而治"，在社会上表现为政治关系。一般说来，父权是君权的基础，君权是父权的政治表现，两者相辅相成，互相统一。但是，一旦父权与君权、族权与政权有了矛盾冲突，父权要服从君权，族权要服从政权，这叫作"不以亲亲害尊尊"②，或曰"不以家事辞王事，以王事辞家事。"③《左传》称之为"大义灭亲"④。所谓"周道尊尊"，其实质正在这里。有人硬把中国古代的宗法关系与政治关系混为一谈，说两者是完全统一的，这与马克思主义的阶级观点是背道而驰的。恩格斯说："在以血族关系为基础的这种社会结构中，劳动生产率日益发展起来，与此同时，私有制和交换、财产差别、使用他人劳动力的可能，从而使阶级对立的基础等等新的社会成分，也日益发展起来，这些新的社会成分在几世代中竭力使旧的社会制度适应新的条件，直到两者的不相容性最后导致一个彻底的变革为止。以血族团体为基础的旧社会，由新形成的社会各阶级的冲突而被炸毁；组成为国家的新社会取而代之，而国家的基层单位已经不是血族团体，而是地区团体了。在这种社会中，家庭制度完全受所有制的支配，阶级对立和阶级斗争从此自由开展起来，这种阶级对立和阶级斗争构成了直到今日的全部成文历史的内容。"⑤依照恩格斯的观点，当以血族关系为基础的原始氏族社会被以阶级对立为基础的国家所取代时，血缘关系在社会上的统治地位也就让位于阶级关系了，作为国家代表的君权自然也就凌驾在各个家庭的父权之上，成为天下至尊了。君权高于父权，政治关系高于宗法关系，这是不言而喻的。

---

① 《孟子·离娄下》。

② 《谷梁传》文公二年。

③ 《公羊传》哀公三年。

④ 《左传》隐公四年。

⑤ ［德］恩格斯：《家庭、私有制和国家的起源》第1版序言。

　　总之，孔子的"仁义礼"思想不是偶然出现的，它是中国奴隶社会政治经济的集中反映，是对"亲亲"和"尊尊"两项政治原则的理论概括。孔子提出"仁义礼"思想，旨在协调社会各阶级日趋紧张的对立关系，继续维护奴隶制度的统治。但是在"礼崩乐坏"的春秋时代，奴隶制度的衰亡已如江河日下，无法挽回了，所以孔子的"仁义礼"思想不能也不可能有回天之力。因而它也就没有被当世所接受，没有变成现实的物质力量。

　　到汉武帝时期，统一的封建大帝国迎来了空前的繁荣和发展，同时如何维持这一大帝国的稳定、巩固地主阶级的统治也就提到日程上来，雄才大略的汉武帝在比较鉴别了前代的统治经验，尤其是秦代亡国教训的基础上，认识到了孔子"仁义礼"思想对于协调社会各阶级的关系、教化人民、安定国家的巨大作用，遂采纳董仲舒"罢黜百家、独尊儒术"的建议，确立孔子思想为官方思想。从此，孔子思想开始了在中国历史上二千多年的统治。

（原载《孔子与儒学论文集》1993年3月）

论《公羊传》复仇思想的特点及经今、古文复仇说问题

近年来，关于中国古代社会的复仇问题，已有多名学者作过探讨，发表了一系列真知灼见。[①]这对于我们深入认识中国古代社会复仇思想的渊源、性质及其对后世的影响，并进而认识中国古代社会的特点，无疑是大有裨益的。《公羊传》作为儒家经典之一，保存古代复仇思想的内容十分丰富，特点也与一般历史文献有别。虽然有人对它的复仇思想进行过讨论，但出发点多为经学，而不是史学。所以，本文拟从史学角度对其复仇思想的特点作一分析。

一

本文认为，《公羊传》复仇思想与众不同的一个特点是：宣称臣下可以向君主复仇，而这在先秦文献中是少见的。

《公羊传》定公四年云：

伍子胥父诛乎楚，挟弓而去楚，以干阖庐。阖庐曰："士之甚，勇之甚！"将为之兴师而复仇于楚。伍子胥复曰："诸侯不为匹夫兴师。且臣闻之：事君犹事父也。亏君之义，复父之仇，臣不为也。"于是止。

《左传》记载这段史实，与《公羊传》略有出入：伍员（子胥）之父伍奢，受到诬陷，为楚平王所执。平王知其二子伍尚、伍员有贤才，欲一并杀

---

① 详见：a. 吴荣曾：《试论先秦刑罚规范中所保留的氏族制残余》，《中国社会科学》1984年第3期；b. 李新霖：《春秋公羊传要义》，文津出版社，1989年版；c. 周天游：《两汉复仇盛行的原因》，《历史研究》1991年第1期；d. 蒋庆：《公羊学引论》，辽宁教育出版社，1995年版；e. 王立：《孔子与先秦儒家复仇观初探》，《孔子研究》1995年第3期。

掉，故使人召之曰："来，吾免而父！"伍氏兄弟知道平王用心，兄伍尚对伍员说："尔适吴，我将归死。吾知不逮。我能死，尔能报。闻免父之命，不可以莫之奔也；亲戚为戮，不可以莫之报也。"伍尚赴父难，与其父一道被杀。临难时，伍奢知伍员不来，曰："楚君、大夫其旰食乎！"①《左传》又云：伍员适吴前，谓其友申包胥曰："我必复楚国。"②子复父仇，臣复君仇，是周代社会生活的特点。《礼记·曲礼》说："父之仇，弗与共戴天；兄弟之仇，不反兵；交游之仇，不同国。"《大戴礼记·曾子制言上》说："父母之仇，不与同生；兄弟之仇，不与聚国；朋友之仇，不与聚乡；族人之仇，不与聚邻。"

《左传》与《公羊传》之不同，主要在于指明了伍子胥适吴的目的，就是时刻准备为父兄报仇。《公羊传》所引伍员的话"事君犹事父也。亏君之义，复父之仇，臣不为也"，这不是伍员的思想，而是《公羊传》的思想。事实上，伍员到吴国后就求见吴王僚，言伐楚之利。吴公子光曰："是宗为戮而欲反其仇，不可从也。"③阻止吴出兵伐楚。伍员知公子光有夺位之心，遂隐忍待时。公子光弑王僚自立后，号阖庐。阖庐对伍员说："初而言伐楚，余知其可也，而恐其使余往也，又恶人之有余之功也。今余将自有之矣，伐楚何如？"伍员献"作三师以疲楚"之计，使楚军疲于奔命。④

《公羊传》定公四年又云：

蔡昭公朝乎楚，有美裘焉，囊瓦（楚令尹）求之，昭公不与，为是拘昭公于南郢。数年，然后归之。于其归焉，用事乎河，曰："天下诸侯苟有能伐楚者，寡人请为之前列。"楚人闻之怒，为是兴师，使囊瓦将而伐蔡。蔡请救于吴。伍子胥复曰："蔡非有罪也，楚人为无道。君如有忧中国之心，则若时可矣。"于是兴师而救蔡。曰：事君犹事父也，此其为可以复仇，奈何？曰：父不受诛，子复仇可也；父受诛，子复仇，推刃之道也。复仇不除害，朋友相卫，而不相迿，古之道也。

在这段文字中，《公羊传》提出了著名的臣下可以向君主复仇的思想，

① 《左传》昭公二十年。
② 《左传》定公四年。
③ 《左传》昭公二十年。
④ 《左传》昭公三十年。

即"父不受诛,子复仇可也;父受诛,子复仇,推刃之道也。"何休注:
"《孝经》曰:'资于事父以事君,而敬同。'本取事父之敬以事君,而父
以无罪为君所杀。诸侯之君与王者异,于义得去,君臣已绝,故可也。"①
所谓"父受诛",就是父有罪被杀,这是不可以向君主复仇的;而"父不受
诛",即父无罪被杀,臣子就可以向君主复仇了。这是因为君臣关系不同于
父子关系,父子关系是自然的血缘关系,而君臣关系是后天以"义"相结合
的政治关系。这种关系在周人看来,既然能结成,当然也就可以解除。今因
父无罪被杀,其子与君的君臣之义就已断绝,所以臣子有权向君主复仇。十
分明显,《公羊传》提出的臣子可以向君主复仇的平等思想绝对不会是秦汉
君主专制制度的产物。它有深刻的历史根源与社会根源,只应是周代社会,
特别是春秋时代的产物。

春秋处于中国历史的奴隶制阶段,同世界其他民族的奴隶制发展阶段一
样,既有奴隶主阶级的专制统治,又保留着一些氏族民主制度的传统。这反
映到君臣关系上,就表现出了一定的复杂性:一方面,君主要求臣下绝对服
从,体现了君对臣的专制性;另一方面,臣下服从君主要有条件,体现了君
臣间一定的民主性。在这两个方面中,前一方面已是历史发展的主流,而后
一方面则是氏族民主制残余形式的一种表现。

从它的第一个方面来说,君臣关系是一种政治等级关系,君尊臣卑,
君主统治与支配臣下;反之,臣下辅弼君主,共同治理国家、统治人民。这
种君臣关系一经确立,就是相对稳定的。臣下要终生事奉君主,不得背叛。
它的形成主要有二条途径:一是君主通过继承君位获得对臣下的统治权。
《诗·小雅·北山》云:"溥天之下,莫非王土;率土之滨,莫非王臣。"
《左传》庄公十四年说:"苟主社稷,国内之民,其谁不为臣?臣无二心,
天之制也。"就说明不论是谁,一旦继承王位、君位,王国、封国的人民就
都是他的臣下,就都要服从他的统治。二是通过"策名委质"的形式形成
的。周代实行分封制、宗法制,凡未继承君位的王子、公子、公卿大夫要成
为封君或世家大族,都可以通过"策名委质",即书名于策,委质于君,示
必死节的形式,接受私家之臣。如晋狐毛、狐偃是公子重耳的私臣,晋怀公

---

① [东汉]何休:《春秋公羊经传解诂·定公四年》。

下令其父狐突召回，不得追随重耳。狐突说："子之能仕，父教之忠，古之制也。策名委质，贰乃辟也。今臣之子，名在重耳，有年数矣。若又召之，教之贰也。"①臣下事君，要忠贞不二；背弃君主，萌生二心，就是犯罪。

在由这两条途径所形成的君臣关系中，君都处于主导地位、支配地位，臣则处于辅弼地位、从属地位。《左传》庄公十四年说："臣无二心，天之制也。"成公十七年说："君实有臣而杀之，其谓君何？"定公四年说："君命，天也。若死天命，将谁仇？"《尚书·洪范》说："惟辟作福，惟辟作威，惟辟玉食。臣无有作福、作威、玉食。臣之有作福、作威、玉食，其害于而家，凶于而国"等等，都是很好的证据。这种君主对臣下可以操生杀、刑赏大权的历史实际，说明在奴隶制下，作为政权代表的国君已经日益摆脱旧的血族团体的制约，使自己不但成为凌驾于社会之上，也成为凌驾于自己的亲朋故旧等群臣之上的特殊人物，他"作为日益同社会脱离的权力的代表，一定要用特别的法律来取得尊敬"②。而奴隶制社会阶级与阶级斗争的特点，也正是等级制的阶级与各等级之间的斗争。在这样的社会条件下，氏族社会的血亲复仇自然要受到各种限制，臣下向君主复仇尤在禁止之列。《公羊传》所云"父受诛，子复仇，推刃之道也"，正是国家已开始限制臣下向君主复仇的一种必然反映。

就它的第二个方面来说，臣对君保留着一定的平等权利，这显然是氏族社会民主制度的残余形式。在奴隶制社会保存着氏族民主制的孑遗并不奇怪。《周礼·秋官·小司寇》载："掌外朝之政，以致万民而询焉。一曰询国危，二曰询国迁，三曰询立君。"这条材料多次被历史学家引来作为氏族民主制残余形式的例证。春秋时，这种反映君臣间民主制残余形式的材料于古代文献中屡见不鲜。如《论语·先进》篇说："所谓大臣者，以道事君，不可则止。"刘宝楠云："止，谓去位不仕也。"③去位不仕就是大臣主动解除与君的关系，显然体现着君臣关系中的民主性质。《礼记·曲礼》也说："为人臣之礼，不显谏。三谏而不听，则逃之。"《公羊传》庄公二十四年载："戎将侵曹，曹羁谏曰：'戎众以无义，君请勿自敌也。'曹伯曰：

---

① 《左传》僖公二十三年。

② 《马克思恩格斯选集》第4卷，人民出版社，1972年版，第168页。

③ ［清］刘宝楠：《论语正义·先进》。

'不可。'三谏不从，遂去之。故君子以为得君臣之义也。"孔子也是这样一位大臣。他任鲁大司寇时，"齐人归女乐，季桓子受之，三日不朝，孔子行"①。春秋末，知伯之臣知过，建议知伯杀韩、魏之君，知伯不从。知过见"君之不用也，言之不听，出，更其姓为辅氏，遂去不见"②。大臣认为自己的正确意见不被采纳，就可以弃君而去，这在秦汉以后君主专制的社会条件下是不可想象的。

《左传》襄公十四年载，卫献公被大臣驱逐，晋悼公问于师旷曰："卫人出其君，不亦甚乎？"对曰："或者其君实甚。良君将赏善而刑淫，养民如子，盖之如天，容之如地；民奉其君，爱之如父母，仰之如日月，敬之如神明，畏之如雷霆，其可出乎？夫君，神之主，而民之望也。若困民之主，匮神乏祀，百姓绝望，社稷无主，将安用之！弗去何为？"这里明白指出令"百姓绝望"的"困民之主"，"弗去何为"？是应该被驱逐的。春秋时人认为，国君无道不但可以被逐，甚至可以被杀。《左传》宣公四年云："凡弑君称君，君无道也。"《公羊传》文公十八年也说："称国以弑者，众弑君之辞。"据《公》、《谷》、《左》三传记载，当时宋昭公杵臼、齐懿公商人、莒纪公庶其、郑灵公夷、晋厉公州蒲、齐庄公光等，就都是因无道而被弑的国君。无道之君可以被驱、被弑正是春秋时民本思想的一种表现，也是战国时孟子"民贵君轻"及"诛一夫"思想的源头之一。

《左传》昭公三十二年载晋卿赵简子问于史墨曰："季氏出其君而民服焉，诸侯与之。君死于外，而莫之或罪也。"史墨回答："王有公，诸侯有卿，皆有贰也。天生季氏，以贰鲁侯，为日久矣，民之服焉，不亦宜乎？鲁君世从其失，季氏世修其勤，民忘君矣，虽死于外，其谁矜之？社稷无常奉，君臣无常位，自古以然。故《诗》曰：'高岸为谷，深谷为陵。'三后之姓，于今为庶，主所知也。"史墨把"社稷无常奉，君臣无常位"看作是"自古以然"的自然法则，认识相当深刻，这在当时是难能可贵的。既然君臣之位都可以互相转化，那么君臣的关系自然是相对的、民主的。这是氏族民主制思想在君臣关系上的又一反映。在氏族民主制传统的影响下，臣若无罪被杀，其子当然要向君主复仇，以讨回历史的公道与公平。这就是《公羊

---

① 《论语·微子》。
② 《战国策·赵策一》。

传》"父不受诛，子复仇可也"的深刻历史根源与社会根源。

关于臣下向君主复仇的思想，于先秦文献虽不多见，但也有明确记载。

《墨子·明鬼下》引《周春秋》云：

周宣王杀其臣杜伯而不辜。杜伯曰："吾君杀我而不辜，若以死者为无知，则止矣；若死而有知，不出三年，必使吾君知之。"其三年，周宣王合诸侯而田于圃田，车数百乘，从数千人，满野。日中，杜伯乘白马，素车，朱衣冠，执朱弓，挟朱矢，追周宣王，射之车上，中心折脊，殪车中，伏弢而死。

又引《燕春秋》云：

昔者燕简公杀其臣庄子仪而不辜。庄子仪曰："吾君王杀我而不辜。死人毋知亦已；死人有知，不出三年，必使吾君知之。"期年……日中，燕简公方将驰于祖涂，庄子仪荷朱杖而击之，殪之车上。

杜伯射宣王为西周时事，庄子仪击杀燕简公为春秋时事。《墨子》引此二则故事在于证明其有神论，说杜伯、庄子仪鬼魂复仇，这当然是荒诞不经的。但此两事载在《周春秋》与《燕春秋》，绝不会是后人凭空杜撰的。又，《国语·周语上》说："周之兴也，鸑鷟鸣于岐山；其衰也，杜伯射王于鄗。"《左传》明载燕简公"欲去诸大夫，而立其宠人。冬，燕大夫比以杀公之外嬖。公惧，奔齐"。后仰赖齐国之力返回国内唐邑①。他因屠杀大夫而又被大夫击杀，是很有可能的。因此，对"杜伯射王"与"庄子仪击杀简公"两事，正确的解释也许是，即杜伯与庄子仪的子孙为父祖报仇而假托鬼魂所为。杜伯与庄子仪无罪被杀，其子孙向君王复仇，与《公羊传》所云"父不受诛，子复仇可也"的精神是一致的。此外，《左传》与《战国策》也记载了几个臣下向国君复仇的事例，虽不如《公羊传》、《墨子》典型，但也能说明问题。

卫公子州吁勾结石厚弑卫桓公，自立为君。石厚之父老臣石碏趁州吁与石厚到陈国之机，写信给陈侯，曰："卫国褊小，老夫耄矣，无能为也。此二人者，实弑寡君，敢即图之。"遂借陈国之力杀了州吁及石厚②。这是春秋时臣下为故君复仇而杀新君的故事，其中石厚被杀，石碏还博得了"大义灭

① 《左传》昭公三年、十二年。

② 《左传》隐公四年。

亲"的美名。

齐懿公为公子时，曾与车仆邴歜之父争田，即位后，掘邴歜父之墓而刖之，又夺骖乘阎职之妻。懿公游于申池，邴歜、阎职"乃谋弑懿公，纳诸竹中"[1]。这是春秋时臣下向国君复刖父、夺妻之仇的故事。

赵、魏、韩三家灭知伯而分其地。"赵襄子最怨知伯，而将其头以为饮器"。知伯宠臣豫让变易姓名，为刑人，欲杀赵襄子，被襄子抓获。左右欲杀豫让，襄子曰："彼义士也，吾谨避之耳。且知伯已死，无后，而其臣至为报仇，此天下之贤人也。"下令释放豫让。豫让又漆身易容，吞炭为哑，乔装乞人，行刺襄子，再次被襄子拘捕。豫让请襄子之衣而击之，然后伏剑自杀。[2]这是战国初臣下为故主复仇的显例。赵襄子称豫让的复仇行为是"义"举，其人为"贤人"，说明战国时人仍然认为臣下为故君向新君复仇是正义的、合理的。

秦统一后，也有几则为国家向秦始皇复仇的事例。《史记·刺客列传》载，始皇初年，燕太子丹客荆轲之友高渐离以善击筑得近始皇，用筑扑击始皇为燕报仇，不中而死。

《史记·留侯世家》载，韩世家子张良于韩亡后，"悉以家财求客刺秦王，为韩报仇"，狙击始皇于博浪沙，误中副车。

上述事例说明，从西周、春秋、战国，直到秦初，由于氏族民主制传统在社会上的广泛存在，所以臣子为君父向国君复仇的现象时有发生。至于高渐离与张良等谋刺秦始皇的事件，则不仅是为个人复仇，更主要的是为亡国复仇。这类事件至汉代以后，由于君主专制统治的加强，由于董仲舒"君为臣纲"思想的灌输，就在历史上基本绝迹了。

二

《公羊传》复仇思想与众不同的第二个特点是：提出国君之仇即国仇，为君要向敌国复仇。这在秦汉以后也不多见。

关于为君向敌国复仇之事，《公羊传》凡三见。

---

[1] 《左传》文公十八年。

[2] 《战国策·赵策一》。

《公羊传》庄公四年谈到齐灭纪复仇事云：

《春秋》为贤者讳。何贤乎（齐）襄公？复仇也。何仇尔？远祖也。哀公亨乎周，纪侯谮之。以襄公之为于此焉者，事祖祢之心尽矣。尽者何？襄公将复仇乎纪，卜之曰："师丧分焉，寡人死之。不为不吉也。"远祖者几世乎？九世矣。九世犹可以复仇乎？虽百世可也。家亦可乎？曰：不可。国何以可？国君一体也，先君之耻犹今君之耻也，今君之耻犹先君之耻也……古者诸侯必有会聚之事，相朝聘之道，号辞必称先君以相接。然则齐、纪无说焉，不可以并立乎天下。

在这段文字里，《公羊传》指出了国君之仇就是国仇，可以向敌国复仇，并提出了复国仇"虽百世可也"的著名思想。

《春秋》庄公九年载："八月庚申，及齐师战于乾时，我师败绩。"《公羊传》释曰：

内不言败，此其言败何？伐败也。曷为伐败？复仇也。此复仇乎大国，曷为使微者？公也。公则曷为不言公？不与公复仇也。曷为不与公复仇？复仇者在下也。

这件事的史实是，鲁庄公之父桓公去朝齐，被齐襄公杀害。庄公继父而立，齐襄公成为鲁杀君父的仇人。鲁庄公八年，齐公孙无知叛乱，杀襄公，齐国内乱。鲁庄公支持公子纠与公子小白（齐桓公）争国，战于乾时，鲁师失败。《公羊传》将鲁支持公子纠争国失败，视为鲁国向齐复仇，观察问题的视角，有它的独特之处。《春秋》一般"内不言败"而"此其言败"，是"伐败"。伐者，夸也。鲁为何夸大其败？因为《春秋》讲复仇"以死败为荣"。[①]清人陈立《公羊义疏》曰："鲁之力不能仇齐，力实不敌。故《春秋》因其败而夸大之，若曰：幸有此败，庄之忘仇，乃可以自解。"[②]

《公羊传》定公四年载，蔡昭公朝楚，因不愿向令尹囊瓦行贿，被无理拘押三年。回国途中，对河发誓说："天下诸侯苟有能伐楚者，寡人请为之前列。"遂请兵于吴，伐楚复仇。

《公羊传》所讲为君复国仇，也是有历史根源的。它也可以上溯到氏

---

① 《公羊传》庄公九年何休注。又，《春秋繁露·竹林》云：《春秋》"恶诈击而善偏战，耻伐丧而荣复仇。"

② ［清］陈立：《公羊义疏·庄公九年》，《清经解续编》卷1208。

族社会。恩格斯在谈到"易洛魁人的氏族"时指出："同氏族人必须相互援助、保护，特别是在受到外族人伤害时，要帮助报仇。个人依靠氏族来保护自己的安全，而且也能作到这一点；凡伤害个人的，便是伤害了整个氏族。因而，从氏族的血族关系中便产生了那为易洛魁人所绝对承认的血族复仇的义务。假使一个氏族成员被外族人杀害了，那末被害者的氏族必须实行血族复仇。"[1]

氏族社会是以血族团体为基础的社会，任何个人都是血族团体的一分子，与团体紧密相联，不能分离。所以，个人的仇，就是团体的仇，团体保护个人，并承担为个人复仇的义务。社会进入文明期以后，国家则按地域划分自己的国民，对血亲复仇进行了限制，凡伤害个人的，已不被看作是伤害国家，而仅仅看作是伤害他的宗族、家族、家庭，复仇的责任也主要落在了被害人的子弟肩上。族人虽有帮助本族成员复仇的义务，但在复仇行动中却"不为魁，主人能，则执兵而陪其后"[2]。

但是，如果被伤害的不是一般人而是国君，问题就复杂了。据当时人的观念，"君弑，臣不讨贼，非臣也；子不复仇，非子也"[3]。《越绝书》亦云："臣不讨贼，子不复仇，非臣子也。"而如果伤害国君的不是个别人或个别氏族，而是敌国，那么依据当时"国君一体"的原则，就要举国复仇了。所以，《公羊传》说国要为国君复仇，并且"虽百世可也"。

所谓"国君一体"，据《公羊传》解释："国君以国为体，诸侯世，故国君为一体。"[4]这句话包含两层意义：其一，"国君以国为体"，是说国为君之国，君为国之君，"国"与"君"是一体的，因此，侵犯君就是侵犯国；反之，侵犯国也就是侵犯君。其二，"诸侯世，故国君为一体"。世，《国语·周语》韦昭注云："父子相继曰世。"诸侯世，是说诸侯世世相继，即父子一体，子为父之继体，父为祖之继体，所以说"国君为一体"。此"国君"为一个名词，跟上文"国"与"君"为两个名词不同。故《公羊传》文公九年说周顷王是"继文王之体"者。国君既是一体相继之人，则

---

① 《马克思恩格斯选集》第4卷，人民出版社，1972年版，第83页。

② 《礼记·檀弓上》。

③ 《公羊传》隐公十一年。

④ 《公羊传》庄公四年。

"先君之耻犹今君之耻也，今君之耻犹先君之耻也"。这种父子相继的"一体"观念，明显地是父权制时代观念的遗存。依据这一古老观念，齐襄公灭纪，便算是为齐哀公复了九世之仇。

这种诸侯国对诸侯国的复仇也只能是春秋时代的产物。因为西周时，"礼乐征伐自天子出"，天子对诸侯享有无上权威，能够"刑不祭，伐不祀，征不享，让不贡，告不王"①。战国时，七雄为争取统一而战，没有复不复仇问题。汉代天下一统，诸侯国的封、削大权一操于天子，虽有吴、楚七国反对天子的叛乱，也很快被平息了。诸侯国之间的复仇行为，自然在禁止之列。但是，汉武帝在发动对匈奴的战争时，曾下诏曰："高皇帝遗朕平城之忧，高后时单于书绝悖逆。昔齐襄公复九世之仇，《春秋》大之。"②诏书引《公羊》复仇思想，显然是作为进攻匈奴的借口。过去有人以此为据，说《公羊》复仇思想是汉代人的思想，这是颠倒本末之论，已不足诘辩。

春秋时，天子失权，王纲解纽，诸侯坐大，"礼乐征伐自诸侯出"，国与国之间才能依据自己的实力，利用古老的信条，从事复仇事宜。故《公羊传》说："有明天子，则襄公得为若行乎？曰：不得也。"只有当"上无天子，下无方伯"的天下混乱时才"缘恩疾者可也"③。

清儒陈立引包慎言说："齐襄，（鲁）庄公弑父之仇也。《春秋》之大齐襄，刺鲁庄也。齐襄不忘远祖之仇，而鲁庄忘其父之仇，而为之主婚，与之会狩焉。会聚必称先君，齐、纪无说焉，齐、鲁得有说乎？"④这个看法是对的。《公羊》载齐襄公复仇之事，并将齐、鲁乾时之战夸大为复仇之战，其意在讽刺鲁庄公无复仇之志。

历史事实是：春秋初年，齐、楚、晋、秦始大。齐国专擅东方渔盐之利，僖公、襄公相继对外开拓疆土，号为"小霸"。纪在山东寿光，距齐都临淄仅百余里，当在齐国门之外，是齐国扩张的首要障碍。齐不灭纪，怎能发展？至于采用古老的"复仇"之说，那不过是灭人国家的借口而已。这一点，清人陈立已见到，谓："齐襄利纪土地，自不待言。《春秋》因其托名复

---

① 《国语·周语上》。

② 《史记·匈奴列传》。

③ 《公羊传》庄公四年。

④ ［清］陈立：《公羊义疏·庄公四年》，《清经解续编》卷1206。

仇，即以复仇予之。"①

三

自汉代以来，学术界就流行一种说法，认为《左传》与《公羊传》的复仇思想有矛盾。这种说法起于许慎的《五经异义》。其文云："凡君非理杀臣，《公羊》说：'子可复仇。'故子胥伐楚，《春秋》贤之。《左氏》说：'君命，天也。'是不可复仇。"这就是有名的经今、古文学复仇说之异。这一说法，历一千多年，学术界没有异议。其实这种说法是片面的。

《公羊传》为解《春秋》"微言大义"之书，所以明言君"非理杀臣"，子可复仇；而父有罪被诛，子复仇则不可。《左传》为传《春秋》之事的书，它将《春秋》"可复仇"与"不可复仇"两方面事例一一据事直书。我们不可抓住其一面，否定其另一面。如《左传》宣公四年载楚箴尹克黄说："君，天也。天可逃乎？"成公十七年载晋大夫郤至说："君实有臣而杀之，其谓君何？"定公四年载郧公辛说："君命，天也。若死天命，将谁仇？"这三事讲的都是父因有罪被杀，臣子不可以复仇之例。箴尹克黄属楚若敖氏家族，其时若敖氏家族发动叛乱，与楚庄王战于皋浒，被庄王镇压。箴尹克黄在事前受庄王派遣出使齐国，及宋闻乱，乃有是说。郤至属晋郤氏家族，郤氏"其富半公室，其家半三军"。郤至在鄢陵之战时接受楚王聘问，有通敌之嫌，与晋厉公田猎时又射杀厉公寺人孟张。郤锜曾夺厉公宠臣夷阳五之田，郤犨为争田将厉公宠臣长鱼矫及其父母妻子桎于一辕。郤氏又与栾氏、胥氏结怨，是"族大怨多"，因此三郤被杀也属罪有应得。楚郧公辛之父斗成然曾为令尹，因"与养氏比，而求无厌"，被楚平王所杀②。昭王时，吴攻楚，陷郢都，昭王逃至郧。郧公辛之弟怀云："平王杀吾父，我杀其子，不亦可乎！"辛回答："君讨臣，谁敢仇之？君命，天也。若死天命，将谁仇？"日本学者竹添光鸿评论此条材料说："成然有罪而诛，不可例以子胥之义。但为子者言，止当如此耳。"③这是至当之论。因此，仅据郧

---

① 　[清]陈立：《公羊义疏·庄公四年》，《清经解续编》卷1206。

② 　《左传》昭公十四年。

③ 　[日]竹添光鸿：《左氏会笺·定公四年》。

公辛所言"君命，天也"之言，不足以证成《左氏》反对复仇思想。一千多年来，学者皆崇信许慎之说，是失之不察的。

《左传》关于臣子可以向国君复仇的记载也是很多的。上文我们所引其载伍子胥复仇事是一例，隐公四年所载卫大夫石碏为复故君之仇而杀新君州吁又是一例。《左氏》宣公十七年载，晋卿郤克出使齐国受到妇人笑辱，怒而誓曰："所不此报，无能涉河。"及成公三年，晋在鞌之战中大败齐军，迫使齐顷公如晋受盟。郤克趋进曰："此行也，君为妇人之笑辱也。"这段记载，是一国臣子向另一国之君复污辱之仇。《左传》宣公四年称："凡弑君称君，君无道也。"在君的无道行为中，就有"专杀大夫"一项。据《左传》襄公二十二年载，楚令尹子南之子弃疾为楚康王御士，很受宠信。子南获罪被杀，弃疾云："弃父事仇，吾弗忍也"，遂自杀而死。尽管弃疾为楚王亲信，但其父被杀，他也视楚王为仇人。虽没有为父复仇，却也以死示不事仇。

前文我们曾引晋大夫师旷云："若困民之主，匮神乏祀，百姓绝望，社稷无主，将安用之！弗去何为？"①前文我们也说过春秋时人认为无道之君可以逐、可以弑，当然也就允许无罪大臣之子向君主复仇了。所以，仅凭《左传》的一方面记载，就断定它无复仇思想是不妥当的。其实，在复仇问题上，《公羊》与《左传》思想一致，并不矛盾。

学术界的另一流行说法，亦见《五经异义》，云："《公羊》说复百世之仇，古《周礼》说复仇之义不过五世。"这也被看作是经今、古文学复仇说的重要歧义之一。

其实，只要仔细推究，就会发现这两说也无矛盾。

《公羊传》所云"复百世之仇"者，指的是敌国杀君之仇，即国仇。因为古者"国君一体"，所以此仇虽百世可复。但对于家族之仇，《公羊传》在庄公四年明确回答说："不可。"之所以不可，是因为家与国并不是一体的。《公羊传》又补充复家仇说，云："复仇不除害。朋友相卫，而不相迿，古之道也。"②所谓"复仇不除害"，何休注："取仇身而已，不得兼仇子。"③指出复私家之仇，只限于仇者，即复仇对象一人一身而已，不得牵连

---

① 《左传》襄公十四年。

② 《公羊传》定公四年。

③ ［东汉］何休：《春秋公羊经传解诂·定公四年》。

子孙。所以，不分国仇、家仇，笼统地认为《公羊》主张"复百世之仇"的说法，是错误的。

据《五经异义》引古《周礼》云："复仇可尽五世之内。五世之外，施之于己则无义，施之于彼则无罪。所复者惟杀者之身，及在被杀者子孙，可尽五世得复之。"其所谓"所复者惟杀者之身"，指的就是报复者只能向杀人者自身复仇，而不能牵涉其子孙。这与何休《公羊传》注"取仇身而已"，完全一致，哪有矛盾！对于复仇者之家来说，《公羊传》只讲了"子可复仇"，余皆未论；而古《周礼》则云兄弟、子、孙、曾孙、玄孙五代之内皆可复仇。这两者差异微小，不足申论。

综上所述，关于经今、古文学复仇说的问题，是学术史上的一大讼案。从汉迄今，历一千多年，学术界没有人提出疑问。其实，这是个不成问题的问题。《公羊》与《左氏》的复仇说并无矛盾。《公羊》在谈到"复仇"的条件时指出"父受诛，子复仇，推刃之道也"①，父有罪被杀，子复仇是不可以的。《左氏》则据实记载了几项"不可复仇"的实例。后人不加深察，抓住《左氏》的只言片语，就认定《左氏》与《公羊》不同，说《左氏》不讲复仇，这是不正确的。

至于说《公羊》与古《周礼》的矛盾，也属误会。《公羊》所谓"复百世之仇"，指的是敌国杀君之仇，为国仇。而古《周礼》与今传《周礼》皆具有官方文件性质，没有也不可能讲臣下向国君复仇问题，也没有讲杀君的国仇。考诸《周礼·地官·调人》与《秋官·朝士》，所讲内容皆站在官方立场处理民间的私家仇恨。《公羊》讲国仇，古《周礼》讲家仇，这属于不同层次上的问题，怎可混为一谈！

专就私仇而言，《公羊》与古《周礼》则一致认为复仇只能限于杀人者一人一身，根本不存在矛盾。至于复仇者，一说到子，一说到子、孙五代，可以说分歧不大。

所谓经今、古文复仇说的差异，自许慎《五经异义》提出以后，直至今日，学术界皆人云亦云，不加详考，这实在令人惊诧。

（原载《社会科学战线》1998年第2期）

---

① 《公羊传·定公四年》。

论《公羊传》的大一统思想

"大一统"这一概念在不同的历史时期有不同的内容。《公羊传》的"大一统"是阐释《春秋》"五始"思想的，内涵是"尊一始"。它是周代井田制、分封制和宗法制的产物，集中地反映了周代社会的血缘政治关系。战国秦汉时的"大一统"，内涵是"大统一"。它是战国变法运动以后新的政治、经济制度的产物，集中地反映了战国以后形成的地缘政治关系。但是，直到今日学术界对"大一统"观念的这一重要变化仍然缺乏认识，经常把"大一统"与"大统一"混为一谈。因此，本文拟对《公羊传》的"大一统"思想及其发展变化作一番新的辨析。不当之处，敬希方家指正。

"大一统"一辞，最早见于《公羊传》。《春秋》隐公元年曰："元年春王正月。"《公羊传》释曰："元年者何？君之始年也；春者何？岁之始也；王者孰谓？谓文王也；曷为先言王而后言正月？王正月也；何言乎王正月？大一统也。"

何休注："统者，始也，总系之辞。夫王者始受命改制，布政施教于天下，自公侯至于庶人，自山川至于草木、昆虫，莫不一一系于正月，故云政教之始。"何休释"统"为"始"，是正确的。考《说文·系部》："统，纪也。""纪，别丝也。"段玉裁注："别丝者，一丝必有其首，别之是为纪。众丝皆得其首，是为统。统与纪，义互相足也。"是"统"又可作"首"解。首也就是开始之义。故《谷梁传》释《春秋》"王正月"亦云："虽无事，必举正月，谨始也。"意义与《公羊传》"大一始"相符。

可见，"大一统"即"大一始"是由《春秋》的"王正月"而来的。"王正月"系《春秋》"五始"之一。而《公羊传》与《谷梁传》所讲的"五始"与"谨始"则是古代先民尊始观念的一种反映。古人的尊始观念在先秦文献中屡见不鲜。如《诗·大雅·生民》云："厥初生民，时维姜嫄。"《商颂·玄鸟》云："天命玄鸟，降而生商。"《长发》云："有娀方将，帝立子生商。"这就是殷、周先民追尊初始祖先的明证。又，《左传》僖公五年说："大伯、虞仲，大王之昭也。""虢仲、虢叔，王季之穆也。"僖公二十四年说："管、蔡、郕、霍、鲁、卫、毛、聃、郜、雍、曹、滕、毕、原、酆、郇，文之昭也；邘、晋、应、韩，武之穆也；凡、蒋、邢、茅、胙、祭，周公之胤也"等等，则是周代诸侯追尊始封君直到所从出之王。这是诸侯国尊始观念的一种表现形式。

"大一统"的"大"字，在这里也不作大、小的"大"解。据《说文·大部》："大，天大地大人亦大，象人形。"朱骏声《说文通训定声》释曰："天大地大人亦大，故大象人形……凡大人、大夫、太子、太君，皆尊词。"是大有尊、贵、重之义。《公羊传》隐公三年云："君子大居正。"庄公十八年云："大其为中国追也。"僖公二十二年云："君子大其不鼓不成列。"襄公十九年云："大其不伐丧也。"诸"大"字也均不是大小之"大"，而应解作尊、重、贵。这一点在其它先秦两汉文献中也有确证。如《荀子·性恶》篇云："大齐信焉，而轻货财。"杨倞注："大，重也"。《礼记·王制》篇云："凡听五刑之讼，必原父子之亲、立君臣之义以权之……必察小大之比以成之。"郑玄注："小大，犹轻重。"孙希旦解："其或轻或重，必察其所当附之罪，以定其狱也。"[①]《史记·太史公自序》云："大祥而众忌讳"，其义也是贵重祥端而多有忌讳。

"统"既解为"始"，"大"既解作"尊""贵"，是以"大一统"之义应释为"尊一始"，这也就是它最初的涵义。

"尊一始"即"大一统"由"王正月"而来。而"王正月"之"王"，《公羊传》解云："王者孰谓？谓文王也。"这个解说是正确的。因为，在周人的眼中，文王是膺受天命、布政施教的始王。如《诗·周颂·维清》云："维清缉熙，文王之典，肇禋，迄用有成。"《我将》云："仪式刑文王之典，日靖四方。"这一点在《公羊传》文公九年说得也十分清楚："是子（指周顷王）也，继文王之体，守文王之法度。"清儒庄存与在《春秋正辞》中解释说："受命之王曰太祖，嗣王曰继体。继体也者，继太祖也。不

---

① ［清］孙希旦：《礼记集解》，中华书局，1989年版，第372页。

敢曰受之天，曰受之祖也，自古以然。文王，受命之祖也。成康以降，继文王之体者也。武王有明德，受命必归文王，是谓天道。武王且不敢专，子孙其或干焉？命曰文王之命，位曰文王之位，法曰文王之法，所以尊祖，所以尊天也。"庄氏的解说深得《公羊传》之旨，亦符合周人的思想实际。《公羊传》庄公四年说："国君一体也，先君之耻犹今君之耻也，今君之耻犹先君之耻也。国君何以为一体？国君以国为体，诸侯世，故国君为一体也。"这就是说，依照周人的尊始观念，文王是始受命王，被尊为太祖，继承文王王位的子孙是文王的继体之人。他们与国家结合为一体。因此，他们守的位仍被看作是"文王之位"，他们颁布的命令仍被看作是"文王之法"。对此，清代学者孔广森在《公羊通义》中也有深刻的认识："周之初，盖颁朔于文王之庙，故曰王正月者，文王之正月也。周人受命自文王始，虽今嗣王亦守文王之法度，行文王之正朔。"①而这正是周人所谓的"尊祖敬天"。可见，"尊一始"思想，不仅要求周人尊崇周文王，也要求周人尊崇文王的继体之人，因而它的本质内容无疑就是二个字："尊王"。

"尊王"思想在周代典籍中处处都有表现。《诗·小雅·北山》云："溥天之下，莫非王土；率土之滨，莫非王臣。"这是周人尊王，亦即"大一统"思想在《诗》中的集中反映。《周礼·天官·冢宰》开宗明义说："惟王建国，辨方正位，体国经野，设官分职，以为民极。"与《左传》"天子建国，诸侯立家"精神一致。这是周人尊王，即"大一统"思想在《礼》书中的集中反映。《尚书·洪范》强调："惟辟作福，惟辟作威，惟辟玉食。臣无有作福、作威、玉食。"辟虽可释为"君"，但周人在这里实际上指的是王。这是周人尊王，即"大一统"思想在《尚书》中的集中反映。

在周代，周天子享有无上权威，天下诸侯共尊周王为"天下共主"。"王"号乃是周天子的专称，凡周王室所封的诸侯，一律不得僭用。这一点已为西周王室与各诸侯国的大量青铜器铭文所证实。诸侯则称"公、侯、伯、子、男"。他们由周天子以"封建亲戚，以藩屏周"的分封形式建立。《左传》襄公十五年说："王及公、侯、伯、子、男、甸、采、卫、大夫，

---

① ［清］孔广森：《春秋公羊通义》，《清经解》卷679。

各居其列。"《国语·周语中》说:"昔我先王之有天下也,规方千里以为甸服,以供上帝山川百神之祀,以备百姓兆民之用,以待不庭不虞之患。其余以均分公、侯、伯、子、男,使各有宁宇,以顺及天地,无逢其灾害。"周人又在分封制外,广立别子为卿大夫,形成了以"别子为祖"的大宗、小宗家族体系。这种宗法与分封制式的统治秩序,就是周代"大一统"的统治形式。《北山》诗所云"溥天之下,莫非王土"则是对周人"大一统"统治形式的高度的政治概括。

"尊王"思想在《春秋》一书中更有突出的表现。如《春秋》称周王为"天子"、"天王"以示至尊,而吴、楚自称王则贬之曰"子"。《春秋》隐公元年曰:"冬十有二月,祭伯来。"《公羊传》释曰:祭伯为天子之大夫,来鲁是"奔",不记奔者,因为"王者无外,言奔则有外之辞也"。《春秋》成公元年载:"王师败绩于贸戎。"《公羊传》的解释是晋败王师,《春秋》之所以不记"晋败之"者,是因为"王者无敌,莫敢当也。"《春秋》僖公二十八年载:"公朝于王所。"《公羊传》释曰:这是天子来到践土,所以不言天子来到践土,是因为"不与致天子也"。据《左传》,践土之会,是晋文公召周襄王,孔子曰:"以臣召君,不可以训。"故《春秋》书曰:"天王狩于河阳。"诸侯到行宫朝见襄王,只言"朝于王所",而不记王之所以来。"王者无外","王者无敌","不与诸侯致天子",显然皆是尊王之辞。

《春秋》桓公五年载:"秋,蔡人、卫人、陈人从王伐郑。"《公羊传》释曰:"其言从王伐郑何?从王,正也。"在西周时,"礼乐征伐自天子出",诸侯有从王征伐义务。东周以降,此制破坏,所以《春秋》于桓公五年记蔡、卫、陈从王征伐,以示正例,亦以"尊王"。《春秋》桓公九年载:"春,纪季姜归于京师。"《公羊传》曰:"京师者何?天子之居也。京者何?大也。师者何?众也。天子之居,必以众大之辞言之。"这也是尊王之义。《春秋》文公十三年载:"世室屋坏。"《公羊传》释曰:"世室者何?鲁公之庙也。周公称太庙,鲁公称世室。""周公何以称太庙于鲁?封鲁公以为周公也。……然则周公之鲁乎?曰:不之鲁也,封鲁公为周公主。然则周公何为不之鲁?欲天下一乎周也。""一乎周"就是一统于周以示尊王。《春秋》僖公八年载:"春,王正月,公会王人、齐侯、宋公、卫侯、许男、曹伯、陈世子款盟于洮。"《公羊传》释曰："王人者何？微者也。曷为序乎诸侯之上？先王命也。"周人重礼，等级制森严，而王室之人地位虽卑微也序列在诸侯之上，因为是"先王命"，亦即尊王。

《春秋》桓公元年载："郑伯以璧假许田。"《公羊传》释曰："其言以璧假之何？易之也。易之则其言假之何？为恭也。曷为为恭？有天子存，则诸侯不得专地也。"据《左传》，鲁在东都王畿有朝宿邑，曰许田，近郑；郑在山东泰山有汤沐邑，曰祊田，近鲁。于是两国做了交易，郑国用祊田换取鲁国的许田。但是依周制，"天子建国"，诸侯的朝宿、汤沐之邑受之于天子，只有天子才有权处理，诸侯无权擅自交换，所以《春秋》记事说是郑伯用璧交换许田，不给诸侯"专地"的权力。《春秋》僖公元年载："齐师、宋师、曹师次于聂北，救邢。"《公羊传》释曰："曷为先言次而后言救？君也。君则其称师何？不与诸侯专封也。"《春秋》僖公二年："春，王正月，城楚丘。"《公羊传》释曰："然则孰城之？桓公城之。曷为不言桓公城之？不与诸侯专封也。"《春秋》僖公十四年："春，诸侯城缘陵。"《公羊传》释曰："然则孰城之？桓公城之。曷为不言桓公城之？不与诸侯专封也。"据《左传》，鲁闵公元年，狄人伐邢，齐桓公率领诸侯军队救邢。狄人灭邢，齐桓公迁邢于夷仪。迁邢即重新封建邢，这是天子的职责，所以《春秋》记事不说齐桓公，只说齐师、宋师、曹师，是不给齐桓公"专封"诸侯的权力。同理，《春秋》僖公二年载"城楚丘"，是齐桓公"封卫"；僖公十四年载"城缘陵"，是齐桓公"迁杞"。而《春秋》皆不载主持修城者为谁，也是不给齐桓公"专封"的权力。《春秋》宣公十一年："冬十月，楚人杀陈夏徵舒。"《公羊传》释曰："此楚子也，其称人何？贬。曷为贬？……诸侯之义，不得专讨也。"《春秋》不给诸侯专讨的权力。与"诸侯不得专地"、"诸侯不得专封"一样，都是维护周天子的权威，因而都是尊王的表现。

当然，《春秋》尊王事例很多，远不止这些，如《公羊传》所言"不敢胜天子"（庄公六年）、"不敢过天子"（成公十三年）、"不与伐天子"（昭公二十三年）、"不与夷狄之执中国"（隐公七年）、"不与夷狄之获中国"（庄公十年）、"不与夷狄之主中国"（昭公二十三年）等等皆是。此不再赘。

"尊始"的观念是由来已久的，它至少可以追溯到父家长制时代。马克思曾教导我们："唯物史观是以一定历史时期的物质经济生活条件来说明一切历史事变和观念、一切政治、哲学和宗教的。"①在人类历史上，"财产和物质生活所需要的物品的生产经历了几种形式，这些形式制约着家庭的和政治的组织，同样也制约着道德、信仰和它们所特有的观念。"②

在原始的母系氏族社会，"经济的平等必然跟着引起物质生活和精神生活其它条件的平等；当野蛮人发明灵魂的时候，他就把灵魂赠与部落的一切成员，不管是男的还是女的，并且为一切灵魂打开天堂之门。"③

但是，当社会发展到父系家长制时期，私有制已经产生了，家庭的财产完全落入了父家长手中，于是"家庭的一切成员除家长之外都失掉自己的灵魂，只有他一个人把灵魂当作特权来保留，因为只有他一个人是财产的主人。所有失去了财产的人都失掉了自己的灵魂。"④在这一时代，"神是家庭的父亲，其后裔是生活在地上"。父亲，即祖先的灵魂被"安置在房子的中心，好让它来保护家庭，管理家庭的财产和给继承他的父亲以忠告，他们如没有同祖先商量过便不能作出任何重要的决定。"⑤

父家长制进一步发展，"当长子继承法成为习惯的现象时，新的家长的权力——在某些国家中他们是最年幼的儿子——要能制服自己的伯叔、兄弟和他们的妻儿，只有靠他们的迷信观念的帮助，正是迷信观念使他成为死者的代表，死者从其坟墓的深处给他忠告和命令。服从他，他们只是服从死者灵魂的意志。"⑥周人的尊始观念与继体思想正是这种产生于父家长制时代尊崇祖先灵魂观念的一种表现形式。文王是周代布政施教的始王。武王灭殷以后，实行大分封，"封建亲戚，以藩屏周"，形成了由"天子、诸侯、卿大夫、士有地者皆曰君"的一套封君制度，又实行宗法制，利用血缘纽带广泛建立以"别子为祖"，以"大宗""小宗"为特点的宗法制家族。这些封君与宗法制家族世代享受爵禄，为了确保自己的长久利益，于是他们利用古老

---

① 《马克思恩格斯选集》第2卷，人民出版社，1972年版，第537页。
② ［法］拉法格著，王子野译：《思想起源论》，三联书店，1963年版，第139页。
③ ［法］拉法格著，王子野译：《思想起源论》，三联书店，1963年版，第140页。
④ ［法］拉法格著，王子野译：《思想起源论》，三联书店，1963年版，第140-141页。
⑤ ［法］拉法格著，王子野译：《思想起源论》，三联书店，1963年版，第144、145页。
⑥ ［法］拉法格著，王子野译：《思想起源论》，三联书店，1963年版，第144-145页。

的尊始观念为自己服务。春秋时代，孔子鉴于奴隶制度"礼崩乐坏"，从而进一步提出了"大一统"思想，指望靠它来"拨乱反正"，继续维护宗周的各项制度。

对于"王谓文王"和"大一统"是"尊一始"的古义，至晋代经古文学家已不能理解，故杜预注《春秋》云："所书之王，即平王也。"对这一误解，当代《左氏》学大师，如杨伯峻先生也认为是对的，足见谬说影响之大。其实，清儒孔广森早就批评过此说，云："治《左氏》者以王正月为时王之正月。周之东迁，时王不能颁朔久矣。且如《左氏》说，襄公季年归余再失，哀公之世大火冬流，鲁历未必尽合周历，而《春秋》强据鲁史正月号称时王正月，不亦误乎!"[①] "大一统"与"大统一"是既有区别又有联系的一对概念。台湾学者李新霖曾就这一对概念作过论证："所谓一统者，以天下为家，世界大同为目标；以德行仁之王道思想，即一统之表现。然则一统须以统一为辅，亦即反正须以拨乱为始。所谓统一，乃约束力之象征，齐天下人人于一，以力假仁之霸道世界，即为统一之结果。一统与统一既有高下，《公羊传》又每在霸道中展现王道，则'统一'寓于'一统'之中，自可知矣。"[②] 李新霖先生的论断是正确的。"一统"思想是周代政治、经济的集中反映。它的基础是周代的分封制、宗法制与井田制。李先生也见到了这一点，说："周行封建制度，亦即周天子用以分土而治之政治系统，因投入血统相连之宗族系统，藉由亲亲之情，尊尊之制，使政治与家庭、社会有强烈之粘合性与亲合性，于是家国一统之方略生焉。"[③] 周代的政治被儒家视为夏、商、周三代政治的典范，号为"王道"。《史记·梁孝王世家》曰："殷道亲亲，周道尊尊。"这"尊尊""亲亲"四个字正是王道政治的特点，它既重政治关系（尊尊），同时又重视血缘关系（亲亲）。恩格斯说过："一定历史时代和一定地区内的人民生活于其下的社会制度，受着两种生产的制约：一方面受劳动的发展阶段的制约，另一方面受家庭的发展阶段的制约。劳动愈不发展，劳动产品的数量，从而社会的财富愈受限制，社会

---

① ［清］孔广森：《春秋公羊通义》，《清经解》卷679。
② 李新霖：《春秋公羊传要义》，文津出版社1989年版，第50页。
③ 李新霖：《春秋公羊传要义》，文津出版社1989年版，第48页。

制度就愈在较大程度上受血族关系的支配。"①中国古代社会的商品经济和劳动都不发达，所以社会仍在较大程度上受血族关系支配。殷代的"亲亲"之道和周代的宗法制度就是这种关系在政治上的反映。而"一统"即"尊始"思想又正是对殷、周社会"尊尊""亲亲"特点的概括。

东周以降，王权没落，诸侯坐大，西周"礼乐征伐自天子出"的一统局面已被"礼乐征伐自诸侯出"所取代。但是，由于天子名号尚存，政治影响力尚在，所以齐桓公、晋文公争霸仍不得不以"尊王攘夷"为旗帜。《论语·宪问》说："管仲相桓公，霸诸侯，一匡天下。"马融注："匡，正也。天子微弱，桓公帅诸侯以尊周室。"说明齐桓公虽为一代霸主，但他匡正周室，仍体现了尊周的"一统"思想。诚如李新霖先生所说："《公羊传》之大一统，正为平衡王室与诸侯间之上下关系，为持续周之王统与文统，而求进一步之理据。"②

清代学者恽敬曾说："夫五霸，更三王者也；七雄，更五霸者也；秦兼四海，一切皆扫除之，又更七雄者也。"③金景芳师说："'王''霸''雄'这三个概念，正确地指出中国奴隶社会发展的三个不同历史阶段的特点。"④三王是夏、商、周三代，五霸是春秋时期，七雄是战国时期。由于历史发展阶段不同，所以"大一统"观念也必然随着发生变化而有了新的内容。战国七雄的特点是"上无天子，下无方伯，力功争强，胜者为右"⑤。七雄争霸，天下四分五裂的形势，使统一成了当时时代的呼声。《孟子·梁惠王上》记载："（梁襄王）卒然问曰：'天下恶乎定？'吾（孟子）对曰：'定于一。'""定于一"就是"统一"。它集中地反映了战国时列国人民的普遍愿望。尽管孟子大谈要由"不嗜杀人"的王者来"统一"，但时移事异，"王道"思想已不为当时的统治者所接受。据《史记·商君列传》，商鞅入秦先以"帝道"（即王道）说秦孝公，孝公昏昏欲睡，根本不听。商鞅改以"霸道"说孝公，孝公则"不自知膝之前于席也，

---

① ［德］恩格斯：《家庭、私有制和国家的起源》第1版序言。
② 李新霖：《春秋公羊传要义》，文津出版社1989年版，第49页。
③ 《三代因革论一》，见《大云山房文稿》。
④ 《中国古代史分期问题商榷》，《历史研究》1979年第3期。
⑤ ［西汉］刘向：《战国策·序》。

语数日不厌。""王道"与"霸道"的内涵是有区别的。《孟子·公孙丑上》说："以力假仁者霸，霸必有大国；以德行仁者王，王不待大。"《荀子·强国》说："隆礼尊贤而王，重法爱民而霸。"《王制》说："修礼者王，为政者强。"《王霸》说："义立而王，信立而霸。"由孟、荀的论述看，崇礼尊贤以行仁义者为"王道"；尚力重法以行强权政治者为"霸道"。足见"霸道"是在战国变法运动以后形成的观念，是战国社会出现的新的政治、经济关系的反映。在战国时发生的剧烈变法运动中，周代的井田制被新的国家授田制取代，分封制被郡县制取代，宗法制被新的家族制取代，礼治思想被法制思想取代。因此，在新的政治经济条件下出现的"统一"思想已不可能再是井田制、分封制与宗法制的集中表现，不可能再是血缘政治关系的反映。如秦国的李斯说："昔者秦穆公之霸，终不东并六国者，何也？诸侯尚众，周德未衰，故五伯迭兴，更尊周室。自秦孝公以来，周室卑微，诸侯相兼，关东为六国，秦之乘胜役诸侯，盖六世矣。今诸侯服秦，譬若郡县。夫以秦之强，大王之贤，由灶上骚除，足以灭诸侯，成帝业，为天下一统，此万世之一时也。今怠而不急就，诸侯复强，相聚约从，虽有黄帝之贤，不能并也。"①李斯所说"天下一统"之"统"字，既不可作"始"解，也不再是"尊一始"之义。《周礼·大宰》曰："以八统诏王驭万民。"郑玄注："统，所以合牵以等物也。"《汉书·兒宽传》曰："陛下躬发圣德，统楫群元。"臣瓒曰："统犹总览也。"李斯所说的"统"正是郑玄、臣瓒所讲的"合牵"、"总览（揽）"之义。因此，他说的"天下一统"，是总揽天下于秦，统一天下于秦，实际上就是以"力"统一的"霸道"。由此可见，"一统"这一概念，在春秋与战国的几百年间，由于历史阶段不同，使用的人不同，便有了新的内涵。

至汉代，董仲舒在释《春秋》"元年"时说："臣谨案《春秋》谓一元之意，一者万物之所从始也，元者辞之所谓大也。谓一为元者，视大始而欲正本也。《春秋》深探其本，而反自贵者始。"②讲的还是《公羊传》的"五始"精神。但在谈到"大一统"时，则说："《春秋》大一统者，天地之常经，古今之通谊也。今师异道，人异论，百家殊方，指意不同，是以上亡以

① 《史记·李斯列传》。

② 《汉书·董仲舒传》。

持一统；法制数变，下不知所守。臣愚以为诸不在六艺之科孔子之术者，皆绝其道，勿使并进。邪辟之说灭息，然后统纪可一而法度可明，民知所从矣。"①颜师古注："一统者，万物之统皆归于一也。"是正确的。很明显，董仲舒所讲的"大一统"，实即"大统一"：统一异道，统一异论，统一百家，统一指意，统一法制，统一法纪。其中贯穿着一个"力"字，已经没有了"尊始"观念与继体思想。它与《公羊传》所讲《春秋》的"大一统"，概念虽然相同，但因所处的历史条件不同，提出"大一统"的根据和目的不同，而有了本质的差别。这个"大一统"已经是秦汉统一以后地缘政治关系的反映。对于"大一统"观念在不同历史阶段的不同内涵，自汉代以后，人们已经不能辨识。如宋代欧阳修在作《原正统论》中解《公羊传》"君子大居正"与"王者大一统"时说："正者，所以正天下之不正也；统者，所以合天下之不一也。由不正与不一，然后正统之论作。尧舜之相传，三代之相代，或至公，或以大义，皆得天下之正，合天下于一。"欧阳修解"一"为"合"，亦非"一始"之义。他讲的实际是"大统一"而不是"大一统"。至近代，疑古派学者否定孔子曾删述六经，因而否定《公羊传》所讲《春秋》的"大一统"思想是先秦思想②。他们认为《春秋公羊传》作于汉代，反映的是汉代思想。因此不能辨析《公羊传》的"大一统"与李斯、董仲舒所讲的"大一统"的区别，把《公羊传》的"大一统"也归结为"大统一"，认为是秦汉统一以后才产生的。值得注意的是，尽管当前在史学界疑古之风已经退潮，但坚持认为《公羊传》"大一统"即"大统一"的说法却仍相当流行。例如有人还在大谈什么"大一统观念并不是与传统社会和传统政治文化共生的"，秦统一以前的格局是"非大一统政治格局"云云。由此，我们认为，凡有志于研究汉代"大一统"思想的学者，首先应弄清《春秋公羊传》"大一统"思想的内涵、渊源及其与秦汉"大统一"的异同，否则将如治丝而棼，是理不清这一问题的。

（原载《金景芳九五诞辰纪念文集》，吉林文史出版社1996年版）

---

① 《汉书·董仲舒传》。

② 笔者认为《公羊传》是孔子后学所传，反映先秦思想。见拙作《〈公羊传〉与〈春秋〉的关系》，《史学史研究》1982年第4期。

经今古文学复仇说异义辨析

东汉古文学大师许慎作《五经异义》，提出经今古文学关于复仇说存有异义。自是以后，学术界众口一辞，赞同许慎说法。近日，我们研究这个问题，发现经今古文学于复仇说并无本质区别，许说不确。故特撰此文作一辨析。

一

许慎《五经异义》云："凡君非理杀臣，《公羊》说：'子可复仇'。故子胥伐楚，《春秋》贤之。《左氏》说：'君命，天也。'是不可复仇。"这就是许慎所列举的经今古文学复仇说的重要歧义之一。但是，据我们看来，这是用简单排比的方法把《公羊》与《左传》的复仇思想置于对立地位上的一种错误看法。

其实，《公羊传》关于子复父仇的记载很明确："父不受诛，子复仇可也；父受诛，子复仇，推刃之道也。"[1]何休注："不受诛，罪不当诛也。"这就是说《公羊》主张：父无死罪被杀，子方得复仇；而父有死罪被杀，子则不得复仇。若复仇则是杀来杀去之道，当在禁止之列。所以，不能笼统地认为《公羊》主张子可无条件地复父之仇。《公羊传》是传《春秋》大义的，它所传的子复父仇思想是有深刻的历史根源的。笔者尝作专文论述，兹不赘引。[2]郑玄曾引子思的话说："今之君子退人，若将坠诸渊，无为戎首，不亦善乎。子胥父兄之诛，坠渊不足喻，伐楚使吴首兵，合于子思之

---

① 《公羊传》定公四年。

② 参见陈恩林：《论〈公羊传〉复仇思想的特点及经今、古文复仇说问题》，《社会科学战线》1998年第2期。

道也。"①那么，《左传》是否反对复仇呢？回答也是否定的。《左传》是传《春秋》史实的，它对于"父不受诛，子可复仇"与"父受诛，子不可复仇"两者，都如实记载。我们不可执其一端而否定其另一端。许慎《五经异义》引《左氏》说："君命，天也"。然后就据此否定它有复仇思想，在方法论上所犯就是这种毛病。

据《左传》定公四年，确有"君命，天也"的记载。似能证成《五经异义》之说，其实不然。《左氏》记载的话是楚大夫郧辛说的。郧辛之父斗成然曾为楚令尹，因"与养氏比，而求无厌"②，被楚平王所杀。楚昭王时，吴攻楚，陷郢都，昭王逃至郧。郧公辛救助昭王，其弟怀说："平王杀吾父，我杀其子（指昭王），不亦可乎？"郧辛回答："君讨臣，谁敢仇之？君命，天也。若死天命，将谁仇？"③这是一种无可奈何的答辞，因为他的父亲是有罪被杀的。日本学者竹添光鸿已窥见其义蕴，云："成然有罪而诛，不可例以子胥之义。但为子者言，止当如此耳。"④由此可知，仅据郧公辛所言"君命，天也。若死天命，将谁仇？"是不足以证成《左氏》反对复仇思想的。考诸《春秋左氏传》，关于臣下不能向君主复仇的记载，还有两个显例。其一，鲁宣公四年，楚令尹斗越椒率其族若敖氏叛乱，与楚庄王大战于皋浒。斗越椒失败，庄王"遂灭若敖氏"。斗越椒叛乱前夕，其族人箴尹克黄奉君命使于齐，回国途中闻乱。克黄属下说："不可以入矣。"劝克黄逃往他国。克黄回答说："弃君之命，独谁受之？君，天也。天可逃乎？"遂归复命。庄王感念其祖父子文之功，"使复其所，改命曰生"。其二，鲁成公十七年，晋厉公欲除掉郤氏。其时郤氏"其富半公室，其家半三军"，又与卿族栾氏、胥氏结怨，是"族大多怨"。在前一年的晋、楚鄢陵之战中，郤至曾接受楚王聘问，有通敌之嫌，后又在与厉公田猎时射杀寺人孟张。郤锜曾夺厉公宠臣夷阳五之田。郤犨则为争田事，将厉公宠臣长鱼矫及其父母妻子梏于一辕。郤氏的种种罪行，引起厉公不满，故欲杀三郤。郤氏闻知，郤锜主张攻公。郤至反对说："君实有臣而杀之，其谓君何？"郤氏没有抵

---

① 《礼记·曲礼上》疏引。
② 《左传》昭公十四年。
③ 《左传》定公四年。
④ ［日］竹添光鸿：《左氏会笺》定公四年。

抗，终被诛灭。这两例也充分证明：在春秋时代，臣若有罪被杀，其子与族人是不可以向国君复仇的，因为"君命，天也"，臣下一般是不能反对的。

同时，《左氏传》也不乏关于臣下向君主复仇的记载。如隐公四年载，卫公子州吁勾结大夫石厚弑桓公而自立为君，并到陈国活动，想借助陈桓公之力去朝觐周桓王，以巩固自己的统治地位。石厚之父老臣碏趁机写信给陈侯曰："卫国褊小，老夫耄矣，无能为也。此二人者，实弑寡君，敢即图之。"陈国遂将州吁君臣捕获，交由卫国处理。这是春秋时臣下为故君向新君复仇的事例。

文公十八年载，齐懿公为公子时曾与车仆邴歜之父争田，即位后，掘邴父之墓而刖其尸，又夺骖乘阎职之妻。当懿公游于申池时，邴歜、阎职"乃谋弑懿公，纳诸竹中"，而后从容逃去。这是春秋时臣下向国君复刖父、夺妻之仇的事例。

宣公十七年载，晋卿郤克出使齐国，受到齐国妇人笑辱，怒而誓曰："所不此报，无能涉河。"及成公二年，郤克终于率鲁、卫联军在鞌之战中大败齐军，迫使齐顷公于成公三年赴晋受盟。两国结盟时，郤克趋进曰："此行也，君为妇人之笑辱也。"这是春秋时一国之臣向另一国之君复侮辱之仇的事例。

至于伍子胥复父仇的事迹，《左传》载之更详。楚谗臣费无极诬陷伍员（子胥）之父伍奢，说他勾结太子建"将以方城之外叛"。于是，楚平王拘捕伍奢，并知道奢二子伍尚、伍员有贤才，恐其报复，欲一并杀掉，故使人召伍氏二子，云："来，吾免而父！"伍氏兄弟知平王用心，兄伍尚对伍员说："尔适吴，我将归死。吾知不逮。我能死，尔能报。闻免父之命，不可以莫之奔也；亲戚为戮，不可以莫之报也。"[1]伍尚赴父难，与父一道被平王所杀。伍员逃到吴国，寻机为父兄复仇，临行前曾对其友申包胥说："我必复楚国。"申包胥曰："勉之！子能复之，我必能兴之。"[2]后来伍员借吴国兵力攻楚入郢都，"亲射宫门，掘平王冢，笞其坟，数以其罪曰：'吾先人无罪而子杀之'。士卒人加百焉，然后止。"[3]终于实现了复仇计划。

---

① 《左传》昭公二十年。

② 《左传》定公四年。

③ ［西汉］刘向：《说苑·奉使》。

关于臣下向国君复父仇的事例，还见于《墨子》。《墨子·明鬼下》引周之《春秋》曰：

周宣王杀其臣杜伯而不辜。杜伯曰："吾君杀我而不辜，若以死者为无知，则止矣；若死而有知，不出三年，必使吾君知之。"其三年，周宣王合诸侯而田于圃田，车数百乘，从数千人，满野。日中，杜伯乘白马，素车，朱衣冠，执朱弓，挟朱矢，追周宣王，射之车上，中心折脊，殪车中，伏弢而死。

又引燕之《春秋》云：

昔者燕简公杀其臣庄子仪而不辜。庄子仪曰："吾君王杀我而不辜。死人毋知亦已；死人有知，不出三年，必使吾君知之。"期年……日中，燕简公方将驰于祖涂，庄子仪荷朱杖而击之，殪之车上。

《墨子·明鬼下》引此两则故事目的虽然在于证明他的"死人有知"、鬼魂存在论，这当然是荒诞不经的。但此两事载在《周春秋》与《燕春秋》，似为战国时流行的故事，而非后人所凭空捏造。《国语·周语上》也说："周之兴也，鸑鷟鸣于岐山；其衰也，杜伯射王于鄗。"可证周宣王之崩，确与杜伯有关。《左传》则载燕简公"欲去诸大夫，而立其宠人。冬，燕大夫比以杀公之外嬖。公惧，奔齐。"[1]后来依靠齐国的力量才返回国内唐邑。他因屠杀大夫而又被大夫击杀，是很有可能的。因此，对"杜伯射周宣王"与"庄子仪击杀燕简公"两事，正确的解释也许是：这是杜伯与庄子仪的子孙为父祖复仇而假托鬼神所为。子孙为无辜的父祖向君主复仇，这在周代是合理合法的。

《墨子》所载杜伯、庄子仪的复仇事迹与《左传》所载伍子胥的复仇行动，异曲同工，都是古老的血族复仇观念在周代社会的反映。从《墨子》所引周之《春秋》看，臣下向君主复仇是不分天子与诸侯的。而何休《公羊传》注说："诸侯之君与王者异，于义得去，故可也。"意谓臣下不可以向天子复仇。陈寿祺《五经异义疏证》也认为："父不受诛，子复仇之义，止通于诸侯者也"，不能通于天子，都是不对的。

从上可见，《左传》讲复仇，既讲了"父受诛，子不可复仇"，也讲了

---

① 《左传》昭公三年。

"父不受诛，子复仇可也"。《左氏》详叙伍子胥复仇事例就是明证。许慎把《左传》与《公羊传》复仇思想对立起来的说法，是错误的，是不符合历史实际的。

二

许慎《五经异义》又云："《公羊》说复百世之仇，古《周礼》说复仇之义不过五世。"这是许慎所列经今古文学复仇说的另一重要歧义。

但是，只要仔细推究，就会发现其实这两说也并无根本矛盾。首先，这两说讲的并不是同一层次的问题，根本没有可比性。《公羊传》讲的"复百世之仇"说，见于庄公四年。它是在谈到齐襄公为齐哀公向纪国复九世之仇时说的："九世犹可以复仇乎？虽百世可也。家亦可乎？曰：不可。国何以可？国君一体也，先君之耻犹今君之耻也，今君之耻犹先君之耻也。国君何以为一体？国君以国为体，诸侯世，故国君为一体也。"在这段文字中，《公羊传》首先强调了"国仇"与"家仇"是两类不同性质的仇。国仇重大，复仇"虽百世可也"；家仇为轻，不可以"复百世之仇"。国君为什么可以复百世之仇？因为"国君一体也"。所谓"国君一体"，依《公羊传》文分析，它有两重含义：其一，"国君以国为体"，即国为君之国，君为国之君，国与君是一体的，若侵犯国就是侵犯君；反之，若侵犯君也就是侵犯国。其二，"诸侯世，故国君为一体"。"世"字，据《国语·周语上》韦昭注："父子相继曰世。"诸侯世，是说诸侯世世相继，父子一体，父为祖之继体、子为父之继体。《公羊传》文公九年也说周顷王是"继文王之体"者。国君既是一体相继之人，则"先君之耻犹今君之耻也，今君之耻犹先君之耻也"。故《公羊传》隐公元年解《春秋》"元年春王正月"之"王"云："王者孰谓？谓文王也。"是正确的，其说正是周代"国君一体"思想的表现。基于周代这种"国君一体"的思想，《公羊传》才提出国仇"虽百世可复"的主张。

而古《周礼》与今存《周礼》皆具有官方文件性质，没有讲也不可能讲复杀君的国仇问题。综观今存《周礼·秋官·朝士》曰："凡报仇雠者，书于士，杀之无罪。"《地官·调人》说："调人掌司万民之难而谐和之。

凡过而杀伤人者，以民成之。鸟兽亦如之。凡和难：父之仇，辟诸海外；兄弟之仇，辟诸千里之外；从父兄弟之仇，不同国；君之仇视父；师长之仇视兄弟；主友之仇视从父兄弟。弗辟，则与之瑞节而以执之"等等，讲的都是国家站在裁判的立场上对私家之间的仇恨进行裁决或调解的问题。所以，古《周礼》所讲的"复仇不过五世"，也应是私家之仇，而不是《公羊传》所讲的杀君之国仇。国仇与家仇在周人的观念里显然不是一个层次上的问题，当然也就不可混为一谈。

其次，专就复家仇来说，古《周礼》与《公羊传》不但没有矛盾，甚至可以说是有一致性的。如《公羊传》明确地说私家不可"复百世之仇"。之所以不可，在于家与国并不是一体的。《白虎通·封公侯》论诸侯继世云："大夫不世位何？股肱之臣，任事者也。"自大夫以下不得世位，所以也不能复百世之仇。那么怎样复私家之仇呢？《公羊传》说："复仇不除害。朋友相卫，而不相迿，古之道也。"①所谓"复仇不除害"，何休注："取仇身而已，不得兼仇子。"这是说复私家之仇，只限于向仇者一人一身复仇，不得牵连仇者的子孙。"卫"，捍卫。何休注"相卫"云："不使为仇所胜。""迿"，何休注："出表辞，犹先也。"即在帮助朋友的复仇行动中要捍卫朋友的安全，但不争先为朋友复仇。《公羊传》的这一思想与《礼记·檀弓》"居从父昆弟之仇"要"不为魁，主人能，则执兵而陪其后"精神相符，都是说族人、朋友不可以充当复仇的主角，充当复仇主角的应该是被害者的子孙。

《五经异义》引古《周礼》说："复仇可尽五世之内。五世之外，施之于己则无义，施之于彼则无罪。所复者惟杀者之身。及在被杀者子孙，可尽五世得复之。"其所谓"所复者惟杀者之身"，即是说复仇者只能向杀人者本人报复，而不能累及其子孙。这与《公羊传》何休注云"取仇身而已"是完全一致的，毫无矛盾之处。至于谈到由谁来复仇，古《周礼》云："复仇可尽五世之内。"这个五世之内与宗法制的"五世则迁"、丧服制的"五服"一样，指由被害人算起的上下五代之内。但由于古《周礼》讲的是复杀父之仇，所以强调"在被杀者子孙，可尽五世"。而《公羊传》讲复父仇，

---

① 《公羊传》定公四年。

只讲到子，余皆未论。这虽是两者的不同，但差别不大，不足以构成异义。

综上可见，经今古文学关于复仇问题并无异说。虽然《公羊传》、《春秋》、《左氏传》及古《周礼》在谈到复仇问题时说法有所不同，但这种不同是由于谈问题的角度不同、所谈问题的层次不同而引起的，究其实质则是一致的。许慎对这些问题没有深究，从而提出经今古文学关于复仇说的异义，是失之片面的。至于后来学者，认为"子胥之事，虽父不受诛，以臣仇君，不可以训"①云云，则完全是站在后世皇权立场上看问题造成的，无需诘辩。

（原载《吉林大学古籍研究所建所15周年纪念文集》，吉林大学出版社1998年版）

---

① ［清］陈寿祺：《五经异义疏证》，《清经解》卷1250。

对古代"中国正义论"讨论中若干提法的商榷

——兼谈先秦的民本思想

　　近年来，学术界对"中国正义论"这一话题进行了广泛而深入的讨论，取得了一系列可喜的成果。可以发现参与者对儒学许多内容的诠释下了很大功夫，有些阐发也值得肯定。通观整个讨论，我们认为个别文章在一些重要问题上存在曲解史料，牵强附会，甚至有按主观意图随意解释史料的倾向，这些曲解对"中国正义论"的理论架构均产生了直接影响，必须加以厘清。

　　我们认为，中西方哲学史的发展各有其特定的历史轨迹与特点。有些学者为对应西方哲学的理论框架，不惜将中国古代哲学文献上的名词、概念剥离出来，作为"砖瓦"用以架构一个与西方理论框架大体接近的体系。从而认为：西方有的理论中国也有，中国哲学并不落后于西方哲学，并将其看做与西方学术对话的基础。这种研究方法的弊端：一是承认西方文化中心论，默认中国哲学不如西方哲学；二是不能真正认识中国古代哲学"天人合一"体系的形成过程及其特点，否认世界文化多元论的历史事实。把中国哲学文献中某些名词概念剥离出来的方法，忽略了中国古代哲学的理论系统及其在世界哲学发展史上的地位，这种做法难免会出现曲解史料和牵强附会等问题。

　　笔者谨就"中国正义论"讨论中周公的地位、仁义礼的内涵以及先秦民本思想三个方面提出自己的看法，请学界同仁指正。

　　在"中国正义论"的理论构建中，多数学者将"周公"作为其奠基者之一，这一点我们是赞同的。但说周公"毅然决然斩断了天子与天帝间的血缘关系，而开辟了'绝地天通'的原创时代"。此似无根之论。

　　首先我们看一下三代的天子和天帝之间的关系。

据《史记》，夏之始君"禹者，黄帝之玄孙而帝颛顼之孙也。"①《国语·鲁语上》云："夏后氏禘黄帝而祖颛顼，郊鲧而宗禹。"禹死后，其子启杀伯益夺权，以武力继承父位，开启家天下模式。有扈氏不服，启以"天用剿绝其命，今予惟恭行天之罚"②名义讨而胜之。

商之始祖名契，母曰简狄。其母吞玄鸟卵而生契。《诗·商颂·玄鸟》曰："天命玄鸟，降而生商，殷宅土芒芒。古帝命武汤，正域彼四方。"《长发》亦云："有娀方将，帝立子生商。"此"帝"字据《尔雅·释诂》作"君"字讲，学者多谓是帝喾。《书·盘庚》云："先王有服，恪谨天命。"《咸有一德》说："非天私我有商，惟天佑于一德。"近年出土的清华战国竹简《尹诰》曰："惟尹与汤，咸有一德。"汤为契十四世孙，受天命灭夏。契在尧、舜时代，曾被舜命为"司徒，敬敷五教。"③故《国语·鲁语上》说："商人禘喾而祖契，郊冥而宗汤。"至于"天命玄鸟，降而生商"乃母系氏族社会之感生神话。夏、商末世君主，"惟不敬厥德，乃早坠厥命"。④据伪⑤古文《尚书·泰誓》云："天乃佑命成汤，降黜夏命。"商则灭于周。商纣自谓"有命在天"⑥，有恃无恐，肆行暴政，天怒民怨，最终则被新受命于天的周文、武二王伐灭。

周祖后稷，名弃。其母乃有邰氏女曰姜原，是帝喾元妃。姜原"履帝武敏歆"⑦而生子，初时弃之，故名弃。此亦感生神话。如是则夏、商、周三代先祖皆与天帝扯不上血亲关系。伪古文《尚书·泰誓》曰："惟天地，万物父母。惟人，万物之灵。"《易·序卦传》亦云："有天地然后有万物，有万物然后有男女，有男女然后有夫妇。"指出万物与人皆天地所生。天地生万物与人，是自然现象，与万物以形相生的亲缘关系不同。本来天子与天帝就没有血缘关系，何来周公"斩断"之说？况且，《尚书·金縢》载武王有

---

① 《史记·夏本纪》。
② 《尚书·甘誓》。
③ 《尚书·舜典》。
④ 《尚书·召诰》。
⑤ 之所以标一"伪"字，是说它不是汉孔安国所整理的孔壁《古文尚书》。它成书于西晋"八王之乱"前，是魏晋学者辑佚而成，故仍有重要价值。以下引伪古文《尚书》皆同此。
⑥ 《尚书·西伯戡黎》。
⑦ 《诗经·生民》。

疾，周公设三坛亲祷先王：太王、王季、文王；祷告天，说自己多才多艺，愿代武王去死，上天服侍先祖。这说明周公身份亦具有巫觋特征，看不出他会去斩断天子与天帝的关系。

另外，说"绝地天通"是周公所为，也与文献记载不符。《尚书·吕刑》《国语·楚语》所载"绝地天通"事件，发生二次：一在少皞氏之衰世，"九黎乱德，民神杂糅，不可方物"。经颛顼处理，事态平复。二在尧、舜、禹时代，"三苗复九黎之德"，尧"窜三苗于三危"，"复育重、黎之后，不忘旧者，使复典之。"舜、禹继伐三苗，解决了问题。"以至于夏、商，故重、黎氏世叙天地，而别其分主者也"。可见此事与周公并无关系。说周公"绝地天通"，值得商榷。

部分学者以"仁义礼"三者为中国正义论的核心观念，借以构建中国正义论体系，这一点没有问题。但如何把握这三个概念，很多学者由于不能将其放在适当的历史背景下来阐述，故对其本质内涵的理解就存在一定的偏差。

"仁"是孔孟学说的核心。仁者人也，仁者爱人，为众所周知。但仁的本质是什么？《礼记·中庸》说："仁者人也，亲亲为大。"爱人是仁的基本内容，但爱人是分层次、有等级的。有若说："君子务本，本立而道生。孝弟也者，其为人之本与。"[①]仁爱首先从血缘家庭开始，敬爱父母，友爱兄弟，父母第一，兄弟第二。然普及到血缘家庭的亲属之间，《礼记·丧服小记》则说："亲亲，以三为五，以五为九。上杀，下杀，旁杀，而亲毕矣。"所谓三，是父、己、子三代为一体之人，己为父之继体，子为己之继体，爱之甚重。以父亲祖，以子亲孙是五，血缘关系稍疏，爱亦疏之；以亲祖而亲曾、高祖，以亲孙而亲重、玄孙，为高祖至玄孙，是九。这九代虽然仍一体相系，但随着血缘的疏远，亲情亦逐渐减弱。杀者，减也。从丧服上说，是"亲益疏者，服之则轻"。追溯旁支亲属也至五代。五代以后，亲属关系终止，见面视为族人。周人编制的血缘亲属等差具有政治等级性质。这是当时社会上严格的等级制度在血缘家族中的反映。所以"亲亲"的本质，讲的是父权。孝在仁中，父权最重，连"事母"都是由"资于事父以事母，

---

① 《论语·学而》。

而爱同"①决定的。这是家庭中母权附属父权的明证。

孔子说:"义者,宜也。"宜是以仁的思想原则便宜行事。又说:"义者宜也,尊贤为大。"②《孟子》虽有"义之实,从兄是也"之言,但此"兄"之义,乃为长。《孟子·尽心下》说:"敬长,义也。"是其证。《孟子》解"尊贤"之义说:"贵贵、尊贤,其义一也。"③《礼记·丧服四制》:"尊尊、贵贵,义之大者也。"所谓尊贤、尊尊、贵贵,就是把仁爱思想扩展到社会上,推广到非血缘关系的人群中,尊崇天子、诸侯、卿大夫、士组成的各级封君。由此可见,"义"之"尊贤",本质就是尊崇王、君为代表的君权。这显然是儒家维护君权思想的表现。

所以,"仁"即亲亲,以父权为中心,是维护宗法家族"隆一而治"的;"义"即尊尊,以君权为中心,是维护国家、天下"隆一而治"的。此即《礼记》所谓"天无二日,土无二王,国无二君,家无二尊,以一治之也"④的儒家思想。《史记·梁孝王世家》所讲的"殷道亲亲,周道尊尊",正是讲殷、周社会君权与父权的特点。"殷道亲亲"是说在殷代政治中保有重母统习惯,体现在继承制上有兄终弟及现象。"周道尊尊"是说周代政治尊父权,在继承制上坚持嫡长子继承制。故王国维说:殷王为诸侯之长;周王为诸侯之君。⑤

礼是"节文仁义"的,是"仁义"思想的外在表现。孔子说:"亲亲之杀,尊贤之等,礼所生也。"⑥《孟子》说:"礼之实,节文斯二者(指仁义)是也。"⑦荀子说礼可以"明贵贱亲疏之节",它"以贵贱为文,以多少为异,以隆杀为要"⑧。"仁义"是一种思想,只有经过礼的节文,即把它制度化、系统化,它才能转化为现实的物质力量。周代礼制的根本特点,正在于它的"杀、等""贵贱亲疏之节"与"贵贱之文"。一句话,也就是在于

---

① 《礼记·丧服四制》。

② 《礼记·中庸》。

③ 《孟子·万章下》。

④ 《礼记·丧服四制》。

⑤ 王国维:《殷周制度论》,《观堂集林》卷10,中华书局,1959年版。

⑥ 《礼记·中庸》。

⑦ 《孟子·离娄上》。

⑧ 《荀子·礼论》。

它的严格的等级性。

无论从现存的《仪礼》冠、婚、丧、祭、朝、聘、乡射、乡饮八礼看，还是从《周礼》的吉、凶、军、宾、嘉五礼看，周代等级制度是十分森严的。各等级之间在车旗制、命服制、飨礼制、丧葬制等方面，有着惊人的待遇差别。周代考古的成果已证明这一点。《礼记·曲礼》说："礼不下庶人，刑不上大夫。"是对的。凡违犯礼制规定的都要受罚；在周代出于礼，就要入于刑。所以，孔孟"仁、义、礼"思想的正义性，本质上反映的乃是西周君主政治的正义，是周代国家礼乐等级制度的正义，即孔子所称赞的西周"王道"正义，这种正义虽有一定的民主性，但绝不是人民的正义。

有些学者将先秦时期的"民本"和当今的"民主"混为一谈，甚至提出"民本"即"人民正义"，并将之作为中国正义论的组成部分。这一点笔者并不赞同。

民本思想的起源很早，也并不始于周代。伪古文《尚书·五子之歌》说："民为邦本，本固邦宁"。可见，民本思想早于周代，是可信的。这种提法当与氏族民主制度有关，在先秦文献中载有一些氏族民主制的孑遗，如《周礼·秋官·小司寇》说国家危难时，要致万民，"一曰询国危，二曰询国迁，三曰询立君"。《周礼》中记载民可以在五世之内向杀亲者复仇。《公羊传》更记"父不受诛"，臣下可以向君主复仇。《尚书·洪范》载，君王决定国家重要事项时，有五种因素，即王、卿士、庶民、龟、筮，将庶民列为第三。说明这些氏族民主制的残余，在进入"三王"时代后，尚多有保留。

马克思曾说过："唯物史观是以一定历史时期的物质经济生活条件来说明一切历史事变和观念、一切政治、哲学和宗教的。"[1]孔子在《礼记·礼运》中说："大道之行也，天下为公，选贤与能，讲信修睦"一段话，实指上古氏族社会民主制度而言。这一"大同"时代是儒家最高的理想，所以时人称孔子"祖述尧舜"。但时移事异，大同时代已成东逝之水，一去不返了。

继"大同"的是"小康"社会。孔子说："今大道既隐，天下为家，

---

① 《马克思恩格斯选集》第2卷，人民出版社，1972年版，第537页。

各亲其亲，各子其子"一段话，讲的就是"小康"。禹、汤、文、武、周公、成王能"谨于礼"，"著于义"，"考其信，著有过，刑仁讲让，示民有常"，是小康时代的精英，仍不失为庄子所说的"内圣外王"社会。"三王"时代以西周时代礼乐制度最受孔子尊崇，是孔子一生孜孜以求的目标，故时人称孔子"宪章文武"。"民本"思想正是在这一历史背景下被重新提出来的。

"天命"思想是人类自然崇拜时期形成的，早在氏族社会末期已经出现。《尚书·皋陶谟》即有"天命有德"，"天讨有罪"，"以昭受上帝，天其申命用休"等记载。伪古文《尚书·大禹谟》说尧舜是"皇天眷命，奄有四海，为天下君"。至"三王"时代，《尚书·召诰》明言："有夏服天命，惟有历年"，"有殷受天命，惟有历年。"伪古文《尚书·泰誓》曰："天佑下民，作之君，作之师"，"天矜于民，民之所欲，天必从之"，"天视自我民视，天听自我民听。"《泰誓》的这段话实是对《尚书·皋陶谟》"天聪明，自我民聪明；天明畏，自我民明畏"思想的发展。信而有据。

《尚书·洪范》曰："天子作民父母，以为天下王"，"惟天阴骘下民。"在这个天、君、民三角关系中，天代民立君，君代天牧民，民要尊从君，而天又从民欲，以制衡君。话虽如此，但君实居核心地位。一则君虽为上天所立，但君为天下之王，有绝对的权力。据《尚书·洪范》，王为臣民所立的"皇极"，是臣民"是训是行"的大法，必须严格遵守。而民虽为国家之本，但地位却从主人跌为"下民"，一落千丈。二则虽然"王权天授"，实际天为王树立的偶像。《国语·鲁语上》说："古者，先王既有天下，又崇立上帝、神明而祀之，以教民事君也。"是其明证。所以，圣王提出的"王权天授"与"民本"思想实则都是王道的内涵，都不过是维护圣王统治的工具。

因此，有些文章说《尚书》中有"民为天本"论，"主权在民"论，"民与天等量齐观"论，"周公有民主观念"云云，多属穿凿附会，靠臆测成说，并不符合历史事实。

春秋时期，西周王道"礼崩乐坏"，孔子挺身而出，提出一套以"仁义礼"为核心的"修己治国"之道，重申民本思想，呼吁"仁爱""均平"，尊重民众的生存权利，主张制民之产，提出"有教无类"。但因孔子的说教被时人认为是"知其不可而为之"，不被列国诸侯看重，使孔子处于"干七十余君而不遇"的尴尬局面。

至战国时，王道衰微，霸道兴起，列国互相兼并，"民本"思想进一步受到忽视，法家甚至公开反对"民本"，主张"尊主卑臣"，以至于争城争地，杀人盈城盈野。《庄子·至乐》篇借一个已死的髑髅之口称死为"至乐"，云："死，无君于上，无臣于下；亦无四时之事，从然以天地为春秋，虽南面王乐，不能过也。"当庄子要它复活时，髑髅宁死而至乐，也不愿复活，重复"人间之苦"。这虽是寓言，却反映了战国时代人民的凄苦。于时，孟子将儒家"民本"思想提到了"民贵君轻"，提到了"得民心者得天下，失民心者失天下"的理论高度；斥责桀纣之君是"独夫民贼"，人人得而诛之的政治高度。

孔孟对传统王道思想的发展功不可没，影响深远。一者，是秦汉以后有识之士抑制王权、"为民请命"的理论依据；二者，是民众争取自身生存权利、抗衡君权的思想基础；三者，是广大人民反抗暴君、暴政的政治思想武器。

在中国古代社会，"民本"思想贯穿"三王"及秦汉至清的帝国时代，是王道的内容之一，对民众争取自身的权利起到了相当进步的作用，但没有被统治阶级落实到政治体制的构建中，尤其在秦汉帝制时代以后，"民本"思想受到了严重削弱。所以，我们对"民本"思想既不能抹杀其进步意义，也不要过分抬高它的思想和理论价值。

"民本"思想既然不是"民主"思想，当然也就不具备"人民正义"的内涵。所以，儒家大声疾呼，为民请命，反复强调"民本"，也只是希望统治阶级尊重庶民人格，让庶民有田宅之恒产，以供养家糊口、进行再生产而已。

（原载《北华大学学报（社会科学版）》2015年第1期，李少鹏为第二作者）